◆ 12月8日，全省文物工作会议在杭州召开。省委书记易炼红批示，省委副书记、省长王浩讲话。（图为会议现场）

◆ 5月24日，省政协主席黄莉新（左三）调研杭州历史文化遗产保护利用工作。（图为考察良渚博物院）

◆ 12月7日至8日，文化和旅游部副部长、国家文物局局长李群（右四）调研我省文物保护利用工作。（图为考察宁波井头山遗址）

◆ 5月19日，时任省委常委、温州市委书记刘小涛（左三）出席温州市文物考古研究所挂牌仪式。（图为参加挂牌仪式）

◆ 11月9日，时任副省长成岳冲（左一）调研绍兴市宋六陵及浙东考古基地。（图为宋六陵考古发掘现场）

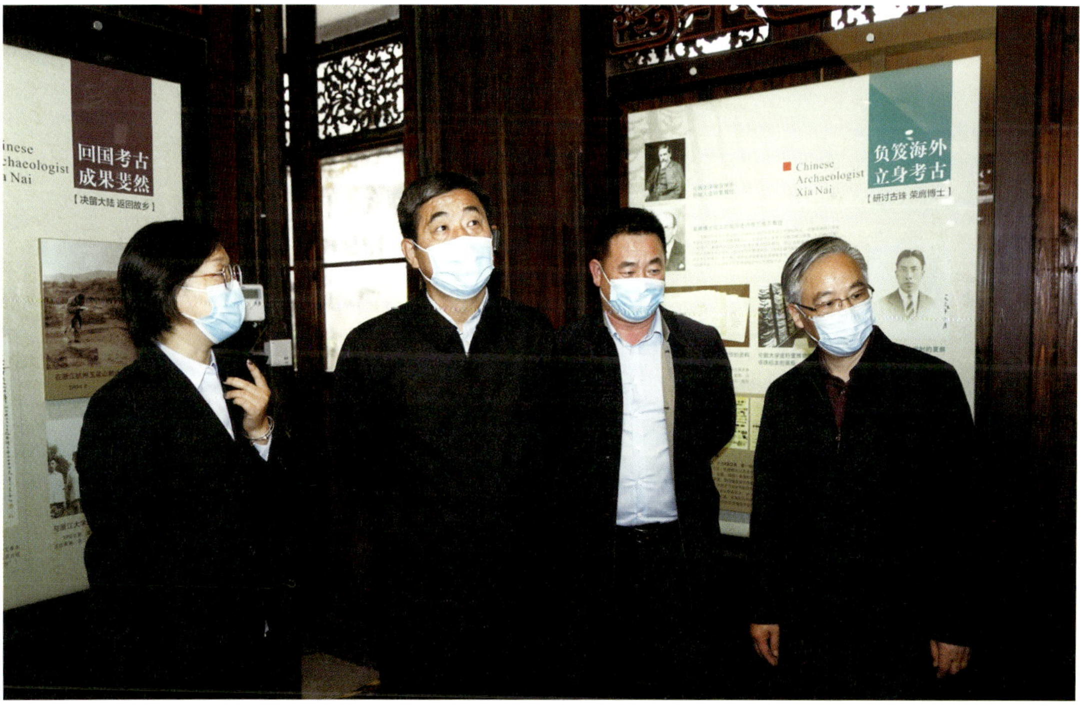

◆ 11月5日至6日，国家文物局副局长关强（左二）调研温州市文物保护利用工作。（图为考察温州夏鼐故居）

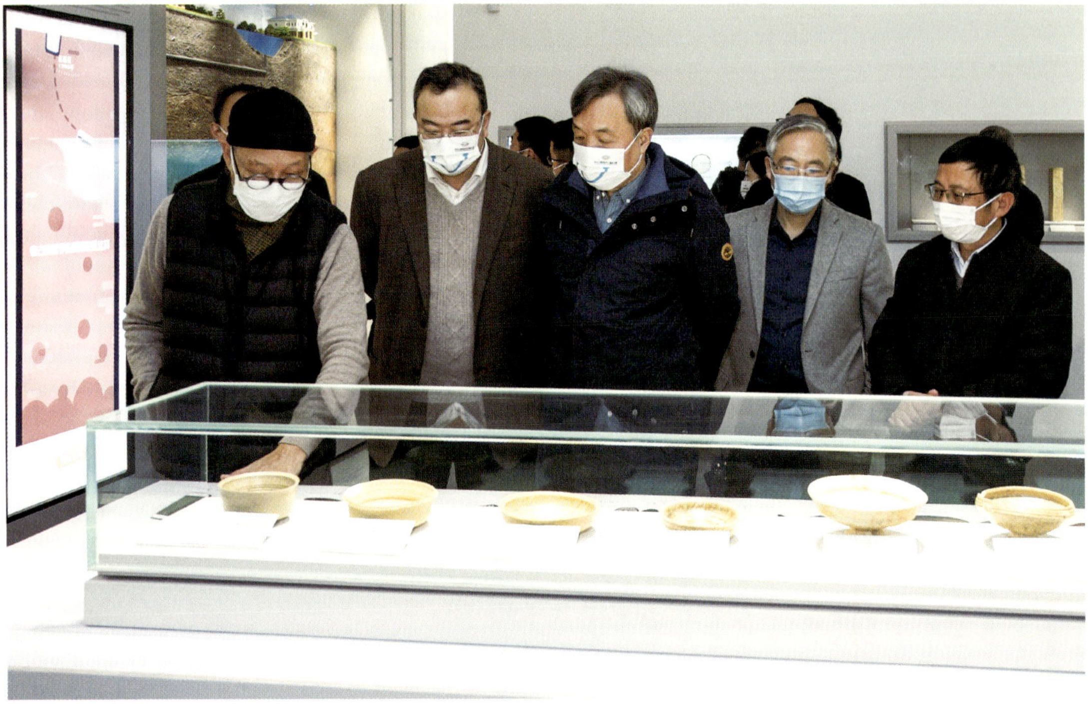

◆ 3月2日，时任国家文物局副局长宋新潮（左三）调研安吉县文物保护利用工作。（图为安吉龙山考古遗址博物馆）

◆ 6月16日，时任省文化和旅游厅厅长褚子育（左二）出席“革命文物青年说”活动启动仪式。（图为向青年宣讲员授旗）

◆ 7月16日，省文化和旅游厅党组书记陈广胜（左一）出席“跟着考古去研学”系列活动启动仪式。（图为向学生代表授旗）

◆ 6月21日，省文物局局长杨建武（右三）出席“第二届浙江大运河文化遗产宣传周”活动启动仪式。（图为启动仪式现场）

◆ 省上山文化遗址保护和申遗工作专班成立并召开第一次工作例会。（图为5月13日浦江会议现场）

◆ 省上山文化遗址保护和申遗工作专班召开第二次工作例会。（图为11月16日杭州会议现场）

◆ 温州朔门古港遗址考古取得重大成果，获国家文物局推介，并入选年度国内十大考古新闻。（图为11月5日至6日考古成果专家论证会）

◆ 省文化和旅游重大项目集中开工仪式在省考古与文物保护基地项目（杭州）举行。（图为2月16日开工仪式现场）

◆ 第三届“丝绸之路周”活动成功举办。（图为7月8日中外嘉宾参观展览）

◆ 打击防范文物犯罪、革命文物工作取得显著成效，省文物局在全国会议上作典型发言。（图为11月3日省文物局在“中国革命纪念馆高质量发展峰会·2022”上作典型介绍）

◆ 我省获2021年度全国博物馆十大陈列展览精品奖、特别奖、优胜奖和2022全国最具创新力博物馆，赢得“大满贯”。（图为5月18日领奖现场）

◆ 安吉古城考古遗址公园晋级国家考古遗址公园，并入选“全国十佳文化遗产旅游案例”等。（图为参观研学游）

◆ 乡村博物馆建设被列入省政府年度十大民生实事，2022年验收认定464家。（图为丽水鱼跃博物馆接待中外来宾）

◆ 浙江自然博物院建成全国首家24小时博物馆，获各界好评。（图为夜间开放的24小时博物馆）

◆ 国家重点文化工程《中国历代绘画大系》历时17年全部出版，成果展亮相国家博物馆。（图为2022年9月29日至2023年10月8日《盛世修典——‘中国历代绘画大系’成果展》）

◆ 积极阐释、传播文物价值，持续扩大文物事业影响力。（图为6月11日《越地藏珍·浙江馆藏文物大典》首发仪式）

◆ 完善人才培养机制，全年培训各类文博人才超1万人。（图为11月7日全省博物馆青年策展人培训班开班仪式）

◆ “文物安全整治年”行动高效有力，文物安全督查和行政执法工作扎实推进。（图为10月19日省文物安全银盾督查队指导、督查文成县文物安全工作）

2023

浙江文物年鉴

ZHEJIANG CULTURAL RELICS YEARBOOK

浙江文物年鉴编委会　编

杭州出版社

图书在版编目（CIP）数据

浙江文物年鉴．2023 / 浙江文物年鉴编委会编．-- 杭州：杭州出版社，2023.12
ISBN 978-7-5565-2345-0

Ⅰ．①浙… Ⅱ．①浙… Ⅲ．①文物工作—浙江—2023—年鉴 Ⅳ．① K872.55-54

中国国家版本馆 CIP 数据核字（2024）第 011715 号

ZHEJIANG WENWU NIANJIAN 2023

浙江文物年鉴 2023

浙江文物年鉴编委会　编

责任编辑　邹乐陶
责任校对　陈铭杰
封面设计　王立超
出版发行　杭州出版社（杭州西湖文化广场32号6楼）
电话：0571-87997719　邮编：310014
网址：www.hzcbs.com
排　　版　杭州立飞图文制作有限公司
印　　刷　浙江国广彩印有限公司
开　　本　787mm × 1092mm　1/16
印　　张　53.5
插　　页　12
字　　数　850千
版 印 次　2023年12月第1版　2023年12月第1次印刷
书　　号　ISBN 978-7-5565-2345-0
定　　价　158.00元

浙江文物年鉴2023

编委会

凡　例

一、本年鉴以马克思列宁主义、毛泽东思想、邓小平理论、“三个代表”重要思想、科学发展观、习近平新时代中国特色社会主义思想，以及党中央、国务院文物工作方针、政策为指导，坚持辩证唯物主义和历史唯物主义的立场、观点与方法，全面、系统、客观而有特色地记述、反映2022年度浙江全省文物工作面貌，起到存史、资政和教化的作用。

二、本年鉴体例采用栏目体，设大事记、各级领导谈文物工作、全省文物工作概况、年度重点文物工作专辑、全省文物工作分述、文物调研、统计资料、文献附录等专栏，栏下设目、子目。

三、本年鉴主要记录2022年浙江省文物事业情况，以省文物局、省直属文博单位及各设区市文物系统为主。为使内容有所承接，时间断限采用“下限一刀切，上限适当追溯”的方法。

四、本年鉴为语体文记述体，遵循“述而不论”原则，记述见事见物见人，人随文记。写法上“点、线、面”结合，有全貌有脉络有典型。

五、本年鉴以文为主，辅以图表。彩页收录重要领导、重大活动及事件相关照片。

六、每册年鉴约80万字，采用16开横排本版式。

目录

大事记

2022年浙江文物工作大事记 /3

全省文物工作会议专辑

在浙江省文物工作会议上的讲话（文化和旅游部副部长、国家文物局局长 李群） /19
对标“两个先行” 打造文博强省 奋力谱写浙江文物事业新篇章（省文化和旅游厅党组书记 陈广胜） /27
全省文物工作会议专题片解说词 /31
文博强省建设十大工程实施方案和世界一流文博机构创建计划 /33
全省文物工作会议发言材料 /109
全省文物工作会议书面交流材料 /124

各级领导谈文物工作

在全省文物局长会议上的讲话（省文化和旅游厅厅长 褚子育） /173
在全省文物局长会议上的工作报告（省文物局局长 杨建武） /180
在全国打击防范文物犯罪专项行动推进部署电视电话会议上的发言（省文物局局长 杨建武） /192
在省博物馆学会2021年工作经验交流会暨学术研讨会上的讲话（省文物局局长 杨建武） /195
干在实处、走在前列，坚定守护“红色根脉”——浙江革命纪念馆发展实践（省文物局局长 杨建武） /204
杭州市文物安全工作会议上的讲话（杭州市人民政府副市长 丁狄刚） /210

在杭州市文物安全工作会议上的讲话（杭州市园林文物局局长　高小辉）/217
在打击“非法贩运文化财产国际日”中国主场论坛上的讲话（宁波市文化广电旅游（文物）局副局长　陈彩凤）/224
在温州市乡村博物馆建设工作推进视频会上的讲话（温州市文化广电旅游（文物）局局长　朱云华）/227
赓续前行种文化 踔厉奋发富乡村——在全省文物局长座谈会上的交流讲话（湖州市文化广电旅游（文物）局局长　楼　婷）/229
《禾城文化复兴三年行动计划》实施情况工作汇报（嘉兴市文化广电旅游（文物）局局长　周　静）/232
在绍兴市文物安全联席会议上的讲话（绍兴市委宣传部副部长、市文化广电旅游（文物）局局长　何俊杰）/239
在金华市文物安全工作会议上的讲话（金华市文化广电旅游（文物）局副局长　曹兆和）/241
关于衢州市2022年文物安全重点工作的讲话（衢州市文化广电旅游（文物）局副局长　朱芝君）/245
在2022年舟山市文物安全工作会议上的讲话（舟山市人民政府副市长方　维）/249
关于舟山市文物安全大排查大整治大提升专项行动工作的讲话（舟山市文化和广电旅游体育（文物）局局长　曹　泓）/254
在2022台州市乡村博物馆建设推进会上的讲话（台州市文化和广电旅游体育（文物）局二级调研员　陈再米）/258
在丽水市文物安全工作会议上的讲话（丽水市人民政府副市长　卢彩柳）/264
创建革命文物“红绿融合”示范区的专题讲话（丽水市文化和广电旅游体育（文物）局局长　吴飞飞）/269

全省文物工作概况

概　况　/275
机构与队伍建设　/277
文物安全监管　/278
文物执法督查　/280
文物保护与利用　/280
考古与大遗址　/282
革命文物保护与利用　/284
博物馆工作　/285
社会文物管理　/287
数字化改革　/287

全省文物工作分述

省级文博单位
中国丝绸博物馆　/293
浙江省博物馆　/299
浙江自然博物院　/305
浙江省文物考古研究所　/309
浙江省文物鉴定站（国家文物进出境审核浙江管理处）　/314
各设区市
杭州市　/318
宁波市　/340
温州市　/356
湖州市　/369

全省文物工作分述

嘉兴市 /381
绍兴市 /392
金华市 /405
衢州市 /421
舟山市 /430
台州市 /437
丽水市 /450
其他
浙江省古建筑设计研究院有限公司 /459
杭州良渚遗址管理区管理委员会 /465
杭州西湖风景名胜区管理委员会 /471

文物调研

全面推进新时代浙江文物事业高质量发展的调研报告 /477
全省文物建筑用火情况专项调研报告 /490
关于加强山区 26 县文物资源保护发展的调研报告 /497
数字化改革背景下的博物馆 IP 授权与文创开发现状调研报告 /572
全省博物馆多媒体展项发展现状和对策研究 /592
全省博物馆数字化改革现状及其应用研究 /605
打造具有浙江文化标识的考古研学游 /613
杭州市文物建筑“智慧消防”建设工程实践 624
关于《宁波市大运河遗产保护管理条例》的立法调研报告 /633
关于温州乡村博物馆建设的调研报告 /654
湖州市乡村博物馆建设的做法 /661
“绍兴纺织史”调研成果报告 /670
舟山市革命文物保护情况与成效调研报告 /678
丽水市关于革命遗址保护利用工作调研报告 /682

统计资料

文物业基本情况综合年报 /689
文物行政主管部门基本情况综合年报 /692
文物保护管理机构基本情况综合年报 /696
博物馆基本情况综合年报 /701
文物保护科学研究机构基本情况综合年报 /706
其他文物事业机构基本情况综合年报 /710
其他文物企业机构基本情况综合年报 /713
全省内部机构一览表 /715

文献附录

重要文件

浙江省文化和旅游厅　浙江省文物局关于印发《浙江省乡村博物馆建设指南（试行）》的通知 /733
浙江省文物局 浙江省教育厅关于印发《浙江省高等学校文物藏品管理办法（试行）》的通知 /737
浙江省文物局关于印发博物馆疫情防控应急预案和演练操作指南的通知 /741
浙江省文物局关于转发《博物馆教育服务规范》的通知 /750
浙江省文物局关于印发《浙江省上山文化遗址保护和申遗工作专班方案》的通知 /757
浙江省人民政府办公厅关于印发上山文化遗址保护和申报世界文化遗产实施方案（2022—2025年）的通知 /762

浙江省文物局关于印发《全省石刻文物拓印安全管理专项整治工作实施方案》的通知 /768
浙江省文物局关于印发《全省文物安全大整治行动重点工作任务》的通知 /771
浙江省公安厅浙江省文物局关于加强文物安全防范和打击文物犯罪有关工作的通知 /776
浙江省文物局关于加快推进全省文物安全应用场景试点建设的通知 /779
浙江省文物局关于进一步加强省级以上文物保护单位执法巡查工作的通知 /781
浙江省文化和旅游厅 浙江省文物局关于进一步推进文物安全防护设施设备建设工作的通知 /784
重要名录
全省文物系统2022年重要荣誉名录 /808
浙江省文物工作成绩突出集体和个人名单 /813
第十六届（2021年度）全省博物馆陈列展览精品项目获奖名单 /816
2022年浙江省博物馆文创产品大赛获奖名单 /818
2022全省博物馆讲解员大赛获奖名单 /824
2022年全省乡村博物馆名单（464处） /826
2022年宋韵数字策展大赛获奖名单 /836
新时代浙江考古十大发现、重要发现名单 /837
2022年度浙江考古重要发现 /839
“匠心杯”浙江省优秀文物保护工程项目 /840
2022年浙江省“新鼎计划”优秀青年文博人才培养对象名单 /841

索引 /842

大事记

2022年浙江文物工作大事记

1月8日，我省发布首批100个“浙江文化标志”培育项目名单，宋韵文化·南宋皇城、西湖文化、良渚文化、上山文化、红船文化等入选。

1月11日，省文物安全银盾督查队开展首次文物安全监督检查工作。省文物局局长杨建武主持出征仪式。

同日，《博物馆教育服务规范》正式施行，内容包括博物馆教育服务的基本要求、服务要求、项目服务流程、教育专员、评估与改进等，是我省博物馆领域第一部地方标准。晚上，第二届“最美浙江人·最美文旅人”颁奖，衢州市文保员郑荣良入选。

1月12日，副省长成岳冲实地调研大禹陵周边违法建设整改工作，省文物局局长杨建武、绍兴市市长施惠芳陪同。

1月14日，浙江文化研究工程重大学术项目“中国丝绸艺术大系”签约暨启动仪式在中国丝绸博物馆举行。省文物局局长杨建武、省社科联主席郭华巍出席。

1月15日，《浙江省文物保护单位保护范围和建设控制地带划定办法》正式施行。该《办法》是《浙江省文物保护管理条例》配套行政规范性文件。

1月18日，国家文物局发布第四批全国文物行政执法指导性案例和优秀案例各15个。温州市永嘉县文化和广电旅游体育局、温州市永嘉县文化市场综合行政执法队入选指导性案例办案单位名单，杭州市临安区文化和广电旅游体育局、临安区文化市场综合行政执法队入选优秀案例办案单位名单。

1月21日，央视春节联欢晚会上播出创作灵感源于泰顺碇步石桥的浙江原创舞蹈节目《碇步桥》和“忆江南”。

1月23日，省文物局指导、省古迹遗址保护协会主办的首届（2021年度）“匠心杯”浙江省优秀文物保护工程项目评选结果揭晓。杭州市西湖区之江大学旧址之主楼修缮工程等10个项目入选。

1月30日，省文物局召开加强石刻文物拓印管理工作会议，要求全省文物博物馆单位规范碑刻石刻文物拓印管理，打击违法违规拓印、盗拓行为。局领导、相关职能处室负责人参加。当天下午，杨建武局长率队实地督查杭州孔庙碑林、吴山景区、西泠印社等处。

2月11日，杭州市宋韵文化研究传承中心成立会议暨挂牌仪式举行。省文物局局长杨建武等参加。

2月14日，中国丝绸博物馆联合首都博物馆、中国文物保护技术协会承办的“万年永宝：中国馆藏文物保护成果展”获“2021年度十大科普作品”荣誉。

2月15日，省委书记袁家军实地考察金华市浦江县上山遗址，省委常委、秘书长陈奕君等陪同。

2月16日，2022年浙江省文化和旅游重大项目集中开工仪式在省考古与文物保护基地项目（杭州）现场举行。副省长成岳冲、省政府副秘书长徐张艳、省委宣传部副部长葛学斌、省文化和旅游厅厅长褚子育、省文物局局长杨建武等出席。

同日，国家文物局文物保护与考古司（世界文化遗产司）司长闫亚林带队赴我省督查调研石刻文物管理工作。

2月18日，副省长成岳冲召开专题会议，研究落实省委书记袁家军调研上山文化遗址时的重要指示精神，加快推进上山文化遗址群申遗工作，决定由省政府成立申遗工作专班。省文化和旅游厅党组副书记、副厅长芮宏，省文物局局长杨建武参加。

2月22日，省文物局召开文物工作媒体座谈会。副局长曹鸿主持，局长杨建武讲话。局机关各处、省级文博单位负责人向新闻媒体代表介绍2022年工作情况与亮点品牌。

2月23日，副省长成岳冲率队拜会国家文物局，就绍兴大禹陵周边违法建设案进行汇报，省文化和旅游厅厅长褚子育、省文物局局长杨建武、绍兴市委书记盛阅春参加。

2月25日，省博物馆学会主办的

钱塘江诗路沿线博物馆联盟成立仪式在开化举行。省文物局副局长曹鸿等出席。

2月26日，中国丝绸博物馆时尚博物馆开馆仪式暨“时尚的轮廓”主题展览在杭州大厦举行。这是国内首家走进城市中心商业空间并举办长期特展的国有博物馆。省文物局局长杨建武、副局长曹鸿等出席。

2月27日，省政协主席黄莉新考察浙江省自然博物院，省文物局局长杨建武等陪同。

3月1日至2日，国家文物局副局长宋新潮实地考察安吉龙山考古遗址公园、绍兴大禹陵等地，副省长成岳冲、省文化和旅游厅厅长褚子育、省文物局局长杨建武等陪同。

3月9日，省文化和旅游厅、省文物局联合印发《浙江省乡村博物馆建设指南（试行）》。

3月10日至4月20日，由省委宣传部等主办，省文化和旅游厅、省文物局支持的《盛世修典——“中国历代绘画大系”先秦汉唐、宋元画特展》在浙江美术馆举办。

3月11日，全省文物局长会议以视频形式召开。省文化和旅游厅厅长褚子育讲话，局长杨建武作工作报告，副局长郑建华主持。副局长曹鸿、局机关各处及省级文博单位主要负责人等在杭州主会场参加，各市、县（市、区）文物局负责人、各市文化市场综合执法队主要负责人参加分会场会议。

同日，“2021全国十佳文化遗产旅游案例推介活动”终评揭晓，安吉古城国家考古遗址公园研学旅游以得票数第一入选。

3月24日，省委宣传部副部长葛学斌来省文物局调研。省文物局局长杨建武、副局长郑建华、曹鸿及局各处室负责人参加。

3月24日，第三届（2021）全国革命文物保护利用十佳案例宣传推介活动揭晓。我省安吉县天荒坪镇余村村村民委员会《余村“两山”会址保护利用》、绍兴鲁迅纪念馆《山河赤子心 岁月峥嵘行——“鲁迅与共产党人”红色主题宣教活动》入选优秀案例。

3月28日，省文物局组织浙江省博物馆、中国丝绸博物馆、浙江自然博物院3家省级博物馆，开展新冠肺炎疫情防控应急演练，省文物局局长杨建武参加并作动员。

4月5日至7日，我省“良渚文明丛书”、《中国历代丝绸艺术丛书》入选2022年伦敦书展“阅读中国”重点版权图书。

4月11日，省委书记袁家军参观浙江美术馆“盛世修典——中国历代绘画大系成果展”，省委常委、秘书长陈奕君等陪同。

4月12日，省文物局主办的全省乡村博物馆建设业务培训班举行。省文物局副局长曹鸿出席并提出指导意见，各市、县（市、区）文物局分管领导、乡村博物馆所在地政府分管领导、部分乡村博物馆馆长等参加。

4月14日，良渚博物院聘任北京大学知名考古学家徐天进教授为院长。

4月19日，省政协副主席裘东耀一行赴绍兴，调研宋韵文化保护传承及南宋皇城遗址综合保护工作，考察宋六陵考古现场及考古遗址公园建设等情况。

4月20日，省委宣传部召开宋韵文化传世工程工作研讨会，常务副部长来颖杰主持，副部长葛学斌、省文物局局长杨建武参加。

4月27日，文物领域数字化改革推进会在省文物考古研究所召开。会议听取浙江省文物博物馆综合管理系统和文物安全智慧监管应用场景建设成果汇报，部署下一步工作。省文物局局长杨建武出席并讲话，副局长郑建华，局机关各处室、省级文博单位相关负责人等参加。

4月28日，省委宣传部副部长盛世豪、省社科联副主席谢利根来省文物局商议浙江文化研究工程三期相关工作，省文物局局长杨建武，副局长郑建华、曹鸿等参加。

5月2日至6日，中央电视台第九套分五集连续播出《良渚文明》人文纪录片，总时长达200分钟，并荣登热播榜排名第一。

5月10日，诸暨俞秀松故居风貌遭破坏和杭州西湖边七棵柳树被迁移两个重大舆情同时发酵。

5月13日，省上山文化遗址保护和申遗工作专班第一次工作例会在金华浦江召开。副省长成岳冲召集并讲话。省文化和旅游厅厅长褚子育主持，省文物局局长杨建武作工作报告。省政府副秘书长陈广胜、省委宣传部副部长葛学斌等参加。会议听取上山文化遗址群保护和申遗工作情况汇报，并举行联合保护和申遗城市签约仪式。

5月15日，全省“5.18国际博物馆日”主场活动启动仪式在杭州市临平区举行，现场公布全省首批乡村博物馆、2022年浙江省最具创新力博物馆、“宋韵迹忆”杭州宋韵精品研学线路等名单，发布“诗画浙江宝藏游”文物宝藏地图。省文化和旅游厅厅长褚子育、省文物局局长杨建武等出席。

5月16日，“西湖风貌和文化保护”民意恳谈会召开，省委常委、杭州市委书记刘捷参加。

5月18日，南湖革命纪念馆“红船起航——南湖革命纪念馆基本陈列”获第十九届（2021年度）全国博物馆十大陈列展览特别奖，宁波市奉化区博物馆“山海交响——奉化历史文明展”获十大精品奖，浙江自然博物院“福禄寿喜·美好生活——中国吉祥文化特展”、中国文物保护技术协会（中国丝绸博物馆策展）“万年永宝：中国馆藏文物保护成果展”、杭州博物馆“红色印记1921—2021：潮起钱塘——庆祝中国共产党成立100周年特展”获优胜奖。浙江省博物馆被授予2022年“全国最具创新力博物馆”。连续七年获全国博物馆十大陈列展览精品奖项。

5月19日，省委常委、温州市委书记刘小涛出席温州市文物考古研究所挂牌仪式，与省文物局局长杨建武等共同揭牌。温州市文物考古研究所为温州市文化广电旅游局（文物局）所属正科级公益一类事业单位，主要承担温州史前考古、东瓯文化、“海丝”遗产等重大课题研究。

5月24日，省政协主席黄莉新率队专题调研杭州市加强历史文化遗产保护利用工作，先后考察大运河文化遗产、良渚古城遗址、西湖文化景观，走访浙江省博物馆孤山馆区等地。副主席裘东耀、秘书长金长征参加，省文化和旅游厅厅长褚子育、省文物局局长杨建武等陪同。

5月31日，第十六届（2021年度）浙江省博物馆陈列展览精品项目推介终评会在浙江自然博物院召开。经评审，10个项目获精品奖，6个项目获特别奖，5个项目获优秀奖。省文物局副局长曹鸿等参加。

同日，中国丝绸博物馆“明之华

章”项目获“国际博物馆协会服装专委会60周年”二等奖。

6月1日，省委组织部宣布，季晓芬任中国丝绸博物馆馆长。

6月5日，全国人大常委会副委员长、民盟中央主席丁仲礼赴浙江省博物馆孤山馆区参观。

6月9日，全国首家24小时开放的国有博物馆——浙江自然博物院“24小时博物馆”在杭州建成开放。省文物局局长杨建武出席开幕式并讲话。

6月10日，省文物局指导、省考古学会举办的“新时代浙江考古十大发现”“新时代浙江考古重要发现”评选揭晓，同期产生“我喜欢的浙江考古十大发现（Top 10）”和“我喜欢的浙江考古重要发现（11—20位）”。

6月11日，文化和自然遗产日浙江主场系列活动在宁波奉化启动，现场公布7项获奖名单，举行浙江文化研究工程项目《越地藏珍·浙江馆藏文物大典》首发仪式，发布“诗画浙江宝藏游”系列活动内容，发出文物保护倡议。省文化和旅游厅厅长褚子育，省文物局局长杨建武及设区市文物部门相关领导出席。

同日，中国丝绸博物馆《8K看纹样里的中国》视频展示入选2022年度中华文物全媒体传播精品（新媒体）推介项目。

6月11日至17日，省文物局与省公安厅、省消防救援总队等单位组成多支文物安全联合督查组，由省文物局局长杨建武、副局长郑建华、曹鸿等率队，分别督查温州、湖州、嘉兴、衢州、台州、丽水等地文物安全工作。

6月16日，2022年“革命文物青年说”活动在嘉兴南湖正式启动。省文化和旅游厅厅长褚子育出席并为青年宣讲员授旗，省文物局局长杨建武、共青团省委副书记周苏红等致辞，副局长郑建华及嘉兴市文物局、共青团嘉兴市委主要负责人、全省设区市文物行政部门、文博机构、嘉兴市青年学生代表等参加。

6月21日，第二届浙江大运河世界文化遗产宣传周活动在湖州市南浔区启动。省文物局局长杨建武及湖州市、南浔区相关领导出席并致辞。省文物局副局长郑建华、省世界文化遗产监测中心及大运河沿线五个设区市文物局负责人参加。“浙江省大运河世界文化遗产监测系统”全面建成并正式上线运行。

6月22日，“合作文物科技创新，保护丝绸之路遗产”高峰论坛暨丝绸之路文物科技创新联盟理事会会议、2022年度纺织品文物保护国家文物局重点科研基地（中国丝绸博物馆）第二届第二次学术委员会会议在中国丝绸博物馆举行。省文物局局长杨建武出席并致辞。8名专家作主题报告。

同日，省文物局、宁波市委宣传部、杭州市委宣传部指导，宁波市文化广电旅游（文物）局、杭州市园林文物局联合主办，宁波市文化遗产管理研究院与杭州市京杭运河（杭州段）综合保护中心承办的“同一条运河——2022年浙东运河杭甬对话”活动在宁波慈城和杭州萧山两个会场举行。

6月23日，省文物考古研究所与衢江区文化广电旅游体育局（文物局）共同组建的“浙西考古工作站”在衢州市衢江区正式挂牌成立。省文物局局长杨建武，中国社会科学院历史学部主任、学部委员、中国考古学会理事长王巍等共同揭牌。

6月24日，“盛世修典——中国历代绘画大系”特展在嘉兴美术馆开幕。省委常委、宣传部部长王纲，省文化和旅游厅厅长褚子育，省文物局局长杨建武参加。

6月27日，省委理论学习中心组举行“深化中华文明探源工程”专题学习会。省委书记袁家军主持并讲话，王浩、黄莉新、黄建发、省委理论学习中心组其他成员出席，彭佳学、王纲作交流发言。有关副省级领导、相关省直单位负责人参加。

6月27日至28日，浙江省博物馆学会2021年度工作交流会暨学术报告会在杭州召开。省文物局局长杨建武出席开幕仪式并讲话。副局长曹鸿，学会常务理事、理事，各专委会负责人，会员代表及各设区市博物馆馆长等150余人参加。

6月27日至29日，国家文物局督察司副司长刘大明一行前往诸暨俞秀松故居、绍兴大禹陵等文保单位开展督查。

6月27日至7月1日，省文物局举办2022年度全省文物安全管理线上培训班。全省各文物行政部门、文物执法机构、乡镇（街道）及省文物安全巡查队共1472人参加培训。

6月29日，省文化和旅游厅党组书记陈广胜调研省文物局。省文物局局长杨建武、副局长郑建华、曹鸿及局各处室负责人参加。

7月1日，省政协在浙江省博物馆武林馆区开展主题党日活动，省政协主席、党组书记黄莉新、副书记王昌荣及其他党组成员参加，省政府副秘书长、省文化和旅游厅党组书记陈广胜陪同。

7月4日，省博物馆学会下发《关于国有博物馆结对帮扶乡村博物馆的通知》，明确帮扶的意义、内容和要求。

7月4日至15日，第五届新鼎优秀青年文博人才培训班在浙江大学西溪校区举办。省文物局副局长曹鸿、浙江大学艺术与考古学院副院长马景娣、浙江大学艺术与考古博物馆馆长刘斌等出席开班仪式。16名新鼎优秀青年文博人才培养对象接受培训。

7月5日，省文物局与中国移动浙江公司签署战略合作协议，在文物领域数字化改革重点项目、智慧博物馆、基础通信等领域开展合作。省文物局局长杨建武，副局长曹鸿，中国移动浙江公司副总经理张汉良等出席。

7月6日，省长王浩实地考察、调研杭州临安钱王陵，省文物局局长杨建武、杭州市市长刘忻陪同。

同日，杭州良渚老虎岭遗址公园开放。该遗址是良渚古城遗址外围水利系统重要组成部分，也是目前已知我国最早的水利系统和世界最早的拦洪大坝工程。

7月7日，省政府副秘书长、省文化和旅游厅党组书记陈广胜调研浙江省博物馆，要求紧扣争创世界一流博物馆目标，做深做透数字化、现代化、国际化，省文物局局长杨建武、副局长曹鸿等陪同。

7月8日，“2022丝绸之路周”开幕仪式在中国丝绸博物馆举行。省委常委、宣传部部长王纲，副省长成岳冲，省委宣传部常务副部长来颖杰，副部长赵磊，省政府副秘书长、省文化和旅游厅党组书记陈广胜，省文物局局长杨建武，及青海省有关领导、联合国教科文组织驻华代表处代表、主任夏泽翰，中国博物馆协会理事长刘曙光等出席。

7月11日，2021年度浙江省科学技术奖颁布。浙江自然博物院等联合申报的“浙江省生物多样性保护关键技术及应用”项目获省科学技术进步奖二等奖，浙江省博物馆等联合申报的“冷冻干燥稳定出土饱水木质文物技术研发和应用”项目获三等奖。

7月15日至10月16日，“国音承祚——宋六陵考古成果展”在杭州举办。展览由省委宣传部、省文化和旅游厅指导，省文物局主办，是我省“宋韵文化传世工程”年度项目之一。

7月16日，“浙江考古与中华文明：穿越浙江一万年 跟着考古去研学”系列活动启动仪式在杭州良渚古城遗址公园举行。活动由省文化和旅游厅指导，省文物局主办，省文化和旅游厅党组书记陈广胜、省文物局局长杨建武、副局长郑建华，杭州市园林文物局、杭州良渚遗址管理区管理委员会相关领导出席。活动在全省11个设区市同步开展，800多名学生参与。

7月22日，全国文物工作会议在北京召开，省委宣传部部长王纲、省文物局局长杨建武参加。会上，人力资源社会保障部、国家文物局表彰全国文物系统先进集体、先进工作者和劳动模范。我省中国丝绸博物馆技术部获“全国文物系统先进集体”，3人获“全国文物系统先进工作者”。中国丝绸博物馆在会上介绍经验。

7月25日，全国人大常委会法工委副主任武增带队调研余杭区良渚遗址保护立法及法规贯彻执行情况，实地考察良渚博物院和良渚古城遗址。

7月29日，省文物考古研究所史前考古室主任孙国平入选百名“浙江省担当作为好干部”名单。

同日，全国首批453家“大思政课”实践教学基地名单公布，嘉兴南湖中共“一大”会址、安吉余村“两山”会址、浙江革命烈士纪念馆、新四军苏浙军区旧址入选。

7月30日，杭州国家版本馆开馆，省文物局局长杨建武等出席开馆暨展览开幕仪式。

8月5日，“宋韵千年——百馆联动展”在杭州西湖博物馆总馆南宋官窑馆区开幕。省文物局局长杨建武、副局长曹鸿及杭州市园林文物局等相关领导出席。

8月15日至19日，省文物局举办2022年度全省文物行政执法业务线上培训班。全省各地文物行政部门、文物执法机构、乡镇（街道）及省文物安全巡查队共1151人参加。

8月22日，绍兴市举行“绍兴论坛”专题报告会，邀请省文物局局长杨建武作《浙江考古与中华文明——中华文明起源中的启明星》主题报告。绍兴市委理论学习中心组成员参加，各区、县（市）设分会场。

同日，临海市与台州学院、台州市文化和广电旅游体育局（文物局）、临海市古建筑工程有限公司签署办学协议，共建“大树文物与历史建筑学院”，开设“文物与历史建筑”方向。省文物局副局长郑建华及台州、临海市相关领导出席签约仪式暨成立大会。

8月23日，省文物局主办、省文物鉴定站承办的全省第二期书画鉴定研修班在宁波开班。29名参加第一期研修班的省直及市县文博系统业务骨干学员继续参加。

同日，南湖革命纪念馆“红船起航——南湖革命纪念馆基本陈列”、绍兴鲁迅纪念馆“山河赤子心 岁月峥嵘行——鲁迅与共产党人专题展”入选国家文物局2022年度“弘扬中华优秀传统文化、培育社会主义核心价值观”主题展览重点推介项目（20项），3项展览入选推介项目（80项）。

8月26日，省文物局副局长郑建华应邀在丽水市党组会议暨第9次常务会议上作《文物保护与安全监管》专题讲座。丽水市政府党组成员、副市长、相关部门主要负责人等在现场听取，各县（市、区）政府以线上及视频形式参加。

8月27日，《温州市促进民办博物馆发展扶持办法》出台，多渠道、多形式开展资金帮扶，引导、鼓励、支持社会力量推动非国有博物馆提质升级。

8月29日，“2022年度石窟寺数字化田野考古和石窟寺考古报告编写研修班”在杭州开班。该研修班由国家文物局指导，浙江省文物局、杭州市园林文物局、浙江大学主办，石窟寺文物数字化保护国家文物局重点科研基地（浙江大学）等单位承办。省文物局局长杨建武出席并讲话。

9月1日，2022年《开学第一课》

播出《一粒稻米的故事》，以良渚稻作文明、浦江上山遗址与上山文化为内容，回溯从一粒稻米到五千年文明的历程。

9月1日至4日，我省多家文博单位参加第九届“中国博物馆及相关产品与技术博览会”，获博物馆展区最佳展示奖等多个奖项，获奖数量居全国前列。

9月4日，省文物局公布全省第二批389家乡村博物馆名单。

9月13日，省文物局局长杨建武为浙大城市学院艺术与考古学院首届本科生作《浙江考古与中华文明》讲座。

9月20日至23日，国家文物局等单位组成联合督导组，赴宁波、温州、舟山等地，开展文物建筑消防安全督导检查。省文物局局长杨建武、副局长郑建华，局机关处室及地市相关负责人陪同。

9月21日，中共浙江省委办公厅、浙江省人民政府办公厅印发实施《关于让文物活起来，扩大中华文化国际影响力的实施意见》。

同日，浙江省第17届运动会圣火采集暨火炬传递启动仪式8时8分在浦江上山考古遗址公园举行，副省长成岳冲等出席。

9月28日，国家文物局“考古中国”重大项目重要进展工作会上，通报温州朔门古港遗址考古发掘重要成果与重大发现。

9月29日，“中国历代绘画大系”成果展在中国国家博物馆开幕。中共中央宣传部分管日常工作副部长李书磊，副部长张建春，副部长、文化和旅游部部长胡和平，文化和旅游部副部长、国家文物局局长李群及浙江省委书记袁家军等出席。

9月30日，长江中下游早期稻作农业社会的形成研究（2023—2035年）纳入“考古中国”重大项目。

10月6日，松阳县“松古灌区”入选2022年度（第九批）世界灌溉工程遗产名录，成为我省第7个获此殊荣的灌溉工程。

10月7日，省人民政府办公厅印发《上山文化遗址保护和申遗实施方案（2022—2025年）》。

10月16日，省文物局集体组织观看、学习中国共产党第二十次全国代表大会开幕会议。全省文博单位也组织进行收看、学习。

10月19日，省文物局局长杨建武为台州市委理论学习中心组作《浙江考古与中华文明》专题讲座。

同日，仙居下汤考古工作站举行挂牌成立仪式，省文物局局长杨建武及市地等相关领导参加。

10月23日至11月19日，2022年度浙江省文物保护实训班在龙游县举办，全省各文博单位20名学员参加。省文物局副局长郑建华及衢州市、龙游县相关领导出席开班仪式。

10月25日，省文物局召开党的二十大精神学习会。局长杨建武，副局长郑建华、夏丹荷讲话，各处室负责人交流学习体会。

10月27日，公安部、国家文物局召开全国打击防范文物犯罪专项行动推进部署电视电话会议，省文物局局长杨建武作典型发言，副局长郑建华等参加。

10月28日，省文物局公布浙江省第三批乡村博物馆（19家）名单。

10月31日，阳明故里及纪念馆建成开放仪式在绍兴举行。

10月31日至11月1日，第五届世界青瓷大会在杭州市召开。省文物局局长杨建武出席开幕仪式。

11月3日，国家文物局等主办的“中国革命纪念馆高质量发展峰会·2022”在重庆举行，国家文物局副局长顾玉才等出席。省文物局局长杨建武代表浙江作关于浙江革命纪念馆发展实践的典型交流。

11月5日至6日，国家文物局副局长关强带队调研温州文物工作，出席温州朔门古港遗址考古成果专家论证会，省文物局局长杨建武、副局长郑建华等陪同。

11月7日，“浙江庆元林——菇共育系统”入选全球重要农业文化遗产保护名录。

11月7日至10日，省文物局主办的第三期全省博物馆青年策展人培训班在杭州举行。省文物局副局长夏丹荷出席开班仪式并致辞。

11月8日，中共中央政治局委员、中央书记处书记、中央宣传部部长李书磊考察良渚古城遗址公园。省委常委、宣传部部长王纲、省委常委、杭州市委书记刘捷等陪同。

11月9日，副省长成岳冲调研绍兴市宋六陵考古发掘现场及浙东考古基地，省文物局局长杨建武及当地相关负责人陪同。

11月14日，国家文物局主办，省文物局等单位承办的2022年“打击非法贩运文化财产国际日”中国主场论坛在线召开。联合国教科文组织、中国文化和旅游部、海关总署缉私局、最高人民法院、公安部、国家文物局、浙江省文物局等单位及专家学者参加。国家文物局副局长解冰出席并作主旨发言。

11月16日，省上山文化遗址保护和申遗工作专班第二次工作例会在杭州召开。副省长成岳冲召集会议并讲话，省政府副秘书长陈重主持，省文化和旅游厅党组书记陈广胜参加，省文物局局长杨建武作工作汇报。

同日，省委常委、宣传部部长王纲，副部长虞汉胤一行赴浙江省博物馆孤山馆区调研，省文化和旅游厅党组书记陈广胜，省文物局局长杨建武陪同。

11月18日，南宋德寿宫遗址博物馆开馆仪式在杭州举行。省委常委、杭州市委书记刘捷、省委常委、宣传部部长王纲出席揭牌及“2022宋韵文化节”启动仪式，省政协副主席裘东耀、省委宣传部常务副部长来颖杰、省文物局局长杨建武等参加。

同日，省政协副主席裘东耀一行考察嘉兴马家浜文化博物馆。

11月20日，全省博物馆讲解员大赛在绍兴开幕。省文物局局长杨建武、绍兴市相关领导、省博物馆学会专家、省市文博系统相关负责人、各设区市和省直博物馆的职业、业余组讲解员等参加。

11月22日，杭州市园林文物局和浙江大学艺术与考古学院举行战略合作签约暨馆长培训班开班仪式。省文物局局长杨建武出席并讲授开班课。

11月27日，浙江旧石器考古暨上马坎遗址发现20周年主题活动在安吉古城考古遗址公园举行。省文物局局长杨建武等出席并讲话。

11月30日，省文物局局长杨建武赴绍兴出席“两宋皇陵考古成果展”开幕仪式，并考察上虞文物工作。

12月7日至8日，文化和旅游部副部长、国家文物局局长李群考察我省杭州、宁波等地文物保护利用工作。省委常委、宣传部部长王纲会见，副省长成岳冲陪同调研，省文化和旅游厅厅长褚子育、省文物局局长杨建武等陪同。

12月8日，全省文物工作会议在

杭州召开。省委书记易炼红作重要批示，省委副书记、省长王浩讲话。文化和旅游部副部长、国家文物局局长李群视频讲话。省委常委、宣传部部长王纲主持会议，副省长成岳冲出席。省政府与国家文物局共同签订《关于加强浙江省文物保护利用战略合作协议》。

12月16日，国家文物局公布第四批国家考古遗址公园名单和立项名单，安吉古城国家考古遗址公园被命名，上山考古遗址公园、河姆渡考古遗址公园、宋六陵考古遗址公园获批立项。

12月17日至18日，省考古学会年会暨全省考古重要发现评选会在杭州召开，评选公布长兴太傅庙遗址等2022年度10项全省考古重要发现。

12月18日，省委书记易炼红赴良渚古城遗址公园，考察莫角山遗址和反山王陵遗址，了解良渚文化保护利用传承工作，要求加强文物和文化遗产保护利用。省委常委、杭州市委书记刘捷、省委常委、秘书长陈奕君等陪同。

12月20日，中共浙江省委、浙江省人民政府印发实施《关于全面加强新时代文物工作打造文博强省的意见》。

12月23日，杭州、温州加入海上丝绸之路保护和联合申报世界文化遗产城市联盟。

12月24日，中央广播电视总台发布2022年度国内十大考古新闻，“浙江温州发现海上丝绸之路千年古港”入选。

12月27日，我省2案卷分获2022年度全国文物行政处罚“十佳案卷”和“优秀案卷”，省文物局荣获“优秀组织单位”，获奖等次和数量居全国前列。

同日，2022年全省博物馆文创产品大赛结果揭晓，共评选金奖20件/套，银奖30件/套，铜奖50件/套，优秀组织奖5个。

12月28日，我省3个项目入选2022年度全国博物馆志愿服务典型案例。

全省文物工作会议专辑

在浙江省文物工作会议上的讲话[①]

文化和旅游部副部长、国家文物局局长　李　群

在全国上下深入学习宣传贯彻党的二十大精神、推进文化自信自强、铸就社会主义文化新辉煌的重要历史时刻，浙江省委、省政府召开全省文物工作会议，充分体现了浙江省深入学习宣传贯彻落实习近平总书记关于文物工作重要论述和指示批示精神的高度自觉，彰显了浙江作为文旅大省、文物之邦的责任担当。在此，我受胡和平部长委托，代表文化和旅游部、国家文物局，对会议的召开表示热烈祝贺！向关心支持文物事业发展的浙江各级党委政府、各有关部门、社会各界表示衷心的感谢！向辛勤耕耘、默默奉献的浙江全体文物工作者致以崇高敬意和诚挚问候！

党的二十大报告强调，“坚持和发展马克思主义，必须同中华优秀传统文化相结合”，明确提出“加大文物和文化遗产保护力度，加强城乡建设中历史文化保护传承，建好用好国家文化公园”，并就“用好红色资源”“增强中华文明传播力影响力”等作出部署。党的二十大闭幕不久，习近平总书记带领中共中央政治局常委瞻仰延安革命纪念地，并赴河南安阳考察。总书记视察殷墟时要求继续深化中华文明探源工程，更好地传承优秀传统文化。这些重要部署，为推进文物事业高质量发展指明了前进方向、提供了根本遵循、注入了强大动力。

浙江是中华文明重要发祥地、中国革命红船起航地、改革开放先行地、习近平新时代中国特色社会主义思想重要萌发地。习近平同志主政浙江期间，高度重视、亲自指导加强浙

① 本文摘自《浙江文物》2022 年第 6 期，有删改。

江文物工作。历届浙江省委、省政府以“八八战略”为指引，持续推进浙江文物事业改革发展。党的十八大以来，在以习近平同志为核心的党中央坚强领导下，浙江省委、省政府认真贯彻落实习近平总书记关于文物工作重要论述和指示批示精神，牢固树立、积极践行保护文物也是政绩的科学理念，杭州西湖文化景观、大运河（浙江段）、良渚古城遗址相继申遗成功，作为牵头省为“中国传统制茶技艺及其相关习俗”申遗成功作出重要贡献，国家版本馆杭州分馆、浙江自然博物院安吉馆、南宋德寿宫遗址博物馆等一批重量级博物馆相继建成开放，乡村博物馆建设取得积极进展，余姚井头山遗址、义乌桥头遗址、温州朔门古港遗址等考古获得重大发现，文物安全大排查大整治大提升攻坚行动全面覆盖，浙江文物保护利用和文化遗产保护传承工作成效显著，在全国走出一条创新发展之路。

踏上新征程，向着新目标，文物工作使命更加光荣、任务更加艰巨。为深入贯彻落实党的二十大精神，落实全国文物工作会议部署要求，推动文物事业实现新的更大发展，更好满足人民美好生活需要、促进经济社会高质量发展，我谈三点意见，与大家交流探讨。

一、深入学习领会习近平总书记关于文物工作的重要论述

习近平同志在浙江工作期间就高度重视文物工作，考察文博单位，瞻仰革命旧址，发表重要讲话；到中央工作后对文物工作前所未有关心重视，先后作出130多次重要指示批示。概括起来，主要有以下四个方面。

（一）传承文化基因，激发民族自信自豪。习近平同志指出，文化遗产是民族智慧的结晶，是民族文化的见证，其中蕴含着一个民族特有的精神价值、思维方式和创造力、生命力、想象力。一个没有文化遗产的民族和国家，很难说是有真正实力的民族和国家。**强调**浙江是文物之邦，是中华文明的发祥地之一，文化名人群星璀璨，文化精品琳琅满目，文化样式异彩纷呈，文化传统绵延不绝，为丰富和发展中华民族文化作出了重大贡献，也有力地促进了浙江经济社会的发展。**强调**良渚遗址是实证中华五千年文明史的圣地，是不可多得的

宝贵财富，我们必须把它保护好。**强调**浙江革命遗迹遍布全省，红色旅游资源种类丰富、分布广泛。历史文化、革命文化与现代文化的交相辉映，形成了浙江特有的文化精神和人文优势。这些重要论述，与党的十八大以来习近平总书记关于“文物承载灿烂文明，传承历史文化，维系民族精神，是老祖宗留给我们的宝贵遗产，是加强社会主义精神文明建设的深厚滋养。保护文物功在当代、利在千秋”的重要论断一脉相承，阐明了文物资源的多重价值和做好文物工作的重要意义。

（二）增强历史自觉，加强文物保护管理。习近平同志指出，历史文化遗产保护的总体目标是，构建比较完备的不可移动文物与历史文化名城和历史文化街区、村镇保护体系，基本建立布局合理、富有浙江地域特色的博物馆网络，形成保护与利用协调发展的新格局。**强调**正确处理文化遗产保护和经济社会发展的关系，正确处理文化遗产保护、传承与管理、利用的关系，加快抢救速度，加大保护力度，抢救为主、保护第一，切实保护好不可再生的文化遗产。**强调**西湖的保护、开发和利用，保护是第一位的任务，也是搞好开发和利用的前提和基础。要本着应保尽保的原则，对西湖风景名胜区内的生态环境、自然景观、文物古迹等，尽最大努力予以保护。**强调**要充分考虑乡村特色，切实保护好古村落、古建筑、特色民居和历史文化遗迹，做到传承历史文化与融入现代文明的有机统一。这些重要论述，与党的十八大以来习近平总书记关于“要始终把保护放在第一位，像爱惜自己的生命一样保护好历史文化遗产，统筹好文物保护与经济社会发展，让城市留下记忆，让人们记住乡愁”的重要观点一脉相承，阐明了文物保护和经济社会发展的辩证关系，以及文物工作必须遵循的重要原则。

（三）注重推陈出新，提升文物活化利用水平。习近平同志指出，在继承中创新，在创新中发展，不断求新、求变、求精，大力弘扬优秀的民族文化和民族精神，赋予时代发展内涵。**强调**要在坚持保护的前提下进行适度合理开发和建设，用改革的思路、创新的意识，把保护与开发、建设有机结合起来，不断开拓保护与发展“双赢”的新路子。**强调**首先要保护好；还要研究好，把来龙去脉研究清楚；第三要利用好，作为带动旅游推动经济发展的重要平台；第四要传承好，真正做好保护、研究、利用、传承的文章。**强调**充分发挥革命纪念地和历史文化遗址、博物馆、纪念馆等的重要作用。保护、开发、利用红色资源，发展红色旅游，具有政治、文化、经济等多重意义。这些重要论述，与党的十八大以来习近平总书记关于“推动中华优秀传统文化创造性转化、创新性发展”“让收藏在博物馆里的文物、陈列在广阔大地上的遗产、书写在古籍里的文字都活起来”的重要思想一脉相承，阐明了推进文物活化利用和优秀传统文化创新发展的时代价值。

（四）树立正确政绩观，统筹文物保护与经济社会发展。习近平同志指出，保护文化遗产，是全省各级党委、政府的历史使命和神圣职责。现在的各级领导对文化遗产应该具备起码的认识，在有认识的情况下不重视，就是意识问题、政绩观问题。**强调**要切实加强对文化遗产保护的领导，加大立法和保障力度，理顺文化遗产保护的工作机制，增加投入。**强调**要积极引导、鼓励社会力量参与文化遗产的保护，在坚持政府投入为主的前提下，引导民间资金进入文化遗产的保护和开发。**强调**保护传承历史文化是每一个人的事，要通过各种渠道宣传文化遗产保护，完善文化遗产保护的专家咨询制度、公众舆论监督制度，充分发挥学术单位的作用，共同开展保护工作。这些重要论述，与党的十八大以来习近平总书记关于“各级党委和政府要增强对历史文物的敬畏之心，树立保护文物也是政绩的科学理念，重视文物保护利用和文化遗产保护传承工作，广泛动员社会力量参与，努力走出一条符合国情的文物保护利用之路”的重要理念一脉相承，对各级党委和政府以及各级领导干部做好文物工作提出了明确要求。

习近平总书记关于文物工作的重要论述，内涵丰富、思想深刻，深刻回答了事关文物事业长远发展的一系列重大问题，对做好新时代文物工作具有重要指导意义。我们一定要牢记总书记的殷殷嘱托，进一步增强责任感使命感，切实把思想和行动统一到中央决策部署上来，有效落实到文物工作全过程、各方面。

二、准确理解把握新时代文物工作方针和文物事业高质量发展原则要求

今年7月召开的全国文物工作会议，立足新征程新形势新任务，确定保护第一、加强管理、挖掘价值、有效利用、让文物活起来的新时代文物工作方针，是对习近平总书记关于文物工作重要论述精神的贯彻凝练，阐明了文物工作各方面的辩证关系，保护第一是主线、加强管理是关键、挖掘价值是基础、有效利用是路径，让文物活起来是目标。全国文物工作者要深刻理解、全面贯彻新时代文物工作方针政策，把党中央对文物工作的部署要求落实到具体工作中，注意把握好以下原则要求。

（一）坚持守正创新。做好新时代文物工作，守正是基础，创新是关键。要坚持马克思主义在意识形态领域指导地位的根本制度，把马克思主义思想精髓同中华优秀传统文化精华贯通起来、同人民群众日用而不觉的共同价值观念融通起来，坚持和完善党领导文物事业发展的体制机制，更好发挥党在文物工作中总揽全局、协调各方的领导作用，为推动文物事业高质量发展提供根本保证。要坚持创新发展，大力推进文物科技创新、制度创新、理念创新，持之以恒加强基础研究，加快推进急需技术攻关和应用，推动文物保护利用提质增效，不断塑造发展新动能新优势。

（二）坚持深化改革。当前，文物事业迈入新发展阶段，必须全面深化文物领域各项改革，不断破除制约文物事业高质量发展的瓶颈和障碍，解放和发展文化生产力，激发干事创业活力。要坚持问题导向，紧紧抓住解决不平衡不充分的发展问题，着力在补短板、强弱项、固底板、扬优势上下功夫，围绕文物资源管理、价值阐释、执法督察、民间收藏等重点领域改革任务，进一步厘清务实可行的改革路径，提高改革举措和政策安排的针对性和可操作性，打好攻坚战和组合拳，最大限度调动积极性、提高持续性，使一切有利于文物保护利用的社会力量源泉充分涌流。

（三）坚持系统集成。系统规

划文物保护利用范围，与国土空间规划、区域经济社会发展规划有机结合，与文物保护单位的保护范围和建设控制地带、世界文化遗产、国家考古遗址公园、相关文旅产业园区等有效衔接。系统梳理各类权属的历史文化遗产资源，有机整合物质文化遗产、非物质文化遗产、自然遗产，在深入研究挖掘文物价值基础上，系统保护文物本体、历史环境、文化氛围和城乡肌理，构建点、线、面相结合的保护利用体系。系统推进文物保护、管理、研究、利用，统筹加强考古、文物保护、安全防范、研究、展示、传播力量，加快构建文物学科体系、学术体系、话语体系。

（四）坚持融合发展。始终坚持以人民为中心的工作导向，积极推动文物保护利用融入人民群众生产生活，不断满足人民日益增长的美好生活需要，丰富人民精神世界，增强人民精神力量，实现文物保护与经济社会发展的双赢。要因地制宜做好文物领域跨界融合，将文物的内涵价值和空间特质嵌入现代生活，实现活态保护与有机利用相融合，文物保护与城市更新、乡村振兴、民生改善相融合。特别要坚持以文塑旅、以旅彰文，深入挖掘历史文化深厚积淀，积极推动文物保护单位、世界遗产地、革命文物资源、博物馆成为特色旅游目的地和文明旅游典范，推出精品线路，发展研学旅行，让诗和远方交相辉映。

三、全面加强文物保护利用，推进文博强省建设

刚才，国家文物局和浙江省人民政府就加强浙江文物保护利用签署战略合作协议。希望浙江各级党委政府进一步加强文物工作的统筹领导，立足新发展阶段，完整、准确、全面贯彻新发展理念，努力构建新发展格局，把高质量发展的主题贯穿到文物工作的方方面面，以更大力度推进健全文物安全责任体系、加强各级文物行政部门和专业队伍建设、加大文物保护资金投入、加强城乡建设中的文物保护，特别是在创建世界一流文博机构、构建文物保护空间体系、推进文物数字化改革、打造中华文明展示窗口等方面先行先试，先闯先干，努力为全国文物事业提供可复制、可推广的经验。国家文物局将一如既

往地重视支持浙江文物工作，在国家文物保护资金、考古与文物保护基地建设、博物馆改革发展、文物国际交流合作等方面进一步加大支持力度，共同书写新时代文化高地建设的浙江答卷。

（一）深化考古和文明历史研究，从筑牢文化自信之基的高度建设文博强省。国家文物局积极支持浙江省参与中华文明探源、“考古中国”等重大课题研究，聚焦中华文明起源、中华文明特质和形态、陆海文明交流等重大项目，持续推进七里亭遗址、上山文化、河姆渡文化、良渚文化等考古发掘和研究阐释，努力在实证我国百万年人类史、一万年文化史、五千多年文明史，建设中国特色、中国风格、中国气派的考古学，更好认识源远流长、博大精深的中华文明，向世界提出文明定义的中国方案等方面作出更大贡献。

（二）加强文物保护管理，从赓续民族基因血脉的高度打造文博强省。国家文物局积极支持浙江省加强文物保护顶层设计，切实把保护第一的要求落实到位，全面夯实文物安全责任，保障资金投入，充实基层力量，不断加大文物和文化遗产保护力度，妥善处理文物保护与城乡建设、经济社会发展的关系，开展国土空间文物保护专项规划体系试点，健全“先考古、后出让”等政策机制，持续加大打击防范文物犯罪力度和文物行政执法督察力度，创新文物安全监管方式，筑牢文物安全底线。

（三）深入推进改革创新，从探索符合国情的文物保护利用之路的高度打造文博强省。国家文物局积极支持浙江省加大先行先试力度，充分发挥浙江善于吃“改革饭”、精于打“创新牌”的优势，深化文物保护利用改革，在破除体制机制束缚方面取得更多实质性进展，激发文化创新创造活力，提升文物保护利用能效水平。大力加强文物科技创新，深入推进文物领域数字化改革，加快构建文物科技创新人才培养体系，全面提高考古发掘、分析研究、保护修复、防灾减灾、活化利用等各环节科技应用水平，为全国提供示范样板。

（四）推动文物活化利用，从高质量发展建设共同富裕示范区的高度打造文博强省。国家文物局积极支持浙江省大力提升文化文物公共服务水平，加快推进大运河、长江国家文化公园浙江段建设，提升考古遗址公园保护管理和开放利用水平，策划推出一批文物主题游线；加强闽浙赣和浙东革命文物保护利用片区建设，发展红色旅游；科学发掘、保护利用乡村文化资源，让“乡村博物馆”成为乡村振兴新动能；擦亮“丝绸之路周”等国际交流品牌，深入参与海上丝绸之路（浙江）申遗前期准备工作，讲好中国故事的浙江篇，扩大中华文化国际影响力，为高质量发展建设共同富裕示范区赋能添彩。

对标“两个先行” 打造文博强省 奋力谱写浙江文物事业新篇章

省文化和旅游厅党组书记　陈广胜

在全党全国深入学习贯彻党的二十大精神之际，省委、省政府高规格召开全省文物工作会议，国家文物局李群局长亲临指导，浙江文物系统的同志们对此深受鼓舞、倍感振奋。根据会议安排，我代表省文化和旅游厅、省文物局作简要汇报。

党的十八大以来，在省委、省政府的坚强领导和国家文物局的精心指导下，全省文物系统踔厉奋发、积极进取，把贯彻落实习近平总书记关于文物工作重要论述作为首要政治任务，全力推动我省文物事业高质量发展。

一是在服务大局中展现新作为。着眼于增强历史自觉和文化自信，深入挖掘文物所承载的中华民族血脉和浙江精神基因。“考古中国”18个重大项目中，浙江牵头2项、参与2项，数量居全国第一。4处遗址入选“百年百大考古发现”，其中良渚遗址入选首届“世界十大重要田野考古发现”。通过考古实证，构建了我省“100万年人类史”“1万年文化史”“5000多年文明史”和丝、瓷、茶之源等文化谱系，不断彰显在中华文明起源“版图”中鲜明的浙江印记。坚持“先考古、后建设”“先考古、后出让”，并着力统筹好保护与发展，实施配合基本建设的考古调查勘探项目1500余项，有力支持了杭州萧山国际机场等重大工程建设。率先启动乡村博物馆建设，被列为全国试点，有效助力乡村振兴。相继编纂完成《中国历代绘画大系》《浙江馆藏文物大典》《浙江考古与中华文明》，努力打磨浙江文化研究工程的传世之作。

二是在综合能级上实现新跃升。杭州西湖文化景观、大运河（浙江段）、良渚古城遗址相继申遗成功，实现我省世界文化遗产数量零的突破并持续发力。全国重点文物保护单位从181处增至281处，排名跃居全国第四。国家历史文化名城从7座增至10座，居全国第二。率先建立省市县三级考古遗址公园体系，建成国家考古遗址公园3个。设立世界文化遗产监测中心，率先制定省级大运河文化遗产保护条例。2个国家级重点科研基地落户浙江，植物考古研究、丝织品文物保护修复居世界领先水平。全省登记备案博物馆从252座增至420座，接待量超7亿人次，居全国第二。4家博物馆获评全国最具创新力博物馆，居全国第一。中共“一大”会址、“两山”理念诞生地、218家革命纪念馆等革命文物资源，让浙江成为一座没有围墙的红色博物馆。

三是在活化利用上取得新突破。省委制定让文物活起来扩大中华文化国际影响力的实施意见。创新实施浙江“文化基因解码工程”，对首批319项重要遗址进行系统性解码，探究文物背后蕴含的人文精神、道德规范、技术工艺和符号特征，并明确活化路径和利用规划，为习近平总书记提出的“解码中华文化基因”提供了浙江方案。结合宋韵文化传世工程、“四条诗路”文化带等建设，推进“文物＋”融合发展，设立文博类文化标识培育项目34个，让文物元素更好地融入现代生活。率先实施“拯救老屋行动”，并被写入2022年中央1号文件向全国推广。实施革命文物传播弘扬工程，推出“跟着博物馆去研学”“革命文物青年说”等一系列活动，让文物遗址、博物馆成为青少年教育的重要基地。依托“浙里文化圈”数字化应用，推出以文物考古为重要内容的“文脉”板块，为公众提供博物场馆预约、线上观展、地图导航等“一站式文化链接”。

四是在变革重塑中树立新形象。始终将保护放在第一位，以体制机制创新强化文物工作主体责任。以数字化改革促系统性重塑，开发“浙里文物”数字化应用，通过数字赋能完善闭环管理。结合浙江实际，围绕文物安全、资源管理、不可移动文物保护等出台一系列改革举措。重塑文物国际交流合作机制，推进文明交流互鉴。2020年至2022年，连续3年举办“丝绸之路周”活动，吸引22个国家的200多家文化机构、累计5000余万人次参与线上线下大联动。相继举办第三届世界考古论坛、万年浙江与中华文明国际学术座谈会等国际性学术会议。以良渚成功申遗为契机，在海外举办系列主题展。主动与洪都拉斯、韩国开展联合考古，积极参与柬埔寨茶胶寺维修、吴哥古迹王宫遗址修复等援外项目，其中尼泊尔蓝毗尼中华寺项目成为中尼宗教文化交流的标志，得到习近平总书记高度肯定。

我省文物事业虽然取得了长足进步，但文物安全形势依然严峻，发展不平衡不充分、基层保护管理力量薄弱等问题还比较突出，特别是前些年发生了钱镠墓被盗案，教训十分惨痛。我们要加紧补短板、强弱项，以更高标准举一反三，以更高要求标本兼治。下一步，要以党的二十大精神为指引，始终践行新时代文物工作方针，深入贯彻全国文物工作会议和本次会议精神，脚踏实地对标“两个先行”，全力以赴打造文博强省，以争当保护好、传承好、利用好文物资源“三好生”的进取姿态，切实在以下6方面下功夫，奋力谱写浙江文物事业新篇章。

一是进一步健全文物安全监管体系。坚持科学保护、系统保护，聚焦文物火灾事故、法人违法、盗掘盗挖、自然灾害四大风险，强立法、广普法、严执法，着力构建大监管机制，全面提升文物保护法治化、智能化水平，坚决守牢文物安全防线。

二是进一步擦亮新时代文化标识。实施“浙江考古启明星计划”，深化浙江特色文化考古研究，加强世界文化遗产保护利用和后续申报工作，深入推进宋韵文化传世工程，加强革命文物保护利用，擦亮“文明之源耀浙江”品牌。

三是进一步提升文博公共服务水平。争创世界一流考古机构和世界一流博物馆，建设景区化博物馆和等级博物馆各100家，创建乡村博物馆1000家，积极探索博物馆共同体，构建功能完备、普惠共享的文博公共服务体系。

四是进一步深化文物治理数字化改革。持续迭代“浙里文物”应用，依托浙江“文旅大脑”，打造一批全景数字展厅和特色应用，促进文物工作多跨协同、制度重塑，在全国率先构建整体智治、开放智享的数字化治理体系。

五是进一步探索文物赋能共同富裕路径。充分发挥“文物+”杠杆效应，推进文物与旅游、教育、科技、文创等深度融合，通过文物活化利用促产业、扩消费、增就业，丰富公众历史文化滋养，实现“富口袋”与“富脑袋”双轮并驱。

六是进一步打造“世界看浙江”文化窗口。积极推动浙江文物元素嵌入重大外事活动，打造一批文博类国际人文交流基地，推出一批文物外展精品，着力讲好浙江文物故事，成为向世界传播中华文化、展示浙江风采的重要金名片。

全省文物工作会议专题片解说词

中华文明，源远流长。之江大地，自古繁华。

习近平总书记在浙江工作期间，系统提出“八八战略”，亲自擘画文化大省建设，亲自推动文物保护利用，一席席殷殷嘱托，为浙江文物工作提供了根本遵循。历届省委、省政府忠实践行“八八战略”，写下了浙江文物事业浓墨重彩的一笔！

一、探源实证

七里亭遗址，实证100万年人类史。上山文化遗址，实证10000年文化史。良渚古城遗址，实证中华5000多年文明史，为提出文明定义和认定进入文明社会的中国方案作出重大贡献。

世界上最早的栽培稻、彩陶、米酒和面积最大的古稻田遗存，证明浙江是世界上重要的定居农业社会发源地。中国沿海地区最早的海岸贝丘遗址井头山和最早的独木舟，展现了浙江先民向海而生、开放进取的精神。作为瓷器的发源地，3000多年窑火不熄，成就了“一部陶瓷史，半部在浙江”的辉煌。

1000年宋韵，风雅精致。杭州南宋临安城、绍兴宋六陵、宁波保国寺、衢州孔庙、温州朔门古港，以及遍布全省的石刻造像……，展示了千年宋韵的魅力。

二、守根护脉

文物保护利用体系不断完善。世界文化遗产申报连中三元；全国重点文物保护单位从181处增至281处；国家版本馆杭州分馆等一批文博场馆建成开放，博物馆总数位居全国第二。

文物事业发展基础不断夯实。创全国之首，制定了省级大运河世界文化遗产保护条例；领全国之先，实现了市、县(市、区）文物局全覆盖；

举全省之力，推进文物安全大排查大整治大提升攻坚行动，形成了全社会保护文物的新格局。

文物保护科技创新加快推进。文物博物馆综合管理系统、文物安全智慧监管应用上线运行；纺织品文物保护、植物考古、石窟寺文物数字化保护，跻身国际领先行列；“互联网+中华文明”展览连续3年亮相世界互联网大会。

革命文物保护利用持续加强，40余处革命遗址列入全国革命文物保护利用片区。218家革命纪念馆、中共“一大”会址、“五四宪法”起草地、“两山”理念诞生地……，映耀了中国共产党百年奋斗的辉煌历程。

三、活化赋能

与国家同频，1500余项考古项目，为重大工程建设提供了有力支撑；拯救老屋行动、乡村博物馆建设、文创产业发展，多举措让文物活起来。

与国际同轨，3届“丝绸之路周”活动，向世界传递出了“一带一路”倡议的拳拳诚意；参与柬埔寨茶胶寺、吴哥古迹王宫遗址修复等文物援外工程，在国际舞台上树立了浙江的良好形象。

与人民同心，建成3个国家考古遗址公园；推出博物馆展览近2万场次，服务观众超7亿人次，文博场馆成为热门打卡地和青少年教育的“第二课堂”。《中国历代绘画大系》《浙江馆藏文物大典》《浙江考古与中华文明》出版发行，成为传世经典之作。

百舸争流千帆竞，奋楫扬帆正当时。承载着使命与荣光的浙江文物事业，将以党的二十大精神为指引，站在“两个结合”的高度，全面贯彻落实新时代文物工作方针，朝着省第十五次党代会提出“打造文博强省”的目标奋勇前进，在“两个先行”中奏响文化先行的最强音！

文物“除险保安”工程实施方案

围绕"打造文博强省"新目标新定位，持续推进文物安全大排查大整治大提升攻坚行动，进一步强化责任落实，防范化解重大文物安全风险，全力打好文物安全攻坚战、翻身仗，特制定本实施方案。

一、主要目标

到2027年，文物安全工作纳入各级党委政府年度考核评价体系，部门协同监管高效有力，博物馆和文物产权管理使用单位直接责任持续强化，安全责任体系更加完善。文物安全风险评估体系基本形成，安全隐患得到及时清除，重大安全风险得到有效管控。文物安全防护工程全面实施，数字化应用和高科技设备广泛运用，安全防控水平显著提升。文物安全人员业务素质和应急能力不断提高，人才队伍力量稳步增强，努力实现“五升三降”工作目标，推动全省文物安全形势根本性好转。

“五升”

1.国有博物馆、各级文物保护单位安全直接责任人公告公示率提升至100%;

2.国有博物馆、省级以上文物保护单位安全建档率和“一点一策”机制执行率提升至100%;

3.文物安全隐患整改措施落实率提升至100%;

4.省级以上文物保护单位安全防护设施设备覆盖率提升至100%，市级和县级文物保护单位安全防护设施设备覆盖率显著提升；

5.培育护宝志愿者不少于1万名。

“三降”（较2018年1月至2022年12月）

1.文物火灾事故总量下降50%以上，不发生重大文物安全事故、文物安全责任事故；

2.重大文物法人违法案件数量下

降30%以上；

3. 涉及文物保护单位的盗窃盗掘案件总数下降30%以上。

二、主要任务

（一）压实安全责任。建立健全文物安全责任考核评价机制，进一步压实党委政府主体责任、部门监管责任和文物产权管理使用人直接责任，引导公众践行社会责任，全面构建政府主导、部门监管、使用人负责、社会参与的文物安全责任闭环体系。

（二）治理问题隐患。聚焦文物火灾事故、法人违法、盗窃盗掘、自然灾害等重点风险，坚持“预防为主、防治结合”原则，加强源头管控、实施综合治理，着力防范化解安全风险，确保文物安全。

（三）强化“数智”管控。持续迭代文物安全智慧监管应用，实现文物安全分级分类智慧监管。推进遥感监测、智能分析、生物识别等现代科学技术和无人机、机器人等先进智能设备的广泛应用，形成“天上看、地上查、网上管”的文物安全管控新模式。

（四）夯实防护基础。深入推进文物平安工程建设，全面提升文物保护单位安全防护设施设备覆盖率，将省级以上文物保护单位、国有博物馆纳入“雪亮工程”“天网工程”监控范围，基本构建科学化、多系统、多维度的综合安全技术防范体系。

（五）加强队伍建设。增强文物安全监督员力量，培养文物安全“明白人”，培育“护宝”志愿者队伍，并委托第三方企业参与文物安全巡查，逐步构建“人人都是文保员”的文物安全群防群治新格局。

三、主要举措

（一）开展安全责任“强链闭环”行动。进一步发挥好“督检考”指挥棒作用，推动各级党委、政府履行文物安全主体责任，将文物安全纳入各类年度考核评价体系，出台政策措施，开展检查评估，加大保障投入。强化部门监管责任，完善文物安全管理制度，建立健全文物安全工作联控工作机制，开展联合检查和专项督察，督促责任单位落实安全措施，整治重大问题隐患。落实文物产权管理使用人直接责任，全面实施文物安全直接责任人公告公示制度，明确文物安全直接人和职责内容，接受社会监督，着力打通文物安全责任落实“最后一米”。引导公众践行保护文物社会责任，充分发挥文物安全智慧监管应用和文物违法举报热线作用，畅通社会监管渠道，拓宽社会力量参与文物保护的广度和深度。

（二）开展文物消防整治“隐患清零”行动。联合省消防救援总队持续部署开展文物建筑消防安全专项整治。以省级以上文物保护单位中的民居类文物建筑为重点整治对象，集中排查整治消防安全主体责任落实、生活用火用电、易燃易爆危险物品管理、消防系统及设施设备配置、专职消防队及微型消防站建设等方面存在的问题。对长期存在的重大文物火灾隐患提请省安委会或省消安委挂牌督办，消除一批民居类文物建筑重大火灾风险，打造一批文物消防安全专项整治标杆单位，制定一批地方性标准，推动我省文物消防安全工作标准化管理和高质量发展。

（三）开展打击文物违法“亮剑出拳”行动。深入推进文物法人违法案件专项整治，加大对重大文物违法案件的督办和查处力度，重点查处由机关、团体、企事业等法人单位实施破坏、损毁不可移动文物本体，擅自迁移、拆除、修缮和原址重建不可移动文物，擅自在文物保护单位保护范围、建设控制地带内违法建设，擅自改变国有文物保护单位用途等违法案件，形成有效震慑。会同省公安厅持续部署开展防范和打击文物犯罪专项行动，指导各地文物行政部门配合公安机关重点侦办涉及盗掘盗窃世界文化遗产、全国重点文物保护单位、省级文物保护单位和珍贵馆藏文物的积案、要案、大案，做好涉案文物的司法鉴定和接收保管工作。督促文物和博物馆单位完善治安应急联动机制，增强预警防控能力，切实预防文物犯罪行为发生。

（四）开展安全监管“数智赋能”行动。迭代升级文物安全智慧监管应用，持续完善“智治一张图”“法人违法防治”“社会监督”等省级应用场景，建立文物安全工作综合评价模型，形成云网感知、问题分析、隐患整改、案件处置、能力画像全流程闭环管理，建立“一点一策”工作机制，实现风险态势感知，隐患精准治理。指导各地推进文物安全“揭榜挂帅”试点项目建设，及时总结推广一批实战实效突出、复制性强的应用成果、制度成果、理论成果。开展省级应用培训工作，力争与“141”基层治理平台贯通，努力将其打造成易用、实用、好用的文物安全监管数字化应用。

（五）开展安全防护“提质扩面”行动。持续推进文物平安工程建设，按照文物安全工程相关标准，新建一批、更新一批安全防护设施设备。指导各地开展物联感知分布式组件建设，充分发挥文物安全防护设备智能监测、实时预警的作用，提升文物技防水平。鼓励各地各单位广泛应用现代技术，推进卫星遥感、无人机、机器人等科技手段在文物安全检查与执法巡查领域的普及应用，提高安全监管效能。积极推动将文物防灾减灾救灾纳入应急管理体系，增强文博单位灾害预警和防灾减灾能力。

（六）开展护宝使者“百队万人”培育行动。建立文物安全人员轮训制度，定期开展骨干人才培训，培养文物安全“明白人”。充实省级文物安全督查员力量，带动各地建立安全督查队伍，常态化开展文物安全巡查。壮大文物保护志愿者队伍，推动各市、县（市、区）至少建立1支文保志愿队，全省护宝志愿者人数不少于1万名。通过网络教学、宣传活动等形式，开展“万名护宝志愿者”大培训，提高志愿者业务素质。鼓励地方通过购买服务，引入电力、消防、文保企业等第三方机构参与文物安全巡查和风险评估，为文物安全工作保驾护航。

文明探源实证工程实施方案

为深入贯彻习近平总书记关于中华文明探源工程重要讲话精神，全面落实省第十五次党代会打造文博强省的决策部署，培育浙江考古事业核心竞争力，夯实浙江在中华文明探源及早期历史研究中的重要地位，根据我省实际，特制定本方案。

一、总体目标

坚持以习近平新时代中国特色社会主义思想为指导，立足浙江、放大优势、突出重点、聚焦前沿，深化价值研究，注重成果出版，加强保护利用，扩大传播交流，形成中华文明探源和早期历史研究标志性成果，更好认识源远流长博大精深的中华文明，推动增强历史自觉坚定文化自信。

到2027年，浙江考古在世界稻作农业起源、中国文化起源、中华文明起源与形成、南岛语族起源与扩散、陶瓷文明起源与交流、浙江历史发展脉络等重大问题上取得关键性成果，形成一批具有辨识度的浙江文化标识，构建起考古学框架下的浙江古代大历史，全面展示浙江历史文化深厚内涵和独特价值，充分彰显浙江考古对中华文明的重大贡献。国内国际合作更加多元，显著增强浙江考古在国内、国际影响力和话语权，清晰展现浙江考古成果对人类文明的重大贡献，进一步凸显浙江在中华文明起源中的“启明星”地位。

二、主要任务

（一）开展中华文明探源。聚焦“考古中国”重点支持方向，围绕旧石器时代向新石器时代过渡的多样性研究、早期陶瓷器在东亚的出现与传播、稻作农业起源研究、长江下游地区文明化进程研究、南岛语族起源与扩散研究、中国瓷业技术发展和对外交流研究、浙江历史发展脉络等重大问题，积极主导或参与“考古中国”重大项目，开展一系列有针对性的田野考古调查、勘探与发掘工作，不断取得考古新成果、新突破，成就更多文化之源、全国之最、世界之最。

（二）深化考古成果价值阐释。加强统筹规划和科学布局，坚持多学科、多角度、多层次、多方位，密切考古学和历史学、人文科学和自然科学的联合攻关，拓宽研究时空范围和覆盖领域，力争在世界文明起源、稻作农业起源、海洋开发利用和陶瓷研究等领域取得重大突破，系统集成“浙江考古与中华文明”等重大研究成果，助推建立中国语境的世界文明史观。

（三）推动考古成果创造性转化。积极推动考古遗址公园建设，加强遗址保护展示，让更多文物和文化遗产活起来，向世人展示中国精神，传播中国价值，彰显中国力量，增强中华文明的感染力、亲和力和认同感。

（四）加强融通内外的考古合作交流。加强与“一带一路”沿线国家合作，深化考古领域国内外合作交流，加强中外联合考古。运用浙江考古成果和历史研究成果，通过对外宣传、交流研讨等方式，讲清楚浙江考古成果及其对中华文明、人类文明的重大贡献，向国际社会展示浙江考古事业的灿烂成就，讲好浙江历史故事。

三、工作举措

（一）实施中华文明探源解码

1. 深入推进上山文化考古研究。深入贯彻落实习近平总书记“要加强对‘上山文化’的研究和宣传”的批示精神，全面加强上山文化的考古研究工作。围绕新旧石器时代过渡、稻作农业起源、稻作农业生产体系与人类生业模式、聚落形态与社会结构、农业社会的形成等重大课题，联合江西省、湖南省编制《长江中下游早期稻作农业社会的形成(2023—2032年）》项目规划，2022年完成“考古中国”重大项目申报并立项。持续进行东阳江流域、武义江流域等9个区域系统性调查，进一步摸清上山文化遗址的分布；2022年至2027年重点开展浦江上山、义乌桥头、仙居下汤、龙游荷花山、永康湖西等5个遗址考古勘探、发掘工作，搞清遗址的布局、年代和内涵。联合国内外文博单位、科研机构和高校，多学科合作，开展上山文化研究，加强稻作起源与农业社会形成理论研究，系统阐释长江中下游地区早期稻作农业社会形成与发展历程，梳理确认上山文化在世界稻作农业起源及稻作农业社会形成进程中的突出普遍价值，总结、概括以稻作为内容的农业起源中国模式或东亚模式，创建有影响力的农业起源理论，为上山文化遗址群申遗提供学术支撑。至2027年，初步建成南方稻作文明文物基因库。

2. 深度开展良渚文化考古研究。深化良渚古城遗址 “后申遗时代”考古研究工作。以“考古中国”重大项目——《长江下游区域文明模式研究(2021—2025年）》为引领，以良渚古城遗址和周边区域考古调查、勘探和发掘为抓手，结合多学科合作，持续深化对良渚古城遗址的认识。2023年至2024年，重点针对良渚古城遗址所在的杭州市余杭区、富阳区、萧山区、临安区以及嘉兴地区、湖州地区展开区域系统调查，对良渚古城东部的郊区聚落及水利系统进行重点勘探，探寻崧泽晚期至良渚时期的区域中心聚落。2023年至2027年，对良渚古城城内，水利系统关键区域进行试掘，完成荀山北部全覆盖式勘探工作，探寻围绕荀山的疑似城址，同时开展低坝库区南侧的水稻田调查及渠道勘探工作，进一步厘清良渚古城结构和布局，复原整个C形区域的古水系，整体分析良渚水利系统建设的背景和原因。加强文明起源理论研究，总结长江下游地区区域文明的特点、演进模式及其在早期中华文明多元一体格局中的历史地位和作用，为世界文明起源研究提供中国方案。鼓励多种形式的良渚文明与世界文明起源研究互动交流活动开展，深入挖掘良渚文明模式在世界文明史上的重要价值与影响力。

3. 稳步开展河姆渡文化考古研究。依托姚江谷地大遗址保护利用片区，以井头山、河姆渡、田螺山等遗址为重点，积极参与“考古中国”重大项目——《南岛语族起源与扩散研究考古工作计划》，编制《姚江谷地河姆渡文化考古工作规划》，积极申报国家重大项目和课题。持续开展姚江谷地及其周边区域系统调查、勘探和发掘工作。2022至2023年，重点开展井头山遗址、江桥头遗址等考古发掘，完善宁绍地区考古学文化谱系和历史发展脉络。2023年，召开河姆渡文化发现五十周年国际学术研讨会，系统梳理河姆渡、井头山、田螺山等遗址考古研究成果，推动中国海洋文化起源与发展综合研究，为浙江海洋强省建设提供历史依据和理论支撑。助力河姆渡遗址博物馆与河姆渡国家考古遗址公园建设，2022年申报第四批国家考古遗址公园立项。

4. 持续开展越文化考古研究。秉承大遗址考古及聚落考古理念，重点推进西苕溪流域的安吉古城遗址，东苕溪流域的湖州昆山遗址、下菰城遗址和余杭小古城遗址，绍兴地区越国王陵贵族墓及聚落遗址群，金衢盆地衢江云溪西周高等级土墩墓群、城址及聚落遗址，姚江谷地商周遗址群等考古工作；加强绍兴地区、浙东宁波地区、浙南地区先秦考古研究，构建浙江先秦考古学文化年代框架和谱系，厘清姑蔑国历史脉络，构建越文化起源及其立国、发展、壮大、称霸、衰落的历史脉络，在2024年启动“浙江越文化考古史系列丛书”编著工作。2022年至2025年，结合绍兴地区配合基本建设考古工作的快速发展，加快推进绍兴越国文化遗址群的调查、发掘工作，全面展示春秋战国时期越国文明的历史原貌，助力绍兴越国考古综合性研究基地建设，打造具有权威性的越国考古研究中心。

5. 切实加强吴越国考古研究。重点开展以吴越国衣锦城、王陵及钱氏家族墓为代表的古城址、高等级墓葬考古研究工作，基本搞清衣锦城城址功能布局，研究吴越国高等级墓葬葬制葬俗。继续开展以西湖周边石窟造像、摩崖石刻、寺庙、塔院、宫观为代表的吴越国宗教遗存研究，以五代秘色瓷窑址为核心的吴越国瓷窑址研究，以瓷器、玉器、金银器、经卷、墓室壁画、天文图、墓志等为代表的出土文物研究，持续加强与吴越国同时期文化的比较研究。彰显吴越国在浙江历史发展中的突出贡献，在中华文明发展史，尤其是经济文化史方面的重要价值。

6. 着力推进宋韵遗址考古研究。加强杭州南宋皇城遗址、绍兴宋六陵遗址、德寿宫遗址、临安洞霄宫遗址考古研究。2022年，统筹推进南宋皇城遗址土地置换、搬迁安置等工作，保障皇城遗址考古工作条件；2023年至2027年，持续开展南宋皇城城墙、城门、宫殿核心区的考古发掘，基本确认南宋皇城遗址范围、形制和布局，明确核心宫殿区主要建筑的轴线位置。为皇城遗址综合保护利用工程提供学术支撑。2022年，以宋六陵二号陵园遗址为基础，向南侧扩大发掘，寻找和揭示与其直接相关的该帝陵上宫遗址，2023年，将二号陵园的上、下宫两组宫殿基址基本揭示清楚，为南宋帝陵的实际面貌树立明确样本， 2024年至2027年，开展宋六陵北部陵园考古勘探发掘，初步明晰北部陵园平面布局。到2027年，全面厘清宋六陵的布局，揭示南宋临安城遗址和绍兴宋六陵遗址在中国都城和陵墓制度发展史中的地位，明确南宋文化在中国大历史发展历程中承上启下的重大学术价值。2022年启动宋韵文物资源专项调查，到2027年，形成宋韵文物数据资源库，推动宋韵文物保护利用工作机制实现系统性重塑。

7. 切实加强瓷窑址考古研究。重点开展黄岩沙埠青瓷窑遗址、大窑龙泉窑遗址、天目窑遗址考古发掘，完善浙江青瓷烧造工艺技术发展脉络，研究海内外文化技术交流，探讨浙江青瓷文化对"海上丝绸之路"的重要见证价值以及对世界文明的重大影响。2022年开展大窑龙泉窑亭后址发掘工作，2023年至2027年，持续开展大窑龙泉窑遗址考古、调查、勘探、发掘，完善大窑龙泉窑青瓷的发展脉络，选取龙泉窑系列窑址典型样品进行胎釉成分检测，基本完成龙泉窑成分数据库建设。2022年，推进黄岩沙埠窑考古挖掘，重点对竹家岭窑址前部作坊区域考古发掘，完善窑业生产操作链，构建起沙埠窑两宋时期整体窑业生产体系。2023至2025年，对临海、仙居、温岭、天台和三门地区瓷窑遗址进行系统考古，厘清台州地区两宋青瓷窑址分布情况，为下一步考古研究保护利用打下学术基础。2024至2027年继续开展以德清为中心的瓷之源考古，填补西周瓷窑址空白，完善原始瓷窑址年代系列。谋划创建中国青瓷文明文物基因库。

8. 大力推进石窟寺考古研究。开展全省石窟寺专项调查与研究工作，全面掌握浙江石窟寺文化内涵、重要价值和保护状况。在前期调查的基础上，对重要窟前遗址、相关寺院遗址等进行考古发掘，开展浙江石窟寺分区与分期研究，探讨佛教在浙江传播与发展中本土化、世俗化进程。推动现代科技应用和多学科合作，探索建立浙江石窟寺考古研究理论和方法体系。参与“考古中国”重大项目一“石窟寺研究”，2022年开展圣果寺、神尼塔、烟霞洞考古发掘。2022至2023年，编制完成《浙江省石窟寺及石刻研究保护利用专项规划》明确浙江石窟寺保护利用目标、定位和工作任务，推进浙江石窟寺考古研究与保护利用的有序开展。加快石窟寺考古研究成果转化，实施浙江石窟寺考古报告出版工程，2022至2025年完成出版《浙江省石窟造像调查报告》《浙江省石窟造像病害调查报告》，谋划出版《杭州五代至宋元石窟造像题记集成》。依托浙江五代宋元石窟寺石刻，打造南方地区摩崖造像和石窟寺保护区域平台。

（二）实施考古成果出版传播

1. 持续推进"浙江考古与中华文明"研究项目。2022年底前完成《浙江新石器时代考古》《良渚古城与中华五千年文明》《稻作与中华文明》《越国考古》《南宋考古》等11项子课题出版。2023—2024年编撰出版《浙江考古与中华文明》第二辑。

2. 加强后申遗时代良渚古城遗址世界遗产价值的传播。积极推动《良渚文明》大型纪录片在国家级媒体播放平台及海外主流媒体播出，持续提升良渚古城遗址世界文化遗产的影响力，增强中华文化自信力、凝聚力和感召力。出版《反山（修订版）》、《良渚文明丛书》（第二辑，共4册）、《早期良渚》、《良渚文化玉器全集》（共12册）、《瑶山》、《反山》、《良渚古城综合报告》、《良渚王国》（英文版）、《世界古文明译丛》等，进一步拓展良渚文明在国际考古学界的影响力和话语权。

3. 加强考古资料的整理研究和出版。到2027年完成义乌桥头遗址、嵊州小黄山、仙居下汤遗址、江山山崖尾遗址、长兴江家山遗址、余杭良渚遗址、德清中初鸣遗址、平湖庄桥坟遗址、余姚田螺山遗址、桐庐方家洲遗址、鹿城曹湾山遗址、湖州昆山遗址、安吉古城遗址、绍兴越国王陵及贵族墓、绍兴坡塘306号墓、安吉上马山古墓葬、湖州杨家埠、绍兴兰若寺南宋墓葬、慈溪荷花芯窑址、慈溪后司岙窑址、杭州老虎洞窑址、德寿宫遗址、临安衣锦城遗址等25本以上考古发掘报告的编撰和出版工作。

4. 做好重大考古成果的发布和宣传。开展“浙江考古与中华文明”系列宣传活动，做好重大考古成果的发布和宣传，依托重要考古发现，系统打造“浙江考古年度重要发现”“浙江考古年度重要发现成果展”“跟着考古去研学”“穿越浙江一万年——考古公开课”等优质文化品牌。鼓励融媒体、数字文化企业参与考古成果转化利用，积极引入新兴传播方式和业态，创新数字文化产品和服务，实施“考古＋融媒体”传播计划，形成丰富多样、科学准确的考古成果传播体系，营造传承中华文明的浓厚社会氛围，教育引导群众特别是青少年认知浙江历史发展脉络，认知浙江文明灿烂成就。

5.组织编著“启明星——浙江文明菁华”科普丛书。梳理浙江文明成果之“最”，从浙江史前文明、世界文化遗产、越文化和丝瓷茶文化、吴越文化、宋韵文化等特色文化入手，打造一批具有较高知名度、鲜明辨识度的浙江文化标识。

（三）促进考古遗产活化利用

1. 积极推动重要考古遗址申报世界文化遗产。围绕上山文化遗址研究、保护、申遗主线，统筹谋划，深化考古研究，加强遗址保护展示，推进遗产的活化利用，加快推进上山文化遗址群保护管理规划和申遗文本编制，争取 2025年前列入《中国世界文化遗产预备名单》。做好良渚文化的保护利用传承工作，争创良渚国家文化公园。积极争取温州古港遗址列入“海上丝绸之路”申遗点。推动南宋皇城——宋六陵、河姆渡——井头山遗址群、富阳泗州造纸作坊遗址启动申遗前期准备工作。

2. 持续推进全省考古遗址公园建设。2023年完成《浙江省省级考古遗址公园管理办法（试行）》的修订，规范省级考古遗址公园的申报、建设和运营管理。到2025年，争取全省新增国家考古遗址公园2处、省级考古遗址公园8—10处，建成初具规模的考古遗址公园30处，完善国家、省、市县三级考古遗址公园体系。到2027年，建成浦江上山、临平玉架山、平湖庄桥坟等10座考古遗址博物馆。

（四）实施考古合作互鉴

1. 加强国内外考古合作。鼓励开展国内、国际联合考古行动，支持实施联合考古项目，积极参与亚洲文化遗产保护行动和中外联合考古等文物考古国际交流项目。支持与海外研究机构围绕人类起源、新旧石器时代过渡、稻作农业起源、文明起源、海洋文明、海上丝绸之路等主题开展合作研究。依托丝织品、陶瓷、玉器、茶等浙江特色文化内涵，推动学术研究国际化，培育考古领域的世界性学术课题，进一步夯实浙江作为丝之源、瓷之源、茶之源的证据链。

2. 搭建高端学术交流展示平台。依托良渚遗址世界文化遗产地、稻作农业起源地、青瓷文明起源地等优势资源，举办良渚国际论坛，召开国际性考古学术大会，搭建考古研究高端学术交流展示平台，吸引世界各地优秀学者来浙共同研究、交流互鉴，向国内外及时全面展示文明起源与考古新发现等工作成果，提升浙江考古在国内外考古学界的影响力、话语权。

五、保障措施

（一）加强制度供给。坚持考古先行原则，进一步落实“先考古，后出让”政策和配套措施，完善文物保护区域评估和土地储备考古前置制度。加强对全省考古工作事中事后监管，保障考古工作质量。

（二）夯实硬件基础。深入推进浙江省考古与文物保护基地建设，打造国家重点区域考古标本库房和稻作文明文物基因库，布局省级区域性考古与保护基地，强化省级考古科学实验室和文物考古保护科技平台建设，推动国家水下考古东海基地、植物考古实验室建设，打造一批具备国内一流水平，在世界考古学领域具有突出影响力的科技考古实验室和水下考古合作交流的重要平台。

（三）强化人才培养。加强考古后备人才培养，完善考古事业人才团队和梯队建设。积极争取在关键领域引进国内、国际领军人才。支持考古专业人才申报国家、省级重大科研项目及重点人才培养计划，建立完善考古领域专家库。落实国家文物局高层次文博行业人才提升计划。积极推荐在职人员申报省级、国际级人才培养计划，打造一支高层次、有影响力的考古人才队伍。鼓励各级考古研究人员积极申报国家级、省市级相关研究课题与项目。

（四）强化文物考古科技创新。制定重大考古科研立项计划，推进考古领域的科技创新和关键技术联合攻关，全面提升科技考古科研环境和条件。加快推进“浙里文物”应用建设，推动文物考古工作机制实现系统性重塑。强化现代科技在考古工作中的应用，建成并推广使用田野考古数字化系统。建立田野考古、系统研究、现场保护一体化协同、科学化实施的考古工作管理系统，全面提升浙江考古工作智能化、科学化、精细化水平。

世界文化遗产之窗建设工程实施方案

为深入贯彻习近平总书记关于世界遗产申报工作“要统筹安排，申报项目要有利于突出中华文明历史文化价值、有利于体现中华民族精神追求，有利于向世人展示全面真实的古代中国和现代中国”（以下简称“三个有利于”）的批示指示精神，全面落实省第十五次党代会关于打造文博强省的决策部署，推动我省世界文化遗产申报和管理工作持续发力、标杆引领，特制定本方案。

一、总体目标

以“三个有利于”为工作原则，按照“联动提升一批、争取预备一批、谋划储备一批”的总体思路，持续稳步推进我省世界文化遗产动态管理和申报工作，以此树立浙江文物工作的旗帜和标杆形象，鼓励政府和民众对世界遗产的认同和积极参与，形成比学赶超、争先恐后的申遗工作氛围，进一步扩大世界文化遗产的知名度和影响力。

到2027年达成以下工作目标：

以领跑的姿态，聚合杭州西湖文化景观、大运河（杭州段）、良渚古城遗址三大世界遗产地的集群效应，把杭州打造成独具魅力的世界文化遗产群落城市，形成具有浙江气派和国际影响力的对外展示窗口。

以抢跑的姿态，重点支持和培育已纳入《中国世界文化遗产预备名单》的、符合国家核心利益的预备项目，确保1—2项优先进入国家文物局正式提名序列。

以追跑的姿态，对省内具备世界文化遗产潜在价值的项目开展缺口领域研究，重点围绕考古遗址、工业遗产、儒家文明、乡镇民居等类别，培育2个以上项目增补列入《中国世界文化遗产预备名单》。

二、标志性成果

（一）打造一个世界遗产群落城市。通过三大世界遗产地的联动提升，把杭州建成“文化保护标杆地、中华文明展示地、文旅融合样板地、共同富裕示范地”。

（二）构建浙江省世界文化遗产申报项目梯队。形成世界遗产地、世界遗产预备名单项目以及有望增补列入《中国世界文化遗产预备名单》储备项目三个梯队。

（三）树立一批世界文化遗产保护管理典范。确保杭州西湖文化景观成为世界文化遗产保护管理“优等生”；推动良渚成为全国大遗址类世界文化遗产保护利用的典范，成为世界考古遗址保护、研究、展示、利用、发展“五位一体”典范，成为展示中华文明的重要窗口。

（四）培育3—5个取得重大突破的申遗项目。重点培育海上丝绸之路（浙江）、钱塘江海塘·潮文化景观、江南水乡古镇等项目；上山文化遗址群、河姆渡——井头山遗址群、宋六陵——南宋临安城遗址列入《中国世界文化遗产预备名单》；温州朔门古港遗址纳入“海上丝绸之路”申遗点。

（五）建立若干个世界文化遗产国际合作交流平台。举办以大遗址保护和文明交流互鉴为主题的国际性“良渚论坛”；推动国际文物保护与修复博览会会址永久落户桐乡乌镇；承办好中意世界文化遗产保护合作论坛；积极参与承办海上丝绸之路文化遗产保护国际论坛，并纳入“一带一路”国际合作高峰论坛框架。

三、主要任务

（一）完善世界文化遗产保护管理顶层设计

1. 建立健全保护法规体系。完成《杭州西湖风景名胜区总体规划》《西湖文化景观保护管理规划》修编。公布实施《浙江省大运河世界文化遗产保护管理规划》和5个设区市相关规划。修编并公布实施《良渚遗址保护总体规划》，修编《良渚国家考古遗址公园控制性详细规划》，推动杭州市人大开展《杭州市良渚遗址保护管理条例》新一轮修订。继续做好《浙江省大运河世界文化遗产保护条例》宣传贯彻以及相关评估、执法检查工作。

2. 完善监测管理体系。推动浙江省世界文化遗产基础信息“一张图”全覆盖。构建完善以浙江省世界文化遗产监测中心为核心，以杭州、宁波、湖州、嘉兴、绍兴为支撑的大运河世界文化遗产“1 + 5”监测体系。发挥“浙江省大运河遗产监测联盟”作用，落实大运河沿线相关建设项目遗产影响评价和遗产监测巡查制度，严格保护18处遗产点段的真实性和完整性。加快良渚古城遗址监测预警平台的系统性重塑，完成“良渚遗址文物安全巡查网格智治”应用场景开发，借助数字手段不断构建数字赋能文物安全的新格局。持续开展对西湖文化景观森林资源、水环境等生态环境的动态监测，使西湖成为践行"两山"理念的生动样本。

3. 建立动态的申报预备项目梯队。重视对列入《中国世界文化遗产预备名单》项目的前期指导和培育，有序推进海上丝绸之路、明清古城墙的研究工作，加强指导江南水乡古镇等重点潜力项目；积极支持并促成“上山文化遗址群”纳入《中国世界文化遗产预备名单》；推动苍南矾山矾矿遗址、富阳泗洲造纸作坊遗址、天台山等有望列入《中国世界文化遗产预备名单》的项目，逐步建立完善申报预备项目梯队。加强对相关项目保护管理状况的动态评估，对因保护管理不善，致使遗产地价值受到损害的，及时予以警示。

（二）加强世界文化遗产本体保护和研究

1. 强化世界文化遗产保护修复。到2027年，实施完成岳庙石质文物保护工程及环境整治工程、飞来峰造像保护工程第四期、江南运河南浔段（頔塘故道）双桥及驳岸修缮工程等标志性工程。以良渚老虎岭遗址、南城墙遗址考古发掘剖面保护工程为试点，持续攻坚江南潮湿环境下土遗址保护难题，切实提高预防保护的针对性、有效性。加快上山文化遗址6处申遗点遗址本体保护。

2. 推进重点遗址考古工作。重点开展浦江上山、义乌桥头、仙居下汤、嵊州小黄山、龙游荷花山、永康湖西等6处遗址考古勘探、发掘工作，厘清遗址的布局、年代和内涵，建立上山文化的年代框架，研究文化谱系。到2025年，开展东阳江流域、武义江流域、衢江流域、浦阳江流域、曹娥江流域、灵江流域、瓯江流域、始丰溪流域、姚江河谷上游等9个区域系统性考古调查，进一步摸清上山文化遗址的分布。结合宋韵文化传世工程实施南宋皇城遗址、宋六陵考古、龙泉窑遗址、临安天目窑考古发掘。

3. 提升不可移动文物保护等级。基于上山文化遗址、海上丝绸之路、宋六陵——南宋临安城、河姆渡——井头山遗址群等重点储备项目世界遗产突出普遍价值的梳理，遴选重点遗址点纳入文物保护单位保护体系，积极申报全国重点文物保护单位、省级文物保护单位。2022年底前报请省政府批准公布温州朔门古港遗址、义乌桥头遗址、余姚施岙遗址、富阳新登古城墙等为第八批省级文物保护单位。尚未公布为市县级文物保护单位的，由所在地政府在2027年前完成批准公布工作，落实相应保护管理措施。

4. 组织文化遗产基础研究。委托专业技术团队开展《中国世界文化遗产预备名单》设置策略研究，做好上山遗址、宁波河姆渡——井头山遗址群、宋六陵——南宋临安城遗址等申遗预研究，梳理世界遗产突出普遍价值，并开展与世界范围类似遗产比较研究，推进申遗材料编制。积极用好国际古迹遗址理事会的茶文化景观主题研究成果。组织开展长江下游文化与族群变迁研究、大运河（浙江段）文化带历史文化遗存调查与研究、飞来峰造像考古调查等重点课题。加强与中国文化遗产院跨国申遗联盟秘书处、海上丝绸之路申遗城市联盟的联系，推动“海上丝绸之路”跨国申遗概念性文件和主题研究工作。出版《中国古代文明论丛》《良渚遗址群石器》《大运河（浙江段）文化带历史文化遗存调查与研究》《杭州五代至宋元石窟造像题记集成》《飞来峰考古报告》等著作。

（三）加强世界文化遗产展示利用

1. 提升文化遗产及周边环境。以迎亚运为契机，推进良渚古城、瑶山、老虎岭遗址考古遗址公园提升工程，完善公园开放管理细节，实施良渚博物院周边水环境提升、良渚古城数字再现工程等项目；完成杭州临安城遗址太庙广场提升工程、圣果寺“千佛阁”保护罩建设及周边环境整治工程、智果寺周边环境整治工程等项目；持续推进大运河国家文化公园建设，建立完善大运河河长制，开展运河水环境保护与治理，打造文化文明和生态文明相生相融、人与自然和谐亲近的美丽家园。

2. 加强考古遗址公园建设。加快推进浦江上山考古遗址公园建设，争取2022年列入国家考古遗址公园立项名单。到2027年，进一步提升良渚、上林湖越窑、大窑龙泉窑国家考古遗址公园开放运行水平，成立“长三角”区域良渚遗址保护联盟，争创良渚国家文化公园和全国大遗址保护培训中心。基本建成温州古港考古遗址公园、沙埠窑考古遗址公园，初步建成南宋皇城考古遗址公园。

3. 推进博物馆建设。实施良渚博物院二期项目，积极争创中国特色世界一流博物馆。推动京杭大运河博物院、浙东运河博物馆、中国水利博物馆等一批标志性的大运河文化专题博物馆、展示馆建设和提升工作。2024年建成上山文化博物馆（世界稻源博物馆）并开馆，展示世界稻作农业起源研究和上山文化考古研究成果。

4. 加强文化遗产活态利用。加强与高校、社会组织、企业的合作，提炼文化遗产的符号特征、美学元素，探索推进优秀传统文化在现代城市建设、景观打造中的继承和再现，促进文化遗产与现代产业融合发展，增加产品附加值。依托考古遗址公园、博物馆、运河及其沿线的文化景观和设施，打造特色精品旅游线路。持续做好杭州三大世界遗产联动文章，面向全球发布十条以西湖、大运河（杭州段）和良渚古城遗址为主要内容的杭州世界遗产精品旅游线路，构建更为广域、更为丰富的“长三角”文化旅游圈。

（四）加强世界文化遗产交流传播

1. 拓展传播渠道。加强各类节庆品牌的宣传推广。围绕浙江省大运河世界文化遗产保护宣传周、国际博物馆日、文化与自然遗产日及中国传统节日等重要节点，举办艺术节、庙会、讲解员大赛等形式多样、寓教于乐的全民参与活动，做好国际网络传播，向世界讲好中国故事，展示独特魅力。推动杭州市将“良渚日”“西湖日”“大运河宣传周”整合打造成集文化交流、经贸活动于一体的“世界遗产月”综合性节庆活动，提高文化遗产的品牌效应。

2. 丰富宣传多元供给。建设世界文化遗产媒体传播资源库，收集整理一批世界文化遗产相关的短视频、微电影、纪录片、线上展览、游览攻略等，拍摄纪录片、考古公开课，组织专题讲座、体验活动、原创展览，提升文化遗产多领域推广度。出版各类科普和专业读物，推动上山文化遗址公园等列入省、市中小学研学实践教育基地和研学营地，丰富文化产品供给。

3. 推进文化遗产保护国际合作。扩大交流互鉴，深化国际治理，与世界一流大学、博物馆等单位合作举办交流活动，共同构建客观、科学的文化阐释话语体系。加强与“海上丝绸之路”沿线国家合作，启动区域性文化遗产保护联合行动，与韩国罗州文化财研究所合作开展基于“海上丝绸之路”的古代中国南方与韩国西南海岸地区文化互动研究，与日本金泽大学合作开展中日新石器时代稻作农业起源全作课题研究。推动世界遗产文化相关国际展览交流，深化与国内外各大博物馆机构的交流合作。

四、工作举措

（一）加强体制机制建设。指导市县梳理、落实申报世界遗产和文物保护的主体责任，建立健全有效保护管理机制。积极协调成立申遗工作领导小组及相应的管理机构，制订出台有利于世界文化遗产保护和利用的政策，明确保护利用的方向和定位。推动杭州市在历史文化名城保护委员会架构内设立世界文化遗产保护委员会，发挥好名城保护委员会（世界遗产保护委员会）统筹协调的作用。

（二）加强区域协同联动。指导联合申遗城市结合各自的特点和实际，做好遗产的本体保护、环境整治、展示阐释、监测管理、遗产研究等各项工作，并保持及时的沟通与协作，推动联合申遗城市联盟成立和联合申遗工作会议召开。整合世界文化遗产资源，开发丰富多样的旅游产品。以亚运会为契机，在城市重要节点场所开设世界文化遗产相关文创展示体验点，积极打造复合式的世遗文化体验空间。

（三）加强要素保障。建强世界

文化遗产研究保护队伍，建立完善文博领域专家库。鼓励有条件的高校开展世界文化遗产相关学科建设，建设世界文化遗产展示创新实验室。积极向国家文物局和省财政争取专项资金支持，注重文物抢救性保护与预防性保护并重、文物本体保护与周边环境保护并重。启动杭州市文化遗产保护课题申报机制研究，争取设立市级科研课题专项经费。

“百城千馆”建设提升工程实施方案

为贯彻落实省第十五次党代会精神和省委关于"打造文博强省"部署要求，全力推进新时代文化高地建设，在共同富裕中实现精神富有，在现代化先行中实现文化先行。结合我省实际，特制定本方案。

一、工作目标

到2027年，进一步提升博物馆公共服务覆盖面，有效推动博物馆事业高质量发展，博物馆数量、社会教育和精品陈列展览继续领跑全国，构建形成“大馆建强、中馆建优、小馆建密、微馆建活”的博物馆矩阵，率先建成博物馆现代公共文化服务体系标杆省。

——创成世界一流博物馆2家，国家等级博物馆总数达100家，A级景区博物馆总数达100家。新建博物馆100家以上，备案博物馆总数达500家以上，居全国第一。乡村博物馆总数达1000家。实现每10万人（常住人口）拥有一座博物馆、县县有博物馆的目标。

——推出陈列展览超12000个，社会教育活动超6.5万场次，接待观众量超3.5亿人次，陈列展览国家级精品奖项目3个以上，陈列展览省级精品奖项目50个以上。

——制定省级行业标准3个以上，开展5家博物馆文创国家试点，推出文创产品超2000种，形成20个以上自主知识产权文创品牌。推出一批“24小时博物馆”“博物馆＋”的创新典型。

二、主要任务

（一）积极争创一批世界一流博物馆。坚持面向国际、龙头带动、彰显特色、梯次推进，对标国际一流征藏管理、价值研究、展陈展示、交流传播、活化利用、保障服务等标准，推动浙江省博物馆、中国丝绸博物馆、浙江自然博物院充分发挥各自优势和特色，朝着世界一流博物馆的目标迈进，确保第一批第二批各创成1家，争取2—3家进入创建名单，实现与国际知名博物馆平起平坐、平等对话、平分秋色。

（二）奋力打造一批国内精品博物馆。根据馆藏特色和地域特点，分层级、分行业、分属性、分专题谋划实施一批博物馆建设项目，推动市县级公共博物馆不断健全完善公共文化服务设施和设备，有效提升公共文化服务效能，持续激发博物馆发展活力，在资源共享化、服务网络化、展陈精品化、运行一体化等方面实现大幅度提升，真正成为有品位、有体验、有温度的精品博物馆。

（三）改造提升一批特色乡村博物馆。改造提升1000家以上主题突出、特色鲜明的乡村博物馆，将博物馆展陈与乡土技艺体验、非遗活态传承、在地文化体验形成优质联动，使乡村博物馆成为文化惠民、文旅融合的有机载体。探索社会化运营管理长效机制，培育文创、非遗、特产、研学等“博物馆＋”新业态，将乡村博物馆打造为区域内地标性的乡村文化窗口和文化旅游品牌。

（四）多层次构建全省博物馆文化共同体。加强博物馆资源整合和创新，坚持上下联动、横向联合，探索在文化资源丰厚地区建设“博物馆之城”“博物馆小镇”等集群聚落，努力打造形成一批历史内涵深厚、文化内容丰富的博物馆群落，集中呈现区域历史文化记忆和发展活力。整合区域和专题优势，通过信息互通、资源互换和机制互联等方式，加快推进博物馆联盟建设，串珠成链、集点成面，多层次、全方位打造全省博物馆文化共同体。

三、具体举措

（一）实施博物馆“昂龙头”计划。推动浙江省博物馆、中国丝绸博物馆、浙江自然博物院争创世界一流博物馆。浙江省博物馆充分发挥综合类龙头博物馆的优势，以建设之江馆区为契机，全面提升博物馆现代化、数字化、国际化水平，打造成为具有浙江风范、中国气派的世界一流博物馆。支持中国丝绸博物馆充分发挥专题类龙头博物馆的优势，以推动科技保护能力和国际交流传播为重点，有效突出博物馆全链条、研究型、国际化、时尚范特色，打造成为公共服务优良、展览展示优质、馆藏体系完善、学术研究深入、文物活化利用有为、国际国内影响力强、引领行业发展的世界一流博物馆。浙江自然博物院充分发挥自然类龙头博物馆的优势，以深化自然生态主题、践行“两山”理论为方向，打造成为向世界讲好“诗画江南”故事、展现“活力浙江”形象的世界一流自然类博物馆。梯次推进杭州博物馆、宁波博物院、良渚博物院等进入世界一流博物馆创建培育名单。

（二）实施博物馆“壮龙身”计划。推动国家级重点专题博物馆建设，积极引进中国商业与贸易博物馆、中国灌溉博物馆、中国气象博物馆等一批国字号博物馆。推动温州博物馆、湖州博物馆、绍兴博物馆等地市级博物馆和重点博物馆建设，打造10家国内领先博物馆。推动浙江自然博物院安吉馆区、中国茶叶博物馆等实现博物馆景区化发展，打造A级景区博物馆100家以上，其中4A级景区博物馆30家以上。加强与教育、水利等相关部门合作，以共建共管的方式推动高校博物馆、水利博物馆等一批行业博物馆发展。依托世界文化遗产、文物遗址、工业遗产、农业遗产、文化景观和国家级非物质文化遗产，建设京杭大运河博物院、浙东运河博物馆、钱塘江博物馆、南宋德寿宫遗址博物馆、上山文化遗址博物馆、古堰画乡通济堰博物馆、浙江越剧博物馆等专题类精品博物馆。打造大运河沿线城市博物馆联盟、唐诗之路博物馆联盟等交流合作平台，有效促进全省文博资源整合、协同发展、开放共享。

（三）实施博物馆"强根基"计划。到2023年，完成建设乡村博物馆1000家的目标，率先出台《浙江省乡村博物馆星级评定标准》，评定五星级乡村博物馆50家以上、四星级乡村博物馆100家以上，推动乡村博物馆"一馆一品一主题"特色化发展，建立乡村博物馆建设联盟，努力打造一批既有标准化、又有特色化，既有高品位、又有乡土味，既能富脑袋、又能富口袋的乡村博物馆，成为区域内重要的文化枢纽和品牌，努力为全国提供可复制、可推广的经验。到2025年，完成义乌、仙居、德清、嵊州、上虞、常山、开化、遂昌等地14家县级博物馆建设，全面实现县县有博物馆目标。开展博物馆等级评估工作，推动100家以上博物馆晋级国家一、二、三级博物馆，实现大馆小馆协调均衡发展。优化全省藏品征集体系，整合文物数字化资源，建设提升浙江博物馆藏品数字资源库，馆藏珍贵文物、重点藏品三维数据采集完成率和建档率均达 100%，构建形成框架清晰、内容完整、查询便利的藏品数字档案体系。

（四）实施博物馆"激活力"计划。推进文物内容数字化和传播智慧化，策划一批主题鲜明、叙事生动、制作精良的数字化展陈精品，提供可视化呈现、互动化传播、沉浸式体验的共享展览服务。推广浙江自然博物院"24小时博物馆"、中国丝绸博物馆在商业综合体办展等创新做法，拓展博物馆展览活动时空，在机场、高铁站等人流集中区开设"国丝·时装博物馆"等各类特色博物馆。推动"博物馆＋"融合发展，让博物馆在与教育、科技、旅游、商业、传媒等领域的跨界融合中，演绎出新的业态，打造博物馆文化共同体。推动博物馆集群聚落建设，鼓励杭州、宁波、温州、绍兴等地率先建设"博物馆之城"，推动苍南县矾山镇、杭州市余杭区百丈镇、青田县方山乡等地率先打造"博物馆小镇"，形成集文物鉴赏、公共服务、旅游休闲于一体的城乡公共文化空间。创新博物馆文物征藏体系，不断扩大文物收藏渠道，大力营造社会各界捐赠藏品的浓厚氛围；秉持"不求所有、但求所在、但求所用"的理念，开放博物馆库房面向社会开展寄存代管服务。加强文创产品开发，率先推进浙江省博物馆等5家列入国家试点的博物馆，按照事企分开原则，通过知识产权作价入股等方式投资设立从事文化创意产品开发的企业，努力打造一批文化创意产品开发示范单位，形成品质过硬、设计精良、市场认可的文博文创自主品牌20个以上。

（五）实施博物馆“国际化”计划。设立浙江文博国际交流中心，强化博物馆领域学术和人才国际交流，推动中青年文博学者外派和外国学者来浙交流，把更多的博物馆打造成国际人文交流基地。支持省内文博机构加强与文化遗产领域国际组织、国外重要文博机构的合作，鼓励参与文物保护国际标准、国际规范的制定，推动国际丝路之绸研究中心申报联合国教科文组织二类中心，争取建立国际文化遗产保护与修复研究中心杭州基地。鼓励省内文博机构加强与大英博物馆、法国卢浮宫、加拿大皇家安大略博物馆、俄罗斯国家博物馆等国际知名博物馆交流合作，发挥中国文物国际表达“重要窗口”的功能。坚持走出去与请进来相结合，统筹浙江文化资源，搭建国际策展人合作平台，策划推介一批体现浙江文化、中国特色的精品外展，推动博物馆在境外合作办馆，同时引进一批国（境）外展览。推动浙江海外藏品的数字化回归。持续办好“丝绸之路周”、博物馆与可持续发展国际学术研讨会等国际性会议，积极参与“一带一路”国际合作高峰论坛、“世界互联网大会”、“中国文化年”、“杭州亚运会”等国际性文化交流活动，构建全球对话与合作机制，扩大交流互鉴，深化国际治理，提升博物馆领域专业合作水平。借助中央媒体、海外文化阵地力量，融通多媒体资源，实施博物馆海外推广计划和文物全媒体传播计划，广泛传播弘扬浙江文物资源蕴含的文化精髓和时代价值。

（六）实施博物馆“优服务”计划。实施精品展览提升行动，打造一批诠释文物价值内涵、弘扬中华优秀传统文化、彰显浙江特色等深受群众欢迎的各类主题展览，力争更多入选全国博物馆陈列展览十大精品或国家“弘扬优秀传统文化、培育社会主义核心价值观主题展览”等重点项目。自2022年起，每月定期推出“全省博物馆展览集结号”，集结汇总全省博物馆专题展览，为群众提供可选择的文化菜单，进一步丰富群众的精神文化生活。成立“博物馆教育联盟”，以“博物馆之夜”“百万学生走进博物馆”“博物馆进校园”等为载体，打造素质教育“第二课堂”，建立中小学生实践基地、推出研学游示范项目、推介“博物馆青少年教育优秀案例”各100个以上，进一步丰富博物馆社会教育活动。开展博物馆讲解员素质提升行动，实施博物馆讲解员资格认定考核、星级评定制度，打造一支政治素质高、文化素养好、表达能力强、社会形象好的金牌讲解员队伍。广泛吸纳文博专家、退休老教师老干部、网络达人、金牌导游，参与博物馆讲解，通过微信视频号、抖音号等平台全面推介浙江文物博物馆资源，逐步成长为活跃于网络空间的“大V”。大力推进博物馆公共服务志愿者队伍建设，实现国家等级博物馆均有1支以上志愿者服务队伍目标，力争总人数突破10000人。

（七）实施博物馆“聚合力”计划。鼓励社会力量创办非国有博物馆，支持高校、企业和相关团体创办一批专题博物馆，推动国有博物馆帮扶指导非国有博物馆，积极提升非国有博物馆办馆质量与公共服务效能。支持省文化投资集团在文博文创产品开发和文博场馆空间管理方面先行先试，积极探索可复制、可推广的有效经验，并努力推动该集团在全国率先打造公共文化空间运营商。依托国家文物局重点科研基地，推动博物馆与高校、科研单位合作，成立丝绸之路、生态、青瓷等文化研究院，推出丝、茶、瓷等一批特色文化研究成果。主动融入“长三角一体化”发展战略，发挥中国博物馆协会相关专委会、浙江省博物馆学会等平台作用，积极参与博博会、中国义乌文交会等推广活动，与国内博物馆开展藏品互借、展览互换等活动，打造一批具有国内广泛影响力的品牌活动。运用全媒体发展新理念和人工智能、沉浸式展览、VR、AR、虚拟漫游、智慧导览等新技术，融通多媒体资源，布局全省博物馆全媒体传播体系。

“文物＋”融合发展工程实施方案

为深入挖掘文物资源价值内涵和文化元素，大力拓展文物合理适度利用的有效途径，让文物元素全面融入当代、融入相关产业、融入生活，让文物活起来，让历史说话，讲好浙江故事，充分激发浙江文物事业发展活力，特制定本方案。

一、主要目标

坚持守正创新，深入推进“文物＋”融合发展，全面推动文物与旅游、文创、互联网、城乡建设等融合发展，有效推动文物资源实现创造性转化和创新性发展，成为赋能经济社会发展、人民群众美好生活、现代产业转型发展的重要资源，力争到2027年率先形成文物资源与当代经济社会互促共进、相融共生的良好局面，探索走出一条保护好、传承好、利用好文物资源的新路子。

二、主要任务

（一）推进文物＋旅游融合发展。坚持“以文塑旅、以旅彰文”，紧扣“四条诗路”文化带建设、大花园建设、千年古城复兴、十大海岛公园建设等中心工作，加快实施相关文物保护利用项目，挖掘阐释文化遗产资源价值。推进博物馆景区化建设，推动重要文化遗产点和文博机构成为热门旅游目的地和扩大文旅消费的重要载体。

（二）推进文物＋教育融合发展。坚持“展教并重”理念，推动文物教育资源开发应用，充分发挥文博单位资源禀赋、场馆优势，联合开展文物保护利用课题研究，合作开发青少年研学游精品项目和精品课程。构建文物全众化社会教育体系，推动各级文博单位从“文化殿堂”变身“大众课堂”和“第二课堂”。

（三）推进文物+文创融合发展。大力推进博物馆展览展示和文创开发改革创新，鼓励文博机构探索建立临时展览市场化运作、建立投权交易服务、文创产品开发销售等方面新机制。培育打造一批文化创意产品开发示范单位和一批品质过硬、设计精良、市场认可文创自主品牌。鼓励博物馆探索“商业特展+文创销售”等新模式，逐步构建“事业支持产业、产业反哺事业”的良性机制。

（四）推进文物+城乡建设融合发展。进一步推广“拯救老屋行动”经验，积极助力乡村文化振兴。全面梳理、动态整合分布在城乡场景中丰富的文物资源，通过“文物建筑+”“道路+”“公园+”“生活圈+”等方式，推动文物资源再挖掘、再发现，实现文物保护成果的再分享、再体验，赋能城市的功能定位和内涵挖掘。

三、具体举措

（一）“四条诗路”文物保护利用展示项目。完成50项大运河保护利用项目、100项诗路文化带重点项目的实施。以文物古迹类标志性工程为重点推出一批大花园耀眼明珠培育项目，复兴一批古城古镇古村和历史活力街区。重点推进以下项目：大运河文化带和大运河国家文化公园建设；钱塘江诗路：严子陵钓台、八咏楼、狮城水下古城、杭州孔庙碑林；浙东唐诗之路：贺知章龙瑞宫记摩崖石刻、大佛寺石弥勒像和千佛岩造像、曹娥庙、天姥古道、苍岭古道；瓯江山水诗路：玉海楼、延庆寺塔、仙都摩崖题记、南明山摩崖题记。

（二）“文博之旅”精品游线建设项目。根据文物古迹、名山秀水的文化和地理特质，结合“跟着考古去旅游”“诗画浙江宝藏游”等文旅品牌活动，打造特色鲜明的历史、红色、自然、民俗等类别化文物主题游线10条以上，建成国家考古遗址公园5个以上、省级遗址考古公园30个以上。建成杭州西湖、良渚、台州府城等一批富有文化内涵的世界级文化旅游区和度假区。

（三）“为一个馆赴一座城”景区博物馆建设项目。推进浙江省博物馆之江馆区建设和景区化发展，力争到 2025年全省创成A级景区博物馆100家以上，4A景区博物馆50家以上，改造提升乡村博物馆1000家以上，年举办展览数3000个以上。推动中国丝绸博物馆与国际丝绸联盟、西湖风景名胜区开展合作，共同打造具有深厚丝绸文化底蕴的世界级旅游景区。提升浙江自然博物院安吉馆区户外展陈，打造集研学、旅游、文博教育为一体的新型“景区型博物馆”。

（四）“打卡博物馆”社教研学项目。出台《浙江省博物馆中小学研学管理办法》，成立“博物馆教育联盟”，开展中小学文物保护利用常识教育，建立教学实践基地10个以上，推出研学游示范项目50个以上，推介“博物馆青少年教育优秀案例”10个以上。深化“第二课堂”，推进“公众考古”“博物馆之夜”“百万学生走进博物馆”“博物馆进校园”“丝绸文化进校园”等活动，鼓励博物馆与中小学校联合开展“六个一”活动，即围绕一个中小学教育主题策划一系列原创展览、开展一系列教育活动、设计一系列教育课程、开发一系列文创产品、建立一个优秀博物馆青少年教育品牌。

（五）“我们的节日”传统文化主题教育项目。倡导文博单位与中小学校合作，利用春节、元宵、清明、端午、七夕、中秋、重阳七个传统节日，举办中小学生贴近地方文物活动，接受中华优秀传统文化教育。做亮“5. 18”国际博物馆日、文化和自然遗产日等文博节日，精心策划文博节日进校园系列活动，不断提升文博魅力和影响力。

（六）“浙里文创”新业态培育发展项目。贯彻《博物馆馆藏资源著作权、商标权和品牌授权操作指引（试行）》，支持文博单位建设历史文化资源信息库和创意资源数据库，建立一批具有开发潜力的文物、文字、符号、造型、工艺等数据资源，并依托互联网等渠道向社会发布。推进5家列入国家试点的博物馆，通过知识产权作价入股等方式投资设立从事文化创意产品开发的企业，打造文博文创自主品牌20个以上。构建文物博物馆资源产业联盟，形成文创产品开发销售全产业链生态。与腾讯、百度等企业合作，开展文化创意产品设计方案征集、创意产品设计比赛，推动设计成果转化和应用。拓展完善文创产品营销体系，鼓励在实体书店、旅游景区、公共文化空间、重点商圈等区域布局专卖店或代销点，结合陈列展览、主题活动、馆际交流等形式，发展电子商务和体验式营销，开展文创产品推广营销。

（七）“让文物说话”系列主题出版项目。围绕红船精神、浙江精神、浙西南革命精神、大陈岛垦荒精神、抗疫精神，聚焦上山文化、河姆渡文化、良渚文化、越文化、宋韵文化、丝瓷茶文化等浙江特色文化，组织出版系列著作 20本以上；针对我省特色亮点和受众特点，策划出版《浙江文物知多少》《图说浙江博物馆》等通俗读物10本以上。

（八）公益鉴定“周周鉴”项目。在浙江省博物馆、浙江文物鉴定站、杭州文物公司三家民间收藏文物鉴定咨询服务点的基础上，进一步增加服务机构，遴选、指定一批具有较强文物鉴定能力的国有文博机构和社会组织成为民间收藏文物鉴定咨询服务机构，鼓励其他具有一定文物鉴定能力的国有文博机构参与咨询鉴定工作，积极开展巡回鉴定、多机构联合鉴定等活动。

（九）“拯救老屋行动”提质扩面项目。推进“拯救老屋”南方培训基地建设，总结提炼推广未公布为文物保护单位的不可移动文物保护利用成功实践经验，在全省范围内建立行之有效的文物建筑保护利用管理模式，构建文物建筑与村落发展相统筹、与民生改善相结合的工作机制，完成传统村落保护适宜性技术和活态利用的全国示范。突出活化利用，维修民居类古建筑不少于3000幢，并鼓励新的经济业态植入。

（十）文博主题“城乡会客厅”建设项目。深入推进乡村博物馆建设，改造提升乡村博物馆1000家以上。深入贯彻国家文物局《关于鼓励和支持社会力量参与文物建筑保护利用的意见》，有效引导社会力量参与文物建筑保护修缮，并利用文物建筑建设博物馆、陈列馆、民宿、客栈、茶社等，推动文物空间变身为集文物鉴赏、公共服务、旅游休闲于一体的公共文化空间。

“浙里文物”数字化改革工程实施方案

为全面落实省委、省政府数字化改革工作重要部署，按照省委宣传部“数字文化”赛道建设要求，加快推进全省文物数字化应用体系建设，并以此撬动全省文物领域各方面改革，实现文物领域的全方位、系统性、重塑性变革，为打造文博强省提供重要的引领、撬动和支撑作用，特制定本方案。

一、总体目标

到2027年底，全面构建以“125X”为主要内容的全省文物数字化综合应用体系，1即建设1个“浙里文物”应用，2即构建形成整体智治、高效协同的文物数字化治理体系和普惠共享、优质便捷的文博数字化服务体系，5即围绕文物事业管理、文物安全管护、文物保护修复、文物考古研究、文物活化利用5个重点领域，X即打造一批“一地创新、全省共享”、具有国际一流水平的文物数字化应用场景，构建全省文博应用超市，同步推进理论创新和制度建设，通过数字化杠杆全面撬动文物工作重点领域体制机制、业务流程、工作体系的系统性重塑，率先形成高效善治的文物数字科技创新高地，文物领域数字化水平进入全球领先行列。

——到2022年底，全面完成文物领域核心业务梳理，搭建形成“浙里文物”应用框架体系，基本建成文物数据仓、数据驾驶舱和文博应用超市，“浙里文物”应用上线运行，文物安全智慧监管模块全面升级，土地储备考古前置、文物保护单位涉建项目管理等重点领域数字化转型全面深化。

——到2023年，“浙里文物”应用完成升级迭代，文博应用超市上架文物数字化治理和文博数字化共享特色应用10个以上，夯实文物体系数字化底座，整体功能、协同关联逐步成熟，初步形成多跨协同并建立健全理论体系和制度体系，文物领域初步实现“经验决策”向“大数据决策”转变。

——到2027年，全面建成全省文物数字化综合应用体系，浙里文物应用成熟稳定运行，文博应用超市上架文物数字化治理和文博数字化共享特色应用30个以上，业务协同更加高效，集成应用场景不断拓展，数字文物理论体系和制度体系比较完善，形成一批有辨识度有影响力的标志性成果。

二、主要任务

按照“整体智治、高效协同、普惠共享、优质便捷”理念，立足“场景化”“一件事”协同应用需求，聚焦文物事业管理、文物安全管护、文物保护修复、文物考古研究、文物活化利用5个方面的重大任务，建设数字化治理和共享综合应用模块，健全高效协同、综合集成、闭环管理的工作机制，建立全领域、全业务、全流程的数字化、规范化、模块化事件执行链，实现文物领域在制度、治理、服务方面的整体跃升。

（一）加快建设“浙里文物”

应用在全面梳理文物领域核心业务流程上，全面迭代升级浙江省文物博物馆综合管理系统，构建省市县三级贯通的“浙里文物”应用，全面建立文物系统核心业务运用大数据，实现科学决策、精准执行、风险预警、执法督察、服务保障、绩效评估、成果运用的体制机制，建设重大任务、重点领域跨部门、跨系统、跨领域、全业务协同应用的功能模块，构建数字化的决策、执行、预警、监管、服务、督查、评价、反馈的闭环管理执行链，构建文物数字化的理论体系和制度体系，实现文物系统履职整体智治、高效协同。

（二）推进重大任务应用建设

1. 打造文物事业管理应用。针对全省文物系统综合决策和管理需求，通过数据共享、场景建设、多跨协同等方式，多维汇聚文物资源、文物管理、文博服务数据，全面实现数据标准化和规范化，构建文物知识库、模型库、算法库等，在此基础上加强文物大数据多维应用，以数据创新驱动业务管理能力，深化文物数据的智能应用，为文物事业发展提供更加科学的数字支撑。

2. 打造文物安全管护应用。聚焦法人违法、文物火灾、盗掘盗挖、自然灾害“四风险”突出问题，持续迭代升级浙里文物安全智慧监管应用，全面提升文物安全防范、风险监测预警、执法巡查监管等安全防护装备设施覆盖率，通过物联感知、区块链等技术，构建主动发现、快速响应、有效处置、科学评价、结果运用等跨部门、跨地区、跨业务的文物安全风险防控处置闭环管理执行链。

3. 打造文物保护修复应用。基于世界文化遗产监测、文物保护工程全流程管理、馆藏文物数字化保护、文物保护专项资金绩效管理等业务需求，大力推进相关应用模块建设，有效衔接国家保护工程中心和文物保护工程全流程网上平台，着力解决部门间、处室间和国家、省、市、县各层级间存在业务系统壁垒，一体化、协同化不够的问题，打造横向跨部门、跨处室协同的应用场景，有效提升业务处理和管理能力，构建纵向到底、横向到边的一体化文物保护项目管理格局。

4. 打造文物考古研究应用。基于全省文物考古研究项目谋划、土地储备考古前置、考古发掘资质管理、水下考古区域调查等业务需求，集成运用现代测绘、遥感、三维重建、数据库、地理信息系统、虚拟网络通信等技术，全方位获取考古调查、发掘和研究中的各种记录、图表、图形、图像、音频、视频、论文、报告、数据以及考古现场的空间信息，构建全省文物考古数据库，并全面提升文物和考古信息采集管理、综合分析和研究应用水平，为考古学研究、文化遗产保护、数据存档等开辟新的数字空间，并通过网络通信实现数据传输与共享。

5. 打造文物活化利用应用。基于文物数字化保护、文物数字化展示、文物资源数据社会共享、文博公共服务目标人群分析、文物资源经济社会价值测算等需求，全量归集文物资源、博物馆、遗址公园、线上展览、社教活动、文创产品开发等信息，持续推动文物展示利用方式的融合创新，通过利用新技术、营造新场景、促进新体验、带动新传播、促进新消费，使文物资源与现代文明、文创产业、当下生活实现深度融合，真正达到“让文物活起来”的目标。

（三）全面构建文博应用超市

坚持“一地创新、全省共享”的理念，深入开展全省文物数字化应用场景建设“揭榜挂帅”和优秀示范应用场景评选工作，立足全省文物保护利用工作共性需求，谋划引导全省各级文物部门、文博单位研发实战实效的数字化应用场景，逐步打造形成一批可复制、可推广的产品化、模块化应用场景，纳入浙里文物应用文博应用超市。

三、保障措施

（一）强化机制保障。建立“1+X”工作协调机制，加强全省文物领域数字化改革的集中领导和统筹协调。成立全省文物数字化改革领导小组，负责全省文物数字化应用的规划建设、组织推进、统筹协调和监督指导，由省文物局主要领导任组长，省文物局分管领导和11个设区市文物局局长任副组长，省文物局各处室主要负责人和11个设区市文物局职能处室主要负责人为成员。各设区市文物局和承担全省文物系统揭榜挂帅项目建设任务的文物局也要相应成立数字化改革工作专班。领导小组和专班均需结合实际，制定具体工作方案，明确目标任务，细化责任分工，明确时间表、路线图，确保各项任务落地见效。

（二）强化协同推进。建立工作例会制度，全省文物数字化改革领导小组定期召开协调会，交流工作进度情况，分析重点难点问题，部署下阶段重点工作。组建工作浙政钉群，明确具体负责人和联络员，常态化开展沟通交流，形成权责明晰、协同推进的工作机制。加强监督，根据建设任务，采取挂单销号方式，切实抓好工作落实，确保按时保质完成各项任务。

（三）强化规范管理。健全完善全省文物系统数字化建设项目评审机制，进一步推动共建共享，确保项目发挥实效。强化项目统筹，建立全省统一架构下文物领域应用场景开发机制，探索建立部门间协同、省市县联动的数字化建设模式。加强项目科学管理，严格规范经费使用，确保发挥最大效益。

（四）强化督查考核。建立督查晾晒机制，组织开展常态化督办、调研，总结推广典型示范项目，通报晾晒进度缓慢、成效不佳的项目，推动各项工作落实落细。建立项目绩效问责机制，对推动不力、措施不实的单位，督促限期整改，确保全省文物数字化应用体系建设步调一致。

附件："浙里文物"应用建设体系

"浙里文物"应用建设体系

<table>
<tr><th>建设成果</th><th>建设内容</th><th>治理端</th><th>服务端</th></tr>
<tr><td rowspan="5">重大任务应用模块</td><td>文物事业管理</td><td>浙里文物数据资源中心（不可移动文物、可移动文物）；浙里文物驾驶舱及智能工作台（含数据统计分析）；浙里文物业务协同中枢文物行业知识库模块；全省文物事业发展水平画像模块；"文物职能事项管理"子应用——文物保护项目库模块；舆情监测</td><td>浙里文物数据资源服务
浙里文物业务协同服务
文物行业知识库服务
全省藏品管理和检索服务
全省藏品共享服务</td></tr>
<tr><td>文物安全管护</td><td>文物安全监智慧管理；"文物职能事项管理"子应用——文物安防工程项目全流程管理</td><td>文物安防工程审批服务</td></tr>
<tr><td>文物保护修复</td><td>"文物职能事项管理"子应用—文物保护工程项目全流程管理；"文物职能事项管理"子应用——文物保护单位涉建项目管理</td><td>文物保护工程项目审批服务；文物保护单位涉建项目审批服务</td></tr>
<tr><td>文物考古研究</td><td>考古发掘全流程全周期管理；学术研究管理</td><td>考古项目申报服务</td></tr>
<tr><td>文物活化利用</td><td>"文物职能事项管理"子应用——文物建筑活化利用审批管理模块；全省博物馆预约信息和客流统计分析管理；博物馆展览管理；文物指纹</td><td>文物建筑活化利用服务；博物馆公共服务（预约服务、资讯服务、教育服务、导览服务、虚拟交互体验服务）博物馆数融展示利用应用；</td></tr>
<tr><td rowspan="2">浙里文物应用超市</td><td>平台建设</td><td colspan="2">应用超市平台；</td></tr>
<tr><td>应用和组件</td><td colspan="2">数据治理类工具；驾驶舱类工具；业务协同类工具；事项审批类工具；舆情监测工具；文物保护单位核查工具；文物保护单位两划评价工具；不可移动文物用地分析工具；不可移动文物资源管理工具……</td></tr>
<tr><td>制度创新</td><td></td><td colspan="2">形成文物保护监管全过程覆盖制度；建立文物健康状态评估和预警机制和文物火害综合风险监测和评估制度；制定更加符合公众需求、促进文物的活化利用的政策制度；文物安全防范业务实现数据共享；业务处理工单数据实现跨部门系统贯通共享</td></tr>
<tr><td>理论创新</td><td></td><td colspan="2">文物资源多维度精准智能分析；文物事业发展水平智能数据分析；文物市场发展的活跃度数据分析</td></tr>
</table>

文物基因解码传播工程实施方案

为全面挖掘浙江文物资源蕴含的核心思想理念、中华传统美德、浙江人文精神，创新文物保护利用方式，让更多文物和文化遗产实现创造性转化和创新性发展，使浙江优秀传统文化在新时代活起来并绽放出璀璨的光彩，全面夯实文博强省建设工作基础，有效扩大文博强省影响力，特制定本方案。

一、总体目标

到2027年，围绕文博强省建设目标，以浙江文化研究工程重点项目为抓手，全面推进浙江优秀传统文化研究解读，推出浙江文物价值研究著作50部以上，着力打造形成一批凸显浙江文脉、浙江元素的文物研究标志性成果。深入实施浙江文物全媒体传播计划，充分发挥省内外媒体矩阵的作用，聚焦特色文物资源，全方位传播弘扬浙江优秀传统文化，推出浙江文物全媒体传播精品50部以上，全面提升浙江作为“文物之邦”文博强省的知名度、美誉度。

二、主要任务

（一）深化浙江文物价值研究阐释。积极参与中华文明与早期发展综合研究、中外文明比较研究，依托文物考古、社科研究、科技创新、媒体传播等方面的专业力量，重点围绕上山文化、河姆渡文化、良渚文化、越文化、宋韵文化等在浙江历史上具有考古学意义的文化类型，深入开展考古研究，通过考古实证逐步清晰呈现浙江早期历史发展脉络。深入开展浙江特色文化研究，聚焦陶瓷文化、阳明文化、和合文化、黄帝文化、大舜文化、南孔文化和浙学等浙江特色文化类型，深入挖掘其蕴含的历史、文化、艺术、科学价值，构建具有鲜明浙江辨识度的文化标识体系。

（二）强化浙江文物资源保护传承。立足浙江特色文物资源，深入挖掘其所蕴含的优秀传统文化要素，找寻传统文化和当代生活之间的契合点，创新时空组合模式，构建文物传承轴线和传承片区，打造一批集保护传承、文化教育、公共服务、旅游观光、休闲娱乐、科学研究等功能于一体的特色开放空间和公共文化服务载体，以人民群众喜闻乐见的形式推动文物保护和考古成果转化为陈列展览、文创产品、数字化体验，让老百姓看得懂、感兴趣、想参与、有收获，尤其是充分激发青少年对文物考古事业的热情，切实发挥以史育人、以文化人作用。

（三）优化浙江文物全媒体传播体系。全面运用全媒体深度融合发展成果，依靠主流媒体、新兴媒体，创新宣传传播方式，拓展传播渠道，全面构筑浙江文物全媒体传播矩阵。坚持内容为王，全力聚焦浙江重要文物资源、文化标识，推出一批内容丰富、形式新颖、制作精良、传播力强的文物主题传播精品，为浙江优秀传统文化传承创新注入源源不断的能量与活力，努力打造一批深入人心、享誉全国、走向世界的浙江文物金名片。

三、具体举措

（一）积极参与浙江文化研究工程。会同浙江大学深化中国历代绘画大系研究成果，借助现代科技手段，以图像、文字、视频、新媒体等多元展示手法，呈现“大系”所反映的中国古代绘画宏富成就。加大《中国历代绘画大系》《浙江考古与中华文明》等成果的传播力度，有效扩大受众面，提升其影响力、知名度。加快推进“中国丝绸艺术大系”“黄宾虹大系”等项目的研究进度，争取尽快出成果。

（二）不断完善文博考古研究平台。依托浙江省文物考古研究所积极争创世界一流考古机构，建成国家重点区域考古标本库房和中华文明南方文物基因库。推动浙江省博物馆、浙江自然博物院、中国丝绸博物馆争创世界一流博物馆。加快推进丝绸之路文化研究院、生态文化研究院、青瓷文化研究院等项目建设，按照建设一流科研团队、产出一流科研成果、树立一流文化研究品牌的目标，全面提升浙江文博考古研究的话语权、影响力。

（三）全力打造浙江文物传承片区和轴线。以世界文化遗产、历史文化名城名镇名村、历史文化街区、传统村落、考古遗址公园以及重点博物馆等为载体，串珠成链、集点成面，着力打造集聚深厚历史文化、展现当代文化活力，具有丰富城市景观价值和旅游价值的文化聚集高地和轴线。同时，采取线上线下有机结合的方式，突出场景化、体验性参与感，打造一批主题鲜明、叙事生动、制作精良的展陈精品、活动精品、研学精品，丰富文旅融合的故事、场景和体验，增强文物的可亲可感可知，成为广大人民群众休闲旅游的热门目的地和广大青少年开展研学活动的主阵地。

（四）着力打造文物全媒体传播精品。以建设浙江文物全媒体传播素材库为抓手，以重大考古发现和重要文物史迹为线索，采用音视频、融媒体、动漫、条漫、H5、小程序、云展示、云直播等传播类型，使文物的生命律动、审美气质得以活化呈现和完美阐释，推出融媒体产品100个以上，推出跟着考古游浙江、浙江文物游记等重点专栏攻略 50条以上，凸显文物精美纹饰典雅色彩，升华文物作品的温度和质感，增进受众参与性、互动性。

（五）大力培育“懂文物、会传播”复合型人才。完善“引育管用”全链条，以人才链的“强”，激发创新链的“活”，努力破解“懂传播的人不懂内容，懂内容的人不知如何传播，既懂得搞研究又可以做传播的复合型人才太少”的突出问题。着力推动文博机构与高校、科研机构建立“产学研用”联合培养机制，有针对性地开展“懂文物、会传播”复合型人才的培养。大力构建公众化博物馆讲解服务体系，提升博物馆讲解员素质能力，努力培养一批政治素质高、文化素养好、表达能力强、社会形象好且在微信视频号、抖音号等平台上活跃的“大V”讲解员。

革命文物守护弘扬工程实施方案

为深入贯彻习近平总书记关于革命文物工作系列重要论述，紧扣“加快打造文博强省”新目标新定位，统筹推进革命文物保护管理运用，有效激活革命文物培根铸魂、凝心聚力、助力党史学习教育、助推经济社会发展、赋能人民美好生活等方面的时代价值，坚决守护好、传承好“红色根脉”，制定本方案。

一、总体目标

到2027年，基本形成与浙江“文博强省”定位相匹配的革命文物工作发展新格局。革命文物价值研究体系基本建成，革命文物资源家底进一步廓清，保护管理体系趋于完善，革命场馆布局日臻优化，革命文物活化利用效率显著提升，革命文物保护利用成果更多惠及人民群众。

——打造“一库一中心”革命文物理论研究格局。建成1个革命文物专家智库和1个协同研究中心，推出一批重大研究成果，形成一批革命文物标识。

——梳理一批浙江特色的革命文物资源。开展浙江改革开放时期和社会主义现代化建设新时期、中国特色社会主义新时代革命文物专项调查，凸显浙江在全国革命文物资源格局中的独特地位。

——实施一批革命文物保护项目。立足闽浙赣、浙东两大国家级革命文物保护片区，推动实施一批革命文物保护重点项目，形成动态革命文物保护利用项目储备库。

——打造一批革命文物展示利用典范。争创10家以上革命历史主题国家等级博物馆纪念馆，打造浙江特色的红色精品展馆20个、精品展陈50个，打造“红动浙江”革命文物活化利用区域品牌。

二、主要任务

（一）构建革命文物价值研究体系

1. 建设革命文物协同研究中心。按照国家文物局部署，依托浙江高等院校、科研机构、社会组织和革命博物馆纪念馆共同建设1—2家国家级革命文物协同研究中心，凸显浙江“三个地”尤其改革开放先行地、新时代中国特色社会主义思想重要萌发地的特色优势，加强基础研究、人才培养和跨学科合作，推出《浙江革命精神系列读本》《浙江改革开放新物件》等一批研究成果。

2. 组建革命文物专家智库。广泛吸收历史研究、文物保护、考古鉴定、建筑设计、展览策展等各领域专家力量，打造浙江革命文物研究专家库，进一步规范革命文物征藏定级、展陈评审、工程验收等专家评审制度。

3. 打造浙江文物革命标识。深入挖掘伟大建党精神中的浙江实践和浙江基因，梳理浙江各个历史时期的重大事件、重要节点，确定嘉兴南湖中共“一大”会址、长兴“新四军苏浙军区纪念馆”安吉余村“两山”会址等一批重要标识地，逐步形成革命文物标识体系。

（二）迭代革命文物资源管理体系

1. 持续开展资源专项调查。全面廓清革命文物家底，建立革命文物定期排查制度，推动各系统和各市、县（市、区）持续开展革命文物资源专项调查。重点加强新中国成立以来工业、农业、科技、水利、军队等各系统革命文物以及新时代革命文物资源梳理，开展浙江改革开放时期和社会主义现代化建设新时期、中国特色社会主义新时代革命文物资源专项调查，推进红色标语类革命文物调查。做好革命文物的认定、建档、定级等工作，逐步提升革命文物保护级别，并在专项调查成果的基础上，陆续公布全省革命文物名录。

2. 建成革命文物资源数据库。用好大数据、云计算、人工智能技术，以“浙里文物”应用为依托，建成全省革命文物数据管理平台，开展珍贵革命文物数字化采集、数字化档案编制，以国家一级馆为核心，加强与国家文物局数据库衔接，做好珍贵革命文物数据建档、备案。研究制定各类革命文物数字化应用规范和信息采集技术标准，实现革命文物资源数据信息的动态管理、高效利用。

3. 推动革命文物藏品征集行动。加大革命文物藏品征集力度，在加强“四史”相关实物、文献、档案、史料、口述史的抢救、征集与研究基础上，扩大藏品征集范围，重点推动改革开放和社会主义现代化建设新时期、中国特色社会主义新时代革命文物藏品征集工作，开展“晒晒浙里新物件”革命文物主题征集活动。探索正在发生的重大历史事件见证物的征集保护机制。

（三）完善革命文物保护管理体系

1. 推进革命文物保护利用片区建设。按照集中连片、突出重点、省里统筹、区划完整的原则，重点建设完善闽浙赣、浙东两大国家级革命文物保护片区和九大省级革命文物保护利用片区，完成两大片区工作规划编制工作，谋划一批区域联动的革命文物展示利用项目。指导支持丽水市创建丽水“红绿融合”发展国家文物保护利用示范区，积极探索革命文物保护利用片区发展的“浙江路径”。

2. 实施不可移动革命文物保护提升计划。编制发布不可移动革命文物保护利用报告和保护指引，推动各类革命文物纳入国有文物资源资产管理。按照“公布一批、提升一批、征集一批”的思路，遴选出一批未定级不可移动文物公布为文物保护单位，提升一批已定级不可移动文物的保护级别，构建涵盖全国重点、省级、市县级文物保护单位和文物保护点的革命类不可移动文物保护体系。

3. 开展革命文物保护工程。以国家一级馆和综合性大馆为龙头，加强革命文物本体保护研究，构建馆藏革命文物科技保护交流机制，重点加强材质脆弱、病害严重的馆藏革命文物本体保护修复。切实加大市县级博物馆、纪念馆的馆藏革命文物预防性保护力度，谋划馆藏革命文物预防性保护项目库，推进其保存环境达标建设，实施“龙泉革命纪念建筑群修缮工程”等保护项目，开展馆藏革命文物数字化保护。

（四）建立革命文物展教传播体系

1. 实施革命场馆提质计划。

全面梳理浙江革命类博物馆、纪念馆资源底数，加强场馆分类分级管理，提升革命场馆硬件设施和周边环境，推动遗址类革命历史主题博物馆、纪念馆纳入省域空间治理平台。争创革命历史主题国家一二三级博物馆10家以上。

2. 开展百馆展陈提升行动。深入挖掘各地革命博物馆、纪念馆价值特色，打造浙江特色的红色精品展馆20个、精品展陈50个。指导支持基本陈列超过5年的革命馆、纪念馆分批进行改陈布展，规范各级博物馆、纪念馆展陈审批流程，有效提升场馆的规范化、信息化水平。加强馆际联动，组织革命文物联展巡展。

3. 开展红色基因传承传播行动。实施革命文物“五进”计划，组织革命文物进机关、进学校、进社区、进军营、进教材，推动革命文物保护利用与中小学教育、干部教育相结合，不断增强我省革命文化的生命力和影响力。推动革命场馆开发符合青少年、机关干部等不同群体特点的主题教育活动，形成“一市一馆一品牌”。鼓励革命类博物馆、纪念馆加强馆藏革命文物数字化展示利用。

4. 打造革命文物传播矩阵。依托“浙里文物”构建革命文物传播资源库，推出一批专栏、专题、专版和专刊，对革命文物、革命人物、革命精神进行全面宣传报道。开展“革命文物少年说”“媒体记者寻访红色印记”等系列宣传活动。充分利用H5、微电影、长图、VR等新媒体新手段，推出“革命文物大讲堂”“红色足迹”等线上专题讲座、直播活动，对革命文物开展全方位、立体式、多角度的展示传播。

（五）创新革命文物活化利用体系

1. 打造“红动浙江”革命文物活化利用区域品牌。发展“红色旅游+”多元化新业态，重点支持山区26县中革命文物资源丰富的莲都区、平阳县、龙游县等培育壮大红色旅游产业，推出“革命文物+观光农业”“革命文物+研学教育”“革命文物+特色民宿”等红色精品游路线，提升革命文物助力乡村振兴的综合效应。开展革命文物文创设计大赛，鼓励革命题材文创产品设计开发、文艺精品创作生产和特色藏品图像授权交易。积极引导社会资本参与革命文物活化利用，全面橇动红色产业创新发展。

2. 推进“红遍浙里”革命文物空间计划。在全省文化驿站、城市书房、乡村博物馆、农村文化礼堂等基层文化阵地，博物馆、美术馆、图书馆等公共文化空间，商圈、地铁、高铁站、机场等人流集聚区域开设革命文物相关展览展示体验空间，打造100家“红色乡村博物馆”，50个红色公共文化空间，构建一体化、高密度、强韧性的红色文化生态，营造革命精神传承传播的浓厚氛围。

3. 实行革命文物保护利用英才计划。加快培育场馆运营、展览展示等各类专业人才，开展革命文物保护利用领军人才引育计划、基层中青年骨干创新人才培育计划。发展稳定的革命文物宣教志愿者队伍，推动红色“长三角”革命文物讲述传播活动、“小小守护人”等活动，鼓励地方积极探索“红色队伍”建设新模式，加强社会力量参与和市场化导向。

三、工作保障

（一）加强体制机制建设。建立上下贯通、区域联动的革命文物工作省市县三级工作协调机制，指导各级文物行政部门根据本地革命文物特色制定地方革命文物规划，细化工作任务，推动将革命文物工作纳入重要议事日程和政绩考核体系，强化重大任务、重大工程、重大项目的实施保障。

（二）强化部门协同。加强与省委宣传部、省委党史和文献研究室、省发展改革委、省公安厅、省民政厅、省人力和社保厅、省退役军人事务厅、省教育厅、省财政厅等部门的沟通协调，形成工作合力，加强全省革命文物工作的统筹规划、协调指导、资源配置和督促检查。

（三）完善监督考核。完善监测评估制度，严格规划监督考核，建立浙江省革命文物守护弘扬工程实施情况的督查评估机制和“双随机”抽查机制，根据不同任务、工作重点，完善差别化的绩效评价考评体系，加强对各地革命文物重点项目的督促检查和综合评价考核。

（四）营造良好氛围。充分利用现代媒体，以革命文物保护利用工作的典型案例、特色做法为宣传推广重点，加大正面宣传和舆论引导力度，及时做好经验总结和成果宣传报道，推动形成广泛的社会共识，为革命文物保护利用工作推进营造良好的社会氛围。

文物科技创新工程实施方案

为贯彻习近平总书记关于文物工作的重要指示批示精神，加强文物科技创新工作，按照“对接国家需求，突出浙江特色”的原则，结合我省实际，特制定如下实施方案。

一、总体目标

坚持科技创新引领，加大要素投入力度，优化资源配置，加强多学科协同，构建产学研用深度融合的文物科技创新体系，推进行业标准体系建设，提升文物科技创新能力和文物领域科技应用水平，支撑引领全省文物事业高质量发展。

到2025年，全省文物科技创新能力实现跃升，文物领域授权专利新增60项，文物行业标准新增20项，国家重点研发项目／课题新增2项以上，省部级奖项新增2项，国家文物局重点科研基地新增1家，联合国内顶尖科研机构争取文物领域首个国家重点实验室。

二、主要任务

（一）整合优化一批科技资源平台。着力提升纺织品文物保护国家文物局重点科研基地（中国丝绸博物馆）、石窟寺文物数字化保护国家文物局重点科研基地（浙江大学）、省文物保护科研基地（浙江省博物馆）等平台的科研能力。加大国家文化遗产保护科技区域创新联盟（浙江省）成员单位科研标本库与数据库建设力度，建立全省文物科技资源库，争创国家重点区域考古标本库房。支持相关文博单位申报省级重点实验室（工程技术研究中心），建设东部地区国家文物鉴定基地、南方地区摩崖造像和石窟寺保护区域平台、国家水下考古基地、植物考古实验室等创新中心。

（二）开展一批科技基础研究。面向文物保护利用基础理论需求、关键科学问题，部署基础研究重点任务，深化文物材质特性、病害形成机理及发展预测方法研究。围绕石窟寺及石刻、土遗址、壁画彩绘、纺织品及水下考古文物等，在修复技术与保护材料等基础研究领域取得一批国内领先成果，为构建符合我省文物资源特点的文物修复、预防性保护和防灾减灾理论体系提供科学依据。

（三）突破一批关键共性技术。建立跨部门、跨学科、跨领域的文物科技攻关机制，面向文物防、保、研、管、用等五大需求领域，聚焦重点难题问题，积极开展材料、工艺、装备、技术等方面的联合攻关，在文物价值认知、保护利用、数字化保护、文物安全等方面取得一批突破性成果。支持科技辅助文物鉴定关键新技术研究。开展出土木质文物脱水技术、基于同位素的产地溯源技术、考古现场有机质残留物的快速识别技术研究，达到国际领先水平。

（四）推广一批安全领域科技成果应用。针对文物建筑抗灾减害能力提升等迫切需求，加强文物建筑等火灾防控、洪涝监测预警和地质灾害防控信息技术应用，从装备、技术、材料、标准等要素提出系统性保护策略。探索人工智能AI、数字孪生、无人机、机器人、卫星遥感等高新技术和高尖设备在文物安全监管领域的应用，构建多系统、多维度的智慧型安全技术防范体系。

三、工作举措

对标国内外文物科技领域一流方阵，结合我省现阶段文物科技领域现状，争取多方支持，加大文物科技攻关与跨学科研究力度。具体工作举措如下：

（一）推进浙江省重点文物保护监测数据智能分析关键技术研究与平台建设。通过研究制定文物风险监测数据采集与交换标准，实现浙江省各级文物风险监测预警中心的数据实时交换共享，克服目前存在的信息孤岛现象，助力实现各博物馆和遗产地文物档案数据和风险监测数据的共享与集中管理。基于监测大数据的新型监测预警理论与智能预警分析技术的研究，以及监测大数据智能服务平台的研发，赋能各文物保护监测预警中心的发展，使得各项监测结果真正发挥在文物保护中的作用。通过在省内的区域性的示范应用，形成与区域经济社会和谐发展的文物保护监测与预警“浙江模式”，并逐步推广到全国。

（二）实施东南区域石窟寺与石刻全链条保护。聚焦东南区域石窟寺与石刻保护中的共性难题，针对岩体材质、气候条件、病害类型等区域性特点，研究保护材料与修缮技术。加强对东南区域石窟寺与石刻历史内涵、文化价值、现实意义的科学解读和阐释。结合三维扫描打印技术，进行模拟修复及拼装复原。实施石刻数字化工程，强化互联网、云计算、虚拟现实等现代技术应用。开展重要石窟寺与石刻保护示范工程，为其他类别地面文物的“信息提取——科学认知——保护修复——价值诠释——展示利用”全链条保护提供参考。

（三）建立科技赋能的浙江考古模式。加强现代科学技术在浙江考古中的应用，突破面向考古遗存发现、发掘和阐释的基础理论和关键技术，提升考古发掘、研究阐释和展示利用能力。大力发展数字考古，提升考古信息采集、管理、综合分析和研究应用水平。跟踪国际前沿，研发遥感与地球物理协同考古探测关键技术、考古现场时空记录回溯关键技术。加大考古现场信息采集关键技术和装备研发，采用国际领先的考古残留物免疫学检测技术、稳定同位素和DNA技术等，依托上山、跨湖桥、井头山、河姆渡、良渚、钱山漾等史前文明遗址，聚焦丝绸、水稻、玉器、漆器等独具浙江标识与中国特色的文物，充分挖掘浙江文物资源独特价值，助力浙江考古“启明星”计划，清晰呈现浙江早期文明发展脉络以及在中华文明乃至世界文明起源中的突出地位。

（四）研发可移动文物全过程保护技术。聚焦可移动文物保护修复、展示利用、鉴定、流通等全过程中迫切需求，开展共性关键技术研究。围绕陶瓷、纺织品、书画、漆木器等文物，借助多尺度精细表征技术，厘清劣化机理，为保护修复提供科学依据。研究保存环境对文物微观性能的影响关系，为脆弱有机质文物的预防性保护提供策略，为文物展示利用营造适宜环境。支持科技辅助鉴定关键技术研究，探索基于X荧光、人工智能的精准化鉴定新方法，为传统鉴定提供科技辅助手段。针对文物流转等场景中特征采集的需求，研发固定和便携环境下的文物指纹采集设备。针对社会文物溯源监管关键技术，研究区块链、大数据、人工智能等新一代信息技术在社会文物交易流通等场景应用，促进文物交流。

（五）探索面向浑浊海域水下考古。针对浑浊海域水下考古的瓶颈问题开展联合攻关，为中国水下考古迈入世界一流水平提供科技支撑，为中国古代海上丝绸之路提供考古实证。研究复杂背景下浅埋藏水下文化遗存的立体化探测与安全监控的关键技术，构建基于ROV、水下雷达、声呐等技术的浑浊海域水下文物集成探测系统，形成不同环境下水下文化遗存探测技术规范，建立水下文化遗存探测特征波谱库。有序开展东海海域出水文物保护关键技术研究，在脱盐、脱硫方面取得新进展。针对近海浑浊海域沉船，运用现代科学技术，开展沿海重点海域水下考古区域调查。

（六）拓展文物科技人才培养途径。通过“新鼎计划”、科研项目和平台建设带动科技人才培养，培育一批以领军人才和中青年骨干创新人才为重点的高层次文物科技人才。支持浙江大学、浙大城市学院等高校加强文物保护、考古等相关学科建设，与文博机构建立“产学研用”联合培养机制，促进文物科技后备力量培养提质增量。引导文博单位深度参与职业教育，鼓励校企共建实习实训基地，支持文物领域大师、名师、工匠进校园参与教育教学活动。利用数字化技术创新人才培养形式，基于VR技术、3D重建技术开展远程沉浸式考古、修复、鉴定技能培训，打造线上线下相结合的无边界课堂。

文物国际交流合作工程实施方案

为全面提升浙江文博事业国际交流合作能力，有效扩大浙江在全世界文博领域的认同感、影响力、话语权，充分凸显浙江在中华文明乃至世界文明版图中的突出地位，在国际上树立文博强省新形象，特制定本方案。

一、总体目标

围绕文博强省建设目标，坚持“以我为主、为我所用”，全面贯彻落实中共浙江省委办公厅、浙江省人民政府办公厅《关于让文物活起来扩大中华文化国际影响力的实施意见》，积极开展多元对话和国际合作，在国家及全省重大外事活动中嵌入文物元素，面向世界讲好中国故事，展现“诗画江南、活力浙江”形象，有力服务国家外交大局。到2027年，争取实施国际文物保护考古援外和联合攻关项目5个以上，每年推出文物外展精品10个以上，建成重量级文物国际合作基地5个，培育国际文化遗产领域知名专家5人，构建“平起平坐、平等对话、平分秋色”的浙江文物国际合作新格局，打造中国文物国际表达的“重要窗口”。

二、主要任务

（一）不断拓宽文物国际合作新路径。积极争取更多资源和项目纳入元首外交和国家重大外事活动议程、中国文物高访项目储备库，加快建设国际化交流基地和平台，努力打造文化传承利用国际地标，支持省内文博机构牵头发起成立各领域权威国际组织，积极争取承办更多高级别浙江主场国际文化交流活动。

（二）持续扩大文物国际合作朋友圈。通过实施系列文物国际合作交流研究活动、项目、工程，加强国内文博机构、权威专家学者与国际的交往、交流，增进与国际文博界的友好关系，达成更加广泛的国际共识。

（三）有效提升文物领域国际话语权。积极参与国际文化遗产保护事务，争取主导或参与更多文化遗产领域国际标准规范的编制，鼓励省内专家积极参与国际权威组织任职，提高浙江在国际文化交流合作领域的话语权，分享推广浙江文物保护先进技术和经验，增强浙江在中华文化国际传播中的作用，全方位展现浙江新形象。

（四）全面展现浙江文物资源价值。在系统梳理浙江特色历史文物资源基础上，推出一批世界视野、国际表达且契合时代语境的文物精品展览、权威学术著作、大型纪录片、科普图书、文物主题游线、特色文创产品等，全方位展现浙江文物资源历史之重、文化之深、科技之妙、艺术之美。

三、具体举措

（一）实施文物国际交流合作平台拓展项目。发挥浙江文物资源特色，与“一带一路”国际合作论坛、“国际互联网大会”“中国文化年”等国际性文化交流活动相结合，积极承办国际性大型主题展览、高级研修班、高峰论坛等活动，推动举办国际文物保护与修复博览会。依托杭州国家版本馆，打造文化传承利用新地标。支持浙江省博物馆、中国丝绸博物馆、浙江自然博物院和浙江省文物考古研究所加快打造国际化交流基地和平台，推动国际丝绸之路研究中心申报联合国教科文组织二类中心，争取建立国际文化遗产保护与修复研究中心（IC—CROM）杭州基地。持续办好“丝绸之路周”“杭州全球旗袍日”“良渚国际论坛”等国际活动。

（二）实施文物国际传播阵地建设项目。依托“诗画江南、活力浙江”省域品牌建设，实施展览多语种线上版本计划，构建全球“数字丝绸博物馆”，建成世界丝绸互动地图、丝绸之路考察与申遗数据库、20世纪名家大师藏品全景VR展厅、苏东坡文化数字园区、“杭州迹忆”等特色化云服务平台，面向全球提供一站式浏览、检索、数据挖掘和展示服务，全方位展现浙江文物资源特色。借助中央媒体、海外文化阵地力量，发挥省级媒体、省国际人文交流基地作用，融通多媒体资源，实施浙江博物馆海外推广工程和文物全媒体传播项目。

（三）实施文博机构海外伙伴对话项目。积极参与海外馆藏中国文物合作研究，搭建国际策展人合作平台，鼓励省内文博机构加强与法国卢浮宫、加拿大皇家安大略博物馆、俄罗斯国家博物馆等国际知名博物馆交流合作。支持省内文博机构、高校加强与文化遗产领域国际组织、国外重要文博机构的合作，积极争取亚洲文化遗产保护专项基金支持。支持省博物馆与法国卢浮宫合作办展，支持中国丝绸博物馆在乌兹别克斯坦等“一带一路”沿线国家建立中国丝绸展厅，支持杭州市参与筹建摩洛哥茶文化展馆、秘鲁马丘比丘茶文化中心等机构。支持杭州市与意大利维罗纳建立文化遗产交流机制，推进“大印学”国际文化研讨交流与世界性传播。

（四）实施特色文物资源海外推广项目。积极参与中国国际展厅的打造，结合丝、瓷、茶、吴越文化、宋韵文化等特色主题，策划推出“家在青山绿水间”“千年宋韵”“丝绸与丝路”“江南生活美学”等一批具备世界视野、国际表达且契合时代语境的文物外展精品，支持文博机构通过联合办展、巡回展览和网上展览等方式走出国门，面向世界展示中华文明取得的辉煌成就以及浙江对世界文明的重大贡献，全面展示我省文博场馆国际化形象。面向国际制作推出文物主题多语种系列出版物、纪录片，打造文物主题研学旅游系列产品。推动完善文物艺术品进出境指导政策及技术标准，以“义新欧”中欧班列等为载体，积极推动浙江文物资源和文物保护理念、技术、装备等走出国门。加强文物知识产权推广，争创中国文物文化创意产业基地，培育一批文物知识产权推广企业，打造一批世界知名的文化符号和商业品牌。

（五）实施“一带一路”文化走亲项目。深化与“一带一路”沿线国家文化遗产保护领域的交流合作，依托中国丝绸博物馆、良渚古城遗址等文博类国际人文交流基地，积极参与亚洲文化遗产保护行动等区域性文化遗产保护联合行动和文明古国论坛等多边机制活动。支持中国丝绸博物馆在格鲁吉亚、乌兹别克斯坦、印度尼西亚、泰国等国家实施丝织品保护研究项目。鼓励省内高校、科研院所与国际知名文化学术研究机构在文明探源、文化价值研究阐释、海外中华文物研究与数字化回归等方面，与“一带一路”沿线国家建立全方位的合作关系。

（六）实施海外考古合作项目。积极参与中外联合考古行动、世界性学术课题研究，举办国际性考古学术大会，搭建考古研究高端学术交流展示平台，实施国际文物保护考古援外和联合攻关项目5个以上，着力在农业起源、文明起源、石窟寺考古和丝织品、陶瓷、玉器考古研究等领域提升国际话语权，进一步夯实浙江作为丝之源、瓷之源、茶之源的证据链。支持省文物考古研究所进一步深化与洪都拉斯、韩国全罗南道罗州市等地的考古合作，支持宁波水下考古参加国际交流合作，进一步推进玛雅与良渚文明的比较研究、稻作农业起源——中日合作交流等项目，深化文明交流对话。

（七）实施国际权威专家培育推介项目。建立文化遗产领域专家库，组织文化遗产领域国际专家“浙江行”活动，策划举办“浙江·青年文物大使”“世界遗产文化特使”选拔活动和文化遗产领域交流对话活动。鼓励文博领域浙江省特级专家、知名中青年专家学者、浙江省宣传文化系统“五个一批”人才、国家级文化科研课题主要负责人等优秀专家积极走出国门，争取在联合国教科文组织（UNESCO）、国际博物馆协会（ICOM）等国际权威组织的任职，参与纺织品文物保护国际标准等国际规则制定，在国际平台上发出中国文博声音。支持牵头发起成立各领域权威国际组织并担任理事单位、主任单位等重要角色，引领国际博物机构开展系列学术文化交流、研究活动。

浙江省博物馆创建世界一流博物馆工作计划

为贯彻落实国务院办公厅《“十四五”文物保护和科技创新规划》和中央宣传部、文化和旅游部等九部门《关于推进博物馆改革发展的指导意见》中关于建设世界一流博物馆的重要决策部署，积极争创世界一流博物馆，努力为全球博物馆发展贡献中国智慧、中国方案，特制定本计划。

一、工作目标

到2023年，浙江省博物馆之江馆区建成并对外开放，以之江馆区建设与孤山馆区提升为契机，实现空间扩容、理念提升、手段优化、功能完善四大突破，力争入选第一批“中国特色世界一流博物馆”。到2027年，浙江省博物馆通过全面提升博物馆现代化、数字化、国际化水平，打造具有浙江风范、中国气派的世界一流博物馆，成为展示中华优秀传统文化的重要窗口、开展中外文明交流互鉴的重要平台、传承浙江历史文脉和守护红色根脉的重要场所、青少年学习休闲和国际文化旅游的重要目的地。

二、主要任务

（一）对标世界一流，建设现代化的场馆。现代化场馆是世界一流博物馆的载体。以之江馆区建设为契机，着力打造精良的环境设施，推出精美的陈列展览，提供精心的观众服务，实施精细的管理运行，为博物馆的收藏、研究、展示、教育、服务等提供基础保障。

（二）对标世界一流，培育国际型人才队伍。国际型人才队伍是世界一流博物馆的支撑。以传播中华优秀传统文化，开展中外文明交流互鉴为己任，着力培养和引进具有国际视野、国际交流能力和国际竞争力的创新型人才。

（三）对标世界一流，取得丰硕

的研究成果。丰硕的研究成果是世界一流博物馆的标志。着力创建研究型博物馆，强化学术优势，重塑学术平台，在藏品研究、博物馆专业研究、文物保护技术研究、博物馆学研究等多个方面取得国际性研究成果。

（四）对标世界一流，构建独特的藏品体系。独特的藏品体系是世界一流博物馆的基础。着力拓展藏品征集渠道，创新征集和收藏机制，加强社会文物的征集调查，鼓励更多社会团体和个人的捐赠，完善藏品收藏体系，显著提升藏品的质量和数量。

（五）对标世界一流，策划精美的陈列展览。精美的陈列展览是世界一流博物馆的体现。以“思想高度、学术深度、人文温度”为原则，以“浙江元素、中国表达、国际视野”为宗旨，优化提升基本陈列、临时展览、合作展览和巡回展览，进一步构建多样化的展览体系，策划推出一系列丰富多彩的陈列展览。

（六）对标世界一流，开展普惠的社会教育。普惠的社会教育是世界一流博物馆的使命。着力提升博物馆教育质量和覆盖面，实现需求与供给的高度融合，面向全体公众，尤其是弱势群体，提供多元化、全方位、高品质的参观导览和教育服务。

（七）对标世界一流，实施规范的运行管理。规范的运行管理是世界一流博物馆的关键。着力提升博物馆智能化管理水平，围绕“集约共享、智能高效、多跨协同”，推进实施协同办公、开放服务、藏品管理、资源共享、智慧教育、文物保护、“互联网+”等场景的应用。

（八）对标世界一流，提供优质的观众服务。优质的观众服务是世界一流博物馆的核心。着力发挥博物馆智性休闲、文化交流和公共服务等功能，规划一系列现代化的配套服务设施，为观众提供贴心的服务，吸引更多的观众，包括国际观众，走进博物馆。

三、工作举措

（一）之江馆区建设项目。2023年底，建成10万平方米的之江馆区，对标世界一流提升博物馆的现代化、数字化和国际化水平，在博物馆展览展示、藏品管理、文物保护、学术研究、社会教育、观众服务等方面进一步完善功能，侧重展示浙江的历史文化，以历史为脉，传承生生不息的“活力浙江”。之江馆区建成后，对孤山馆区进行整体提升，侧重展示浙江的特色艺术，以艺术为魂，弘扬山水共情、人文荟萃的“诗画江南”。两大馆区一大气、磅礴、综合，一典雅、清新、专题，互为补充，既讲好浙江故事，又讲好中国故事。

（二）浙博大师培育计划。厚植人才资源竞争优势，从制度保障、平台保障、交流保障着手，实现“大馆出大师”的目标。完善专业人才培养制度，探索实施“一人一策”的人才培养机制，对标国家级、省部级、厅局级各类人才评选条件，建立配套人才梯队遴选机制。提供高质量的学术交流、专业培训、科研协作平台。支持研究人员发表外语论文或出版外语专著，推动高水平学术著作外译出版，积极参加国际学术交流活动。鼓励优秀人才到国际一流博物馆做短期访问，在全球范围内招募特聘研究员和客座研究员，吸引国际专家来访交流，引进学有所成的留学人员，培育形成具有国际影响力的人才队伍。

（三）《黄宾虹大系》出版项目。以《黄宾虹大系》出版项目带动学术研究能力提升。《黄宾虹大系》定位为黄宾虹艺术文献的集大成者，是黄宾虹体系化研究的基础性资料，被列为国家“十四五”重大出版规划工程。作为我馆一项重大项目，《黄宾虹大系》集结收藏、研究、传播等全过程，将巩固和提高我馆在书画艺术领域的龙头地位。未来，将整合我馆现有学术平台的资源，进一步提升黄宾虹研究中心、浙江省博物馆数字中心、吴越文化研究中心、国际文博交流中心、中国古代漆器研究中心和博物馆学研究所的学术影响力。建设浙江省可移动文物预防性保护区域监测实验中心和文物真空冷冻干燥技术研发中心，在技术和应用上达到世界领先，申报国家文物局重点科研基地或文化和旅游部重点实验室。共同推动研究型博物馆建设。

（四）民间文物保展计划。探索实施民间文物“保展”制度。制定《浙江省博物馆民间文物寄存代管管理办法（试行）》，鼓励和吸引社会力量特别是重要收藏家参与浙江省博物馆藏品体系建设，充分发挥民间藏品优势和本馆保管、研究、展览的专业优势，创新藏品共享机制。与部分重要收藏家就其藏品由我馆寄存代管开展洽谈，拓展藏品征集渠道，鼓励更多社会团体和个人的无偿捐赠。与此同时，在双方自愿基础上对部分私人收藏文物进行有偿收购，完善藏品征集和收藏体系，显著提升藏品的质量和数量，藏品总数突破12万件（组），馆藏定级文物建档率达到100%。

（五）陈列展览精品工程。全面提升展览策划水平，构建之江馆区以“活力浙江”为主题的展览体系，提升孤山馆区以“诗画江南”为主题的展览体系，两个馆区互为映照，相得益彰。深入推进“独立策展人”制度，培育具有国际视野的策展团队，推出更多一流的原创性主题展览。展览内容契合博物馆使命，凝练中华优秀传统文化的精神标识，为弘扬中华优秀传统文化、革命文化和社会主义先进文化发挥重要作用。在本计划期间力争获得2项“全国博物馆十大陈列展览精品奖”。

（六）分众化的教育品牌提升计划。优化分众化教育模式，形成具有广泛知名度与美誉度的博物馆公共教育品牌。加强馆校、馆企和馆社合作，建设浙江省博物馆教育中心。推进博物馆社会教育规范化、标准化，开展分众化观众需求调查，针对不同目标受众设置八大类19个教育项目，逐个形成特色项目品牌。深度利用馆藏优势，整合馆内外资源，合作研发专题课程、编印读本，面对不同群体进行“对象化、分众化”讲解，针对特殊群体提供手语讲解服务。开展志愿者“送文化”系列活动，走向基层、走进社区、走入学校，形成志愿服务品牌。

（七）智慧工程项目。借之江馆区建设的契机，系统规划建设智慧工程项目。完成运营指挥中心建设，实现全馆一体化数据归集与业务集成，为博物馆的计划、组织、决策等提供支持，激发博物馆管理创新活力，实现“智慧管理”。以“风险可识别、险情可处理、效果可评价”为目标，利用数字技术，实现对各馆区的展览、存储和工作空间的文物保管环境进行全方位监测，统一数据存储、管理和分析标准，实现“智慧保护”。建设之江馆区三维虚拟漫游系统，实现固定展览线上展示与线下实时漫游、互动体验，建立观众行为管理系统，集成观众问询、导航、展品和展馆等数据资源，借助人脸识别的接力指引系统，架构智能问答大数据服务中心，实现“智慧服务”。

（八）世界文化旅游目的地建设计划。在提供精品展览的基础上，努力将之江馆区打造成为4A级景区，以世界一流博物馆的标准，完善讲解和导览机制，提升服务质量，吸引更多的观众，包括国际观众走进博物馆。在馆内设立文博商店、咖啡厅、茶室、阅览室、体验厅等配套服务设施，优化公共服务、科普教育和智性休闲功能。加强“浙江省文澜阁博物馆商店联盟”建设，发挥“长三角三省一市博物馆文创联盟”的平台作用，以“让文物活起来，把博物馆带回家”的服务宗旨，创新博物馆文创研发、运营和管理机制，加强与优质文创企业的合作，研发具有深厚中华文化底蕴，汇聚浙江力量、浙江精神的系列优质文创产品。与之江文化中心组团内的其他文化场所实现资源共享、功能互补和设施互通，合力推进之江文化中心成为我省文化建设新高地、新地标。

四、保障措施

（一）加强组织领导。加强对本计划实施的组织、协调和督导，落实责任主体、明确进度安排。打破部门壁垒，强化团结协作，形成工作合力。

（二）做好制度保障。探索建立现代博物馆运行机制，使各类资源在博物馆内配置更加优化，各项工作运转更加流畅，实现我馆事业科学健康可持续发展。

（三）统筹经费管理。加强政策研究，用足支持政策，大力争取并合理使用专项资金。在科学规划基础上，积极争取加大对文物保护利用的投入。

（四）健全队伍建设。营造良好的工作氛围，建立开放、包容、和谐的学术环境，坚持引进和培养并重，逐步优化人才队伍结构，提升人才队伍素质。

（五）争取社会资源。加强与国内外其它文博单位、高等院校、科研院所的交流合作，建立优势互补、互利共赢的合作机制。构建与各级政府职能部门、相关企事业单位、社会团体及各类媒体的良好关系，营造有利于我馆事业发展的良好外部环境。广泛吸引社会参与，引导和争取社会力量支持博物馆建设与发展，形成共建共享新格局。

浙江自然博物院创建世界一流博物馆工作计划

为全面贯彻落实中央宣传部、文化和旅游部、国家文物局等九部门《关于推进博物馆改革发展的指导意见》和国务院办公厅《“十四五”文物保护和科技创新规划》关于建设世界一流博物馆的要求，创建世界一流博物馆，为全球自然科学类博物馆发展提供中国品牌、中国样板，特制定本计划。

一、工作目标

全面贯彻落实党的二十大精神，奋进社会主义现代化国家新征程，深刻把握中华民族伟大复兴文化脉络，定位国内先进、对标国际一流，全面打造兼具浙江特色和生态文明的世界一流博物馆。

——到2023年，浙江自然博物院将全面整合发展杭州馆、安吉馆、“24小时博物馆”等馆区，实现各馆区协调联动创新发展，进一步提升浙江自然博物院在全国自然科学类博物馆中的影响力，力争入选第一批“中国特色世界一流博物馆”。

——到2027年，全面建成运转高效、开放共享、全民普惠的博物馆公共文化服务体系，满足公众多元需求。稳步提升学术研究、藏品展示与社会服务整体质效，全力打造集产、学、研为一体的专业化、社会化、数字化博物馆样板，丰富公众学习体验。将科学与人文有机结合，打造终身学习平台，促进人的全面发展，引导正确价值观。努力打造成为展现浙江风貌、传承生态文化、弘扬中华文明的重要载体，进入世界博物馆先进行列。

二、主要任务

（一）攻坚世界一流学术成果。 持续巩固世界领先的特色藏品收藏，搜集范围扩展到人类学和天文学等，为举办“双碳展”“百万年人类史”和筹建“天文馆”等展览展示做好藏品支撑，丰富藏品种类，增加藏品数量，逐步填补藏品空白，提升藏品档次，强化特色收藏，构建更加科学合理的藏品体系。拓展业务领域和学术视野，梳理本院科研状况、整合科研优势，对重点学科方向进行扶持，引导本院专业人员提高学术创新能力，结合联合国可持续发展目标、国际博协战略规划等国际标准，积极探索自然科学类博物馆在可持续发展和应对气候变化等前沿话题中可扮演的角色，不断拓展学术研究的深度和广度。增强专业研究人才培育工作，着力培养具有国际化视野的人才队伍。采取“请进来”和“走出去”相结合的方式，加快专业人才培养，特别是利用高等院校和科研机构的资源，既做研究又带研究生，培养具有国际化视野和影响力的拔尖人才、学术带头人。

（二）提供世界一流科教服务。 汲取人文、艺术元素，全方位、多角度阐释文化和自然遗产的陈列展览“5 + X”体系，打造自然与人文跨界融合的特色展览系列。进一步完善策展人制度，把最新研究成果和最新收藏植入基本陈列中，使基本陈列年年有更新。发挥在地服务作用，运用数字技术，创建智慧型博物馆，提高公共服务的智慧化水平。持续提高博物馆数字资源的公益性开放共享，创新数字文化产品和服务，大力发展云展览、云教育，构建线上线下相融合的博物馆传播体系。借一类公益事业单位放开文创经营之机，激发文创经营活力，以体现办馆宗旨和延伸博物馆的文化传播功能为目标，积极研发文创产品，满足公众多层次、多元化、个性化文化消费需求，增强博物馆自身造血功能。

（三）打造世界一流标杆品牌。 加强与国际知名博物馆的交流合作，坚持“走出去”与“引进来”相结合。积极探索实施展览引进的“一展一策”制度，创新展览、藏品交流机制，搭建国际化交流平台。积极举办、参加国际性学术交流活动，关注学科前沿，拓展学术视野，提升本院科学研究能力、学术地位和社会影响。深入贯彻“两山”理念，紧抓传承生态文明的主业，继续开展“博物馆与可持续发展”议题研究和国际对话，担当世界博物馆事业发展的参与者与推动者，以传播中华优秀传统文化和生态文化为己任，积极参与国家对外文化交流和多层次文明对话，广泛激发人民群众的参与热情，促进全球各民族文化多样性发展和生物多样性保护。

三、工作举措

浙江自然博物院将紧紧围绕创建世界一流博物馆的指标体系的要求，以“卓越、特色、影响力”为目标，努力固底板、补短板、拉长板、争样板。

（一）做深做实科研，打造学术高地博物馆

1.立足藏品基石，建设高质量藏品体系。持续推进恐龙蛋化石、海生爬行类化石、贝类和鸟声等国际领先的特色收藏。将浙江恐龙动物群打造为世界知名古生物动物群，建立较为完善的浙江古生物化石收藏。与国内外博物馆和研究机构合作，合作参与国内外古生物化石野外考察、挖掘和研究，扩大我院知名度。提升藏品技术管理手段，实现智慧藏品系统上两地库房排架层位数字可视化，探索建立制度化、流程化、规范化、智慧化的自然类博物馆藏品综合管理和保护新模式。引入“看得见的收藏与研究”新观念，探索以特色藏品为核心驱动力，发挥科研、展览、教育等功能的运作模式。

专栏一　藏品管理
1.2024 年全面启用标本楼，启动实验室建设；
2. 至2027 年入库藏品数量增至30 万件以上；
3. 修复、制作、维护标本600 件 / 年以上；
4. 为各类服务提供藏品展示3000 件 / 年以上；
5. 库房对外开放展示30 次 / 年以上。

2.立足学术研究，攻坚高水平科研成果。继续深化中华风头燕鸥、安吉小锐、义乌足迹化石等国际领先科研项目，持续推进国家及省部级研究课题立项。主持建设中国濒危物种基因库，依托浙江生态研究院，深入开展生态文明阐释工程、濒危动植物抢救性保育与野外种群复壮研究、物种入侵的生态效应评价研究等，构建浙江省外来入侵种的监测与预警体系。通过举办或参

加学术会议、论坛等多种形式的学术交流活动，尤其是国际性的学术会议，关注学科前沿，拓展学术视野，提升我院科学研究能力、学术地位和社会影响。

专栏二　学术研究
1.2023 年建成安吉馆区"浙江珍稀植物园"，创建安吉馆迁地保护点，召开一次珍稀植物迁地保护的全国性学术会议； 2. 至2027 年国家级和省部级科研项目新增10 个以上，继续主持海峡两岸联合开展"中华凤头燕鸥保护项目"，主持"极度濒危动物安吉小鲵就地迁地保护项目"，主持开展全国珍稀濒危动物保护行动，研发涵盖就地保护、野生种群辅助更新、人工繁育、迁地保护和野外回归相结合的全链条式种群复壮与抢救性保育技术体系； 3. 每年举办国际或全国性学术会议1—2 个，计划举办贝类国际学术研讨会，中华凤头燕鸥人工招引和种群恢复国际研讨会，博物馆与可持续发展2024 年国际学术研讨会，每年举办全省性博物馆学术会议3—5 个，新增学术交流活动50 人次以上； 4. 至2027 年发表论文新增200 篇以上，编辑出版专著图录新增10—15 册，发表有国际影响力的SCI 论文新增15 篇以上，每年出版《自然博物》1 辑。 5. 立足队伍建设，充实高层次人才储备。鼓励在职人员到高校、研究所访学、进修硕博士，提高科研成果产出能力。鼓励年轻人员投身事业，开展国际学术研究和交流，培养具有多学科背景的国家级高层次人才。加强在人员培训方面的双向交流，与国际知名博物馆、高等院校和研究机构等建立稳定的人员交流合作关系，提升在国内外的影响力和行业竞争力。通过建立馆校合作长效机制，在人才培养、科研创新、社会服务、文化传承等领域开展密切合作，建设一流科研团队、产出一流科研成果、打造一流科研品牌。

专栏三　人才培养
1. 至2027 年新增培养"新鼎计划"优秀人才3 人以上； 2. 至2027 年新增推介"最美浙江文物守望者"1 人以上； 3. 至2027 年新增招聘专业人员15 人以上； 4. 至2027 年新增培养在职硕士或博士5 人以上； 5. 至2027 年新增硕士生导师5 人以上； 6. 至2027 年新增与中国计量大学合作培养硕士研究生20 人以上； 7. 至2027 年与浙江大学艺术与考古学院、浙大城市学院考古系、浙江农林大学及中科院古脊椎与古人类研究所开展联合培养学科领军预备人才30 人以上。

（二）做优做精服务，打造人民满意博物馆

4. 全面提升展陈质效，满足民众升级需要。进一步完善"5+X"展览体系、策展人制度和陈列展览委员会决策机制。从展览的在地性、故事性、话题性、参与性等多个维度，全面提升展览水平。重点考虑经济效益和民众观展需求，不片面追求临特展览数量增长，而是延长临特展览的展示时长，不断提高展览创意策划水平，提高展览质量和社会效益。

专栏四　陈列展览
1.2022 年完成"碳达峰·碳中和——浙江担当和行动"国内首个"双碳"实体展，2023 年举办"浙"里有宝——浙江珍稀濒危物种专题展、世界贝展等原创性展览和国内首个大型人类学展"人类进化简史展"，至2027 年新增原创性展览

全省文物工作会议专辑

15 个以上，新增流动展览 5 个以上；
2. 至 2027 年新增全国博物馆十大陈列展览精品奖或优胜奖 2 个以上，新增全省博物馆十大陈列展览精品奖 3 个以上；
3. 至 2027 年新增引进国（境）外展览 5 个以上，新增赴国（境）外举办展览（或参展）2 个以上；
4.2027 年建设安吉馆区“天文馆”。

5.全面发挥科教功能，引领文博教育潮流。构建分众型、多样化、智能化的社会教育与公众服务项目开发模式，全面融入地方经济社会发展，打造面向当下和未来，适应当代人需求升级的社区友好型的公共文化新空间。建立“教学课件＋科普微视频＋科普故事”博物馆课程体系，继续抓好“环球自然日”“小小讲解员”“两岸夏令营”“博物馆奇妙夜”“绿色总动员”等品牌活动项目。教育项目对标联合国可持续发展目标，融入可持续发展和PBL 学习理念。建立馆校合作长效机制，与省内学校签订馆校共建协议，定期开展博物馆进校园活动。

6. 全面激发创新活力，打造自博文创品牌。进一步挖掘藏品文化内涵，利用和发挥好馆藏文物资源优势，发掘和培养博物馆IP，申请自主知识产权，通过IP授权、双品牌联名、跨界合作等多种形式，融合双方特色，联合打造专业性强、具有市场号召力的特色文创产品。通过积极参与多渠道的媒体传播，发挥多元化的市场机制，提升博物馆品牌的知名度。

专栏五　科普教育

1. 每年两馆区参观人数不少于 200 万人次；
2. 每年创新社会教育项目 4 项；至 2027 年专家科普讲座新增 100 场次以上；
3. 至 2027 年新增创新研学课程 5 个以上；
4. 至 2027 年新增参与国际性平台的展示与评比 2 个以上；
5. 每年组织各类教育项目不少于 600 场次；
6. 每年新增共建单位 3 所学校和 3 个社区；
7. 服务满意率达 98％以上；
8. 至 2027 年新增开发文化产品 50 款以上。

（三）做大做强品牌，打造国际标杆博物馆

7.以展览为载体，提高国际合作水平。积极开展对外对港澳台的展览交流，在藏品、展览、科研、人员培训等方面加强全面合作。以“浙江自然博物院世界一流自然历史类博物馆比较性研究”项目为抓手，重点对标对表法国国家自然历史博物馆，开展展览和藏品的互换，促进两馆全方位的合作交流。

8. 加深科研合作，提高国际学术地位。发挥浙江省古生物化石收藏研究中心、中国鸟类学史料中心、浙江生物多样性研究中心、浙江生态研究院等学术平台交流作用。加强与国际博物馆协会等海内外其它文博单位、高等院校、科研机构的横向合作，派遣交流访问学者，合作申报国内重点课题及国际项目，开展多方面稳定持续的学术交流和业务活动。

9. 推动文明交流，争当全球文化先锋。秉持“人类命运共同体”和“人与自然和谐共生”理念，积极参与国际性博物馆事务、加强在国际平台发声。以提高公众科学素养为使命，在普及生命科学知识的道路上发挥引领作用，为其他博物馆作出跨国科普资源利用和青少年科普项目拓展的率先尝试和经验积累。提升浙江自然博物院的国际影响力，讲好中国故事，让收藏在博物馆里的文物标本“活”起来，为观众提供正确的精神指引和强大的精神动力。

专栏六　对外交流
1.2023 年与法国国家自然历史博物馆开展互换展览、藏品交换、人员培训等合作交流活动，与俄罗斯达尔文国家博物馆互换图片展；
2.2024 年以“福井恐龙”为主题的特别展，首次引进、展出福井县的恐龙化石；
3.2023—2027 年继续引进英国BBC 全球自然摄影获奖作品展；
4.2023 年与“ 国际博物馆协会研究与交流中心”共同推出5 个国际人才教育视频项目；
5. 继续举办环球自然日®—— 青少年自然科学知识挑战赛浙江赛1 次 / 年；
6. 继续举办“两岸中学生自然探索夏令营”；
7. 和美国自然历史博物馆在青少年自然科普教育领域开展合作，举办中美学生自然探索夏令营；
8. 和法国国家自然历史博物馆开展成人教育方面合作，开展高校学生、学校教师学科培训，成人受众的自然科普教育活动等。

中国丝绸博物馆创建世界一流博物馆工作计划

根据《“十四五”文物保护和科技创新规划》和中央宣传部、文化和旅游部等九部门《关于推进博物馆改革发展的指导意见》实施“中国特色世界一流博物馆创建计划”工作要求，制定中国丝绸博物馆创建世界一流博物馆行动计划。

一、工作目标

到2027年，以志在必得的决心和行动，充分发挥“全链条、研究型、国际化、时尚范”特色，把中国丝绸博物馆建设成为空间环境优美、公共服务优良、展览展示优质、馆藏体系完善、学术研究深入、文物活化利用有作为、国际国内影响力强的代表中国特色、引领行业发展的全国首批“世界一流博物馆”。

二、主要任务

锚定目标，坚持以人民为中心，以国际化和纺织品文物科技为特色，从收藏、展览、传播、科研、团队、管理等方面打造“六个一流”。

——打造“一流收藏”的博物馆。逐步建立涵盖古今中外的藏品体系、科学标本库和文献资料，彰显纺织品尤其是丝绸对人类文明发展的重要意义，基于藏品、标本和文献的研究在国际学术界具有重要影响，并为世界各国研究提供便利。

——打造“一流展览”的博物馆。利用现代展示技术，着力提升改造基本陈列和临时展览，向世界展示中国丝绸五千年的辉煌历史。与国际知名文博机构合作举办出入境展览，向世界展示丝绸文化，向中国传播世界文明。

——打造“一流传播”的博物馆。不断拓展传播途径和方法，向行业、公众、社会诠释和传播丝绸文化，逐步形成行业引领力、公众美誉度、社会知名度。参与国际组织的相关事务并任职，具有国际话语权，大力提升国际影响力。

——打造“一流科研”的博物馆。具有齐备的科研基础设施，向国内外同行开放共享，定期组织高质量国际学术活动，牵头国际合作研究项目、国家级重点科研项目，科研成果具有国际影响力。

——打造“一流团队”的博物馆。打造或引进一批数量充足、结构合理、素质过硬、具有国际视野和国际影响力的人才队伍，能够支撑科研、策展、国际培训、交流合作等业务。

——打造“一流管理”的博物馆。具有健全完备、适应一流博物馆建设发展的博物馆管理制度体系，以数字化改革为抓手，提升管理效能，提供高质量的人本化服务。

三、工作举措

按照目标导向、守正创新、系统集成、稳步推进原则，进一步夯实基础、突出优势、深化研究、精细服务、全球合作、广泛传播，重点开展六大行动："丝绸之路东道主行动""丝绸之路国际伙伴行动""国丝强基行动""丝路之绸文明探源行动""丝绸之路文化遗产活化行动""丝绸之路数字融合行动"。

（一）实施"丝绸之路东道主行动"

1.高站位对接国家战略，当好"丝绸之路周"东道主。以"1+N"的模式持续办好"丝绸之路周"系列活动，协调多方资源，联合主宾国、主宾省举办丝绸之路主题展、主题学术论坛、策展人研修班。每年评选推介丝绸之路十大考古发现、十大陈列展览、十大学术成果等，每年发布《丝绸之路文化遗产年报》等，每年丝绸之路周话题阅读量争取不少于1亿次。

2. 高品位服务全球观众，当好"国丝三节"东道主。立足浙江，面向全国全球，借助驻外使领馆、海外中国文化中心、孔子学院等力量办好国丝汉服节、天然染料双年展、国丝时尚节等三大活动，着重提升全球影响力。每年选择一个海外城市联动，以"双城记"形式举办国丝汉服节，"汉服节"话题阅读量每年争取不少于2000万次。举办天然染料双年展和配套活动，组织专题学术论坛、主题设计展、世界天染工坊、民族印染市集。举办国丝时尚节（丝尚节），整合国内外时尚产业资源，征集当代时尚作品，通过时尚展览、时尚晚会、年度时尚影响力评奖等，实现博物馆与产业互动。

3. 高质量建设国际平台，以东道主姿态提升国际平台能级。积极参与"三大联盟"建设，主导国际丝路之绸研究联盟（IASSRT）年会及系列活动，协同丝绸之路文物科技创新联盟（ATICS）年会及系列活动，参与协办丝绸之路国际博物馆联盟（IAMS）主题展览、学术论坛等系列活动。到2027年底，国际丝路之绸研究联盟成员数争取达45个。推动建立国际文化遗产保护修复研究中心（IC CROM）杭州基地。

（二）实施“丝绸之路国际伙伴行动”

4. 加强学术伙伴关系，扩大在国际组织的影响力。发挥国际博物馆协会（ICOM）执委的重要作用，深度参与国际博物馆协会事务。积极竞选国际博物馆协会藏品保护专委会（ICOM—CC）、服装专委会（ICOM—Costume）等专委会职位。承办国际组织的大型主题展览、高级研修班、高峰论坛等高层次活动。

5. 健全展览伙伴网络，推出“国丝环球展柜”项目。策划中国丝绸艺术、蚕桑丝织技术、中国时尚等精品展览，每年举办临展不少于16个。面向境外博物馆、高校、海外中国文化中心等推出标准化展览。引进代表性国家和地区的古代纺织服饰展、近当代时尚服饰展、传统染织工艺展等特色展览。通过展览合作建立国际展览交流网络体系，每年向境外输出展览2个及以上。

6. 密切人才伙伴往来，推出“锦绣”学者互访项目。积极争取国内外公益和人才基金资助，争取每年向国外博物馆、高校派送中青年访问学者、研修生等。建互访机制，引入高层次学者开展客座研究，招收中青年访问学者和外国实习生。到2027年底，开展丝绸之路策展人培训班、国际文化遗产保护修复研究中心研修班等丝绸之路及纺织品相关培训活动不少于4次。

（三）实施“国丝强基行动”

7. 加大藏品征集和研究力度，夯实博物馆藏品工作基础。制定定位清晰、目标明确、特色鲜明的征藏计划，丰富馆藏文物门类的丰富，努力扩大以中国古代丝绸为核心、丝绸之路概念为亮点的丝绸之路沿途纺织品、服饰及相关文物征藏。基于本馆藏品，系统化研究“古今中外”丝绸纺织服饰。着重参与“宋韵文化传世工程”，重点研究宋代服饰礼制、宋韵源色，开展礼制服装复刻。开展服饰文化基因解码，研究浙江丝绸纹样和服饰艺术特性，助力“诗画江南、活力浙江”品牌打造。到2027年底，藏品数量新增超3万件/套。

8. 系统性提升国丝社教品牌，增加文化传播和社会服务效能。秉持以人民为中心的理念，开展贴近群众的社会教育活动。针对不同年龄人群，开展形式多样的社教活动。着力推动线上线下、点面集合的“丝路文化进校园”品牌，构建持续、有效、与时俱进的馆校联动模式，每年新增校园共建基地5个以上。持续举办专题讲座，开展“蚕乡月令”等研学活动。每年举办专题讲座不少于30场，每年开展“蚕乡月令”或组织、参与各类研学活动不少于30次。

9. 加强专业人才团队和梯队建设，形成可持续发展的内生动力。做好本馆人才团队、梯队建设，推出“导师制”“策展人团队制”“国丝青蓝计划”等激励措施，发挥员工的主观能动性，鼓励年轻专业人员申报课题研究、自主策划原创展览、开发创意社教活动等。建立岗位管理制度，实行能上能下、完善有为有位的用人机制，构建国丝“学习型”“变革型”“清亲型”组织。

（四）实施“丝路之绸文明探源行动”

10. 以科技创新为引领，加强探源工程能力建设。依托纺织品文物保护国家文物局重点科研基地，发挥合作高校和科研机构多学科专业优势加强交叉学科协作，解决丝绸探源工程重点科技难题。在国内外推广新型清洗、加固、修复技术应用于丝绸为主体的纺织品文物保护。每年申请省部级及以上课题1—2项，发表SCI/SSCI收录期刊高水平论文3—5篇，主办高水平学术研讨会 1—2次。到2027年底，纺织品文物保护国家文物局重点科研基地新增工作站3个及以上，提出纺织品文物保护国际标准草案2个及以上。

11. 以海量数据为支撑，夯实探源工程资源基础。建立健全纺织品文物标本库、纺织品文物科技数据库和中国丝绸艺术资源库。到2027年底，纺织品文物数据库条目不少于3000个。主持编撰完成“中国丝绸艺术大系”20卷。谋划主导“全球纺织科技史”项目，完成撰写《织绣技术综合研究》《中国丝绸中英文专业术语对照研究》并争取出版。

12. 以优质人才为引擎，建强探源工程实施团队。充分借力浙江理工大学国际丝绸学院，培养纺织考古、文物保护和丝绸设计专业人才。与丝绸之路沿线高校、科研机构合作建立博士后流动站，共同开展丝路之绸文明探源工程，在实践中培养高素质人才。每年国际丝绸学院招收硕士不少于20人、博士不少于1人。

（五）实施“丝绸之路文化遗产活化行动”

13. 聚焦重点领域，深化藏品研究促活化。聚焦特色藏品，提升文物背后的故事的挖掘和研究水平，提炼纺织丝绸文献档案、织物组织、装饰纹样、服饰源流等文化表征要素，为文物活起来提供科学研究基础。

14. 聚焦重点工艺，发挥技术优势促活化。扩大在传统染织技艺复原能力方面优势，对社会和历史意义重大、科技和艺术价值突出的文物开展工艺复原与产品复制，如敦煌藏经洞唐代丝绸、新疆营盘汉晋彩色毛罽、中亚对兽对鸟纬锦、黄岩南宋赵伯澐服饰等。到2027年底，完成重难点纺织品文物修复案例不少于5个。

15. 聚焦重点对象，拓展展陈空间促活化。继续开拓商业综合体展览空间，做精中国丝绸博物馆杭州大厦时尚分馆。积极参与重要交通节点和文化空间展陈。主动指导乡村博物馆建设运营。逐步探索海外分馆或展陈空间建设。

16. 聚焦重点项目，重视教育传承促活化。打造非物质文化遗产传承保护品牌，牵头中国蚕桑丝织技术保护联盟，与联合国教科文组织非遗中心合作，联合丝绸之路沿线国家开展纺织类非遗申请、保护和社教传播工作。提升女红传习馆品牌影响力，针对不同人群开展寓教于乐、科普传播和技艺研修等不同层次的公共体验活动和教育课程，常态化开放儿童馆、女红传习馆。举办手工体验活动不少于500场次 / 年。

17. 聚焦文创开发，多元转化利用促活化。继续做好全国博物馆文化创意商品开发试点单位相关工作，多渠道、多形式开展丝绸文化创意转化。

（六）实施“丝绸之路数字融合行动”

18. 以数字化藏品为抓手，推动全球数字化合作。以建立健全本馆藏文物数据库系统为基础，依托“世界丝绸互动地图”和“中国丝绸艺术大系”项目，收集全球丝绸文物数字资料，构建“数字丝绸博物馆”，面向世界提供丝绸文物信息在线检索和详情查询服务，为丝绸溯源、研究、传播与交流等提供知识库，促进全世界范围跨界、跨领域、跨时空的合作互鉴。到2027年底，争取完成全馆文物100%数字化，世界丝绸互动地图项目合作境外机构达30家以上。

19. 以智慧化管理为基础，提升博物馆运行效率。探索中国特色博物馆智慧化管理技术和模式，运用数字技术，优化本馆“物——人——数据”要素之间信息收集、存储、使用和交流，提高本馆的管理效率、响应能力和检测能力等，提升人本化服务能力和效率。

20. 以数字化展览为载体，优化展览展示互动效果。打造数字展览，实现展览在空间和时间上最有效率的延展，在实现实体展览数字化的基础上，面向海内外观众策划上线云端展览，实现虚拟空间沉浸式观展。推广丝绸之路数字博物馆（SROM）项目，增强与博物馆专业人员、与普通观众的数字化互动。

21. 以数字化服务为路径，加强与观众的紧密联系。迭代升级“国丝有云”，为观众提供线上数字化服务，开设线上讲座、云课程等。研发“成长伴随系统”，根据观众所处年龄段和兴趣等标签，推送定制化内容。加快丝路之绸数字资源库建设，为各类观众提供数据管理、时空可视化、知识图谱等数字化服务。

22. 以数字化传播为媒介，加大宣传推广力度。利用数字化传播工具和手段，进一步发挥“丝绸之路与跨文化交流研究中心”（IIDOS）网站作为业界合作交流平台的作用。提高“国丝五个一”线上科普品牌的知名度和影响力，每年发布“一物”“一技”“一文”“一例”和“一问”等科普文章超50篇。加强与国内外主流融媒体平台的联动，通过大数据分析精准传播。

四、保障措施

（一）加强组织保障。组建创建工作专班，按年度制定创建工作具体目标，统筹全馆力量、协调各方资源，保障各项工作紧密衔接、协同高效、推进有力，监督检查考核评价具体工作。发挥中国丝绸博物馆理事会作用，将创建世界一流博物馆作为理事会首要决策事项。

（二）加强资金保障。统筹全馆财政资金大盘，优先保障创建世界一流博物馆各项工作需求。用好用足中央和地方博物馆建设发展扶持政策的基础上，积极向上级争取政策支持，确保创建所需资金、物资保障到位。

（三）加强人才保障。内部挖潜，加强馆内干部队伍的政治素质、业务能力锻炼，打造一支“世界一流博物馆”创建冲锋队，关键时期扛得住、顶得上、能干事。外部引才，通过选调、选聘等方式，招引有经验、有能力、有担当、有理想的人才来馆，为创建“世界一流博物馆”提供即战力保障。

浙江省文物考古研究所创建世界一流考古机构工作计划

为贯彻落实国务院办公厅《“十四五”文物保护和科技创新规划》创建世界一流考古机构的要求，全面落实省第十五次党代会打造文博强省的决策部署，根据我省实际，制定本计划。

一、发展目标

聚焦新时代背景下中国考古学下一个百年发展宏远目标，对标国际一流，进一步完善考古工作体制机制，加强考古能力建设，强化中国文明历史研究，打造一批世界一流的考古标本库房、科技考古实验室、物质文化基因库、考古工作全流程数字化管理系统；培养一批业务精专、富于创新的世界一流考古专业技术人才，培育3个具有国际影响力、国内顶尖的研究团队；在世界文明起源、稻作农业起源、海洋开发利用和陶瓷研究等形成一批国际领先的重大成果；力争1处以上重要考古遗址列入中国世界文化遗产预备名单。到2027年，率先完成世界一流考古机构创建，全面提升浙江考古在世界考古的影响力和话语权。

二、主要任务

（一）培养世界一流团队和一流人才。持续巩固上山文化、河姆渡文化、良渚文化等研究团队的优势地位，打造世界一流、国内领先的史前考古研究方阵，保持相关领域在国内国际学术圈的话语权。加强对瓷窑址考古、越文化考古、南宋考古、海洋考古、古建筑研究、世界文化遗产监测等团队的培养，对标国内各领域顶尖研究团队，加快重点课题的突破与成果发布，立足东南、对话全国、放眼世界，全面参与国内外相关领域重大问题的讨论与研究，形成既有区域特色，又掌握一流理论、方法的权威研究团队群。结合考古事业发展的特点和规律，制定考古人才培养计划，构建多层次考古人才培养体系，培育一批以领军人才和中青年骨干创新人才为重点的高层次考古人才，培育一批具有国际视野和卓越才能的高水平人才。

（二）贡献世界一流考古成果。紧密围绕本省文物优势资源，探索考古新发现，积极参加国家级奖项评选，力争收获“全国十大考古新发现”“田野考古奖”等重要荣誉。推进上山文化遗址、海上丝绸之路、温州古港遗址、井头山——河姆渡文化遗址、钱塘江古海塘等申遗工作的开展，力争取得突破性进展。继续加强考古报告、图册、专著、学术文集等学术成果的出版，积极申报国家级、省级优秀成果奖，夯实基础研究，为学术发展、公众分享、文旅融合奠定发展基石。

（三）建设世界一流考古设施。按照世界一流考古机构的考古标本库房和文物保护要求，推进浙江省考古与文物保护基地建设，积极探索标准化、数字化管理模式，打造具有世界影响力的考古文物资料集成平台。依托我省环境考古、丝绸与有机质文物、地质考古、遥感考古与地理信息系统等科技考古优势力量，打造国家重点区域科技考古实验室。不断升级优化散布于全省各地的考古基地和考古工作站，完善省地共建考古协作平台体系，建立省市县三级联动协同考古机制，为国内考古协作平台建设提供浙江案例。整合全省文物考古数字化资源，建设代表国内最高水准的数字化文物考古全流程平台。

（四）打造世界一流的合作交流平台。以互派访问学者、共同举办国际论坛、联合开展考古发掘、聘请高水平外国学者来浙任职和选拔优秀人才出国进修等形式，与国际知名高校和考古研究机构展开广泛合作，提升浙江考古国际知名度和影响力。

三、工作举措

（一）实施新时代中国文明探源和历史研究行动

1. 深入实施浙江考古“启明星”计划。积极主导或参与中华文明探源工程、“考古中国”重大项目，聚焦世界稻作农业起源、中国文化起源、中华文明起源形成与发展、海洋文明起源与发展谱系等重大问题，深化浙江新石器时代遗址考古研究，力争在中华文明要素形成、中华文明起源及文化共同体形成和早期发展综合研究、海洋文明起源与扩散、海洋环境变迁等方面取得标志性成果，进一步擦亮上山、河姆渡、良渚三颗“启明星”，构建浙江史前考古学文化谱系，夯实浙江作为100万年人类史、1万年文化史和5000多年文明史发源地的证据，清晰呈现浙江早期文明发展脉络，全面展示浙江历史文化深厚内涵和独特价值，打响“文明之源耀浙江”品牌。

2. 深化浙江特色文化考古研究。围绕越文化、吴越文化、南宋文化、海洋文化等浙江特色文化类型，完善浙江大历史的构建，切实打造一批具有较高知名度和鲜明辨识度的浙江文化标识，全面展示浙江历史文化深厚内涵和独特价值。聚焦陶瓷、良渚玉器、丝绸、茶等浙江特色物质遗存，开展系统深入的考古探源研究，进一步夯实浙江作为丝之源、瓷之源、茶之源的证据链。着力围绕宋韵文化传世工程，大力推进宋韵文化考古研究，系统摸排各地具有代表性的宋代遗存，形成包括遗址公园、各级文物保护单位在内的综合保护管理体系。开展宋代文物资源专项调查，建设宋韵文物数据资源库。推进临安城、宋六陵、瓷窑址以及石窟寺考古。通过考古工作为浙江成就更多文化之源、全国之最、世界之最。

3. 关注前沿课题，拓展研究领域。立足重大课题，在基本建设考古项目开展过程中，关注交叉学科与世界性课题的发展，开辟学术研究的新课题与新方向。着眼新石器时代至唐宋时期古环境变迁对东南地区历史文化发展的巨大影响，重视环境与景观考古研究，以考古实证梳理东南地区环境变迁史。结合新石器时代至商周时期相关考古工作的持续开展，探索湿地环境下文明发展的特殊模式，开展湿地考古学理论与方法的研究专题。持续推进沿海地区考古项目开展，在盐业考古、沿海城市考古、海港码头考古海丝贸易考古等领域探索研究专题，取得新突破。

专栏 1　中国文明探源和历史研究

1. 中华文明探源工程：主持“良渚遗址及浙江文明起源进程中的生业资源与技术”“良渚遗址及浙江在长江流域文明进程的研究”等子课题。

2. “考古中国”重大项目：主持“长江中下游早期稻作农业社会考古研究项目”“长江下游文明模式研究——从崧泽到良渚”，参与“南岛语族起源与扩散研究”“石窟寺研究”等重大项目。

3. 瓷窑址考古专题：围绕中国青瓷文明文物基因库建设目标，重新梳理自夏商时期原始瓷到汉代以来成熟青瓷发展的完整序列，深入研究德清湖州原始瓷窑址群、曹娥江汉晋窑址群、慈溪山林湖越窑窑址群等我省早期陶瓷考古重要发现，同时继续以龙泉大窑窑址、黄岩沙埠窑、临安天目窑等主动性考古发掘为突破口，完善我省瓷窑址考古专题研究的系统化与科技化，夯实浙江青瓷对中华文明和世界人类文明的重大贡献。

4. 越文化研究专题：全面推动我省夏商时期至春秋战国，越文化起源、姑蔑国、越国考古等专题研究，深入我国商周时期诸侯国考古研究，同时积极联合周边省份，推动“先秦时代南中国考古研究”课题申报，争取加入“考古中国”项目清单。

5. 南宋文化研究专题：引领宋韵文化传世工程建设，以南宋临安城、绍兴宋六陵、温州古港遗址、南宋重要窑址群、“宋塔·宋桥·宋代碑刻题记”调查研究等主动性考古工作为抓手，建构完整的“浙江宋代文物史迹网”。

6. 海洋文化研究专题：系统开展海洋考古综合研究，立足构建新石器时代至商周时期沿海与海岛考古学文化，建设海丝、海港、海岛、海盐、海塘、海防“六海考古”资源调查与考古研究等重要专题，建构浙江海洋文明发展谱系与文明史迹网。

7. 宗教考古研究专题：结合全国石窟寺专项调查工作开展，启动我省石窟寺、摩崖题记等宗教历史资源系统调查研究工作，推进全面记录与资料保护。

（二）实施新时代机构和研究团队重塑行动

4.合理设置内设机构，强化科研属性。根据新时代考古事业发展需求，建设适合本省文物资源特征与研究发展方向的部门结构。继续保持史前考古研究人才队伍结构完整、健康发展的基础上，重点加强商周考古、汉唐宋元考古、文物建筑研究、项目管理等人才紧缺、任务繁重部门的人才引进与科室建设，加快建设学科体系完善、优势学科具备国家顶尖水平的科技考古中心；配合考古文物标本库房建设成立浙江省考古与文物保护基地文物保管部；加强海洋考古研究室力量配置；汉唐宋元考古研究室瓷窑址考古研究中心鉴于提倡加强对更多类别遗址出土陶瓷器的考古学综合研究；加强世界文化遗产监测研究室

（浙江省文物博物馆数据信息中心）数字化改革人才引进；配合省文物局开展革命文物研究保护事业，成立革命文物研究室。

5. 强化研究团队建设，组建强大的专题研究团队。保障上山文化、河姆渡文化、良渚文化等优势课题研究团队健康发展，推动文明探源相关考古研究团队年轻化与多元化发展。加强科技考古、海洋考古、瓷窑址考古、石窟寺考古、文物保护、古代建筑等领域的人才引进，加快相关研究团队的建设与培养，打造真正适应新时代考古文保工作环境的人才队伍。打破专业与科室壁垒，以重大基础课题为核心，集合区域历史资源优势，强调多专业、多方向、多学科交叉研究融合，组建既突出重点课题研究，又重视区域历史研究全面性与科技含量的研究团队。科技考古团队建设要加强与田野考古深度融合，实现学科跨界融合。继续加强与北京大学考古文博学院古建研究团队合作，依托历史时期古建筑复原研究的成功案例，继续加强建筑考古研究的深入，拓展建筑复原研究的历史范畴，构建具备成熟研究方法与实践能力的古建考古研究团队。加大与国内外高校科研院所合作力度，增强研究团队的科研能力，在自主把握研究方向的基础上，丰富研究内容，拓展研究视野，打造学术方向覆盖全面，学术能力具有世界观与一流水准的研究团队。

6. 加强考古人才培养。大力推进新鼎人才、社科专家、领军人才、青年英才等国家级和省级高层次人才的选拔和申报工作。支持考古专业人才申报国家、省级重大科研项目及重点人才培养计划，建立完善考古领域专家库。积极推进国家文物局“考古学国家急需高层次人才培养”计划，联合北京大学、吉林大学等10所高校，培养具备强烈责任担当、多学科背景知识、扎实专业素养的现代考古学急需专业人才。完善职业技能教育，将考古技工培养纳入技工教育体系，推动建立考古领域职业技能等级评价机制，促进年轻技工技能提升，探索考古技工培养管理的浙江模式。

7. 组建高水准、大视野的学术委员会。在省文物局领导下，依托浙江省文物考古研究所，聘请一批具有世界影响力的国内外专家，组建学术水平一流的学术委员会，加强先进理念与技术学习，鼓励学术研究互动，博采所长，扩大视野。

专栏2　机构和研究团队

1. 人员编制：贯彻落实《中央编办关于加强文物保护和考古工作机构编制保障的通知》精神，增强省级考古机构考古力量，在“十四五”期间，推动省文物考古研究所的编制规模增加到180名以上。
2. 内设机构：恳请省政府相关部门对我所现有部门结构开展调研，保持现有科研部门布置的完整性，并针对即将建设的浙江省文物和考古基地安排相关管理部门。
3. 招聘办法：合理编制人才招聘计划，创新考古人才引进机制，以优势研究团队组建为目标，招聘紧缺专业人才和青年优秀人才；对高层次专家型人才申请单独招聘；与国内外著名高校寻求定向培养的人员招聘规划，推动田野实践、科技分析等实操型考试方法融入招聘考核。
4. 人才培养：推动人才申报计划，至2027年，力争达到25人左右的省级、国家级高层次人才研究团队。
5. 学术委员会建设：组建10人左右、具备国际声誉的学术委员会，指导监督所内学术发展。

（三）实施新时代考古数融科技创新行动

8. 推进考古领域数字化改革。促进考古资料整理和数字化，推动考古发掘科技分析与现场文物保护常规化，提高考古工作数字化程度，力争到2027年，实现考古工作机制系统性重塑。

9. 创建国家重点区域科技考古实验室。制定重大考古科研立项计划，推进考古领域的科技创新和关键技术联合攻关，全面提升科技考古科研环境和条件。到2027年基本建成全国省级考古所中学科方向最全，并具有技术优势的科技考古队伍，培育具有学术权威性的专项科研团队。

专栏3　考古数融科技创新行动

1. 数字化综合管理平台建设：加快推进“浙里文物”全周期应用平台、全省考古工作信息管理系统、浙江省不可移动文物管理GIS系统、浙江省世界文化遗产监测预警平台、大运河文物监测预警国家级数据库及总平台（浙江）建设；依托五代两宋石窟造像资源，建设南方地区摩崖造像和石窟寺保护区域平台。
2. 国家重点区域考古实验室建设：创建湿地大遗址综合考古研究与保护展示国家文物局重点科研基地；立足于丰富的植物遗存、稻作遗存、青瓷遗存，建立国家植物考古重点实验室、稻作农业起源国家重点实验室、青瓷文明起源国家重点实验室；做强动物考古、遥感与地理信息系统、有机质文物保护等省级科技考古实验室；拓展专门物质文化研究与科学技术研究方向的课题设置，谋划建设水利工程考古、地质资源勘察等省级科技考古实验室。

（四）实施新时代考古硬件设施建设行动

10. 夯实考古硬件基础。开展考古硬件设施标准化建设，大力提升考古装备及设施水平。依托省考古与文物保护基地创建国家重点区域考古标本库房，布局省级区域性考古与保护中心，打造区域性考古研究基地和标本库房。加快考古移动实验室、重点项目考古集成工作平台建设。依托浙江丰富的稻作遗存和陶瓷遗存，打造中国稻作文明文物基因库和中国青瓷文明文物基因库。

11. 推进“标准考古工地”建设。严格执行《田野考古操作规程》，根据主动性考古、配合基本建设考古等不同性质的田野考古工作实际，制定标准考古工地的基本标准，提升软件实力，制定硬件要求，规范监督流程，保障历史文化信息提取准确性与丰富性，促进研究阐释，建立考古发掘、系统研究、现场保护一体化协同、科学化实施的考古工作流程，全面提升浙江田野考古工作智能化、科学化、精细化水平。

12. 谋划建设浙江考古博物馆。在条件成熟的情况下，规划建设集收藏、展示、交流、教学、宣传等功能为一体的浙江考古博物馆，填补综合性博物馆考古信息展示的短板，打造具有国际影响、国内一流的浙江考古事业主阵地、新高地。

专栏4　考古硬件设施建设

1. 国家考古标本库房建设：至2023年底，完成浙江省考古与文物保护基地一期建设任务，建成考古标本库房、浙江考古与中华文明考古数字化展示区；至2027年底，完成浙江省考古与文物保护基地二期建设，建成中国古代物质文化基因库南方基地，文物研学实践区。
2. 中国南方物质文化基因库建设：到2027年，完成全省文物考古协作平台搭建、形成创建多层次的考古工作平台体系，初步完成中国稻作文明文物基因库及中国青瓷文明文物基因库创建，为建设中国南方物质文化基因库奠定基础。
3. “标准考古工地”建设：至2025年，全面实现主动性考古项目以及重大考古发掘项目的“标准考古工地”要求。
4. 浙江考古博物馆建设：依托考古标本库房与已有文物基因库，筹划浙江省考古博物馆建设方案。

（五）实施新时代文物考古成果出版传播行动

13. 推动文物考古文博成果编著与出版。加强统筹规划和科学布局，坚持多学科、多角度、多层次、多方位，密切考古学和历史学、人文科学和自然科学的联合攻关，加强考古发掘资料的整理研究和出版，系统谋划田野考古报告、考古学专著与文集、文物建筑与文保工程研究专著、公共考古读本与图录的出版计划。持续推进“浙江文化研究工程——浙江考古与中华文明”研究项目，科学阐释浙江考古在人类起源、稻作农业起源、中华文明起源与形成、世界文明史等关键问题研究中的重要地位，助力揭示中华文明多元一体形成与发展过程，展现浙江考古对人类文明的重大贡献，助推建立中国语境的世界文明史观。

14. 打造浙江文物考古宣传主阵地。加强考古成果和历史研究成果的阐释与传播，积极举办田野考古成果现场分享会、考古成果发布会、重要考古发现评比、座谈沙龙、学术讲座、考古精品课程、考古公开课等活动，及时分享新发现与新知识，传播正确的历史观、价值观与世界观。加强与主流媒体的合作，扩大宣传范围与影响力，打造浙江考古宣传的主阵地。

15. 建设区域学术交流中心。利用库房、基地、考古和文保中心以及数字文物资源优势，打造国内领先、具有一定世界影响力的文物资源交流平台与学术研究互动平台，建立考古研究交流中心与访问学者研学基地，吸引国内外优秀学者来访，大力加强学术研究，推进考古文保科研成果阐释的不断深化，持续增强浙江历史文化的影响力。

专栏5　文物考古成果出版传播
1. 研究成果出版：到2027年，完成不低于30部的考古报告及专著。 2. 宣传窗口建设：持续加强“浙江考古”公众号的建设，打造成为中国考古宣传的精品窗口。 3. 精品宣传品牌建设：持续打造“浙江考古与中华文明”“家在青山绿水间”两大宣传品牌；推动重要考古发现评比、考古沙龙、考古精品课程等优秀公众考古项目的系统化、品牌化。

（六）实施新时代考古工作国际化行动

16. 开展国际联合考古。实施文物考古援外和联合攻关项目，参与亚洲文化遗产保护行动和中外联合考古等文物考古国际交流项目。支持围绕新旧石器时代过渡、稻作农业起源、文明起源、海洋文明、海上丝绸之路、世界文化遗产保护等主题开展合作研究。推动丝织品、陶瓷、玉器、茶等学术研究国际化，培育世界性学术课题，提高浙江在文物国际合作领域的话语权。译介出版浙江重要考古成果，加大浙江考古成果国际传播力度。翻译国外重要考古报告、论著，及时掌握国外考古前沿动态。

17. 打造中外文明交流互鉴前沿阵地。依托良渚遗址世界文化遗产地、稻作农业起源地、青瓷文明起源地等优势资源，举办良渚论坛，召开国际性考古学术大会，搭建考古研究高端学术交流展示平台，吸引世界各地优秀学者来浙共同研究、交流互鉴。依托良渚古城遗址打造展示中华文明的重要窗口。实施考古成果海外推广计划，策划推出一批文物外展精品，向国内外及时全面展示文明起源与考古新发现等工作成果，面向全世界展示中华文明取得的辉煌成就以及浙江对世界文明的重大贡献，提升浙江考古在国际考古学界的影响力、话语权，提升浙江考古、浙江文明影响力和感召力，向世界展现可信、可爱、可敬的浙江形象、中国形象。

专栏6　考古工作国际化
1. 国际考古成果出版：至2027年，完成不低于20部的国外重要考古报告、论著翻译出版；至2027年，完成不低于10部浙江重要考古成果外文版出版。 2. 学术交流平台建设：至2025年，依托浙江省考古与文物保护基地，打造文明起源国际学术交流平台。 3. 世界遗产申遗任务：持续推动山上文化遗址群、温州古港等世界遗产申遗进程。

四、保障措施

（一）加强组织领导。组织成立世界一流考古机构创建专班，研究解决重大问题，指导、推动世界一流考古机构创建工作。定期向国家文物局、省文化和旅游厅、省文物局汇报工作进展，争取上级领导部门政策支持；同时形成发展目标督导制度，落实落细一流考古机构建设目标任务。鼓励各级考古文保研究人员积极申报国家级、省市级相关考古文保研究课题与项目，优化科研课题选拔办法，促进学术研究的系统化和规范化。

（二）完善体制机制。坚持考古先行原则，进一步落实“先考古，后出让”政策和配套措施，完善文物区域评估和土地储备考古前置制度。加强对考古工作事中事后监管，保障考古工作质量。创新人才引进和管理模式，建立文物考古单位创新激励机制。完善高端文博人才引进扶持政策。改革文博机构人才待遇、科研管理体制。提请省级相关部门加强人才政策保障，在人才称号申报、专业人才招聘等方面给予支持。提请设立省级重大考古发现奖、田野考古奖。

（三）加强要素保障。完善经费保障措施，积极寻求上级财政部门加大对重大考古发掘项目、文物考古数字科技创新、重大课题研究、基础硬件设施建设的投入。对在全省考古领域作出突出贡献的单位和个人及时按规定给予褒扬激励。配齐配强省文物考古研究所考古专业人员，鼓励高端文博人才到浙江设立工作室、研究机构。

传承历史文脉　推进文化振兴 加快建设更具活力的“千年商港、幸福温州”

温州市

温州，古称东瓯，拥有2200多年行政建制史和千年开埠通商史，是国家历史文化名城，历史遗存丰富。近年来，我们牢记习近平总书记寄予温州“续写创新史”的殷殷嘱托，坚持以文铸城，统筹推进文物保护与城市建设，在传承创新中全面推进文化振兴，成功入选国家文化和旅游消费试点城市、长三角最佳文旅融合城市，获评“东亚文化之都”，为加快建设更具活力的“千年商港、幸福温州”提供强大的文化驱动力。

一、优化顶层设计，构建文物保护传承大格局

把文物保护作为一项系统工程，坚持规划、监管和数字赋能多管齐下，实现全方位立体式保护。一是下好规划引领“先手棋”。将历史文化保护要求全面融入总规、分区规划和单元性控规，编制《温州历史文化名城保护规划》，出台历史文化名城、历史文化街区、历史建筑三大保护政策和文物、非遗两大保护管理办法，刚性保护千年古城的格局和肌理。二是织好文物安全“防护网”。实施加强历史文化保护传承“八大行动”，组织开展文物安全压力测试，创新推行文物安全红黄蓝“三色图”动态监管并获全省推广，今年5月成立文物保护考古所，调剂增加文保编制，在全省率先构建文物、公安、应急、消防、住建等多部门协同保护机制。三是建好文物保护“云平台”。上线“古系列·云端守护”文物保护利用平台，为全市26类18152处“古资源”提供“数智守卫”，让文物古迹有了聪明的“安全卫士”，并且在全省数字化改革推进会上作典型发言。

二、注重内涵挖掘，打造千年古港文化新地标

去年，我市在推进主城区瓯江边望江路下穿工程项目考古前置工作中，发现了温州朔门古港遗址，我们高度重视，迅速行动。一是敬畏之心践行保护第一。为保护古港遗址，我们统筹文物保护与民生保障，立即暂停工程项目，经过反复研究、科学论证，在财力十分紧张而且要新增2个多亿投资的情况下，果断调整道路线位，《中国文物报》评价为“我国城市主干道向文物让路的典型案例”。二是科学严谨阐释古迹价值。9月28日，国家文物局在北京召开“考古中国”重大项目发布会，展示了古港遗址考古发掘重要成果，央视等中央媒体作了广泛宣传报道。上月初，古港遗址考古成果专家论证会在我市成功举办，与会专家一致认为，“该遗址规模庞大、体系完整、内涵丰富，为国内唯一、世界罕见，真实再现了宋元时期温州港的繁荣景象，是近年来我国城市考古、港口考古的重大收获，堪称海上丝绸之路的绝佳阐释地，是我国海丝申遗不可替代的经典样本和支撑性遗产点”。三是着眼传承塑造文化标识。按照省党代会报告“推进温州宋元码头遗址保护利用”的部署要求，高标准谋划建设国家考古遗址公园，现正准备向全球招标设计方案，同时全力冲击全国十大考古新发现和“海丝”申遗，努力再现“海丝”之路上、国际交往中的中国风采。

三、突出赓续融合，擦亮历史文化名城金名片

实施宋韵瓯风文化传世工程，把传承文脉、留住记忆与彰显现代城市韵味、推动乡村振兴有机结合起来。一方面，在传承保护中留下街巷记忆。坚持“微改造、精提升”，近五年在主城区累计投入15.7亿元，大力度推进鹿城五马街、瓯海梧田老街、龙湾寺前街等历史文化街区改造提升，五马街创成国家首批旅游休闲街区和国家夜间文旅消费集聚区。结合城中村、老旧小区改造，精心打造了山根音乐艺术小村、小坝坊慢生活文创街区等文旅融合新样板。另一方面，在保育活化中焕发新的活力。联动抓好古村落、古民居、古书院、古

亭楼等“古”系列保育活化，依托国保廊桥推出山水实景剧《我在廊桥等你》，利用古村落打造宋风瓯韵音乐漫都，启动中国民办博物馆之城建设，真正让文物“活”起来，发挥更大时代价值。

下步，我们将认真贯彻本次会议精神，切实增强尊崇之心、敬畏之心，坚决筑牢文物安全防线，更大力度做好文物活化利用文章，更好传承展示瓯越文化瑰宝，为高水平推进文化强省建设、打造新时代文化高地贡献温州力量。

同心聚力　奋发有为
全力推进上山文化遗址群申遗工作

浦江县

习近平总书记指出："保护好、传承好历史文化遗产是对历史负责、对人民负责。"上山文化遗址群作为中华民族"一万年的文化史"的重要标识，是继良渚古城遗址之后，可直接提升中华民族文化自信的又一重大文化遗产。浦江作为上山文化的命名地，将义不容辞承担起申遗牵头城市的职责使命，统筹推进上山文化遗址群的保护、研究、宣传和申遗。

一、提高站位，凝聚共识

上山遗址发现于2000年，2006年上山文化命名，同年11月，时任浙江省委书记习近平作出"要加强对'上山文化'的研究和宣传"的重要批示。20多年来，上山文化遗址的发掘和研究惊喜不断，吸引了国内外考古界、农学界、环境学学界、史学界等领域众多专家学者，并先后在浦江召开了4场高级别学术研讨会。考古界普遍认为：上山是世界稻作文化的起源地、上山文化彩陶是世界上最早的彩陶、上山文化是中国农耕村落文化的源头。为此，"杂交水稻之父"袁隆平亲笔题词"万年上山世界稻源"，考古学泰斗严文明亲笔题词"远古中华第一村"。

党的二十大报告提出要"增强中华文明传播力影响力"。上山文化遗址群的发掘，将浙江的文明史推进到10000年前，印证了浙江先民对中华文明、世界发展乃至人类进步的重大贡献，不仅是中华文明形成过程的重要起点，更填补了世界遗产中稻作起源的类型空白。由此可见，上山文化遗址群不仅是浙江的、中国的，更是世界的，做好上山文化遗址群的保护、研究、宣传和申遗意义重大、影响深远。

二、紧盯目标，坚定前行

对标省委、省政府主要领导指示批示精神，以及省第十五次党代会工作部署和申遗要求，我们将举全县之力，咬定目标、迎难而上，坚定不移按照“两步走”申遗路线图奋勇前行。

第一步：从现在到2025年，要深入做好上山文化的发掘整理和研究宣传，擦亮万年上山文化标识，不断提升上山文化的知名度、影响力；力争新增1—2个省级考古遗址公园，基本完成上山文化考古遗址公园群落架构；创建上山国家级考古遗址公园，高标准完成上山遗址博物馆（世界稻源博物馆）建设；力争上山文化遗址群列入《中国世界文化遗产预备名单》。

第二步：到2035年，申报世界文化遗产，力争申遗成功。

今年5月13日，由副省长成岳冲召集的上山文化遗址保护和申遗工作专班举行第一次工作例会，预备首批申遗的6个遗址所在县（市、区）签订了申遗合作协议，并发布了《上山文化遗址联盟浦江宣言》和《上山文化遗址联盟章程》，标志着上山文化遗址群正式迈出申遗第一步。

三、牵头引领，重点突破

一是高质量编制申遗文本。牵头做好与申遗专家陈同滨团队的对接沟通，统筹其他5个申遗联盟城市，做好申遗预备名单文本编制工作；同时，紧盯我县前期单独委托的“上山文化遗址群”突出普遍价值课题研究、工程技术导则等5个申遗文本编制进度，确保按期提交编制成果。

二是高标准推进工程建设。截至目前，我县共投入5000万元，先后完成上山考古遗址公园一期、二期工程和上山遗址3A景区提升工程。下一步，我们将围绕争创国家级考古遗址公园，进一步完善配套基础设施，同时加快推进上山考古遗址公园工程和上山遗址博物馆（世界稻源博物馆）工程的谋划建设，力争2025年建成开馆。

三是高规格开展宣传推广。近年来，上山文化先后亮相法国《费加罗报》、央视《开学第一课》和《寻古中国》、浙江卫视《万年上山》等主流媒体，尤其是2021年11月，

“稻·源·启明——浙江上山文化考古特展”首次走进国家博物馆，这也是全国“百年百大考古发现”中首个亮相国博的考古展，反响非常热烈，原定两个月的展期最终延展两轮至2022年4月。下一步，我们将以举办上山文化命名20周年学术研讨会和“上山文化考古成果展”全国巡展为契机，持续加大媒体宣传力度，并重点瞄准国外媒体，向世界讲好上山故事。

四、完善机制，协力推进

一是建立申遗协调机制。在充分发挥省级层面季度工作例会制度作用的同时，由申遗秘书处牵头，通过建立联盟工作例会、专题协调会等制度，强化联盟成员单位之间的常态化会商沟通，及时协调解决申遗过程中遇到的难点堵点问题，并做好问题困难的向上沟通汇报和争取支持工作，推动实现各申遗地紧密联动、步调一致。

二是建立考古研究机制。主动加强与上级文物考古部门的对接合作，充分发挥由我县牵头搭建的“上山文化研究中心”“中国水稻研究所上山稻作研究基地”等4个高能级研究平台，以及“蒋乐平工作室”作用，积极配合中国社科院、中国科学院大学的专家学者对上山文化野生水稻驯化证据的研究，不断挖掘上山文化遗址群的历史价值、时代价值。

三是建立业务培训机制。牵头举办好各类专题培训活动，每季度邀请权威研究机构、高等院校的专家学者为申遗联盟成员单位授课辅导。同时，主动走出去，组织联盟成员单位到申遗成功的地方去开拓眼界、学习取经，从而提升申遗实操能力。目前，我们正在组建“上山文化申遗顾问团”，以便更好地为各地申遗工作提供专业性指导。

守住文化根脉，就是守住民族之魂。浦江将站在打造中华文化“启明星”的高度，坚决扛起保护、研究和宣传“上山文化”的重任，带头、带领和带动其他申遗联盟成员单位，以更坚定的信心、更坚决的态度，将万年上山打造成为实证中华万年文化史、弘扬中华优秀传统文化的“金名片”和“重要窗口”。

精心守护中华文明圣地
打造世界遗产保护典范

杭州良渚遗址管理区管理委员会

一直以来，良渚古城遗址保护研究传承利用工作受到党中央的高度重视，习近平总书记在浙江工作期间和到中央工作之后，曾先后2次实地调研、多次作出重要指示批示。我们始终牢记总书记的重要嘱托，在省委、省政府的坚强领导下，在国家文物局的指导下，在省文物局等部门大力支持下，2019年7月6日，良渚古城遗址成功列入《世界遗产名录》，中华五千年文明史得到了国际社会的普遍认同；2021年，入选全国“百年百大考古发现”和全国五大考古遗址保护展示优秀项目，朝着“打造展示古代中国和现代中国的重要窗口”的目标勇毅前行。下面，就相关工作汇报如下。

一、迭代管理体系，让“世界遗产保护特区模式”持续升级

在全国率先建立“专职机构＋法律法规＋政策制度”的大遗址保护“特区”模式，得到了孙春兰、胡和平和省委主要领导的批示肯定。一是强化规划引领，创新保护补偿机制。对照《世界遗产公约》要求，完成《良渚遗址保护总体规划》修编，实现全域规划管控。通过提取良渚新城10%土地出让金用于良渚遗址保护的“建新城保古城”创新机制，破解文物保护与经济发展矛盾，开创了全国大遗址保护先河。二是强化数字赋能，推动人技物智共防。坚守文物安全底线，完善“人防＋物防＋技防＋犬防＋制度防”工作体系，开发“良渚遗址5000＋”全生命周期数智平台，入选全省数字化改革“最佳应用”；组建遗址保护专业巡防队伍，建立镇街村社文保员队伍，成立600多人的良渚文化志愿者总队，汇集全社会力量参与遗址保护。三是强化专

业协助，破解土遗址保护难题。加强与国家级科研保护平台深度合作，与敦煌研究院合作成立国家古代壁画与土遗址保护工程技术研究中心东南分中心，成功实施城墙和水坝剖面保护工程，实现潮湿环境土遗址保护新突破。

二、深挖价值内涵，让“中华民族独特的精神标识”充分彰显

强化考古发掘与学术研究，挖掘良渚文化价值内涵，提炼展示中华文明的精神标识和文化精髓，坚定文化自信、历史自信。一是为中华文明探源提供良渚支撑。在省文物局的统筹指导下，主动参与中华文明探源工程和“考古中国”长江下游区域文明模式研究，北村遗址、塘山北侧水坝等考古成果不断涌现，早期良渚形成、长江下游地区史前社会文明进程等课题研究取得突破性进展，为文明定义和认定进入文明社会的中国方案提供了强大支撑。二是为世界古代文明树立良渚标识。加强国际合作，承办世界考古论坛、文化遗产世界大会良渚分会场等国际活动，推动国际考古学泰斗科林·伦福儒先生在国际顶级权威期刊《古物学》上发表论文，论证了良渚古国是东亚地区最早的复杂社会形态，发出了良渚实证的国际表达。三是为增强文化自信贡献良渚力量。成功创建全国爱国主义教育基地，推动良渚遗址入选全国统编《中国历史》教科书，出版各类科研文集、普及读物累计600余种，持续举办“杭州良渚日”等一系列有仪式感、有良渚味的主题活动，进一步唤起中华儿女文明记忆，增强中华民族伟大复兴的精神力量。

三、丰富活态利用，让“看五千年的中国来良渚”成为共识

讲好良渚故事，传播良渚声音，深化文明交流互鉴，不断推动良渚文化“活起来”和“走出去”。一是坚持串珠成链，提升辐射带动力。推动成立杭州世界遗产联盟、长三角良渚文化遗址联盟，加强良渚、西湖、运河三大世界遗产联动。积极融入之江艺术长廊建设，以杭州国家版本馆、浙江省考古与文物保护基地、良渚博物院二期综合体等为重点，串珠成链打造良渚文化艺术走廊。二是坚持文

旅融合，提升文化吸引力。相继建成开放良渚古城、瑶山、老虎岭三大遗址公园，累计吸引500多万人次实现沉浸式体验，成为全国一流的文化旅游目的地，带动周边群众增收致富，为共同富裕示范区建设注入新动能。累计开发文化衍生产品500余款，比如与周大福联名黄金珠宝产品，上柜三月销售额已超3000万元。三是坚持多元一体，提升国际传播力。在进博会、服贸会、文博会等国家重要战略平台开设特展，习近平总书记在第二届上海进博会上亲自向各国元首介绍良渚古城遗址。持续开展“良渚与世界对话”等系列国际学术交流活动，与央视联合制作《良渚》文化纪录片在20多个国家的主流媒体播出，多语种解读良渚文化的短视频《良渚微讲坛》海外总覆盖人数近2亿。

良渚遗址的保护研究传承利用工作只有进行曲，没有休止符。我们将贯彻党的二十大精神，落实本次会议精神，全力擦亮良渚遗址这张文化“金名片”，奋力谱写“两个先行”的良渚篇章。

压实工作责任　健全长效机制
持续提升打击防范文物犯罪工作实效

省公安厅

近年来，全省公安机关深入学习贯彻习近平总书记关于文物保护工作的重要指示批示精神，按照省委省政府、公安部和省委政法委的统一部署，把打击防范文物犯罪工作摆在更加突出位置，坚持“打防治并举、以防为主、以打为要、以治为基”，持续深入推进打防文物犯罪工作。特别是2020年8月开展新一轮专项行动以来，全省共侦破文物犯罪案件141起，抓获犯罪嫌疑人702名，摧毁犯罪团伙39个，追缴文物3877件，其中一、二级文物29件，取得了良好成效。

一、高站位专题部署，压紧压实工作责任。

一是凝聚全警共识。副省长、公安厅厅长王成国多次召开厅党委会专题研究部署，深入学习贯彻习近平总书记重要指示批示精神，统一对打防文物犯罪工作重要性和紧迫性的认识，全面强化人、财、物保障，不断深化打防实效。二是明晰职责分工。认真落实公安部和国家文物局关于推进部署全国打击防范文物犯罪专项行动电视电话会议和全省文物安全工作会议的要求，先后2次召开专项行动部署会，明确目标任务、细化行动方案、压实各级责任，形成“一把手”负总责、上下衔接、环环相扣的打防文物犯罪责任体系。三是完善协作配合。与省文物局等建立文物犯罪线索会商移交、涉案文物保管、鉴定文书存档、对外宣传联审、有奖举报等协作配合机制，建强专业队伍，有效形成工作合力。

二、高质量专案攻坚，形成严打高压态势。

一是“三个方向”同步出击，提升线索发现能力。坚持“传统＋科技”“线上＋线下”，围绕文物犯罪高发场所、前科重点人员和网上文物交易等三个方向同步出击，强化侦控经营，全方位获取文物犯罪线索。杭州市公安机关通过对近万条信息的筛查，在发现并侦破未曾报案的钱王陵被盗掘案件后，又通过审查深挖等手段，拓展了涉及省内以及安徽、湖北、贵州等地30余条线索，先后摧毁6个犯罪团伙，抓获44名犯罪嫌疑人，追缴涉案文物483件，其中一、二级文物16件。丽水市公安机关强化与文物部门的行刑衔接，加强案件串并，成功破获省厅挂牌督办的“龙泉窑大窑遗址被盗掘案”。二是“三个一律”侦办专案，强化大要案攻坚。对盗掘盗窃省级以上文物保护单位和涉及一级文物被盗的案件，一律成立省市县三级联合专案组，由省厅分管副厅长直接指挥；对重大文物案件，一律由所在市公安局副局长和县（市、区）公安局局长担任专案组组长，调集精干力量专案侦办、深挖彻打；对省厅挂牌督办的重点案件，一律由所在市公安局分管副局长牵头，组织精干力量重点攻坚。先后破获了杭州临安“5·29”盗掘古墓葬案、嵊州“12·07”、绍兴“12·09”系列盗掘、倒卖文物案等4起公安部挂牌督办案件和8起省厅挂牌督办的重点案件。三是“三个同步”深化协作，全力追缴涉案文物。在侦破案件的同时，高度重视追缴涉案流失文物，建立文物部门同步介入、同步包装、同步护送“随警作战”机制，确保了涉案文物的绝对安全。如绍兴嵊州市公安机关在侦办公安部挂牌督办“12·07”系列盗掘、倒卖文物案中，与文物部门密切协作，共扣押追回涉案文物1332件，其中三级以上文物36件。

三、高频率专项协作，构建常治长效格局。

一是在排查整治上紧密协作。严格落实省“两办”《关于开展全省文物安全大排查大整治大提升攻坚行动的意见》，共出动警力3万余人次，检查文博单位2万余家，发现并落实整改问题隐患1443处。坚持重大案件“一案一通报”，及时将案件侦办过程中发现的文物保护薄弱环节通报给文物部门，协助落实安全防范措施。二是在联防联控上深化共建。立足我省数字化改革优势，协助建设“文物安全精密智控工程”，构建文物安全监管“一图一库一清单”，全力推动形成“党政主导、部门联合、社会联动、数据赋能、联防联控”的打击防范文物犯罪新格局。三是在宣传引导上协同发力。严格落实“三同步”原则，会同文物部门及时举行重大案件情况通报会，妥善做好舆情导控工作，并通过以案释法，做到侦办一案、打击一批、震慑一片。

下一步，我们将坚决贯彻党的二十大精神，按照此次会议部署要求，进一步发挥公安职能作用，深入推进打击防范文物犯罪专项行动，持续加大文物和文化遗产保护力度，以实际行动守护中华民族根脉、奋力护航“两个先行”。

科技为考古插上翅膀

省文物考古研究所科技考古室主任　王宁远

我叫王宁远，很荣幸和大家分享科技与浙江考古的故事。

大家也许会问，考古不就是拿着小铲子、小刷子，一点点“挖宝”的工作吗？有什么样的高科技能够与考古结合并融入呢？其实在我刚刚工作的1990年，考古的技术方法和大家想的一样，确实是拿着手铲和刷子徘徊于陶片和石块之间，科技手段与考古实践的融合在当时才刚刚起步。

短短三十年，浙江的科技考古事业从无到有、由弱变强，我非常自豪地说：“在我奋斗和坚守的岁月里，见证了浙江科技考古事业的崛起和成熟！”

那为什么是我？为什么是浙江省文物考古研究所呢？

我是一名文科生，但科技和考古结合可以说是我的兴趣。2002年，我第一次当考古队长发掘海盐仙坛庙遗址，那时电脑和数码技术兴起不久，这个小小的遗址就成为我各种尝试的大舞台，便开始尝试编制遗迹遗物的电子数据库，自动生成表格和报告。利用电脑软件将300张照片合成一张大型数码照片并进行测量绘图。那一年仙坛庙遗址入围“全国十大考古发现”的终评会，并获得了国家文物局颁发的田野考古三等奖，但是怕评委觉得这些自发的尝试有点不务正业，汇报时一句都没敢提。

同年，郑云飞博士留日归来，在我所成立了科技考古室，在全国省级考古机构中拔得头筹，也为浙江的科技考古事业打开了新局面。自此以后，浙江的科技考古工作步入正轨、蒸蒸日上，在四个方面取得了显著成果。

一、稻作农业起源与农耕文明研究达到国际先进水平

水稻是我国的主产农作物，也

是世界最重要的粮食资源，至今养活了全世界一半以上的人口。但长期以来，国际学术界普遍认为水稻起源于印度、日本，在国内也有起源于长江中游、淮河流域以及云南等说法。本世纪以来，郑云飞博士带领团队通过植物考古和实验室分析，从水稻粒形大小、小穗轴形态、植硅体特征等多角度、全方面地证实了人工驯化的栽培水稻最早起源于一万年前的上山文化，初具规模的稻田最早发现于七千年前的河姆渡文化，以稻作农耕为基础的早期文明最早出现于五千年前的良渚文化。我们以科学的方法和结论向全世界证实了浙江不仅是稻作农业的最早起源地，也是稻作文明和农业国家的最早起源地。

二、良渚古城考古、“中华文明探源工程”取得实证性突破

科技考古发展到今天，已经形成了一个庞大的技术体系，除了植物考古以外，还包括动物考古、环境考古、遥感考古、水利考古、古人类和古DNA研究等，这一系列复杂技术和科技手段普遍应用于良渚古城考古和“中华文明探源工程”等国家重大项目。

我们利用地理信息技术建立了良渚古城数字高程模型，最终确认良渚古城存在“宫城、内城、外郭城”三重城圈，这是中国古代都城结构和形制的滥觞。

我们利用卫星遥感技术观察良渚古城的地图影像，先后确认了十几处低坝和高坝，揭示出良渚文化水利系统的整体结构，这是中国年代最早、结构最完整的国家级水利工程，改写了中国乃至世界的水利史。

我们利用古人类和古DNA技术对良渚古城内的出土人骨进行分析，发现良渚古城的居民来自天南地北，证实五千年前的良渚古城曾是区域性的政治、经济、文化中心，人员往来、交流频繁，国家气象呼之欲出。

总之，得益于一系列科技成果的加持，良渚古城成为“中华文明探源工程”中取得学术成果最大的都邑性遗址，也为实证中华文明五千年提供了强有力的科学证据。

良渚古城及水利系统于2019年7月6日成功申遗，“中华五千年的文明圣地”实至名归！

三、瞄准国际前沿、抢占学术高地，广泛开展国内外合作

为加快浙江科技考古事业的发展，适应科技手段日新月异的变化和要求，我们积极与国内外知名高校、科研机构合作。在国内，与中科院、北京大学等合作，积极探索浙江一百万年以来的人类进化史、一万年以来的文化发展史、五千年以来的文明形成史；与南京大学、河海大学等合作，不断开拓水利考古、地质考古、工程考古等全新领域。

面向国际，我们始终保持全球视野，长期与美、日、英、加、澳等国家和地区开展合作交流，取得了一系列重大成果。比如，和日本学者的研究就证实6000多年前的田螺山遗址出现了世界上最早的家鹅；5000多年前的良渚古城已经是一个能控制广袤地区资源与人口的超级都邑，尤其是珍贵的玉矿资源，为研究良渚文明的兴衰提供了重要材料。和英美学者合作开展的水稻起源、稻作驯化的研究，成果发表于最权威的《科学》杂志以及众多国际顶级学术刊物。

在广泛的学术交流中，我们逐渐形成了浙江科技考古的特有优势，并在国内外学术界产生了重要影响。

四、组建学科方向最全、人员最多的省级科技考古团队

认识到考古与科技融合的巨大潜力，我们积极申请多学科综合研究课题，拓展研究方向；严格遴选合作团队，建立行业技术标准、标本库和数据库；开放引进青年人才，建立自主实验室。经过二十年的发展，我们的研究团队扩大到20人，研究方向涉及地质、环境、资源、动植物、古人类、遥感、陶瓷、金属、漆器、文物保护等多个领域，成为全国省级考古所中方向最全、人数最多的科技考古团队。

面向未来，浙江的科技考古事业依然任重道远，我将和同事们一道，继续立足考古、深耕科研、守正创新、融合发展，为创建世界一流考古机构，为浙江考古和中华文明作出更大贡献！

发挥世界遗产综合效应 擦亮历史文化名城金名片

杭州市

习近平同志在浙江工作期间强调，杭州的灵魂在于历史文化名城，在保护文化遗存、延续城市文脉、弘扬历史文化方面应该做得更好。他亲自指导和推动西湖、大运河、良渚古城遗址申报世界遗产，对保护、传承、利用作出重要指示批示，使杭州成为全球为数不多的“三世遗”城市。近年来，我们牢记嘱托，坚决贯彻省委、省政府部署，在上级文物部门的有力指导下，统筹保护、传承和利用，让世界遗产传下去、活起来、热起来，持续放大综合效应，加快构建世界遗产群落，使历史文化名城“金名片”成色更足、底色更亮。

一、推进体系化制度化保护，让世界文化遗产传下去

历史文化遗产是不可再生资源。我们始终坚持保护第一、应保尽保，积极探索创新世界文化遗产管理机制，着力构建统筹有力、高效协同的管理体系。

（一）是健全领导体系。把市历史文化名城保护委员会调整为市历史文化名城（世界文化遗产）保护委员会，建立市大运河文化保护传承利用暨国家文化公园建设工作领导小组、市宋韵文化传世工程指导委员会，均由市委主要领导担任主任（组长）、市政府主要领导担任第一副主任（第一副组长），切实加强领导、统筹协调。市委常委会、市政府常务会议每年听取历史文化名城、世界文化遗产保护传承利用工作汇报。

（二）健全制度体系。制定实施《杭州西湖文化景观保护管理条例》《杭州市大运河世界文化遗产保护条

例》《杭州市良渚遗址保护管理条例》等地方性法规，高起点编制《杭州西湖文化景观保护管理规划》《杭州市大运河世界文化遗产保护规划》《良渚古城遗址保护管理规划》，落实落细落具体《杭州市大运河核心监控区国土空间管控细则》，加强对核心区、缓冲区国土空间用途、空间形态和景观风貌管控，努力保持遗产的原真性。

（三）健全工作体系。构建“政府管理＋国企运营＋数字治理”的工作体系，管委会履行遗产保护的组织、指导、协调、监督职能，国有企业负责建设、整治与运营，开发西湖西溪一体化数字管控平台、“数智运河”、良渚遗址5000+数智应用平台等场景，全面提升遗产管理规范化市场化智慧化水平。建立由沿线城区和市直部门组成的“中国大运河（杭州段）世界文化遗产党建联盟”，推进“保护体系共建、资源成果共享、管理举措共商、服务机制共创、文化品牌共育”，探索形成大型线性活态世界文化遗产综合保护工作新格局。

二、做深做优研究展示，让世界文化遗产活起来

文化遗产承载着中华文明，传承着历史文化。我们坚持把全面真实呈现世界文化遗产的多重价值摆在重要位置，深入挖掘文化内涵和精神内核，努力解读中华文明密码，推动三大世界遗产成为中国故事、浙江故事、杭州故事的生动讲述者，向世界展现中华文明的悠久历史、人文底蕴和历史文化名城的独特韵味、别样精彩。

（一）加强研究阐释，展现赓续延绵的厚重之美。成立西湖学研究院、西湖学研究会、运河（河道）研究院、良渚研究院等研究机构，启动三大遗产申遗档案整理工作，编纂出版《西湖丛书》《运河（河道）丛书》《良渚丛书》等丛书，围绕西湖文化景观的“天人合一”“寄情山水”中国山水美学理论、大运河的市井文化商业文化景观文化和良渚与中华文明起源等专题开展学术研究，梳理中华文明起源和发展的历史脉络，阐释三大遗产蕴含的宇宙观、天下观、社会观、道德观，丰富社会历史文化滋养。

（二）加强数字赋能，展现古今交汇的融合之美。建设西湖博物馆西湖文化数字资源库、大运河遗产数字化档案和非物质文化遗产资源专题数据库、良渚遗址群石器数据库、良渚文化玉器数据库等数字资源库，推动文化遗产数字化，为保护、研究赋能。拓展“双西一键游”智慧旅游场景应用，搭建杭州大运河文化公园数字体验平台，完成“良渚博物院数字博物馆”一期建设，运用5G、VR、AR、AI等数字技术，全媒体、全景式构建“世遗IP”，用现代科技、新潮创意阐释古老文明，使珍贵而神秘的文物更加生动立体、活灵活现。

（三）加强互学互鉴，展现各美其美的独特之美。举办中国世界文化遗产年会暨世界文化遗产城市市长论坛、杭州世界文化遗产国际会议等学术论坛，开展中国大运河文化带京杭对话、浙东运河杭甬对话等活动，促进文化遗产保护传承利用领域的交流合作。与意大利维罗纳签署《世界遗产地友好关系协议》，积极参加世界运河城市论坛，成为世界运河历史文化城市合作组织常务理事单位，策划推出杭州三大世界遗产国际传播系列片，通过中国外文局、新华社、中央广播电视总台国际在线等涉外媒体平台联动传播，让更多人感受杭州世界遗产魅力。

三、探索创新惠民开放模式，让世界文化遗产热起来

申遗靠人民，申遗为人民。我们深入践行以人民为中心的发展思想，以创新思维统筹遗产保护与利用，设立“杭州西湖日”“杭州良渚日”，促进文旅融合，推动“文化遗产旅游”不断升温，让人们走进世界遗产、领略历史文化，使世界遗产真正造福全市人民。

（一）持续打造世界遗产免费开放的“西湖模式”。20年前，西湖在全国率先实行景区免费向游人开放。20年来，我们持续推进“还湖于民、还园于民、还景于民”行动，环西湖除文物保护单位外的所有公园绿地都免费向游客开放，并带动西溪湿地5.79平方公里区域免费开放。我们坚持把保护好西湖和西溪湿地作为城市发展和治理的鲜明导向，实施西湖全域综合提升行动和西溪湿地原生态保护提升行动，举办西湖文创集市、西

湖诗歌大赛、双西红十景等品牌文化活动和火柿节、干塘节、听芦节等特色节展活动，推出汉服巡游、云上赏花、水月奇缘、中秋水上夜宴等文旅项目，推动景区成为都市生态系统的平衡空间、人民群众共享美好生活的绿色空间、城市竞争力的增值空间。2021年，西湖西溪景区接待游客2293万人次。

（二）持续打造大型活态遗产保护利用的“运河样板”。坚持“人民的运河”定位，大力推进运河水环境综合治理，系统开展沿线历史街区、传统村落、百年老店、工业遗存以及博物馆、纪念馆、文化馆等文化载体的整体性保护和展示，持续完善沿岸公共文化服务设施，打造15分钟文化服务圈，全面提升运河生态、文旅、休闲、商贸、居住功能；推进运河主城区核心段5A级旅游景区与国际旅游目的地建设，串联大运河、钱塘江、西溪湿地等经典景区，打造6条水上旅游精品线路。精心打造《如梦上塘》演艺项目，举办大运河文化旅游节、中国（杭州）新年祈福走运大会、中国大运河庙会等品牌活动，把运河真正打造成为具有时代特征、杭州特色的景观河、生态河、人文河。

（三）持续打造大遗址保护融入经济社会的“良渚方案”。推动良渚国家文化公园规划建设，建成开放良渚古城遗址公园、瑶山遗址公园、老虎岭遗址公园，实现城址、祭坛和水坝三大核心区完整亮相。推动良渚博物院与故宫博物院互办展览，举办“意象良渚”跨媒体艺术沉浸展、“博物馆奇妙夜”等活动，以各种形式亮相进博会、服贸会、文博会和东京奥运会、北京冬奥会、杭州亚运会等重大活动平台。推动良渚遗址入选全国统编《中国历史》教材，举办全国中学生暑期考古夏令营、遗产日、博物馆日、“小小考古家”等特色活动。推动良渚大IP全媒体、立体化构建，开发12大品类500余款文创产品，打造良渚文化衍生品产业链。申遗成功后良渚古城遗址公园、良渚博物院已接待游客400余万人次。

（四）持续打造形成世界遗产群落效应的“杭州行动”。组建三大世界遗产长三角旅游市场推广联盟，面向全球发布十条以三大世界遗产为主要内容的精品旅游线路，在品牌打造、宣传推广、接待服务等方面的联动效应不断增强。组建三大世界遗产地和南宋皇城、古海塘、临安天目窑、富阳新登古城等潜在世界遗产资源属地政府和相关部门参加的杭州世界遗产联盟，合力推动遗产保护和申遗，打造世界遗产群落。积极推进宋韵文化传世工程六大行动，把南宋皇城遗址综合保护摆在突出位置，推动德寿宫建成开放，“清河坊奇妙夜”“宋韵灯光秀”等主题活动再现宋代风雅，让杭州成为领略中华传统文化无限魅力的窗口。

保护激活名人故居文物资源
全力彰显“名士之乡”文化魅力

绍兴市

绍兴历史悠久、人文荟萃、名人辈出，被誉为“鉴湖越台名士乡”，拥有鲁迅故里、蔡元培故居、周恩来祖居、秋瑾故居、马寅初故居和王羲之故居等150多位名人的故居。2005年，时任中共浙江省委书记的习近平同志考察绍兴时曾指出：“绍兴的地域文化和历史传承，是中华民族的文化瑰宝”，要求“把老祖宗留下来的优秀传统文化保护好、利用好，传承下去、发扬光大”。省委袁家军书记在绍兴调研时，赋予绍兴“五个率先”的重大使命，要求“率先走出人文为魂、生态塑韵的城市发展之路”。一直以来，我们始终牢记总书记的殷殷重托，认真落实省委、省政府的部署要求，聚力聚焦名人故居等文物资源，持续做好“保护＋利用”文章。

一、以问题为导向，全方位夯实保护基础

针对名人故居存在的清单名录不全、保护介入不易等问题，我们坚持对症下药、逐项攻克，全面织密名人故居保护网。

（一）全面厘清家底。在全市范围内开展地毯式名人故居调查摸底，摸准现存数量、摸清保存状况，完善名人故居历史沿革、消防安全、产权属性等档案资料，做到“一处一档”。经过初步调查，全市近年来新发现刘宗周旧居、徐光宪故居、帅府台门遗址、罗家伦故居等名人故居18处，现存具备保护利用价值的名人故居共计110处（其中，各级文物保护单位72处、未定级不可移动文物38处；产权私有31处、已向公众开放38处）。

（二）灵活置换产权。为便于名人故居后续修缮利用，对于房屋产权不归政府、集体所有的名人故居，通过租赁安置、捐赠、征收等多种方式，破解名人故居私人产权置换难题。目前，已成功置换陈建功旧居、范寿康故居等4处名人故居。

（三）提升保护级别。结合摸排调查情况，对名人故居保护级别进行分类提升，将保护利用价值较大的未定级文物及时纳入文物保护单位序列，划定保护范围和建设控制地带，筑牢文物安全防护屏障。目前，冯亦摩故居、宣中华故居等7处已公布为文物保护单位或文物保护点，中共浙江省工委旧址（邢子陶故居）、张伯岐故居、尉家台门等6处名人故居已启动“升级”程序。

二、以品质为牵引，高标准提升整体面貌

从物理提升和内涵提炼两方面着手，高品质还原绍兴名人故居的人文历史面貌。

（一）加大资金投入，提升名人故居完好率。根据名人故居现状，按照属地保障原则落实资金，抢救性修缮保养一批名人故居。2021年以来，已累计投入6000余万元，完成了徐锡麟故居、陶成章故居等21处名人故居修缮保养工作，鲍氏旧宅建筑群、秋瑾祖居、徐懋庸故居等9处名人故居保养修缮工程已相继启动。目前，文物类名人故居的完好率已达到90%以上。

（二）加强管理整治，优化名人故居保存环境。聚焦文物安全风险防控，逐步完善名人故居消防安全设施，制定实施名人故居文物安全事故应急救援预案，消除名人故居各类安全隐患。将名人故居保护利用纳入城市街区改造利用、镇街开发、乡村振兴等专题项目当中，开展名人故居周边环境整治工程，适度还原名人故居周边历史风貌。目前，已完成马寅初故居、邵力子故居等周边环境整治。

（三）加快挖掘提炼，展示绍兴名人文化内涵。开展名人文化基因解码工程，系统研究、梳理绍兴名人生平事迹，提炼概括名人精神、成就，已梳理名人文化元素100余项。同时，充分运用绍兴名人馆平台，精心策划推出“鉴湖越台名士乡”主题陈列，面向公众讲好名人故事。该主题

陈列成功获评“浙江省博物馆陈列展览精品奖”。

三、以活化为目标，多路径激活资源价值

出台《绍兴市名人故居激活三年行动计划（2021—2023年）》，打好名人故居保护利用组合拳，不断提升名人故居品牌力、影响力和吸引力。

（一）推动展陈提档升级，提升名人故居吸引力。实施名人故居展示利用项目，开放一批具有重要影响价值的名人故居，提升一批现有名人故居展陈水平。2021年以来，已相继完成徐锡麟故居、陶成章故居等15处名人故居展陈提升，新增开放陈建功旧居、鲁迅外婆家等13处名人故居，进一步提升绍兴名人故居利用率、开放率。如，徐渭艺术馆的建成、徐渭书画展的策展，极大提升了青藤书屋的游客流量。

（二）盘活各方潜在资源，增强名人故居影响力。建立与名人后裔、亲友、单位等的常态化联系，鼓励社会人士积极参与名人故居保护利用，发挥自身优势开展合作交流项目，进一步扩大名人故居的社会知晓率和影响力。如柯桥区钱清镇充分挖掘新发现的清华大学首任校长罗家伦故居的文化内涵，积极与清华大学建立合作机制，共同保护利用罗家伦故居；越城区文物部门主动与陈建功后人陈翰馥院士等亲属取得联系并争取支持，为陈建功旧居布展开放，创造了条件。

（三）探索“旅游+”模式，强化名人故居“活”力场。以文旅融合为目标，优化调整围绕名人故居展开的旅游产品和项目，串珠成链、以点带面，设计“深度研学游”等专题旅游精品线路，打造绍兴名人打卡点，努力推动全市有条件的名人故居得到开放利用。目前已成功打造名人故居经典游线40条，全年吸引游客800余万人次。

下步，我们将全面贯彻“保护第一、加强管理、挖掘价值、有效利用、让文物活起来”的新时代文物工作方针，不断探索文物资源活化利用新路径，切实做到在保护中发展、在发展中保护。

一是进一步加大修缮保护力度。争取将更多现存名人故居纳入文物保护体系，提升名人故居文物保护级

别，到2023年，提升名人故居保护级别18处以上，文物类名人故居保存完好率达到100%。

二是进一步深挖文化资源。加强名人故居资源整合，鼓励名人后裔捐赠名人故居、讲述名人故事，将更多故居纳入绍兴文化历史旅游线路，融入旅游产业发展，构建科学保护、合理利用、机制完善、业态丰富的展示利用体系，争取新增开放名人故居20处以上，形成一批优秀激活案例。

三是进一步做好传播展示。利用好融媒体矩阵，以名人故居内在文化为支撑，积极开展爱国主义教育和自强不息、艰苦奋斗的正能量精神宣传，不断扩大绍兴历史文化、名人文化的社会影响力。

赓续舟山海洋历史文脉
打造新时代海洋文化名城

舟山市

舟山市是浙江省“海味”最浓的设区市，厚重丰富的海洋文化是浙江灿烂文化宝库中颇具特色的重要组成部分。早在史前时期，舟山先民们最基本的生产活动就与海洋有关，广阔的海洋、2085座岛屿和绵长的海岸线，是数千年来舟山经济发展、文化传承和对外交流的重要载体。

近年来，在浙江省大力实施海洋强省战略背景下，全市以建设“舟山海洋文化长廊”为载体，大力推动海洋考古、海洋文明传播和海岛文旅融合工作，努力走出一条具有鲜明海洋海岛特色的文化遗产保护利用之路，打造新时代海洋文化名城。

一、推进海洋考古调查，打造海洋文化高地“亮丽之窗”

聚焦海洋强省建设目标，挖掘传承海洋历史文脉，构建“南上北下，中部核心”海洋文化长廊发展空间，形成地域特色鲜明的文物标识体系。

（一）推动海岛古文化遗址调查实现“新突破”。通过田野考古调查方式，在全市范围内的舟山本岛、岱山岛、衢山岛、泗礁岛和金塘岛等地新发现了一批保存完好的史前遗址，比较典型的有定海马岙古遗址群、白泉古遗址群、岱山衢山古遗址群和嵊泗基湖黄家台遗址等，构成了以海洋为传播纽带、海岛为空间区域、具有一定规模的史前海岛先民活动聚落遗址群。经统计，目前全市保存较好的史前遗址约有50处。特别是嵊泗黄家台遗址是我省分布最东的良渚文化遗址，也是我省第一个科学发掘的沙丘类型遗址，该考古发掘项目入选2021年度浙江十大考古新发现。此外，持续开展对舟山“三海”（海丝、海防、海港）遗存研究，争取形成标志

全省文物工作会议专辑

性成果。

（二）推动水下考古调查取得“新进展”。国家文物局水下文化遗产保护中心舟山工作站设立以来，我市积极引进培养水下考古、出水文物保护领域专精人才，先后开展“太平轮”沉船、“海天”舰、东极近现代沉船“里斯本丸”号、东极达直岙沉船、花鸟岛江礁沉船、虾峙鲚鱼礁等水下考古专项探测探摸调查，核实了一批以沉船遗存为主的水下文物，为推进水下文物考古发掘和原址保护奠定坚实的基础。

（三）推动落实考古前置“新机制”。健全“先考古，后出让”的政策机制，实施考古前置调查，助力舟山重大工程项目建设。全力配合推进甬舟高铁项目沿线和甬舟高速复线考古调查、浙能舟山六横电厂二期工程厂址地块和六横连岛大桥建设等考古调查勘探项目10多个。完成定海远洋渔业小镇、定海工业园区、浙江普陀经济开发区3处省级以上平台文物区域调查评估工作，进一步营造了良好的营商环境。

二、锚定文博发展目标，传承舟山群岛文化历史根脉

保护文物是一项涉及国计民生和长远发展的基础工作。舟山市以市县文物局挂牌为契机，以压实文物安全责任、守护海岛红色基因、建设海岛博物馆为重点目标，充分发挥数字化支撑作用，为文物保护和利用注入源头活水。

（一）筑牢文物安全底线。重点围绕法人违法、火灾事故、盗窃盗掘这三类文物安全风险问题，健全文物安全四级监管网络，全面落实文物安全责任书签订、直接责任人公告公示制度。建立健全普陀山宗教活动场所文物保护部门联动协调机制。实施文物安全分类分级隐患整治工作。推进《舟山市传统民居类文物建筑保护管理条例》地方立法工作。以海岛公益诉讼创新方式，有效保护凉帽蓬墩遗址等4处文物保护单位（点）。以建立“东海渔嫂”护宝员队伍为创新点，健全群众性文保组织。

（二）传承海岛“红色根脉”。建好红色主阵地，点亮海岛“红色风景线”。据摸底调查，我市现有不可

移动革命文物47处，可移动革命文物408件（套），其中22处不可移动文物和7件（套）可移动文物入选省第一批革命文物名录。定海区入选国家第二批革命文物保护利用片区分县名单。实施革命文物保护工程，对革命文物三忠祠、蚂蚁岛人民公社旧址进行修缮和周边环境整治提升。强化革命文物传播弘扬，策划反映革命历史的原创展“战海——纪念舟山军民抗英斗争180周年”和“蹈海——纪念舟山解放70周年特展”，进一步讲好舟山文物故事。

（三）推进海岛博物馆提质升级。深挖海洋海岛文化资源，优化凸显一岛一馆一特色，创新推进博物馆“1＋X”建设模式，实施嵊泗县博物馆主馆——东海渔场博物馆建设工程，展现“馆在岛中建、海在馆中现”特色。强化博物馆数字化应用，通过文物高清采集、数字化展厅打造等方式推动数字博物馆建设，以“云讲解”“云观展”“云故事”三种形式生动展示舟山悠久历史和海洋民风民俗，让群众足不出户感受多元化的云端文博体验。加强对外文化交流，举办“往来津渡——中韩交流史上的舟山”展览和“古代舟山与朝鲜半岛历史文化交流”论坛，增进中韩两国人民的友好交往和深厚情谊。

三、突出海岛共富主题，推动文物资源添彩赋能美好生活

在我省高质量发展建设共同富裕示范区背景下，按照我市实施“小岛你好”海岛共富行动部署，做好文物资源合理利用、活态利用和活化利用文章，以资源优势筑巢引凤发展经济，让人民群众口袋富起来、生活美起来。

（一）推动文物和旅游“深融合”。积极将文物资源活化利用与旅游业发展相结合，围绕全域旅游、乡村旅游开发，充分利用特色文物资源，打造文化和旅游IP。发布“定海红色革命之旅”等红色主题旅游线路10条。将蚂蚁岛人民公社旧址打造成省内外知名的红色旅游教育基地，自2018年建设至今，已累计接待游客超过20万人次，带动岛内住宿、餐饮、娱乐等服务行业发展，年服务业产值达到3700多万元。蚂蚁岛人民公社旧址保护利用项目列入2021年全国文化遗产旅游百强案例。

（二）推进城市有机更新焕发“新活力”。定海区作为舟山历史文化名城的核心区域，立足更新与保护兼顾原则，通过加强政府执行力、聘请专家专企把脉问诊、联动全民全程参与、因地制宜活化利用文物资源等措施，先后修缮活化文物保护点——朱占山故居为定海区非遗馆，全面展陈海洋非遗、民俗文化；修缮活化文物保护点——蓝府大院为蓝理纪念馆，展陈名人文化；文物建筑转化利用为公共文化服务场馆达20多处，形成文物焕发新活力、城市新增文化景观“双赢”局面。

（三）满足群众高品质精神文化“新需求”。把增进群众“精神富有”作为文物工作的初心宗旨。特别是在“双减”背景下，我市打造“走读昌国——舟山文化遗产零距离体验活动”研学项目，以富有舟山特色的专题宣传为主线，充分发挥文物建筑、遗址、遗迹和非物质文化遗产传承展示基地的功能，采用“实地探寻＋零距离体验”的模式，让市民亲临现场参观、考察，探寻不一样的舟山本土文化，研学活动已持续10年。“走读昌国”活动曾荣获“浙江省民生获得感示范工程”。

以新时代“挺进师”的奋进姿态 建设浙西南革命文物保护利用示范区

丽水市

丽水是浙西南革命老区所在地，也是浙江省唯一所有县（市、区）都是革命老根据地县的设区市，在中国革命历史上创造了“23年红旗不倒”的光辉业绩。长期的革命斗争，不仅缔造形成了“忠诚使命、求是挺进、植根人民”的伟大浙西南革命精神，也留下了丰富密集的革命文物和红色资源。目前，全市有5个县被纳入全国第一批革命文物保护利用片区分县名单，全省9大革命文物保护利用片区中有2大片区主要分布在丽水、2大片区涉及丽水。近年来，丽水坚持以浙西南革命精神为“丽水之干”注魂赋能立根，推动弘扬践行工作不断走深走实，不仅促进了优良革命传统在丽水大地发扬光大，在建设浙西南革命文物保护利用示范区方面，也形成了一系列具有丽水辨识度的成果和经验。

一、守正立根，扎实做好革命文物保护工作

以出台实施全省首部革命文物地方立法《丽水市革命遗址保护条例》为抓手，系统推进浙西南革命文物基础保护与研究阐释。

（一）抓高质量调查认定。深入实施革命文物专项调查工程，扎实开展丽水首批革命遗址认定工作，重点针对我市占比80%以上的未定级的革命遗址，研究提出建议名单、确定产权关系、划定保护范围。目前，全市已形成394处革命遗址认定材料，并已完成县级建议名单公示，有效拓展了革命遗址保护的覆盖面。

（二）抓跨区域统筹保护。上线“丽水市革命遗址数字地图”，构建“一圈、一片、多点”总体框架，推进革命文物集中连片保护，谋划实施

丽水中共浙江省委机关旧址保护修缮工程等一批革命文物保护利用工程。大力推进革命文物“平安工程”，建设“丽水市革命遗址数字智治应用”，联合律师事务所打造“律师护宝团”，强化“人防+物防+技防”，形成坚固的文物安全防控体系。

（三）抓深层次研究阐释。深入开展革命文物挖掘研究工程，建立浙西南革命精神联合研究机制，连续四年举办浙西南革命精神论坛，通过开展实物、文献、档案史料征集活动和走访革命前辈、烈士遗属、专家学者等形式，系统阐释浙西南革命精神的重要内涵、历史价值、现实意义及其在中国革命精神谱系中的地位作用，形成了一大批浙西南革命理论研究成果。

二、转化赋能，探索红色资源价值转化路径

以创建全国红色文化融合绿色发展示范区为载体，深入推动革命文物“活起来”创新实践，努力把红色资源价值转化为经济价值、红色资源优势转化为发展优势。

（一）突出精准至点。积极拓展革命文物利用方式，累计点亮浙西南革命文物“金名片”22张、打造革命遗址红色体验点533处，创成红色示范乡镇44个、红色示范村135个，成功建成了一批具有鲜明“红绿”特色的融合发展示范基地（村镇），推出了一批红色文化+经典文创、+民族风情、+健康养生的特色发展范例，推动遂昌王村口镇成功创建全省首批5A级景区镇。

（二）突出连线成面。坚持提点成线和增线扩面相结合，加强红色旅游线路打造，重点打造了“缅怀革命先烈之旅”“重走红军挺进师之旅”“红色古镇之旅”等10条红色旅游精品线路以及“红色乡村博物馆”定制游线路。加强红色革命古道建设，将红色元素融入红色景区通景公路、红色乡镇通村公路建设，打造了遂昌浙西川藏线等一批红色景观道路，推动革命文物和红色资源串点成线连面，形成良性运营纽带。

（三）突出系统施策。在全国首创红色资源价值转化政策体系，编制出台《浙西南革命精神弘扬和红色资源价值转化规划》《浙西南革命文物保护利用和红色旅游发展行动计

划》，以政策为先导、项目为支撑唤醒用好红色资源。注重发挥财政资金牵引作用，积极引导社会资金参与革命文物保护利用和红色旅游发展，鼓励商业银行、政策性银行等对符合条件的红色旅游项目予以贷款支持。如，我市与省农信联社丽水办事处达成“微改易贷”战略合作协议，获得100亿元授信额度，有力扶持培育了一批红色旅游产业化项目。

三、凝心注魂，充分发挥革命文物育人功能

坚持教育传承和综合效益相结合，深入挖掘革命文物所蕴含的思想内涵和时代精神，更好把革命传统弘扬好、革命文化传承好，实现政治效益、社会效益和文化效益的有机统一。

（一）讲好革命文物精彩故事。系统开展革命文物、文献、档案、史料的调查研究，整理出一批以人物事迹为主的民主革命时期的党史好故事，编制出版《浙西南革命好故事系列丛书》。充分发挥革命文物在党史学习教育、革命传统教育、爱国主义教育等方面的重要作用，推动浙西南革命传统教育进学校、进教材、进课堂，纳入中小学生德育教育体系。

（二）焕发革命文物灿烂光彩。积极推进革命类文物保护单位对外开放，完善红色主题陈展体系，规划建设“一县一主题”红色展馆，新谋划和提升建设浙西南革命根据地纪念馆、遂昌挺进师纪念馆等一批纪念场馆。定期策划推出一批主题突出、导向鲜明、内涵丰富的革命文物精品陈列展览，联动四川泸州等地策划推出“红旗漫卷·泸丽相连——红军挺进浙西南革命文物泸州展”等红色展览活动。同时，积极探索开发“红色云展览”“红色剧本杀”“革命文物密室探索”等更多年轻态、活力范、时尚感的革命文物展示方式，让革命文物绽放出新的时代光芒。

（三）强化革命文物教育功能。立足我市九大革命文物保护利用片区，用好革命文物、红色典籍、红色剧目等红色资源，充分运用革命旧址、博物馆、纪念馆、展览馆和各类纪念设施，积极开展体验式教学、主题党日活动和干部主体班次培训等，因地制宜开辟“第二课堂”，让旧址遗迹成为“党史教室”、文物史料成

为“党史教材”。目前，依托丰富的革命文物资源，已打造省市级爱国主义教育基地76个、省市级党史教育基地21个，使之成为开展爱国主义教育和革命传统教育的重要阵地。

加强河姆渡大遗址保护 擦亮“最名邑”文化金名片

余姚市

余姚素有“文献名邦”美誉，历史文脉悠长、名家硕儒辈出，被北宋范仲淹称为“东南最名邑”，其中河姆渡文化是余姚文化在全国乃至全世界最具代表性、最有影响力的金色名片。自1973年以来，余姚境内先后发现30多处河姆渡文化遗址，出土文物近3万件，其中河姆渡遗址入选“中国20世纪100大考古发现”，在考古史上具有里程碑意义。2013年发现的井头山遗址，又把余姚和宁波的人文历史源头从距今7000年向前推到8300年，为探索中国海洋文明起源提供了非常宝贵的资料，被评为“2020年度全国十大考古新发现”。

一、前期工作情况

近年来，余姚市委、市政府以建设河姆渡国家考古遗址公园为核心目标，多措并举、综合施策，切实强化河姆渡大遗址的保护与利用，不断扩大河姆渡文化的知名度和美誉度。具体来说，做到了“5个好”：

（一）抓好规划引领。2006年以来，先后编制了《余姚河姆渡遗址保护规划》《河姆渡遗址文化旅游区旅游总体规划》等专项规划，并于2020年将河姆渡文化保护利用列为我市“十四五”规划重要内容，明确总体方向、实施路径和支撑保障。同时，积极融入上位规划，目前已列入宁波“十四五”规划、省文物博物馆事业发展“十四五”规划、省旅游业发展“十四五”规划以及国家“十四五”重要大遗址项目，切实强化了顶层设计和系统支撑。

（二）搭好组织架构。1992年，成立余姚市河姆渡遗址博物馆，具体负责河姆渡文化的保护利用日常工作。2021年，成立市委书记、市长任双组长的余姚市河姆渡文化管理工作领导小组，统筹推进河姆渡文化管理工作。2022年，在余姚市河姆渡遗址博物馆增挂遗址公园管理中心牌子，负责公园的日常管理及运营。

（三）做好考古研究。全面启动河姆渡文化遗址考古调查，目前已覆盖余姚城区以东、姚江河谷平原约100平方公里范围，在此基础上加强学术研究，编辑出版专著19本，刊发专业论文400余篇，其中多篇学术文章刊发于《科学》《考古科学》等国际核心期刊。特别是抓实抓细了两个重点遗址的考古发掘：一个是井头山遗址，目前一期考古发掘已完成、二期发掘已启动，并已公布为余姚市级文物保护单位，划定“两线”范围。同时，加快价值研究、提炼等相关工作，一期考古发掘成果——《浙江余姚市井头山新石器时代遗址》刊发在《考古》2021年第7期，尤其是出土的两件木器被确定为中国最早漆器，相关研究论文在国际知名科技考古期刊《Archaeometry》在线发表。另一个是施岙遗址，该遗址是迄今所知世界上面积最大、年代最早、证据最充分的古稻田，为深入研究长江下游地区史前文明进程提供了极其重要的实证资料。目前抢救性考古发掘已完成，发掘现场已保护性回填。此外，上述两个遗址正在申报第八批省级文物保护单位。

（四）用好文化赋能。以保护好、展示好、利用好河姆渡文化为前提，扎实推动文旅融合。一是改造升级河姆渡遗址博物馆。推进博物馆4A级景区创建，抓好配套设施建设，充实相关游览内容与线路，目前已通过景观质量评估，每年游客量超50万。同时，依托博物馆发展河姆渡文化研学游，该馆已成为全国中小学生研学实践教育基地，每年吸引省内外学生5000余名。二是涵养河姆渡原始生态园。园区占地50万平方米，自2003年起闭园养护，目前已初现原始风貌，进一步拓展了河姆渡文化展示空间。三是启动遗址公园建设前期工作。结合本轮土地规划调整，为河姆渡博物院建设预留空间200多亩，遗址公园点状布点空间70亩左右，并已着手启动公园区块建设方案编制工作。

（五）讲好历史故事。切实强化宣传推广，河姆渡文化已列入浙江省首批20个“浙江文化印记”和100张“文旅融合发展金名片”。井头山遗址考古发掘以来，央视新闻、央视《远方的家》《国家宝藏》等栏目组赴姚采访报道，《人民日报》《光明日报》等主流媒体争相报道，成功举办井头山遗址考古发掘成果专家论证会和新闻发布会，引起广泛关注。同时，国家、省、市各级领导多次来姚调研，对井头山遗址发掘保护给予充分肯定。

二、下步工作打算

余姚将以习近平总书记关于文物工作的系列重要论述精神为指引，深入贯彻省委文化工作会议和全省文物工作会议部署要求，进一步健全工作机制、强化组织力量、优化要素保障，扎实推进河姆渡大遗址保护利用，为浙江打造新时代文化高地作出更大贡献。具体将做到“4个强化、4个最”：

（一）强化考古发掘，力求最快进展。加快井头山二期考古发掘，力争在聚落上取得突破，更深入地揭示和认识井头山遗址的独特价值。加快河姆渡文化核心区考古调查，2022—2026年重点拓展调查余姚城区西部、西南部以及姚江流域平原地区311平方公里范围，进一步深化认识河姆渡文化的遗址分布规律和埋藏密度。全面做好施岙遗址古水稻田考古研究，进一步拓展河姆渡稻作文化的内涵与价值，做好周边环境保护，并同步推进翠屏山中央公园建设。做好江桥头遗址考古发掘前期准备。

（二）强化遗址保护，实现最佳展现。规划建设井头山遗址展示馆，并考虑将二期基坑永久性保留，建设贝丘遗址现场展示点，整体投资约1亿元。加快河姆渡国家考古遗址公园建设，打造“模拟干栏式建筑为主的聚落形态展示、以生态涵养区为主的古今自然环境展示”等10大功能区块，创建多维度历史空间游览格局。实施河姆渡博物院迁建工程，完善陈列展示、考古实验室等核心功能，打造以整个“古宁波湾”为遗产分布空间、整个新石器时代为完整序列的全新世中国东南沿海文化与环境大型综合博物馆，同时成为宁波史前文物保护研究中心，争取成为国家重点区域考古标本库房。

**（三）强化价值研究，拿出最

多成果。以河姆渡遗址发现50周年为契机，高规格举办国际学术研讨会，邀请国内外顶级专家对河姆渡大遗址进行研究，不断挖掘其文化价值、考古价值、科学价值，特别是深入研讨井头山遗址对探索中国海洋文明的起源、完善中国文化遗产保护体系、深化世界文明史研究的重要意义，力争取得更多突破性研究成果。

（四）强化文旅融合，打造最优产品。加快景区创建。结合河姆渡遗址博物馆4A级景区创建，加紧编制河姆渡遗址区域建设方案，加快打造“遗存分布展示区、古地理与古气候展示区”等九个区块。强化数字赋能。将AR、VR等数字技术引入河姆渡文化保护，打造“叙事式”虚实融合展陈关键技术研发与应用示范，进一步提升游玩体验和保护开发实效。举办节庆活动。办好河姆渡文化旅游节，以及河姆渡遗址发现50周年纪念活动，通过举办大型特展、发布精品线路、展示考古成果，让河姆渡大遗址故事“飞入寻常百姓家”。

以数字化改革实现文物安全监管智慧化

——以泰顺文化遗产（廊桥）监管保护应用为例

泰顺县

泰顺县是文化遗产大县，拥有全国重点文物保护单位5处24个单体，其中“国保”廊桥15座。泰顺文化遗产中古廊桥、古民居、土楼等多为土木结构，且多处于深山、溪涧、空心村等地区，导致防洪、防火、防盗、防人为破坏等安全监管难度大，保护管理要求高。近年来，泰顺县在全省数字化改革重大应用“一本账S1”和数字文化系统文脉传承跑道的框架内，围绕文化遗产保护监管特别是廊桥保护监管过程中发现的精细化管理不足、部门协同不足、服务群众文化生活不足、促进产业融合不足等痛点难点问题，着力打造泰顺文化遗产（廊桥）监管保护应用，破解部门数据壁垒，重塑协同保护机制，推动文物价值挖掘，为古文物配上智能“新保镖”。

泰顺文化遗产（廊桥）监管保护应用，主要是构建了“1+3+N”的应用体系架构，即建设1个以“一物一档”为基础的数据中心，围绕安全监管、决策服务、价值利用3个核心业务，打造廊桥抗洪、法人违法、烟火智控、数字廊桥等N个子场景，强化古廊桥等文化遗产监管保护。在明确安全监管、决策服务、价值利用3项一级任务后，进一步细分拆解出12项二级任务、29项三级任务，逐项明确牵头单位和协同部门，横向协同自然资源规划、水利、气象、综合行政执法等12个部门和全县19个乡镇，纵向联动省、市、县（市、区）、乡镇（街道）、村5级业务工作，取得良好成效，获评全省数字文化系统第一批优秀应用、全省文旅系统试点项目和最佳应用。

一、打破壁垒，实现系统多跨数据协同

坚持系统推进、综合集成，以应用数据的高效共享，让文物安全监管更智慧。

（一）系统一网联通。根据文物信息、气象信息、执法信息、设备信息、处置信息等5类数据需求，联通省文物安全智慧监管平台、省文化市场数字化网络监管系统、省自动气象探测信息业务系统、泰顺智慧应急一张图、泰顺县天气预报系统、泰顺生态气象监测预警业务服务监控平台等省市县三级17个数源系统，实现省市县三级系统一网联通。

（二）数据一仓统管。全面收集全县文化遗产基础数据，整合水利、气象等12个部门的27个系统以及700多套前端物联设备数据，全面贯通浙政钉用户体系和钉消息功能，构建基础信息、降雨量、水位、体征监测等30个数据舱，变系统数据多方壁垒为1个数据中心统一集成，通过阈值设定形成预警，触发启动子场景完成处置。截至目前，已归集数据3000余万条，日均数据交互50万条。

（三）文物一档管理。建设以“一物一档”为基础的数据中心，以一处文物为单位，归集基础信息、动态信息、巡查信息、处置信息等全量信息。例如，一键点击古廊桥文兴桥，即可看到与文兴桥有关的数据、事件、监控、巡查、预警、处置日志等档案资料。

二、流程再造，实现预警处置精准闭环

坚持实时监测、动态管理，以应用发现问题、解决问题的智治能力，让文物安全监管更可靠。

（一）预报精准发布。吸取台风“莫兰蒂”引发洪灾冲垮3座国保级廊桥的深刻教训，加强文化遗产（廊桥）雨情监控，精准划定22座廊桥的集雨区，联合省气象局协同开展降雨量精准预报，变行政区划的粗放式预报为流域集雨区的精准式预报。自应用8月份上线以来，已发布廊桥集雨区预报20余期。

（二）应急一键触达。协同应急、气象、水利等部门及各乡镇重塑雨情处置流程，当降水量超过设定阈值，系统将第一时间自动触发“应急

一键达”抗洪场景，平台将通过浙政钉自动发送短信和电话预警信息。例如，“国保”廊桥北涧桥未来6小时降水量为50毫米，当降水量超过设定的安全值30毫米，系统将自动启动“应急一键达”抗洪场景。

（三）处置一环到底。从发现问题到解决问题，落实全闭环管理。收到预警后，省市文物部门和各级领导可通过驾驶舱、浙政钉指挥有关工作，水利、应急等部门综合分析上游水库库容量，研判是否需要预泄洪，并通过平台提交处置结果及准备情况；属地乡镇准备应急物资和人员，当水位超过阈值时实施桥身加固、堆积沙袋、拆除围板等措施，直至险情解除。若洪水超出可控范围，发生廊桥冲毁等紧急情况，场景设置可通过浙政钉、浙里办、文旅公众号等向廊桥下游乡镇发送协助信息，及时打捞廊桥构件，第一时间做好廊桥修复准备。

三、创新功能，实现监管联动数字智享

坚持保护优先、合理利用，以应用工作机制的创新协同，让文物安全监管更长效。

（一）监管一体联动。明确文物保护单位的保护范围与建设控制地带，创新实行数字化联合前置审批机制，在应用平台内嵌入省文物安全智慧监管平台的用地分析模块，由资规、住建、水利、文旅等部门出具联合审批意见，共同守好文物周边涉建项目审批关。同时，立足《温州市泰顺廊桥保护条例实施细则》《泰顺县文物和文化遗产保护司法协同实施办法》等，创新设置执法咨询、法律督办、申请强执、司法建议、涉罪案件查办等5项子场景28项流程节点，构建司法机关依法主动参与、前置介入、全程检视的协同保护格局。

（二）烟火一感智控。利用前端智能感知设备设置AI烟火智控场景，智能监测桥身高温点，一旦温度超过75摄氏度，监控将自动播报“请勿使用烟火”的警报提示，自动触发浙政钉电话告知责任人员，变人眼盯守为AI智控。例如，近日一名游客在泰顺县泗溪镇“国保”廊桥溪东桥上因抽烟触发温感器，后台自动分析数据，调用桥上的AI系统，智能捕捉火险画面并发出警报，第一时间派单至文保

员进行劝阻。

（三）技术一图体验。以“数字孪生”技术进行廊桥本体结构的全貌还原和结构拆解，通过客户端、浙里办、微信等多种方式，提供线上虚拟监管、研学教学、旅游导览、灾后修复重建、助力廊桥申遗等服务，推动文物活化。

建好用好乡村博物馆 全面赋能乡村大振兴

长兴县

长兴县地处浙江“北大门”，位于太湖西南岸，有着亿年的地质遗迹、百万年的旧石器遗址、万年的太湖石印记、千年的五代史迹、百年的清代建筑和南煤铁路文化轨迹、新四军红色基因，文化底蕴深厚，文物资源丰富。近年来，我县深入学习贯彻习近平总书记关于文物工作的重要论述和重要指示批示精神，坚决贯彻落实省委、省政府关于加强文物工作和文物保护利用改革的部署要求，紧扣乡村振兴和共同富裕大场景，扎实抓好文物保护利用特别是乡村博物馆“建管用育”工作，获评全国文化先进县、全国文物工作先进县；全省乡村博物馆建设试点启动仪式在我县召开，在认定的首批浙江省乡村博物馆中我县共有6家，数量居各县（市、区）第一。

一、以馆为领，推动沉睡资源“活起来”

坚持“考量全省定位、立足长兴实际、提供全国样板”目标，高标准抓好乡村博物馆建设工作，合力留住带有泥土气息的乡村记忆。

（一）考核引导强推进。在出台《长兴县文物工作考评办法》的基础上，持续健全考评机制，将“乡村博物馆建设”工作纳入县对乡镇（街道、园区）考核体系，量化建设任务、细化工作指标，全面激发各镇村建馆用馆的积极性。累计已建成验收乡村博物馆16家，年内力争再建成验收12家。

（二）基因解码塑特色。坚持“一村一品”，组建县“基因解码工作小组”，全链式推进文化挖掘、“艺术乡建”等工作，特色化打造乡村博物馆村域品牌，持续放大镇村文化资源禀赋。例如，仰峰村结合新四军苏浙军区旧址，充分挖掘革命故事，传承弘扬红色文化；石泉村依托古建筑资源，探寻拓展历史记忆，有效展示乡愁韵味；白阜村挖掘蚕丝、农耕等文化，盘活老茧站等闲置场所，积极追寻过往的奋斗岁月。

（三）多元参与聚合力。针对“钱从哪里来、运营怎么管”等问题，坚持政府引导、各方参与，充分调动新乡贤、老干部、文化员、志愿者等共建共管的积极性。全县已建设乡村博物馆50余家、投入资金近4.6亿元，其中60%以上来源于社会捐助。例如，夹浦镇筹建中共夹浦独立支部纪念馆时，发动属地21名企业家筹集资金525万元，用于该馆的建设修缮及后期运营，实现了博物馆“大家建、大家管、大家用”。

二、以馆为媒，带动乡村文化“兴起来”

坚持“高标准、有特色、接地气、可推广”原则，全方位做好乡村博物馆利用文章，推动“小空间”产生“大效应”。

（一）实施文化传承活动。一方面，出台《长兴县非遗融合发展三年行动计划》，定期在唐颂茶文化馆等地开展紫笋茶制作技艺等表演，让乡村博物馆成为“非遗”展示地、传承阐释地、文化传播地；另一方面，创新推出“爱国主义教育大篷车”“乡村博物馆专列”“走读长兴”等系列研学游活动，组织群众特别是中小学生到各个特色乡村博物馆游学，今年以来，累计组织游学活动22次，共2万余人次中小学生参与。

（二）搭建公共文化空间。依托乡村博物馆配套建设小广场、公园等公共空间，使之成为乡土文艺骨干的歌舞台、村民休闲“充电”的首选地，将原本单一孤立的展陈空间提升为“15分钟高品质文化生活圈”。例如，新源村每逢传统节日，均在博物馆外广场举办广场舞、秧歌锣鼓等文艺活动，有效丰富了群众的精神文化生活；狄家土斗村利用浙江省联产承包第一村旧址展示馆，定期开展爱国主义教育、学习党的先进理论等活动，成为新兴的红色教育基地。

（三）深化“以文化人”实践。坚持以乡村博物馆为纽带，深度挖掘历史文化、乡土人文，通过优秀传统文化的滋养，切实推进以文化人、以文促治。例如，竹元村在筹建县委秘密交通站陈列馆过程中，通过挖掘整理历史素材，自编自导自演了“竹园风声”励志情景剧，引导村民在感悟红色文化中融洽干群关系、促进和谐和睦，该村也从过去的问题“复杂村”变成了如今的工作“先进村”。今年以来，该村移风易俗、美丽建设、社会治理等工作均走在全市村（居）前列。

三、以馆兴业，撬动乡村产业“旺起来”

坚持“源于乡村、生长于乡村、反哺于乡村”思路，多维度放大乡村博物馆辐射效应，全面赋能乡村产业振兴。

（一）借势发展文化产业。依托乡村博物馆载体，找准各村定位、精准筑巢引凤，全力招引高质量文化产业项目。今年以来，全县已入库文化产业项目4个、立项1个，总投资达2.5亿元。例如，顾渚村依托唐颂茶文化馆，积极引进“唐潮十二坊”项目，形成“一院、一街、一巷和十二坊”的文化产业模式，持续擦亮茶文化品牌；新槐村依托千年南窑博物馆，引进新华陶瓷项目，有力推动当地陶瓷产业发展。

（二）借势做活乡村旅游。整合乡村博物馆、体验馆、非遗文化、古建筑等资源，创新文化旅游业态，丰富乡村旅游内涵。例如，煤山镇将各村博物馆分类串联，积极打造“名人名馆群＋体验型馆学研学”生态圈，赢得各方游客青睐，今年以来，累计接待游客3万余人次、营收450万余元；小浦镇将方岩村纳入“八都岕”旅游圈，依托婚俗博物馆提升传统婚俗文化对游客的吸引力，今年以来，累计接待游客2万余人次，实现营收近300万元。

（三）借势推进强村富民。在乡村博物馆引入手工制作体验、文创产品展售、特产直播销售等业态，并积极在周边引导发展餐饮、民宿等经济，通过做好经营文章，持续稳定带动村民增收致富。例如，新川村结合乡村振兴案例馆建设，在周边打造特色民宿10余家，每年可为村民增收200余万元；上泗安村发挥古农具博物馆辐射带动作用，每年销售手工品、农产品200余万元，帮助当地村民人均增收近万元。

在绿水青山间书写新时代文物事业新华章

安吉县

安吉县是“绿水青山就是金山银山”理念诞生地，是全国首批文物工作先进县，也是古越文化发祥地和秦鄣郡郡治所在地，历史底蕴深厚。近年来，安吉县以“两山”理念为引领，坚持守正创新、活化赋能，系统盘活文物资源，在实践中唤醒、激活、弘扬文物的时代价值。

一、“两山”理念引领，彰显文物资源历史价值

在践行“两山”理念中，贯彻落实习近平总书记“让陈列在广阔大地上的遗产活起来”的重要指示精神，坚持红色引领，厚植绿色底色，擦亮文化成色，着力打造特色文化地标和精神标识。

（一）赓续红色血脉。加强革命文物保护利用，依托联合国世界最佳旅游乡村余村大景区规划建设，结合党史学习教育将红色旅游、红色研学贯穿革命文物保护利用中，实现红色文化与生态文化的有机融合。先后投入3.6亿元，重点加强余村革命文物保护，构建了以余村“两山”会址为核心，新四军指挥部旧址、孝丰烈士陵园、浙北首个党支部旧址等为节点的革命文物保护展示圈。

（二）探源历史根脉。聚焦“八十万年上马坎遗址”“五千年安乐遗址”“两千年古城遗址”“一千年安城旧址”以及“百年昌硕”等重要历史文化节点，先后编制出台一批文物保护规划和活化利用方案，致力让历史文物焕发新的时代价值。目前，已初步完成安吉古城国家考古遗址公园建设，启动上马坎旧石器遗址公园项目。

（三）解码本土文脉。深入开展“浙江境内最早省会”“浙江历史从安吉写起”“历代名人与安吉”等系列文化基因解码研究。编制安吉文物

数字地图，出版《浙江文史记忆丛书（安吉卷）》，拓宽人文资源转换通道，推动安吉文物保护利用高质量发展。

二、模式机制创新，拓宽文物资源转化通道

统筹推进生态环境保护、文物保护利用和经济社会发展，合理有序引进社会资本参与文物保护利用，探索出一条文物活化利用新路径。

（一）多元发展，探索文物利用新路径。全力推进安吉古城考古遗址公园项目建设，创新建立“政府主导＋社会投资＋考古研究＋日常监管”工作模式，推动实现文物保护、管理、利用一体化发展。在安吉古城考古遗址公园3115亩范围内，政企先后投入4.5亿元，建成遗址博物馆、省考古研究所安吉站、考古图书馆、文物数字监管中心等一批考古研学基地，设立安吉县文物保护中心，完善文物保护和文化旅游生态圈。

（二）活化利用，建设考古研学大学堂。着力打造红色研学、考古研学、生态研学等重要文化旅游品牌，发布4条红色风景线。其中，安吉古城考古遗址公园积极打造远近闻名的全国考古大学堂，吸引了包括北大考古夏令营在内的一批高校考古（博物馆）专业学子前来研学考察，成为广大师生的理想实践基地。遗址公园开放运营以来，先后承办各类考古研学活动200余场，运营增收1000余万元，获评全国十佳文化遗产旅游优秀案例。

（三）聚力共富，转化保护成果惠民生。曾经的古城村是安吉的贫困村，通过建设安吉古城考古遗址公园，大力发展文化旅游，村集体经济收入从15万元增加到500万元，村集体资产达到5000多万元。仅遗址公园项目就吸纳了全村200余人就业，每年人均增收达2万余元。同时，宋茗茶博园、茗静文化园、盛家大院等一批大型文旅项目纷纷落地古城村，有效拉动周边产业发展，为古城村实现共同富裕注入了丰富的文化内涵。

三、文旅融合驱动，布局文物资源活化蓝图

深入拓展“绿水青山”转化为“金山银山”通道，在入选首批国家全域旅游示范区的基础上，持续深化

文旅融合，统筹推进文物保护利用、活化发展等工作，构建秀美山水与传统文化交相辉映、古老文明与时代潮流齐头并进的融合发展格局。

（一）加强价值挖掘，助推产业升级。统筹推进以笔架山墓群为核心的国家都市农业观光园、以灵峰寺为核心的灵峰国家级旅游度假区、以吴昌硕故居为核心的昌硕艺术小镇、以上马坎遗址为中心的中国白茶小镇，打造一批有历史、有文化、有影响的文博矩阵区块。在文物＋旅游的基础上，积极开发文物＋文创、文物＋演艺、文物＋节庆等“文物＋”新业态，撬动“一产接二连三”的结构性转变。

（二）打造最美馆群，赋能文旅发展。推进博物馆群建设，基本形成以浙江自然博物院安吉馆、安吉生态博物馆为龙头，乡村博物馆为主体，非国有、行业和其他博物馆为补充的博物馆体系，重点打造以“竹文化”“茶文化”“椅文化”等为核心的乡村博物馆四梁八柱，展示“两山”转化最新成果，为文化和旅游产业发展注入新活力。

（三）深化阐释传播，推进文教融合。县政府修订完善全县中小学利用博物馆进行课堂教育和课外教育的方案细则，组织相关部门编订以乡村博物馆群为主题的地域文化教材，研发了以专题博物馆和不可移动文物为主的研学旅行课程和产品。广泛开展“博物馆第二课堂”“文化之旅”等系列文物宣教活动，推动文物走向校园、走进课堂，实现“以文育人、以文化人”。

激活文物建筑新价值　助推文旅事业新发展

江山市

江山市地处浙闽赣三省交界，文化遗产资源十分丰富，全市现有文物保护单位120处、国家级历史文化名镇1个、国家级历史文化名村1个、省级历史文化名镇1个、省级历史文化名村3个、中国传统村落13个，至今仍保存着数量庞大的文物建筑。近年来，江山市高度重视文物工作，着力激活古建价值、助推文旅发展，坚定文化自信、传承城市文脉，努力为高质量发展建设共同富裕示范区贡献江山力量。

一、优化顶层设计，实现保护利用一盘棋

坚持保护文物也是政绩的科学理念，着力解决文物保护与利用工作中的长远性和机制性问题。

（一）突出规划先行。将文物保护利用纳入文化旅游“十四五”规划，实现与市域总体规划、国土空间规划等的“多规合一”。先后邀请东南大学等20多家全国知名设计单位编制廿八都古镇保护区保护规划及修建性详规、清漾村保护利用总规、“衢州有礼诗画风光带”重要节点——国保单位三卿口制瓷作坊展示利用等方案，为廿八都古镇、清漾毛氏历史文化村、三卿口古瓷村文物建筑保护利用打下基础。

（二）注重机制建设。早在2006年就成立了江山市文化遗产管理委员会，文旅、住建、财政、水利、资规、农业农村、发改等部门高度配合，有效推进全市文化遗产保护利用工作。2021年根据文物保护利用新形势新要求，及时组建江山市文物局。建立健全督考机制，由文化遗产管理委员会与全市19个乡镇（街道）、部分有产权或使用权的部门单位，签订《江山市文物保护责任书》，明确县乡村及所属单位四方监管职责，量化

考核指标，让做好文物保护工作成为全市所有部门、乡镇的工作自觉。

（三）拓宽资金渠道。近年来，通过积极向上争取支持和本级财政自筹等途径，累计投入资金超4亿元，对全市域内各级文物建筑进行保护利用。先后争取国家、省专项资金补助1500多万元，用于修缮三卿口制瓷作坊、文昌宫、峡口大公殿等文物保护单位近20处。同时，灵活采用“以奖代补”政策，鼓励民间文物修缮工作，每年落实200万元奖补资金，撬动民间修缮项目金额超3000万元，先后完成省级文物保护单位茅坂徐氏宗祠、市级文物保护单位戴氏宗祠修缮。此外，利用市场机制引入社会资金2000万元，打造和睦村古陶文化村，使传统土陶生产遗址的历史风貌、制陶工艺得以传承、发扬。

二、推进先行先试，开展古建利用新探索

依托丰富的文物古建，积极开展先行先试，全面激活文物古建价值，助推文旅事业发展。

（一）“一条古道”串珠成链。抢抓未来乡村建设以及全域旅游发展良好契机，加快推进仙霞古道沿线以文物古建为核心吸引力的古镇古村建设。尤其是全面深化落实习近平总书记要把清漾村“保护好、开发好、利用好”的重要指示精神，先后完成核心古建清漾祖宅及祖祠的保护性修复，并以此为载体，深入开展江山·韶山两山合作。加快推进古镇一期提升及二期保护开发，并拟利用姜遇鸿旧宅等文物建筑，打造中高端民宿。推进清湖古镇建设，整合体现码头文化、船帮文化、古道挑夫文化等清湖古镇内近百处遗迹遗址，挖掘商贸文化特色，打造兼具文物保护利用和现代化乡村建设的典型示范。

（二）“一首村歌”唱响资源。江山是中国村歌之乡。目前，全市2/3的村拥有自己的村歌，江山村歌多次唱进全国人民大会堂，并入选G20杭州峰会“国礼”。2019年以来，通过打造村歌文化，唱响文物建筑活化利用，以省级文物保护单位——汪氏宗祠为载体，先后策划包装实景剧《你好江山》、村歌剧《大陈见面》等演艺产品，各级党委政府对汪氏宗祠古为今用的做法给予充分肯定。2021年，大陈村汪氏宗祠利用

工程荣获浙江省不可移动文物保护利用优秀案例。

（三）“一个平台”整合提升。“两山银行”公司对全市夯土房资源进行摸排筛选，确定500多栋开发价值较高的夯土房。去年9月起，实施夯土房民宿“标准地”建设项目，实施通给水、通排水、通电、通路、通讯及净化、亮化、美化的“五通三化”标准改造，整合力量实现文物建筑创新利用。通过“集中收储、集中租赁、集中监管”，将市级文物保护单位——保安箬山乡土建筑群中的25栋传统夯土房打包租赁，打造高端民宿“西坡江山”，相关做法得到省文化和旅游厅的高度肯定。

三、深化文旅融合，走实物质精神共富路

坚持文物古建创造性转化、创新性发展，推动文物资源成为坚定文化自信、赋能文旅发展的力量源泉。

（一）推进精神富裕。在全国首创举办以村干部为主体的“保护文物·振兴乡村”辩论赛系列活动，通过辩论赛的形式，送文物知识下乡，让文物与普通老百姓“零距离”接触，最大程度、最大范围发动老百姓关注文物，支持文物建筑保护利用。活动得到新华社、中国文化报、中青网、中国农民网、《浙江日报》、浙江新闻客户端等20多家媒体争相报道，受到省文物局的高度肯定。实施文物保护利用“春苗”计划，针对学生团体开展系列活动，让文物走进课堂，让学生走向野外，打造文物研学线路。开发“跟着文物游江山”微信小程序及江山市文物地图，以数字化展示江山古建文物保护利用成果。

（二）实现物质富裕。坚持整体保护利用，自去年以来，通过考古发掘，发现江山明代通禄门古城墙遗址约260米，拟结合通禄门未来社区进行规划建设，赋能城市发展。对廿八都古镇进行整体保护，将古镇长约1公里的商住街和周边36幢清末民初古民居进行统一收购、统一修缮、统一管理、统一保护，推出系列文化旅游线路，直接带动200余名周边村民就业，就业村民人均年均收入增至6万元。

（三）共享文保成果。不断挖掘和利用古建资源，做好古建文章，积极推动文物古建赋能乡村振兴，推进

全域旅游发展。近年来，江山市在保护修缮的基础上，对王氏宗祠等10多处宗祠进行改造提升，使其成为兼具农家书屋、文化礼堂、老年活动中心、文艺演出等多功能的公共文化场所。同时，依托洪福村翁氏宗祠、竹子林中共地下党联络处旧址、张村中共江浦旧址等一大批革命文物，开发红色旅游景点，延伸文物建筑新内涵。

赓续千年文脉　展现名城风采

临海市

临海历史悠久，底蕴深厚，是国家历史文化名城，现有文物保护单位132处，其中台州府城墙列入世界文化遗产预备名单。台州府城至今仍保持了自唐以来形成的里坊制格局，是省内保存最完好、最能体现宋代州城肌理、文化脉络和生活气息的古城。古城范围内存有历史街巷40余条，拥有3个历史文化街区、1处历史地段，有全国重点文物保护单位3处，省级文物保护单位3处，市级文物保护单位17处，历史建筑31处，传统院落140余处，紫阳街被评为中国历史文化名街，2022年7月获评全国5A景区。

近年来，在省文物局的关心指导下，我市高度重视名城保护工作，秉承“保护文物、传承文明、发展文化”的理念，加强历史文化遗产保护，从保护传承和活化利用两方面发力，走出了一条“保护传承，融合共兴”的古城保护利用新路径。

一、保护府城格局文脉，让历史传下去

历史文化名城保护的核心是保护历史文化街区和历史城区的真实性，我市确立了“保古城、继文脉、复风貌、辟新区”的思路，从完善管理机制、维系府城格局和加强保护修缮三方面着手，全面保护了古城传统格局和历史风貌。

（一）坚持优化协同、完善管理机制。以“一套法规规划体系、一个机构、一支队伍”构建起古城保护的“四梁八柱”。编制了《临海历史文化名城保护规划》及相关地块的控制性详细规划和项目建设规划，历史名城保护规划与城市总体规划修编同步进行，形成了层次分明、符合实际和着眼长远的规划体系，为古城区的保护和修复提供了科学依据。制定出台

《台州府城墙保护条例》《历史街区管理办法》等法规办法，为古城保护利用提供法律保障和支撑。我市早在1995年就成立了历史文化名城管理委员会，2013年组建成立“临海市古城保护管理委员会”（属市政府直属常设工作部门，正科级），专门承担古城保护利用重大政策措施研究、规划编制协调、项目建设等职能，这也成为临海古城保护历史上，通过成立一个专门机构来统筹相关部门、打通体制壁垒的创新之举。1998年成立了历史文化名城研究会，聘请国内知名的文保和古建筑专家担任顾问，负责古城历史挖掘与整理。20多年来，研究会从最初的54人发展到目前97人。为破解古建筑修缮人才断层困局，2022年8月，在省文物局的见证下，台州学院与临海市人民政府、台州市文物局、临海市古建公司合作办学，成立“大树文物与历史建筑学院”，为古城保护利用和文物建筑修缮提供人才支撑和技术支持。

（二）坚持整体保护，维持府城格局。按照建筑的历史价值和历史风貌协调情况，将建筑分为不可移动文物、历史建筑、建议历史建筑、传统风貌建筑、协调建筑、不协调建筑六个类别，并采取分类管理。将历史街区范围按“核心保护区、建设控制地带、风貌管控区”三个层级进行分级保护管理。做到不破坏老城区传统格局和街巷肌理，保持自唐宋以来形成的里坊制格局，保留街巷尺度和空间关系不变，最大限度保留老城区具有特色的格局和肌理。

（三）坚持应保尽保，加强维护修缮。从保护历史的真实性、保护风貌的完整性、保护生活的延续性出发采用“绣花”“织补”等微改造方式，从高度、体量、材料、色彩等方面从严控制，做到小规模、小尺度、小变化，使历史风貌保持基本完整。以台州府城墙修缮为试点，在省内率先探索“试验性修缮”模式，引入第三方科技公司开展保护材料和工艺研究，形成“前期论证—试验修缮—试点验收—调整完善—全面修缮”程序链条，确保文物建筑的原真性。近年来累计投入资金6亿元，整修各类历史建筑600余处、历史街区6条、文物保护点位107项。

二、探索保护利用新机制，让文物活起来

深刻把握中央文物保护利用改革文件精神，树立“守正创新，融合发展”的理念，坚持创造性转化与创新性发展，统筹盘活文物资源，搭建合作平台，让文物融入经济社会发展，重新焕发时代光彩。

（一）活化文化资源。全面实施“千年古城复兴”计划，以“浙东唐诗之路”和“宋韵临海”为两大主线，深入解码文化基因，打造最具辨识度的府城文化IP。台州府城内陆续建成开放15个民办博物馆、12个非遗主题展示馆，常态化开展黄沙狮子、临海词调、戚家军巡城、汉服展演等非遗文化演出，让历史和文化“可看、可听、可摸、可感知”。

（二）加快创造性转化。积极推进台州府城墙申遗，串点联接恩泽医局旧址、台州府文庙、郭凤韶烈士故居、郑广文纪念馆等文物保护单位，建设紫阳街南段历史文化展示区，保护活化同受和茶食店、人民银行旧址、台州酒坊、状元第等历史建筑，布局朱自清纪念馆、戚继光抗倭文化展示馆、王士性人文地理展示馆等文化设施，展现台州府城历史底蕴，实现历史街区、历史文化、历史文物有机结合、相辅相成。

（三）引入社会力量参与。恩泽医局旧址为第八批全国重点文物保护单位，是西式教会医院的代表性建筑之一，也是世界反法西斯战争及中美友谊的重要纪念地。通过将产权转移给台州医院，并由院方出资886万元的方式完成旧址修缮和资料收集。修缮后的恩泽医局作为“台州恩泽院史馆”对外开放，是文物建筑合理利用的典范之一。2021年，恩泽医局旧址保护利用入选浙江省第三届不可移动文物保护利用优秀案例。

三、推进文旅融合发展，让产业旺起来

以“古城下生活”为主题，出台业态发展规划，深化文旅共融体系，带动府城振兴。

（一）“集群式”发展，推动府城传统产业回归。实施恢复百年老店行动，将部分面临消失的“非遗”项目、传统项目融入古城，激发古城传统文化魅力。目前已恢复百年老店10

余家、传统店铺60余家。联合台州学院设计学院，逐一对紫阳街、西门街沿线120余家店铺进行创意设计和改造，规范门头、店招和展陈，全面提升历史街区店铺整体形象。

（二）“多元化”激活，拓展府城特色街区。打造“府城夜华”夜游品牌，建立以紫阳街为核心、辐射古城的经济特色街区。大力发展依托于临海文化遗产，以沉浸式体验为主的夜游项目，举办戚家军主题灯展、年味记忆展、元宵游园会等特色活动，创新融入传统文化和传统业态。依托紫阳街历史文化街区和紫阳市民剧场，以“在地艺术、府城风韵”为主题，开展“一月一集市”“一月一活动”，植入现代艺术展览、话剧、脱口秀等新兴文化活动，举办浙江省民间巧女秀、古城文化节、柴古唐斯越野赛、台州府城公共艺术节等品牌赛事活动。为推动非国有博物馆建设，2014年出台了《关于鼓励和促进民办博物馆发展的实施意见（试行）》，2022年5月成立了临海市博物馆联盟，形成以国有馆带非国有馆，以大馆带小馆的工作格局。

（三）“开放式”创新，打造府城特色文创空间。全力搭建本土艺术创作发展平台，举办了临海市民间工艺美术精品展、临海市老照片展等20余个展览。深入挖掘临海文化遗产，推出蕴含文化元素和大众审美的文创产品，先后与木刻艺术家赵宗彪及国内顶尖文化设计团队合作，设计开发唐诗之路文创产品、紫阳真人潮玩手办、城墙文创雪糕等近30种文创产品。

守好党的根脉　弘扬红船精神
协力构筑共同富裕精神家园

南湖革命纪念馆

南湖革命纪念馆深入学习领会习近平总书记关于文物工作重要论述和南湖重要讲话精神，全力扛起红色根脉传承人、守护者的使命担当，全面提升红船精神传承弘扬和革命文物保护利用水平，着力讲好党的故事、革命的故事、英雄的故事，为忠实践行“八八战略”、坚决做到“两个维护”、奋力推进“两个先行”凝聚精神力量。

一、强化红船精神践行力，展现守护“红色根脉”新作为

（一）坚持党建引领，筑牢思想之基。持续发挥全国先进基层党组织的党建引领作用，抓好理论武装，依托党建品牌“红船初心讲堂——党史周周学”，用好初心之地独特的红色资源和党的创新理论为干部员工补钙铸魂。利用“学习强国”“浙里网格连心”“红色资源在线”等应用，定期开展中心组学习、辅导报告、主题党日等多种形式的学习教育活动，用红色基因点燃红色引擎，筑牢每一位纪念馆人的理想信念之基。

（二）加强科学管理，当好红船卫士。时刻牢记习近平总书记的殷殷嘱托，始终把“守好红色根脉，当好红船卫士”作为使命和担当。秉承“两年一大修，一年一小修”的原则，精心呵护好红船，确保其完好如初。启动联动保护机制，通过编织陆地、水面、水下和空中的立体防护体系，联合公安、消防等部门设立24小时护卫岗，全方面无死角筑牢红船安全防护线。60余年来，红船始终以其固有的平静和博大接受着人们的瞻仰，向每一位到访者讲述着中国共产党诞生的那段伟大历史。

（三）擦亮红色地标，打造纪

念馆品质标杆。以入选国家一级博物馆为新起点，拉高工作标杆，着力提高内部管理和外部治理水平，全面提升服务水平和服务质量。发挥数字化改革实效，实行实名分时预约参观制度，进一步提升管理效能和参观舒适度。全面提升革命圣地参观学习环境，坚持“精细、精准、精致、精彩、经典”的要求，实施品质提升工程，全力推进景观亮化、环境整治、标识系统、景观提升等工作，增强参观现场的仪式感和体验度。

二、发挥红船精神引领力，提升南湖教育基地新高度

（一）发挥革命文物历史价值，构建展陈“1＋2＋N”精品化模式。全力打造展陈扛鼎之作，基本陈列《红船起航》获得第十九届（2021年度）全国博物馆陈列展览特别奖。自2021年6月5日开放以来，参观群众达100余万人次。精心制作“红船精神永放光芒”“忠实践行‘八八战略’，奋力打造重要窗口”主题展，当好“红色根脉”传承人。积极开展“红船精神万里行”“中国革命精神大联展”“红船起航——一大代表故里行”等巡展活动100余场。紧抓重大事件，紧扣重大节点，办好N个临展，让观众通过丰富的展览走进历史、了解历史、触摸历史。

（二）发挥革命文物思想价值，打造宣教标志性成果。依托革命文物史料，深化红船精神和党史研究，深入挖掘革命文物蕴藏的文化价值和深厚内涵，推出《启航：红船精神永放光芒》《一大卫士王会悟》《初心永在》等一批彰显红船味、具有辨识度、体现创造性的理论成果。致力讲好革命文物背后的红色故事，联合浙江在线推出《革命文物里的初心故事》，把红色文物价值的挖掘与阐释贯穿到宣讲一线。三是发挥革命文物社会价值，深化数智纪念馆应用。聚焦数字赋能，深化数智纪念馆应用，开展“中华民族文化基因库·红色基因库”试点工作，对已完成数字化采集的3000多件革命文物基因进行红色文化数据标注，并通过专线网络实现全国联网，汇入全国红色基因库。建设“VR数字博物馆＋AR自助导览”数字展馆，运用3D和VR全景技术，生动再现党的百年征程。

三、彰显红船精神创造力，满足群众精神富有新期待

（一）发挥党的诞生地优势，打造“六个一”宣教活动品牌。充分发挥南湖红船独一无二的红色文物资源优势，按照习近平总书记提出的“看一次展览、听一次党课、学一次党章、观一次专题片、瞻仰一次红船、重温一次入党誓词”的要求，深化“六个一”现场教学活动，打造新时代弘扬伟大建党精神和红船精神的“初心”教学基地。以新时代“重走一大路”特色主题教学为依托，推进“不忘初心、牢记使命——南湖初心体验之旅”“心系红船、重走一大路——南湖党性教育培训”红色现场宣教活动。

（二）组建“红船宣讲小分队”，打造“行走的思政课”。红船宣讲小分队通过微党课、红色故事、沉浸式情景剧等多种形式，开展进企业、进农村、进机关、进社区、进学校、进军营、进网络的“七进”宣讲活动，打通党史宣讲“最后一米”。在全省范围内开展革命文物映初心红船领航高校行——“行走的思政课”主题活动，走进高校、中小学课堂，以“同上一堂思政课”为重点品牌，分门别类开展“红色课堂进校园”“馆校联盟共建思政教育基地”“红船少年先锋行研学营”“红船小讲解‘声’入人心”“馆藏文物述初心”系列子活动。

（三）统筹联动红色资源，打造红色资源教育阵地。发挥南湖革命纪念馆作为全国青少年教育基地、全国关心下一代党史国史教育基地、全国“大思政课”实践教学基地的思政育人作用，将党史研究最新成果、革命文物资源、伟大建党精神和红船精神融入思政课教学。充分利用中国革命红船起航地、红船精神发源地、“红色根脉”所在地的独特政治资源，实施“根脉立心——红色基因赓续行动”。积极发挥示范引领作用，助力全市红色教育点展陈提升，创建没有围墙的红色资源教育阵地。

“人人都是文保员”“人人都是股东”新模式打造文物助富新样板

兰溪市诸葛镇诸葛村

自2003年以来，诸葛村“人人都是文保员”“人人都是股东”的古村落保护利用之路已坚定地走了20年。20年来，我们坚持全民护宝、文旅融合、共建共享，不断做强古村落保护和开发利用两篇文章，在保护上尽善尽美、在活化利用上与时俱进，走出了一条保护与利用相互促进的文旅共融共富之路。村集体经济收入从2010年520万元增长到2021年2500万元，村民人均可支配收入从2010年23021元提高到2021年58666元；去年景区年门票收入2000多万元、旅游综合收入1.95亿元，每年接待国内外游客60多万人次。

一、坚持保护第一，构筑“全民护宝”新高地

保护是利用的前提。习近平总书记在浙江工作期间，曾点赞诸葛“人人都是文保员”保护模式，认为“这是一种很好的保护模式”，能够体现古村落的“历史美”。20年来，我们一直牢记总书记指示，致力于将保护做到极致。

（一）规划引领整体保护。邀请清华大学建筑学院专家编制《诸葛村保护规划》并严格执行，明确“原真性和完整性”的保护思路，坚持点、线、面体系结合保护，摸底村内古建筑数量并挂牌。同时，排查村内质量较差的偏屋、厨房类建筑，及时进行维修保护，达到村落原真性和完整性。目前，村里有文物建筑159处，构筑物与遗址4处，总建筑面积62110平方米，已全部列入保护范围。

（二）修旧如旧原生态保护。收购城乡改造拆除的旧砖瓦、旧石材、旧木料、雕花构件用于古建筑维修，达到修旧如旧的效果。二十年来累计

投入古村修缮保护经费6000多万元，抢修古建筑6万多平方米，维修道路6万多米。2020年，诸葛村成功入选全国首批预防性保护项目试点单位，系全国唯一民居类入选项目，并获得下达资金303万元，项目预计2022年底完成。

（三）建章立制依法保护。通过召开党员大会、村民代表大会、挨家家挨户上门做工作等形式，让大家形成“祖宗留下来的文化遗产不能毁在我们这代手里”责任意识。制定《村规民约》，规定村民中如有毁坏或破坏文物行为的，村民委员会将中止该户的村级福利待遇，并进行严厉的警告公示和必要的经济处罚。把《文物法》制成挂历，印成小册子，分发到每家每户，使村民都知道为什么要保护、要怎么保护。

（四）建强队伍全民保护。外聘国内知名古建筑专家，内建诸葛村古建筑修缮公司，成立村治安消防队，设立专职文物保护办公室，对古村落实行常态化维修管理。建立154人的“百姓护宝团”，让每一处文物建筑都有“网格员”“安全员”。对私有产权文物建筑，村集体采取与村民协商收购产权、补助维修经费、收取押金、主动抢修等措施实施抢救性保护。

（五）数字赋能智慧保护。积极引入大数据理念，推动文物安全监管与现代科技融合创新，试点推行不可移动文物智能预警“一张图”监管平台，实时查看调取文保单位视频监控、文保员巡查打卡统计、文物安全报警、下达工作任务等，为诸葛村保护模式打开了新大门。

二、坚持有效利用，打造“文旅融合”新样板

为了“让文物活起来”，我们始终坚持挖掘价值和发展旅游两手抓，深入挖潜诸葛“智圣”文化，全力融入长三角一体化旅游版块，开拓周边游旅游市场，推动文物有效合理开发利用。

（一）挖掘非遗文化资源。动员全村挖掘诸葛耕读文化、中医药文化、商业文化、民俗习俗等，编写60万字《诸葛村志》。恢复诸葛后裔祭祖、元宵板凳龙活动，布置创建廉政文化馆、乡土文化馆、家训家规馆、中医中药文化馆，成功申报诸葛村古

村落营造技艺和诸葛后裔祭祖两项国家级非物质文化遗产，努力以非遗文化激发古村保护活力。

（二）丰富文旅产品供给。积极推广诸葛智圣文化、三国文化，精准设计一批旅游纪念品、手工艺品，如羽毛扇、孔明锁等文创产品远销全国各地和东南亚地区，年产值达400万元；利用“诫子书”诵读拓展开发研学旅游，年均接待学生8万多人次，实现营业额500万元／年。2018年，被评为全国中小学生研学实践教育基地；2021年，被写入湘教版、人教版高中地理教科书；2022年，央视《跟着书本去旅行》走进兰溪，探秘诸葛八卦村。

（三）创新“村企”融合模式。由诸葛村注册成立诸葛旅游发展有限公司，实现“村委会统筹＋旅游公司管理＋村民参与”的全新模式发展旅游业。十几年来，景区门票收入、接待中外游客数量呈几何级增长，村集体账面资产也从1995年的不足百万元增加到1.5亿元。

三、坚持富民增收，创造“人人共享”新生活

在我省高质量建设共同富裕示范区的大背景下，我们以共同富裕为目标使命，坚定不移走共建共享共富共荣之路，全力实现村强民富。

（一）入股分红，变村民为股民。让村民入股诸葛旅游发展公司，成为古村保护利用的推动者和享用者，免费享受农村养老、医保等福利待遇，60岁以上老年人每月都能享受村集体300多元的生活补贴，对考上高中、大学的学生给予1000元—4000元的奖学金奖励。

（二）提供就业，助力创收富民。完善“村”“民”利益联结机制，带动村民在家门口就业创业，构建互利双赢的发展共同体。针对缺资金、缺技术、缺文化或者有技能不便外出的农户，由村两委每年安排资金500余万元，提供岗位120余个，实现农户家门口就业。优化调整上塘古商业街，鼓励村民回乡创业，开设农副产品、旅游商品店铺40余家，餐饮店20余家。2021年，直接带动全村400余人及周边地区3000余人在家就业创业，周边村落集体经济每年增收40万元以上，增收效果明显。

（三）示范引领，发挥辐射效应。在“诸葛模式”的带动和影响

下，兰溪进一步做大做强古韵文章，使一大批古街、古村、古镇重焕青春。浙江省四大古镇之一游埠，通过“摄影＋美食”“文旅＋美食”等，打响早茶街品牌，成功创下国家3A级景区、省4A级景区镇、省级美丽城镇样板。女埠非遗小镇通过古街“非遗商铺区”“非遗体验馆”“非遗工匠园”等非遗一条街的打造，充分挖掘女埠古镇历史文化资源，利用“非遗＋旅游”推动文旅融合，打响非遗品牌。芝堰古村聚焦“古驿道”和“中国古民居博物馆”文化，成功打响“江南丽江、美丽芝堰”的口号，让“民宿＋古村”的文章走深走实。国家级历史文化街区天福山（药皇庙）区块成功创建国家3A 级景区，重新焕发古韵新风。2022年“诸葛古村落保护利用促共富模式”获得省政府正向督查激励肯定。

各级领导谈文物工作

在全省文物局长会议上的讲话

省文化和旅游厅厅长　褚子育

这次召开全省文物局长会议，既总结工作、分析形势，又谋划思路、部署任务，很及时，也很有必要。

刚刚过去的2021年，是文物事业发展的重要一年。以习近平同志为核心的党中央首次把文物工作写入党的历史决议。习近平总书记对革命文物工作作出系列重要指示；以“用好红色资源、赓续红色血脉”为主题，主持中央政治局第三十一次集体学习并发表重要讲话；向第44届世界遗产大会、仰韶文化发现和中国现代考古学诞生100周年致贺信；主持召开中央深改委第22次会议，审议通过《关于让文物活起来 扩大中华文化国际影响力的实施意见》，并于日前由中央办公厅、国务院办公厅印发；考察7个省区市的近20处文博单位；就保障文物安全、加强文物科技创新、增强机构队伍力量、强化文物资源保护利用等作出重要批示29次。就在今年1月27日，习近平总书记考察调研世界文化遗产平遥古城，就保护历史文化遗产、传承中华优秀传统文化发表了重要讲话。这些都充分体现了以习近平同志为核心的党中央对文物工作的高度重视，为新时代坚定文化自信、历史自信、做好文物工作指明了方向、提供了遵循。

一年来，在省委、省政府坚强领导下，全省文物系统深入学习贯彻落实习近平总书记关于文物工作的重要论述和重要指示批示精神，围绕打造“重要窗口”和高质量发展建设共同富裕示范区，实干担当、勇毅前行，推动“十四五”良好开局，交出了亮眼“成绩单”，有6个方面值得肯定：一是党史学习教育彰显特色。紧扣建党百年主题，组织开展的“百年党史文物说——全省文物系统‘六个一百’庆祝建党百年”系列活动，有效激活了我省革命文物资源在党史学习教育中的重要作用。围绕守护“红色根脉”，谋划启动了革命文物保护利用五大工程，获得中宣部《宣传工作》刊发推广。二是文物安全工作迎难而上。妥善做好钱镠墓被盗案后续处置工作；推动省委、省政府召开全省文物安全专题工作会议并部署开展全省文物安全大排查大整治大提升攻坚行动；争取到将文物安全纳入全省地方党政领导班子和领导干部年度考核、党委（党组）意识形态专项检查、浙江高质量发展综合评价和“平安浙江”考核等指标体系，建立文物安全与文旅系统创优评先相挂钩等一系列制度，有效压实文物保护各方责任。三是数字化改革破冰推进。完成全省文物资源数据归集和省级文物系统相关数字化平台集成。浙里文物安全监管应用被列入全省数字化改革重大应用“一本账S1”目录，完成“七张问题清单”之重大文物安全问题画像及相关数字化应用建设。组织开展全省文物安全应用场景建设“揭榜挂帅”活动，确定了8个赛道、22个试点项目。四是机构队伍建设成效明显。在全国率先实现各市、县（市、区）文物局挂牌全覆盖。推动省委编办发文明确了省级各相关部门的文物管理职责。省文物局内设机构增挂革命文物处牌子并调拨使用事业编制5名；省文物考古研究所编制实现翻一番，达到120名。杭州、绍兴等设区市以及吴兴、永康等县（市、区）通过成立机构、增加编制或经费等方式，加强了文物机构队伍建设。五是考古工作成果丰硕。上山遗址等5处遗址入选百年百大考古新发现，余姚井头山遗址考古发掘项目入选全国十大考古新发现。良渚古城遗址保护利用经验做法获孙春兰副总理批示肯定。余姚施岙遗址、衢州市衢江区西周时期大型土墩墓等考古工作取得重大成果。通过省政府新闻中心举办了“浙江考古与中华文明”新闻发布会，有效扩大了浙江文物考古工作影响力。六是博物馆改革发展质量齐升。乡村博物馆建设列入全国试点和2022年省政府十大民生实事。国家文物局致信省政府肯定我省博物馆事业发展。全省各级博物馆举办展览近1600场次，观众超2600万人次。中国丝绸博物馆“众望所归：丝绸之路的前世今生”展荣获全国博物馆十大陈列展览精品奖。

总之，过去一年，全省文物系统很不容易，这些成绩更是来之不易，是全省广大文物工作者勠力奋斗、开拓进取的结果。在此，我谨代表省文化和旅游厅党组向在座的各位，并通过大家向全省文物工作者致以崇高的敬意和诚挚的问候！

今年是新征程中具有特殊重要性的一年，我们将迎来党的二十大，这是党和国家政治生活中的一件大事。同时是党中央赋予我省共同富裕试点满一周年、召开省第十五次党代会、承办亚运会和亚残运会之年，也是贯彻落实省委文化工作会议精神的关键之年。这些大事喜事盛事和战略机遇的叠加，为文物工作带来了新的机遇，也提出了更高的要求。

下面，我代表厅党组讲五点意见：

一、围绕迎接宣传贯彻党的二十大主线，全面抓好文物领域政治建设。迎接宣传贯彻党的二十大，是贯穿今年党和国家全局工作的主线，全省文物系统要聚焦这一头等大事，加强政治建设和工作部署。一是掀起迎接学习贯彻热潮。把学习宣传贯彻落实党的二十大精神与学习贯彻落实习近平总书记关于文物工作特别是对浙江文物工作的重要论述和重要指示批示结合起来，与巩固深化党史学习教育成果结合起来，组织好学习宣传贯彻，展现学习贯彻成效，引导全省文物系统广大干部职工做到学思悟贯通、知信行统一，忠诚拥护“两个确立”、坚决做到“两个维护”，唱响主旋律，提振精气神。二是切实筑牢安全防线。文物安全是政治安全，文物工作要打“防守反击战”，即要在确保安全的基础上，去攻城拔寨。要把做好文物安全与疫情防控、党风廉政、意识形态工作结合起来，摆在重要议事日程，举系统之力抓好文物安全整治年行动，推进消防安全、法人违法、打击犯罪三大专项整治行动，在全国重点文物保护单位建立“一点一策”工作机制，确保全年不发生重大文物安全责任事故。要强化平战结合，慎终如始抓好文博场馆、考古工地等常态化疫情防控工作，在文物领域切断疫情传播链条。要全面从严治党，加强党风廉政建设和反腐败斗争闭环管理，严格督促系统内工作人员严守廉政、法律、纪律三条底线，确保不出现重大违法违纪问题。要全面落实意识形态工作责任制，加强风险研判，守好文博场馆意识形态阵地，防止出现重大舆情和意识形态事故，确保文物领域意识形态安全和文化安全。要下决心解决面广量大的“三普”登录点游离于《文物保护法》监管之外的灰色地带，或“留”或“退”，尽快厘清，斩断易给文物界造成负面舆情的传播源和着火点。三是全力营造浓厚氛围。用好红色资源、讲好浙江革命故事，深入实施革命文物保护利用五大工程，坚持系统推进和彰显特色，重点围绕浙江“三个地”中的改革开放先行地、新时代中国特色社会主义思想重要萌发地，研究打造以一批重要革命文物为支撑的文化标识，持续擦亮“百年党史文物说”品牌，努力营造红色喜庆氛围。

二、突出共同富裕主题，推动文物资源添彩赋能人民群众美好生活。今年习近平总书记和党中央赋予浙江共同富裕历史使命将满一周年。全省文物系统要在参与这项“国之大者”的工作上下功夫、见成效，加速从“发展思维”转向“共富思维”，发挥文物资源“物质、精神”双重属性，交出高分报表。在助力群众“物质富裕”方面，积极融入“大花园”建设、“四条诗路”建设、“千年古城”复兴计划、十大海岛公园建设、山区26县跨越式发展等省委、省政府重点工作，通过实施文化基因解码工程、文物保护利用项目，把文物资源蕴含的历史文化基因融入旅游产品，打造红色旅游、考古旅游、研学旅游等特色品牌。在推进“跟着考古去旅游”“跟着国宝去打卡”系列活动、山区26县特色文物资源培育提升工程、博物馆景区化、文创产品开发、文物市场培育、文物资源助推遗产地创建国家A级景区等方面出实招、见真章，扩大文物助力共同富裕的综合效应。要把文物保护利用工程与改善民生结合起来，探索推广民居类文物建筑合理开发和收益分配机制，强化传统村落保护利用和文物保护修缮，以资源优势筑巢引凤发展经济，帮助人民群众口袋富起来、生活美起来。在助力群众“精神富有”方面，要把助力群众“精神富有”作为文物工作者的初心，不为考古而考古，不为收藏而收藏，要以满足人民群众高品质精神文化需求为导向，在提升文博场馆开放利用水平、博物馆公共服务能力、考古成果挖掘整理、文物价值研究阐释等方面下功夫，不断丰富文化产品供给，为人民群众搭建感悟历史、丰富人文、陶冶情操的“文化客厅”和“第二课堂”。特别在“双减”背景下，要充分发挥考古遗址公园、文物保护单位、革命遗址、博物馆、纪念馆等资源禀赋，加强与中小学合作，切实发挥文物资源以史育人、以文化人、培育社会主义核心价值观的优势。要积极回应群众日益增长的文物收藏鉴定需求，常态化开展民间收藏文物公益性鉴定咨询服务，让人民群众富口袋的同时富脑袋。

三、锚定高质量发展目标，打造新时代文化高地的“亮丽之窗”。深入贯彻落实省委文化工作会议精神，聚焦高质量发展要求，着力打造一批具有全国影响力、浙江辨识度的标志性成果，使文化遗产保护利用成为新时代文化高地的高峰和“亮丽之窗”。一要在打造历史文化“金名片”上见成效。从浙江史前文明、世界文化遗产、江南特色文化等维度入手，努力打造以“万年上山”“五千年良渚”“千年南宋”“百年南湖”等为代表的浙江历史文化标识体系。深入实施浙江考古“启明星”计划，不断深化上山文化、良渚文化、河姆渡文化、越文化、宋韵文化等考古研究阐释，突显浙江在中华文明乃至世界文明起源中的突出地位，为坚定“历史自信”贡献更多浙江元素。我省争创“金名片”仅差“最后一公里”的海宁海塘和上山文化，我们要制定专项攻坚计划，加快推动上山遗址群列入申遗项目预备名单，加快“海宁海塘·潮文化景观”申遗步伐。二是要在创一流、树标杆上下功夫。深入实施“双一流计划”，建设世界一流考古所，争创世界一流博物馆。建立健全市县文物保护利用示范区培育机制，争取在第二批国家文物保护利用示范区申报创建中拿下头彩。加快推进浙江文物保护与考古基地建设，争创国家重点区域文物标本库房。三要在出经验、作示范上作贡献。我们不但要做得好，还要写得好说得好。高质量发展，不止要在工作上出成效，还要为全国作贡献、在全国抢占话语权。要在文物和旅游融合、数字化改革、乡村博物馆建设、国土空间规划保护、文物保护区域评估、文物安全巡查队等我省文物领域特色亮点工作上，快出多出好经验、好成果，形成创新理论，为全国提供浙江示范。要在破解文物真假鉴定、社会文物流通管理、博物馆创新活力、文物捐赠模式、文创产品开发激励、文物保护管理力量薄弱等全国共性难点问题上率先突破，为全国创造经验模式。

四、激发改革创新动能，推动文物领域治理现代化。习近平总书记指出，要以科技创新和数字化变革催生新的发展动能。数字化改革是我省的“一号工程”，今年是实现全省数字化改革战略目标中“大变样”之年，也是全面贯通、集成突破、集中展示之年；去年国务院办公厅印发《“十四五”文物保护和科技创新规划》，首次将文物规划上升为国家级专项规划，而且专门突出了科技创新；袁家军书记专门就此作出批示，要求抓好贯彻落实。这两项工作既是重大任务，也是实现跨越式发展的“金钥匙”。全省文物系统要以数字化改革为统领，建立完善多跨高效协同、工作闭环管理的工作机制，推动我省文物治理体系和治理能力集成提升。一方面，要强化数字赋能。围绕“文物数字化治理示范省”目标，加快推进“浙江文物在线”建设，迭代升级浙江文物博物馆综合管理系统，建设“数字文博应用超市”。围绕文物安全问题，加快“浙里文物安全”智慧监管应用场景开发，努力实现文物安全监管跨部门、跨区域、跨层级高效协同。另一方面，要强化科技赋能。深化与浙江大学等高校、科研院所的协作，借助其科研和人才力量，在碳14检测技术的基础上，大胆探索利用热释光、X射线衍射等物理技术，铀系同位素、钾氩等化学技术，以及数字技术等，加强关键共性技术的研发和应用，争取在考古发掘、文物保护、文物鉴定、文物巡查、文物资源管理等方面出成果。

五、以党建为统领，凝心聚力推动全省文物工作再上台阶。做好2022年文物工作责任重大，使命光荣，大家要共同努力，抓好落实。提四点要求：一是增强政治定力。以高度的政治自觉、思想自觉把习近平总书记关于文物工作的重要论述和重要讲话精神落到工作实处。为了文物安全，文物人要切实增强斗争精神和担当精神，“坚定立场、勇于发声、敢于碰硬、有理有节”，对法人违法的事件，要“大叫”不要“猫叫”，要“高音”不要“低音”，要“打疼”不要“挠痒痒”，以此推进法制化保护，推动地方党委、政府树牢“保护文物也是政绩”的科学理念。把好城乡建设、经济发展、旅游开发中涉及文物保护的项目关口，对不符要求甚至违法违规的，要提前介入、坚决制止，做到守土尽责。二是主动塑造变革。注重生成性学习、保持创造性张力，把袁家军书记提出的全面创新“理念、手段、方法、机制、团队文化”五种思维扎根于脑海、运用到工作中，走出舒适区，勇于革新立新，积极探索文物保护利用新方法新路径，破解“老办法不管用，新办法不会用”危机，推进观念创新、体制机制创新、保护传承模式创新、传播弘扬方式创新，释放高质量发展活力。三是勇于争先晋位。牢固树立“没有走在前列也是一种风险”的忧患意识，加强作风效能建设，推动能力素质大提升，打造目标高、斗志强、业务精的文物干部队伍。以坐不住、等不得、睡不着的状态抓工作，以争一流、走前列的心态提标杆，做到不为困难找理由、只为成功想办法，不断锻长板、放大“滚雪球”效应，加快形成重大标志性成果，推动我省文物工作持续走在全国前列。四是完善工作机制。熟练系统集成工作方法，寻找到牵一发动全身的工作抓手，并以此抓手为纲，明确目标体系，解决“做到什么程度”问题；明确工作体系，形成完成目标的“四梁八柱”；明确政策体系，构建保障实现目标和工作任务的支撑条件；明确评价体系，考量目标和工作任务的完成度。每项工作都要做到具体化、数字化，形成工作闭环。

开拓者独辟蹊径，探索者勇攀高峰，执着者勇往直前。让我们更加紧密地团结在以习近平同志为核心的党中央周围，加满油、鼓足劲，当好行动派和实干家，努力谱写2022年文物工作新篇章，以优异成绩迎接党的二十大和省第十五次党代会胜利召开！

（2022年3月11日）

在全省文物局长会议上的工作报告

省文物局局长　杨建武

今天会议的主要任务是学习贯彻习近平总书记关于文物工作的重要批示指示精神和上级有关重要会议精神，回顾总结去年工作，研究部署2022年重点任务，进一步凝聚推动我省文物事业高质量发展的强大动力。下面，我代表省文物局，讲三个方面意见。

一、关于2021年工作

2021年，全省文物系统在党史学习教育中明初心，在学思践悟中增干劲，在急难险重中显担当，充分发挥孺子牛、垦荒牛、老黄牛的精神，攻坚克难、踔厉奋发，交出了一份令浙江共富增色、为“重要窗口”添彩的文物工作高分报表。

（一）真抓实干，圆满完成年初既定的目标任务。党史学习教育方面，在完成规定动作基础上，充分发挥文物系统资源优势，将党史学习教育与建党百年主题活动、与革命文物保护利用有机结合，组织开展“百年党史文物说”主题系列活动，推出“浙里不止小康——八个‘窗口’看精彩浙江”等红色主题展览376场，相关活动2100余场，累计吸引观众950多万人次，其中多个展览获得大奖。相关工作信息被中宣部《宣传工作》刊登。谋划长远方面，编制了《浙江省文物博物馆事业发展“十四五”规划》，确定“1+4”目标体系和10项重大任务、43个重点项目，提出法制化保护、数字化改革、融合化发展、人本化服务、国际化接轨、社会化参与的文物工作新理念；制定出台了《关于全面加强浙江省考古事业发展的意见》《上山文化研究、保护和宣传工作方案》等专题性工作方案和政策文件。服务大局方面，积极融入“长三角一体化”战略，联合开展长三角考古遗址旅游线路串联、文物行政处罚案卷评查和公共博物馆预约参观“一卡通”等工作；开展山区26县文物资源梳理，推动建德梅城、富阳新登等千年古城复兴发展；坚持“先考古、后建设”，组织开展省级以上开发区文物保护区域评估18项，评估面积达483.1平方公里。启动谋划宋韵文化博物馆建设项目，推进德寿宫遗址等文物保护与考古项目。文旅融合方面，积极参与“四条诗路”“美丽大花园”建设，以文物古迹类标志性工程为重点推出8大明珠培育项目。完成第一、第二批省级考古遗址公园评估和浙江诗路沿线文物资源调查。3家博物馆创建为4A级景区。良渚、上山、马家浜等一批大遗址成为市民休闲旅游热门打卡地。数字化改革方面，全省文物博物馆综合管理平台建成上线，并横向实现了与省域空间治理平台的数据共享。浙里文物安全监管应用被列入全省数字化改革重大应用“一本账S1”目录。完成“七张问题清单”之重大文物安全问题画像及相关数字化应用建设。围绕文物安全监管推出安全体检、火灾监测、法人违法等8个赛道开展应用场景“揭榜挂帅”，确定首批22个试点项目。中国湿地博物馆“博悦游”文旅融合新场景等4个项目入选省文化和旅游厅数字化改革试点项目。博物馆事业发展方面，全省各级博物馆举办展览1578场次，观众数量达2650多万人次。浙江省博物馆之江馆区、浙江越剧博物馆、浙江大运河博物馆等一批重大博物馆建设项目有序推进。国家文物局专门致信省政府充分肯定我省博物馆事业发展状况，乡村博物馆建设工作全面启动并被列为全国试点。我省首个博物馆领域地方标准《博物馆教育服务规范》正式发布。

（二）亡羊补牢，稳妥处置重大文物安全事件。一是及时稳妥处置钱王陵、大禹陵事件。去年5月中旬，杭州市临安区吴越国王陵（钱镠墓）被盗案舆情发酵，惊动了党中央，惊动了习近平总书记，多位中央领导同志作出重要批示。一下子把我们推上风口浪尖。在随后几个月中，我们按照国家文物局督办要求，在省委、省政府坚强领导下夜以继日、连轴作战，配合省纪委监委、省委政法委、省委宣传部和杭州市司法系统做好舆情处置、案件复查、问责追责、案件侦办审理等工作。该案共有17名干部分别受到行政党纪处分，两名主要犯罪嫌疑人被判处无期徒刑。正当钱王陵事件处置工作接近尾声的时候，一波未平一波又起。9月中旬，国家文物局向省政府发督办函，要求督促查处绍兴大禹陵周边违法建设案。随后，我们又马不停蹄地投入到该案的处置中，严肃指导绍兴市开展案件复盘调查、编制违法建设整改方案、启动追责问责程序、开展违法建设整治等工作。直至两周前，省领导专程赴国家文物局汇报整改情况，国家文物局领导又亲自率队来浙江实地查看了整改落实情况。这两个事件的发生可以说都没有在我们预料之内，耗费了我们大量精力、人力和物力，教训非常惨重。二是深刻吸取教训，化危为机，全面启动文物安全大排查大整治大提升攻坚行动。在亡羊补牢的同时，我们痛定思痛、知耻后勇、举一反三，努力扭转全省文物安全严峻形势。省政府主要领导两次主持召开文物安全专题工作会议，省委、省政府发文启动为期三年的全省文物安全大排查大整治大提升攻坚行动。截至2021年底，全省大排查行动基本完成，全省共出动检查54580人次，检查文博单位25969处，发现安全隐患7346项，整改完成6454项。将文物安全纳入全省地方党政领导班子和领导干部考核、党委（党组）意识形态专项检查、浙江高质量发展综合评价和“平安浙江”考核等指标体系。配合省委编办全面梳理并发文明确21家省级相关部门的文物管理职责，会同省政府督查室开展文物安全专项督查，联合省公安厅开展打击文物犯罪专项行动。在褚厅长的大力支持下，还建立了厅局领导干部定点联系文物安全制度、文物安全季度分析研判制度、文物安全与文旅领域创建评优项目挂钩制度。为破解文物保护管理力量不足，积极探索文物安全群防群治新做法，聘请一批有经验的退休干部组建了省文物局文物安全督查队，常态化开展文物安全巡查、督查。会同省妇联在龙泉、武义、嵊州等地开展“巾帼护宝队”试点。安吉、柯桥、嵊州、江山、景宁等地主动探索，通过“护宝家园卫队”“护宝志愿者”“楼长制”“桥长制”等举措，团聚社会力量参与文物安全监管。

（三）开拓创新，超预期收获

一批标志性成果。一是考古工作有新成果。我省考古工作经验在中国现代考古学诞生100周年纪念大会上作典型交流。上山文化遗址等4个遗址入选“百年百大考古发现”，良渚遗址入选“考古遗址保护展示优秀项目”。余姚施岙遗址作为世界上时间最早、面积最大、证据最充分的古水稻田，入选2021年度“考古中国”重大项目，被专家认为是世界级的重大发现；衢江西周高等级土墩墓群被专家认定极有可能是姑蔑国王陵区，并入选中央广播电视总台2021年度十大考古新闻。二是机构队伍建设取得新突破。抓住中央编办发文要求加强基层文物保护管理机构建设的重大机遇，争取省委编办支持，推动宁波等4个设区市、75个县（市、区）增挂文物局牌子，在全国率先实现市、县（市、区）文物局全覆盖。省文物局增设革命文物处并调拨使用事业编制5名，省文物考古研究所增编59名、总编制数达120名。三是文物事业影响力有新提升。举办“浙江考古与中华文明”新闻发布会，发布80多年来浙江考古重大成就及其在实证中华文明发展史中的重大意义，赢得行业内外广泛关注和高度认可。在国家博物馆举办“稻·源·启明——浙江上山文化考古特展暨万年浙江与中华文明学术座谈会”，新华社等国内外主流媒体进行了广泛报道。中央电视台推出“中国考古大会”，首档节目播放“五千年前的神秘古城良渚”，电视端累计观众量达5985.7万人次，融媒体端观看达9亿人次，节目相关话题阅读量破3亿。中国丝绸博物馆成功承办“2021年丝绸之路周”主场活动，上线全球首家丝绸之路云上博物馆——丝绸之路数字博物馆。

回望来时路，我们完成了预期目标、闯过了险滩难关，并有了超预期的收获，交出了一份并不轻松但还算靓丽的成绩单。这是习近平总书记关于文物工作重要论述正确指引的结果，是省委、省政府和厅党组坚强领导、关心重视的结果，更是全省文物系统同志们团结一心、顽强拼搏的结果。在此，我谨代表浙江省文物局，向全省文物战线的同志们致以崇高的敬意和衷心的感谢！

二、关于当前面临的新形势

“察势者明，趋势者智。”明确

方位才能把准定位，把握大势才能赢得未来。做好新时代文物工作，必须从大历史、大趋势、大格局的维度，深刻把握文物工作所处的方位、肩负的使命和面临的形势。

（一）要深刻把握习近平总书记对文物工作的高定位，充分认识做好文物工作的重大意义。习近平总书记历来高度重视历史文化遗产保护利用，对实证历史发展、赓续民族文脉的文物事业充满感情、寄予厚望。特别是党的十八大以来，就文物工作作出重要指示批示130多次。2021年，还亲自主持召开中央深改委会议，审议通过《关于让文物活起来、扩大中华文化国际影响力的实施意见》。今年1月27日，又亲赴山西平遥古城考察，就保护历史文化遗产、传承弘扬中华优秀传统文化发表重要讲话。为此，中宣部、文旅部、国家文物局联合下发《关于学习贯彻习近平总书记重要讲话精神 全面加强历史文化遗产保护的通知》，要求组织学习。可见，文物工作在党和国家事业全局中有了高定位、新坐标，已摆上事关坚定文化自信、历史自信和中华民族伟大复兴的突出重要位置。各地各单位要认真组织学习习近平总书记关于文物工作系列重要讲话精神，做到内化于心、外化于行，用来武装头脑、指导工作。

（二）要深刻把握省委、省政府赋予文物工作的新使命，充分展现文物工作赋能发展的担当作为。近年来，省委省政府相继作出争创社会主义现代化先行省、打造“重要窗口”、建设共同富裕示范区、守护“红色根脉”、打造新时代文化高地等重要部署，正在大力推进实施乡村振兴、山区26县高质量跨越式发展、宋韵文化传世工程等全局性、战略性工程。这些中心工作，都赋予了文物工作新要求、新使命，为文物事业高质量发展搭建了融入大局谋发展、展拳脚、作贡献的大平台。去年以来，省委常委会专题研究文物工作3次。今年，省委常委会又把“召开全省文物工作会议，深化全省文物安全大排查大整治大提升攻坚行动和文物法人违法案件专项整治”列为省委常委会的重点工作。据不完全统计，去年以来全省11个市39个县（市、区）召开了文物安全工作会议。刘小涛、盛阅春、王纲等多位市县党政主要领导专题调研考察文物安全工作。2月16日，袁家军书记实地考察了浦江上山遗址，可以说这些都是前所未有的。有作为才有地位。全省文物系统要不等不靠、抢抓机遇、主动融入，充分挖掘文物资源价值，努力推动文物资源实现创造性转化和创新性发展，奋力写好打造“重要窗口”、赋能共同富裕、守护“红色根脉”的文物篇章。

（三）要深刻把握人民群众对文物工作的新期待，充分发挥文物资源赋能美好生活的重要作用。近年来，本来属于小众偏门的文博领域常常破圈，成为社会上的显学和网络上的顶流。中央电视台推出的“国家宝藏”“如果国宝会说话”“中国考古大会”等传统文化节目迅速热播走红。虎年春晚，从文物资源中找到灵感的《千里江山图》《只此青绿》《忆江南》三个节目让全国人民眼前一亮，赢得了既叫好又叫座的口碑。“乱世黄金盛世收藏”，中国风、文博风已越来越深入人心。人民群众对文物有了发自内心的亲近感，对通过文物活化利用添彩美好生活有了热切期待。习近平总书记反复强调，人民群众对美好生活的向往，就是我们的奋斗目标。因此，推动文物“活”起来，融入当下、造福于民，是时代赋予的职责，是人民赋予的使命，理应成为我们工作的重要着力点。

（四）要深刻把握文物工作面临的新挑战，充分认识文物工作中存在的突出问题。要充分认识疫情防控工作的复杂性，认真落实常态化抓好疫情防控的措施，并以危中寻机、化危为机的辩证思维，积极探索在疫情防控常态化情况下推动文物事业高质量发展的新路径。要充分认识文物安全形势的严峻性，针对火灾事故、盗掘盗挖、法人违法多发和违法交易屡禁不止的突出问题，采取有针对性的举措，积极探索提升文物安全监管效率的新方法、新手段。要充分认识文物保护管理力量薄弱问题的普遍性，在积极争取外部力量支持的同时，更要从优化配置内部资源、提升干部队伍素质等方面入手，寻求突破、改变现状。要充分认识文物安全工作的特殊性。如虎年春节前夕，习近平总书记就此作出了专门批示，国家文物局第一时间发文作出专门部署并派员来我省督查，省文物局也转发文件并开展专项督查。所幸总体情况还好，但我们不能掉以轻心。省文物局还将开展碑刻文物拓印安全管理专项整治行动。各相关市县和文博单位也要全面开展自查，尽最大努力找出问题、堵住漏洞、完善管理，确保经得起看、经得起问、经得起查。

三、关于2022年工作

2022年的具体工作任务，省文物局将印发工作要点，从7个方面对23项任务进行具体部署。在这里，我就2022年特别重要、特别紧迫、特别艰巨的几项重点工作作一些强调。概括起来是“围绕1条主线、守住1条底线、筹备1个会议、深化2项改革、抓好3项重点”。

（一）围绕迎接宣传贯彻党的二十大的主线，做到服务大局再出彩。一要全方位、多渠道做好党的二十大精神学习宣传阐释工作，并充分发挥文博资源优势，特别是革命文物资源的独特优势，精心策划推出一批重大红色主题展览和活动，为党的二十大召开营造浓郁的喜庆氛围。二要常态化开展党史学习教育，不断巩固深化党史学习教育成果，深入开展“三为”实践活动，纵深推进“双建争先”工程。三要围绕“‘八八战略’实施二十周年”“杭州亚运会”等主题，主动策划一批展现文化浙江、诗画浙江、万年浙江丰厚底蕴和迷人魅力的文博主题展览和活动。四要积极推进文物赋能共同富裕示范区建设、“重要窗口”打造、山区26县高质量发展等中心任务落地见效。

（二）坚决守住安全底线，做到安全隐患全出清。文物安全是文物工作的底线、红线、生命线，要牢固树立“万无一失、一失万无”的风险意识，以“文物安全整治年”为抓手，深入实施全省文物安全大排查大整治大提升攻坚行动，聚焦“三责三防”，聚焦重点领域和薄弱环节，全面压紧压实主体责任、监管责任和直接责任。要认真组织开展消防安全、法人违法、打击文物犯罪三大专项整治行动，以挂图作战、清单化管理、项目化推进的方式，全面彻底整治大排查发现的安全隐患，通过挂牌督办、专项整治解决一批长期以来得不到解决的顽瘴痼疾。要积极转变文物安全监管方式，通过完善文物安全监管机制、强化部门联动合作、吸引社会力量参与，努力扩大文物安全监管范围并提升效率。要通过切实有效举措，做到大排查发现的安全隐患问题整改措施落实率100%，文物法人违法案件查处率100%，省级以上文物保护单位、国有博物馆安全档案建档率100%，确保今年不发生重大文物违法案件和安全责任事故。同时，要从严从实守护好全省文物博物馆单位安全、意识形态安全、疫情防控安全。

（三）筹备召开全省文物工作会议，做到谋好新篇布好新局再出发。今年，党中央、国务院将高规格召开全国文物工作会议。省委、省政府已明确将响应中央号召召开全省文物工作会议。据了解，我省上一次召开全省文物工作会议是在2009年。时隔十多年再次召开，对于我省文物工作而言，无疑是一件大事、好事、要事。为筹备好这个会议，我们将组织开展全省文物工作调研，通过深入调研进一步摸清我省文物工作中存在的难点、痛点、堵点，找到我省文物事业发展新的增长点、突破点，进一步理清全省文物事业发展方向、发展目标和发展思路，在此基础上争取制定出台推进我省文物事业发展的政策性文件。

（四）推进数字化改革，做到多出成果更出新。要按照全省数字化改革工作统一部署，以“上下一张网，全省一朵云”为目标，紧抓全省数字化改革重大应用一本帐S2迭代升级的机遇，着力抓好文物安全智慧监管应用建设，推进“文物在线”文物保管研用全周期应用建设。数字化改革，“数字化”只是手段，“改革”才是关键，制度重塑和资源整合是着眼点、关键点。要以互联网、大数据思维建设覆盖全省的文物博物馆资源数据库，进而再造传统工作流程，实现跨部门跨区域跨层级高效协同和信息共享，形成保护合力。这里特别强调需要上下协同的三件事：一是省文物局将于近期在全省范围内开展文物管理痛点难点调研，请各地以问题为导向，聚焦核心业务和改革共性需求完成相关材料报送；二是对照目前已上线的“浙江省文物博物馆数据驾驶舱”，认真核查、补充涉及本辖区的基础数据，并对系统及界面优化提升提出建设性意见；三是各地要积极参与省文物局数字化改革“揭榜挂帅”

活动，打造一批可复制推广的“大场景、小切口”特色应用场景。后续，省级层面将依托全省文物博物馆综合管理平台，部署开发“文博大脑应用超市”，实现地方特色应用场景统一归集、试点推广。

（五）深化博物馆改革，做到创新发展出活力。以办人民满意博物馆为目标，深入实施博物馆“一十百千”计划，争取3家博物馆列入中国特色世界一流博物馆创建计划重点培育名单，指导10家左右博物馆争创国内领先博物馆。指导温州、绍兴等地加快建设博物馆之城，支持浙江越剧博物馆等新馆建设，推进“二十四小时博物馆”试点。重中之重要抓好乡村博物馆建设，按照王浩省长“四年任务两年完成”“能快则快、能早则早、能多则多”的要求，盘活存量资源，加快工作进度，不折不扣、保质保量完成列入省政府督查清单的457家乡村博物馆认定建设任务，并努力打造一批精品化、特色化、品牌化的乡村博物馆标杆，为全省乃至全国乡村博物馆建设提供可借鉴的经验。同时，要提前谋划，积极培育储备一批2023年的乡村博物馆建设项目，确保全省建设1000家乡村博物馆的目标如期完成。

（六）抓好“启明星计划”的实施，做到探源证史更出彩。所谓“启明星计划”，就是要围绕世界稻作农业起源、史前文明、浙江大历史等重大课题开展专项攻关，加快创建世界一流考古机构建设，让浙江成为我国繁星满天考古成就中那颗最早、最亮的启明星。这既要专业部门发力，也要全省齐心协力。一要认真配合实施好年度主动性考古发掘项目，牵头开展以上山文化考古为核心的“长江中下游早期稻作农业社会形成”和以良渚文化考古为核心的“长江下游区域文明模式研究”等国家文物局委托的“考古中国”重大课题研究，填补区域文化谱系空白，开拓区域文明研究的新亮点、新课题，努力将上山文化、河姆渡文化、良渚文化、越文化、宋韵文化等文化标识打造成为新时代文化高地中的高峰。二要依法依规推动建设项目考古前置提质扩面。杭州、宁波、湖州及金华和绍兴市本级已较好地执行考古前置要求，其他各地也要抓紧跟进，尽可能把考古勘探发掘环节提早到土地出让前。三要着力改善各地考古工作条件，加快引进和培养考古文博领域专业人才。今年春节后第一周，作为实施浙江考古“启明星计划”重要载体的省考古与文物保护基地项目正式开工，实现了“开门红”。全省也已基本形成“一主五中心十个以上工作站”的省地共建协作平台体系。大家要共同努力，配备必要的整理场地，改善考古人员生活条件，让考古人员安心舒心工作且茁壮成长。四要实施新时代考古遗产活化利用工程，积极推动国家文化公园和各级考古遗址公园建设，实质性推进上山文化遗址群、海上丝绸之路、海宁海塘·潮文化景观等的申遗工作。

（七）抓好革命文物保护利用，做到守护“红色根脉”出成果。深入实施革命文物保护利用三年行动计划和五大工程，开展革命文物系统性挖掘认定，公布第二批革命文物260处以上，建设全省革命文物资源数据库。坚持单点和片区保护相结合，组织开展革命文物保护修缮工程、馆藏革命文物保护工程，并在重点专题研究基础上确定一批见证改革开放、新时代中国特色社会主义发展时期的重要标识地。依托红色资源，推动一批革命纪念场馆建设，实施革命类博物馆纪念馆展陈提质工程，组织开展“革命文物青年说”“革命文物进教材”等活动，打造革命文物融媒体传播平台，遴选推介一批革命文物保护利用优秀案例。

（八）抓好文物活化利用，做到赋能添彩出成效。全面贯彻落实中办、国办《关于让文物活起来 扩大中华文化国际影响力的意见》，研究制定我省贯彻实施意见。大力实施“文物+”“博物馆＋”战略，推进文物与旅游、教育、传媒、科技、设计等领域融合发展，推出“跟着考古去旅游”“跟着国宝去打卡”“丝路文化进校园”等活化利用项目，精心打造文物主题游径、原创性主题展览和融媒体产品，让更多大遗址、文保单位、博物馆成为中小学社会教育网红打卡地。深化博物馆国际交流合作，持续办好“丝绸之路周”等重大活动，支持国际文博交流中心建设。开展文物鉴定培训基地建设，探索开展国有文博机构提供民间收藏文物委托保管服务试点。普及文物知识，常态化开展民间收藏文物公益性鉴定咨询服务，努力做到民间收藏文物公益鉴定“周周鉴”。

2022年文物工作的目标任务已经明确，能否不折不扣完成好既定目标任务，关键在人、成败在干，而关键之关键又是在座各位。借此机会，我再提几点要求：一要勤于学习。“打铁还需自身硬”。文物工作是一项业务性、政策性很强的工作。作为文物工作者，既要业务精湛，又要本领过硬。因此，要深入学习习近平总书记关于历史文化遗产保护的系列重要论述，树立正确的文物工作导向和理念。要认真学习文物保护法律法规，做到对文物工作的底线了然于胸。要坚持干中学、学中干，通过实践获取“活知识”，学到“真功夫”，掌握“硬本领”，从而找准抓好文物工作的切入口、着力点。二要敢于斗争。文物安全问题尤其是法人违法案件，背后往往是利益的博弈和强大的背景，处置和执法过程难免遇到重重困难和阻力。要发扬敢于斗争的精神，遇事不怕事，敢于直面问题，敢于主动出击，敢于说不，敢于亮剑，敢于动真碰硬。当然也要讲究斗争的艺术，要善于抓早抓小，做到早发现、早处置，努力将破坏文物的违法行为消灭在萌芽状态。三要善于统筹。统筹是一种方法，更是一种能力，就是要运用全面、发展、系统、长远思维，抓重点、看变化、顾全面。做好文物工作，既要统筹好历史文化遗产保护与城乡建设、经济发展、旅游开发，也要统筹好重要文化和自然遗产、非物质文化遗产系统性保护，还要统筹好抢救性保护和预防性保护、本体保护和周边保护、单点保护和集群保护。除此之外，还要学会跨部门、跨领域、跨层级统筹，善于从党委政府的中心工作中找到借力借势的路径。四要勇于创新。创新是一切工作的灵魂。勇于创新，就是在坚持文物工作方针的前提下，敢想、敢干、敢试，有新思路、新点子、新办法。首先要有新理念，要破除思维定势和传统观念，创新思维方式和思想观念。其次要有新手段、新方法，要结合文物工作实际，从本地本单位工作的关键领域、薄弱环节入手，因地制宜、因时制宜，积极探索文物保护利用研究工作的制度创新、方法创新、技术创新和管理创新。

我们在辛丑牛年干出了“牛绩，

在壬寅虎年更应虎虎生威有“虎”气。我相信，只要我们紧密团结在以习近平同志为核心的党中央周围，始终坚定“没有最好、只有更好”的使命追求，树牢“处处见好、人人说好”的目标导向，保持“说干就干、干实干好”的奋进姿态，秉持敢干、实干、快干、会干的良好作风，就一定能够在2022年谱写好我省文物事业高质量发展的新篇章，以优异成绩迎接党的二十大胜利召开！

（2022年3月11日）

在全国打击防范文物犯罪专项行动推进部署电视电话会议上的发言

省文物局局长　杨建武

2020年，钱镠墓被盗案发生后，我们痛定思痛，知耻后勇，按照公安部、国家文物局统一部署，与浙江省公安厅通力合作，坚持打防结合，联防联控，深入开展打击防范文物犯罪专项行动，推动文物安全形势持续向好。主要做了三方面工作：

一、着眼于“防”，织牢织密文物安全防护体系。

我们坚持防范第一，多措并举，全方位提升安全防范水平，有效防范化解重大安全风险。一是常态化督查。省政府督查室组织省公安厅、省文物局等省级相关部门，连续两年开展文物安全专项督查。会同公安部门开展风险隐患整治行动，出动7万余人次，检查文博单位4万余家次，发现并整改问题5436处。二是数字化监管。研发文物安全智慧监管应用，依托卫星遥感、数字孪生等技术，打造“文物安全智治一张图”“盗窃盗掘防范”等场景应用，建立分级分类智慧监管新模式。大力实施文物平安工程，省级以上文物保护单位安全防护设施设备覆盖率为72.96%，其中古墓葬、古遗址安防覆盖率达到86.52%，并纳入“雪亮工程”“天网工程”监控范围。三是网格化治理。会同公安部门推动文博单位治安防范与城乡社区警务、综治网格管理融合，建立“点位长制”“楼长制”“桥长制”等机制，打通安全监管“最后一米”。四是社会化参与。聘请公安、消防、文物系统的退休老同志组建省级文物安全督查队，指导地方建立护宝志愿队，常态化开展安全检查和法规宣传。上线“社会监督”应用模块，引导社会公众参与文物保护，提高安全监管社会化水平。

二、着力于“打”，持续保持严打高压态势。

我们与公安部门密切协作，进一步加大文物犯罪打击力度。2020年8月以来，成功侦破文物犯罪案件141起，抓获犯罪嫌疑人702名，摧毁犯罪团伙39个，追缴文物3877件。一是紧抓重案盯办。发挥职能优势，配合公安部门做好杭州临安“3·24”钱镠墓被盗掘案件侦办，积极开展线索提供、文物鉴定、移交保管等工作，协助推动案件办成铁案。二是加强挂牌督办。配合省、市两级公安部门，对全省省级以上文物保护单位进行摸底核查，将10起重点案件作为省厅挂牌督办案件。目前已成功侦破8起，另外2起正在全力查办中。三是创新打法战法。采取“传统+科技”手段，最大限度拓展线索获取渠道，配合公安部门开展情报预警、侦控经营等工作，成功破获杭州临安“5·29”盗掘古墓葬案、衢州柯城“荥阳侯夫人方氏墓”被盗掘案、嵊州“12·07”系列盗掘、倒卖文物案和绍兴“12·09”系列盗掘、倒卖文物案等4起公安部挂牌督办案件。

三、着重于“联”，全面形成文物犯罪打防合力。

我们与公安、法院、检察院等部门不断完善共保共治工作机制，打出联动“组合拳”。一是与省公安厅优化长效联动机制，在安全防范、线索通报、文物鉴定和保管移交等方面无缝对接。定期分析研判安全形势，部署推进专项行动，开展联合检查和攻防演练，推动“人员力量配备率、监控报警设备安装率、物防设施改造率、巡逻防控覆盖率”等四个“100%”标准落实落地。二是与法院、检察院建立协同机制，在案件审理、公益诉讼、行刑衔接、法规宣传等方面深度合作，强化对文物资源的司法保护，提升全社会文物保护意识。三是建立考核评价机制。将文物安全纳入“平安浙江”考核评价体系，对发生重大文物盗窃盗掘案实施扣分制。把重大文物安全问题列入省委“七张问题清单”，定期将问题整改进度通报党政“一把手”，推动地方安全责任落实。

下一步，我们将全面贯彻落实本次会议精神，特别是李群局长、杜航伟部长讲话要求，围绕“打造文博强省”新目标新定位，持续推进全省文物安全大排查大整治大提升攻坚行动，深入实施文物“除险保安”工程，严打严防文物犯罪活动，切实保护国家文化遗产安全。（2022年10月27日）

在省博物馆学会2021年工作经验交流会暨学术研讨会上的讲话

省文物局局长　杨建武

省第十五次党代会胜利闭幕不久，省博物馆学会就在这里召开2021年工作经验交流会暨学术研讨会，共享工作经验，共商年度工作，共同探讨“两个先行”宏伟蓝图下如何更好推动我省博物馆事业高质量发展，助力文博强省建设，为“诗画江南、活力浙江”贡献博物馆力量。在此，我谨代表省文化和旅游厅、省文物局对会议召开表示热烈的祝贺！

2021年，省博物馆学会认真贯彻厅局部署，围绕中心、服务大局，搭建全省博物馆学术交流平台、资源共享平台、会员服务平台，持续扩大学会在国内博物馆界的影响力，取得了丰硕的成果。全省各级博物馆举办展览1578场次，观众数量达2651.7万人次，其中4个展览入围中央宣传部、国家文物局联合推介的庆祝中国共产党成立100周年精品展览，2个展览入选国家文物局2021年度“弘扬中华优秀传统文化、培育社会主义核心价值观”前20主题展览重点推荐名单，还有5个展览在不久前举办的第十九届全国博物馆十大陈列展览精品推介活动中，分别荣获精品奖、特别奖和优胜奖，浙江省博物馆又获评2022年度全国最具创新力博物馆。今年，中国丝绸博物馆携手杭州大厦建成“国丝·时尚博物馆”，浙江自然博物院24小时博物馆建成开放，引发广泛关注，相关信息被中纪委官网、浙江宣传微信公众号等平台刊发。可以说，我省博物馆事业创新劲头高、发展活力足。

凡是过往，皆为序章，新阶段又有新要求、新任务，省第十五次党代会提出了“打造文博强省”的新目标。作为省博物馆学会、每一家博物馆和在座的每一个博物馆人都要认真思考，在“打造文博强省”过程中，我们应该如何定位，如何作为，有何举措。借此机会，我谈三点意见，与大家共勉：

一、龙头带领是龙头博物馆的应尽职责。

在座都是省、市、县三级公共博物馆的代表，某种意义上来说省级馆是全省的龙头馆，市级馆是所在设区市的龙头馆，县级馆是所在县（市、区）的龙头馆，既然是龙头馆就要切实发挥龙头带动引领的作用。今年，乡村博物馆建设工作被列入全国试点和2022年省政府十大民生实事，其重大意义毋庸置疑，任务的艰巨性也有目共睹。因此，省博物馆学会今年最重要的任务，就是要充分发挥行业引领和纽带作用，号召所有会员单位，在提升乡村博物馆业务指导、建立乡村博物馆资源共享机制、培养乡村博物馆运营人才等方面发挥专业优势，主动对接开展点对点结对帮扶，确保每一家乡村博物馆都有结对帮扶单位。据我了解，目前大部分公共博物馆均排定了结对帮扶乡村博物馆建设名单，这里要表扬浙江省博物馆，他们目前已经结对帮扶37家乡村博物馆，是帮扶数量最多的省级馆，还有浙江自然博物院和中国丝绸博物馆也分别成立工作专班，主要领导亲自挂帅、亲自出征。杭州、宁波、温州、湖州、嘉兴、金华、衢州、舟山、台州、丽水等国有馆都做到了在建乡村博物馆结对帮扶全覆盖。做得好的要表扬，温州就做得非常好。但仍有部分国有馆无动于衷、或行动迟缓，如宁波，绍兴有7家等级博物馆，开展结对帮扶工作的仅有2家，乡村博物馆结对帮扶比例仅占30.8%（计划项目26家，仅8家有结对帮扶指导单位），这与全省如火如荼开展乡村博物馆建设的氛围格格不入。另外，已经结对帮扶的单位不能只有结对名单，没有具体举措，有的去现场转过一圈就算是结对单位，名不符实。所有结对帮扶工作都要有实质性举措，要明确责任人，倒排时间表，要真帮扶，不要假结对。工作努力就支持，越努力就越支持，不努力就不支持，我就这么一个态度。我仔细看了下结对名单，有的博物馆的结对数量很多，但你对接的过来吗？你帮扶的过来吗？这个事情我要提一个疑问。我要求的是真帮扶、常帮扶。第一是真帮扶。何为真帮扶？在什么地点、时间，你帮了每一家单位什么，结果怎么样，都要列出来，不要把结对名单写在上面就交账了事，这样是不行的，要有结对的内容，结对的实效。所以我去调研乡村博物馆的时候，一要看谁结对，二要看结对得怎么样，帮得怎么样。为什么要了解这些？今年我走了许多乡村博物馆，同志们的积极性都很高，但是不太懂，东西很多，但是不知道怎么摆，也不知道怎么展。这个展览方式是有艺术的，有的人把家里所有的东西都拿出来了，摆得琳琅满目，好东西全摆出来放在一起的时候，就不是好东西了。我到过一家乡村博物馆，地方我就不具体说了，是搞剪纸画的，那个剪纸画的水平确实很高，东西也确实很多，收藏的量很大，但堆积得密密麻麻的，第一眼看了让人感觉很好，第二眼、第三眼看了，让人感觉到严重的审美疲劳，很不舒服。我们的乡村博物馆普遍面临这个问题，你把所有的东西都拿出来，你说这个展览还像个展览吗？因为他不懂，所以需要我们去指导，我们在座的同志们作为行业精英，就有责任和义务去帮他们。第二是常帮扶。结对嘛，亲戚之间要常来常往，常走动，不是说一次性帮他建好了就算了。因为乡村博物馆你帮他建好了之后，以后还会面临着一系列问题，如怎么运营的问题、展品的收藏问题、保管问题、维护问题等等。所以既然结对了，就是亲戚，就要常走动。他有问题，就要随叫随到，有求必应。所以这件事情，今天我是作为一个主要任务，给大家要讲的。我们的乡村博物馆建设完成之后，验收要求是很高的。省政府十大民生实事里面完成率最低的就是乡村博物馆，这个数量是压下来的，我说不符合条件的就不要上，不能放宽后搞出来的是次品，是粗制滥造的，这样的乡村博物馆是对人民不负责，是对组织不负责，也是对省委省政府不负责，是涉及我们所有博物馆牌子的问题。我经常说实事要做实，好事要做好，我最反对的就是形式主义，以为报上来给你一块牌子就完成任务了，哪有那么简单。我们要真正让乡村博物馆成为我们老百姓向往的，成为一个地方的自豪和骄傲，成为一个地方对外开放的重要窗口，成为一个地方的文化高地，成为一个地方对接城乡重要的平板，成为一个地方对外宣传的金名片，成为一个地方把根留住的最好纪念。所以这件事意义非常重大，任务非常艰巨，我们在座的博物馆人要毫不犹豫扛起这一责任。刚才受到批评的几个地方，要奋起直追，没受到批评的地方，不要自我感觉太好，你上报的名单，我一看就有数，就要去抽查。有的地方没有这个实力，一对一，一对二，一对三结对帮扶都没有关系，但是结对了就要做实，不要走马观花看过一遍就算是指导了，指导是要手把手的。所以我希望通过大家的共同努力，在未来浙江的答卷上能涌现出一批品味高端、特色鲜明、设施完善和运营良好的精品馆、特色馆，从而为全国的乡村博物馆建设树样板、立榜样，提供可复制、可学习的经验，这件事对乡村振兴、高质量发展建设共同富裕示范区具有非常重要的意义。

二、创新驱动是创新力博物馆的核心价值。

改革创新是一个国家发展、民族进步的不竭动力，也是博物馆事业可持续发展的根本动力。去年7月，国家九部委联合出台了《关于推进博物馆改革发展的指导意见》，这个《意见》是站在铸就中华文化新辉煌，为中国特色社会主义提供精神支撑的政治高度，深刻认识和把握博物馆工作的历史使命和政治使命而提出来的。通篇浓浓的就是“改革创新”四个字，我们博物馆的同志们要认真学习，认真思考。前面已经讲了省博物馆，包括自然博物院、中国丝绸博物馆都曾获得“最具创新力博物馆”，这个很难评的，原来全国一年只评两家，今年多了一家，成为三家，但是我们浙江好像录取率比较高，数量、获奖率居全国最多，说明我们浙江的创新力还是比较强的。然后，学习国家“最具创新力博物馆”的评选，我们省也开展了创新力博物馆的评比，我两年都去听了，但是我不当评委，我以一个旁观者的身份坐在后排听。听完之后，确实感觉到我们各地的博物馆有一批勇于开拓、大胆创新、敢于争先的探索者，为全省的博物馆树立了很好的榜样，所以听完之后很欣慰，但是也发现不少问题。何为创新，怎样创新，这个问题是值得我们每一个博物馆人研究和思考的问题。没有创新就没有出路，没有创新就不可能有发展。创新，我的思考就是要坚持三个原则。一是要始终坚持问题为导向的原则。有人说，这个还有啥好创新的呢？博物馆就这么点套路。我告诉你，就不能按照套路走，所谓改革创新就是要打破条条框框，打破套路，所以为什么中国丝绸博物馆能够把博物馆办到杭州大厦去，为什么浙江自然博物院能够想到搞24小时博物馆，就是突破了传统思维和框框，就是找到了我们博物馆的问题和症结所在，找到了我们痛点，难点和堵点之所在。我们的痛点，难点和堵点是什么？我那次在24小时博物馆开馆的时候，我是脱稿讲的，我为什么要脱稿讲，因为我深切感受到这件事的意义重大。重大在哪里？因为我们博物馆的开闭馆有时间限制，这个时间限制是8小时工作制，而当你8小时工作制的时候，我们其他同志也是8小时工作制在上班，所以24小时博物馆一是在空间范围内作了拓展，二是在时间维度上作了延伸，而且是面向全省观众，这个意义非常重大。中纪委有一个全国的新闻联播中心，一听到这个消息之后，马上要采访我，我接受了采访。后来省纪委的相关领导跟我说，中纪委的这个是网上要文，很不容易的。可想而知，我们这件事做的何其正确。二是要始终坚持立足实际的原则。一定要坚持立足实际，不要搞空头、虚头巴脑的事，要立足实际，从实际出发，你这个馆有什么特长，打造你的特长然后把它放大，你啥都没有，要去创新也很难，我就是觉得要立足实际。三是要始终坚持流量为王的原则。我那次跟曹鸿局长说了，博物馆创新力评定，原有套路怎么样我都不管，什么规则我不管，仅增加一条“流量”。你这个展览办得那么好，有多少人来看，这个很关键，你花了那么多钱，花了那么多的精力，搞了那么精彩的一个展览，没人来看，这有什么意思？所以说流量为王，究竟多少人来看，汇集多少人民群众，这是关键的、核心的指标。这个数字我是很看重的，获奖当然重要，但是如果观众用脚来投票，这个脚踩了多少人，这个才是真正的，所以金杯银杯不如老百姓的口碑，就是这个意思，我们博物馆的展览也是一样，要靠观众用脚投票投出来的，当然观众不一定来投票，就是观众量，这个我是很看重的。我是搞旅游出身，如果景区搞得很美，但没人来看，就自己天天跑去看，就要看厌烦起来了，博物馆也一样。

创新，还要坚持三个突破。博物馆改革创新是多方面的，就当前浙江来讲，重点从三个方面去突破。第一是在数字化改革方面，数字化改革是现在最热门的话题。也是浙江省目前最重要的一项工程，所以我们就要具备互联网思维，善于借助数字技术手段，打造数字化、智慧化的应用场景，努力让文物“活”起来，使“静态”文物具备“鲜活”生命，从橱窗走向大众，从而更好融入当下人们生活，所以这一点非常的重要。如何利用现在所谓的AR/VR、元宇宙这些东西，让大家可触可感、可体验，这样的东西就是数字化，数字化还有很大的一个特点，就是打破时空的局限，严洪明搞的那个24小时博物馆，他可以跟美国的自然博物馆连线，就可以把美国的自然博物馆抓取过来，你在这里就可以看到，这就是数字的魅力。第二是在融合发展方面。积极寻求与教育、旅游、创意、动漫、游戏等领域的跨界联动、融合发展，努力在提升公共文化服务供给质量、扩大博物馆文创惠民效应等方面不断深化拓展，博物馆与教育的融合是比较好的，尤其是在双减的背景下，如何让博物馆成为一所真正的大学校，大学校是习近平总书记提出来的。每一个学生在成长过程中，他应该要走进两所学校，第一所就是他的义务教育，全日制的教育学校；另外一所学校，就是习近平总书记所说的博物馆。我们说，大学校啊，那我们有没有尽到大学校之功能啊，教育之功能啊，你来一个学生参观就算大学校了嘛？差之远矣！如何走出去、请进来，这个大有文章好做。当然，博物馆与旅游的相互融合也非常重要。我经常说博物馆不仅要成为广大中小学生的第二课堂，成为他的人生的第二所学校，同时也要成为广大游客的旅游目的地。什么叫旅游目的地？就是谁到杭州来，不管是外省的，还是外国的，在他的旅游菜单里面，他必有一个项目要有博物馆，哪一个我不管，但一定要有博物馆。就像去法国、英国、美国旅游，你首先考虑的就是去卢浮宫、大英博物馆、大都会博物馆，你到这些国家我觉得第一选择就是博物馆。反之，外国人到中国来，有多少是首先选择到我们的博物馆。还有创意，有一年我到日本去，有一家博物馆，他的产品创意真的是细到极致，本来想拍照片，后来他不让我拍，那个时候我还没到省文物局当局长，我就觉得人的意识很厉害，一个博物馆就把信签什么的都做了，琳琅满目，而且每一个都很有文化品位，不像我们的文创产品，老是手机壳、丝绸等，你换个样子给我出来看看。还有动漫游戏等的跨界能力，这也是我们创新发展的一个主要动向。第三是在人本化服务方面。所谓人本化服务，就是始终坚持人本化为中心，以广大人民群众的满意与否为出发点，以广大人民群众的需求为目标，要深入实施体验精致、环境精美、设施精良、服务精心、运营精细的五个“精”工程，不断提升博物馆环境的舒适度、服务品质的满意度、展陈活动的精品化，让广大人民群众更加满意，有更好的体验感，有更多的获得感、幸福感。五个“精”，是我当年管旅游的时候提出来的，时任省长郑栅洁让我们提出一个课题，后来我们提出“微改造，精提升”六个字。这项“微改造，精提升”活动是我在文化和旅游厅的最后一项抓旅游的工作，然后我就到文物局来上班了。为什么要做这项工作？景区和我们的博物馆一样，有很多的问题，问题并不是很大，但小问题很多，归纳起来一句话，就是我们的景区远看像幅画，近看不像话。就很多景区远看很好看，但走近仔细看，就不耐看，经不起细看。那么“微改造，精提升”，不花大钱，有的微到什么程度，就是把这棵树移一下，这个石头搬掉，就好看，这个角度摆一摆就不一样。我们后来所有的“微改造，精提升”活动都从找问题入手，自己找，别人找，专家找，通过方方面面来找，最后把问题分类、归纳总结，小问题及时去改，中问题马上整改，大问题一个一个地破除。结果不看不知道，一看吓一跳，大家都知道，丽水的午夜花香，这是我当时的一个改革试点，我说你们先查查有多少点，看完了之后，自己都不好意思说了，最后找出来一千多个问题。那我们的博物馆是不是也存在着这些问题，就从环境来说，存在多少问题；就从服务来讲，我们是不是做到位了。所以我希望我们的馆长们一定要从一个普通观众的角度，走进博物馆，去感受和体验，那是完全不一样的。你会碰到许多意想不到的问题，所以要以人民为中心，要以人的满意度为出发点和落脚点。

三、永争一流是创一流博物馆的永恒追求。

习近平同志对浙江特别关爱，他对浙江的要求就是“干在实处、走在前列、勇立潮头”。后来到2018年，他又加了一句，成为“干在实处、永无止境，走在前列、要谋新篇，勇立潮头、方显担当”。同时要求浙江成为充分体现社会主义制度优越性的重要窗口，要使浙江成为共同富裕的示范区，对我们浙江寄予厚望。因此，无论在共同富裕示范区和重要窗口的打造过程中，我们博物馆都要有所为，有一席之地找到自己的位置。不久前，王纲部长到省文化和旅游厅调研并召开座谈会。王纲部长对省文化和旅游厅的工作要求很高，这也是他对所管部门的工作要求，他觉得工作争先是理所当然的，走在前列是必须的，但走在前列是不够的，要做到争先是遥遥领先。遥遥领先到什么程度？是一骑绝尘，跟后面远远地拉开距离，要让兄弟省市对浙江感到难以望其项背，要达到这样一个程度。王纲部长又讲了什么叫浙江精神，同样一件事，同样这么几个人，我做得比你好，这不叫浙江精神，而同样一件事，我人比你少，钱比你少，我做得比你好，这才叫浙江精神。我觉得这个有道路，对博物馆来讲也存在这样一个状态，我们始终要有一个赶超一流的态度，追求超越、追求卓越。去年，省文物局在“十四五”规划中提出，要实施博物馆质量提升“一十百千”计划，这个计划就是为全省的博物馆赶超一流树立了一个目标。所谓“一”，就是要力争在“十四五”时期至少有一家博物馆列入国家文物局世界一流博物馆名单，“培育”这两个字都要拿掉。国家文物局已经开始立标准了，十四五期间要创10至15家世界一流博物馆，我们浙江怎么办，这个世界博物馆我们如果缺席的话，同志们这个脸要红的。习近平总书记要我们走在前列，勇立潮头，如果有一家、两家，那我觉得对得起。没有呢，向谁交代？所以我们三家省级博物馆，要你追我赶，要下定决心，希望首批里面浙江必须有名单，而且希望数量还好看，就像今年创新力博物馆，全国总共三家，我们有一家，这样我就很满意了。就像前面大展一样，总共二十家，我们有两家入围，十分之一还过得去。所谓“十”，就是建设国内领先博物馆10家，这是市级博物馆以及实力较强的县级博物馆要赶超的目标。所谓“百”，就是要建成国家等级博物馆和A级景区博物馆各100家，这应该是所有博物馆积极争取、勇于赶超的一个目标，所以无论是县级博物馆还是省级博物馆，我觉得大家都应该在“一十百千”的计划里面，找到一个位置。所谓“千”，就是一千家乡村博物馆。我们现在有些县级博物馆真不像样，还不如一些非国有博物馆厉害，甚至还不如一些乡村博物馆。我们考察发现有些乡村博物馆，做得不错，我去过宁波象山石浦镇的海洋文化馆，这个馆做得很不错，馆的面积大，搞得也很精，有的县级博物馆还真的比不上它。所以我们国有博物馆要有志当存高远的这么一种思想，要树立“没有走在前列也是一种风险”的意识，始终具备赶超一流的状态，唯有如此才能立于不败之地。

初心似锦照红船，之江潮起再扬帆！省第十五次党代会谋划了推进中国特色社会主义共同富裕先行和省域现代化先行的宏伟蓝图，提出了“打造文博强省”的宏伟目标。作为新时代的文博工作者，我们要进一步解放思想，打破固有条框思维，以翻篇归零的心态和凤凰涅槃的精神再出发，努力为共同富裕中实现精神富有，为现代化先行中实现文化先行，贡献出博物馆的力量，奋力在新征程上交出“两个先行”高分答卷！

（2022年6月28日）

干在实处、走在前列，坚定守护“红色根脉”

——浙江革命纪念馆发展实践

省文物局局长　杨建武

本次峰会是全国文物系统贯彻落实党的二十大精神的一次重要实践，紧扣时代脉搏，紧贴革命文物实际，恰逢其时，适得其所，意义重大。下面，我代表浙江省文物局作简要汇报。

一、找准定位，彰显革命文物的“浙江特色”。

浙江是中国革命红船起航地、改革开放先行地、习近平新时代中国特色社会主义思想重要萌发地，革命文物资源在全国拥有无可比拟的独特优势。作为中国革命红船起航地，嘉兴南湖“百年红船”见证了中国共产党成立“开天辟地的大事变”，习近平总书记先后3次视察嘉兴南湖革命纪念馆，并亲自提炼“红船精神”为南湖革命纪念馆新馆奠基，为浙江锚定了“红色根脉”的源头坐标。作为改革开放先行地，浙江创造了第一批个体工商户、第一批私营企业、第一家股份合作企业、第一批专业市场、第一批网络市场、第一个消灭贫困县、第一座农民城、第一座特色小镇等诸多“全国第一”，浙江先发先行的历程勾画出中华民族从站起来到富起来伟大飞跃的生动缩影。作为习近平新时代中国特色社会主义思想重要萌发地，两山理论、八八战略等重要思想在浙江萌发，“数字化改革”“高质量发展建设共同富裕示范区”等重要举措率先在浙江实践，“世界互联网大会”“G20峰会”等重大国际活动在浙江落地。浙江省委书记袁家军指出：中国共产党在浙江的百年奋斗历程，波澜壮阔、辉煌精彩，这其中最鲜明的底色就是“红色根脉”。浙江为世界观察中国共产党百年大党的风华正茂、为展现中国四十多年改革开放的沧桑巨变，也为充分展示社会主义制度的优越性提供了重要窗口。

中国共产党热血激荡的百年风华、百年历程为浙江累积了丰厚的革命文物，这是不可替代的宝贵财富和红色基因库。切实把革命文物保护好、管理好、运用好，创新阐释革命文物蕴含的真理故事、英雄故事、奋斗故事，让革命文物焕发时代光彩是浙江文博人的使命担当。浙江现有已登录不可移动革命文物1385处，152家国有单位收藏可移动革命文物33428件，革命遗迹遍布全省，是一座没有围墙且永不消逝的红色博物馆。目前，全省共有革命纪念馆218家，其中国家级爱国主义教育示范基地16家，省级33家，市县级43家。近年来，我们积极筹建中国共产党浙江历史展览馆，相继开放浙西南革命根据地纪念馆、五四宪法纪念馆等一批市县级革命纪念馆，同时鼓励各地利用红色资源建设乡村博物馆，将当年习近平总书记指定联系的淳安下姜村乡村振兴展示馆和浙江省联产承包第一村旧址展示馆等一批革命纪念馆列入第二批革命文物名录。初步形成了以省级革命纪念馆为龙头，市县级革命纪念馆为支撑，红色乡村博物馆为补充的革命纪念馆基本格局。

二、龙头引领，打造革命文物的“浙江标识”

一是试点撬动，“一三三九”杭州模式在全国推广。2019年以来，杭州市以庆祝中华人民共和国成立70周年和中国共产党成立100周年为契机，打通文物全周期管理的环节壁垒，创新“一三三九”计划，推进“七个一批工程”，打响了“红色记忆”“红色印记”品牌，创造了革命文物保护利用的“杭州模式”，其中“红色记忆”系列活动吸引了共80余家文博单位、300余家学校2万多人直接参与，国家文物局领导高度评价这是“社会参与、全民共享的典范”。

二是大馆带动，特色展馆建设走在全国前列。以浙江革命历史纪念馆和南湖革命纪念馆为龙头，成立浙江省革命纪念馆联盟，充分发挥国家一级博物馆在革命文物藏品资源、学术研究、运营管理方面的优势，带动全省中小革命纪念馆打造精品展馆和精品展陈，构建“大馆建强、中馆建优、小馆建密、微馆建活”革命纪念馆文化矩阵。嘉兴南湖革命纪念馆推出“首创之旅”“奋斗之旅”“奉献之旅”的“红船精神”三大主题游线，以中共一大会址为核心将全省小体量革命纪念馆串点成线、串珠成链。在大馆带动下，一大批革命类博物馆（纪念馆）、革命旧址成为党史学习和青少年教育的重要场所。

三是大展联动，各大主题活动在全国发声。2021年庆祝建党百年之际，我们创新性开展了“百年党史文物说”，大力实施“绘百馆地图、看百馆联展、赴百址瞻仰、听百童讲解、拍百集视频、展百件国宝”系列活动。其中4个展览入选中宣部、国家文物局联合推介的庆祝中国共产党成立100周年精品展览。今年以来，我们又以“革命文物弘扬传播工程”为载体，组织了革命文物青年说、革命文物进高校、革命文物数字云展等系列活动。共推出“红船从‘浙’里启航——中国共产党在浙江（1921—1949）”“浙里长城——浙江省抗击新冠肺炎疫情纪实展”等集政治性、思想性、艺术性于一体的红色主题展览376场，相关活动2127余场，累计观众超951.6万人次。

三、跨界融合，激活革命文物的“浙江动能”

一是坚持“红古融合”。深入挖掘古迹遗址和传统古建中的红色基因，推动革命纪念馆与传统村落、历史建筑的融合联动，使红色资源赋能传统文化发展。三门县以亭旁起义纪念馆为内核，有机整合包定故居、中共临三工委旧址、红色地名馆等红色景点，推出“红飘带”精品红色文旅路线，勾勒出一张特色文旅地图，使“浙江红旗第一飘”高高飘扬。遂昌县王村口镇，统筹村内23处革命遗址，以“1935文旅街区”为轴线串联起了蔡相庙、宏济桥、天后宫等革命旧址，成功打造浙江省首批5A级景区镇，不到1万人的小镇实现旅游经济收入2.1亿元，农民人均收入每年递增9%以上，成为“红古”融合发展的典范。

二是坚持“红绿融合”。安吉余村是绿水青山就是金山银山理念的发源地，依托“两山”会址打造美丽安吉绿色发展展示馆，把村工厂的缝纫车间变成了文化礼堂，把仓库建成农家书屋，整体打造“两山”会址公园，成为宣传展示“两山”理念实践示范成果的重要平台。我们大力支持丽水市创建丽水“红绿融合”发展国家文物保护利用示范区，依托浙西南革命老区资源优势，创新运用好“跨山统筹、创新引领、问海借力”三把“金钥匙”，率先在全国开展生态产品价值实现机制探索实践，成功推出一批“红色文化+经典文创”“红色文化+民族风情”“红色文化+健康养生”等特色发展范例，累计点亮浙西南革命文物“金名片”22张、打造革命遗址红色体验点533处，创成红色示范乡镇44个、红色示范村135个，走出了一条革命文物保护利用片区发展的“浙江路径”。

三是坚持“红蓝融合”。浙江地处东南沿海，是全国海岛最多的省份。“红蓝融合”就是依托浙江沿海丰富的红色资源，讲好渔村红色文化故事，全面点亮蓝色海洋的“红色风景线”。台州市椒江区以一江山岛纪念馆和大陈岛垦荒精神实践营为核心，新建了垦荒纪念馆，培育青少年红色教育基地。舟山群岛深入挖掘“红色印记”79个，成功创建舟山鸦片战争纪念馆3A级红色旅游景区、蚂蚁岛省级红色旅游教育基地，推动蓝色资源“红”起来，红色资源“活”起来。

四是坚持“红育融合”。突出革命纪念馆载体地位和教育功能，启动革命纪念馆5年以上展陈改陈布展计划，探索符合青年群体特点的展教方式，支持馆校共建实践育人共同体。绍兴鲁迅纪念馆推出“三味书屋·鲁迅故里”“山河赤子心 岁月峥嵘行——鲁迅与共产党人”“清正如镜照古今”等主题宣教活动，成功入选2021年国家发改委、文旅部联合公布的全国60个红色旅游发展典型案例。嘉兴南湖中共一大会址、新四军苏浙军区旧址、浙江革命烈士纪念馆、安吉余村“两山”会址4处入选全国首批“大思政课”实践教学基地。

五是坚持“红商融合”。有人说浙江人善于做生意，精明。我认为浙江人精明的同时还开明、高明。如，在义乌中国小商品城这样寸土寸金的地方，义乌人硬是在商城入口最显著的位置设立了一座“中国小商品城发展历史陈列馆”，通过一件件实物和一张张老照片让南来北往的顾客充分了解义乌从“鸡毛换糖”到摆地摊做生意再到如今全球第一大市场的传奇变迁过程。他们还将义乌商贸城打造成首个4A级购物旅游区。充分彰显文化的魅力。此外，东阳木雕城、绍兴柯桥中月轻纺城、湖州织里童装城等全国最大专业市场都分别建立了特色鲜明的主题博物馆。这些都是见证浙江从站起来到富起来、强起来最生动的教材。

四、夯实基础，点亮革命文物的“浙江星火”

浙江是全国乡村博物馆建设试点省，省委省政府对此高度重视，将“建设400家乡村博物馆”纳入2022年省政府十件民生实事。我们以敢为天下先的勇气，将星星点点散落在浙江大地上的红色资源作为乡村博物馆创建的重要支撑，形成红色乡村博物馆星星之火的燎原态势。截至目前，全省共认定公布浙江省乡村博物馆464家，其中红色乡村博物馆达125家。

一是标准化创建。今年3月率先在全国制定出台乡村博物馆建设标准《浙江省乡村博物馆建设指南（试行）》，加强对红色乡村博物馆的建设起点指导，推动红色乡村博物馆标准化、规范化创建。

二是多元化发展。坚持主体多元，鼓励发动乡镇、企业、学校、村集体和个人多方力量参与办馆。坚持主题多元，梳理红色印迹、名人故居、乡村振兴、重大工程等主题资源，鼓励“革命文物+”融合式创建，创建了千鹤妇女精神教育基地、浙江铁工厂纪念馆等一批特色主题馆。坚持形式多元，通过器物展示，故事传播、业态体验等丰富展陈形式，打造了郎部抗日纪念馆、长兴县委秘密交通站陈列馆、泰顺县卢梨老东家党群工作主题馆等一批展陈精品馆。

（三）专业化运营。充分发动社会力量，鼓励引导革命文化研究人才、专业团体和民间藏家参与乡村博物馆建设、运营和管理，全省建立起了一支近2000人的专业志愿者队伍。如温州洞头先锋女子民兵连纪念馆的女民兵们即是讲解员又是志愿者，她们牢记习近平总书记的殷殷嘱托，平时服务、急时应急、战时应战，将海霞精神薪火相传。绍兴市柯桥区小舜江村乡村博物馆引进浙江红色芳华文旅发展有限公司，统筹规划全村旅游资源，推行“大门常开、活动常态、内容常新、服务常设、品牌常驻、效益常在”的“六常”运营理念，形成了“自驾线”“骑行线”“溪游线”“研学线”等多条特色线路，成为绍兴市知名的红色旅游景点和爱国主义教育基地。

下一步，我们将坚持以党的二十大精神为引领，以本次会议为契机，虚心学习兄弟省份先进经验，创新实施革命文物守护弘扬工程，着力完善提升革命纪念馆的建设，聚焦馆藏体系、征集体系、管理体系、展示体系、研究体系、解说体系、传播体系、活化利用体系，全面推动革命纪念馆“动”起来、“红”起来、“活”起来，促进全省革命纪念馆高质量发展，使革命纪念馆成为浙江打造“文博强省”的最坚实红色阵地和最靓丽的金名片。

（2022年11月3日）

杭州市文物安全工作会议上的讲话

杭州市人民政府副市长　丁狄刚

文物安全是文物保护利用的前提和基础，事关文化遗产保护传承，事关国家文化安全。今天我们在这里召开全市文物安全工作会议，充分体现了市政府对文物安全工作的高度重视。今天会议的主要目的是，深入学习贯彻习近平总书记关于文物保护和文物安全工作等一系列重要指示批示精神和省市党委政府的决策部署，深刻剖析杭州市文物安全痛点难点，部署下一阶段重点工作，切实提升全市文物安全治理能力和现代化水平。

2022年是新征程中具有特殊重要性的一年，我们将迎来党的二十大，这是党和国家政治生活中的一件大事，同时是党杭州承办亚运会和亚残运会之年。这些大事喜事盛事和战略机遇的叠加，为文物安全工作带来了新的机遇，也提出了更高的要求。需要我们把准定位，把握大势，凝心聚力，以高度的责任感和使命感，全力打好文物安全保卫战、持久战。各地各部门都要进一步提高政治站位，深化思想认识，以案为戒，举一反三，深刻吸取教训，真正把承载历史文脉、体现杭州人文精神的文物资源保护好。

下面，我讲几点意见。

一、 深入学习贯彻习近平总书记关于文物保护的重要指示批示精神，进一步增强做好文物安全工作的紧迫感责任感

文物承载灿烂文明，传承历史文化，维系民族精神，是老祖宗留给我们的宝贵遗产，是加强社会主义精神文明建设的深厚滋养，在经济社会发展中有着不可替代的重要作用。总书记在不同场合先后作出一系列重要论述和指示批示，党的十八大以来，就文物工作作出重要指示批示130多次。他指出，“要树立保护文物也是

政绩的科学理念，统筹好文物保护与经济社会发展，全面贯彻‘保护为主、抢救第一、合理利用、加强管理’的工作方针”，这为我们开展文物工作提供了基本遵循。

刚刚过去的2021年，是文物事业发展的重要一年。以习近平同志为核心的党中央首次把文物工作写入党的历史决议。省委、省政府也赋予文物工作的新使命，近年来，省委省政府相继作出争创社会主义现代化先行省、打造“重要窗口”、建设共同富裕示范区、守护“红色根脉”、打造新时代文化高地等重要部署，正在大力推进实施乡村振兴、山区26县高质量跨越式发展、宋韵文化传世工程等全局性、战略性工程。

2021年以来，省委常委会专题研究文物工作3次。2022年，省委常委会又把“召开全省文物工作会议，深化全省文物安全大排查大整治大提升攻坚行动和文物法人违法案件专项整治”列为省委常委会的重点工作。2月16日，袁家军书记实地考察了浦江上山遗址，可以说这些都是前所未有的。

习近平总书记在浙江考察期间，赋予了浙江“努力成为新时代全面展示中国特色社会主义制度优越性的重要窗口”的新目标新定位，杭州更要奋力展现“重要窗口”头雁风采。杭州是国务院首批公布的历史文化名城、中国七大古都之一，灿若繁星的文物古迹，是对外展现杭州独特韵味、别样精彩的“重要窗口”。可以说，文物工作与“重要窗口”建设息息相关，是“重要窗口”的闪亮标识。我们要着眼于增强“四个意识”、坚定“四个自信”、做到“两个维护”，对标最高最好最优、有站位有担当有特色，把承载杭州历史文脉、体现杭州人文精神的文物资源保护好，创造文物保护的杭州样本、杭州经验。

二、采取切实管用有效的实招，全面提升杭州市文物保护水平

当前和今后一个时期，做好文物安全工作，要深入贯彻习近平总书记关于文物保护的重要指示批示精神，牢固树立“保护文物也是政绩”的理念，认真贯彻落实近期党中央国务院、省委省政府、市委市政府关于

安全生产工作部署要求。严格落实责任，严密安保措施，严防监管漏洞，严打文物犯罪，严肃问责追责，全面提高文物安全保障水平，坚决筑牢文物安全防线，为党的二十大胜利召开、亚运会和亚残运会成功举办提供安全稳定的社会环境。

为解决杭州市文物安全存在的突出问题，市委、市政府在2021年12月印发了《杭州市加强文物保护利用改革实施意见（2021—2025年）》，《实施意见》以改革促发展，聚焦文物工作痛点难点，通过十大主要任务，进一步健全安全监管、文物保护、资源利用、社会参与四大体系，从而全面提升杭州市文物安全现代化治理水平。同时，按照省委、省政府要求，自2021年10月起，杭州市在全市开展文物安全大排查大整治大提升攻坚行动（2021—2024年），目标是经过三年多时间的努力，到2024年底实现“5个100%”的目标，即文物安全责任书签订率、省级以上文物保护单位隐患排查率、安全档案建档率、文物法人违法案件立案率、文物安全管理人员受训率均达到100%，确保杭州市不发生文物安全责任事故和重大文物安全事故，确保在文物安全工作方面走在全国前列。

2022年是攻坚行动第二年，也是“全市文物安全整治年”，《全省文物安全大整治行动重点工作任务》已经下发，全年的文物安全重点工作已经明确。下面就围绕做好全市文物安全大整治，我对相关重点工作进行强调。概括起来，就是要在四个方面狠抓落实。

1.要在加强常态化保护检查上狠抓落实。抓文物保护，不能等事故发生了才想到去保护、去补救，必须把工作抓在平时、把精力花在日常。要常态化开展文物安全检查，全面了解掌握文物安全的风险隐患状况，做好预防、预警和预案，使潜在风险早发现、早处置、早化解，把可能导致的损失降到最低。具体包括“自查、核查、督查”三查。

一是要常态化自查。各级各有关单位都要经常对照排查事项，开展自我检查，查一查相关主体责任、监管责任、直接责任等“三责”是否履职到位？查一查人防、物防、技防等“三防”措施是否按照标准要求落实？查一查盗窃盗掘、火灾隐患、法人违法、自然灾害等“四险”防范是否有力？二是要常态化核查。按照《国务院办公厅关于进一步加强文物安全工作的实施意见》，地方党委政府每年至少开展一次文物安全检查评估。文物安全检查评估工作是国家为了提高文物安全管理工作水平、提升安全防范能力的一项创新举措，对于精准把握文物安全风险点、提高文物安全工作政策科学性具有积极作用，现在国家还没有制定出台文物安全检查评估工作规范标准。但杭州市不能等，要敢为人先，率先开展文物安全检查评估，为全省积累“杭州经验”。三是要常态化督查。将重大文物安全隐患、事故和违法案件列为政府督查重要事项，经常性采取“四不两直”方式开展暗访督查，对督查情况和典型案例进行公开通报。2021年9月到2022年4月，省、市两级对文物安全工作多次进行专项督查。省、市两级多轮督查目的就是推动各地各部门都来重视文物安全工作。

2.要在加强文物消防安全上狠抓落实。火灾是危害文物安全的主要因素之一，消防安全是文物安全工作的重中之重。要认真研判文物消防安全形势，加强文物消防安全管理，增强火灾预警防控能力，严防火灾事故发生。具体要做到“三个加强”。

一是要加强隐患整治。坚持源头治理，根据文物单位保护管理、利用现状和周边环境状况，全面查找可能引发火灾事故的诱因和风险源，重点督促整改电气隐患、生产生活用火、违规燃香烧纸、施工操作违规用火、易燃易爆物品管理不善、安全管理松懈等隐患和问题。二是要加强设施建设。加强消防设施建设和管理，才能解决“远水难救近火”的问题。要进一步加大投入力度，结合文物建筑修缮等工程，同步加强文物单位消防设施建设，严格消防设施管理，提高防火和灭火能力，确保关键时候发挥作用。通过“智慧用电”监测漏电、电流过载等，来提前预防电气火灾事故。各地通过“智慧消防”设备报警而成功提前消除安全隐患的达到50余起。三是要加强应急处置。按照“一家一策”要求和及时、适用、有效原则，指导推动各文物单位制订消防安全应急处置预案，常态化开展消防演练和消防安全培训，并且确保演练和培训取得时效。在安全检查中，不要只看台账，要现场测试下消防报警器，看看安保人员是不是能够做到“1分钟响应启动、3分钟到场扑救、5分钟协同作战”。消防部门要加强行业指导力度，指导文博场所开展常态化消防演练。

3.要在打击文物违法犯罪上狠抓落实。2021年，文物执法部门办理文物行政违法案件6件，罚款60万元；公安部门共破获文物犯罪案件5起，抓获嫌疑人9个，追缴文物32件，对文物犯罪形成了有效震慑。文物执法要“打疼”不要“挠痒痒”，具体要做到“三个严”。

一是要严打盗窃盗掘犯罪。在盗挖盗掘案件中，古墓葬盗掘和古建筑盗窃案件居多，古墓葬随葬品数量多、等级高，犯罪分子为获取高额利益不惜铤而走险；古建筑大多散落在偏远山村，牛腿、木雕古窗等构件被盗机率高。要将盗窃盗掘古文化遗址、古墓葬、石窟石刻、文物建筑构件等犯罪活动列入重点打击范围，全链条打击盗窃盗掘、倒卖、运输、销赃、收赃等各个环节的违法犯罪人员，对文物犯罪形成强大震慑。二是要严惩非法经营交易。重点加强古玩市场、古玩一条街等场所交易数据的共享和研判，及时发现可能存在的文物非法交易流通线索，进一步规范文物拍卖机构和文物商店管理，坚决惩处非法交易文物、非法收藏文物、擅自从事文物经营活动等违法行为，坚决打击走私文物和涉文物类诈骗犯罪，进一步规范经营流通市场。三是要严查法人违法行为。法人违法主体多为地方政府及所属企事业单位，这一特殊性往往造成案件牵扯复杂、查处整改难度大，一些文物违法行为发现时往往“生米已煮成熟饭”。要妥善处理好城乡建设和文物保护的关系，做到保护第一、开发第二，及时预防和制止法人违法建设项目，对未批先建、破坏损毁文物本体和环境、影响文物历史风貌等法人违法行为要严厉查处。对严重违法、社会影响极其恶劣的案件，要约谈地方政府负责人，并向社会曝光。

4.要在提升文物安全防护能力上狠抓落实。从当前情况看，一些文保单位安全防护能力薄弱，如安防布控存在明显漏洞，视频监控区域存在盲区、物防设施容易突破，自然灾害风险应对能力不足等。当前形势下，一定要加快实施文物平安工程建设，加强人力、物力和技术支撑，切实提升文物安全防护水平和风险防控能力。具体要强化“三个防”。

一是要强化人防。目前，杭州市大多数不可移动文物依靠业余文保员开展基层安全管理，但业余文保员责任意识、专业能力均有较大欠缺。要加强基层文物保护力量配备和队伍建设，对没有专门管理机构或管理机构力量不足的，可以通过政府购买服务等方式，确保有专人负责巡查看护。二是要强化物防。加强相关物防设施的改造提升，加固文物博物馆单位实体防护设施，提升文物防盗、防雷、防震、防淹、防病虫害等应对能力，加强视频监控、消防报警、入侵报警等设备配置，逐步实现联网监控、入侵探测、声音复核等先进装置全覆盖，形成安全坚固的文物实体防御体系。三是要强化技防。要启动实施文物安全精密智控工程，构建文物安全监管“一图一库一清单”，即文物安全风险隐患三色图、文物安全状况电子档案库、文物消防安全隐患整治清单，到2025年实现市级以上文保单位全覆盖。要充分利用好全省数字化改革，加快实施文物安全精密智控工程，建设全市文物安全智慧监管应用，将省级以上文保单位纳入“雪亮工程”“天网工程”监控范围，形成文物安全监管、风险预警、隐患处置等综合应用，实现文物安全智能巡查、智慧监管。

三、加强责任落实和责任追究，确保各项措施落到实处

文物安全是一项系统性的长期工作，永远在路上，容不得半点的闪失。要强化责任落实，严肃责任追究，推动各地各有关部门履责尽责担责，推动各项安全措施落细落小落实。

1.要强化责任落实。一是要压实文物安全党政主体责任。各级党委政府要切实履行文物安全属地管理主体责任，坚持“党政同责、一岗双责、齐抓共管、失职追责”，进一步加强组织领导，建立和完善文物安全工作协调机制，特别是主要领导要亲自抓文物安全工作，每年要抽出时间专题研究部署、解决突出问题。2022年上半年，各个地区都要把区级文物工作领导小组成立起来或者重新调整到

位。二是要压实职能部门监管责任。文物安全不能看似谁都管，但实际上谁都不管。要坚持“管行业必须管安全、管业务必须管安全、管生产经营必须管安全”，要强化部门监管责任，注重工作联动，形成齐抓共管合力。公安、市场监管、文化执法要和文物部门密切配合，做好打击文物违法犯罪。财政、规划和自然资源局、消防等部门要在职责范围内为文物安全工作提供支持保障。三是要压实文物管理使用者直接责任。按照“谁管理谁使用谁负责”的原则，推动文物单位承担文物安全的直接责任，继续深入做好文物安全责任人公告公示，并同步在网上向社会进行公告公示，接受社会监督，打通责任落实的“最后一米”。

2.要强化考核问责。一是要建立健全文物考核机制。用好现有的文物综合考核“指挥棒”，针对当前文物安全重点工作和痛点难点，科学制定文物综合考核办法和考核细则，要确保文物考核科学公平高效。运用好考核结果，通过媒体公开晾晒、纳入综合考评“负面清单”等方式，充分发挥文物考核推动文物安全工作“强基础、补短板、抓规范、促提升”目标。二是要建立健全挂牌督办机制。要参照省消防总队和省文物局做法，将有突出火灾安全隐患的文保单位提请市消安委进行重点挂牌督办，以此来解决一批长期以来得不到解决的顽瘴痼疾。三是要建立健全问责追责机制，对因履职不力、决策失误或失职渎职造成文物受损的要进行严肃追责问责，对负有领导责任、监管责任和直接责任的人员要严肃追责问责，对涉嫌犯罪的，要移送司法机关处理。

文物安全是做好文物保护利用的永恒课题，守护文化遗产是我们的神圣使命和光荣职责。我们要以对历史负责、对民族负责、对人民负责的态度，守土有责、守土尽责，勇于担当、主动作为，努力做文物安全的忠诚卫士，以案为鉴，知耻后勇，不断厚植历史文化名城特征优势，为全省打造新时代文化高地注入文化力量，为高质量发展建设共同富裕示范区做出杭州贡献，以优异成绩迎接党的二十大胜利召开！

在杭州市文物安全工作会议上的讲话

杭州市园林文物局局长　高小辉

杭州是国家首批历史文化名城，历史文化积淀深厚，文化遗产资源丰富。全市拥有西湖文化景观、大运河、良渚古城遗址三处世界文化遗产，文物保护单位683处（含全国重点文物保护单位48处、省级文物保护单位93处、市县级文物保护单位542处），文物保护点508处，中国历史文化名镇名村7处，省级历史文化名镇名村27处，历史文化街区（历史地段）27处，历史建筑1611处，国家级考古遗址公园1处，省级考古遗址公园3处，各类博物馆80余座（含国家一级博物馆4家，二级博物馆4家，三级博物馆1家），国有可移动文物36万余件/套。

文物安全是文物工作的红线、底线、生命线。在市委、市政府的高度重视和关心支持下，杭州市文物安全工作“有人办事、有钱办事、有章可循”，建立了较为完备的文物安全监管体系。

一、文物安全工作现状

（一）立足机构建设，实现“有人办事”。全市文物机构比较健全，形成市、区（县、市）、乡镇（街道）三级文物安全保护网络。市级层面，市园文局内设文物保护与考古处、博物馆与社会文物处、文物安全监管处三个业务处室，由文物安全监管处统筹开展全市文物安全监管工作。市园文局下设市文保中心、市考古所、市运保中心三家直属文博单位，分别负责协助文物安全监管处开展全市不可移动文物、考古、大运河遗产的安全监管工作。区级层面，十三个区（县、市）均挂牌成立了文物局，除滨江区（和区住建局合署办公）外，其余十二个区（县、市）均和文化广电旅游局“两块牌子，一套班子”，内设有文物保护科室，有8

个地区还成立了区级文保中心（文保所）。西湖景区管委会、良渚管委会内设文物遗产局，下设遗产监测管理机构。乡镇（街道）层面，由文化站负责开展文物安全工作。

（二）立足财政保障，实现“有钱办事”。市、区两级将文物安全工作经费纳入政府部门预算。从2004年开始，杭州市设立了历史文化名城保护专项经费，迄今已累计投入约22.5亿元。2021年，在原有1.15亿元的基础上单独增加了文物安全专项经费1600万元。2022年，将在原有历史文化名城保护专项经费的基础上再增加文物安全专项经费3500万元。区县级文物工作经费地区间差异较大，余杭、临安、萧山每年约1000万至3000万元，桐庐、淳安每年约50万至150万元。此外，我们也积极申请上级补助，近五年共申请中央文物补助资金2888万元，申请省级文物补助资金1221万元。

（三）立足机制建设，实现“有章可循”。

1.“三措并举”建立文物安全责任落实机制。通过三项措施压实文物安全政府主体责任、部门监管责任、单位直接责任，明确工作任务目标，全面推进文物安全大排查大整治大提升三年行动计划。一是签订文物安全责任书。市政府与区、县（市）政府及市级相关部门，区、县（市）政府与乡镇（街道）及区级相关部门，乡镇（街道）与辖区内文博单位，市园文局及区、县（市）文物局与直属文博单位，四个层面层层签订，确保责任不缺环。二是实行文物安全责任人公告公示。文保单位、文保点、博物馆、考古发掘工地、文保工程工地设立文物安全责任人公告公示牌，向社会公开安全责任人的姓名、联系方式和投诉举报电话，接受社会监督。三是文物工作纳入考核。2019年起，文物工作纳入全市督检检查考核，此外文物工作还成为平安创建、文化兴盛、民生福祉、改革攻坚、文明城市测评等其他考核的组成部分，通过考核“指挥棒”，进一步压实文物安全责任。

2.“三防齐下”建立文物安全风险防范机制。通过人防+物防+技防，三管齐下，织密文物安全防范网络。人防方面，建立全市文物安全联络员队伍，确保各项文物安全工作任务指令畅通。组建完善文保志愿者队伍，弥补日常巡查人力不足的问题；开展文物安全培训，提升职业技能，2021年，组织开展两次全市文物安全培训，培训250人次。物防方面，结合博物馆建设、文保工程等，通过设置围墙、铁栅栏、铁丝网等实体防护设施加强对文物的安全管理。技防方面，通过实施安防、消防、防雷等文物平安工程，提升文物安全自身防范能力。2019年至2021年，开展文物建筑“智慧消防”工程建设，迄今1000多处有火灾安全隐患的文物建筑已全部完成安装。着力加强存在盗挖盗掘盗割风险的野外古遗址、古墓葬、石刻造像安防视频安装。

3.“四步流程”建立文物安全隐患闭环整改机制。建立“检查发现、通报督办、整改反馈、暗访核实”文物安全隐患全流程监管工作机制，形成文物安全隐患整改闭环。一是日常检查结合专项督查，及时发现安全隐患。编制印发《杭州市文物安全检查工作指南（试行）》，明确文物安全检查工作的检查对象、检查频次、检查内容，指导各单位规范开展日常检查工作。元旦、春节、五一、中秋、国庆等重要节假日，以及高温、雨雪、台风、汛期等特殊天气期间，定期组织开展专项文物安全督查。二是定期通报结合明查暗访，督促安全隐患整改。建立文物安全隐患定期通报制度，自2022年起，每月向各区、县（市）定期通报当月文物安全隐患清单以及上月安全隐患整改落实情况，挂图作战，对账销号。通过明查暗访的形式，对各地上报已经整改落实的情况实地进行复核。三是全面整改结合重点督办，精准整治安全隐患。按照安全隐患的严重程度，排定督办整改优先顺序；2022年建立三张重点督办清单。第一张是列入省级挂牌督办重大火灾隐患的单位清单，拟定建德市上吴方村、广济医院松木场旧址；第二张是列入省“七张问题清单”涉杭问题的单位清单，包括茅湾里窑址、南山造像、方连松民居；第三张是列入市委督查室通报的单位清单，包括飞来峰造像、史量才墓等14处文保单位。列入三张重点督办清单的将进行重点督办，确保按时高质量完成整改任务。

4.“四家联动”建立文物安全协同作战机制。针对文物安全工作“火灾隐患、盗挖盗掘、法人违法、自然灾害”四大风险隐患，多部门协作开展联合整治。一是和市文化市场综合行政执法队联合印发《杭州市文物行政执法协同十项措施》，协同开展文物行政违法案件查处。联合开展打击法人违法专项行动。2021年共办理文物行政违法案件6件，罚款60万元。二是和市公安局联合开展文博单位治安防范工作，联合印发《全市打击防范文物犯罪专项行动方案》。2021年共破获文物犯罪案件5起，抓获嫌疑人9名，追缴文物32件。三是和市消防救援支队联合开展革命文物消防安全检查、古民居类文物建筑火灾隐患整治等专项行动，联合印发《杭州市文物系统消防安全标准化管理规定》，开展文物建筑消防安全标准化试点创建工作等。四是和市市场监督管理局联合开展跨部门“双随机”检查，加强对文物流通市场和社会文物监管力度。

二、当前文物安全工作中存在的问题

1.文物安全意识有待进一步加强。虽然近年来各地对于文物安全工作的意识有了较大提升，但是部分地区地方党委政府没有落实每年至少对文物工作进行一次专题研究的要求；要求由地方党委政府名义印发的通知、提交的报告和反馈意见，经常出现由文物部门代替提交的情况。部分地方区级文物保护工作领导小组没有定期召开工作会议，听取各单位关于文物工作的汇报，还没有充分发挥统筹协调作用。

2.部门间协同力度有待加强。横向贯通融合和纵向上下联动还都有待进一步加强。部门间的合作目前还依托于文物安全专项整治、专项行动来被动建立联系，缺乏常态化的沟通平台，信息交流和共享不及时、不充分。遇到重大文物安全问题，缺乏高效的沟通协调机制。文物和文化执法、消防、公安、市场监管联动较多，但是跟宗教、气象、林水、党史、海关等部门联系较少。市、区两级文物部门之间的信息畅通渠道还存在一定“盲点”，特别是文物安全突发事故、文物违法案件等信息的报告还不够及时。

3.应急处置能力有待提高。部分文博单位对应急预案编制工作不够重视，编制过程机械套用模板，没有对本单位场地条件、人员力量、安全设施设备情况等进行充分调研，也没有对本单位的安全风险进行充分分析评估；为了编制而编制，预案缺少可操作性。在检查中发现有的单位直接套用酒店应急预案。“重编制，轻实战”，对实战演练效果总结不足，没有充分发挥通过实战演练发现安全应急管理工作存在的问题、促进改进提升的目的。

4.隐患督办措施比较单一。文物安全隐患通常采用向属地政府、相关部门发函的形式来督促整改。但对于不配合、整改不及时、整改不到位的情况，缺乏有效、多样的制约措施。

5.安全预警防范能力有待提升。对文物安全风险隐患排查不够细致，掌握不够全面，对于容易“掉链子”的薄弱环节把握不够精准，政策措施针对性不够、聚焦度不足，导致很多精力用于对安全隐患和事故的处理整改，被动“灭火”，对安全风险提前防范和预警的意识不够。

6.不少文物和历史建筑仍然存在安全隐患。“消防火灾、盗挖盗掘、法人违法、自然灾害”威胁文物安全的四大风险依然突出。如野外不可移动文物视频监控还没有全覆盖，或者安装了监控但是存在监控盲区，仅靠日常人力巡查又难以做到安全监管时时在线，仍有盗挖盗掘盗拓盗割等风险。古建筑特别是农村地区古民居内多户混居、电气线路私拉乱接、柴火等杂物堆放堵塞消防通道等情况还普遍存在。台风、洪水对古桥梁、古城墙等威胁较大，如2021年台风“烟花”登陆期间，杭州就有古桥梁栏板被冲塌、地势低洼地区的古祠堂进水严重等现象。

三、下步工作计划

接下来，全市文物安全工作将围绕“强基础、补短板、抓规范、促提升”，通过“五方同治”，即政府主治、部门共治、单位自治、社会群治、科技辅治，力争到2025年，建成全市现代化文物安全综合管理体系。

1.聚焦安全着眼点，强化整体部署安排。一是加大改革力度。以督促落实《杭州市加强文物保护利用改革实施方案（2021—2025年）》为抓手，充分调动地方党委政府和相关部门工作积极性，出台一批文物安全工作标准规范，实施一批重大文物安全工程，整改一批重大文物安全隐患，办理一批文物违法犯罪案件，攻克长期以来文物安全工作中的痛点难点和薄弱环节。二是建立协调机制。推动建立市级层面的文物安全工作协调机制，形成部门间常态化沟通协调平台。加强和民宗、林水、退役军人事务管理、党史、气象等部门联系，联合开展山林文物、宗教类文物、革命文物专项安全检查，增进部门间合力。三是增强对口指导。完善文保单位对口联系制度，市园文局领导、机关处室负责人和直属单位负责人对口联系全市重点文保单位和博物馆，每年对口联系指导不少于2次。

2.聚焦安全落脚点，强化安全过程监管。一是加强督查检查。主动和督查部门、纪检部门联系，联合开展文物安全明查暗访，加大对文物安全隐患的发现和整改督办力度。充分借助专家的力量，聘请文物系统老专家、老领导为全市文物安全监督员，建立全市文物安全巡查队。二是严抓隐患整改。2022年作为全市“文物安全整治年”，组织开展“迎亚运 保平安”全市文物安全百日攻坚行动。围绕文物安全“四风险”，深入推进火灾隐患整治、法人违法查处、打击文物违法犯罪等专项行动。三是强化末端守护。深入开展文物行业职业道德教育和典型案例警示教育，对执法人员、一线管理人员等有针对性地开展文物安全培训，培养一批“文物安全明白人”。

3.聚焦安全发力点，强化安全管控水平。一是加强数字赋能。2022年重点建设“文物安全智慧监管应用”，向上和全省文物安全智慧监管平台做好对接，向下和区（县、市）文物安全“揭榜挂帅”项目做好对接，形成省、市、区三级有效联动，推动杭州市文物安全监管由“传统式管控”向“精密性智控”转变。二是开展安全评估。深入开展文物安全风险评估体系和安全指标体系研究，做好文物安全评估工作，全面精确掌握全市文物安全保存现状。三是注重防范预警。关口前移，加强文物监测预警防灾减灾体系建设。深刻吸取河南郑州“7·20”特大暴雨灾害教训，针对特大暴雨极端天气，开展文物自然灾害风险普查工作，编绘文物灾害风险图，加强文物灾害风险预判、防范和统筹部署工作。四是加强普法宣传。以6月文化和自然遗产日、12月4日全国法制日为每年的两个主要时间节点，加强文物安全普法宣传，增强全社会文物安全意识。五是鼓励社会参与。开展全市文物安全守护人评选活动，树立先进典型。起草文物违法线索举报办法，鼓励社会力量参与，实现群防群治。六是实施文物平安工程。聚焦“能用、会用、管用”三大目标，按年度实施一批文物安防、消防、防雷工程，2022年将计划实施150个平安工程，力争在2025年前实现市级以上文保单位和国有博物馆平安工程全覆盖、全达标。

（2022年5月15日）

在打击“非法贩运文化财产国际日”中国主场论坛上的讲话

宁波市文化广电旅游（文物）局副局长　陈彩凤

感谢国家文物局对我们的信任与支持，由宁波承办2022年“打击非法贩运文化财产国际日”中国主场论坛活动，这是对宁波市历年来打击非法贩运文化财产工作的肯定和鼓励。

宁波历史悠久、遗产丰硕，既是河姆渡文化的发祥地和中华海洋文明的源头之一，也是中国大运河最南端的出海口、“海上丝绸之路”的起航地、浙东学术文化的渊薮之地，早在1986年就被列为国家历史文化名城。全市拥有定级不可移动文物1698处，未定级不可移动文物6335处，国有可移动文物20余万件/套。守护文物安全是地方政府不可推卸的历史责任。在打击非法贩运、守护文化财产工作上，宁波市重点开展了三方面工作：

一是“持之以恒”地开展流失文物追索工作。

同国内其他城市一样，近代以来，由于战争劫掠、非法交易等原因，宁波市的珍贵文物也大量流失海外。在2021年建城1200周年之际，一篇《天宁寺“宁波钟”漂泊往事》的报道引发市民广泛关注，市委书记彭佳学对此专门批示，“让文物回家”成为广大市民的共同心愿。

为此，我们着手启动宁波流失文物调查工作，梳理和分析宁波地区文物流失海外的历史背景和相关情况，追踪保存现状，并通过国际交流与合作，开展流失文物的复制、数字化、展示等工作，待初具成果后，将在宁波博物院设立流失文物专档。通过这些举措，持之以恒地推进流失文物追索工作。

二是“不遗余力”地夯实文物安全防护体系。

一直以来，宁波市都十分重视打击文物盗窃贩卖等犯罪行为，在公安等部门紧密合作下，近年来发生的几件案件均胜利告破。2020年5月，鄞州区区级文物保护单位明代贵族墓的一对石狮被切割盗走。一年半后，通过市公安、海关、文物局等部门联合开展的打击盗掘盗挖古墓葬、古文化遗址特别专项行动，案件得以告破，追回石狮等文物82件；2020年7月，犯罪分子破坏全国重点文物保护单位东钱湖石牌坊群金字山牌坊监控后，盗走牌坊构件，两个月后被鄞州区公安部门侦破，追回构件；2022年9月11日，全国重点文物保护单位宁海古戏台潘氏宗祠雕塑构件被盗，由于古戏台已实施安防工程，通过摄像监控视频，立刻锁定犯罪时间和犯罪嫌疑人，两天后案件即告破，第一时间追回被盗构件。

通过这些案件，我们深刻地认识到在追索流失文物的同时，更加需要强化市域范围内的可移动、不可移动文物安全监管工作，体会到现代化的安防设施对于野外文物和古建筑构建的重要防护作用。

为此，2021年4月，宁波市以东钱湖墓葬群、庙沟后石牌坊等全国重点文物保护单位为试点，运用电子围栏、AI监测、广播劝导、声音复核、联动报警等技术，建设“野外文物安全监管系统”，实现信息采集、自动巡检、远程报警、大数据分析等功能。目前系统已通过竣工验收，正式投入使用。

此外，宁波市正着手启动覆盖全市的文物平安新基建工程。围绕全市文物“信息一本账”“防护一体化”“管理一平台”建设目标，在充分调研基础上，计划通过5年时间，由市县两级政府共同投入6.4亿元，对全市1698处定级不可移动文物，实施安防、消防、防雷等系统工程或配置相应安全设施。建设集感知、分析和预警功能于一体的文物安全智能防护系统，进而推进文物领域数字化改革，提升文物保护和管理能力。目前，文物平安新基建工程已通过市委常委会审议，前期调查排摸工作已基本完成，明年的一期实施经费已由市级财政落实保障。

三是“众志成城”地联合打击非法贩运文化财产。

在国家文物局、公安部、海关总署部署、指导下，宁波文物与海关、公安等部门在打击非法贩运文化财产方面通力合作，持续开展专项行动。2020年以来，宁波市公安机关累计办理涉文物犯罪各类案件415起，缴获文物349件，成功破获东钱湖石牌坊构件盗窃、上林湖越窑遗址盗掘瓷片等案，一批犯罪分子受到法律制裁。2021年9月，宁波海关移交宁波博物院罚没文物38件。2022年10月，宁波北仑海关截获243件国家禁止、限制出境文物。

下一步，我们将时刻坚守底线思维，推动建立宁波市文物安全联席会议机制，通过长效工作机制，进一步强化部门协作，织牢织密打击文物犯罪之网，形成强大工作合力。打击非法贩运，保护文化财产。

结合这次论坛，我们策划推出《归来·守护——浙江省打击非法贩运文化财产成果展》，展示了中国文物与海关部门通力合作，打击非法贩运文化财产、追索我国流失海外珍贵文物的典型案例，展出浙江省博物馆、浙江自然博物院、宁波博物院等多家国有博物馆接收的400余件（组）海关罚没移交文物，并制作推出了数字展厅，与社会各界共享打击非法贩运文化财产的丰硕成果。

相信通过此次论坛与展览，将进一步推动形成全社会参与文物保护的良好环境和氛围，我们也将以此为契机，深化打击非法贩运文化财产工作，守护好我们的文化根脉。

（2022年11月14日）

在温州市乡村博物馆建设工作推进视频会上的讲话

温州市文化广电旅游（文物）局局长　朱云华

刚才就温州市乡村博物馆建设任务和工作要求进行了部署，希望各地要高度重视，加速推进，确保该项工作年度任务圆满完成，下面我再强调几点意见：

一、思想上站位再提高。

党的十九大作出了实施乡村振兴战略的重大部署。习近平总书记反复强调“中国要美，农村必须美”“中国要复兴，乡村必振兴”。随着工业化、城市化大潮的冲击，传统乡村文化正面临着史无前例、前所未有的考验和挑战，以乡村为根系形成的乡情、乡恋、乡愁正慢慢地失去了载体、没有了依附，“乡愁无力感”成了时代的遗憾。乡村是中国的根。为了留住乡村文化之根，让触发乡愁的老物件留存下来，让原汁原味的乡土文化传承下去，并在新时代发展中浸润人心、绽放新光彩，建设乡村博物馆无疑是一条好路子。

2021年，浙江省被国家文物局列为全国乡村博物馆建设三个试点省份之一。乡村博物馆是满足人民群众精神生活的重要场所，亦是满足人民群众物质富有的重要场所，已然成为我省博物馆高质量发展的一张“金名片”，在提升公共文化供给，丰富群众文化生活，探索多元文化投入，加强文旅融合等方面作了有益探索，成为温州市打通博物馆基本公共文化服务“最后一公里”的重要途径，切实解决博物馆基本公共文化服务城乡不均衡发展的瓶颈和难题。

因此，我们要将乡村博物馆建设置身于促进乡村振兴，助力高质量发展建设共同富裕示范区，重要窗口建设的高度。乡村振兴，一定要产业振兴、文化复兴、百姓高兴。乡村博物馆的建设不但能丰富基层群众文化生活，打通博物馆公共文化服务“最后一公里”的瓶颈，又能通过乡土文化展陈、文创产品展售、手工体验活动、风物特产供应、丰富旅游产品等方式，给村民带去实实在在的切身利益，助力乡村振兴，既富口袋，又富脑袋。乡村博物馆也是展示温州市优秀传统文化、特色地域文化的重要窗口。乡村博物馆成为记住乡村乡愁的根、展示乡村在地文化的窗口，开展乡村旅游的阵地，是推进文旅融合发展的重要举措。

二、建设质量再提标。

博物馆建设其实是一件专业性很强的工作，乡村博物馆又是一个新生事物，虽然前几年各地开展了一些乡村展示场馆建设的探索，但总体上来说没有成熟的经验可借鉴，没有现成的案例能参考。目前，省文物局已经制定出台《乡村博物馆建设指南》等建设标准，我们一定要仔细研读，认真领会，要不折不扣按照标准开展建设，力争各地辖区内列入任务的乡村博物馆建设不走样、验收不返工，确保高质量完成今年乡村博物馆建设任务。

三、业务指导再提升。

省文物局即将公布命名第一批乡村博物馆，首批乡村博物馆的认定标准会比较高，各县（市、区）要以此为引领，示范对照。文物处要发挥专家作用，组织市、县两级分别成立专家组，设立智库，加强对项目的指导。同时，要充分调动国有博物馆的积极性，共同参与乡村博物馆的建设，主动开展结对帮扶。

四、工作进度再提速。

各县（市、区）要按照省文物局的统一安排和部署，扎实推进乡村博物馆的建设，既要保进度，更有保质量。（2022年4月7日）

赓续前行种文化　踔厉奋发富乡村

——在全省文物局长座谈会上的交流讲话

湖州市文化广电旅游（文物）局局长　楼　婷

乡村博物馆是传承文化、留住乡愁和提升乡村旅游品质的重要载体。建设乡村博物馆，将文博的焦点和资源集中在助力乡村振兴战略上，是国家和省文物局的一项重大举措。2021年8月以来，我们在省市领导的大力支持下，坚持以民为本、实事求是、创新实干，深入推进全省唯一的全国乡村博物馆建设试点工作，省文物局局长杨建武亲自来湖召开现场会部署指导，时任市委书记王纲批示要求“改革创新、扎实推进，走到全国最前列”，各区县党委政府主要领导专题研究部署，全市上下“一盘棋”抓推进，掀开了湖州乡村博物馆建设的崭新一页。现将主要做法简要汇报如下：

一、保持沸腾的工作状态，留住浓浓乡愁

我们坚持“立足湖州实际、考量全省定位、提供全国样板”目标，科学制定试点方案、认定标准和管理办法，合力留住带着泥土气息的乡村记忆。一是专班推进。按照“建设、规范、提升、示范”的试点要求，成立工作专班，通过项目化管理、时间表推进、考核项挂钩，有序推进试点任务落实。目前，市、区县和乡镇已建立专班85个，我们牵头编制的《乡村博物馆建设认定办法》《乡村博物馆管理办法》《国有文博单位文物标本出借办法》三个办法已通过省文物局审核。二是考核保障。充分发挥考核指挥棒作用，把试点工作与市对区县、区县对乡镇考核挂钩，设定指标、量化绩效、全过程考核。2022年重点加强部门协同，排定落实了2000万元以上专项资金，通过提升一批、改造一批、新建一批，将完成省政府民生实事项目任务63家，力争超额完成100家的

目标。三是示范引领。试点工作以来，专班每20天召开一次现场推进例会，通过“现场看、互相比、交流谈、部署推”等多种形式，在各区县间形成“比、学、赶、超”的良好氛围。截至目前，已召开现场推进会7次，119家乡村博物馆启动建设，完成改造升级41家，其中36家达到示范标准。

二、突出现代的打开方式，再现江南韵味

我们坚持“高标准、有特色、接地气、可推广”原则，努力把乡村博物馆打造成为既有“乡土味”又有“高品位”的乡村文化新空间。一是行业专家来把关。聘请了上海历博、省博、省自然院、复旦大学等7位知名文博专家组成顾问小组，为试点工作把关把度。组建了5支31人组成的专家指导组，分片区、不定期赴区县开展评估和业务指导，目前已召开专家会10余次、赴基层指导100余人次。二是基层代表当顾问。从乡镇基层遴选出6名有建设实践经验的乡村代表作为基层实践顾问，为试点工作出谋划策并参与试点重要活动，使乡村博物馆建设更贴紧村情、贴近群众，有效推动了乡村记忆具象化、乡愁乡情鲜明化、文化根脉特色化。三是数字赋能扩受众。抢抓数字化改革机遇，推动乡村博物馆的资源和内容与全市数字博物馆实现互联互通，并逐步接入湖州度假、浙里好玩等大场景，让深藏在乡村的中华文化活起来、传出去。目前已选定10家场馆开展试点，安吉青少年两山教育展示馆的数字化资源深受观众喜爱。

三、聚焦共享的运营模式，释放共富效应

我们坚持“源于乡村、生长于乡村，反哺于乡村”的思路，持续探索乡村博物馆长效运营路径，让乡村博物馆成为乡村过河共富的“桥”和“船”。一是调动各方力量协管。建立了由退休教师、老干部、乡贤、大学生和文化员组成的“五大员”志愿者协管队伍，如沈尹默纪念馆、郎部抗日纪念馆等乡村博物馆吸纳了一大批志愿者参与日常管理和讲解服务，有效弥补了乡村人员不足、文化层次不高的短板。二是吸引社会力量参与。引导有文化、有情怀、热爱收藏

的企业和个人投资办馆，有效缓解藏品数量单一、服务品质不高和乡村资金匮乏的窘境，如长兴林海车模馆、德清红色记忆馆、吴兴盆景文化艺术馆，已经在培育文创、非遗、特产、研学等“博物馆+”新业态上先行一步。三是打造富民兴村枢纽。将乡村博物馆作为全市品质文化生活圈和“村游富农”的重要一环，结合“文化探源看江南”研学旅游试验区建设，让乡村博物馆布满“大运河（湖州段）诗路文化带、南太湖百里观光大道、‘浙北秘境’之旅”等文化旅游精品线路，助力传统乡土文化焕发时代生机。

以梦为马，不负韶华。虽然我们的试点工作开局良好、成效初显，但也存在着地方特色藏品不足、文创研发能力较弱、奖补激励力度偏小和专业水平有待提高等问题和困难，需要在2022年的工作中努力克服并加以解决。下一步，我们将认真贯彻落实此次会议精神，继续在省文物局的指导和支持下，积极探索总结乡村博物馆“建、办、管、营”的有效路径，形成长效机制，努力成为全国乡村博物馆建设的示范样板。

（2022年3月11日）

《禾城文化复兴三年行动计划》实施情况工作汇报

嘉兴市文化广电旅游（文物）局局长　周　静

我受市人民政府委托，汇报一下嘉兴市关于《禾城文化复兴三年行动计划》的推进情况。

近年来，为贯彻落实习近平总书记关于嘉兴“两个文化源远流长”的重要论述精神，根据省委、省政府“千年古城复兴计划”和《中共嘉兴市委嘉兴市人民政府关于实施禾城文化复兴行动的意见》（嘉委发〔2020〕25号），市政府于2020年6月起实施《禾城文化复兴三年行动计划》，深挖嘉兴文化传统和特色，科学规划、合理布局，全面推进禾城文化复兴六大片区建设，着力建设独具魅力的国际化品质江南水乡文化名城。市人大高度重视禾城文化复兴行动，2021年八届人大常委会第91次主任会议专题研究相关内容，并时隔一年，再次组织人大常委会专题视察推进情况，为我们做好工作提供了有力支撑。

一、工作推进情况

禾城文化复兴行动的核心内容是文化遗产的保护、挖掘和展示，进一步打响红色文化、运河文化、古城文化、史前文化、名人文化、民俗文化等六大文化品牌，形成“一湖一河一城一轴一古一名”的禾城文化复兴六大片区。根据“一年成形、三年成景、五年成势”的总体要求，截至目前，六大片区31个项目共计50项建设任务中，27项主要内容已完成（基本完工）、16项正在推进当中，尚有7项因投资方投资意向变更、不具备实施条件等原因暂未启动。

（一）加速项目推进，更强合力推进禾城文化复兴稳步实施

自2020年6月禾城文化复兴三年行动计划启动实施以来，市委、市政府高度重视禾城文化复兴行动，成立禾城文化复兴行动领导小组，市政府

建立组织协调机制、责任落实机制等六大工作机制，相关部门为责任单位，形成工作推动的合力。强化规划引领，立足《禾城文化复兴三年行动计划》要求，及时组织六大文化片区规划设计编制和审查工作，重点完成环城河内区域城市设计、南湖（纪念馆）轴线详细城市设计、古城中央文化轴详细城市设计、中心城区建筑风貌导则、南湖周边天际线研究等一批重点规划，及时推进相应控制性详细规划的编制和修改工作，为六大文化片区重点项目实施提供有效保障。明确目标任务。立足禾城历史文化资源现状与分布特点，确定了打造“六大文化片区”的项目清单，列出三年行动计划项目分解表，明确主要内容、责任单位和完成时间等，提出开局年、推进年、攻坚年分步实施的工作要求，为行动计划的全面实施打下坚实基础。抓好工作结合。将三年行动计划项目纳入中心城市“品质嘉兴”大会战项目库，整合各方资源和力量，统筹协调推进实施。落实市领导联系项目制度，进行定期联系指导、协调解决推进中存在的问题，实施挂图作战和问题销号制，为重点工程如期高质量完成提供了坚实的保障。

（二）提升城市品质，更大格局打造禾城文化复兴标志成果

重点推进南湖红色文化区、大运河国家文化公园区及古城文化保护区等三大板块项目建设，形成错落有致、彼此呼应的城市历史文化空间格局。

1.聚焦南湖红色文化区，打造红色教育高地。

精心组织实施南湖革命纪念馆教育功能提升工程，高标准推出《红船起航》主题展，荣获“全国博物馆十大陈列展览精品推介特别奖”。南湖革命纪念馆二代馆完成修缮并推出《忠实践行“八八战略”奋力打造“重要窗口”》主题展。精心呈现新时代重走“一大”路，完成复建1921站房、修缮老火车站（炮楼）、整修宣公弄历史街区、修复春波门及改造狮子汇渡口、恢复鸳湖旅社等项目，经国家文化和旅游部同意已被纳入南湖5A级旅游景区。精心提升南湖湖滨区域品质，南湖景区从原来的2.73平方公里向5平方公里拓展，由鸳湖里弄、嘉绢印象、南湖书院、南堰新景四个区块组成的南湖天地项目高品质建成并开街。

2.聚焦大运河国家文化公园区，形成流动的文化长廊。

健全政策法规保障体系，先后出台《嘉兴市大运河世界文化遗产保护条例》《加快推进大运河（嘉兴段）文化保护传承利用实施方案》《嘉兴大运河核心监控区国土空间管控细则》等政策法规。完善遗产保护措施，全面梳理大运河（嘉兴段）遗产要素，界定大运河核心监控区、滨河生态空间及五类管控分区范围。重点实施大运河遗产预警监测和保护工程，实施长虹桥防撞设施项目，整改大运河沿线码头和沿岸生态环境。推进“百项千亿”重大工程，其中63个项目已完工，10个标志性项目已完成5个，累计完成投资超800亿元。濮院古镇有机更新核心景区初步完成，盐官音乐文旅项目、崇德古城等项目稳步推进。投资10亿元的芦席汇历史文化街区于2022年6月正式开街。桐乡加大运河文化公园建设力度，崇福横街保护整治项目已基本完成。

3.聚焦古城文化保护区，打造没有围墙的博物馆。

挖掘史前文化内涵，建成马家浜考古遗址公园，马家浜文化博物馆、遗址考古发掘展示大棚对外开放。推进罗家角考古遗址公园综合配套项目建设，罗家角遗址展示馆建成开放。推进古城核心片区建设，子城考古遗址公园建成开放，府南街改造及广场复建牌坊工程有序推进，在府南广场设置18条篆刻年份和大事记的铜带。完成瓶山公园改造项目。做好古城整体风貌提升，春波门、铜官塔、鸳湖旅馆、严助墓等已建成，天籁阁复建项目结顶，秀水县学及周边环境整治（明伦堂）项目完成整体方案。

（三）推动融合发展，更实举措提升禾城文化复兴品牌建设

将历史文化融入现代城市商业与市民休闲生活场景，使禾城文化复兴形态、业态愈加丰富，满足群众美好生活新需求，进一步增强群众的文化认同度与自豪感。

1.解读文化基因。

开展文化基因解码工程，梳理文化元素2822项、重点文化元素清单144个，完成基因解码120项，形成红船文化、千年海塘、蚕桑丝织等7个“浙江文化标识”培育项目。推进文史理论研究工作，围绕红色文化、运河文化、名人文化，推出200余册党史理论研究成果及《嘉兴历史文化名人研究丛书》等重要作品，推进《嘉兴运河古镇发展定位研究》《嘉兴运河名镇》等书籍编撰。实施考古调查勘探工程，子城遗址、东城门瓮城遗址、西曹墩遗址、东塔寺遗址等近40项考古调查成果填补嘉兴市考古空白。

2.塑造城市印象。

推进文艺精品创作，推出歌剧《红船》、舞剧《秀水泱泱》、电视连续剧《大浪淘沙：启航》等红色主题精品力作，举办第五届“红船颂”全国美展，讲好红船起航地的初心故事。提升历史空间效能，在市文化艺术中心、子城遗址公园、文生修道院、马家浜考古遗址公园内举办“中国历代绘画大系”嘉兴特展、“嘉韵”端午非遗集市等各类文化活动，展现历史文化名城底蕴。举办民俗传承活动，连续16年举办端午民俗文化节，举办了9届乌镇戏剧节、18届南湖合唱节等，依托各个文化地标、历史街区和网红打卡地创造性嵌入活动，提升城市知名度。

3.带动产业振兴。

探索组团发展，发挥南湖核心辐射作用，开通“南湖·1921”红色旅游列车及101路红色旅游公交，推出十五条红色旅游线路串联100个红色旅游景点，南湖旅游区三年来吸引游客1200多万人次。成立古镇发展联盟，乌镇、西塘、王江泾等17个古镇共同打造“中国古镇看嘉兴”品牌。探索融合模式，南湖天地引进172家商户，其中40%的品牌为嘉兴首家。月河高品质步行街成功获评第二批省级高品质步行街，年客流量逾500万人次。探索现化代发展场景，推动非遗技艺与城市生活融合，蓝印花布印染技艺、硖石灯彩等项目列入国家级、省级传统工艺振兴目录，培育杭白菊、传统纽扣等7家省级非遗生产性保护基地。依托省文旅非遗购物平台，嘉兴粽子、沈荡黄酒等非遗产品及相关衍生品销售总额超过8亿元。

二、存在问题

在推进工作的同时，我们也清醒看到工作中存在的不足：合力推进项目的工作架构还需进一步明确，除纳入中心城市“品质嘉兴”大会战的项目外，对三年行动的其他各项目缺少统筹安排和整体推进。项目推动过程中存在不确定性，部分项目因拆迁、建设资金等问题进度缓慢，部分项目实施方案、实施内容有待明确，影响了整体进度。文物保护与项目建设过程中进度不一，三年行动计划项目涉及文保单位较多，有些项目需要省级乃至国家级行政管理部门审批，审批要求严、周期长，影响了部分工程进展。已建成项目运维力度要加大，城市公共服务配套设施还不完善。

三、下一步工作打算

党的二十大报告中，对建设社会主义文化强国作出了战略部署，为我们不断推进文化自信自强、铸就社会主义文化新辉煌、增强实现中华民族伟大复兴的精神力量提供了根本遵循。站在新的历史起点上，我们将进一步提高政治站位，切实增强文化自信和文化自觉，深入实施禾城文化复兴行动，不断放大“两个文化”交相辉映新优势，奋力打造新时代文化高地典范城市，为嘉兴奋进“两个率先”注入强大文化动力。

（一）赓续文脉，凝聚工作合力

嘉兴7000年的文脉铸就了城市的“根”与“魂”，江南文化、运河文化、古镇文化、名人文化等多种文化形态在这里交相辉映，形成了嘉兴独特的文化标识、文化印记和文化魅力。实施禾城文化复兴行动是打造新时代文化高地的题中之义，是建设共同富裕典范城市和社会主义现代化先行市的精神根基。当前，我们已经形成了一批标志性文化成果，彰显了江南水乡文化名城新风貌，增强了嘉兴市民的文化认同感和自豪感，提升了嘉兴城市的知名度和影响力。文化的积淀是一个长期的过程，禾城文化复兴也是一项长期的工程，我们必须坚持久久为功，凝聚各方共识，形成工作合力，三年接着三年干，使文化复兴项目能够承前启后，历史文脉得到永续传承。

（二）项目引领，健全工作机制

1.完善项目推进机制。进一步健全组织机构，优化推进机制，理顺推进专班，全力以赴推进项目建设。紧盯问题、责任、进度三张清单，加大对项目实施情况的监督考核。严格按照三年行动任务分解表，制定在建项目和谋划项目推进的时间表、任务书，强化对项目的统筹谋划和协调推进。

2.建立动态管理机制。优化调整项目清单，对已开工项目，列出任务清单和时间节点，进一步压实责任、全力推进；对百姓呼声较高、省委省政府重点关注的项目，做好前期工作准备，适时调整进项目清单；对于经客观评估近期暂无条件实施的项目，调整出项目清单，待条件允许再实施。

3.强化工作保障机制。建立健全多元化投融资机制，充分发挥财政资金的导向和杠杆作用，加大金融产品争取力度，为项目建设提供切实有效的财力保障。涉及文物保护的项目，要加强部门衔接，同步编制项目审批方案，为项目顺利推进提供必要的程序保障。

（三）塑造品牌，擦亮文化标识

文化如水，浸润无声，连接着嘉兴的过去、现在和未来。我们要把禾城文化复兴摆到推进共同富裕的时代课题中去看待，摆到新时代新征程的历史方位中去把握，以更高标准、更高水平推进优秀传统文化创造性转化、创新性发展。

1.高标准开展策划设计。以匠心塑造精品，强化系统思维和创新思维，按照“策划先行、规划前置、文化先导”的原则，坚持“国际标准、嘉兴特色、高点定位”的理念，正确处理文物保护和合理利用的关系，优化城市空间布局和文化生态，打造一批能够承载历史记忆、提供美学享受、增进文化认同、激发情感共鸣的标志性景观工程和新的文化地标。推进大运河文化带建设，《嘉兴市大运河文化保护传承利用暨大运河国家文化公园（嘉兴段）建设保护实施规划》力争年底前出台。推进古城核心片区建设，加快天籁阁等名胜古迹复建。

2.高水平加强运营管理。要做好已建成项目运营管理的后半篇文章。强化城市资源统筹协调发展，结合功能定位，明确项目运营机制和模式。做精做优新时代“重走一大路”“船游嘉兴”水乡旅游等精品线路，坚持在保护中利用、以利用促进保护，推进嘉兴文化遗产活化利用走出新路径。

3.高品质打造文化标识。文化是一座城市最重要的资产。南湖红船、马家浜遗址、大运河遗产等遗迹遗存，流淌着嘉兴生生不息的历史文脉，承载着深沉厚重的文化内涵，彰显着嘉兴的历史人文精神。要保护好、传承好、利用好优秀传统文化和红色文化资源，发挥中国革命红船起航地优势，擦亮世界文化遗产金名片，塑造具有嘉兴辨识度的城市文化标识，提升文化对人民群众影响力、感召力和凝聚力。

（2022年11月22日）

在绍兴市文物安全联席会议上的讲话

绍兴市委宣传部副部长、市文化广电旅游（文物）局局长　何俊杰

我们在这里召开全市文物安全联席会议，这是2022年3月市政府批准建立文物安全联席会议制度以来召开的第一次会议。会议主要的目的一方面是为了传达贯彻党中央、国务院、省委、省政府关于文物保护和文物安全工作的指示批示精神及政策文件精神，另一方面是通报全市文物安全工作基本情况，促进各成员单位在加强文物安全工作方面的交流与协作。刚才听了各单位的交流发言，我感触很深。首先允许我代表市文物局向各成员单位长期以来对我们文物工作的支持表示感谢。其次希望大家能进一步提高思想认识，根据联席会议制度的有关内容认真履行好各自的职责。最后希望部门之间能在文物安全工作方面能实现更多的协作与配合。接下来我将就文物安全方面开展的工作与大家作一个交流。

一、深入推进“文物安全整治年”行动。

我们已经印发《全市文物安全大整治行动重点工作任务清单》，围绕建立健全文物安全工作机制、开展文物法人违法案件专项整治、打击文物犯罪、加强文物行政执法检查、创新文物安全监管模式等重点方面，细化分解31项具体任务并抓好工作落实，确保文物安全大整治行动取得显著成效。

二是推动文物安全防范技术创新。

运用互联网、物联网、智联网技术，提升技术防范系统远程监管水平。自2022年起我们将持续实施文物安全监管大提升项目，促进文物安全防护基础设施建设覆盖率持续提升，相关安全视频与“雪亮工程”实现互

联共享，加快推进绍兴市文物安全监测预警平台建设。建设绍兴文物法人违法应用场景，实现与发改、自规、建设、执法等部门的多跨协同，结合卫星遥感探测技术，在防范、发现、处置文物法人违法事件过程中实现高效闭环。

三、推动建立历史文化遗产保护提前介入城乡建设的工作机制。

深入贯彻落实《关于在城乡建设中加强历史文化保护传承的意见》有关要求，重点加强对老建筑、古民居等历史文化遗产的调查保护。希望与规划、住建部门建立协同工作机制，对拟拆改区域的老建筑、古民居等文化遗存提前进行全面摸排调查，对调查发现的或者群众反映的具有保护价值的文化遗存及时认定，并依法公布为文物保护点或历史建筑加以保护。

四、提高不可移动文物安全监管和执法巡查效能。

2022年我们建立了首支绍兴市文物安全监督员队伍，引导社会力量参与不可移动文物安全监管工作，近期我们还将委托第三方专业机构定期开展全市文物安全检查评估，加强对不可移动文物巡查频次，及时发现、抓早抓小苗头性、倾向性问题，扼制文物违法行为。

五、持续开展文物安全宣传教育活动。

由市政府主要领导牵头召开全市文物工作会议，邀请国家文物局、省文物局专家来绍兴举办文物安全专题讲座，深入学习习近平总书记关于文物工作的重要论述和重要批示指示，提高领导干部保护文物的意识和能力。同时，充分利用国际博物馆日、文化和自然遗产日、古城保护日等重要节日，广泛利用多种媒体渠道，常态化开展文物保护宣传活动，引导社会公众关心、理解、支持文物保护工作。

（2022年7月21日）

在金华市文物安全工作会议上的讲话

金华市文化广电旅游（文物）局副局长　曹兆和

党的十八大以来，习近平总书记高度重视文化遗产保护工作，关于文物工作作出的重要指示批示及讲话100多次。近年来，在市委、市政府的高度重视和市委宣传部正确领导下，在各县（市、区）支持配合下，金华市文物事业发展迅速，形成了文物活化利用体系和文物防控体系初步建成的文物事业发展态势。

一、加大力量投入，抓好排查整治。

全市不断完善文物安全联合巡查和文物安全监管部门协作督察机制，形成扩大巡查范围、工作相互配合、巡查质量日益提升良好局面。成立工作专班，抽调精干力量，组织开展"百日整治攻坚"、文物安全"九大攻坚"、打击防范文物违法犯罪等专项行动。2022年以来共出动检查人员9660人（次），检查文物保护单位3521处，督查整改1358处。加强全市文物安全智慧监管平台建设，实现执法监管闭环管理，全面提升文物保护整体智治水平。

二、开展专项督查，实行挂牌督办。

牢固树立"隐患不排查、问题不整改就是事故"理念，实施全覆盖排查，对排查出的问题隐患登记建档，实行"一点一策"管理，做到隐患、责任、措施、时限四个明确，进行对账销号；积极打好专项督查、明查暗访和"回头看"、下达整改督办单、挂牌督办等组合拳、连环招，实行责任倒查，狠抓问题隐患闭环整改工作，把问题隐患消灭在萌芽状态。2022年对10处文物建筑重点安全隐患单位实施挂牌督办，认真抓好整改销号工作。

三、加大安全宣传，提升技能水平。

采取专家授课、互动交流和现场教学相结合形式，坚持举办各类文物安全专题培训，定期开展以安全用火用电、火灾有效防控、消防设备使用、应急处置技巧为主要内容的消防安全培训和文物安全应急消防演练；金华市文物局联合市应急管理局、市消防救援支队，成功举办金华市文博单位志愿消防队技能大比武活动，共有18支队伍同台竞技，锻炼和培养一批会消防管理、会操作消防设施器材、会检查整改火灾隐患、会扑救初起火灾和组织人员疏散逃生的消防安全“明白人”。结合“5·18国际博物馆日”“安全生产月”等活动，大力宣传文物法律法规和安全防范知识，提升公众文物安全防范意识，形成良好社会氛围。印制文物建筑及博物馆消防安全手册、消防安全管理挂图、文物建筑火灾预防宣传海报等宣传资料；在全市范围开展“警钟长鸣——金华市文物建筑消防安全警示教育”专题巡展活动，现场分发画册、海报、挂图、折页等宣传材料2万多册，宣传教育成效明显。

四、创新监管模式，健全工作机制。

开展专业防护。积极与电气安全监测机构合作，依托专业力量对全市重点文物保护单位中的60栋民居类文物建筑单体进行电气安全专项检测，出具专业检测报告，下达督办单抓好问题整改。建立健全由政府分管领导牵头的文物安全工作协调机制，定期召开文物安全工作会议，分析研究部署全市文物安全工作，进一步明确职责、任务和措施，定期研究推动、督导检查、总结成效，确保文物安全工作扎实开展。各县（市、区）也进一步理顺文物安全工作协调机制，相继制订有关制度规定，文物安全检查规范性、操作性得到进一步增强。

文物安全工作虽然取得了一定成效，但全市文物安全形势仍然严峻。尤其是金华市文物火灾频发，给文物带来了不可逆转的损害，令人十分痛心，教训极其深刻。发生火灾事故的多为民居类文物建筑，耐火等级低，且住户多为老人，消防安全意识薄弱，用电、用火行为不规范是引发火灾的主要因素；文物安全属地政府主体责任部门和文物主管部门监管责任落实不到位，初期火灾扑救能力不足、文物火灾监测报警系统智能化程度不高是造成事故严重后果的重要因素。

下面，我就未来一段时期的文物安全工作，提以下几点意见。

（一）迅速开展隐患整治。金华市要以习近平总书记关于文物保护与利用工作的重要指示批示为根本遵循，以全省文物安全大整治大提升攻坚行动为指引，以大排查阶段工作成果为整治核心内容，根据《全市文物安全大整治攻坚行动实施方案》《全市开展打击防范文物违法犯罪专项行动实施方案》等文件要求，重点完善省市县三级联合监管重点文物单位管理制度、打击文物犯罪专项行动等部署，全力以赴完成全市文物安全大整治大提升攻坚行动。

（二）积极建立长效机制。常态化开展文物安全自查、核查、督查，建立健全文物安全管理制度，不断发现和整改问题，推动文物安全监管的常态长效。重点要推进数字化改革和智慧监管，加强与通信企业和公安机关的联网联防，推动文物监管数字赋能，扩大数字监管覆盖范围，提升监管设施设备使用成效。持续抓好国家文物局关于文物火灾隐患整治和消防能力提升三年行动、省文物安全工作全面提升三年行动计划、省民居类文物建筑消防安全三年专项整治行动等文件的持续推进落实。

（三）要增强文保责任意识。严格落实文物安全监管责任，进一步明确各地、各级、各点位的安全责任和职责范围。完善文物安全监管体系，精细划分“点位图”，做到管理“无盲区”，督查“零死角”，用制度明确责任，规范管理，全面保障文物安全。开展文物安全责任相关培训与宣传工作，不断督促地方党委政府提升文物保护属地管理责任意识，形成全市文物安全工作职责明确、有序管理、平稳高效的良好态势。在文物保护重点县乡村以及重要时间节点加大文物保护监督检查工作力度，推动当地相关组织和人员切实增强责任意识。

（四）加大文物保护投入。坚持把功夫下在平时，全面排查掌握文物建筑、安全设施设备现状，切实改进文物工程项目储备工作。进一步分析政策把握机遇，增强修缮保护建设项目安排的科学性和针对性，做到底数清、情况明、政策透、规划早、落实强。加强汇报沟通，有效提升向上级争取文物保护资金的额度；积极争取国家、省相关部门支持，及时传达上级规定会议文件精神，推动提升文物保护投入；活化利用文物场所，积极争取社会资金投入，增强文物的自身造血功能，提升文物保护工作。

（五）推进文物安全考核。2022年，省委省政府已将文物安全工作纳入领导班子和领导干部年度考核、高质量发展综合绩效评价、平安浙江考核等考核评价指标体系，纳入意识形态责任制督查范围。金华市将参照省里做法，推动文物安全工作纳入相关考核评价指标体系，以考核作为推进工作的重要抓手，结合金华市实际加强对考核工作的分析研究，准确把握考核工作要求，推动考核工作的具体化、精准化和实效化，切实发挥考核对提升文物安全工作的作用。

（六）形成部门工作合力。加强文物部门、公安部门、消防部门等单位之间的协调沟通，形成多部门通力合作、统一行动的文物安全管理长效机制。全面提升安全检查、巡查成效，进一步完善文物安全巡查与执法工作巡查之间相互协调、相互支持的管理模式。整合第三方专业监测机构参与文物安全监管，针对文物保护专业性、技术性等问题提出专业检测报告，并督促各县（市、区）文物部门积极落实整改工作，为文物安全防范提供技术支撑，提升文物安全防护能力。

文物安全工作意义重大，任务光荣。我们要以党的二十大精神为指引，以对党和人民负责，对国家文化遗产保护事业负责，对历史和子孙后代负责的态度，扎实做好包括文物安全在内的各项文物相关工作。让文物延年益寿，焕发生命力，更好地把传承中华优秀传统文化的担子挑起来。

（2022年11月8日）

关于衢州市2022年文物安全重点工作的讲话

衢州市文化广电旅游(文物)局副局长　朱芝君

为贯彻落实省、市关于开展文物安全大排查大整治大提升攻坚行动的重要部署，和高屹市长在2021年全市文物安全专题工作会议上提出的各项任务，切实解决衢州市文物安全存在的突出问题，最大限度降低文物安全事故，各地各单位要牢固树立安全第一的思想，坚持文物安全以预防为主、以安全促保护、以保护促安全的思想，将重点任务牢牢抓在手中，抓统筹、抓规划、抓治理、抓管理、抓提升、抓突破，努力实现既定目标任务。

下面，我就2022年文物安全重点工作做提醒和部署。

一、加快推进建立文物安全管理体系。

管理机构要完善。各县（市、区）有多部门组成的县级文物安全管理协调机构（或县级文物保护委员会）；建立相关部门参与的行政执法联合机制；县级文物主管部门（履行文物单位文物安全监管职能的单位）有体现集体领导文物安全管理及文物安全应急处置常设或临时组织（主要指各文旅局建立的安全管理领导小组），做到人员分工明确与职责落实。

安全负责人要到位要履职。乡镇（街道）及履行文物安全管理职责的村（或监管单位）、文物博物馆单位有明确的文物安全负责人、管理人，促进文物安全管理职责落实。省级以上文物单位及有火灾与盗窃等安全隐患的其他文物单位应有至少1名专职或兼职文保员，负责文物单位的日常安全检查及巡查工作。

二、健全完善文物安全责任管理体系。

文物安全“三类责任”要落实。

主体责任：要强化乡镇街道的主体责任、文物主管部门一定程度上既要代县级政府履行主体责任，又要履行监督管理责任；监管责任：要充分整合行政村、消防、宗教、市场监管、财政、应急等部门的作用。直接责任：要牢牢抓住文物单位法定代表人、或文物单位产权人、产权管理人、文物单位使用人的责任，最大化地推进直接责任的落实。

三、加快建立完善文物安全基本制度与措施体系。

基本制度与基本措施要完善。县（市、区）文物主管部门、乡镇（街道）、文物单位集中的村（社区）、履行文物单位文物安全监管职能的单位、文物博物馆单位，应依法健全文物安全管理所需的基本工作制度和基本工作措施，并抓好贯彻执行。一是责任书签订。在县、乡镇（街道）、履行文物安全管理职责的村（社区）、履行文物单位文物安全监管职能的单位、文物单位间应签订文物安全责任书；政府与相关主要部门间按要求签订文物安全管理责任书（省政府文件要求）；文物主管部门与本级博物馆单位间应签订文物安全责任书。二是“公告公示”要落实。落实文物博物馆单位文物安全直接责任人公告公示制度；设立文物博物馆单位文物安全责任管理公告公示牌；完成在省级以上文保单位设立“宝长制”公告公示牌。

四、克难攻坚，努力实现工作经费有保障

隐患整治经费与安全管理经费有保障。每年日常维护经费能随着当地财政收入的增加而增加；落实抢救性保护专项经费；重大安全隐患专项整治经费保障有力。积极争取上级资金，加强计划，做到省级以上文物单位隐患整治工程应立项尽立项，积极向上级争取整治经费。

五、重点工作有作为

隐患整治任务有成效。在白蚁防治、文物防盗防掘、文物防损毁、文物防流失、建筑体防坍塌、墙体柱体梁体防倾斜倒塌、防雷、防极端天气灾害等重大安全隐患整治工作上取得实质性成绩或阶段性成果，2024年要100%完成；

如期完成居住类（或木构类）古建筑消防安全隐患整治。重点治理用电线路老化、用电线路敷设及用电管控等方面违反安全规定的问题；重点治理违规使用灶房及明火、易燃易爆炸物品管理、防雷击等方面的风险。按照省委省政府要求，2022年要完成居住类（或木构类）古建筑消防安全隐患整治工作。

安全防护能力有提升。消防能力有提升，按要求完成文物单位消防标准化建设试点任务，在此基础上推广一批消防标准化建设单位；加强消防设施设备建设，分级分类提升文物保护单位的消防保障能力；如期完成省级以上文物单位微型消防站或志愿者消防队建设任务；按要求在全国重点文物保护单位设立专职消防队或兼职消防队。

“两专行动”有力度。开展打击与防范文物犯罪专项行动，主动与公安等部门合作，严厉打击盗掘盗窃、盗卖、走私文物等犯罪行为，并有阶段性工作配合。

开展打击法人违法专项整治行动，狠抓案件立案工作（立案重点范围包括：擅自施工明显改变文物原状、文物单位的历史风貌造成破坏的，或在文物单位保护范围内擅自进行工程建设或者爆破、钻探、挖掘等行为的，或擅自改变国有文物单位用途的、或法规明文规定其他应立案处罚的行为）

其他重点任务能实现。按要求完成区域内文物安全数字化智能化监控平台建设及平台组网建设；按组网标准要求完成省级以上文保单位入侵探测设备安装工作。

在创新监管上有新作为。注重加强工作研究，勇于创新工作举措、创新监管方式与监管方法（如私有产权文物单位的监管方式创新、省级以上文物保护单位建立“宝长制”、文物安全应用场景建设“揭榜挂帅”试点项目等）。

毫不放松地抓好文物安全经常性管理工作。要理清文物安全工作思路，做安全工作的明白人，牢固树立预防为主，警钟长鸣，常抓不懈的安全观，有计划有针对性地抓好经常性安全隐患检查与隐患整治工作。根据相关安全规定及安全管理需要，各县（区）、有关单位要定期不定期对文物博物馆单位开展文物安全检查督查行动（每年至少组织4次以上文物安全专项检查督查行动，其中每年至少有2次以上全覆盖的文物安全大检查大督查行动；博物馆单位、文物藏品临时存放处单位、具有盗窃与火灾等风险的文物单位落实每日安全巡查）；根据安全管理需要，每年至少组织4次以上文物安全隐患专项整治行动（建立落实文物安全隐患整治分级分色管控销号制度），及时排除安全隐患。（2022年4月6日）

在2022年舟山市文物安全工作会议上的讲话

舟山市人民政府副市长　方　维

今天，我们在这里召开全市文物安全工作会议。主要任务是：贯彻落实全省文物安全专题工作会议精神，分析总结前阶段舟山市文物安全大排查专项行动情况，查摆存在的突出问题，切实抓好文物安全问题及隐患整改工作，遏制文物安全事故发生。刚才，舟山市文物局通报了前阶段全市文物安全大排查专项行动情况，并提出了下阶段整治重点和相关要求；定海区政府、岱山县政府、普朱管委会、市消防支队相关负责人做了很好的表态发言。下面，我就进一步做好全市文物安全工作，再提三方面意见：

一、提高站位、深化认识，进一步增强做好文物安全工作的紧迫感和责任感

国家、省、市各级党委政府，历来高度重视文物安全工作。党的十八大以来，习近平总书记站在全局和战略的高度，就加强文物保护作出了一系列重要指示批示，反复强调“保护文物功在当代、利在千秋”“保护文物也是政绩”“文物安全是文物保护的红线、底线和生命线”“像爱惜自己的生命一样保护好文化遗产”，为做好新时代文物安全工作指明了方向、提供了遵循。

近年来，国内文物安全事件屡有发生。例如，2019年5月，杭州临安发生全国重点文物保护单位吴越国王陵钱镠墓被盗事件，引起省委省政府乃至党中央领导的高度重视，社会各界强烈关注。作为国家级重点文物保护对象，居然没有完善的保护体系和专人看守。这起重大文物安全事故，反映了文物属地管理责任缺失、文物安全巡查不到位、工作体制机制不健全等各问题，给舟山市文物安全工作敲响了警钟。

近年来，舟山市不断加强文物安全工作，努力完善文物保护管理机制，建立健全文物安全工作体系，文物安全工作取得了一定成效。但从前阶段文物安全排查看，依然存在不少问题，全市文物安全形势依然严峻。近期，省委省政府在全省组织开展文物安全大排查大整治大提升攻坚行动，包括为期3个月的大排查行动，为期1年的大整治行动，以及为期3年的大提升行动，要求到2024年底实现“5个100%”的目标，即上下级政府间文物安全责任书签订率、文物保护单位、国有博物馆隐患排查率、安全档案建档率、文物法人违法案件立案率、文物安全管理人员受训率均达到100%，确保不发生文物安全责任事故和重大文物安全事故。对标省里的硬任务，各地、各部门要进一步提高政治站位，深化思想认识，把文物安全工作纳入重要议事日程，把文物安全责任真正落到实处。

二、突出重点、狠抓落实，全面整治文物安全隐患和问题

从此次大排查专项行动看，舟山市文物安全隐患数量不少，隐患问题复杂，特别是火灾隐患、“三防”设施设备陈旧及自然风险（主要包括病虫害、风化、自然灾害等风险）等问题比较突出。各地、各部门要针对此次排查存在的突出问题，迅速行动、制定方案，“一个问题一个方案”落实整改，尽快补齐短板。

1.针对违规用火、违规燃香等火灾隐患问题，抓紧开展文物古建筑、古民居消防安全专项整治。火灾是危害文物安全的主要因素之一，消防安全是文物安全工作的重中之重。要坚持源头治理，由各县（区）政府、功能区牵头，市文物局、市消防支队指导，重点对文保单位存在违规用火、电气线路老化、电气设备安装使用不规范等问题开展专项整治。2021年，定海区已对29处文保单位开展电气线路整治工作，值得肯定。此外，目前全市列入宗教场所的各级不可移动文物有70处，占不可移动文物总数的8.2 %，其中全国重点文保单位3处、省级文保单位1处。这些文保单位大部分在普陀山，属于宗教场所。请市民宗局、市文物局采取有力措施，坚决治理宗教文保单位用火安全隐患，堵塞安全漏洞。

2.针对文保单位保养维护不缮的问题，抓紧开展濒危文物建筑“抢救性”修缮工程。目前，全市一些文保单位存在墙体裂缝、墙体及立柱倾斜、局部坍塌、顶部漏水、木质顶柱与木质支撑体腐烂，或遭白蚁严重侵害等危及文物建筑安全的问题。各地要做好摸底排查，全面摸清底数，特别要掌握省级以上的文保单位涉及上述问题情况。三年内，按“轻重缓急、分级分类”原则，做好这些文物建筑的整治修缮，同时要积极向国家、省争取修缮资金补助。

3.针对文博单位“三防”基础设施薄弱问题，抓紧开展文物安全平安工程建设。从排查情况看，舟山市各地还普遍存在消防基础设施薄弱、消防水源缺乏、消防报警和灭火设备不健全、消防器材配置不达标等问题。部分国有博物馆未设置入侵探测、声音复核等安全防护装置，一定程度上存在盗掘盗窃风险。同时，全省文博安全数字化工作要求省级以上文保单位安装视频监控，并接入省级文物安全智慧监管平台。各地、各部门要加快实施新一轮文物平安工程建设，加强人力、物力和技术支撑，切实提升文物安全防护水平。

4.针对涉及文物安全的法人违法问题，抓紧采取有力防控措施、强化专项整治工作。法人违法是危及文物安全的重要风险之一。一是坚决制止涉及文物修缮和在文物周边开展工程建设等法人违法行为发生。二是做好重大工程规划编制、大型基本建设项目实施前文物保护相关工作。占地5万平方米以上的大型基本建设项目，事先要进行考古调查、勘探。发改、交通、文物等部门要建立互通协作机制，特别是事前事中事后监管要到位。在全省文物安全大环境下，各地、各部门要采取有效措施、加大执法力度，避免发生相关违法行为。

5.针对相关保障机制不完善的情况，抓紧建立健全各项体制机制。根据全省文物安全大排查大整治大提升行动工作需要，各地、各部门要抓紧建立健全不可移动文物保护工程资金补助办法、文物安全工作约谈制度，并将文物安全纳入考核指标体系。要建立文物安全协调领导小组，各地文物部门要建立健全文物安全方面的规章制度及行业标准。

三、加强领导、精准施策，确保文物安全攻坚任务有力推进

文物安全是一项系统性长期工作，不仅是文物部门的工作，更是各地、各部门的共同责任和义务。我们要在排查梳理问题的基础上，进一步压实责任、明确任务、加强协作，确保2022年文物安全整治攻坚任务顺利落实。

1.强化责任落实。各级政府要切实履行文物安全属地管理主体责任，文物部门要履行文物安全监管责任，其他相关部门要各司其职、分工协作。要建立健全文物安全工作协调机制，落实各层级间文物安全责任书的签订，抓好文物安全直接责任人公告公示制度的落实，开展好每年文物安全检查评估工作。各地各部门要切实把文物安全工作摆在突出位置，坚持党政同责，特别是主要领导要亲自抓文物安全工作，每年要抽出时间专题研究部署，解决突出问题。

2.问题整改销号。对照大排查行动摸排的问题清单，依据文物类别、文物安全风险程度等因素综合评估，科学制定“红、黄、绿”三色分类标准，实施分类整治、动态管理，实现文保单位“一处一码”全覆盖。实行问题整改挂号销号制度，解决一个销号一个，变“问题清单”为“销号清单”。由市文物局牵头，每季度晾晒各地、各部门整治情况并抄送市政府，确保文物安全整治工作有效落实。

3.推动智慧监管。以数字化改革为抓手，实施文物安全精密智控工程。将省级以上文物保护单位、国有博物馆等重点联系单位，纳入“雪亮工程”“天网工程”监控范围，努力打通公安、消防、气象、自然资源、海洋渔业等部门平台数据链。各地要积极探索个性化文物安全监管与预警应用场景，推动解决舟山市文物安全监管的堵点、难点、痛点。

4.抓好监督保障。一是人才到位。建立强有力的业余文保员、文物安全监督员、护宝员等队伍，充分利用“东海渔嫂”等载体平台，做好文物安全检查、巡查和督查工作。推行文保单位“点位长”监管模式，实施文物安全业务“传、帮、带”行动。每年至少开展1次文物安全与执法培训、安全警示教育或应急演练活动，

培养一批文物安全“明白人”、文物执法“主力军”。二是保障到位。加强部门间信息沟通，注重工作联动，合力提升文物安全管控水平。各县（区）、功能区要在“人财物技”等方面强化保障措施，对文物安全整治所需经费在法律、政策范围内予以保障。三是法纪到位。确保文物安全是政治责任，也是法律责任。文物部门要与纪检监察部门建立文物安全追责问责机制、约谈制度，制定文物案件和安全事故违法违纪处分办法。对因不依法履行职责、决策失误、失职渎职等导致文物遭受破坏、失盗、失火并造成损失的，严肃追究有关领导和人员的责任。

文物代表着历史，有的是孤本，有的是孤品，毁了就没了，历史记载就断了。各地、各部门要倍加珍惜，切实增强政治担当、使命担当，强化责任落地，狠抓监管落实，扎扎实实做好文物安全整治工作，确保舟山市文物安全。

关于舟山市文物安全大排查大整治大提升专项行动工作的讲话

舟山市文化和广电旅游体育（文物）局局长　曹　泓

为深入贯彻落实省委省政府《关于开展全省文物安全大排查大整治大提升攻坚行动的意见》要求和全省文物安全专题会议的相关部署，舟山市高度重视、迅速行动，对全市范围内155处文物保护单位、67处文保点和6家国有博物馆开展文物安全大排查工作。现在我就此专项行动工作开展情况和下一步工作计划作如下报告。

一、大排查专项行动开展情况

（一）加强顶层设计，为文物安全攻坚行动提供保障。一是组织保障。市委主要负责人牵头召集专题会议，听取全市文物保护情况汇报并研究有关工作。方维副市长亲自部署，研究制定文物安全大排查工作方案并提出具体工作举措，并以市政府名义印发《关于开展全市文物安全大排查行动的通知》。市文物局党组传达学习《关于开展全省文物安全大排查大整治大提升攻坚行动的意见》文件精神。定海区、普陀区、嵊泗县、普朱管委会相继召开文物安全工作推进会。二是责任保障。截至2021年10月底，各县（区）政府与乡镇（街道）、乡镇（街道）与社区（村）、文物部门与博物馆单位均签订了文物安全责任书，签订率达100%。全面落实全市文物安全直接责任人公告公示制度，进一步厘清各地政府作为不可移动文物直接责任人的主体责任。全市县级以上文保单位安全直接责任人向社会公布率达100%，公告公示上牌率达100%。三是制度保障。为加强对重点文物保护单位的安全督查，依据各有关部门职能，分别建立了各项文物安全联系制度。各县（区）、功能区文物行政部门建立了局领导、处室长每人至少联系一处省级以上文物保护单位的“1对N”联系制度；与公安部门建立了文博单位治安防范、文物违法案件交流联系制度；与民宗局、普陀山佛教协会建立了普陀山宗教场所文物保护单位保护联席制度。同时，市文物管理委员会更新调整了各相关部门职责分工。

（二）加强安全排查，为文物整治精准施策打下基础。

市级文物部门、各县（区）、乡镇（街道）通过自查和联合检查方式，对文物木构类（或砖木结构类）古建筑文物保护单位用火用电问题、文物保护单位濒危建筑、法人违法行为、自然灾害风险等开展文物安全排查专项行动，共梳理存在安全隐患的省级以上文物保护单位和博物馆24处，发现隐患问题41个，存在安全隐患的市县级文保单位（包括文保点）共55处，并形成文物保护单位和博物馆安全隐患“一处一档”。

（三）加强督查通报，为文物安全隐患整改筑牢防线。在各乡镇（街道）自查，各县（区）初核基础上，市文物行政部门组建文物安全隐患排查组，对县级以上文物保护单位和博物馆文物安全隐患进行全面核查梳理与汇总。以隐患整改函、通报等形式确保每次督查整改落细落实，共下发整改函30份；针对文物安全隐患问题严重的，由市消安委挂牌督办2处（东大街许氏民居和刘坤记大院），目前已整改完成；对整改完毕的隐患问题实行“回头看”，形成了“文物安全检查+整改+再检查”的闭环管理。

二、存在问题和原因分析

对标文物安全“三责”落实情况、“三防”到位情况、“四险”防范要求，重点安全隐患问题主要表现在消防火灾隐患、“三防”设施设备缺失、法人违法、地质灾害、病虫害、风化侵蚀等方面。全市文物安全形势仍然较为严峻，需要在今后工作中持续推动解决。主要分析原因如下：

（一）文物主体责任仍不够清晰。舟山市不可移动文物产权分散，存在无产权人、房屋空置无人看管、一个文物建筑多人产权以及涉及部队产权等各种情况，存在直接责任人不清晰，部分产权人迁居国外等情况。此外，私人产权文保单位产权人往往认为文物保护是政府的责任，与自身并无关系，存在保护管理责任与要求资金支持之间的矛盾，导致产权人不理解、不配合等情况。

（二）文物保护管理力量仍不够充实。市、县（区）虽都已设立文物局，但仅有市级、定海区设有独立的文保所。文博领域专业人才队伍力量薄弱，特别是文物保护管理、文物鉴定、文物修复、文物安技等人才严重缺乏。各县（区）业余文保员、文博安保员队伍不稳定。

（三）安全保障仍不够有力。文物建筑年代久远老化、数量分布众多，而文物修缮经费则与县（区）有限文物保护经费之间存在较大缺口。缺乏刚性的地方性制度保障，如文物保护法法律政策规定与现行农村宅基地规定的“一户一宅”拆旧建新政策相矛盾，无法满足私有产权建房需求，导致私人产权文保单位在修缮方面缺乏积极性，甚至存在消极保护。

三、下一步整治措施

针对以上舟山市文物安全工作存在的突出问题，分析其产生的原因，主要为文物主体责任仍不够清晰、文物保护管理力量仍不够充实、各项保障仍不够有力。下一步，要强化部门责任，深化整改落实，重点实施文物安全整治提升“三大任务”，确保文物安全。

（一）全面落实文物安全隐患整治任务。根据全省文物安全整治目标任务和大排查梳理的问题清单，全面实施五大专项行动，即民居类文物建筑消防安全专项行动、濒危文物建筑“抢救性”修缮专项行动、公共博物馆藏品安全整治专项行动、文物法人违法案件专项整治行动和文物安全管理责任问题专项整治行动。各县（区）、各部门按时间节点，实施计划和具体实施内容，明确文物整治任务分工，最后形成专项行动报告。

（二）全面实施文物安全的提升任务。文物安全提升任务主要包括三方面，一是提升文物博物馆单位消防灭火设施设备。二是提升文物博物馆单位“三防”设施设备。三是提升文物博物馆单位安全管理人员业务素能。下阶段，各县（区）、功能区要梳理文物安全整治提升的重点项目和实施时限。结合全省文物安全平安工程，积极推进文物安全“三防”设施设备提升。2022年，全市、县（区）要举办各种形式的文物安全管理队伍业务培训和应急演练，让全市文物管理人员“人人争做文物安全明白人”。

（三）全面推进文物安全攻坚任务。一是推进文物保护地方立法工作。梳理舟山市文物保护管理现状，力争2023年制定出台《舟山市不可移动文物保护管理办法》，研究分析舟山市文物保护管理、文物安全及保护利用的难点和疑点，提出文物保护管理的基本原则、具体举措和法律责任，为文物保护工作提供强有力的制度支持。二是实行差异化分类整治工作。在全市范围内开展文物保护单位（文物保护点）文物安全大排查基础上，实现文物保护单位“一处一码”全覆盖。针对“红、黄”分类保护对象分类施策，分别设定文物安全检查频次、销号清单化管理等。

文物安全是文物工作的底线、红线和生命线，关系到文化遗产的保护与传承，关系到国家文化安全。我们文物部门将深入贯彻习近平总书记关于文物安全工作的重要指示批示精神，贯彻落实好本次会议精神和有关工作部署，全力以赴抓好文物安全各项工作任务，坚决打赢文物安全防范攻坚战。（2022年1月5日）

在2022台州市乡村博物馆建设推进会上的讲话

台州市文化和广电旅游体育（文物）局二级调研员　陈再米

今天我们在这里召开全市乡村博物馆建设推进会，总结2022年以来的乡村博物馆建设工作，部署今后一阶段的建设任务。刚才介绍了温岭的建设经验，下面，我结合全市博物馆建设情况提三点要求。

一、高度重视，把乡村博物馆建设工作作为全年工作的重中之重来全力推进。

乡村博物馆建设工作是省政府、市政府民生实事工程，列入各种年度工作考核内容。自从乡村博物馆建设实施以来，省文物局高度重视，分别于2022年1月、2月、3月召开视频会议，并于4月份组织全国乡村博物馆线上培训。如此密集的开会，反映了省文物局领导对于这项工作的重视。全年全市36家的建设任务必须确保全部完成，不得有失。

实际上，全部完成还远远不够，得超前完成，高质量完成。全省民生实事地图里的数据更新和排名更替的激烈程度，我相信各位局长、科长都已经有了切身体会。曾经有一次，前两天是第一，前一天变成第三，当天直接掉到第八。这就要求我们各位局长、科长和负责的同志要每天心里想着这项工作，盯牢系统，有进展及时更新。尤其是负责系统填报的同志，每天关注浙政钉群的进展统计，每天问问乡镇建设进展，经常下去实地检查跟踪，掌握第一手情况。

按照省文物局的工作计划，6月省里将启动第二批验收工作，基本完成全年建设任务。请各地务必加快建设进度，在省里启动验收之前，完成建设和布展、正常开放工作，争取32家博物馆全部纳入第二批验收名录。

二、真抓实干，切实做好乡村博物馆的改造提升工作。

今年36家乡村博物馆，基本都是已建成的馆，所以建设任务相对较轻，只需要做好功能提升、展陈布置、落实管理人员、正常对外开放即可。实际上，我们创建的36家博物馆，无论从展陈内容上，还是类型上、藏品种类上都十分丰富，可圈可点。

这36家乡村博物馆中，反映地方非物质文化遗产项目的馆有7家，比如舜蒲草编工艺展示馆、枧桥鼓非遗展示馆、石桥头花灯展示馆、半岭堂造纸陈列馆；传承当地历史工艺的馆有6家，如黄岩沙埠青瓷展览馆、天台干漆夹苎非遗博物馆等；与工业产业发展相结合的有白鹤镇袜业博物馆、喷雾器博物馆、下洋顾创业展陈馆等；体现村史村貌的馆有10家，如临海尤溪人文展示馆、岙底罗历史文化展示馆等；与当地旅游资源相结合的有石文化博物馆、漩门湾农展贝雕馆等。其中民俗类博物馆占比较大，全市36家乡村博物馆中有10家民俗类博物馆，另外还有科普类、红色文化展馆。

2022年2至4月，我们每周抽一天时间，基本上跑遍了9个县（市、区）和集聚区，调研了大部分博物馆，发现了不少问题。我把主要问题概括为以下5个方面：

1.硬件方面：美感与艺术感不强，需要在色彩、灯光上予以调整和设计。比如民俗馆部分展陈可以更多元化，适当增加科技手段展示部分场景，形成传统与现代的反差。

2.展品内容方面：展览主题不够突出。要分类梳理，提炼出精品要素，形成逻辑体系。乡村博物馆提倡“一村一馆一品”的地方特色，特别是基本陈列展览应主题明确，与本馆特色相结合，突出馆地方特色。但是实际上，很多馆的展览内容与馆特色没有紧密结合，收藏与展示藏品不能够很好表现馆主题。建议根据展览主题，对展品进行分类、取舍。部分展陈内容与主题关联性不紧密的，可以设置一个临展，一年四季更换不同新展览，以吸引游客观众。

3.展陈方面：展陈内容及展示单元分块不清晰。要考虑展品的密度，适当留出空间。我们调研的大部分展厅的布置都偏满，有的满得不透气。展览逻辑性是博物馆展览的灵魂，没有系统梳理，展览的逻辑性就出不来，也不会强。博物馆不是仓库，不能不讲逻辑，一味堆砌藏品。要打造一个精品博物馆，展品的摆放应更科学、艺术化。

4.文字说明方面：欠缺或者不准确。大部分博物馆在前言、说明牌、辅助展品等方面存在缺少、定名不准确、信息量不足或错误等问题。

5.运行管理方面：乡村博物馆要有藏品管理、公共安全、安保消防规章制度和基本设施，有文物收藏或展示的场馆，须具备符合文物保护管理的基本条件。但是部分馆由于条件限制，没有库房，也没有先进的文物保管收藏等硬件设备。有些藏品随意堆在角落或挤在展示柜里。长期下来，藏品很容易因为温度和环境造成损毁。部分馆的公共安全、安保消防规章制度好未建立或者虽已建立但没有严格遵照执行，这样，藏品安全就更难保证了。

这些问题不是个别存在，而是普遍存在。有的馆不是只出现一两个问题，而是5个问题都占全了。在第一年启动乡村博物馆建设，大家摸着石头过河的情况下，克服这些问题，做好整改提高，才能为后续几年的建设打下坚实的基础。怎么做？我提三点要求：

一要高标准，严要求。切实杜绝马马虎虎，敷衍了事的应付心理，以正规博物馆的布展要求、展陈规则来衡量对照乡村博物馆，把要求设高一些，工作质量才能更高一些。针对展陈与主题关联性不密切问题。要进一步分类梳理，提炼精品要素，形成展览逻辑关系，突出馆主题与特色。特别是固定陈列展览，单元与单元之间要清晰，要把展陈内容与展馆主题紧密结合起来，让观众能判断分别。要进一步明确展陈主题，精准定位，牢牢抓住宣传、推广、宣教主题思想，重新调整陈列展品，重点突出鲜明的地域特色，以及世代相传的文化内涵。

二要不怕苦，不畏难。大部分乡村博物馆的产权都是私人的。面对整改要求，很多业主会以缺资金、没时间等理由搪塞。面对这种情况，就需要我们耐心做好思想工作，帮忙争取财政资金扶持。

三要多指导、多帮扶。这次的乡村博物馆推进会，除了分管领导和科长参加，我们还通知各地的博物馆馆长参加。为什么？因为乡村博物馆建设，业务指导的主力军就在我们各地博物馆里。博物馆馆长、业务干部，那么多懂业务的专业文博人才，要利用起来，点对点联系建设单位，手把手地指导建设和整改。这工作我在年初的分管局长会议上就强调过，但是上半年走了那么多的点，大部分都是局里文化遗产科在指导和跟踪，各地博物馆基本上没参与。一边是那么多问题需要整改；一边是那么好的人才没有利用起来。所以在今天的推进会上，我要求各地回去之后，要建立博物馆定点帮扶机制。前几年三门的公共文化服务上，创新建立了“乡村文化特派员”机制，我认为我们的乡村博物馆建设，也可以参考建立“乡村博物馆建设指导员”机制，一个人或者一个团队对应一个馆，下基层实地跟踪指导。

三、发挥效能，充分利用已建成的馆，助力乡村振兴工作。

乡村博物馆建设是促进乡村文化振兴的重要途径，在高起点规划、高标准建设后，如何实现高水平运营，切实发挥其保护乡村文化遗产、传承乡村优秀传统文化、推进乡村振兴的作用，是摆在我们面前的新任务。我认为，在乡村博物馆运营中，要突出公益性质，积极探索现代化运作模式，切实把乡村博物馆建成展示和传承优秀传统文化的重要载体，弘扬优秀传统文化、唱响新时代主旋律的重要平台。

（一）强化运营管理。乡村博物馆建好之后，要成立专业的机构负责运营管理，使其最大化发挥作用。可以在镇街道的统一指导下，村集体成立专门机构负责运营管理，选聘专兼职技术管理人员；也可以按照市场化运作模式，委托经营、承包经营和租赁经营。运营中，可选聘大学生村官兼职技术管理人员，招募志愿者兼任讲解员，还可从当地有名望的村民中选派热心公益事业、对乡村文化遗产有传承的村民参与管理。

（二）强化示范带动。2022年全省第一批通过验收的乡村博物馆中，评出一部分示范性博物馆，台州占了一家，就是我们今天参观的石塘镇海洋民俗馆。当然，今天参观的其他几个馆也各有特色。市里其他县（市、区）也有几个馆，虽然这次没评上示范性博物馆，但工作也做得很不错。我希望各地要多走动，互相学习借鉴先进经验，共同提高乡村博物馆建设水平。

（三）强化活动策划。通过策划开展一系列活动，让沉睡的文化遗产活起来，将文化遗产蕴含的深厚内涵及价值传达给广大游客，真正实现“情感互动”，使文化遗产内涵的精神深入人心。有条件的乡村博物馆要自加压力，开展历史文化研究、名家讲座、市民公开课、媒体宣传、展览等群众喜闻乐见的活动，挖掘、阐释文化遗产价值的基础上，构筑文化遗产场景，增强人们对文化遗产的理解、想象和体验。

四、超前谋划，做好明年建设任务的调查摸底工作。

全省1000家乡村博物馆的建设任务，本来是“十四五”的工作任务，后来五年任务两年完成，变成了2022年和2023年的工作。台州市今年创建36家，2023年预计接近50家，后面再做扫尾20家左右，这样用三年时间完成100家建设任务。2022年根据各地上报的调查摸底情况，我们分配了建设任务，少的2家，多的7家。2023年的任务，按照总数，在兼顾各地家底的基础上，大家都要再加，2022年建得多的少加一点，建得少的多加一点。不能让建得多的吃亏，也不能让一穷二白的无路可走。2023年的建设工作，可以说比2022年的更简单，也可以说比2022年的更困难。

说简单，是因为有两个有利的放宽因素，一是非国有博物馆可以纳入2023年建设项目。我相信各地都有一定数量的非国有博物馆，这些馆2023年可以列入的话，无疑是大大减轻了建设压力，也提高了建设的水平和档次。二是乡村博物馆的位置放宽了要求，原先选址只能在镇村，现在只要不是中心城区，街道和社区的都可以。这样可供我们挑选的余地大大增加了。

但是，说更难，也是对的，难是难在你要有实质性的建设和改造提升的动作。有些非国有博物馆本身比较完善，体量又大，很难再实施大范围的改造工作。系统录入时需要提供建设前后的对比，但是建设前的照片可能已经找不到了，就算找到，也不是2023年的现状，有被举报造假的风险。因此，我们说明年更难，难在哪里，就难在这个风险上。大家一定要做好提升工作，实打实地有建设的动作，规避造假的嫌疑。

因为时间关系，我就说这么多，最后一句话，乡村博物馆工作压力大，任务重，要求高，拜托大家一定要全力以赴。（2022年5月26日）

在丽水市文物安全工作会议上的讲话

丽水市人民政府副市长　卢彩柳

今天我们在这里召开文物安全工作会议，贯彻落实全省文物工作会议精神，研判当前文物安全工作形势及部署下步工作。下面，结合丽水实际，我就文物安全工作再强调四点意见。

一、要牢固树立保护文物也是政绩的科学理念

文物是不可再生、不可替代的珍贵资源，承载着一个地域、一段历史的根脉，背后蕴含着丰厚的文化内涵和精神价值。保护文物对于推进文化自信自强，建设社会主义文化强国具有重要意义。各级党委、政府历来高度重视文物保护工作。

国家层面看，党的十八大以来，以习近平同志为核心的党中央把文物工作提到了前所未有的高度，作出一系列重大决策部署。今年7月召开的全国文物工作会议，鲜明提出坚持“保护第一、加强管理、挖掘价值、有效利用、让文物活起来”的22字文物工作方针。这是我们今后做好文物工作的具体遵循。党的二十大报告也明确提出，加大文物和文化遗产保护力度。这些关于文物工作的重要指示、重要论述，为我们做好新形势下文物工作指明了方向，提供了遵循。

省级层面看，作为拥有“文化之邦”盛名的浙江，文物资源家底丰厚、类型齐全、特色鲜明。在此背景下，省委、省政府高度重视文物工作，把文物保护摆在突出位置。在召开的全省文物工作会议上，易炼红书记在批示中强调，要统筹推进文物保护与经济社会发展，守住安全底线，强化工作保障。王浩省长在讲话中指出，更大力度依法依规保护文物，把文物保护纳入相关规划，加强城乡建设中的文物保护，牢牢守住文物安全的红线、底线和生命线。2023年，浙

江还将全面启动“文博强省”建设，以更大力度推进健全文物安全责任体系，聚力推进文物安全大排查大整治大提升攻坚行动。

市级层面看，胡书记、吴市长一直以来高度重视文物保护工作。胡书记在市委文化工作会议上强调，要秉持对历史也是对未来高度负责的态度，高标准谋划建设“优秀传统文化保护传承示范区”。吴市长在市政府常务会议上对文物安全工作进行了专门研究强调，市委、市政府连续四年将文物安全纳入市对县综合考核重要内容，确保省对市、市对县（市、区）的文物保护责任层层落实，压力层层传导。

二、要准确把握丽水文物和文化遗产的安全形势

丽水是省级历史文化名城，其中龙泉、松阳分别是国家级、省级历史文化名城，文化遗存资源丰富、门类多样。全市拥有8185处不可移动文物位居全省不可移动文物数量第四位，其中全国重点文物保护单位17处，省级文物保护单位77处，市县级文物保护单位446处，认定的市首批革命遗址227处；列入人类非物质文化遗产3项，21项国家级非物质文化遗产；中国传统村落达到257个，数量居华东地区首位、全国第二，其中大部分传统村落同时也是历史文化名村。近年来，我们始终坚持“保护第一、加强管理、挖掘价值、有效利用、让文物活起来”的方针，扎实推进文物工作，取得一系列新的成绩。如出台了全省首部革命遗址保护类地方性法规《丽水市革命遗址保护条例》，大窑龙泉窑作为国家遗址公园入选国家文物局《大遗址保护利用“十四五”专项规划》；松阳“拯救老屋行动”作为全国低级别文物保护利用典型案例被写入2022年中央一号文件。

但令人遗憾的是，尽管文物保护工作不断强调、工作手段不断强化，还是出现了不如人意的情况。

一是文物安全主体责任落实不到位。表现在我市基层文物安全工作属地管理职责不明晰，基层组织作用发挥不足，责任压实不力，文物保护的最后一公里尚未完全打通。虽然各县（市、区）都将文物安全工作纳入地方政府年度考核评价体系，但考核内容不聚焦、分值占比低，对乡镇缺乏

规范和约束。

二是文物监管防护手段落后。我市登记的不可移动文物中，90%为砖、土木结构，居民生产生活与文物保护之间的矛盾长期存在，比如民居类建筑、廊桥、殿庙等，群众用火用电行为不规范难以避免。在此情况下，我们“人防+物防+技防”的防护网络却十分薄弱，政府主导、社会力量共同参与的群防群治格局尚未有效形成。

三是文物行政处罚问责追责机制不健全。2020—2022年，全市共发生文物违法案件11起，其中1起案件未结案。文物行政处罚与刑事司法的衔接机制尚未健全，执法过程中，一些同志怕碰硬、不敢碰硬，导致问责追责失之于宽、失之于软的现象仍然存在，对违法行为的惩治力度不够，无法形成“查处一个、震慑一片”的保护氛围。

三、要采取切实管用的实招全面提升文物保护水平

一是抓好文物安全隐患预防性整治。我们要牢固树立“治未病”思维，突出抓早抓小、落实落细，切实做好文物风险防范常态化管理。突出日常性检查，瞄准省级以上文保单位、民居类文物建筑、木结构类文物建筑、古墓葬及古窑址、革命文物等重点场所和薄弱环节，落实好本年度文物安全“回头看”及大排查大整治大提升攻坚等专项行动，对存在的违规用火用电等安全隐患开展地毯式排查，摸清问题底数，动态整治安全隐患，对重点文物建立“一点一策”机制。对于短期不能整改的重大隐患，要做好跟踪督办，严看死守，直至彻底整改。

二是打造立体化文物安全防护体系。重点强化“人防、物防、技防”应用，一方面，深度推进文物安全“四大工程”，不断完善文物安全风险隐患三色图，文物安全状况电子档案库和文物消防安全隐患整治清单，切实提升文物安全监管标准化水平。探索利用“天眼守望”卫星遥感服务等数字化手段赋能文物保护，提升文物安全监管智能化水平。另一方面，重视预防性修缮，持续推行文物“岁修”制度，以“小修小补”代替“大修大建”，通过日常保养维护来使文物保持良好状态。各地要进一步加大

对文物保护性修缮的力度，积极争取上级专项经费，补足地方投入，从优落实消防、安防设施配备，不断强化文物安全基础设施建设。

三是凝聚文物保护的最大社会合力。广泛开展文物保护知识普及，加强群众性文物保护组织建设，用好我们的“律师护宝团”，推动建立文物巡查群众队伍，把政府和社会力量“拧成一股绳”，让人民群众共同参与文物保护，共享文物保护成果，形成“人人都是文保员”的群防群治局面。同时，正确处理好文物保护与建设发展的关系，在保护的前提下，运用好我市“拯救老屋”与“红绿融合发展”等文保经验，将文物保护工作与文旅产业发展、共同富裕深度融合，推进文物安全工作的可持续长效运行，建立良性循环。

四、要从严从紧落实文物安全工作主体责任

文物安全是一项系统性的长期工作，永远在路上，容不得半点的闪失。文物保护和传承，不仅仅是文物部门或文物系统的工作，而是各级各部门的责任和义务。

一是强化组织领导。各地各有关部门要切实将文物安全摆在首要、突出位置，进一步提高政治站位，着力构建文物安全联防联控机制，定期会商、研究处理文物保护工作中出现的重点难点问题，结合地方实际与年度工作要求，认真谋划形成各自的实施方案。

二是强化责任落实。各级政府要持续完善文物安全责任落实机制，继续将文物安全纳入地方政府年度考核评价体系、纳入意识形态专项检查，不断强化政策支持、人才支撑、资金保障，确保文物安全主体责任、监管责任和直接责任落实到位。

三是强化肃纪问责。文物安全既是政治责任，也是法律责任。要深入开展文物安全专项督查，始终保持严厉打击文物犯罪高压态势，将重大文物安全隐患进行挂牌督办或纳入“问题清单”，对重大文物违法案件和事故严肃追责问责。对不依法履行职责、决策失误、失职渎职等导致文物遭受破坏、失盗、失火并造成损失的，要严肃追究有关领导和人员的责任。

文物承载灿烂文明，传承历史

文化，维系民族精神，是老祖宗留给我们的宝贵遗产，是加强社会主义精神文明建设的深厚滋养，在经济社会发展中有着不可替代的重要作用。文物安全是做好文物保护利用的永恒课题，守护文化遗产是我们的神圣使命和光荣职责，我们要以对历史负责、对民族负责、对人民负责的态度，勇于担当、主动作为，力争在文物安全工作上做出丽水亮点，为全省提供丽水经验，让遗产在奋进的伟大时代里绽放光彩！

创建革命文物“红绿融合”示范区的专题讲话

丽水市文化和广电旅游体育（文物）局局长　吴飞飞

绿色是秀山丽水最动人的底色，而红色是革命丽水最鲜明的印记。作为浙江唯一的所有县（市、区）均是革命老根据地县的地级市，过去的过去，丽水坚持以23年持续不断的革命斗争，缔造了“忠诚使命、求是挺进、植根人民”的浙西南革命精神，也留下了丰富密集的革命文物和红色资源；如今的如今，丽水积极以浙西南革命精神“注魂、赋能、立根”，持革命老区的“勇、特、韧”争当改革尖兵，突出丽水优越的绿色生态资源和深厚的历史文化底蕴，以及丽水浙西南革命老区（全国12个革命老区之一）被纳入国务院《关于新时代支持革命老区振兴发展的意见》，5个县被纳入全国第一批革命文物保护利用片区分县名单，全省9大革命文物保护利用片区中2大片区主要在丽水、2个片区涉及丽水等红色资源优势，立足革命文物保护利用，瞄准改革中的突出问题与薄弱环节，在红色资源价值转化、生态产品价值实现以及“红色浙西南、绿色新丽水”金名片打造等方面有突破、有成长、有收获，在护好红色文物、用好红色资源、守好红色根脉、传好红色基因，推进革命老区共同富裕上先行示范，奋力书写新时代革命文物工作新篇章，着力实现“革命代代如潮涌”。

一、守正立根，率先创新红色根脉守护工作，持续深化浙西南革命文物研究阐释与基础保护

高质量践行落实。抓全省首部革命文物地方立法《丽水市革命遗址保护条例》的贯彻落实，开展丽水首批革命遗址认定工作，组建专家委员会，尤其针对丽水市占比80%以上的未定级、非文物革命遗址，认真组织研究建议名单、确定产权关系、划定保护范围，目前已形成394处革命遗

址认定材料，完成县级建议名单公示工作，同时联合律师事务所打造律师“护宝团”，做好普法宣传工作；配合党史部门建设“丽水市革命遗址数字智治应用”，完善革命遗址保护利用现代化手段。

跨区域统筹保护。在全省率先谋划全域行动，编制《浙西南革命文物保护利用规划》，上线“全市革命遗址数字地图”，构建“一圈、一片、多点”的总体框架，立足集中连片保护，谋划打造九大特色保护利用片区，实施丽水中共浙江省委机关旧址保护修缮工程等一批革命文物保护利用工程，提升革命文物安全防护水平，建立全域统筹、跨区域联动、各县（市、区）整合利用的三级展示利用平台。

深层次研究阐释。持续开展革命文物资源专项调查，范围涵盖见证社会主义建设时期、改革开放时期和新时代重大改革、重大成就等革命印记，深入挖掘丽水浙西南革命在全国革命脉络中的特殊贡献点，加强浙西南游击体系的研究阐释，深化诠释“百年红色”。

二、转化赋能，持续探索红色资源转化路径，绿色推进浙西南革命文物活化利用与融合发展

精准至点，创新探索实施“革命文物+”战略。立足于“让文物活起来”以及“物质与精神”两个层面的双推进、双丰收，精准落位提升革命文物展示水平、强化革命文物教育功能、拓展革命文物利用方式，累计点亮浙西南革命文物“金名片”22张、打造革命遗址红色体验点533处、培育红色讲解员100余名，创成红色示范乡镇44个、红色示范村135个，成功推出一批“红色文化+经典文创”“红色文化+民族风情”“红色文化+健康养生”等特色发展范例，进一步推动实现革命文物的“文化+经济+社会+生态”综合效益。

串线成面，融合激活革命文物转化动能。坚持保护优先和融合发展相结合、教育传承和综合效益相结合、统筹规划和改革创新相结合基本原则，探索品牌引领、红绿融合、跨山统筹、问海借力、体制创新五大路径。2019年以来，丽水市以革命文物为载体，开发红色研学路线103条、

打造红色旅游精品线路10条、开展各类红色教育活动2.1万场次，推出《烽火浙西南三部曲》红色沉浸式情境体验项目及“泉湖少年”等研学品牌，推出“红色”乡村博物馆定制游线路，争取在“十四五”期间规划建设浙西南革命老区公园以及创成2个以上4A级红色文化主题旅游景区，进一步推动革命文物资源价值转化串点成线连面，形成良性运营纽带。

群策群力，多元投入提升革命文物转化效率。坚持顶层设计、顶格推进，建立浙西南革命精神弘扬践行活动领导小组，把革命文物保护利用作为核心工作，于全国首创红色资源价值转化政策体系，编制出台《浙西南革命精神弘扬和红色资源价值转化规划》《浙西南革命文物保护利用和红色旅游发展计划》，以政策为先导、项目为支撑唤醒红色资源。加强多元投入，在全省率先谋划“未定级”革命文物保护利用工作，将丽水市90%以上比例的低级别、未定级革命文物纳入“县乡政府奖励补助、群众和社会多元捐助投入”统筹保护与管理；与省农信联社丽水办事处达成“微改易贷”战略合作协议，获得100亿元“微改造、精提升”授信额度，为革命遗址微改造提供有力资金保障。

三、革新注魂，抢抓“红绿”融合发展先机，探索建设浙西南革命文物“两山”理论实践转化与全国共富示范新高地

提高站位，强化“红绿融合”统筹谋划。市委书记亲自挂帅“浙西南革命精神”弘扬践行、市长领衔负责丽水红绿融合发展文物保护利用示范区创建，将革命文物尤其是低级别、未定级革命文物的跨山统筹保护利用作为重要切入口，探索形成加快跨越式高质量发展的丽水路径、绿色发展生态惠民的丽水示范、以共同富裕为导向持续增收的丽水经验、民生福祉普惠共享的丽水温度、精神自信自强的丽水高地、社会和谐和睦的丽水样板。

注重实效，打造革命老区共富样板。作为全国首家生态产品价值实现机制试点市，丽水浙西南革命老区率先在全国开展生态产品价值实现机制探索实践，启动全国红绿融合示范区建设，累计实施76个重点项目，总投资373亿元；发布全国首个红色乡

村建设市级地方标准，实施红色乡村振兴三年行动计划；以“山”字品牌赋能山区，用革命老区生态资源、红色资源带动地区产业发展，探索出一条“两山”转化的有效路径，如山水古镇遂昌县王村口镇，依托革命纪念建筑群等重要文物载体和乌溪江等山水资源，大力发展红色旅游和红色教育，创成全省首批5A级景区镇，近三年共接待各类培训班和游客40万余人次，实现经济收入2.1亿元，助力农民人均收入每年按9.6%递增；“丽水山居”品牌以年接待游客2661万人次、实现25亿元营收的生动实践，让多个空心村成网红村，丽水浙西南革命老区“红绿生金”建设探索一度成为全国焦点。

打开格局，迎接时代丽水改革新局。聚焦青年发展型城市建设，探索开发“红色云展览”“红色全景旅游”“红色剧本杀”“革命文物密室探案”等更多年轻态、活力范、时尚感的革命文物展示利用方式和红色旅游产品。主动融入全国红色文化发展格局，融入长三角一体化、长江经济带等国家战略，连续四年举办浙西南革命精神论坛，主动承办浙江省长三角红色文化旅游宣传推广活动，积极参与“红军长征论坛”，联动四川泸州等地策划推出“红旗漫卷 泸丽相连——红军挺进浙西南革命文物泸州展”等红色展览，以红色文化为纽带，在结对帮扶、红色旅游、教育研究等多方面深入开展区域合作，努力将优质资源“引进来”，助力浙西南革命老区发展，也让老区资源“走出去”，开阔视野的同时为新时代红色资源价值转化提供“丽水经验”。

（2022年9月19日）

全省文物工作概况

概 况

2022年，在省委、省政府领导下，全省文物系统深入学习贯彻党的二十大精神和习近平总书记关于文物工作重要论述精神，认真贯彻落实全国文物工作会议、省第十五次党代会、省委文化工作会议等重要会议精神，担当作为、砥砺奋进，推动文物事业高质量发展取得亮眼成绩。

【高站位、强谋划，开启文博强省建设新征程】省委、省政府高规格召开全省文物工作会议，省政府与国家文物局签订全面战略合作协议，《关于全面加强新时代文物工作打造文博强省的意见》《关于让文物活起来扩大中华文化国际影响力的实施意见》等重要文件印发实施。

【融大局、推改革，推进重点工作取得新成效】超额完成2022年度省政府十大民生实事之乡村博物馆建设任务，验收认定乡村博物馆464家；推动上山文化遗址群申遗工作取得实质性进展，省政府成立上山文化遗址保护和申遗工作专班，并两次召开例会；推动文物数字化改革和科技创新取得重要成果，“浙里文物”应用被列入2022年全省重大改革（重大应用“一本账S2”）目录，“良渚5000+”应用等获评全省数字化改革最佳应用。

【精布局、强管理，抓好业务工作收获新成果】考古工作成果丰硕，实施主动性考古项目13项、配合基本建设项目的考古调查、勘探项目1614项，其中温州朔门古港遗址取得重大发现；博物馆建设管理成效显著，一批重要文博场馆建成开放，全省登记备案博物馆总数达435座，数量居全国第二；文物保护管理扎实推进，组织开展“三普”登录文物全面复核和第八批省级文保单位申报遴选工作，印发全国首个省级高校文物藏品管理办法；革命文物保护利用稳中有进，举办“革命文物青年说”活动，革命纪念馆发展实践经验在“中国革命纪念馆高质量发展峰会·2022”上作介绍。

【除隐患、守底线，强化文物安全监管实现新提升】“文物安全整治年”行动高效有力，深入开展全省文物安全大排查大整治大提升攻坚等行动，在文物安全隐患整治、文物违法案件督查、打击文物犯罪等方面取得显著成效；文物平安工程深入实施，有效督导各地加快文物安全防护设施设备建设，省级以上文物保护单位安全防护设施设备覆盖率明显提升；文物安全群防群治格局不断完善，组建省级文物安全银盾督查队并常态化开展文物安全巡查，成立丽水“律师护宝团”等护宝志愿者队伍30多支。

【聚合力、重赋能，推动文物活起来彰显新活力】文博主题展览有声有色，“稻·源·启明——浙江上山文化特展”“盛世修典——‘中国历代绘画大系’成果展”亮相国家博物馆，在全国博物馆十大陈列展览精品推介中获“大满贯”；考古遗址公园建设有新突破，安吉古城考古遗址公园晋级国家考古遗址公园，3家考古遗址公园被列入立项名单；文物价值阐释传播有新作为，《中国历代绘画大系》历时17年圆满完成并全部出版，《越地藏珍——浙江馆藏文物大典》《浙江考古与中华文明》丛书（第一辑）出版，“中国丝绸艺术大系”编撰启动，实施宋韵文化传世工程，编制宋韵文化博物馆建设方案，建设宋代文物数字资源库，举办相关展览和宋韵数字策展大赛；文博文创改革有新进展，推出“五百五千·百县千礼”浙江省博物馆文创产品大赛，“良渚文化”系列文创品牌影响力持续扩大；文物事业社会化发展有新气象，“跟着考古去旅游”“诗画浙江宝藏游”“民间收藏文物公益鉴定咨询”等活动深入开展，永嘉县启动“百家修百屋”护宝行动。

【夯基础、强力量，强化文物工作基础支撑成就新高度】机构队伍建设持续加强，新增文物保护机构（包括行政科室和事业单位）10家，新增行政和事业编制170多个；人才培养机制不断完善，与浙大城市学院共建全省首个考古学系，举办全省文物管理干部培训班等培训班十余期，培训各类人才超1万人，涌现出一批先进集体与优秀个人；法治建设与依法行政工作更加扎实，2案例分获2022年度全国文物行政处罚“十佳案卷”“优秀案卷”，全年办理行政审批及其他对外管理服务事项420多项；文物事业影响力持续扩大，开展“新时代浙江考古十大发现”“新时代浙江考古重要发现”“2022年度浙江考古新发现”等评选，主题宣传活动形成强大声势，自有宣传平台建设不断加强，制作、推出“浙江考古与中华文明”等新媒体、融媒体精品，中国丝绸博物馆《8K看纹样里的中国》视频获“2022年度中华文物全媒体传播精品（新媒体）推介项目”。

【重学习、强党建，筑牢思想根基开拓新境界】认真落实“第一议题”学习制度，召开全局干部大会12次、局党政联席会议18次；做好习近平总书记重要指示批示贯彻落实情况“回头看”工作，建立传达学习、跟踪办理和台账管理机制；深入学习、宣传、贯彻党的二十大精神，印发通知，召开专题学习会，汇编学习资料，并组织文博机构举办主题展览和主题征文等活动；全面加强机关党建，压实全面从严治党主体责任，加强党员干部思想政治教育，局主要领导、局党总支书记、各支部书记为党员上党课，常态化开展谈心谈话；落实意识形态工作责任制，严格审核文物展览展示和宣传传播产品；定期开展政治生态、党风廉政建设季度分析，完善党风廉政闭环管控机制，层层签订党风廉政建设责任书，牵头组织省级文博片党风廉政季度分析会2次，制定“五张责任清单”，走访调研或明察暗访省级文博单位、厅属其他单位17家/次，提出整改建议13条，营造良好政治生态。

机构与队伍建设

【机构队伍建设】新增文物保护机构（包括行政科室和事业单位）10家，行政和事业编制170多个。绍兴市增挂文物安全监管处、革命文物处牌子，绍兴市考古所增挂文保所牌子，成立宋六陵考古遗址公园保护中心，增加编制13名。浦江县建立正科级事业单位——上山遗址管理中心（上山文化研究中心），核定编制16名。

【专业人才培养】完善人才培养机制，与浙大城市学院共建全省首个考古学系，招收第一批30名本科生，首届学生录取分数位列该校各专业第二。完成省文物考古研究所第一轮大规模招聘（25人）。支持台州市文物局、临海市人民政府、临海市古建筑工程有限公司与台州学院共建大树文物与历史建筑学院。继续实施文博人才新鼎计划，培养新鼎计划优秀青年文博人才16人。举办各类培训班十余期，加强专业队伍建设，培训文博人才超1万人。

【取得荣誉】杭州良渚遗址管理区管理委员会获全国五一劳动奖状，中国丝绸博物馆技术部获全国文物系统先进集体，严洪明、王结华、张斯鸿获全国文物系统先进工作者，赵丰当选新一届国际博协执委，曹剑入选“全国最美文物安全守护人”，方向明入选第五批省高层次人才特殊支持计划人文社科领军人才，郑嘉利入选全省宣传系统“五个一批”人才，孙国平入选浙江省担当作为好干部，蒋乐平入选“最美浙江人·浙江骄傲”，周永良等4人入选第三届“最美浙江人·最美文旅人”。

文物安全监管

【文物安全整治】开展全省文物安全大排查大整治大提升攻坚行动，加强文物安全督查，督导整治文物安全隐患8566处，依托“七张问题清单”督办重大文物安全问题11项。牵头多部门组成5个督查组，前往11个设区市及所属27个县（市、区），专项督查地方文物安全责任落实和文物安全整治年重点工作推进情况，实地随机抽查文物保护单位和博物馆53处，发现并督促问题隐患整改215处，召开座谈会11次，形成督查报告报省委督查室、省政府督查室。

【文物安全监管】制订《全省石刻文物拓印安全管理专项整治工作实施方案》，开展专项整治，实地督查5个设区市、7家国有博物馆、6处省级以上石刻类文物保护单位的文物拓印专项整治工作落实情况。推进全国文物火灾隐患整治和消防能力提升三年行动、全省民居类文物建筑消防安全三年整治行动，出动49424人次，检查文博单位38607家/次，发现火灾问题隐患9199处，整改到位8566处。强化重大火灾风险整治督导力度，联合省消防救援总队对存在重大火灾隐患的16处文物保护单位提请省消安委实施挂牌督办。

【文物平安工程】针对省级以上文物保护单位安全防护设施设备覆盖率不高，制定整改方案，明确整改措施、改正时限和责任单位。印发《关于进一步推进文物安全防护设施设备建设工作的通知》，召开全省文物安全防护工程实施推进会，督导地方加快推进文物安全防护设施设备建设。指导各地做好文物安全防护工程项目库储备，加强事前审批、事中监管和事后验收，审核文物安全防护工程实施计划项目99个，核准项目设计方案107个，竣工验收项目57个。组织专家技术指导博物馆重点建设项目80多次。

【文物安全巡查】组建省文物安全银盾督查队开展常态化巡查，全年出动605人次，涉及11个设区市、80个县（市、区），累计行程近10万公里，抽查文博单位264家/次，发现文物安全隐患及问题652条，助力全省文博单位实现检查覆盖率100%。

【完善群防群治格局】组建丽水“律师护宝团”、宁波市鄞州区“金鄞花护宝队”、温州市瓯海区“民营企业家护宝队”、舟山“东海渔嫂”护宝员队伍。绍兴市柯桥区文物“护宝”志愿队获省政府办公厅表扬，杭州、宁波、金华等地引入第三方机构，开展文物安全检查评估。

文物执法督查

【加强执法督察】印发《关于进一步加强省级以上文物保护单位执法巡查工作的通知》，督促各地文物执法机构关口前移、加强文物执法巡查。持续推进文物法人违法案件三年专项整治行动，立案查处文物行政违法案件27起，其中涉及文物法人违法案件22起，对14起重大文物法人违法案件进行重点督办。组织全省文物行政处罚案卷评查，2案卷分获年度全国文物行政处罚十佳案卷和优秀案卷，省文物局获“优秀组织单位”，获奖等次和数量居全国前列。

【打击文物犯罪】与省公安厅联合印发《关于加强文物安全防范和打击文物犯罪有关工作的通知》，开展打击防范文物犯罪专项行动，协助侦破文物犯罪案件141起，抓获犯罪嫌疑人702人，摧毁犯罪团伙39个，追缴文物3877件。在全国打击防范文物犯罪专项行动推进部署电视电话会议上作典型发言。

文物保护与利用

【文物保护单位管理】系统梳理全省文物保护单位资源，形成第八批省级文物保护单位申报推荐名单并提请省政府批准公布；配合国家文物局复核全国重点文物保护单位、省级文物保护单位基础信息，同步开展全省“三普”登录文物复核和重点复查；盘点山区26县文物资源并编制文物发展利用规划。评估、调整全省省级以上文物保护单位保护范围和建设控制地带，推动实现文物保护单位空间信息纳入国土空间规划“一张图”精准化、精细化管理；做好省级文物保护单位修缮许可审批下放后的事中事后监管，组织施工中期检查十余次、验收工程52项，完成《浙江省文物保护工程检查管理办法》《浙江省文物保护工程竣工验收管理办法》初稿并征求意见。推进石窟寺石刻文物保护利用，举办“石窟寺造像的保护和艺术价值”线上论坛和全国石窟寺田野考古和考古报告编写研修班，编制完成《浙江省石窟寺及石刻保护利用专项规划（送审稿）》；遴选全省古代名碑名刻文物推荐项目60处，摸底全省碑刻石刻文物资源并完成调查报告，组织审查飞来峰造像保护修缮第四期工程前期勘察研究实施方案、岳飞墓石质文物保护修缮设计方案。开展首届“匠心杯”浙江省优秀文物保护工程项目评选。基本完成国家文物局试点项目——兰溪诸葛村民居文物建筑预防性保护。永嘉县启动“百家修百屋”护宝行动，计划5年内实现全社会文物保护利用投入5亿元以上。

【世界文化遗产保护】推进大运河保护顶层设计，编制《浙江省大运河世界文化遗产保护管理规划（送审稿）》并呈报省政府；向省人大提交《浙江省大运河世界文化遗产保护条例实施情况报告》；完成大运河文物监测预警国家级数据库及总平台——浙江省试点、浙江省大运河世界文化遗产监测预警系统、大运河嘉兴段监测预警系统终期验收，上线“浙江省大运河世界文化遗产监测系统”，实现运河数据一个界面集成和国家、省、市、县4级贯通；举办第二届浙江大运河世界文化遗产宣传周活动，直播观看总人数突破164万；推进大运河国家文化公园文物保护项目，甬道、荷花池驳岸修缮工程及丝业会馆、刘氏梯号后楼东厢房修缮工程竣工。持续推进良渚古城及外围水利系统年度主动性考古发掘并取得阶段性成果：完成张家山遗址发掘，在良渚古城南部的南王庙、凤凰山遗址发现一批良渚文化时期遗迹；继续对良渚古城郊区聚落开展全覆盖式勘探，勘探面积200万平方米；老虎岭考古遗址公园正式开放；编制《良渚博物院二期项目方案》。修编《西湖文化景观保护管理规划》《西湖风景名胜区总体规划》，西湖世界文化遗产保护管理实践经验被宣传推广。持续推动上山文化遗址群申遗等工作，成立省上山文化遗址保护和申遗工作专班，召开两次工作例会，6个遗址分布所在县（市）签订联合申遗合作协议，编制《上山文化遗址保护和申遗实施方案（2022—2025年）》，由省政府办公厅印发，发布《2022年上山文化遗址保护和申遗重点工作任务分解表》，推动多处上山文化等考古遗址公园建设，联合编制《长江中下游早期稻作农业社会的形成研究（2023—2032年）》《长江下游区域文明模式研究（2021—2025年）》并被列入"考古中国"重大项目；建立动态申报预备项目梯队，推动江南水乡古镇、海宁海塘·潮文化景观等世界文化遗产申报储备项目相关工作。杭州、温州加入海上丝绸之路保护和联合申报世界文化遗产城市联盟。

【服务发展大局】推进长江国家文化公园建设，组织我省长江文物调查，参与编制长江（浙江部分）国家文化公园建设保护规划；实施以"四条诗路"和"大花园"建设为主线的标志性项目，出版《浙东唐诗之路沿线文物古迹调查报告》，提交《瓯江山水诗之路沿线文物古迹调查报告》初稿，推进诗路文化遗产保护和修缮，完成临安城遗址——德寿宫遗址保护展示工程及一批修缮工程；参与"千年古城"复兴计划，配合编制第二批"千年古城"复兴综合规划，提高文物保护利用水平；协同做好历史文化名城、名镇、名村（街区）申报和保护，开展历史文化名城名镇名村保护规划编制，配合编制《浙江省历史文化保护专项体检评估导则》《关于在全省城乡中加强历史文化保护传承的实施意见》；协同做好全省第七批历史文化名镇、名村（街区）申报；2处考古遗址公园入选全省第二批大花园耀眼明珠名单；完成《宋韵文化遗址保护行动子方案》，实施浙江宋塔调查研究与数字化记录项目，加快浙江文化标识建设。

考古与大遗址

【考古发掘】加快基本建设考古前置改革，落实"先考古，后出让"政策机制，完成工业用地文物保护区域评估，编制《浙江省土地储备考古前置管理规定（送审稿）》。开展配合基本建设项目的考古调查、勘探项目1614项、发掘项目146项（其中主动性考古项目13项），考古勘探面积31.91平方公里，考古发掘面积14.76万平方米，出版考古报告和研究成果43册。申报2023年度主动性考古发掘项目14项。温州朔门古港遗址取得重大考古发现，填补我国相关领域空白，为研究古代海上丝绸之路提供重要支撑，获国家文物局"考古中国"重大项目发布会推介，入选中央广播电视总台2022年度国内十大考古新闻。衢江西周高等级土墩墓群入围2021年度全国十大考古新发现终评。

【大遗址保护与利用】安吉古城考古遗址公园被评定命名第四批国家考古遗址公园，首创"政府主导+社会投资+专家坐堂"模式，入选"全国十佳文化遗产旅游案例""浙江省第二批大花园耀眼明珠""浙江省第二批文化和旅游促进共同富裕最佳实践案例"，获"全球世界遗产教育创新案例奖"。浦江上山考古遗址公园、余姚河姆渡考古遗址公园、绍兴宋六陵考古遗址公园列入第四批国家考古遗址公园立项名单。审批仙居下汤遗址、荷花山遗址保护规划，《黄岩沙埠窑遗址文物保护规划》《宋六陵保护规划》获省政府批准公布。湖州市昆山考古遗址公园完成投资8000余万元。

【考古机构建设】支持省文物考古研究所争创世界一流考古机构，完成建设和发展规划方案，新增编制59名、总编制数达120名。温州市挂牌成立文物考古研究所，核定事业编制20名。加快省地共建全省文物考古协作平台，形成"一主五中心十个以上工作站"的考古工作平台体系，省文物考古研究所浙西工作站（衢江）、下汤考古工作（仙居）站、浙西古建筑保护研究中心（龙游）挂牌运作，考古工作站增至13个。持续推进省考古与文物保护基地项目建设，获中央预算内投资补助资金900万元。承担国家文物局《国家重点区域考古标本库房建设指南》制定工作。

革命文物保护与利用

【资源调查与规划】制定《革命文物守护弘扬工程实施方案》，明确2022—2027年革命文物工作主要路线和主要任务。完成《革命文物保护利用浙东片区保护规划项目计划书》《革命文物保护利用闽浙赣片区保护规划编制实施方案》，推动革命文物连片保护、整体展示、融合发展。系统开展革命文物和相关史料调查征集，完成全省革命文物资源情况调查报告；开展全省第二次革命文物名录专项调查，基本完成名录征集；组织红色标语类革命文物、抗美援朝史迹等专项调查活动，实施革命文物三维影像采集及不可移动革命文物规范图纸测绘，完成全省革命文物资源数据库建设。

【革命文物保护】提升革命旧址开放水平，完善重要革命纪念地设施建设，《浙江革命纪念馆发展实践》在全国革命纪念馆高质量发展峰会上作典型交流。加强革命文物领域重点项目建设和指导，协助中国共产党浙江历史展览馆建设，指导验收省级文物保护单位平阳抗日救亡干部学校旧址等革命文物修缮工程。9家单位列入中央补助地方革命类博物馆、纪念馆免费开放名单（革命历史类2家、综合类7家）。安吉余村“两山”会址保护利用和“山河赤子心·岁月峥嵘行——鲁迅与共产党人”红色主题宣教活动入选第三届（2021）全国革命文物保护利用优秀案例。

【革命文物利用实践】参加国家文物局“见证新时代”主题活动征集，6件物件入选《见证新时代》一书。推动革命文物与新时代高校思想政治教育工作融合发展，加强青少年思政教育平台建设，嘉兴南湖中共“一大”会址、安吉余村“两山”会址、浙江革命烈士纪念馆、新四军苏浙军区旧址4家单位入选全国首批“大思政课”实践教学基地。实施革命文物弘扬传播工程，开展“革命文物青年说”“革命文物进高校”“革命文物数字云展”等系列活动，累计推出20期“文物新语红动之江”和“寻访镇馆之宝”系列短视频，上线50个革命文物数字展览。

博物馆工作

【博物馆建设】全省登记备案博物馆435家（国有184家，非国有251家），数量居全国第二，等级博物馆72家，数量居全国第三。推进德寿宫遗址保护展示工程，南宋德寿宫遗址博物馆建成开放。组织浙江省博物馆之江新馆展陈方案审查，推进一批县市级新馆建设项目。浙江自然博物院在全国率先推出“24小时博物馆”，被中纪委官方网站专题报道。中国丝绸博物馆首创国有博物馆走进城市商业中心办展馆模式。开展省政府年度十大民生实事之一的乡村博物馆建设，召开全省民生实事视频会议，制定出台《浙江省乡村博物馆建设指南（试行）》，举办乡村博物馆建设业务培训班和全省乡村博物馆讲解员（一期）培训班，开设“浙里看乡村博物馆”宣传专栏，制定“一馆一策”结对帮扶内容，创建乡村博物馆464家，超额完成年度任务，并推进、指导一批博物馆的景区化建设。配合国家文物局编制《中国特色世界一流博物馆创建管理暂行办法》《中国特色世界一流博物馆遴选标准》《中国特色世界一流博物馆评分细则》《中国特色世界一流博物馆创建申请书》等相关文件。75家县级国有博物馆均建立以理事会为主要形式的法人治理结构。

【博物馆展陈】举办临展1352项、入境展览13项、出境展览5项，接待观众3445.6万人次。宁波市奉化区博物馆“山海交响——奉化历史文明展”获第十九届全国博物馆十大陈列展览精品奖，南湖革命纪念馆“红船起航——南湖革命纪念馆基本陈列”获特别奖，浙江自然博物院“福禄寿喜·美好生活——中国吉祥文化特展”、中国文物保护技术协会（中国丝绸博物馆策展）“万年永宝：中国馆藏文物保护成果展”、杭州博物馆“红色印记1921—2021：潮起钱塘——庆祝中国共产党成立100周年特展”获优胜奖。浙江省博物馆被授予2022年“全国最具创新力博物馆”。南湖革命纪念馆“红船起航——南湖革命纪念馆基本陈列”、绍兴博物馆“山河赤子心·岁月峥嵘行——鲁迅与共产党人专题展”获“弘扬中华优秀传统文化、培育社会主义核心价值观”年度主题展览项目前20重点推荐。10个展览入选“新时代博物馆百大陈列展览”。中国丝绸博物馆“明之华章”项目获国际博物馆协会服装专委会60周年奖二等奖。良渚博物院“一起：寻找文明之光”计划获2022“全球世界遗产教育创新案例奖”。“稻·源·启明——浙江上山文化考古特展”“盛世修典——‘中国历代绘画大系’成果展”在国家博物馆展出，受到关注。“浙江考古与中华文明：浙江青瓷巡礼”云展全球版在十余个国家开展。

【可移动文物保护与文创】开展馆藏品管理专项检查，指导市、县博物馆完成馆藏文物保护修复及一级文物借用备案，协调馆藏文物定级鉴定。完成可移动文物资质年报，做好可移动文物修复单位资质申报相关咨询服务。举办浙江省博物馆年度文创产品大赛，评选优秀文创产品100件/套，举办《2022年全省博物馆百佳文创产品联展》。良渚博物院自主研发文创产品百余款，与企业达成品牌合作，推出联名产品90余款，《良良和汶汶》《良良的申城之旅》等绘本读物出版并获全国文博社教优秀案例，

【文物科技保护】完成2023年度全省文物保护科技项目评审，22个项目立项，浙江自然博物院《浙江省生物多样性保护关键技术及应用》、浙江省博物馆《冷冻干燥稳定出土饱水木质文物技术研发和应用》分获浙江省科学技术进步奖二、三等奖。30个省文物保护科技项目通过结项验收。召开纺织品文物保护国家文物局重点科技基地学术委员会会议，承办丝绸之路文物科技创新联盟“合作文物科技创新，保护丝绸之路遗产”高峰论坛。推进“传统村落保护适宜性技术和活态利用策略研究”等国家重点研发计划项目、课题研发

及验收相关准备；组织中国丝绸博物馆牵头申报“皮革制文物劣化机理与预防性保护策略研究”项目，获国家重点研发计划“文化科技与现代服务业”重点专项立项。“文物指纹”项目开展应用试点，完成512件/套文物的数字采集，并入选省科技厅2023年度“尖兵”“领雁”研发攻关计划项目。

社会文物管理

【审核与管理】新增文物拍卖企业3家，审核文物拍卖会127场次，标的87947件/套，撤拍标的1382件/套，联合研发的“大数据智能监管平台——文物拍卖标的智能辅助预审系统”正式上线运行。开展高校文物鉴定评级工作，为中国美术学院鉴定文物2188件/套，与省教育厅联合印发全国首个省级高校文物藏品管理办法《浙江省高等学校文物藏品管理办法（试行）》。

【公益鉴定】根据国家文物局等9部门意见，推进社会文物流通监管、保护利用、鉴定收藏等惠民富民工作，在浙江省文物鉴定站、浙江省博物馆、杭州市文物公司3家单位设立民间收藏文物公益性鉴定咨询服务点，常态化开展民间收藏文物公益性鉴定咨询服务51场次，接待鉴定咨询586人次，鉴定咨询器物4054件。

数字化改革

【文物数据治理】建设省级文物系统相关数字化平台，基本完成全省文物资源数据归集，接入数据1899万条、图片类8万余条，以及省级GIS系统、省级文物安全监管项目、文物保护项目、浙江博物馆、揭榜挂帅白蚁场景等业务系统。完成省级“四有”“两划”“三普”、文物保护工程等系统及杭州、宁波、嘉兴等地市文物数据的清洗与结构化治理，形成文物基础数据库等8个主题库、库表150张、文物数据342万条，包括不可移动文物76665处（基本实现全省全覆盖），可移动文物72023件/套；横向与省级相关平台，纵向与地市共享数据20余次；基于文物数据治理成果，制定《“浙里文物”数据共享规范》，作为地市申请数据标准下发。

【应用场景开发】针对文物安全领域，把以文物事项协同为核心的智联中枢应用于多类场景，打造事项协同“申请、办理、协同、处置、预警、催办、督办、分析”一体化全生命周期管理新模式，实现横向跨部门事务联动、纵向省市县多级贯通、任务全流程闭环、业务高效流转，形成业务办理体系重构、流程再造和制度重塑。印发《加快推进全省文物安全应用场景试点建设的通知》，开展试点建设“揭榜挂帅”项目征集，确定8个赛道的应用场景试点项目22个，推进试点地区试点项目建设与验收。杭州余杭区“良渚遗址5000+”应用获评全省数字化改革最佳应用，杭州市“钱塘BAO物”、宁波市“文物甬安”、泰顺县文化遗产（廊桥）保护监管、兰溪市不可移动文物智慧监管一件事等应用入选数字文化系统优秀应用，杭州市临安区文保天目数字孪生入选全省文化和旅游数字化改革最佳应用。数融展示利用应用（移动端）数字藏品模块V1.0、数字展览模块V1.0、人人策展模块V1.0上线，完成数融展示3d云设计工具V1.0，开发全景云编辑工具V1.0并投入使用。已入策展库的数字文物达3300余件，完成全省一级馆展厅空间数字化库14个。

【文物安全智慧监督】“浙里文物”应用被省委深改委列入2022年全省重大改革（重大应用）“一本账S2”目录并正式上线，初步完成相关功能模块，形成“一图一库一窗一网”。迭代文物安全智慧监管应用，入选2022年度数字文化系统优秀应用，在数字化推进大会上作汇报演示。初步构建文物安全分级分类智慧监管新模式：开展卫星遥感监测技术在文物保护方面应用的调研和论证，研发上线文物法人违法防治应用场景，及时发现文物周边涉建项目76处；研发上线文物安全社会监督应用场景，引导社会公众参与文物保护和安全监管，共扫码32716人次，问题反馈304个；研发上线文物安全舆情监测模块，监测舆情41件，办结33件。印发《浙江省文物安全物联感知分布式组件建设指引的通知》，逐步推进区域文物安全物联感知设备汇聚中心建设。

【政务数字化】完成土地储备考古前置应用1.0版本开发和上线，实现储备土地“先考古、后出让”的流程再造和制度重塑。建设智能工作台目服务端和治理端两套用户体系，治理端已管理部门2713个，用户15419人，服务端完成“浙里文物”公众号的上线；对接6个重大应用、6个揭榜挂帅驾驶舱和6个其他应用组件。

全省文物工作分述

中国丝绸博物馆

概述

2022年，中国丝绸博物馆（以下简称国丝）以建馆三十周年为契机，研究制定《世界一流博物馆创建计划》，提出6大行动举措；精准赋能、结对帮扶26家乡村博物馆，并全部入选浙江省乡村博物馆名单；举办馆内外临展30场，观众25.8万人次，“2022丝绸之路周”、第五届“国丝汉服节·汉晋风流”取得国际影响，开展国际合作项目13项；积极探索文创，入选第二届全国文博百强文创产品单位，获浙江省博物馆文创产品大赛金银奖；技术部获“2022年度全国文物系统先进集体”，1项目获“国际博物馆协会服装专委会60周年奖”二等奖，1短视频入选“2022年度中华文物全媒体传播精品（新媒体）推介项目”，“国丝汉服节”宣传入选全省文化和旅游系统2022年度十大宣传案例。

内部建设

加强党建，建立、实施党政领导班子周工作例会制度，领导班子进行理论学习10次、各类集中学习54次，集中上党课3次；联合开展党的二十大系列学习宣讲和党建共建活动；推进党史学习教育常态化长效化，利用微信群每周推送警示教育等学习内容；各支部按要求提升党内政治生活质量，推动各项制度严肃化、规范化；制定、印发系列文件，细化全面从严治党主体责任清单，明确党风廉政建设内容和责任；成立“丝路育人”党建联盟，打造党建共育品牌；实施“丝路文化进校园”项目，推动博物馆进社区、进校园、进乡村，扎实开展“三为”服务。统筹网络安全等级保护，牵头制定《中国丝绸博物馆信息安全管理制度汇编》，加强日常网络安全和信息化运维，落实节假日网络安全应急值班。与属地相关部门常态化互动，做好社会综合治理宣传和教育。

展览与社教服务

举办馆内临展19场（重点展览5场、中型展览4场、小型文献展4场、中小型展览4场、小型展览2场），馆外临展11场（合作展览4场、小型展览5场、境外临展2场），线上展览10场，观众25.8万人次（未成年观众8737人次），提供讲解服务320场次并增加周末、节假日定时免费讲解，举办各类博物馆课程509场次。策划、参与各类线上宣教活动，文化与自然遗产日期间微博主题直播总播放量达6.7万人次；邀请专家为3场重要展览进行4次展厅导览直播，总点击量88.4万人次；拍摄、发布文物讲解宣传视频8条，总播放量约4万；线下推出迎新春、暑期研学、丝路之夜、经纶讲堂等活动。国家文物局示范项目“丝路文化进校园”正式结项，出版项目读本《丝路奇幻之旅》；“丝路文化进校园”项目进13所中小学，举办丝路展览及手工活动20余场，与9所学校签署馆校共建社会实践教育基地协议书，研发的丝路课程走进小学，累计授课15个课时。举办第五届“国丝汉服节·汉晋风流”，与巴黎进行双城联动，推出系列活动，55家海外媒体刊登相关报道，微博话题阅读量达1亿，讨论4.5万次，活动实时直播总观看量近300万。女红传习馆举办各类课程及体验活动244场次，1575人参与；拍摄编辑11期线上课程及直播，观看量11.8万次，举办线下课程191场，1063人参与；与馆外合作举办主题体验课程17场，501人参与；配合“汉魏印象：汉晋南北朝服饰”展举办1期高级研习班，另开展志愿者、讲解员培训5场；儿童馆举办常规课程258场，1300人参与；时尚博物馆举办特色课程14次，245人参与。

建馆三十周年

举办系列庆祝活动，征集大型拼布作品《锦合》，创作“锦绣国丝”插画及系列文创；制作宣传片《何以国丝》《无远弗届》和《国丝三十年，丝路新征程》定格动画、同名纪录片，发布新书《中国丝绸博物馆藏品精选》《宽厚专精：中国丝绸博物馆的研究型发展之道》，举办“三十而立：中国丝绸博物馆建馆三十周年回顾展”“纹以再造：中国丝绸博物馆30周年文创成果展”和三十周年座谈会；上线“国丝有云”小程序，年访问量达15.66万人次。

可移动文物管理与征集

完成年度文物征集任务，新增藏品780件/套（其中文物573件/套），藏品总量达70246件/套（文物5093件/套）。继续丰富和完善文物收藏体系，重点征集清代丝绸服饰和匹料，并征集一批旗袍设计作品用于丰富当代服装设计藏品。完善藏品数字库建设，进行藏品数字影像记录和卡片建立，平面拍摄藏品11443件，完成2012至2021年度藏品信息档案及卡片约11000件，采集藏品三维数据共计444件/套，另高清平面采集160件/套。对外借展10项、文物521件/套。继续参与省文物局《纺织品文物包装形式及制作研究》课题，收纳整理书籍杂志类藏品856件，制作首饰纽扣收纳盒并完成355件首饰和1130件纽扣类藏品的再收纳，设计制作立体收纳盒、衣服收纳袋和收纳架包装，更换2700件衬衫和毛衣针织类服装的收纳盒，整理479件羽毛类藏品包装。修复、保护馆藏文物45件/组，接受委托保护修复文物71件/组（一级品3件，二级品2件，未定级66件/组），编制文物保护修复方案7个；完成清嘉庆十四年（1809）正月初一日诰命复制和唐代粟特锦仿制研究，对长沙简牍博物馆琴弦材质、余杭区北村良渚遗址M126墓葬土样、甘肃博物馆汪世显服饰、曲曼墓地出土纺织品、上海“长江口二号”沉船出土纤维、北京艺术博物馆藏明代纺织品染料等进行分析并出具检测报告。推进文创工作，结合建馆三十周年，设计“锦绣国丝”插画，申请外观专利，授权生产相关文创产品15类；结合2022丝绸之路周绘制“民族融合共同繁荣”主题插画，授权开发文创产品20类，均获浙江省博物馆文创产品大赛银奖；授权联合开发的“乾隆色谱”植物染眼镜获金奖。参与第二届全国文化创意产品推介，入选第二届全国文博百强文创产品单位。

文博队伍建设

加强专业人才培养，以科研基地学科带头人和专业骨干作为直接导师，与浙江理工大学纺织学院共建国际丝绸学院，继续在“丝绸历史与丝绸之路”“丝绸设计与工程”“纺织考古与文物保护”研究方向招收硕士研究生10人、博士研究生1名，在读硕博研究生达48人；与浙江理工大学材料学院建立联合文物保护实验室，继续开展文物保护人才培养和文物保护科学研究，招收硕士研究生9名，在读研究生22名，毕业4名；与东华大学合作招收纺织品研究方面的硕博研究生4名。申报人才项目计划7人次，1人入选省文物局第五届“新鼎计划”优秀人才，技术部获人力资源社会保障部和国家文物局“2022年度全国文物系统先进集体”。争取年度用编5个，完成特设专业技术二级岗位事宜，岗位晋升调整21人次，落实1名藏品管理岗位人员商调、1名文物保护与科技考古岗位人员公开招考和1名财务人员选调。1人获省第三届诗路文化带景区讲解员大赛“优秀博物馆讲解员”称号，国丝获优秀组织奖，女红传习馆评为2020—2021年度省级青年文明号。

学术研究

承担科研课题18项，总经费逾3000万元，其中国家重点研发计划项目2项、课题5项，国家社会科学基金1项，国家文物局科技项目1项，行业标准制修订项目1项，中国科学院国际合作局国际伙伴计划1项，省文物保护科技项目6项，省文旅厅课题1项。发表论文35篇，出版专著6本，授权发明专利2项。报送“数字化改革背景下的博物馆IP授权与文创开发现状调研”，获全省文化和旅游系统2022年度十佳调研报告。

文博宣传

通过各级各类媒体进行公开宣传报道335次，其中平面媒体发布专题报道17篇，电视电台报道9次，新媒体报道300余篇；利用自媒体进一步搭建媒体矩阵与聚合平台：官网发布信息413条，访问量65万人次；微博发布博文近1000条，新增粉丝3.03万，总数达31.63万，获“2022年度文博创新力官微”；微信公众号发布推文259条、视频140条，新增粉丝5.74万，总数达18.1万；抖音号发布视频123条，播放量约12.6万；B站发布视频240个、专栏文章11篇，视频总播放量达42.3万，专栏阅读量3135，粉丝总数3.1万；新华号更新信息32条，总阅读量达2000万。《8K看纹样里的中国》短视频全网阅读量达1.03亿，转赞评、收藏67158次，入选“2022年度中华文物全媒体传播精品（新媒体）推介项目”。“国丝汉服节”宣传入选全省文化和旅游系统2022年度十大宣传案例。

对外交流与合作

开展13项国际合作项目：如国家文物局、浙江省政府主办的“2022丝绸之路周”特邀乌兹别克斯坦共和国作为主宾国，在乌兹别克斯坦举办展览，海外社交媒体平台话题曝光量逾142万，相关帖文951条，互动量超3万；国内社交媒体传播量3.9亿次、讨论3.9万次，线上活动曝光量超1200万次，直播观看量超600万次，国内外媒体累计报道860余篇次，还邀请丝路沿线多名专家和多家博物馆

举办2022“丝绸之路”周活动

进行联动，扩大影响力。国际丝路之绸研究联盟（IASSRT）邀请美国大都会艺术博物馆纺织品保护部和格鲁吉亚国立丝绸博物馆加入，使国外成员超过30家，在线上召开第六届学术研讨会“丝路之绸：微观视野下的纺织品”。丝绸之路文物科技创新联盟召开第二届理事大会暨“合作文物科技创新，保护丝路文化遗产”高峰论坛。国际博物馆日期间举办2022国际博物馆日论坛，国内外百余名学者、代表线上参加，13人作主题演讲，网上同步直播观看量达5万余人次。“明之华章”项目获“国际博物馆协会服装专委会60周年奖”二等奖；名誉馆长赵丰当选第37届国际博协执委。

浙江省博物馆

概述

2022年，浙江省博物馆（以下简称“浙博”）以“十四五”规划纲要为引领，推进之江馆区建设，稳步实施各项工作，取得成效：举办临展19项、对外合作展14项、云展览2项，接待观众87.4万人次，组织社教等活动329场，约2.8万人次参与，被评为“2022年全国最具创新力博物馆”；1展览列入年度核心价值观主题展览项目推介名单，1展览获全省博物馆陈列精品项目推介之特别奖，新增文物及资料205件/组，开发文创产品5大系列77款，收入88.2万元，获全省博物馆文创产品大赛金、银奖和全国博博会“弘博奖·最佳展示奖”；1项目获省科技进步三等奖；成立浙江省国际文博交流中心加强对外交流，被授予“浙江省公共文化国际交流基地”“浙江省国际人文交流基地”；组建专班指导全省乡村博物馆建设并取得成效；加强“两微一官”平台建设，扩大宣传效果与影响力，获“2021年度文博创新力官微”“2021年度创新应用与传播优秀微博”；1人获全国石窟寺专项调查优秀个人，1人获全省党史和文献部门先进个人，1人获全省文物工作成绩突出个人。

内部建设

加强党建学习教育，授各类党课25次，进行主题党日等活动，全体党员撰写“二十大学习心得体会”并汇编成册；完善支部设置，举办活动62次；发挥班子政治核心作用，开展集中学习12次及专题学习；深化廉政建设，巩固巡察整改成果，每季度召开一次党风廉政建设分析会，加强合同前置审批监督；坚持每半年一次的意识形态分析会，执行一展一会一报制度，制定《浙江省博物馆现场讲座意识形态风险应急预案》，加强新媒体管理和网络信息引导管控，规范网上信息传播秩序；搭建党建展示馆，制作党建园地陈列展览，举办“信仰的力量——馆藏中国共产党文献特展”“信仰的力量”主题征文，承担省文化和旅游厅在学习强国“浙里学史”频道的供稿任务；印发《在党建引领下促进高质量发展建设共同富裕示范区2022年工作方案》。做好国有资产的审计整改、盘点清查等管理，推进孤山馆区（含美术馆、文澜阁）、沙孟海旧居、古荡文保基地三处不动产确权更新；严格执行各项财务规章制度，配合专项审计6项，完成1.16亿元财政资金的日常财务管理，资金完成度达94.36%，无财务违纪发生。

博物馆建设

推进之江馆区基础设施建设，总进度达85%；布展工程三大板块内容文本通过论证，修编、提交展陈项目建议书；编制投资估算并获审定批复；编制、提交可行性研究报告，完成初步设计方案调整、图纸绘制及概算编制。武林馆区进行资产盘点清查。成立浙江省博物馆乡村博物馆建设指导专班，提出乡村博物馆建设“点、片、区”结合方案，有针对性为乡村博物馆藏品征集、展览策划、展示手段、展陈形式和运营服务等方面出谋划策，调研、现场辅导乡村博物馆63家，49家列入浙江省2022年乡村博物馆名单，14家作为培育对象。提供文物鉴定、展陈设计、学术指导等46项次，举办学术讲座41场次；接受高校访问交流学者1名，实习大学生15名。

安全保卫

组织消防演练4次，微型消防站培训演练24次，反恐演练1次，月度安全大检查和安全教育各12次，节前安全检查7次，开展每日安全巡查和每月安防、消防检查，完善人防、物防、技防，全年未发生重大安全责任事故。执行《中华人民共和国反恐法》《中华人民共和国消防法》等安全管理法规，培训安全知识技能，修订、演练各类应急预案，确保各馆区、场馆的正常运行和文物、人员安全。

展览服务

推出馆内临展19个、对外合作展览14个、云展览2个，接待观众87.4万人次；完成3个固定陈列的改陈，协调省外借展6项、省内借展14项；“越颂——中华文物中的浙江传奇”展列入国家文物局2022年度“弘扬中华优秀文化、培育社会主义核心价值观”主题展览项目推介名单，“浙里不止小康——从八个窗口看精彩浙江”获第十六届（2021年度）全省博物馆陈列精品项目推介之庆祝中国共产党成立100周年特别奖；组织线上线下社教活动和课程教育329场，约2.8万人次参与，提供咨询服务约1.5万人次，收集观众意见留言600多条，编印、分发教育资料约13.5万份；提供讲解服务365场，其中未成年人免费讲解178场；志愿服务546人次，时长3420小时。

可移动文物保护与管理

严格执行藏品管理制度，加强文物库房管理，确保库房藏品安全，登记、接收入藏文物及资料205件/组（征集购买49件/组，接受捐赠152件/组，馆内移交2件/组，馆内旧藏新给号2件/组），藏品总数达82421件（组），使用文物征集经费1317万元。成立浙江省博物馆藏品管理提升专班，制作5000余枚馆藏钱币的藏品档案，马定祥钱币研究中心整理制档钱币拓片44424件，古窑址标本中心采集古陶瓷标本图片及录入数据513件，接收点交大窑枫洞岩窑址标本108件，古籍库信息整理录入2066条；完成“全国革命文物大数据库”平台馆藏革命文物信息输入和图片上传1925件。文博公司改制移交，成立浙江省博物馆公众服务市场化运营专班，开发文创产品5大系列77款，收入88.2万元。启动建立文创数字资源库，打通线上销售通道，签订线上售卖协议；受理图片授权或藏品仿制申请55批次，签署授权协议37本；举办第二届文创开发和藏品交流研读，报送文创产品参加展览、参评活动7次，捐赠文创产品2次，外出参加展会3次，获第九届中国博物馆及相关产品与技术博览会“弘博奖·最佳展示奖”，“数藏铜鱼凫尊——无极鱼杯”“吴兴赋——织锦系列文创”分获“2022年浙江省博物馆文创产品大赛”金、银奖。

科技保护

完善浙江省文保科研基地功能，充实设备设施，探索运行管理模式，持续发挥在可移动文物预防性保护技术的引领作用；保护修复、维护保养馆藏文物26件（组），编制保护修复方案4份，完成展陈环境微生物与虫害调查并出具调查报告1份，处理馆藏文物薰蒸除虫和化学除虫141件（组）；保护修复与维护养护7家单位的文物180件（组），为12家地方文博单位编制文物保护方案13份；分析、检测富阳博物馆馆藏金属文物120件（组）、平湖博物馆馆藏书画2批、43件（组）。举办全国文物行业职业技能大赛浙江省选拔赛（陶瓷金属类）；“冷冻干燥稳定出土饱水木质文物技术研发和应用”获2021年度浙江省科技进步三等奖（排名第二）。

学术研究

文物保护类和社科类课题新立项申报2项、接替2项、在研15项，其中国家重点研发计划“海洋出水木质文物保护关键技术研发”完成新保护工艺开发，在实际保护应用中取得良好效果，提交发明专利申请材料1篇。举办学术研讨会8场、学术沙龙等交流活动7场、“文澜博物馆学论坛·青年工作坊”3期。出版论文集2本、个人专著4本、图录10本，发表各类论文51篇。

数字信息化建设

官网新增“古籍图书”栏目并发布古籍数字资源46册；调整“云课堂”栏目，发布《红色文物故事》16期和2021年《东方博物》第78至81辑资源；完成“丽人行”专题网站展品数据更新、观众预约微信小程序提升，以及“丽人行云展览”小程序、展览项目库等专题应用开发。做好浙江藏品数字资源管理平台与浙江博物馆公共服务综合平台运营维护，导入15家文博单位的藏品数字资源，与中国茶叶博物馆、东阳市博物馆、兰溪市博物馆、长兴县博物馆签订馆际文物数字资源共享协议。浙江博物馆公共服务综合平台推送微信237篇，发布临时展览711条、交流展览151条、活动信息2273条、数字展览86条、报道资讯729条，总浏览量32.4万人次。

队伍建设

加强人才队伍建设，组织专业人员参加学术研讨会46人次，培训75人次；开展2023年度《浙博学人丛书》出版资助申请，1人获立项；进行第八届（2019—2020年度）科研成果评选，产生一等奖1项、二等奖2项、三等奖4项。采用考察、公开招聘、人员交流等方式完成14人招入；1人获全国石窟寺专项调查优秀个人，1人获全省党史和文献部门先进个人，1人获全省文物工作成绩突出个人，1人获年度省直属机关知识界人士联合会优秀会员，1人入选“新鼎计划”优秀文博人才。

文博宣传

加强“两微一官”平台建设，发布微信信息327条，官网信息387条，微博信息439条；微信总访问量达122万人次，新增粉丝27.7万，累计粉丝数119.7万；微博主页阅读总数达1595万，新增粉丝2万，粉丝总数102万，获“2021年度文博创新力官微”“2021年度创新应用与传播优秀微博”。开展宣传推介，被各级各类媒体报道197次，在2022年“中博热搜榜”第一季度排名中位列第十，“中博热搜榜”季度排名中位列第五；为“学习强国”平台“浙里学史”栏目供稿46篇（11篇被全国平台转发）。联合支付宝开展虎年“集五福”活动，上线浙博虎元素文物；配合媒体完成《何以中国》《寻古中国》《我的博物馆故事》《博物浙江》等栏目拍摄，与新浪微博合作发起“浙博里的千秋越地”“二十四节气特色海报”等系列活动，在《浙江画报》特辟《博物浙江》栏目，宣传浙江省博物馆重要展览与文物信息；成立浙博媒体顾问团，推出“主播带您游浙博”“浙博云窗——云浙博看展”等活动，其中浙博云窗直播播放量达31万人次；编辑出版《东方博物》4辑（第82—85辑），每期交流754本。组织完成民间收藏文物公益鉴定咨询服务18场（次），累计鉴定文物2452件（组）。

对外交流与合作

加强对外交流，成立浙江省国际文博交流中心，被授予“浙江省公共文化国际交流基地”和“浙江省国际人文交流基地”。参与承办“云游中华·博古通新”港澳青少年内地云游学系列活动。策划举办“南宋人的一天”“经丘寻壑——黄宾虹的中国山水画艺术”云展览（中德版、中英版），陆续在惠灵顿、柏林、海牙、巴基斯坦等处中国文化中心上线。为大英博物馆“19世纪的中国”特展的浙博展品提供中文释文和学术支持。以线上线下形式联合举办“博物馆与地方发展”国际学术研讨会，国内外专家、学者等70余人参加。

“越颂——中华文物中的浙江传奇”展列入年度核心价值观主题展览项目推介名单

浙江自然博物院

概述

2022年，浙江自然博物院举办展览27项，接待观众158万人次，完成讲解5397场次，开展教育活动922场次，新增藏品8669件，获“2021—2025年第一批全国科普教育基地”称号；国内首家24小时博物馆建成开放，入选省文化和旅游促进共同富裕最佳实践案例；1展览获全国博物馆十大陈列展览精品推介优胜奖；1科研课题项目获省科学技术进步奖二等奖；1人被评为“全国文物系统先进工作者”；参加第九届中国博物馆及相关产品与技术博览会，获“弘博奖·最佳展示奖”。

内部建设

加强党建工作，选举产生中共浙江自然博物院第一届委员会，梳理、明确具体职责划分，调整支部等党组织架构布局，推动党建与业务工作深度融合；各支部构建“一支部一品牌、一书记一项目”，建设党建亮点品牌，第四支部被评为“省直机关2022年先锋支部”。贯彻、落实省文化和旅游厅党组“双建争先 提效创优”工程，安吉馆展教服务部获评文旅系统“双建”工作先进集体，开放服务队伍获评2020—2021年度浙江省青年文明号。制订、修改15项制度，定期检查制度执行情况。

安全保卫

按照上级要求，动态升级调整、细化落实各项防控措施，加强健康监测管理；召开安全例会15次，组织场馆现场安全大检查14次、夜间安全检查40次，实施日常安全巡查检查，及时消除各类安全隐患和设备故障，确保未发生违纪违法案件和安全事故；加强安保队伍建设，开展全院疫情、反恐、消防疏散培训6次，中控值机人员技能比武3次，一线安保人员应急演练74次、反恐演练20次、常规训练12次、各类制度培训14次。强化工程提升改造，完成浙江自然博物园核心馆区建设工程竣工验收，以及安吉馆藏品楼防洪排水改造、临展厅一体化施工等项目。

展览服务

举办展览27项（其中未成年人生态教育展、社区及文化礼堂展5项、149场次，受益观众12.92万人次，回收调查问卷4274份），接待观众158万人次，完成讲解5397场次，开展教育活动922场次，提供便民服务4576次，志愿者服务累计达11198小时，获中国科学技术协会“2021—2025年第一批全国科普教育基地”称号。“福禄寿喜·美好生活——中国吉祥文化特展”获第十九届全国博物馆十大陈列展览精品推介优胜奖。国内首创“24小时博物馆”率先探索国有资产所有权、藏品归属权、开放运营权适度分离机制，入选第三批浙江省文化和旅游促进共同富裕最佳实践案例。研学活动《碳索者联盟》《碳寻新生——低碳嘉年华》入选中国环境科学会“绿色低碳”主题科普宣传教育活动最佳案例。参加第九届中国博物馆及相关产品与技术博览会，获“弘博奖·最佳展示奖”。完成“2022年环球自然日——青少年自然科学知识挑战赛”地区预选、浙江决选工作，32组队伍入围总决选资格，浙江赛区共获一等奖13项、二等奖9项、三等奖10项。举办“奇趣大自然，暑假听我说”活动，抖音话题内作品播放量达47万次，各平台累计关注度达百余万。

学术研究

承担国家、省等各级科研课题项目32项，发表学术论文29篇（SCI检索论文4篇），出版、参编专著3册，会议摘要6篇，科普文章10篇。联合申报的“浙江省生物多样性保护关键技术及应用”项目获2021年度浙江省科学技术进步奖二等奖。中华凤头燕鸥保护案例受省领导表扬，入选《中国水鸟保护十佳案例》。

可移动文物保护与管理

全年新增藏品8669件，入院藏品达289946件，其中生命科学类224710

件、地球科学类19345件、艺术类638件、其他类45253件；分阶段完成杭州馆部分藏品和安吉三处临时库房藏品的盘点、打包、搬运、上架，共计54183件；征集地学标本356件，采集化石标本十余件，修理化石30余件，翻制模型5件；征集生命科学类标本6711件，制作标本570件，协助加固标本20余件，修复兽类标本14件。

文博队伍建设

做好人才推荐与培养，支持在职博士学习1人，硕士2人，选送“新鼎计划”优秀青年文博人才培养对象1人，组织人员参加专业培训33场次210人次；1人获“全国文物系统先进工作者”称号。浙江生态研究院新增硕士研究生导师2名，联合招生4名，培养在读研究生13名。持续开展志愿者团队建设，加强与社区、学校等博物馆之友的合作交流及共建，共建合作单位达20家（学校19家，企业1家）；杭州馆现有注册个人志愿者310人，开展公益服务11198小时，公益科普活动37场，协助完成各类问卷2000余份；安吉馆现有社会志愿者

国内首家“24 小时博物馆”开放

450人，开展公益服务6003小时。

文博宣传

在传统媒体及新媒体上发布原创报道190余篇次；官方网站年发布信息320余篇，点击量近2000万人次；官方微博编辑推送信息300余篇，关注量达5万人次；官方微信推送信息363篇，粉丝达96万余人次。配合陈列展览制作虚拟展览7个，推出在线科普课堂19个。做好省博物馆学会网站维护及管理，发布学会公告、工作动态、各地资讯等35篇。

浙江省文物考古研究所

概述

2022年，浙江省文物考古研究所（以下简称“省考古所”）聚焦打造世界一流考古机构，推进“先考古、后出让”基本建设考古前置工作和“中华文明探源工程”“考古中国”重大项目；温州朔门古港遗址考古发掘取得重大发现，入选年度国内十大考古新闻，“长江中下游早期稻作农业社会考古研究”纳入“考古中国”重大项目；开展主动性考古项目18项，承担配合基本建设考古项目（含抢救性考古）872项，涉及考古调查面积148平方公里，考古勘探面积14.9平方公里；完成文物保护相关论证180项/次，文物保护工程验收50余项/次；被授予全国石窟寺专项调查先进单位和优秀个人荣誉称号；1人当选年度“最美浙江人·浙江骄傲”，1人当选“浙江省担当作为好干部”，1人入选第五批省高层次人才特殊支持计划人文社科领军人才。

内部建设

以“坚守田野、实事求是、面向社会”为导向，持续强化理论武装，找准结合点、着力点，领导班子、总支、青年宣讲团、支部分别以座谈交流、宣讲、红色故事、张贴心愿、知识竞赛等形式，将理论学习与实际行动相结合；班子成员开展双重组织生活39次；深化青年理论学习提升工程，持续发挥青年宣讲团作用，开展宣讲活动及青年沙龙6场；编印《浙江省文物考古研究所学习资料汇编》48期，及时传达至每位党员；修订、完善《浙江省文物考古研究所党政联席会议制度》，新制订《浙江省文物考古研究所所长办公会议制度》《中共浙江省文物考古研究所总支部委员会支委会会议制度》；完成党总支换届，新设第三支部；推进清廉文化建设三年行动计划，各支部开展“一月一警示”、组织收看电视专题片等活动，与“三会一课”制度相结合，获省级文化和旅游系统“建设清廉单位、创建模范单位”工作先进集体。

安全保卫

落实“除险保安”，强化文物安全长效机制，加强源头治理和全过程监督，防范盗窃盗掘、火灾事故等风险。落实社会治安综合治理和安全生产（消防安全）工作主体责任，各工地落实《浙江省文物考古研究所工地安全保卫制度（试行）》《浙江省文物考古研究所考古工地突发事件应急预案（试行）》等制度，制定完善突发事件处置应急预案和安全生产（消防安全）预案，强化考古工地安全防护措施及应急应变能力。

不可移动文物保护和管理

发挥行业引领作用，做好文物保护技术咨询与审查验收，配合省文物局加强文物保护单位的保护管理利用和文物保护工程的事中事后监管，对地方文物部门进行业务指导，完成文物保护相关设计审查论证180项/次，文物保护工程竣工及阶段性验收50余项/次，审查各级30余处文物保护单位的“四有”档案；编制《浙江省文物保护工程检查管理办法（征求意见稿）》《浙江省文物保护工程竣工验收管理办法（征求意见稿）》。推进全省不可移动文物资源调查、保护、管理与课题研究，完成全省“三普”登录文物重点复核与省级抽检，指导开展全省“三普”登录文物全面复核，牵头组织红色标语类革命文物专项调查、名碑名刻文物遴选推荐及碑刻石刻文物资源摸底调研等专项工作；配合省文物局做好第八批省级文物保护单位申报遴选；配合省文物局、省住房与建设厅开展历史名城名镇名村和传统村落保护，审查金华、瑞安等地历史文化名城及20余处传统村落、历史街区的保护规划，参与《浙江省历史文化名城专项体检评估导则》《杭州市历史文化名城保护条例（草案）》等撰写工作。完成省级文物保护专项“浙江水利工程遗产调查研究”，启动省委宣传部“宋韵文化传承弘扬工程”之“浙江宋塔调查研究与数字化记录”，省文物保护科技项目“浙江革命标语类文物抢救性调查记录与保护利用对策研究”“长江文物资源调查”“大运河沿线工业遗产资源调查”等一批课题；“浙江省石窟寺专项调查”项目取得重要成果，被国家文物局授予全国石窟寺专项调查先进单位和优秀个人荣誉称号。加强世界遗产监测保护，基本完成大运河世界文化遗产监测预警平台提升、浙江段试点建设以及浙江省大运河世界文化遗产监测系统的研发建设；完成国家文物局委托的大运河世界文化遗产监测预警平台提升及“浙江段试点——浙江省大运河世界文化遗产监测系统——大运河（嘉兴段）监测预警系统”三级平台验收。省不可移动文物GIS系统运维和数据业务服务系统平稳运行，提供专题数据服务50项/次。

考古发掘

推进“先考古、后出让”基本建设考古前置工作，开展国家文物保护专项资金支持的主动性考古项目18项（考古发掘项目12项、考古调查项目6项），承担配合基本建设考古项目（含抢救性考古）872项，其中考古调查612项、考古勘探191项、考古发掘69项；涉及考古调查面积148平方公里，考古勘探面积14.9平方公里。持续推进“中华文明探源工程”及“考古中国”重大项目，12项主动性考古项目（涉及面积6850平方米）均取得重要收获。“长江中下游早期稻作农业社会考古研究”纳入“考古中国”重大项目，创建国家级“稻作文化考古实验室”“稻作文明文物基因库”。良渚水利系统羊后山及高山——翁家山发现良渚时代堆积，开展周边水坝调查，发现塘山北疑似坝体17处，其中3处测年在距今5000年左右，对良渚水利系统结构认识进行重大修正，为水利系统特别是塘山功能研究提供基础材料。温州朔门古港遗址考古发掘取得近年来我国海洋、城市考古重大发现，实证温州港是宋元以来海上贸易重要港口。古港遗址规模大、遗迹类型全、年代序列清晰、内涵丰富，是城市、港口、航道三位一体的完整体系，是海上丝绸之路不可替代的重要节点，在“考古中国”重大项目汇报和专家论证会中得到高度评价，入选中央电视台“2022年度国内十大考古新闻”，推动温州加入“海丝申遗城市联盟”。

文保科技与数字化

持续开展多学科、跨学科、多维度、多层次研究，提高考古现场保护、信息提取、综合分析和研究应用水平。分区开展地质标本资源调查、标本采集及三维扫描，统筹推进地质、动物、植物考古标本数据库，以及浙江地区历史地图、早期遥感资料数据中心建设；调查良渚玉矿资源，构建玉器红外数据库；完善遥感数据库；完成全省“三普”资料不同区域遗址分期整理，以新石器时期和商周时期遗址为重点，建立综合性地学分析模型；实施省科技厅“领雁”计划项目，完成杭州湾沿岸全新世环境复原项目前期基本资料收集及遗址点分期分类，复原基本地形；“浙里文物应用”列入省委改革办（数改办）重大应用“一本账S2和S3”，建立“浙里文物应用”体系理论构架。

学术研究

做好田野工作和理论研究，加强考古资料整理与转化，推动出版“良渚文明丛书”第二辑、“世界古文明译丛”第一辑以及纳入浙江文化研究工程的“浙江考古与中华文明系列”丛书等34册。“世界古文明译丛”后续、《良渚文化玉器全集》《浙江省石窟造像调查（上、下册）》《浙江省石窟造像病害调查报告》等一批研究成果交稿。

队伍建设与培训

贯彻加强文物保护和考古工作机构编制保障要求，推进人才引进，完成31人（在编招聘25名、选聘2名、调动4名）入编工作。完善人才培养、选用、激励、评价等机制，承办2022年度全省文物保护实训班，培训全省学员20名；蒋乐平入选2022年度“最美浙江人·浙江骄傲”，孙国平当选“浙江省担当作为好干部”，方向明当选第五批省高层次人才特殊支持计划人文社科领军人才，郑嘉利当选省宣传文化系统“五个一批”领军人才、罗汝鹏当选青年人才，崔彪入选“新鼎计划”优秀青年文博人才。

文博宣传

推出“他是谁——探秘兰若寺大墓”展等三个省委宣传部宋韵文化传

世工程宣传项目，对年度浙江考古重要发现报告会、“史前符号和早期文字”学术报告会等进行现场直播，观众逾百万人次；拓展宣传平台，创新文化传播形式，“浙江考古”微信公众号发文129篇，关注人数达12557，新增3096人。通过多种途径和平台，与各类新闻媒体合作，宣传我省文物保护与考古工作。

对外交流与合作

深化考古领域国际交流，部省合作项目“浙江考古与中华文明：浙江青瓷巡礼”云展全球版、线下展已在十余国家线上线下开展，获开罗中国文化中心感谢信。

浙江旧石器考古暨上马坎遗址发现 20 周年主题活动举行

浙江省文物鉴定站（国家文物进出境审核浙江管理处）

概述

2022年，省文物鉴定站（国家文物进出境审核浙江管理处）强化党建引领，深化综合管理，夯实业务研究，提升文物鉴定服务水平，持续增强业界影响力全年共办理临时进境展览、复出境文物审核各13件，旧家具（新仿制品）出境审核108件，涉案文物鉴定12293件，不可移动文物勘察评估113处，定级馆藏文物6486件，审核文物拍卖申请142场次、拍卖标的88438件，参与民间收藏文物公益27场次（主办13场次），鉴定器物2883件/套。1人获年度“最美文旅人”。

党建工作

履行党建职责，严格制度执行与落实，规范管理党员干部队伍，重点抓好意识形态管理；支部组织开展“不忘初心、牢记使命”主题教育活动和党史学习教育；活化、丰富主题党日活动，以政治生日、日常思想政治学习等形式提升综合效果。

综合管理

按照省文化和旅游厅、省文物局部署要求，做好行政管理，重视政务管理及保密工作，修订完善《内控制度汇编》；强化人事、业务档案日常管理，完成单位干部人事档案专项审核，加强数字化档案应用 配合开展巡察回头看 深化财务管理，重视日常财务收支管理，配合完成各项绩效、工资审计及单位年度预算、决算、政府采购、资产管理、交叉会审、内部报销等工作 强化后勤保障，落实单位安全，定期对单位潜在安全风险隐患落实整改自查；按照要求做好疫情常态化管理；加强沟通，抓好部门间合作，完成涉案文物鉴定、民间收藏文物鉴定等项目资金管理使用；推动文物鉴定相关成果付梓，编辑、出版《鉴古求真——浙江省文物鉴定站建制三十周年纪念文集》。承编的《越地藏珍——浙江馆藏文物大典》（一套6册），是浙江文化研究工程重要成果之一。

文物进出境审核

受国家文物局委托，做好省内文物进出境审核和查验。全年办理临时进境展览文物审核和临时进境展览复出境文物审核各1起、各13件；受理旧家具（新仿制品）出境审核3起108件；为个人携运文物进出境办理延期手续多起。助力海关完善文物进出境，前往杭州萧山国际机场海关、义乌，调研文物进出境审核事宜，分别就机场客流、物流通关过程中文物艺术品进出境存在的问题，相关技术需求等进行沟通交流；探索海关文物邮检和自贸区文物艺术品进出境管理工作新机制；针对疫情常态化开展相关课题调研，取得初步成果。

涉案文物鉴定评估

按照《文物法》《涉案文物鉴定评估管理办法》，配合公安、海关、海警、纪检监察、文化文物行政执法等部门，对盗窃、盗掘、走私等妨害文物管理，以及贪污渎职等涉及文物的犯罪活动进行打击，共办理各类涉案文物鉴定74起，鉴定各类器物12293件，认定珍贵文物171件（二级2件/套、三级169件/套）、一般文物11537件，勘察评估不可移动文物113处（认定92处）。响应国家长三角区域一体化发展战略实施，深化（长三角）文物鉴定审核机构合作交流，协调长三角地区涉案文物鉴定的专业支持。

藏品鉴定定级与评估

为13家单位鉴定定级馆藏文物6486件，其中珍贵文物2502件（一级34件、二级246件、三级2222件）、一般文物3821件，更正部分藏品年代和定名。应邀为十多家博物馆待征集文物和捐赠文物进行初鉴。多次受邀为外省文博机构提供藏品鉴定评估咨询。

文物拍卖标的审核

按照法规要求，配合省文物局做好文物拍卖标的审核，全年受理文物拍卖申请142场次，审核拍卖标的88438件，其中允许拍卖标的88164件，撤拍国家禁止流通文物274件，要求提供合法来源证明的文物标的836件/套。

公益鉴定服务

发挥专业及人才优势，加大业内咨询服务力度，扩展公益鉴定服务，组织人员参与民间收藏文物公益鉴定活动和山海帮扶工作，实现公益鉴定服务常态化，在与浙江省博物馆联合试点基础上引入杭州文物公司，深化民间收藏文物公益鉴定服务试点，全年参与27场次其中主办13场次，服务535人次，鉴定器物2883件/套。结合国际博物馆日、文化与自然遗产日主场活动，在金华举办三地巡回公益鉴定等，和常山县文物部门结对共建，并加大公益鉴定讲座推广力度。

人才队伍建设

加强人才培养，组织专题业务学习；坚持以老带新，做好传帮带，以省文物鉴定站专家为班底，打造文物鉴定导师工作室；坚持“请进来，

第一期全省书画鉴定培训班

走出去”，通过业务交流活动增强专业人员知识技能；开设“鉴学工坊”专栏，请省内外专家授课；派人参加文物进出境审核鉴定责任人员瓷器文物鉴定培训班。助力基层人才培养，落实省文物局古陶瓷鉴定培训基地建设实施方案，与慈溪市文物局签订协议，共建浙江省文物鉴定（古陶瓷）培训基地（慈溪上林湖），首期合作期限为2022年至2025年。周永良参加省文化和旅游厅第三届“最美浙江人・最美文旅人”评选，获“最美文旅人”称号。

杭州市

概述

2022年，杭州市审议出台《杭州市历史文化名城保护条例（草案）》，全面落实文物安全联席协商、文物安全责任人公告公示等制度，出动2528人次，文物执法检查文博单位1955家次，立案查处文物违法案件20起，办结19件，罚款81.5万元，协助破获文物犯罪案件9起，抓获嫌疑人26人，获年度全国文物行政处罚十佳案卷；通报文物安全隐患568处，整改441处，挂牌督办文物保护单位12家，完成文物平安工程102处、文物保护工程审批138件；修缮乡土建筑50处、革命文物9处；开展考古调查、勘探、发掘项目451项，发掘面积43440平方米，清理墓葬634座，出土文物标本5700余件（套），2项目入选年度全省考古重要发现；南宋德寿宫遗址博物馆、临平博物馆新馆建成开放，创建省级乡村博物馆43家，推出展览154项，观众593万人次，1项目获全国博物馆十大陈列展览优胜奖，4项目入选全省陈列展览精品，1项目入选新时代博物馆百大陈列展览精品名单，1单位获全省最具创新力博物馆，1单位入选“大思政课”实践教学基地名单，3项目入选年度全国文博社教百强案例；5项文创产品获全省博物馆文创大赛金奖，2项获银奖，5项获铜奖，杭州市园林文物局获优秀组织奖；1人获全国石窟寺专项调查优秀个人，1单位被评为全省文物工作成绩突出集体，6人被突出个人；数字化改革取得成效，1项目获全省数字化改革最佳应用，1项目获全省文化和旅游数字化改革最佳应用。

法规建设

推动《杭州市历史文化名城保护

条例（草案）》立法工作并通过杭州市人大审议，编制《杭州市历史文化名城（世界文化遗产）保护委员会议事规则》初稿，启动《杭州市文物保护管理若干规定》立法后评估和修订调研；探索文物保护工程管理制度改革，研究文物保护、历史建筑保护工程项目分类分级下放，起草《关于加强未核定为文物保护单位的不可移动文物保护管理办法》。

文物安全

出动2528人次，文物执法检查文博单位1955家次，立案查处文物违法案件20起，办结19件，罚款81.5万元；协助破获文物犯罪案件9起，抓获嫌疑人26人；获2022年度全国文物行政处罚十佳案卷；围绕重点隐患，与消防等部门联动，开展野外不可移动文物、民居类文物建筑、文物流通市场、博物馆藏品等专项检查，推动重点隐患整改销号，全年通报文物安全隐患568处，整改441处，挂牌督办有重大火灾隐患的文物保护单位12家；完成余杭南山造像消防、安防、防雷等文物平安工程，飞来峰造像安防工程、岳飞墓消防工程等14个重点项目立项；聘用首批10名文物安全监督员，组建文物安全巡查队。

文物保护

制订杭州市文物保护单位记录档案五年计划，编制、测绘市级文物保护单位档案140处；组织1640处历史建筑导则的编制和主城区历史建筑价值评估，评定65处历史建筑价值等级，完成944处历史建筑“云端档案”；审查文物和历史建筑方案333件，办结行政许可163件、备案104件；审批文物保护工程138项（保养维护64项，修缮工程74项）；编制文物保护单位（点）用地规划129处；安排专项资金3022万元，修缮乡土建筑50处；完成德寿宫遗址保护展示暨南宋博物院工程，对潮湿环境下土遗址大面积露明保护开展系统研究和探索；委托编制《临安吴越国王陵考古遗址公园建设可行性研究报告》，基本完成吴越国王陵考古遗址公园（功臣山区块）项目建设；实施南宋御街本体保护前期勘察，形成《空鼓物探检测报告》《水文地质调查报告（初勘）》等成果报告；联合开展《大型活态线性遗产保护模式研究——以大运河杭州段为例》，发布《中国大运河（杭州段）世界文化遗产驳坎保护管理规范》，编制《杭州大运河遗产河道历史环境保护控制导则》，《江南运河杭州段（含浙东运河杭州萧山段）2021年度监测年度报告》被评为全省优秀监测年报，“文物建筑监测体系模式研究及应用保护管理实践——以杭州富义仓为例”“世界文化遗产暨全国重点文物保护单位杭州富义仓专项监测”入选中国世界文化遗产监测成果展特色案例；编制《杭州市文物保护工程修缮施工过程跟踪和施工后评价管理导则》《杭州市文物保养维护导则》初稿，国家试点项目“浙江杭州历史建筑保护利用标准化”通过验收，累计梳理标准106项，制定、参与标准20项；完成题刻补拓整理283处。

考古发掘

启动考古出土文物标本中心建设，富阳考古工作站挂牌成立，余杭工作站实体化运作，杭州市文物考古研究所与浙江大学、南京大学、郑州大学达成战略合作协议；开展国家级重点田野考古研究项目杭州市西湖区吴越石窟寺遗址（神尼塔、烟霞洞、圣果寺）考古发掘；服务、保障省市重点项目，开展考古调查、勘探、发掘项目451项，面积43440平方米，清理墓葬634座，出土文物标本5700余件（套），净慈寺遗址、萧山祝家桥遗址入选“2022年度浙江考古重要发现”，完成余杭李家塘遗址、密渡桥遗址、萧山老虎洞遗址等考古发掘报告初稿。其中净慈寺遗址发掘面积3000平方米，发现五代至宋时期建筑遗迹4组，出土陶瓷器、建筑构件等标本650余件，入选年度全省考古重要发现；南宋临安城定民坊遗址发掘面积600平方米，发现北宋至明清时期水井2处，以及塔基、道路、暗沟等遗迹，出土大量瓷片和少量建筑构件等，为研究南宋临安城坊巷布局、建筑形制居民生活等提供重要实物资料。

博物馆工作

启动博物馆高质量发展“一十百千万”计划，推进杭州博物院、国家宪法教育馆、市侨联侨史馆、茅湾里印文硬陶博物馆等处筹建相关工作，南宋德寿宫遗址博物馆、临平博物馆新馆建成开放，萧山博物馆、中国印学博物馆完成陈列提升改造；创建省级乡村博物馆43家、市级乡村（社区）博物馆50家；全年推出展览154项，观众593万人次，良渚博物院（研究院）“一起：寻找文明之光”系列社教活动、杭州市萧山区博物馆“探秘萧博·感受宋韵——多彩研学遇见别样宋韵”活动、杭州工艺美术博物馆“宋韵·百工”系列公共教育活动入选2022年度全国文博社教百强案例，“红色印记1921—2021：潮起钱塘——建党百年展”获第十九届(2021年度)全国博物馆十大陈列展览推介优胜奖；杭州中国动漫博物馆基本陈列、杭州西湖博物馆总馆“他是谁？——探秘兰若寺大墓”、钱江源国家公园管理局“钱江源国家公园科普馆基本陈列”、中国茶叶博物馆“绿色黄金——17—19世纪中国和欧洲的海上茶叶贸易”入选第十六届（2021年度）浙江省陈列展览精品项目，杭州工艺美术博物馆“明月入怀·中国团扇文化印象展”入选新时代博物馆百大陈列展览精品名单，“发现杭州2021——杭州考古工作年度盘点暨出土文物展”海报获2021年中国博物馆美术馆海报设计年度推介第一；浙江革命烈士纪念馆入选首批“大思政课”实践教学基地名单，中国水利博物馆获2022年浙江省最具创新力博物馆。

可移动文物保护

出台《杭州市博物馆藏品管理制度（试行）》，新增征集藏品16913件（套），同比增长9.54%，博物馆藏品总数达194269件（套）。良渚博物院良渚王国系列盲盒、杭州国家版本馆风雅宋韵文字茶（黑茶）、杭州博物馆（杭州博物院<筹>）“发靥的宋朝”配套文创、浙江大学艺术与考古博物馆三吴墨妙系列、浙江省现代陶瓷艺术博物馆“龙翔凤吟”对杯获浙江省博物馆文创大赛金奖，萧山跨湖桥遗址博物馆之跨湖桥文化印纹黑陶茶具系列、良渚博物院良渚古城贡米获银奖，富阳区博物馆之笔墨丹青系列、杭州西湖博物馆总馆三潭印月感温变色杯、中国水利博物馆水博明信片、江河悠悠明信片套装、杭州国家版本馆温感变色杯、浙江省现代陶瓷艺术博物馆“想见你”茶瓷礼盒获铜奖，杭州市园林文物局获优秀组织奖；修复文物244件/组，文物标本建档2181件，杭州市文物考古研究所胡利红获全省文物修复技能（陶瓷金属类）大赛第一名；借展文物701件/套，发掘现场保护及样品采集4项，完成海塘遗址出土脆弱文物取样测年、天目窑遗址出土文物采集及检测分析；杭州博物馆梳理馆藏纸质文物6000余件，制作各类文物囊盒80件，联合对清代严镛《西湖十景册页》等7件纸质文物进行科技检测，探究文物颜料老化机理，结合传统工艺进行保护性修复。

数字化建设

推进藏品管理数字化系统建设，持续优化“杭城迹忆”平台：杭州博物馆发行5款文创数字藏品，线上推出“人人都是策展人2.0”数字传播项目；临安博物馆合作完成1200余件（组）藏品的定名、尺寸测量、称重，并登记、拍照、录入藏品完残状况及来源等信息；杭州工艺美术馆搭建智慧博物馆平台，整合安全、展览、公共教育、藏品研究等各业务系统，涵盖白蚁监测、馆区微环境监测等，随时掌握馆区文物安全环境动态。

革命文物工作

持续开展革命文物保护修缮和活化利用，加强淳安县革命文物保护利用片区建设；开展红色标语类革命文物专项调查；申报全省第二批革命文物6家；安排专项资金278万元，推进革命文物保护工程，实施中共萧山县委旧址等革命文物修缮工程9项。

学术研究

先后举办、承办全国第三届策展研究与实践研讨会、省博物馆学会藏品专委会成立大会暨第一届研讨会、第二届工艺振兴论坛等学术活动；省博物馆学会专题馆专委会成立；《杭州博物馆馆藏纸质珍贵文物高精度数字化保护项目》成功申报国家级数字化保护项目，完成省文物局科技项目《丁丙信札价值挖掘与保护：以杭州博物馆馆藏为例》《伞类纺织品的研究与保护——以杭州工艺美术博物馆藏阳伞为例》；杭州市社科联课题《清代杭州织造文献类辑与考释》结题。《西湖绸伞的保护与研究》获省文物保护科技项目立项，《湖山镌永——杭州西湖宋代摩崖石刻与宋韵文化》《石铭江南——吴越、南宋时期相关碑刻研究》《南宋儒学教育体系的建立与发展——以杭州孔庙碑林藏儒学类碑石为中心》成功申报“宋韵文化研究传承中心”通俗读物类和论文类课题。

文博队伍建设与培训

以线上线下等形式，先后开展全市文物安全职业技能提升培训班、全市名城保护工作推进暨导则编制培训会、全市文物保护法律法规政策培训班、全市博物馆高质量发展培训班、全市博物馆宣传骨干业务培训班等培训，近2千人次参与；举办杭州市讲解员职业技能竞赛，269位选手报名参加；联合开展第六届“杭州最美文物守望者”暨“最美文物安全守护人”评选，28人入选，杭州市文物遗产与历史建筑保护中心姚瑶获全国石窟寺专项调查优秀个人，杭州市规划设计研究院城市发展与历史保护研究所被评为全省文物工作成绩突出集体，杨张捷、唐俊杰、许潇笑、丁云川、施时英、陈淑珍被评为全省文物工作成绩突出个人。

文博宣传

组织文化和自然遗产日线上线下活动近20场，被中央电视台新闻节目中三次报道、推广，宋韵迹忆、乡村博物馆等工作被中央、省级重要媒体关注聚焦，“浙江宣传”发布多篇相关推文，单篇阅读量均达“10万+”，中国文物报、国家文物局官方网站发布《杭州市乡村博物馆高质量发展促进共同富裕实践》。开展宋韵文化宣传，建设首个宋韵文化主题全媒体传播平台“宋韵迹忆”，浏览量近1000万人次；举办专题讲座20余场，主题公共教育活动逾250场次，发布宋韵精品研学线路20条和宋韵文化地图；组织宋韵文创产品大赛，参赛作品逾500件（套），获奖作品入选“最宋潮——宋韵迹忆文创与全国百佳文创作品展”。开展“世遗杭州·应运而‘声’”系列宣传，举办杭州世界遗产文化特使大赛，组建杭州市世界文化遗产宣传队伍。举办5.18国际博物馆日主场活动、文化和自然遗产日“世遗之夜”主题晚会《世遗杭州·应运而“声”》，与宁波市共同举办以“世遗运河助力共同富裕”为主题的“同一条运河”杭甬对话活动；持续深化运河遗产文化品牌建设，开展“走运大会”“运河庙会”“京杭对话”、运河闯关实景体验等活动；携手“杭州书房”共建世界遗产文化传播新阵地，搭建“世遗杭州云课堂”。联合主办第十二届青少年创意剪纸大赛，设“童心迎亚运 同行向未来”“宋韵迹忆”主题，共收到作品1560件；在市内及安徽、江苏、山西、甘肃等地推广剪纸文化。先后出版《尺素寸心：丁丙书札中的十九世纪杭州》《刻艺求工——馆藏浙江乐清细纹刻纸精品集》《石铭江南——钱氏吴越碑铭集萃》《宋韵迹忆——杭州宋代遗迹遗存汇编》，以及儿童绘本《我的运河寻游记》《寻伞奇遇记》《扇之国奇幻夜》等。《杭州文博》完成改刊，出版第25、26辑。

数字化改革

启动市级数字化平台“钱塘BAO物”开发建设，打造“数智考古”“文物安全智慧监管”“杭城迹忆”等特色应用场景，以及基于大运河遗产价值的监测预警平台“数智运河”项目，构建“卫星+海陆空”的水岸一体化监测体系，完成2015至2022年涉建项目图斑比对、重要点段三维数字采集和建档测绘、干流水下暗管探查，实现大运河（杭州段）5大类、11项遗产要素活态影响因素的及时防控和本体保护状态的科学管控。杭州余杭区“良渚遗址5000+”获全省数字化改革最佳应用，杭州市临安区文保天目数字孪生（钱王陵）获全省文化和旅游数字化改革最佳应用。

上城区

概述

出台《上城区人民政府关于进一步加强文物工作的实施意见》，组织文博单位安全检查1000余家次，办理法人违法案件4起，专项安全评估文物保护单位（点）54处，完成12处市级文物保护单位的建档测绘；本级财政投入文物事业经费320万元，实施文物保护单位保养维护和修缮工程12项；新增国有博物馆1家，举办展览7场、各类活动32场次，10万人次参与。

文物安全与保护

组织文博单位安全检查千余家次，妥善处理七堡大王庙碑受损、荷花塘未来社区海塘保护不力等法人违法案件4件，责成当事方整改，对54处文物保护单位（点）进行文物安全专项评估，完成12处市级文物保护单位建档测绘。出台《上城区人民政府关于进一步加强文物工作的实施意见》，以规范性文件形式要求各级主体加强文物保护。本级财政投入文物事业经费320万元，实施浙江图书馆旧址大学路馆舍等文物保护单位保养维护和修缮工程12项。

博物馆工作

举办展览7场、各类活动32场次，10万余人次参与。15家博物馆发起、成立上城区博物馆联盟。南宋德寿宫遗址博物馆11月正式开放，用地面积21367平方米，总建设面积12321平方米，露明展示面积约4590平方米。

文博宣传

举办首届“海塘杯”创意大赛，共收到参赛作品118件，精选66件，经87699人次投票，评选最具魅力奖、最佳创意奖、最具匠心奖、最具人气奖、优秀奖等作品60件；“海塘小筑手”小小讲解员夏令营新招收、培养学员22人；开展“学习夏衍精神 争做钱塘好少年”青少年第二课堂系列活动，下设“夏衍杯·宋亚双Yun”微电影大赛、图片展及第十二季快乐竞赛，涵盖夏衍文化、文物保护、海塘文化、宋韵文化、亚运知识五个板块，以流动博物馆形式进入20所学校，约6万人次参与。

拱墅区

概述

组织文博单位安全检查764家次、联合检查12次、消防应急演练9次；下发整改督办单20张，跟踪督办隐患整改76处，并解决重点隐患；落实文物安全责任制，签订安全责任书72份，对49处文物保护单位进行文物安全专项评估；本级财政投入文物事业经费119万元，实施文物保护单位保养维护和修缮工程5项；办理考古前置50项，涉及面积近8万平方米；举办展览7场、各类活动484场次，33.1万人次参与。

文物安全和保护

颁布《拱墅区人民政府关于进一步加强文物工作的实施意见》《拱墅区人民政府办公室关于成立拱墅区文物保护委员会的通知》；组织文博单位安全检查764家次，其中联合公安、消防等部门开展检查12次，指导消防应急演练9次，下发整改督办单20张，跟踪督办隐患整改76处，并解决重点隐患，历时30余年的洋关旧址周边违章建筑经整治销号；落实文物安全责任制，签订安全责任书72份，对49处文物保护单位进行文物安全专项评估。本级财政投入文物事业经费119万元，实施高家花园、通益公纱厂旧址一号厂房等文物保护单位保养维护和修缮工程5项

文博宣传

拱墅区文物局官微“运河南”上线“宋韵”专栏，打造区域宋韵文化IP，推出6大专栏板块，发布推文千余篇；京杭大运河博物馆推出“如果·宋朝也有运动会”主题巡展、“宋韵笔墨画展”，以及“耳朵里的大运河”“赏宋——文物鉴赏”等趣味专栏。

西湖区

概述

创新文物安全监管模式，通过第三方调查、评估全区34处文物保护单位（点）的安全情况，组织文博单位安全检查263家次、文物行政执法检查126家次；本级财政投入文物事业经费2185万元，为超过8成的省级以上文物保护单位安装监控，为8处文物保护建筑建设“智慧消防”系统；入选第七批市级文物保护单位2处；测绘编制4处市级以上文物保护单位的“四有”档案；办理考古前置17项，涉及面积69.86万平方米；举办展览及各类活动55场次，15万人次参与；数字化改革项目“博悦游”入选省文化和旅游厅数字化改革第二批试点、省文化和旅游科技创新示范项目。

文物安全与保护

创新文物安全监管模式，借助第三方评估机构，对辖区内34处文物保护单位（点）的日常管理、本体病害、消防火灾、盗挖盗掘、自然灾害、违法行为等方面安全情况进行调查评估；组织文博单位安全检查263家次、文物行政执法检查126家次；本级财政投入文物事业经费2185万元，省级以上文物保护单位监控安装率达8成，8处文物保护建筑开展“智慧消防”系统建设；马叙伦墓、兴福桥入选第七批市级文物保护单位；测绘、编制柏庐、大诸桥、弥陀寺石刻、昭庆寺旧址等4处市级以上文物保护单位“四有”档案。

博物馆工作

举办展览及社教活动55场次，15万余人次参与；西溪湿地博物馆开展数字化改革项目“博悦游”二期规划与建设，架构数字文化系统，梳理文博数字知识图谱，提供数字文化体验，先后入选省文化和旅游厅数字化改革第二批试点、省文化和旅游科技创新示范项目。公开发表论文4篇。完成“中国湿地植物数据库”中“西溪湿地植物”专题建设，共收录西溪湿地典型水生、湿生植物98科214属332种。

文博宣传

做好“宋韵迹忆”主题活动：策划“西湖区的古桥”及VR线上展览，参观及点击量逾10万人次；设计“西溪且留下”线路，融合忠义桥、朱熹昙山题刻、风水洞摩崖题记等点位，入选杭州精品宋韵研学线路；拍摄“西溪且留下”宋韵宣传视频；参与“宋韵迹忆”文创产品大赛，“忆宋”柴烧手绘品茗对杯、“花港观鱼”玉竹骨合青折扇获优胜奖。

萧山区

概况

召开全区文物安全工作会议，推进文物安全大排查大整治大提升，组织文博单位安全检查213家次；本级财政投入文物事业经费2260万元，实施文物保护单位保养维护和修缮工程19项；新入选市级文物保护单位

11处；办理考古前置49项，涉及面积226.85万平方米，实施考古发掘项目7项，完成5项，发掘面积10300平方米，出土文物标本2400余件；创建省级乡村博物馆12家，举办展览28场、各类活动164场次，71.4万人次参与；获首届全省文化基因解码工程短视频大赛二等、三等奖、优秀奖各1项。

文物安全

召开全区文旅工作暨文物安全工作会议，部署持续推进文物安全大排查大整治大提升，提升文物保护数字化治理水平。进行文博单位安全检查213家次。区政协赴进化镇茅湾里窑址，开展“文物安全提升攻坚情况”专题考察。

文物保护

本级财政投入文物事业经费2260万元，实施文物保护单位保养维护和修缮工程19项。蒙山东岳庙、韩惟论墓等11处文物保护单位入选第七批市级文物保护单位。

考古发掘

办理考古前置49项，涉及面积226.85万平方米；开展考古发掘7项，完成5项，发掘面积10300平方米，出土文物标本2400余件。其中萧山祝家桥遗址Ⅱ、Ⅲ区发掘面积1500平方米，发现良渚文化时期土台、红烧土面、墓葬、灰坑、灰沟及柱洞等遗迹50余处，出土遗物以陶器为主，另有少量石器、玉器等。作为钱塘江南岸地区一处文化面貌单纯、贯穿良渚文化始终、范围相对完整的最基层大型聚落，填补钱塘江南岸良渚文化基层聚落空缺，入选年度全省考古重要发现。

博物馆工作

创建省级乡村博物馆12家，数量居全市第一。举办展览28场，各类活动164场次，71.4万人次参与。《楼英中医药文化》《跨湖桥文化》《针尖上的艺术：萧山花边》分获首届全省文化基因解码工程短视频大赛二等、三等奖和优秀奖。

余杭区

概述

落实文物安全大排查大整治大提升，组织文博单位安全检查250余家次，办理文物违法案件2起；本级财政投入文物事业经费1200万元，实施文物保护单位保养维护和修缮工程5项，完成10处市级文物保护单位的建档、测绘，全区89处文物保护单位（点）实现安防设施全覆盖；新增市级文物保护单位2处；开展宋代文物遗迹专项调查，统计宋代文物古迹57处；办理考古前置63项，涉及面积近212万平方米；创建省级乡村博物馆3家，举办展览9场、各类活动21场次，9万余人次参与；1项目入选省文化和旅游厅“促进共同富裕最佳实践案例”。

文物保护

组织文博单位安全检查250余家次，办理良渚古城遗址保护范围内荀山庙香客宿舍被拆除重建、百釜托寺保护范围生活用房翻建等文物违法案件2起，责令整改，并处以罚款共计10万元；本级财政投入文物事业经费1200万元，实现全区89处文物保护单位（点）的安防设施全覆盖；南山造像安防工程投入180万元，通过省文物局验收；实施文物保护单位保养维护和修缮工程5项；以良渚遗址为试点，推进文物安全巡查网格智治，申报入选省第一批文物安全应用场景建设试点之“揭榜挂帅”项目。开展余杭区宋代文物遗迹专项调查，共统计宋代文物古迹57处，其中现存宋代文物15处，宋代遗迹（宋代史料有记载，但实物为宋代之后的）11处，宋韵记忆（实物不存，但有地名或文化痕迹可寻）31处。新增市级文物保护单位2处（杨乃武墓和径山寺遗迹），完成10处市级文物保护单位的建档测绘。

考古发掘

余杭故城遗址考古发掘面积6000平方米，发现遗迹300余处，出土小件5100余件，确定为余杭故城（南城）。发现从东周延续至今的古今重叠型城址，结构清晰、保存较好，是杭州城市发展起点，与城外聚落、墓地、南苕溪水利设施、道路等组成庞大体系，对于研究古代城市选址和格局、人地关系变迁具有重要意义。

博物馆工作

鸬鸟镇太公堂村余杭抗日战争纪念馆、山沟沟村新四军随军被服厂旧址陈列馆、仁和街道花园村中共西镇区委旧址纪念馆入选省级乡村博物馆。“余杭乡村博物馆汇聚乡村振兴文化力量”项目入选省文化和旅游厅“促进共同富裕最佳实践案例”。举办“章念驰夫妇捐赠文物特展”等展览9场，各类活动21场次，9万余人次参与，征集《黄侃致黄焯有关章太炎及书籍器具运宁的家书》《章太炎致张继论川湘鄂战争及酝酿北伐的长篇信札》等藏品，具有较高研究价值。

学术研究

余杭区社会科学研究课题《地理信息系统在余杭区文物保护中的创新应用研究》结题。创建、出版《章太炎研究》集刊第一期，启动《晚清民国报刊中的章太炎史料辑录》编纂项目，完成相关数据库中章太炎史料的搜集。

临平区

概述

强化文物安全，组织文博单位安全检查800余家次，文物行政执法督查360家次，完成全区42处文物保护单位（点）及国有博物馆的文物安全检查评估。本级财政投入文物事业经费2961万元，完成不可移动文物保护、修缮、整治工程5项；办理考古前置16项，涉及面积176万平方米；创建省级乡村博物馆1家，临安区博物馆开馆，举办展览及教育活动90场次，12.5万余人次参与；推进省级数字化改革试点项目“文物指纹”项目；临平博物馆社会服务（宣教）部入选“一星级全国青年文明号”。

文物安全

组织文博单位安全检查800余家次，文物行政执法检查360家次。完成全区42处文物保护单位（点）及国有博物馆的文物安全检查评估。广济桥结构安全监测小程序上线，开始实时监测，并增设监测管理平台及承载力评估分析等，实现24小时实时监测、监测数据多终端实时共享、随时采集与调用，还增加了预警研究。广济桥、桂芳桥实现常态化结构安全监测。

文物保护

制定《临平区加强文物保护利用改革实施方案(2021—2025年)》，本级财政投入文物事业经费2961万元，完成不可移动文物保护、修缮、整治工程5项。

博物馆工作

完成临平博物馆改扩建工程并开馆，推进良渚文化玉架山考古遗址公园（博物馆）工程，杭州江楠糕版艺术馆创建为省级乡村博物馆。举办《韵·动——两宋文体生活体验展》等展览及各类活动90场次，12.5万余人参与。开展省级数字化改革试点项目“文物指纹——基于文物微痕比对的博物馆藏品管理应用”，研究开发可移动文物轨迹区块链。

文博宣传与研究

联合省博物馆学会举办“博物馆的力量”主旨报告会，承办全国博物馆展陈设计艺术研修班。完成江南文献研究中心建设，打造江南文献数据库，录入各类古旧文献资料5万余页及口述文字35万字。出版《繁简之间——宝鸡出土青铜器纹饰艺术展》图录。

钱塘区

概述

本级财政投入文物事业经费25万元，组织200余人次，开展文博单位安全检查，文物安全专项评估4处文物保护单位（点），建档测绘市级文物保护单位2处；实施考古前置28项，涉及面积177万平方米；举办展览及教育活动1场次，近1200人次参与，创建省级乡村博物馆1家，并与韩美林艺术馆结对共建。

文物安全

印发《杭州市钱塘区人民政府办公室关于印发进一步加强钱塘区文物保护利用工作实施方案的通知》，采取“一月一自查、一季度一巡查”等形式，落实行业监管、街道属地、单位主体等各级职责，按要求层层签订安全责任书；联合文物、公安、消防等部门，专项督查各文物保护单位，确保全区文物保护形势，未发生安全事故和相关案件。

富阳区

概述

组织文物安全大排查，出动2653人次，排查全区各级文物保护单位（点）212处，排除整改隐患132处，办理行政违法案件4起；本级财政投入文物事业经费770万元，实施文物保护单位保养维护和修缮工程7项，复核全区“三普”登录点821处，编制15处市级文物保护单位“四有”档案，新公布市级文物保护单位12处，申报省级文物保护单位3处，开展泗洲造纸考古遗址公园、博物馆建设相关前期工作；挂牌成立杭州市考古所富阳工作站，配合清理区域内窑址13座、墓葬112座，完成新登古城北城门考古发掘；创建省级乡村博物馆3家，举办展览6场、各类活动40场次，154860人次参与。

文物安全

根据文物安全大排查大整治大提升统一部署，全面排查全区范围各级文物保护单位（点），出动2653人次，检查文物点位212处，排除整改隐患132处，形成排查、发现、整改、监督闭环式管理。省级文物保护单位两浙公所、市级文物保护单位环山裘氏祠堂被纳入区级重点整改项目。办理省级、市级文物保护单位保护范围和建设控制地带内进行施工的文物违法案件4起，责令整改。

文物保护和管理

中共江南县工委县政府成立旧址、中共窈口区委区政府旧址、杜公井、彭家井、姚公墓（祠）、新登邮局旧址、新登城隍庙、罗隐读书处旧址、罗隐纪念堂（城北罗家祠堂）、双联袁家厅、新登变电所旧址、周廷冲故居等12处被杭州市政府公布为市级文物保护单位；新登古城墙、庄泽桥、新四军塔山烈士陵园3处申报省级文物保护单位。做好泗洲造纸考古遗址公园、博物馆建设相关前期工作，对泗洲造纸遗址0.66平方公里区域范围实施考古勘探，完成泗洲造纸作坊遗址保护范围及建设控制地带范围区划调整初稿并上报省文物局审核，召开《泗洲造纸作坊遗址保护规划》《泗洲考古遗址公园专项规划、设计方案》部门征询会，编制初稿，完成《造纸博物馆文物征集方案》初稿。投入文物事业经费770万元，实施文物保护单位保养维护和修缮工程7项；复核全区“三普”登录点821处，编制15处市级文物保护单位的“四有”档案。

考古发掘

富阳区新登古城遗址北城门发掘面积458平方米，发现唐、南宋、明三个时期城门遗迹，出土唐代至明清时期陶瓷器、建筑构件等，其中晚唐至明清城门保存结构较完整、沿革清晰，可与罗隐《东安镇新筑罗城记》、咸淳《临安志》等文献相互印证，为研究唐代以来城门城墙结构和营造技术提供重要材料。

博物馆工作

在“家在富春江上”基本陈列展基础上增设“如此家山——郁华书画专题展”“石刻碑刻展”，举办富阳宋韵文化展等展览6项，各类活动40场次，154860人次参与。富阳元书纸文化展示馆、新四军两渡富春江研学中心、胡震纪念馆创建为省级乡村博物馆。

文物宣传

在5·18“国际博物馆日”举办“宋纸研学趣富阳”主题宣传周活动，发布“东坡古道”“东坞山古道”两条宋韵研学线路，开展“品宋·纸文化沙龙”活动，邀请专家学者探讨传统造纸、古法印刷技艺和历史。结合“宋纸新韵”纸文化展览，联合推出“主播带你看展览”视频直播，并在新华网、央视频同步播出，逾14万人次观看；为全区10所中小学组织“宋纸新韵”展进校园活动。

临安区

概述

强化文物安全，印发相关文件，出动1162人次，检查不可移动文物579家次，办理行政处罚案件3起，罚款25万元，获“2022年度全国文物行政处罚案卷评查十佳案卷”；本级财政投入文物事业经费2808万元，为24处历史（乡土）建筑修缮项目立项，完成修缮项目2项，聘任基层文物保护员198名，安装摄像探头523个，实现全区187处文物保护单位（点）视频监控全覆盖；办理考古前置140项，涉及面积258万平方米，完成考古发掘项目12项，发掘面积9100平方米；创建省级乡村博物馆3家，举办展览6场、各类活动20场次，26万余人参与，接收文物及艺术品捐赠移交4批次9件；数字化改革取得成效，得到省领导肯定，经验做法被推广介绍，获省文化和旅游厅数字化改革最佳应用1项，杭州市数字文化首批区县优秀应用1项。

文物安全

先后印发《临安文物保护“矛盾”攻防体系制度》《杭州市临安区文物安全防范工作细则》，推进科学、高效的文物综合保护利用管理。出动1162人次，检查不可移动文物579家次，实施责任整改16次，办理行政处罚案件3起，罚款25万元，《杭州市临安区天目山镇藻溪村经济合作社擅自修缮市级文物保护单位藻溪新四军烈士墓案》被评为“2022年度全国文物行政处罚案卷评查十佳案卷”。

文物保护

投入文物事业经费2808万元，立项历史（乡土）建筑修缮项目24处，完成昱岭关、西天目山墓塔群修缮项目，西天目山墓塔群和全国重点文物保护单位功臣塔修缮项目通过初步验收。聘任基层文物保护员198名（文物保护员162名，18个镇街专职人员36名），落实日常看护巡查；安装摄像探头523个，实现全区187处文物保护单位（点）的视频监控全覆盖。针对吴越国王陵重点区域，形成“八岗、一室、一中心”防护体系，构筑文物、公安、消防等部门组成的整体精密智控体系。

考古发掘

印发《考古前置工作手册》，办理考古前置140项，涉及面积258万平方米；完成考古发掘项目12项，发掘面积9100平方米。其中天目窑遗址群谢家1号窑发掘面积800平方米，通过与已发掘2号窑的对比，进一步了解天目窑遗址群整体面貌，建立器物型式早晚序列，为相关研究提供考古材料，并编制《天目窑遗址保护规划》初稿。

博物馆工作

创建太湖源镇三生共赢馆、高虹镇新四军纪念馆、於潜镇民族日报社纪念馆等省级乡村博物馆3家，举办“宋韵传承——临安宋代历史文化展”等展览6场、各类活动20场次，26万余人参与，接收文物及艺术品捐赠移交4批次9件。

数字化改革

“天目文物保护”“钱王陵数字孪生”平台建成运行，其中“钱王陵数字孪生”平台获省文化和旅游厅数字化改革最佳应用，通过省文物安全应用场景建设“揭榜挂帅”试点验收；“天目文物保护”平台获杭州市数字文化首批区县优秀应用，得到省领导肯定，经验做法在省委改革办《工作动态》上作介绍。

文博队伍建设

临安区文物保护管理所增编11人，吴越国王陵管理所增编2人，新增设“文物保护指挥中心”牌子。召开全区文物工作会议，并首次尝试文物保护员持证上岗模式，从招录、审核、培训、上岗、考核等各个环节对文物保护员进行管理。

其他

先后接待文化和旅游部副部长、国家文物局局长李群，省委副书记、省长王浩，省纪委副书记胡志权，省委常委、杭州市委书记刘捷等领导调研。

桐庐县

概述

以政府购买服务形式引入第三方机构，开展文物安全巡查340家次，巡查文物点位824处，汇总整改意见269项；县本级财政投入文物事业经费810万元，实施文物保护单位保养维护和修缮工程4项，完成多处文物保护单位及历史建筑安防工程；开展考古前置134项，涉及面积48.77万平方米，考古发掘项目2项；举办展览5场、各类活动74场次，5.96万人次参与。1人入选全省文物工作成绩突出个人。

文物安全

以政府购买服务形式，引入第三方机构开展文物安全巡查，并利用无人机等设备开展安全巡查，提高巡查效率和数据全面性，全年开展巡查340家次，累计巡查文物点位824处，汇总整改意见269项。

文物保护

深澳建筑群之资善堂与棣萼堂、沈图故居、茆坪村胡氏宗祠、里松山村合德堂等4处文物建筑被列入县政府投资项目，总投入360万元，维修面积3022平方米。投入93万元，完成29处文物保护单位第三期安防工程并通过竣工验收；补助8万余元，完成5处县级文物保护单位的智慧用电消防建设；投入25.8万元，实施县历史建筑“智慧用电”消防建设工程53处，安装“智慧用电”设备92套、烟感探测器78套。

考古发掘

开展考古前置项目134项，涉及面积48.8万平方米。完成健康城20号地块（桐庐同树湾遗址）、152产业园地块等考古发掘2项。其中健康城20号地块揭露面积500余平方米，考古发掘面积300平方米，发现新石器时代良渚文化墓葬5座、灰坑7个，出土石器及标本500余件。152产业园地块发掘面积1000平方米，清理古墓葬120座、窑址3座，出土文物约400件。

博物馆工作

举办“观音的故事”“陶韵瓷魂——中国陶瓷文化巡礼”“跟着苏东坡游杭州”“丝路瑰宝·吉金鉴古——‘一带一路’中古铜器特展”等展览5项、活动74场次，5.96万人次参与。“刀与笔——姚思铨与浙江抗日救亡展”分别前往余杭章太炎故居纪念馆、苏州碑刻博物馆，进行文化走亲交流活动。创建莪山畲族馆、钟山石雕艺术馆、开国少将叶长庚革命事迹陈列馆、彰坞竹艺非遗展示馆、南堡精神纪念馆等省级乡村博物馆5家。完成19件/套宋代馆藏文物的数字化采集。

宋韵文化宣传

拍摄“范仲淹与桐庐”等“宋韵迹忆”精品研学线路宣讲视频5条，以及10期“云课堂·宋韵剪纸系列”视频，开设“品宋”“寻宋”“说宋”等“宋韵课堂”专栏，发布宣传报道67篇；举办汉服礼仪、宋代汉服与杭州城等9场社教及第二课堂活动。

淳安县

概述

印发相关文件，加强文物安全机制建设，组织文博单位安全检查276家次，文物行政执法督察机构检查文博单位488家次，办理文物行政违法案件1件；县本级财政投入文物事业经费528万元，实施农村历史建筑修缮保护工程13处，完成40处县级文物保护单位的建档测绘；开展考古发掘，清理古墓葬14座，出土文物21件；举办展览4场，社会教育活动26场次，11.4万人次参与。

文物安全

淳安县政府办公室先后印发《关于建立淳安县文物安全工作联席会议协调机构的通知》《关于印发淳安县2022年度文物安全检查评估工作方案的通知》等文件，加强文物安全机制建设；开展48处文物保护单位视频监控设施、8处省级文物保护单位应急广播系统和290余处历史建筑智慧用电系统的建设，改造、提升5处文物保护单位消防安全；结合千岛湖智慧渔政监管平台建设，在狮城、贺城、茶园镇、港口镇、古威坪镇等5处水域安装电子雷达监控及水面光电电子围栏。

文物保护

县本级财政投入文物事业经费528万元，完成省级文物保护单位浪川芹川王氏宗祠日常维护保养工程，省级文物保护单位汾口赤川口村龙门塔、余四山墓保养维护工程，县级文物保护单位中洲镇茶山村战地医院、瑶山乡何家村云溪廊桥修缮工程，以及40处县级文物保护单位的建档测绘。

考古发掘

完成G330国道淳安千岛湖大桥至临岐改建工程项目考古发掘，地块面积6231平方米，共发掘古墓葬14座，其中宋代墓葬1座，明清时期墓葬13座，出土文物21件。

博物馆工作

先后举办“年味淳安——2022年淳安春节民俗文化作品展”“书香宋韵——淳安宋代书院文化专题展”“宋韵迹忆——杭州博物馆图片展”“喜迎二十大匠心展风采——杭州市雕刻艺术作品展”等展览4项，社会教育活动26场次，11.4万人次参与。

建德市

概述

构建市、镇、村三级文物保护巡查体系，出动1800余人次，对91处文物保护单位开展网格巡查和文物安全专项评估，组织文博单位安全检查418家次，办理文物行政违法案件1件；投入文物事业经费303万元，实施文物保护单位保养维护和修缮工程

南宋德寿宫遗址博物馆正式开放

17项，完成24处市级文物保护单位的建档测绘；开展考古调查130余项，面积470余万平方米，完成考古前置勘探10项，涉及面积近40万平方米，实施考古发掘项目2项；创建省级乡村博物馆7家，并成立乡村博物馆联盟（首批单位8家），举办展览9场、教育活动106场次，观众8.7万人次。

文物安全

印发《建德市文物安全大整治大提升攻坚行动实施方案（2022—2024年）》《建德市文化遗产保护和文化传承生态保护区专项资金管理办法》，构建市、镇、村三级文物保护巡查体系，出动1800余人次，对91处文物保护单位开展网格巡查，发放检查整改单19份，涉及文物保护单位21处，整改完成15处，6处隐患整治整体修缮项目通过省文物局立项，并编制维修方案，形成闭环管理；开展辖区内市级以上文物保护单位视频监控和白蚁防治情况摸排，完成监控安装58处，防治白蚁37处、近2万平方米。

文物保护

完成市级文物保护单位保养维护工程12项，以及新叶村庆余堂、上吴方村方庆元、方连松民居修缮工程、旋庆堂保养维护工程，启动梅城南峰塔修缮工程；编制《全国重点文物保护单位新叶村乡土建筑保护规划》，计划投入资金600余万元，修缮乡土建筑11处，实际完成修缮工程3处。

宁波市

概述

2022年，宁波市将文物安全督查纳入市级年度督考计划，推进文物安全大排查大整治大提升攻坚行动，出动8593人次，检查文物保护单位（点）4308家次，开展市级常态化联合督查7次、文物消防安全督查7次，督促整改安全隐患450处，指导6处文物保护单位完成省市挂牌整改销号；出动文物执法2497人次，检查文物保护单位1784家次，办结文物违法案件8件，协助破获文物盗窃案件2起，承办“打击非法贩运文化财产国际日”中国主场论坛活动；投入1.08亿元，实施文物修缮工程62项、文物展示利用工程21项，推荐申报第八批省级文物保护单位16处，新公布各级不可移动文物177处，评选全市不可移动文物保护利用优秀案例14项；推进史前文化和海洋文明“探源”工程，河姆渡国家考古遗址公园列入国家文物局立项名单，开展主动性考古2项、抢救性考古调查71项、勘探项目29项、发掘项目7项，1项目入选年度全省考古重要发现，3项目入选“新时代浙江考古十大发现”，3项目入选“新时代浙江考古重要发现”；补充不可移动革命文物线索9处、可移动革命文物47件/38套；创建省级乡村博物馆46家，举办各类展览430项，观众518万人次，社教活动2310场次，参与27万余人次，1展览获全国博物馆十大陈列展览精品，1展览获全省博物馆陈列展览精品奖，2展览获庆祝中国共产党成立100周年特别奖，在全省博物馆文创产品大赛中获4金9银13铜；1博物馆入选首批“大思政课”实践教学基地，1单位入选浙江省国际人文交流基地；举办文化和自然遗产日浙江（奉化）主场系列活动、“让文物活起来：文化遗产与当代智造”2022海丝之路文化和旅游博览会主论坛；鄞州区、海曙区在全省文博事业发展评估中分列第二、第三，1人获全国文物系统先进工作者，2单位获全省文物工作成绩突出集体，5人获全省文物工作成绩突出个人，1人获全省最美文旅人。

法规建设

编制《宁波市大运河世界文化遗产保护办法》草案，提交宁波市政府审议。

执法督查

将文物安全督查纳入市级年度督考计划，推进文物安全大排查大整治大提升攻坚行动，出动8593人次，检查文物保护单位（点）4308家次，并开展市级常态化联合督查7次；组织文物火灾隐患排查整治和消防能力提升行动，进行文物消防安全督查7次，下发消防安全隐患督导督办函14份，督促整改安全隐患450处，指导6处文物保护单位完成省市挂牌整改销号；联合开展田野文物、石刻碑刻文物等专项督查；加大物违法检查和案件查处力度，文物执法部门队伍出动2497人次，检查各类文物保护单位1784家次，办结文物违法案件8件；建立健全多部门联动打击文物犯罪长效机制，协助文物犯罪专项打击行动，协助破获文物盗窃案件2起，确定治安防范重点单位84家、防恐重点目标17家。

文物安全

建立、完善文物安全四级责任体系，文物安全责任书签订率达100%；各区（县、市）召开文物安全工作会议，优化文物保护委员会成员结构，将文物安全纳入乡镇（街道）考核；建立文物安全直接责任人公告公示制度，安装公告公示牌1899块，完成全国重点文物保护单位、省级文物保护单位226处社会监督码上墙。推进文物安全防护工程建设，5处省级以上文物保护单位“三防”工程竣工验收，推进6处省级以上文物保护单位“三防”工程；加快文物安全视频监控平台建设，省级文物保护单位以上古墓葬的监控视频全部接入公安治安防控网络；启动公共视频监控建设一体化改革，“1300路文物监控纳入建设需求”；揭榜挂帅试点项目“文物安全体检”场景建设通过省文物局验收，“文物甬安”获浙江省数字文化系统优秀应用并部署上线。

不可移动文物保护和管理

河姆渡国家考古遗址公园列入国家文物局立项名单，望京门考古遗址公园建成并移交属地。投入文物保护与利用资金1.08亿元，实施不可移动文物保护修缮、维护保养工程62项，文物展示利用工程21项，编报全国重点文物保护单位保护项目年度计划14项、文物保护储备项目23项，评选不可移动文物优秀利用案例14项。完成全市省级及以上文物保护单位“两划”范围调查评估，147处市级及以上文物保护单位（点）定线落图；新公布县（区）级文物保护单位、文物保护点177处，遴选推荐第八批省级文物保护单位16处。调查全市宋代文物资源，其中不可移动文物208处、可移动文物18134件、18132套。

考古发掘

开展主动性考古项目2项，抢救性考古调查71项，调查面积13.3平方公里，勘探项目29项，勘探面积1.62平方公里，抢救性考古发掘项目7项，发掘面积5000平方米，出土各类文物984件/套，实现原址保护遗址面积8100平方米；慈溪上林湖后司岙唐五代秘色瓷窑址、余姚井头山遗址、施岙遗址入选“新时代浙江考古十大发现”，大榭史前制盐遗址、象山“小白礁Ⅰ号”清代沉船遗址、余姚田螺山遗址入选“新时代浙江考古重要发现”。施岙古稻田遗址入围2021年度全国十大考古新发现终评。参与实施上海“长江二号”沉船整体打捞发掘项目，应邀参加福建漳州“对杯屿”元代沉船和海南西沙群岛北礁海域水下考古项目。

博物馆工作

创建省级乡村博物馆46家。浙海关旧址恢复免费开放，望京门城墙遗址博物馆试开放，阳明纪念馆、姚江书院建设方案通过国家文物局审查。举办基本陈列展览267项、临展163场次、观众518万人次，社教活动2310场次，27万余人次参与；奉化区博物馆《山海交响——奉化历史文明展》获全国博物馆十大陈列展览精品，宁波中国港口博物馆《天下开港——宁波的港与城》获全省博物馆陈列展览精品奖，宁波博物院《征程》、天一阁博物院《<共产党宣言>中外版本文献展》获庆祝中国共产党成立100周年特别奖；余姚市河姆渡遗址博物馆入选第十批“中国华侨国际文化交流基地”，宁波市镇海口海防历史纪念馆入选第六批浙江省红色旅游教育基地，周尧昆虫博物馆、中国港口博物馆入选全国科普教育基地，中国港口博物馆入选首批“大思政课”实践教学基地和国家交通运输科普基地。持续打造“奇思妙想”青少年科普活动等社教品牌，建立馆校合作长效机制，举办博物馆研学实践活动31项，推出“古阁小书生”天一阁暑期研学营等博物馆研学精品课程；完成“云上天一阁”一期建设，新增图像数据10万余条；自主研发古籍OCR文字识别系统，古籍文字识别准确率达95%以上，图文转换古籍数字影像9万页；配合完成省试点项目“天一阁月湖景区数字孪生”，建设数改新项目“浙里有谱”（家谱知识服务）。

可移动文物保护

全市博物馆文物藏品157611件，其中一级文物154件、二级文物683件、三级文物7149件。新增藏品8151件，修复文物607件，选送101件/套文创产品参加全省博物馆文创产品大赛，获4金9银13铜。加强可移动文物保护技术、方法和应用研究，探索恒温恒湿空调系统与冷冻干燥系统设计应用，建立博物馆环境因素检测和综合质量监测技术系统，形成环境质量评估和环境调控产品质量评价技术，研发主动调控和被动调控技术；建立博物馆环境风险预控管理系统，研制技术标准，制定环境监测调控管理手册，形成文物预防保护准则，推进博物馆环境监测和调控；建立全国馆藏文物保存环境监测平台，实施文物保存环境风险评估和预控，形成馆藏文物保存环境监测评估长效机制，提升馆藏文物预防性保护能力；加强宁波区域书画装裱修复实践，探索馆藏书画文物修复模式与路径，编撰出版《博物馆藏书画的装裱与修复》。

革命文物保护与利用

20处不可移动文物，61件/套可移动文物申报并入围第二批革命文物名录。修缮维护革命文物12处，对徐建农徐长海烈士故居等3处革命文物进行活化利用，创建研学教育基地2处，完成5项革命文物的宣传展示活动。开展革命文物保护利用融媒体宣传系列活动，线上线下探访革命文保点，媒体展播“革命文物青年说”短视频，推送红色文物故事和史迹。

学术研究

编制《河姆渡文化遗址申报世界文化遗产策略研究报告》，完成省级文物保护科研课题“基于人工智能在古籍文物知识库建设及场景应用研究”“天一阁安全智控平台关键技术研发及应用”，“天一阁天花彩绘智能处理与利用技术研究与系统开发”“文物数字化过程中数据存储与开发关键技术研究与示范”通过中期验收，完成市级课题《天一阁流散书研究》；编著出版《鄞县古城——考古调查与勘探报告》《庆安会馆砖刻科技保护》《中国海上丝绸之路研究年鉴（2021）》《博物馆藏书画的装裱与修复》《宁波家谱编修启事叙录》等。

文博队伍建设与培训

举办全国古籍修复研修班，为全国28家收藏机构培训修复师35名；组织全市博物馆讲解员选拔赛，选送4位专业讲解员和2位志愿者参加全省博物馆讲解员大赛，2人入选专业十佳，2人入选非专业十佳。组织全国志愿者管理人员培训班、全省志愿者培训班，组建“讲好浙江故事”全省志愿者宣讲团。派人参加第九期全国水下考古专业人员培训、全国田野考古实践培训班、新任考古发掘项目负责人岗前培训班，新增水下考古队员、考古领队各1名，水下考古队员数量居全国前列。王结华获全国文物系统先进工作者，奉化博物馆获全省文物工作成绩突出集体，王赤洲、洪佶、林国聪、冯毅获全省文物工作成绩突出个人，王玮获全省最美文旅人。

文博宣传

利用国际博物馆日、文化和自

然遗产日等节点，开展公共文化活动和云展览、云直播等线上活动，在各级各类主流媒体平台上宣传报道930次，其中国家级媒体报道93次、省级媒体报道68次、央视6次，新媒体推广流量近3100万人次；天一阁博物院入选浙江省国际人文交流基地，获2021年度全国博物馆海外影响力排行榜专题类博物馆第八名，举办国际文化对话活动“天一对话”2期，“书·话——世界现存三大最古老藏书楼云端对话”在央视3个频道播出，《光明日报》《人民日报（海外版）》刊发，意大利多家主流媒体同步报道。

对外交流与合作

“打击非法贩运文化财产国际日”中国主场论坛11月14日以视频会议形式召开。论坛由国家文物局主办，省文物局、中国文物交流中心、宁波市文物局承办，联合国教科文组织、最高人民法院、文化和旅游部、公安部、国家文物局、海关总署缉私局、省文物局、宁波市文物局等相关部门和单位负责人，法学界、博物馆界专家，拍卖企业、青年学生代表等参加。宁波博物院同步策划推出《归来·守护——浙江省打击非法贩运文化财产成果展》，重点展出海关罚没移交文物400余件（组）。

海曙区

概况

做好文物安全检查督查工作，开展常态化文物安全检查巡检1782次，开展多部门联合文物安全检查6次，新增文物保护单位、点视频监控5处；夯实文物保护基础工作，完成325处文物保护单位（点）安全责任人公示牌挂牌，以及省级以上文物保护单位文物安全体检评估与标准制度建设；持续开展运河文化遗产监测与巡查，协助做好遗产范围内建设项目审核与监管；完成省级“揭榜挂帅”试点项目1项，3项目入选市级不可移动文物保护利用优秀案例名单；落实土地出让考古前置制度，完成15处地块的地面文物核查；2处名人故居开馆，创建10家省级乡村博物馆；首次跻身浙江省文博事业发展评估“三甲”，其中文物业务工作水平居全省首位。

不可移动文物保护

宁波府城隍庙修缮工程入选2021年度浙江省优秀文物保护工程，省级“揭榜挂帅”试点项目“浙里文物安全——海曙区恶劣天气文物灾害预警监测处置平台”通过验收，“海曙智慧文物”应用正式上线浙政钉，“文物甬安”应用被评为省级、市级数字文化系统优秀应用。

博物馆建设

创建10家省级乡村博物馆，望京门城墙遗址博物馆、宁波塘河文化陈列馆移交海曙区政府管理。

江北区

概述

将文物安全工作纳入各街道（镇）党政年度考核评价体系，开展日常及专项文物安全巡查百余次，覆盖全区文物保护单位（点），下发告知书20份；完成文物保护单位（点）文物安全责任牌上墙，以及大运河沿线运河遗产公示牌制作安装项目；调研、推荐第八批省级文物保护单位，审核文物方案12处，配合完成13项考古勘探调查。

文物保护

印发《江北区不可移动文物保护专项经费管理办法（试行）》《宁波市江北区文化遗产保护委员会工作制度》《关于明确宁波市江北区文化遗产保护委员会主要职能及成员单位职责分工的通知》《江北区房屋征收（拆迁）地块文物建筑、历史建筑保护管理办法（试行）》。制作、安装大运河沿线运河遗产公示牌，推荐第八批省级文物保护单位2处；全国重点文物保护单位慈城古建筑群保护规划通过省级评审，上报国家文物局。

浙东运河杭甬对话

“2022年浙东运河杭甬对话”活动6月22日在宁波慈城和杭州衙前同步举行。活动采取线下合作研学、线上交流对话等方式。两地文物行政主管部门向有关学校颁发“小河长联盟学校”匾额，向部分学生颁发“小河长”证书。

镇海区

概述

全区共有各级文物保护单位（保护点）78处，其中全国重点文物保护单位2处，省级文物保护单位4处；开展文物行政执法检查，检查文博单位350家次；启动镇海口海防遗址之吴杰故居修缮工程及叶氏义庄、包玉刚故居安防工程；实施汶溪遗址考古发掘项目，发掘面积2200平方米；举办临时展览及社会教育活动106场次，观众114046人次，参与活动21837人次，获全省博物馆文创产品大赛银奖1项。

文物保护

宁波市文化遗产管理研究院镇海考古工作站成立，主要负责镇海地区地下（水下）文物资源日常性调研，相关信息收集、整理、汇总、上报，考古遗存监测监控、保护管理，出土（出水）文物陈列展示等工作；协助开展镇海地区地下（水下）文物考古调查、勘探、发掘任务。

博物馆工作

宁波市镇海口海防历史纪念馆接待观众114046人次，团队192批次，入选宁波市社会科学普及基地、宁波市廉洁文化教育基地及浙江省红色旅游教育基地，“方寸之间遇见镇海”3D便签盒获“2022年浙江省博物馆文创产品大赛”银奖。朱枫烈士纪念馆入选宁波市第五届不可移动文物保护利用优秀案例。

北仑区

概述

实施五级文物巡查制度，各级文物保护单位检查覆盖率、省级以上文物保护单位安全责任书签订率和安全档案建档率均达100%，辖区内不可移动文物保护完好率达95%以上，完成99处文物安全责任公示牌、新公布9处文物保护单位（点）文物保护标志碑以及智慧文物保护二期47处文物保护单位（点）视频监控的安装，开展木构类文物建筑消防隐患提升试点工程和部分省级文物保护单位整治、加固、修缮、迁移保护工程，完成1处全国重点文物保护单位修缮项目前期相关工作；落实城乡建设与文物保护项目的依法审批，初查评估11处地块的文物影响；开展镇海口海防遗址（江南部分）靖远炮台、宏远炮台考古调查及环境清理，实施土地储备“先考古，后出让”前置考古勘探调查7项;举办展览10场，研发特色港口类主题科普课程3期，“港博讲坛”13期，开展青少年教育体验活动111期，观众32万人次，1博物馆入选“全国科普教育基地”“国家交通运输科普基地”、首批“大思政课”实践教学基地；1展览获全省博物馆陈列展览精品奖，1展览入选第一批浙江省公共文化国际交流项目名单；研发特色港口类主题科普课程3期，举办“港博讲坛”13期、青少年教育体验活动111期；征集藏品115件，接受藏品捐赠36件。

不可移动文物保护

持续推进智慧文物保护系统建设（二期），以监测文物安全、预防文物损害为核心，采用视频监控、电气监控、白蚁监测、环境监测等手段，全面监测文物安全，用“智慧云巡”小程序辅助做好区域内日常文物安全巡查。完成文物环境整治、迁移保护、抢险加固、保护修缮等项目12项。

可移动文物保护

继续推进海上丝绸之路文化遗产创新性研究和传承研究中心、宁波港城文化研究中心工作。开展小白礁一号清代沉船保护修复（二期）项目，采用PEG两步法和控制干燥法，对236件船体构件进行脱水定型处理。处理后的木材收缩率控制在3%，且具有良好的尺寸稳定性。

博物馆工作

中国港口博物馆入选“全国科普教育基地”“国家交通运输科普基地”和首批“大思政课”实践教学基地；“天下开港——宁波的港与城”获全省博物馆陈列展览精品奖，“坚定的木刻战士——邵克萍版画艺术展”入选第一批浙江省公共文化国际交流项目名单。与多家省内外文博机构开展馆际交流，中国港口博物馆举办“一带一路”沿线国家艺术家系列展首展。

鄞州区

概况

出动300余人次，开展文物安全巡查百余次，下发文物安全整改函13份；推进文物保养修缮、环境整治及陈列布展等各类工程10项，完善辖区内17处省级以上文物保护单位安防、消防设施，重点推进天童寺、阿育王寺、庆安会馆等平安工程；实地勘察排摸东钱湖区域各级不可移动文物209处，验收东钱湖区域田野文物安全监管系统，市级文物保护点以上木构建筑100%安装微型消防站；开展消防演练、“三普”复核等专项活动十余次，文物安全体检应用入围省文物局“揭榜挂帅”试点应用项目；推进4项革命文物环境整治及展示工程，推荐辖区内2处不可移动文物、8件（套）可移动文物参选全省第二批革命文物名录，拍摄选送5个短视频参加“革命文物青年说”评比；配合完成11项工程的地下文物影响评估；举办博物馆展览39场，教育活动228场，观众1186695人次，创建15家省级乡村博物馆，在全省博物馆文创产品大赛中获金奖2项、银奖4项、铜奖4项；文物资源量、文物事业保障水平、文物业务工作水平等方面排名全省第二，浙江省文博事业发展水平评估指数连续三年列全省前三。

不可移动文物保护

召开文物安全工作会议，印发《全面加强文物安全工作实施方案的通知》，推进文物安全大排查大整治大提升攻坚行动，逐级签订文物安全责任书，完成辖区内省级以上文物保护单位文物安全体检评估及标准制度建设，省级及以上文物保护单位文物安全智慧监管应用社会监督二维码安装率达100%；推动“海上丝绸之路”申遗点环境整治和展示，天童寺消防工程、庆安会馆修缮工程列入国家文物局补助项目。

博物馆工作

鄞州区周尧昆虫博物馆新馆正式开馆并入选全国科普教育基地、省级科学家精神教育基地、九三学社浙江省传统教育基地。创建省级乡村博物馆15家。10家博物馆选送文创产品参加全省博物馆文创产品大赛，获金奖2项、银奖4项、铜奖4项，数量居全市第一。

奉化区

概况

出动578人次，对全区各级文保单位、文保点进行巡查，开展文物安全大检查、文物建筑消防安全“除险保安”行动等，对民居类文物保护单位开展专项整治和督察，整改北山庙安全和消防隐患，更换灭火器113个；成立文物保护委员会，办理文物行政执法案件2起；完成省级以上文物保护单位安防、技防设备安装；审批土地出让项目22处，实施5处地块考古调查与勘探，开展考古发掘2项，1项目入选年度全省考古重要发现；举办展览21场，观众49.8万人次，主题课程3期、青少年教育体验活动392期；1展览入选第十九届（2021年度）全国博物馆十大陈列展览精品和“新时代博物馆百大陈列展览精品”，获全省博物馆十佳展品说明牌；1单位被评为全省文物工作成绩突出集体，1人被授予全省“最美文旅人”；开展文化和自然遗产日浙江主场（奉化）系列活动。

考古发掘

完成22处土地出让审批项目，对5处地块进行考古调查与勘探，实施2处考古发掘项目。其中顾家庄遗址西区进行近半年的抢救性考古发掘，发掘面积1900平方米，发现墓葬、干栏式建筑、土台等遗迹58处，出土陶、瓷、玉、石、木等遗物400余件。遗址主体年代为河姆渡文化四期至钱山漾文化时期，为认识宁绍地区史前文化地域特征和构建史前文化时空框架增添实证，入选年度全省考古重要发现。

博物馆工作

举办展览21场，观众49.8万人次，主题课程3期、青少年教育体验活动392期。奉化博物馆“山海交响——奉化历史文明展”入选第十九届（2021年度）全国博物馆十大陈列展览精品（也是本次唯一入选的区县级博物馆陈列）和“新时代博物馆百大陈列展览精品”，展品说明牌《吾爱吾乡——蒋氏父子与奉化》获全省博物馆十佳展品说明牌。

文博队伍建设与培训

奉化博物馆被评为全省文物工作成绩突出集体，奉化博物馆馆长王玮被授予全省“最美文旅人”。

文化和自然遗产日浙江主场活动

6月11日启动2022年文化和自然遗产日浙江主场（奉化）系列活动。省文化和旅游厅厅长褚子育、省文物局局长杨建武、宁波市副市长朱欢、市委宣传部常务副部长徐方等出席。全省文博场馆、山区26县代表参加。

余姚市

概况

推进文物安全大排查大整治大提升攻坚行动，确认20个乡镇街道9个相关部门的文物安全主体责任，督促整改文物消防安全隐患32处；启动国家历史文化名城申报；为市级以上文物保护单位编制“四有”档案，复核32处宋代文物资源，开展考古调查23处，实施井头山遗址二期考古发掘，面积1000平方米，启动江桥头考古发掘，河姆渡考古遗址公园入选国家考古遗址公园立项名单，1项目入围年度全国十大考古新发现终评，2项目入选新时代浙江考古十大发现，1项目入选新时代浙江考古重要发现；实施革命文物保护修缮工程4处；举办展览及教育活动357场次，1657721人参与，开展品牌研学社教和“阳明文化季”系列活动，独立举办国际文化文物交流活动1次，参与5次，创建省级乡村博物馆3家；在全省文博事业发展水平评估中位列全省第4，区县市年度考核（文博线）排名宁波第一。

文物安全

完成首期余姚市不可移动文物远程监控系统建设项目。项目负责文物保护前置、文物安全监管和文物安全巡查，实现统一管控，通过数字化手段建立重点文物保护单位“可视、可测、可控”文物安全监测系统，提升不可移动文物预防性保护能力和安全风险防范水平。

文物保护

大运河开展月度巡查，及时发现并制止涉及违法行为23起；复核宋代文物资源，其中省级文物保护单位1处，市级文物保护单位4处，未核定文物保护单位27处；启动省级文物保护单位胡公岩摩崖石刻修缮（保护性设施建设暨环境整治）工程设计方案编制，投入1800余万元，13处文物保护单位（点）实施抢险加固。余姚市河姆渡遗址博物馆增挂余姚市河姆渡考古遗址公园管理中心牌子。

考古发掘

推进井头山遗址二期考古发掘，发掘面积1000平方米，发掘区全部揭露到文化层。编制田螺山遗址保护规划，修改完善鲻山遗址保护规划。启动江桥头遗址考古发掘前期工作。

文博宣传

5·18国际博物馆日期间开展读书会、王阳明故居明信片限量版赠送、文创品鉴会直播等线上线下活动，20余万人次参加；“阳明文化设计成果展”观众达2万余人次，“听阳明”音乐会听众5000余人次。

慈溪市

概况

开展150处文物保护单位（点）安全巡查，检查文博单位358家次，查处文物违法案件1起；实施5项文物保护工程、30处市级文物保护单位“两划”图册编制以及文物保护单位维修、保养维护、环境整治等项目13项，1项目评为宁波市不可移动文物保护利用优秀案例；上林湖越窑国家考古遗址公园推进建设，入选省级科普教育基地；审批土地储备“先考古、后出让”和建设项目“先考古、后建设”4件；举办展览、活动109场次，观众496758人次；上林湖越窑博物馆文创产品《小小文物修复师》青瓷修复体验包获全省博物馆文创产品大赛金奖；创建省级乡村博物馆10家。

不可移动文物保护

成立宁波市文化遗产管理研究院慈溪考古工作站，系宁波市第4个地方考古工作站。国家文物局考古研究中心慈溪古船保护研究工作站挂牌成立，加快推进潮塘江元代沉船保护利用项目，开展保护工程设备采购、安装和船体脱盐等工作。

宁海县

概况

开展文物安全检查361次，落实46处文物安全隐患整改；进行文物违法、盗窃等专项督查，协助破获文物盗窃案件1起，追回被盗文物构件2件；逐级签订年度文物安全目标管理责任书，提升文物安防、消防水平建设，完成30处文物保护单位（点）消防制度上墙和81处县级文物保护单位（点）文物安全责任公示牌、省级以上文物保护单位“社会监督二维码”安装；推进各级文物保护单位保护修缮，为2处省级文物保护单位和4处县级文物保护单位（点）编制修缮工程方案，编制1处“三普”登录点的迁移工程方案并进行可行性论证；核查宋代文化资源，上报宋代不可移动文物13处、可移动文物234件，8件可移动革命文物申报省第二批革命文物；联合开展馆藏家谱数字化扫描；完成宁海博物馆陈列大纲和概念设计初稿，举办展览、活动22场次，受众3000余人次。

文物保护

完成宁海古戏台安防工程项目立项、保护项目计划书申报和招标；委托开展木结构建筑消防安全调查评估55处，完成木结构文物保护单位消防安全调查评估报告。开展省级以上文物保护单位保护范围和建设控制地带划定情况核查，对1处全国重点文物保护单位和8处省级文物保护单位“两划”范围及周围工程建设进行核查；推荐、申报第八批省级文物保护单位3处。对8处文物保护单位（点）进行修缮、环境整治、保养维护。开展628处“三普”登录点保存状况核查。申报柔石故居为“宁波市廉洁文化教育基地”。

象山县

概况

落实属地主体责任，将文物安

全纳入各镇乡（街道）考核，形成三级网格化管理结构，7处文物保护单位列入全省文物安全监管重点单位；出动千余人次，实地检查168处文物保护单位（点）消防安全，完成数字化监管平台建设和安全直接责任单位（人）挂牌；实施文物保护工程项目4项，编制文物保护规划2项并报送国家文物局审批，核查“三普”登录点784个，普查宋代文物11处，调查革命文物资源8处；审批“先考古、后建设”项目3项，举办展览7项，观众5万余人次，博物馆教育和研学活动12次。

文物安全

落实属地主体责任，将文物安全纳入各镇乡（街道）考核，与18个镇乡（街道）主要领导签订文物安全责任书，建立责任文保员队伍，形成“县——镇乡（街道）——责任人”网格化管理结构；成立文化和体育安全生产（消防安全）专业委员会，牵头各行业主管部门做好管辖领域内文物安全工作；与省、市文物部门上下联动，将7处重要文物保护单位列入全省文物安全监管重点单位；出动1000余人次，实地检查全县168处文保单位（点）的消防安全，对发现的消防安全隐患进行登记、造册及通报，并实现安全直接责任单位（人）的全部挂牌；成为宁波市木结构文保单位线路改造一期、二期试点，对90%木结构类文保单位进行线路改造，县级以上文物保护单位和部分文保点基本配备微型消防站，提升全县文物消防安全状况。完成全县168处文物保护单位（点）数字化监管平台建设，数据全部录入宁波市不可移动文物安全管理平台，民居类文保单位（点）完成“一图一库一清单”建设；探索多种技术应用，在殷夫故居等处采用智慧烟感技术，在东门灯塔、石浦城隍庙等处安装视频监控。

文物保护

指导十余处文物建筑修缮，实施文物保护工程项目4项，公布第四批6处县级文物保护点，开展第八批省级文物保护单位推荐与申报；核查“三普”登录点784处，普查宋代文物11处，调查革命文物资源8处；青草巷李宅、溪口粮站被评为宁波市第五届不可移动文物保护利用优秀案例。

考古发掘

配合开展宁波至象山市域铁路项目文物调查，塔山遗址段线路方案上报国家文物局；联合推进建塔山遗址省级考古遗址公园创建，编制岙兵营遗址之雉鸡山兵营遗址本体保护工程项目计划书，获国家文物局立项；联合启动渔山列岛海域水下考古调查二期前期论证和方案制定；推进横湾沉船抢救性考古发掘与展示利用，完成横湾沉船考古发掘基坑围护工程，编制考古发掘临时场馆方案，并进行立项。

举办“打击非法贩运文化财产国际日”中国主场论坛活动

温州市

概述

2022年，温州市加强文博机构与队伍建设，12县（市、区）全部设立文物局，并重新设立温州市文物考古研究所，出台多个文件，明确职责分工，形成齐抓共管机制；推进文物安全大排查大整治大提升行动，开展文物执法巡查，建立长效机制，将文物保护单位纳入安全生产专项整治范围；开展“三普”登录点自查复核，申报第八批省级文物保护单位19处；构建省、市、县三级联动考古工作体系，落实建设项目考古前置，朔门古港遗址考古取得重要发现，填补国内相关空白，入选年度全省考古重要发现、国内十大考古新闻；推进非国有博物馆建设，“创新非国有博物馆培育发展机制”项目列入市政府重大改革项目，创建省、市级乡村博物馆60家；建立、健全革命文物数据库，完善革命文物保护传承体系，初步形成融合文旅发展的红色革命文物开发利用模式，获“浙江革命文物青年说”短视频大赛金奖和优秀组织奖；开展数字化改革，获多项奖项，在全省文物工作会议上作典型发言；2单位入选全省文物工作成绩突出集体，5人入选全省文物工作成绩突出个人。

法规建设

出台《关于明确文物管理市级部门职责分工的通知》《关于温州市建设中国民办博物馆之城的实施意见》《温州市促进民办博物馆发展扶持办法》等政策性文件，明确职责分工，形成部门齐抓共管机制。

执法督察与安全

通过联合督察及明查暗访、重点抽查、交叉检查等方式，组织9轮文物安全大排查，出动5831人次，检查文博单位1352家次、文物保护单位3546处，整改安全隐患1258处；建立健全多部门联动的打击文物犯罪长效机制，并开展文物执法巡查，出动6832人次，巡查文博单位3113家次，查处违法案件9起，2起已移送公安机关立案查处；实施《温州市文物建筑消防安全三年专项行动方案》，将文物保护单位纳入全市“8+5”重点领域安全生产专项整治范围；完成圣寿禅寺、陈傅良祠、三垟周氏旧宅、琦君故居等文物安防工程，大会岭、道岭古道、苦马塘岩葬墓群、坦岐炼铁厂旧址、养根施宅、玉壶中美合作所旧址等安防工程通过验收；召开温州市文物博物馆单位安全防范工作视频培训会，通报近期文物安全情况，部署全市文物保护与安全工作，进行专题培训；举办消防安全培训54班次，1649人次受训，文物安全宣传105次，发放宣传资料13656份。

不可移动文物保护和管理

遴选申报第八批省级文物保护单位19处。开展全市3815处“三普”登录点自查复核，全面掌握数量、分布、特征、保存现状、环境状况等基本情况。围绕市委市政府重点项目，落实“两线三片”建设工程的文化形象提升，以及鹿城老城区、江心屿、九山等片区整体维修提升。发掘谢灵运、积谷山文化及周边遗存，提升池上楼“瓯江山水诗路第一楼”展陈。推进文物修缮，泰顺廊桥之北涧桥、普宾桥、毓文桥等处修缮保护工程竣工验收，完成中共浙江省第一次代表大会会址（马头岗）、抗日救亡干部学校旧址、青街李氏池氏大屋之水尾内池氏大屋、百岁亭、王宗泽碉楼、朝霞村碉楼等处的文物保护修缮工程，王十朋墓围墙、朱质庵墓等抢修工程，以及发祥岭栈道等保养维修工程。编制矾山矾矿遗址（一期）修缮工程项目计划书、浙南石棚墓群（苍南桐桥石棚墓）环境整治工程计划书。

考古发掘

按要求落实建设项目考古前置工作，开展朔门古港遗址、泰顺双革、窑背南山元代龙泉窑遗址、平阳萧江资福寺遗址等考古发掘。其中泰顺县百丈镇双革元代龙泉窑遗址发掘面积600平方米，揭露元代分室龙窑窑炉3条、淘泥池1处、辘轳坑1处。资福寺遗址（二期）发掘面积300平方米，出土建筑构件、陶瓷器等器物，进一步探明了寺院建筑布局。11月召开东亚古文化《曹湾山遗址考古发掘报告》首发式暨东瓯文化之源学术研讨会活动。报告描述了曹湾山遗址地层、墓葬等内容，阐述了遗址好川文化内涵，为温州史前文化研究提供重要文物标本，是温州地区先秦遗址重大考古突破。

朔门古港遗址项目

温州朔门古港遗址实施考古勘探发掘，面积5000多平方米，发现古城水、陆城门、码头、木栈道、干栏式建筑、成片房址、水井等相关建筑遗存，以及古代沉船、宋元瓷片、漆木器、琉璃、砖雕等大量遗物。各类遗存年代跨度从北宋延续至民国，尤以宋元为主，为坐实温州龙泉瓷外销起点港和“海丝”重要节点城市提供关键物证。温州市于9月正式成立由时任省委常委、市委书记刘小涛任主任的温州朔门古港遗址公园(暂名)建设委员会，11月举办“温州朔门古港遗址考古成果专家论证会”，国家文物局副局长关强，省文物局局长杨建武等出席。与会专家学者认为，温州朔门古港是海上丝绸之路的重要节点，并就朔门古港遗址发掘的重要意义和价值，以及下一步考古研究与保护利用等问题进行论证。

博物馆工作

现有国有博物馆（专题馆）28家，其中国家一级馆1家、二级馆2家、三级馆3家，非国有博物馆（美术馆）30家。温州博物馆举办临时展览8场，公共教育和文化服务活动143场，线下观众52万多人次，线上展览浏览量达48万多人次；先后参加“第九届中国博物馆及相关产品与技术博览会”“2022温州国际时尚文化产业博览会”；成功申报“浙江省公共文化国际交流基地”“温州市儿童友好实践基地”。推进非国有博物馆建设，温州市“两会”将乡村博物馆建设项目纳入全市十大民生实事项目，报经温州市人大研究通过，并写进政府工作报告。市政府将“创新非国有博物馆培育发展机制”项目列入重大改革项目，由市领导领衔推进，确保落地见效，全年创建省、市级乡村博物馆60家。

可移动文物保护

制订、修订《2022年温州博物馆文物征集计划》《温州博物馆藏品征集规划》《温州博物馆藏品征集实施细则》。温州博物馆新增藏品155件（社会捐赠105件，征集购买50件），并鉴定分类、入藏，进行数字化和藏品信息系统登录。录入文物信息千余件，拍摄252件藏品的图片，向30余家单位与个人提供200余件藏品图片的授权。

革命文物保护与利用

建立、健全革命文物数据库，开展红色标语调查；完善革命文物保护传承体系，以泰顺县中共闽浙边临时省委成立旧址、林秉权故居、中共浙南特委成立旧址、茶坪坑党支部旧址，平阳县中共闽浙边临时省委和中共浙江省一大、抗日救亡干部学校等革命活动区块为核心，打造干部培训基地、红色研学基地、规划周边地区产业，将革命文物连片保护与利用，初步形成融合文旅发展的红色革命文物开发利用模式。《浙南火种》获“浙江革命文物青年说”短视频大赛金奖，温州市文物局获优秀组织奖。

学术研究

《碧天芳草——李叔同与温州》《旷代英才——考古学家夏鼐》《温州戏文故事木雕花板类型与雕刻饰彩研究》《瓯窑瓷器展示色彩搭配探究》《温州馆藏革命文物研究与利用——以红遍浙南特展为例》等5项研究课题通过结项评议；出版《温州文物》19辑以及《碧天芳草——李叔同与温州》《温州金石集萃》《温州文化遗产丛书》《瓯江山水诗路丛书》等。

文博队伍建设与培训

加强队伍建设，温州市文物考古研究所5月揭牌成立，为正科级公益一类事业单位，并增设人员编制；各国有博物馆登记在册志愿者1507名，服务11533场次，总服务时长68995小时；温州市文化广电旅游（文物）局、文成县南田镇政府入选全省文物工作成绩突出集体，高启新、黄培量、张金成、彭海萍、章鹏华入选全省文物工作成绩突出个人。组织文物安全知识培训与消防演练，提升业务水平，2000余人次参加；举办全市博物馆讲解员培训，50余名讲解员参训；500余人次参加全省乡村博物馆建设、全省文物行政执法业务线上培训。

文博宣传

通过各类各级媒体发布文博单位报道百余篇次，并借微信、微博、短视频等平台打造新媒体矩阵，其中温州博物馆微信公众号策划、发布推文224篇，视频号发布视频10条，举办直播10场；微博发布信息882条，B站发布视频47条，抖音发布视频32条，新媒体访问量总计3595488次，关注量达104175人次。大型全景AR立体书《探秘瑞安》、青少年AR绘本《博物馆里的瑞安·学习之旅》《博物馆里的瑞安·发现之旅》出版，并被重要媒体报道、推介。

鹿城区

概述

召开全区文物安全工作会议，依托“三色图”智慧监管系统，出动1158人次，对全区77处县级以上文物保护单位开展全覆盖、常态化巡查，发现并整改问题28处，举办消防安全应急演练13场，挂牌“三普”登录点322处；完成文物修缮工程7项；朔门古港遗址考古发掘取得重要成果，保护宋元码头遗址被写入省第十五次党代会报告，曹湾山遗址考古取得实质性进展，出版考古发掘报告；创建省级乡村博物馆3家，推出文化和自然遗产日展览及配套宣教活动。

考古发掘

9月28日，国家文物局“考古中国”重大项目发布会通报温州朔门古港遗址项目。该项目规模大、遗迹全、年代清晰、内涵丰富，再现宋元时期温州港繁荣景象，是城市、港口、航道三位一体的完整体系，也是海上丝绸之路不可替代的重要节点，系近年来我国海洋考古、城市考古重大收获之一。11月11日首发《曹湾山遗址考古发掘报告》，曹湾山遗址为研究温州史前文化提供重要文物标本，丰富好川文化内涵，是温州地区先秦遗址考古重大突破。

文物保护

启动九山——松台历史文化提升工程二期，涉及籀园改造提升、瓯海公学旧址、“会典标名”石牌坊建设控制地带内环境整饬、徐定超旧居修缮工程等；开展墨池——东瓯王庙——县学前保护提升工程，涉及墨池公园、东瓯王庙、墨池坊16号、18号、20号、23号等重要建筑及周边环境、建筑的整治提升与活化利用。

龙湾区

概述

落实文物安全大整治行动，出动436余人次，巡查文物点位405处，排查并整改隐患点105处，保持文物安全零事故态势；实施文物安全保护工程，投入资金1000多万元，完成全国重点文物单位3处建筑单体修缮和1处安全监测工程，以及2处周边环境整治；完善文物保护机制，建立龙湾区文物保护委员会，召开龙湾区文物保护联席会议2次，推出龙湾区部门与街道文物保护考绩办法，多部门联动完成239处文物保护单位和“三普”文物登录点的11项安全指标体检；创新文物活化利用，研发龙湾区“古宅新生”全生命周期管理应用平台；高质量发展博物馆事业，创建省级乡村博物馆3家、市级乡村博物5家，举办线上线下展览5场，承办研学类、公益类活动115场，接待观众12.62万人次，征集红色文物107件、传统文物120件。

文物安全

8月成立龙湾区文物保护委员会，22个部门和街道作为成员单位，在龙湾区文化和广电旅游（文物）局下设办公室，出台《龙湾区文物保护委员会及工作制度》，明确委员会主要职能、工作制度和成员单位主要职责；12月印发《2022年度龙湾区街道、部门考绩办法考核细则》，将文物保护纳入街道、部门考绩体系；联合打造龙湾区“古宅新生”全生命周期管理应用，以数字化手段赋能龙湾古宅保护利用开发，解决古宅“保护难”“监管难”“利用难”。

瓯海区

概述

以文物安全体检为主赛道，建设文物安全体检工作体系应用场景，升级迭代区文物安全“三色图”智慧监管系统；发布《温州市瓯海区民办博物馆管理办法》《考核实施细则》，规范管理辖区内非国有博物馆(含美术馆、艺术馆、展示馆)；创建省级乡村博物馆7家，市级乡村博物馆2家；创新服务模式，推出精品陈列展览、建设学生实践基地，开展社会教育项目并推出衍生活动80多场，观众累计14万余人次。

博物馆工作

社会力量和民间资本深度参与文博阵地建设、公共文化服务供给和传统文化高效传承保护，建成维日康树贤艺术博物馆、青灯石刻艺术博物馆、珐琅彩艺术博物馆、博山美术馆、园艺术馆、东经纸文化艺术博物馆、金临轩美术馆、龙溪艺术馆等8家非国有博物馆，另有2家已确定投建方。

洞头区

概述

组织签订区对乡镇街道、乡镇街道对村居及村居对个人的三级文物安全责任书，层层压实属地责任；落实文物安全责任人公告公示制度，完成3处省级文物保护单位及33处区级文物保护单位责任人的公示；巡查文物保护单位318家次、“三普”登录点110家次，联合消防部门进文物保护单位、进传统民居集聚村，开展消防培训演练活动9场，创建海陶艺术馆、中仑村史馆、朝阳民俗馆等省级乡村博物馆3家。

乐清市

概述

联合相关部门，根据文物安全风险三色表进行分类排查，共检查各级文物保护单位517家次，督促整改安全隐患70处；加强文物数智化保护，开发南阁牌楼群数智平台，作为温州

"古系列保护·云端守卫"应用四大特色场景之一，实现对"乐清十古"代表性文物的动态管理；申报第八批省级文物保护单位2处；创建省级乡村博物馆4家，乐清市博物馆登记在册志愿者40余人，全年服务时长达400小时，提供服务56场次、义务讲解18场、协助开展活动8次。

文博宣传

助力儿童友好城市建设，打造乐清市博物馆"红色星期天"社教特色品牌，先后举办"画说唐诗"双语诵读（一期、二期）、"童心飞翔——儿童国画体验"、"寻古探砚——儿童陶泥体验"、"童心向党，体会瓷趣"、"儿童与国画大师心灵的碰撞"、"儿童国画体验"等活动；并举办流动博物馆进社区9场、进公共书苑6场。

瑞安市

概述

联合文物行政执法监察机构，巡查文博单位502家次；打造"文物卫士"平台，推进数字监测、智能分析、地质灾害监测等技术在文物安全领域的应用；瑞安市博物馆提升改造基本陈列，建设智慧博物馆安消系统和社教平台，线下观众61826人次，线上观众177833人次；创建省级乡村博物馆2家。

文物安全

推进文物安全数字治理，打造"文物卫士"平台，实现分色分级文物安全智慧监管模式，被评为温州文物安全"古系列"最佳协同应用单位；推进数字监测、智能分析、地质灾害监测等技术应用，开展为期三年的全国重点文物保护单位玉海楼、利济医学堂旧址、观音寺石塔、省级文物保护单位卢氏宗祠的监测工程；实施瑞安市智慧博物馆系统提升改造项目，实现智慧"安消一体化"。

文博宣传

建设瑞安博物馆智慧社教系统平台，推出"瑞安博物馆智慧互动课""云社教电子书""文物合成小游戏"等内容；开展"5·18"国际博物馆日宣传；出版大型全景AR立体书《探秘瑞安》，青少年AR绘本《博物馆里的瑞安·学习之旅》《博物馆里的瑞安·发现之旅》等科普读物，被“学习强国”、网易新闻、腾讯新闻等媒体推介。

永嘉县

概述

建立健全文物保护机制，出台不可移动文物保护利用五年计划等政策，新增每年2500万元的文物保护专项资金；复核“三普”文物3021处；推进文物活化利用，设计红色研学路线，打造红色旅游重要景点15处，年接待游客50余万人次，探索打造不可移动文物保育活化特色品牌“百家修百屋”，创建省级乡村博物馆8家。

文物保护

成立永嘉县文物保护管理利用委员会，建立文物保护利用与安全工作联席会议制度，制定《永嘉县不可移动文物保护利用五年计划实施方案（2022—2026）》《永嘉县不可移动文物保护网格化管理办法》等政策文件，设立每年2500万元的文物保护专项资金，增加全额事业编制的专职文物管理员34名，层层落实文物安全责任，将文物工作纳入干部考核。

“百家修百屋”

践行“自己的房屋自己修缮”理念，与省古建筑设计研究院有限公司合作，以“三普”登录文物为切入点，探索符合当地实际的不可移动文物修缮导则、修缮方案、概算指南、验收办法等，深化社会力量参与文物建筑保护与利用；加大政策保障，完善联席会议制度，发挥文物保护利用工作专班的统筹作用，探索打造不可移动文物保育活化特色品牌“百家修百屋”。

文物活化利用

枫林镇入选全省首批、全市首个“千年古城”复兴试点，打造江南宋村、宋韵楠溪等文旅融合品牌；探索芙蓉古村博物馆群建设，改造提升百间艺术家驻村点房屋；省宋韵文化研究中心首个县级学术与实践基地落户。

文成县

概述

优化格局，夯实基础，提升博物馆公共服务，推进文旅融合，加强文物保护利用；建立联合检查制度，开展文物安全隐患排查整治，集中安排安全大检查8次，出动1011人次，采取明查暗访、重点抽查、定期督查等形式，检查各乡镇文博单位321家次，排查安全隐患89处，并全部整改到位；完成第三批文物平安工程8项，新增第六批县级文保点7处；创建省级乡村博物馆3家、市级乡村博物馆1家，新增藏品28件/套，总数达5127件/套，举办展览、活动，累计20万人次参与，无安全事故发生；1单位被评为全省文物工作成绩突出集体，1人获温州市年度“最美文物守望者”。

文博宣传

有关专家3月实地调研伯温文化创意园和珊溪镇坦岐村红色文化研学旅游建设项目情况，并在南田镇召开座谈会。文成县博物馆结合馆内复原场景，拍摄、发布短视频“一起走进雅庄古民居”，展现革命文物特色。

平阳县

概述

推进文物平安与修缮工程，先后出动1250人次，开展全县文物巡查，确保文物安全；做好文博场馆免费开放等工作，举办展览10项、公益宣教活动45场，年度文博事业发展水平综合评估居温州市第二；《平阳红色革命文物保护利用模式研究》入选全国文化和旅游系统2021年度优秀调研报告，也是本次全省7篇优秀调研报告之一；创建省级乡村博物馆4家，苏步青励志教育馆入选全国科普教育基地、首批科学家精神教育基地、首批科学家精神专题实践教学基地、首批全省科学家精神教育基地、温州市社会主义学院现场教学基地、温州市国际人文交流基地，1人被评为全省文物工作成绩突出个人，1人入选温州市年度“最美文物守望者”。

文物安全

打造“平阳古屋保护应用平台”，开展智慧文物巡查，探索文物安全智慧监管新模式，入选温州市“古系列”保护数字化改革试点项目，完成平台模块搭建、信息库录入、驾驶舱建设、平台系统内部演示等。

文博宣传

以浙江省委党校平阳山门分校为平台，文物革命遗址、遗迹为现场教学点，将革命传统教育搬到现场，讲好文物背后的革命故事。9月23日在平阳苏步青励志教育馆召开纪念苏步青先生诞辰120周年座谈会。全国政协常委、民盟中央副主席曹卫星、民盟浙江省委会专职副主委毛伟民、温州市委常委、统战部部长汪驰、市政协副主席、民盟温州市委会主委胡荣党等出席。

泰顺县

概述

加强文物事业建设，投入经费462万元；以日常巡检、双随机检查等方式开展文物执法检查，出动260余人次，巡查文物、文博单位130多处，并结合重大节日开展文物普法宣传，发放资料千余份；建设文物监察预警系统、技防工程系统，泰顺文化遗产（廊桥）监管保护平台上线，“恶劣天气”“法人违法”入选全省文物安全应用场景试点建设“揭榜挂帅”改革项目，泰顺廊桥监管保护“一件事”入选省文化和旅游数字化改革最佳应用;举办线下展览14个，现场观众47万多人次，同比增长15%，创建省级乡村博物馆5家。

文物安全

泰顺县文化和广电旅游体育（文物）局、县人民法院、县人民检察院、县公安局、县司法局、县综合行政执法局等单位联合印发《泰顺县文物和文化遗产保护司法协同实施办法》。国家文物局、省文物局、应急管理部消防救援局、温州市消防救援支队等相关部门组成联合检查组，9月赴泰顺开展文物建筑消防安全专项检查，温州市、泰顺县相关负责人陪同。

考古发掘

8月至12月对泰顺县百丈镇双革窑址开展联合考古发掘，分南北两区，北区为双革窑址，南区为窑背南山窑址，揭露元代分室龙窑窑炉3条、淘泥池1处、辘轳坑1处，出土一定数量窑具和瓷器标本，明确了龙泉系青瓷产业及技术向泰顺地区的扩张，以及产品类型的发展定型、主供外销等现象。

苍南县

概述

以“四不两直”方式开展文物安全夜查行动，通过“周一夜查”查找安全隐患和薄弱环节，推动文物安全长效落实，出动1111人次，排查隐患236处，即时整改200处，限时整改28处，工程整改8处；创建省级乡村博物馆6家，博物馆对外免费开放287天，观众5.4万人次，其中未成年人2.2万人，接待团队59批次，提供免费讲解633场次。

文物安全

9月16日召开木构文物建筑消防安全工作推进会，县府办、民宗局、财政局、住建局、文广旅体（文物）局、应急管理局、消防救援大队等职能部门及马站、矾山、桥墩、钱库、金乡等相关乡镇分管负责人参加。

博物馆工作

创建省级乡村博物馆6家，苍南县博物馆对外免费开放287天，观众5.4万人次，其中未成年人2.2万人，接待团队59批次，提供免费讲解633场次，与嘉善县博物馆等单位先后联合举办“步步生莲·颜凌波三寸金莲收藏展”“小小昆虫·大大世界昆虫知识科普展”等展览。

龙港市

概述

全面梳理“三普”登录点71处，包括文物保护单位11处、文物保护点21处、未核定39处；出台《龙港市业余文保员管理考核办法》;创建市级乡村博物馆1家，温州夹苎漆器博物馆、萧逸美术馆实施搬迁；温州夹苎漆器博物馆瓯漆雅器获全省博物馆文创产品大赛金奖等奖项。

文博宣传

市委宣传统战部主办国际博物馆日宣传活动，通过展板、发放宣传手册、现场问答等方式，普及《博物馆条例》和文物保护等方面知识，增强社会文物保护意识。

温州朔门古港遗址

湖州市

概述

2022年，湖州市实施文物安全全面提升三年行动计划，推进“文物安全整治年”行动，开展文物安全巡查4469次，向属地发出整改通知书10份，发现安全隐患358处并全部整改，查办文物案件7起；公布《湖州市太湖溇港世界灌溉工程遗产保护条例》，编制《湖州市文化遗产保护发展“十四五”规划》（2022—2025）；实施文物保护单位维修项目30项，审查文物保护工程方案30项，评选首届全市十大文物保护利用优秀案例，编制宋韵文化不可移动文物活化利用方案；持续推进各级考古遗址公园建设，安吉古城考古遗址公园入选第四批国家考古遗址公园名单；1项目入选年度全省重要考古发现，1项目入选“第三届（2021）全国革命文物保护利用十佳案例”，3单位入选首批“大思政课”实践教学基地名单；乡村博物馆建设试点经国家文物局结题验收，编制管理办法、认定办法、资金补助实施细则并在全省推广，建成乡村博物馆82家，其中省级乡村博物馆63家；举办各类展览161项，观众342万余人次，社会教育活动1565次，36万余人次参与，1展览入选第十六届（2021年度）全省博物馆陈列展览精品特别奖；完成全省宋代文物资源专项调查，上报馆藏宋代文物976件/组；承办省第二届大运河世界文化遗产宣传周活动，1项目入选2021全国十佳文化遗产旅游案例、省第二批“大花园耀眼明珠”名单，1单位入选全省文物工作成绩突出集体，4人入选全省文物工作成绩突出个人，获全省博物馆文创产品大赛银奖1项、铜奖3项。

法规建设

湖州市人大常委会公布实施《湖州市太湖溇港世界灌溉工程遗产保护条例》。

文物安全

实施全市文物安全工作全面提升三年行动计划，推进“文物安全整治年”行动，开展文物安全巡查4469次，向属地发出整改通知书10份，发现安全隐患358处并全部整改；组织全市木结构文物建筑消防安全抽查、历史文化名镇名村文物安全检查等，继续推行文物网格式管理，通过季度巡查和使用单位日常巡视管理，及时发现消防安全隐患，推动整改工作“立行立改”；与公安部门深化田野文物联防联控机制，查办文物案件7起，罚款55万元。

不可移动文物保护

实施文物保护单位维修项目30项（全国重点文物保护单位维修项目9项，省级文物保护单位维修项目8项），启动全国重点文物保护单位潘公桥的保护性监测，全国重点文物保护单位陈英士墓修缮工程立项，完成古桥保护修缮工程，保护古桥14座；开展不可移动革命文物抢救修缮，争取上级划拨资金3667万元，7处全国重点文物保护单位、省级文物保护单位修缮工程通过竣工验收；编制《全国重点文物保护单位太湖溇港保护规划》《全国重点文物保护单位昆山遗址保护规划》，组织评审并报国家文物局审批，完成《湖州市文物保护单位南浔桑基鱼塘保护规划》送审稿等；推进9处遗址规划编制，审查文物修缮、保养维护等方案30项，实地指导多处文物保护工程；实现省级以上文物保护单位文物安全直接责任人公告公示牌全覆盖，安防设施设备覆盖率显著提升；完成第八批全国重点文物保护单位、第九批市级文物保护单位“四有”工作，推动市本级73处未定级地下遗址“四至”范围勘探调查，完成35处，约150万平方米，开展文物数字地图测绘，采集吴兴区、南太湖新区全域500余处不可移动文物数字地图现场数据，初步搭建市本级不可移动文物数字地图框架；公布首届全市十大文物保护利用优秀案例，编制宋韵文化不可移动文物活化利用方案。

大遗址保护与利用

推进城市聚落考古遗址公园群建设，安吉古城考古遗址公园入选第四批国家考古遗址公园名单；实施《昆山遗址景区改造项目—环境改造提升（一期）》项目，开展湖州子城城墙遗址、德清亭子桥窑址、安吉安城城墙保护展示工作。

革命文物保护与利用

实施陈英士故居、新四军苏浙军区旧址之被服厂、鞋子厂、修枪所旧址修缮工程，完善新四军苏浙军区旧址安防工程。举办革命主题展览15项，观众36万余人次。安吉余村“两山”会址保护利用获第三届（2021）全国革命文物保护利用优秀案例。湖州市七〇一三液体火箭发动机试车台、安吉余村“两山”会址、长兴县新四军苏浙军区纪念馆入选首批“大思政课”实践教学基地名单。

考古发掘

落实“考古前置”，配合开展下菰城美丽乡村建设、南太湖新区康山北地块、吴兴区道场乡老字号工业园区规划地块等项目考古调查，共开展考古调查勘探32处，面积约125万平方米；考古发掘13处（主动性考古发掘1处，抢救性考古发掘11处），面积约1.39万平方米，出土器物3549件。长兴林城太傅庙旧石器时代遗址实施两期发掘，面积约1500平方米，出土石标本近330件，发现一处石构建筑遗迹和两排3组脚印遗迹，入选年度全省考古重要发现；继续发掘昆山遗址，确认遗址环壕结构，确定迄今南方地区晚商时期规模最大的院落建筑遗迹，面积达4000平方米（推测圈围面积近1万平方米）；将军山遗址发掘面积1000平方米，清理汉六朝至清代墓葬65座、灰坑23个，出土可复原器物60余件，发现大量东周时期印纹硬陶，是目前浙北地区发现唐代墓葬最多的墓地；外溪遗址发掘面积约1000平方米，出土汉六朝、宋元时期标本小件约110件，是湖州地区基层聚落典型代表。

博物馆工作

湖州市博物馆新馆建设取得阶段性成果，德清县博物馆新馆项目开工；乡村博物馆建设试点经国家文物局结题验收，编制《湖州市乡村博物馆管理办法（试行）》《湖州市乡村博物馆建设认定办法（试行）》《2022年度湖州市级乡村博物馆资金补助实施细则（试行）》并在全省推广，建成乡村博物馆119家，82家通过省市验收，其中省级乡村博物馆63家；举办基本陈列91项、临时展览70项（线上展览25项），观众342万余人次，社会教育活动1565次，36万余人次参与；湖州市博物馆“我与母亲的故事——湖州市庆祝中国共产党成立100周年革命文物特展”入选第十六届（2021年度）全省博物馆陈列展览精品特别奖，宋文化专题文物展“苕上十二时辰——宋代湖式生活”展入选5月“中国博物馆十大热搜展览推介”；征集文物、艺术品千余件，新入藏藏品626件/组，拍卖征集藏品16件/组，接收乌程汉简捐赠300余枚，藏品总数达58840件/套；修复馆藏三级书画17件/组(53件），采集23件明式家具3D数据，完成全省宋代文物资源专项调查，上报馆藏宋代文物976件/组。采集革命文物数据10件/组，德清县博物馆（德清半亩文化创意有限公司）“中国杯”获全省博物馆文创产品大赛银奖，湖州市南浔区善琏汉字艺术博物馆（研究院）“牛驾祥云、牛气冲天”摆件、善琏湖笔非遗活态传承馆（湖州市善琏湖笔厂）湖笔“吉祥团圆”、湖州市南浔费新我艺术馆“艺术瓷杯”获铜奖。

学术研究

发表论文9篇，开展各类学术活动5次，先后出版《苕霅流吟——湖州历代碑刻集萃》、“丝瓷笔茶”系列儿童绘本《中华文明诞生记——丝的故事·湖州》《纪念诸乐三先生诞辰一百二十周年特展作品集》和《吴昌硕全集》普及版，启动《苕上十二时辰——宋代湖式生活》的编撰出版。

文博队伍建设与培训

组织消防安全技能培训演练及安全知识培训3次，先后派人参加全国文物安全管理业务（线上）培训班、革命文物陈列展览与展陈提升培训班、全省第三期博物馆青年策展人培训班等各级各类培训。湖州市文物保护管理所程厚敏入选全省“新鼎计划”优秀青年文博人才培养对象名单。史佳璐获第三届诗路文化带景区讲解员大赛金牌讲解员，郭文文获优秀讲解员和全省博物馆讲解员大赛专业组十佳讲解员，李悦琦获专业组优秀讲解员，马若晨、王芳获非专业组优秀讲解员。湖州市文化广电旅游（文物）局获全省文物工作成绩突出集体，吴浩、汪晶、李彦、王学勤入选全省文物工作成绩突出个人。

文博宣传

举办社会教育活动1565场次，36万余人次参与，微信、微博关注人数达202294，增长87892人次。举办第二届浙江大运河世界文化遗产宣传周活动。在国际博物馆日、文化和自然遗产日等重要节点，持续开展以“湖博美育”教育品牌为核心的直播观展，以及亲子互动、特色讲座、宋韵研学等线上线下活动，参与人数逾5000人次；依托微信公众号进行线上宣传，推送各类消息576条；“2022文化和旅游消费季融媒传播活动”中，由馆长主播的“宋代湖式生活”播放量逾30万人次；在湖州日报等媒体推出“博美物语”系列文物故事专栏；举办省民间收藏文物公益鉴定（湖州站）活动，公益鉴定民间藏品100件/组。

吴兴区

概述

建立“三位一体”巡查、检查机制，开展各类检查2000余次，检查文博单位280余家次，开出责令停工通知书2份，发现文物安全隐患12起并全部整改；完善机构设置，区文物保护所正式运作，组建业余文保员队伍；开展考古勘探、发掘项目9项，勘探面积20余万平方米，主动性考古发掘项目1项，发掘面积1500平方米，抢救性考古发掘1项，发掘面积1500平方米，出土器物30余件；创建省级乡村博物馆6家，举办展览20余场，观众2万余人次，各类活动百余场，700余人次参与。

文物安全和保护

建立“专业巡查——执法违法检查——业余文保员义务巡查”的“三位一体”巡查、检查制度，开展各类检查2000余次，检查文博单位280余家次，开出责令停工通知书2份，发现文物安全隐患12处并全部整改；另开展白蚁灾害检查2次、消防安全检查2次、木结构建筑检查20余次，发现文物安全隐患30余处。组建70余人的业余文保员队伍。全区8处全国重点文物保护单位安装智能监控系统，并纳入公安部门“雪亮工程”，实现全天候、智能化监控。安装地下遗址界桩、警示牌6处，完成关上程宅抢险加固工程和青莲桥环境整治。修缮诸溇桥、三官塘桥等不可移动文物2处，编制《全国重点文物保护单位太湖溇港保护规划》并报省级审批。

博物馆工作

举办展览20余场，观众2万余人次，各类活动百余场，700余人次参与；15家乡村博物馆通过验收，其中6家入选省级乡村博物馆，作为全省示范样板。

南浔区

概述

完成各级文物保护单位保护工程6处（全国重点文物保护单位2处、省级文物保护单位2处、市级文物保护单位2处），未公布为文物保护单位的不可移动文物保护工程12处，1处全国重点文物保护单位安防工程、2处市级文物保护单位保护工程通过验收，完成练市粮仓群、双林蔡宅等文物建筑活化利用，3项目入选湖州市文物保护利用优秀案例；实施前置考古调查勘探2处，面积26504平方米；获全省文创产品大赛铜奖3项；举办第二届浙江大运河世界文化遗产宣传周活动。

文物保护

完成大运河国家文化公园文物保护项目，启动江南运河南浔段（頔塘故道）之頔塘故道双桥、驳岸，南浔张氏旧宅建筑群，丝业会馆及丝商建筑刘氏梯号后楼、红砖西洋楼的修缮工程立项并编制方案，南浔张氏旧宅建筑群——芭蕉厅、管理用房修缮工程立项；南浔区中共浙西北特委旧址、张新华烈士故居旧址、姚醒吾故居旧址修缮保护利用案例入选湖州市文物保护利用优秀案例。

考古发掘

配合土地复垦及建设项目，勘探、调查台子汇遗址保护范围及建设控制地带涉及土地复垦项目，面积11194平方米；江南运河南浔段缓冲区内南浔水晶晶嵃塘文化街建设用地项目，面积15310平方米。

博物馆工作

编制南浔区博物馆建设方案并报国家文物局审批，湖州市南浔区善琏汉字艺术博物馆（研究院）“牛驾祥云，牛气冲天”摆件系列、善琏湖笔非遗活态传承馆（湖州市善琏湖笔厂）湖笔“吉祥团圆”等3件/套产品在全省博物馆文创产品大赛中获铜奖，1人获全省博物馆讲解员大赛业余组优秀讲解员。

大运河宣传周

第二届浙江大运河世界文化遗产宣传周活动6月21日在南浔区开幕。省文物局局长杨建武，湖州市副市长阮叶萍，南浔区区长程佳出席并致辞。省文物局副局长郑建华、省世界文化遗产监测中心及大运河沿线五个设区市文物局负责人参加。浙江省大运河世界文化遗产监测系统同期正式上线。

德清县

概述

建立文物“双巡查”制度，出动1926人次，检查文物单位2800余家次，发现文物安全隐患10处并全部整改到位，办理文物案件1起；完成省级以上文物保护单位平安工程，县文物数字地图纳入县“多规合一”平台；1项目实施考古发掘，面积3000平方米，清理多处遗迹；德清县博物馆新馆开工建设，创建省级乡村博物馆13家，举办各类展览 18项，观众867020人次，各类社会教育活动33次，2470人次参与；1项目入选新时代浙江考古重要发现、我喜欢的浙江考古十大发现，2项目入选首届湖州市文物保护利用优秀案例，1单位入选九三学社全国传统教育基地。

文物安全与保护

出动1926人次，检查文物单位2800余家次，发现文物安全隐患10

处并全部整改到位，办理文物案件1起；建立文物“双巡查”制度，成立两级巡查队伍，轮换检查全县文物保护单位，实行季度通报并纳入对镇（街道）考核；完成省级文物保护单位上邻桥保养加固工程、县级文物保护单位蠡山戏台、淡坞戏台修缮工程和古兴国桥搬迁工程；赵孟頫墓安装光纤地波微震动探测报警系统并通过省级验收；聘请第三方开展不可移动文物安全评估，实现文物安全精准化管控。

考古发掘

中初鸣制玉作坊遗址群小桥头遗址点实施抢救性考古发掘，面积3000平方米，清理小桥头、田板埭等作坊遗址点3处、良渚墓葬6座、房址1处，出土遗物包括玉料、玉锥形器、完整人骨架、陶瓷器等350余件。

博物馆工作

以德清县博物馆新馆为核心内容的德清县“源文化”项目正式启动，通过第二批专项债审核，省财政厅同意下达专项债3.05亿元。17家乡村博物馆通过验收，其中13家入选省级乡村博物馆，阜溪街道农耕文化馆、“瓷之源”展示馆作为全省示范样板。举办各类展览 18项，观众867020人次，各类社会教育活动33次，2470人次参与。

可移动文物保护

征集文物35件/套，完成德清县博物馆馆藏陶瓷器文物修复项目的招投标，3件馆藏书画作品的复制，以及馆藏古籍《词律》二十册电子档案的制作。

文博宣传

举办社会教育活动33场次，2470人次参与。《看浙江如何让千年古城“活”起来》《德清中初鸣制玉作坊遗址群考古发掘工作有序推进》《苏东坡诗中“半月泉”重见天日》《良渚文化制玉作坊遗址有新发现　出土良渚时期完整人骨》等信息被浙江日报、杭州日报、湖州日报、中国新闻网、央视网等各级各类传统媒体报道20余次；在新媒体上发布信息十余次，关注人数1.4万，直播1场，1.2余万人次观看。

长兴县

概述

开展文物安全巡查1006次，发现安全隐患9处并全部整改；向上争取资金662万元，实施文物修缮工程8项；开展抢救性考古发掘3项，面积3330平方米，出土器物200余件，文物勘探、调查面积35.73万平方米，1项目获年度全省重要考古发现；举办展览7项，观众1273072人次，1项目获全省博物馆陈列展览精品项目优胜奖，开展青少年研学活动97场，22812人次参与；在全省文物工作会议上作书面汇报，成为文博通全省试点，1单位入选全省廉洁文化教育基地，1单位获评省文化和旅游总评榜之最具人气文化场馆。

文物保护

修改、实施《长兴县文物工作考评办法》，启动城山古城遗址、七里亭遗址保护规划编制和七里亭考古遗址公园建设。西山遗址建设发掘探方保护大棚，展示百万年人类活动史。

博物馆工作

召开湖州市乡村博物馆建设推进现场会和浙江省首批数字乡村博物馆上线发布会，建设乡村博物馆50余家，通过省级验收16家；举办展览7项，观众1273072人次，长兴县新四军苏浙军区纪念馆"'铁军丰碑'——新四军苏浙军区司令部旧址基本陈列"获全省博物馆陈列展览精品项目优胜奖，开展青少年研学活动97场；撰写中共长兴县委县府旧址陈列大纲，整理相关史料，发表个人论文3篇；完成馆藏书画保护和金属器保护修复项目，修复文物184件。开通长兴县博物馆公众号，开辟数字展厅，举办"云展览"。

文博队伍建设

参加革命文物陈列展览与展陈提升培训班、全国文物安全管理业务（线上）培训班、2022年全省第三期博物馆青年策展人培训班等培训，开展消防安全技能培训演练及安全知识培训3次，举行全员讲解"大练兵"技能比武活动，吕玉倩获 2021年度湖州市基层理论宣讲成绩突出个人，史佳璐获省第三届诗路文化带金牌讲解员、最具人气讲解员，郭文文获全省博物馆讲解员大赛专业组十佳、省第三届诗路文化带优秀讲解员；陈文嘉获长兴县“喜迎二十大 建功新时代”演讲比赛三等奖。

文博宣传

引进特色展览6个，开展活动257场次，15660人次参与。联合推出“小小讲解员”“礼敬革命先烈 传承红色基因”祭英烈云分享宣讲等，发挥“云讲堂”平台宣传作用。

安吉县

概述

出动1500余人次，检查文物保护单位和文物保护点近150处，整改安全隐患15处；制定一系列古城遗址博物馆规章制度，启动古建筑白蚁综合整治18家，“文物好管家”应用正式投入使用，实现文物保护“精准智控”；实施文物调查项目近20项，勘探土地面积近1000亩，完成考古发掘任务6项；举办浙江旧石器考古暨上马坎遗址发现20周年主题活动，获“全国革命文物保护优秀案例”1项，安吉古城考古遗址公园获评国家考古遗址公园，入选全国十佳文化遗产旅游案例榜首和联合国全球教育创新案例奖。

文物安全

出动1500余人次，检查文物保护单位和文物保护点近150处，整改安全隐患15处；为10处文物建筑配置微型消防站，在14处全国重点文物保护单位、省级文物保护单位张贴活化利用二维码，埋设界桩160块，竖立文保标志碑6块。吴昌硕纪念馆升级改造安防监控设备及消控室数字化。姚家大院完成修缮和消防工程改造。

文物保护

制定《古城遗址博物馆安全保卫工作规程》《古城遗址博物馆安全保卫工作制度》《古城遗址博物馆监控工作管理制度》《古城遗址博物馆展厅保安工作管理制度》等规章制度。开展文物修缮工程8项，启动18处古建筑的白蚁综合整治，验收太平寺、三山庙、高坞岭横桥等3处文物点修缮工程；开发、利用“文物好管家”应用，实现对全县不可移动文物健康状况的“精准智控”。安吉古城考古遗址公园获评国家考古遗址公园，入选全国十佳文化遗产旅游案例榜首和联合国全球教育创新案例奖，“政府主导+企业运营+专家坐堂”模式引起广泛关注和讨论。安吉余村“两山”会址保护利用入选第三届（2021）全国革命文物保护利用优秀案例，龙山墓群环境整治工程入选省不可移动文物保护利用优秀案例名单。拟定《安吉龙山D107保护展示工程工作方案》；八亩墩墓园保护展示工程争取国家文物保护专项资金2880万元。

考古发掘

服务重点工程，实施文物调查项目近20项，勘探土地面积近1000亩，完成抢救性考古发掘6项，发掘面积3600平方米，出土器物2069件。其中安吉数字物流港项目发掘面积800平方米，清理古代墓葬34处，出土陶瓷器、铜器、铁器等各类器物259件/组；上白塘遗址发掘面积1100多平方米，出土石制品800多件，以石片、断块、石核为主，另有少量刮削器、砍砸器、石球、石锤等。发掘表明上白塘遗址是一处短时期内形成的旷野遗址，年代大体属于中更新世晚期至晚更新世早期。

博物馆工作

举办展览、活动60场，观众1496660人次；安吉古城遗址博物馆开放，张森水先生纪念室在安吉古城国家考古遗址公园落成，创建省级乡村博物馆17家。

学术研究

撰写论文《诸乐三早年所作墨荷图及其它》《景区化视野下博物馆文化体验的几点思考》，完成《纪念诸乐三先生诞辰一百二十周年特展作品集》《吴昌硕全集》普及版。

文博宣传

举办浙江旧石器考古暨“上马坎遗址”发现20周年主题活动，召开浙江省旧石器考古研讨会；打造文博夜市；启动昌硕文化“五进”行动，开展推广活动7场，30000余人次参与；举办暑期传统文化教育体验，进校园进社区开展昌硕文化宣讲宣传。吴昌硕纪念馆推出微官网，增加古籍数字化微信共享，开通昌硕专栏，推出专栏30篇，云上活动20场。

对外交流与合作

吴昌硕纪念馆线上、线下举办《纪念中日邦交正常化五十周年中日名家绘画作品联展》，作为协办方参与《吴昌硕与中日文化交流展》。

第二届浙江大运河世界文化遗产宣传周活动在湖州启动

嘉兴市

概况

2022年，嘉兴市印发《关于进一步加强全市文物安全工作的通知》，出动6725人次，开展文物安全检查605次，检查文物博物馆单位1564家次，发现各类文物安全隐患132处并全部落实整改；遴选、推荐4处不可移动文物申报第八批省级文物保护单位，实施文物修缮工程82处，2项数字化改革项目通过省级验收；《嘉兴市大运河世界文化遗产涉建项目管理细则（试行）》公布，推进大运河国家文化公园、考古遗址公园建设和钱塘江海塘·潮文化景观、江南水乡古镇申遗准备；推动“先考古、后出让”考古前置工作，投入考古经费849万元，申报考古勘探项目44项；完成全市第二次革命文物专项调查，1处不可移动革命文物和26件/套可移动革命文物申报全省第二批革命文物名录；创建省级乡村博物馆31家，举办展览221项，观众168.58万人次，线上线下活动1245场，235万人次参与，1展览获全省博物馆十大陈列展览精品奖，启动可移动文物数字化保护项目，660件珍贵馆藏文物构建数字化模型；1人获全省文物工作成绩突出个人。

文物安全

印发《关于进一步加强全市文物安全工作的通知》，推进文物安全大排查大整治大提升行动，出动6725人次，开展文物安全检查605次，检查文物博物馆单位1564家次，发现各类文物安全隐患132处并全部落实整改；聚焦省级“七张问题清单”重点关注问题，加强监督检查，为沈钧儒故居等14处文物保护单位配备安防设施，抓好重大火灾隐患单位云岫庵挂牌督办整改，推进嘉善县“人居型”

文物保护单位安全隐患整治并形成长效监管机制，压紧压实文物安全责任，建立部门协同工作机制。

文物保护与管理

遴选、推荐4处不可移动文物申报第八批省级文物保护单位，22处不可移动文物申报市级文物保护单位；开展“三普”文物全面复核；加强文物保护和修缮，嘉兴子城绥靖司令部营房等15处市级以上文物保护单位安装监控，修缮凤桥红旗礼堂等82处不可移动文物；“长虹桥碰撞沉降监测处置模块”“白蚁监测预防处置模块”等数字化改革项目通过省级验收；打造覆盖全市的“文物汇治”监管平台；做好大运河沿线嘉运桥、梅湾街东区等涉建项目报批；《嘉兴市大运河世界文化遗产涉建项目管理细则（试行）》公布，联合开展大运河（嘉兴段）世界文化遗产专题调研，完成大运河嘉兴段世界文化遗产监测预警平台建设并通过验收，“大运河守根护脉应用场景”上线应用；推进大运河国家文化公园建设，整治芦席汇历史文化街区并开放，完成崇福横街修缮工程，谋划嘉兴运河文化博物馆项目建设；推动钱塘江海塘·潮文化景观、江南水乡古镇申遗准备工作；加快考古遗址公园建设，马家浜遗址考古展示大棚对外开放，庄桥坟省级考古遗址公园一期项目完工。

博物馆工作

共有博物馆、纪念馆35家（国有博物馆25家，非国有博物馆10家），其中一级博物馆1家，二级博物馆1家，三级博物馆9家。文博基础设施提档升级，创建省级乡村博物馆31家，平湖博物馆新馆、嘉兴博物馆二期建成开放，沈曾植旧居提升展陈，蒋百里纪念馆进行布展。举办各类展览221项（原创性展览108项，引进展览113项），观众168.58万人次，其中“中国历代绘画大系”嘉兴特展吸引观众近12万人次；开展线上线下活动1245场，235万人次参与；馆校合作举办“嘉禾印象”“环球自然日”等主题活动。嘉兴博物馆（马家浜文化博物馆）“江南文化之源”基本陈列获全省十大陈列展览精品奖；嘉兴市文物局获“浙江革命文物青年说”短视频大赛优秀组织奖。

可移动文物保护

国有博物馆共收藏可移动文物7911件/组，新征集藏品42件，新认定二级珍贵文物6件/组，三级珍贵文物226件/组。修复文物20件/组，其中书画18件（22幅）。嘉兴博物馆启动可移动文物数字化保护项目，660件珍贵馆藏文物构建数字化模型。

学术研究

在省级及以上刊物发表论文11篇，《方圆里的变革——海宁出土洪武窖藏宋钱初考》《晚清西文文献中的海宁观潮研究》《海宁上塘河的历史研究》《徐志摩爱国思想研究》《徐志摩和国际友人交往研究》等地方文史类课题结题。

文博宣传

13组选手入围“2022环球自然日·青少年自然科学知识挑战赛年度总决赛”，获一等奖6项、2等奖1项、三等奖6项。举办“嘉禾印象@博物馆IP形象”设计大赛，参与学校40余所，收到学生作品384件，确定博物馆IP形象“马小陶”。嘉兴博物馆《建党百年砖》获“浙江革命文物青年说”之“十佳短视频”；编辑、发行《嘉兴文博》3期、《海宁文博》2期，出版《带你走进马家浜》《君匋艺术院藏书画印精品集》等。嘉兴博物馆官网发布信息149条，点击量累计9万多人次；微信公众号发布信息191条，点击量11余万人次，关注数4.2万人次；新增设博物馆订阅号，发布推文27条，点击量8020次。

对外交流

嘉兴博物馆与澳大利亚班布里市博物馆12月17日进行直播连线，开展为期两周的线上文化周活动。

海宁市

概况

对辖区内主要文物开展安全巡查，巡查文物保护单位4775家次，动态落实“三色图”文物保护单位日常监管；实施文物修缮工程7项、验收1项、编制消防工程方案7项，做好全市229处文物保护单位（点）“两划”范围划定与调整，第八批市级文物保护单位安装标志碑；1项目入选“我喜欢的浙江考古十大发现”；海宁市博物馆对外开放，举办展览9项，制作流动展3项，巡展107场，观众近10万人次；社教体验活动26期，547人参与；创建省级乡村博物馆8家。

文物安全

针对省级以上文物保护单位、市级文物保护单位、文物保护点和盐官旅游度假区内文物，开展每周不少于1次的安全巡查，共计巡查文物保护单位4775家次；落实全省文物消防安全“分色图”监管工作，动态做好“三色图”文物保护单位日常监管；文物保护责任公示牌配套二维码，实现文物保护单位基本信息和“两划”范围的数字化应用；实施省级文物保护单位以上监控“千眼赋能”工程，实现AI智能监控。

文物保护

开展文物维修，修缮张宗祥故居、云龙茧站、朱氏民宅、王氏民宅、陈邦彦故居、郑晓沧故居、毕氏民宅，验收云龙茧站维修工程；编制陈阁老宅、海神庙、圣女小德勒撒天主堂、徐志摩旧居、许行彬故居、衍芬草堂、张宗祥故居等7处消防工程方案；为老盐仓“堂”字号碑安装保护罩；严格执行文物保护建筑“三个一律”政策，完成开放单位“三个一律”政策告示牌的张贴及告知宣传等工作，与建筑类文物保护单位保安人员签订承诺书并更换人员；新增十多处文物保护监控以及惠长厅、冯家厅火灾自动报警系统；做好全市229处文物保护单位（点）“两划”范围划定与调整，为第八批市级文物单位安装标志碑，全国重点文物保护单位、省级文物保护单位添加责任公示牌社会监督码。海宁市博物馆完成监控线路升级更新、报警线路维修、排水泵更新、七氟丙烷气体灭火装置检测保养等。

考古发掘

实施考古勘探3项，勘探面积86768平方米，配合做好柏士庙遗址考古发掘、北关桥路东侧空中廊桥建设发现三合土墓的现场勘查、盐官西侧古城墙与陈阁老宅南侧空地考古勘探等，清洗、整理盐官海宁三中地块出土洪武窖藏；配合完成大运河嘉兴段世界文化遗产监测预警平台建设的实地调查与协调交流、下沙至长安市域铁路沿线调查和火车站拆迁区块文物调查等工作；海宁皇坟头新石器时代遗址入选“我喜欢的浙江考古十大发现”。

博物馆工作

海宁市博物馆完成馆藏文物预防性保护项目改造，2月起正式开放，举办“海昌遗珍——馆藏精品文物展”“新生——书画修复技艺与成果展”“国之祀典——清代宁波府孔庙祭祀礼乐器展”“江海毓秀——江苏省江海博物馆藏明清以来精品书画展”等展览9项（原创展6项，引进展3项），流动展3项、巡展107场，观众近10万人次；配合展览编印图录2册；举办“花钱拓印”“古籍装帧”“文物修复”等社教体验活动26期，547人次参与。云龙蚕桑记忆馆、海宁农耕文化博物馆、海宁市晴雨楼藏砚馆、斜桥镇历史记忆馆、耕情忆耘馆、大运河（长安闸）遗产展示馆、仲乐村榨菜馆、斜桥民俗手工艺馆列入省级乡村博物馆名单。海宁市博物馆新征集《莳花馆笔记》、查昇墓碑等藏品9批次、41件/组，定制普通囊匣（无机质文物）331个、无酸囊匣（有机质文物）56个，开展库房藏品年度复核，印发《2022年度海宁市博物馆馆藏文物清点报告》，实施文物藏品数字化应用；海宁市博物馆（文物保护所）微信公众号推送信息111篇，点击量45996次，推出云展览2项以及“云赏文物”等专题。

文博培训

组织人员参加省博物馆学会新技术应用专委会第二期培训班、全国考古调查勘岗位人员职业技能提升培训等培训，举办进修学习、讲座及研讨会24次，230人次参与，做好专业技术人员继续教育，提高专业知识与业务素养。

平湖市

概况

开展文物安全大排查，出动300余人次，发现并整改安全隐患3处，完善市——镇——村三级文物巡查网络和人防、物防、技防保护网络，为36处高风险文物保护单位安装视频监控93个；实施文物保护工程，修缮古石桥2座、古建筑11处；进行重大基础建设考古勘探3项，勘探面积82400平方米，实施前置考古调查1项；平湖市博物馆新馆建成开放，创建省级乡村博物馆11家，举办展览80场次，社会教育活动等100场次，累计观众60万人次。

文物安全和保护

根据“有案必查、有案必究”原则，严厉打击文物犯罪；出动300余人次开展文物安全大排查，发现安全隐患3例并全部整改；落实文物安全责任制，更换文物保护单位责任公示牌和所有文物保护点标志牌，安装、公示所有野外不可移动文物标识标牌；为36处盗窃、盗挖、人为破坏风险较大的文物保护单位安装视频监控93个，安排专人24小时值守监控；市级统筹，乡镇协同，完善市——镇——村三级文物巡查网络和人防、物防、技防保护网络，开展巡查1400多人次；修缮古石桥2座、古建筑11处共计2360平方米，监测莫氏庄园地面沉降和地下水位。

考古发掘

开展沪平盐城际铁路、滨海供电22万千伏用电建设工程涉及戴墓墩遗址等考古勘探3项，勘探面积82400平方米；对金山至平湖市域铁路（独山港至海盐段）建设项目进行前置考古调查。

博物馆工作

平湖市博物馆新馆历时3年建设，9月建成开放，内设基本陈列“金平湖——平湖历史文化展”和专题陈列“庄桥坟遗址考古展”“御侮抗敌——平湖三次抗击外敌专题展”“平和报本——报本塔天宫出土文物特展”“金平湖自然课堂”，馆藏文物8296件/套，其中一级文物7件、二级文物56件、三级文物1799件；举办展览5场，观众8.2万人次；线上线下活动29场次，1.2万人次参与。李叔同纪念馆编制展陈大纲，展陈形式设计方案通过评审；吴一峰艺术馆新馆完成主体结构建设，启动展陈招标；举办“史前符号和早期文字学术报告会”，宣传庄桥坟遗址出土刻画符号学术价值和意义。

桐乡市

概况

开展文物安全常态化和专项检查，出动2775人次，检查文物单位1337家次，发展文博场馆志愿者16名、专职文保员170名、业余文保员230人、省级以上文物保护单位“宝长”41名、文物安全监督员27名；利用文化遗产保护专项资金800多万元，完成文物保护工程项目18处，“白蚁监测预防处置模块”建成并投入使用，全面启动大运河（桐乡段）保护传承利用和大运河国家文化公园建设，崇福镇横街保护整治项目一期工程竣工；实施考古勘探17项、考古发掘2项，发掘面积1242平方米；举办展览47项，社会教育等活动112场次，线上线下130多万人次参与，改造提升并创建省级乡村博物馆7家。

文物安全应用

推进文物安全“揭榜挂帅”试点应用“白蚁监测预防处置模块”建设，建成文物保护单位白蚁病虫害“实时监测——自动预警——灭杀指派——反馈归档”闭环监测处置流程，利用电磁感应非环路技术解决防水性、抗干扰难题，利用种群控制技术实现治理效果最大化和环境污染最小化，基本实现供给信息精准化、供给过程自动化、管理方式数字化。

文物保护

启动大运河国家文化公园建设，编制《桐乡市大运河国家文化公园建设市域段概念规划和城区段详细设计》；按照《古镇古街古村古宅古桥保护利用三年行动计划》，完成崇福镇司马高桥、洲泉镇聚宝桥、（开发区）高桥街道范桥村陈家木桥13—17号民居、凤鸣街道小金桥、石门镇沙宁桥、屠甸镇重建圣慈高桥等文物保护利用工程18项；崇福镇横街保护整治项目一期工程竣工，修缮房屋面积14539平方米，改造沿街立面1365平方米，修缮、改造横街道路全段，以及宫前街、庙街等部分路段的道路、基础设施4110平方米。

博物馆工作

创建省级乡村博物馆7家，举办展览47项，社会教育等活动112场次，线上线下参与人数到130余万；君匋艺术院“艺兼众美——钱君匋的艺术人生”、桐乡市丰子恺纪念馆“丰子恺艺术陈列展”获第十六届（2021年度）全省博物馆陈列展览精品项目优秀奖；桐乡市茅盾纪念馆陈思婧获省第三届诗路文化带景区讲解员大赛优秀讲解员；桐乡市博物馆“丰子恺漫画茶具”获全省博物馆文创产品大赛银奖；桐乡市茅盾纪念馆《他三次申请恢复党籍，至死不渝》获“浙江革命文物青年说”十佳短视频；桐乡市丰子恺纪念馆入选省廉洁文化教育基地和第四批浙江省华侨国际文化交流基地。

文博宣传

开展各类宣传教育活动百余场次：11月9日在乌镇举办“Internet&Canal：互联网背景下的大运河文化传承发展”主题咖荟，省文物局局长杨建武出席并致辞，70余名相关领域专家学者参加；开展“零距离赏宝”23场，接待179人次；先后举办“小小风雅讲解员”讲解比赛、《桐乡的崧泽——良渚文化聚落与玉器》讲座、“走进红色课堂·传承红色基因”寒假红色研学、茅盾文学进乡村系列、纪念茅盾诞辰126周年、五项流动展进社区、进乡村等线下活动；谋划“桐乡运河文化数字馆”展陈，举办云讲座三场，“穿越7000年，感受农耕文化魅力”线上直播收看、参与观众达3.4万余人次；编撰《桐乡运河文丛》《桐乡运河画卷》《桐乡运河诗词》等，开通桐乡运河诗路文化公交专线。

其他

11月8日，中共中央政治局委员、书记处书记、中央宣传部部长李书磊，在省委常委、宣传部部长王纲等陪同下参观桐乡市茅盾纪念馆。

嘉善县

概况

开展文物安全巡查，出动581人次，检查文物单位227家次，立案1件；完成文物保护单位修缮项目9

项，实施6项，实施不可移动文物维护、保养、周边整治工作26项；举办展览22项，各类活动73场，观众65157人次，接待团队202个。

文物安全

开展文物安全巡查，出动581人次，检查文物单位227家次，对杭州某公司未经文物行政部门批准，擅自拆除县级文物保护点祥符荡两段石坝进行立案调查。联合开展消防安全专项排查与整治，整改省级“七张问题清单”魏塘叶宅，以及县级“七张问题清单”周家宅、戴家楼、河西街沈家宅、袁黄祖居、县丞署、金氏后厅等处文物消防隐患；升级吴镇墓消防和监控设施。更新文物保护单位公示牌内容，明确、公示文物保护单位安全责任单位、安全直接责任人、安全管理人等信息。

文物保护

推进文物保护与修缮，实施文物修缮、保养维护项目42项，完成30项；公布33处碉堡（群）为第四批县级文物保护点，制作标志碑与责任公示牌；开展唐诗之路、宋代文物、抗美援朝、红色标语不可移动文物等调查与登记，复核“三普”登录点。完成27处古桥梁的“四有”档案编制。

博物馆工作

举办展览13项（原创展5项、引进展2项、联展1项），启动“你点我送 共享文化——送展进校园、进社区活动”，举办流动展览6场次。嘉善县博物馆命名为“嘉善县社会科学普及基地”，“善行天下”系列获全省博物馆文创产品大赛银奖。创建姚庄渔民村渔文化展示馆、干窑镇江南窑文化博物馆、西塘镇下甸庙水文化博物馆3家省级乡村博物馆；修复馆藏书画26件/套，其中三级文物20件/套；启动馆藏文物数字化保护项目，编制申报方案并获省级批复，申请国家文物保护专项资金；采取清洗等手段，保护馆藏石质文物；为59件/套不同种类文物分别定制专用囊匣；仿制易损坏、使用频率高、研究价值大的馆藏书画文物19件/套。

文博宣传

“嘉善博物馆”微信公众号改版，推送各类信息328条，关注用户

43904人次；梳理历年举办、承办展览46项，设置“云上赏博”专栏，数字化全景展示7项重要展览，推出“善博珍宝”“善海存真”栏目，宣传嘉善博物馆馆藏文物和嘉善不可移动文物。

海盐县

概况

联合开展文物安全常态化和专项检查，出动1536人次，发现并整改隐患43处；完成文物保护工程项目5处，为文物保护单位安装视频监控4处，复核“三普”登录文物249处；实施考古发掘项目1项，揭露面积约300平方米；举办主题展览31项，观众170500人次，组织讲座等社会教育活动220场次，54400人次参与。

文物安全

推进文物安全大排查、大整治、大提升行动，对辖区内文物保护单位进行全方位“三责”“三防”“四风险”大排查，落实文物安全责任制、属地管理职责和风险隐患清单，出动1536人次，发现并整改隐患数量43处；联合开展台汛期、消防安全、文物安全等专项检查、督查、调研；组织日常安全巡查，督促各文物主体自查。

文物保护

复核全县第三次全国文物普查登录文物249处，启动省级以上文物保护单位平安工程，实施云岫庵消防工程；维修冯师娘桥、工农桥、沈荡第一桥、增福桥；黄道湖遗址、泥塘庙遗址等文物保护单位安装视频监控4处；申请专项资金95万元，开展数字化保护，采集、处理绮园三维数据；调查红色标语，录入平台数据3处。

申遗工作

推进“海盐海塘·潮文化景观”申报世界文化遗产预备名单工作，加强与上级文物部门、钱塘江流域中心、海宁市及相关专家的沟通联系，开展海塘·潮文化申遗基础性研究和保护规划文物编制，完成专家评审。

考古发掘

实施杨家甸遗址二期考古发掘，

布探沟3条、探方4个，揭露面积约300平方米，清理良渚时期墓葬4座、两周时期灰坑6座、汉六朝时期灰沟2条、灰坑10座、柱坑122个、水井1口、明清时期房基1处，出土玉器、石器、陶器等随葬品50余件。

博物馆工作

举办主题展览31项，观众170500人次，开展讲座、巡展等社会教育活动220场次，54400人次参与。完成海盐县博物馆“朱远琴声”专题馆建设。通元镇敦本堂文化博物馆列入省级乡村博物馆名单。申请专项资金394万元，实施海盐县博物馆馆藏珍贵文物数字化保护项目，160件珍贵馆藏文物构建数字化模型。打造“最炫民俗风”“暑期夏令营”等品牌活动。

“江南文化之源展”获全省博物馆十大陈列展览精品奖

绍兴市

概述

2022年，绍兴市新增文博系统编制28个，各类项目经费4709万元，新设立绍兴市宋六陵遗址公园保护中心，绍兴市文物局增加内设机构文物安全监管处、革命文物处，绍兴市文物保护所正式挂牌；实施文物保护工程80余项；完成考古调查勘探86项，勘探面积约13.1平方公里，考古发掘8项，发掘面积16.2平方公里，1项目入选“新时代浙江考古十大发现”，2项目入选年度浙江考古重要发现；登记备案博物馆54家，获年度全省最具创新力博物馆；举办展览（活动）823场，观众300余万人次，1项目获年度全省博物馆陈列展览精品奖，1项目入选年度核心价值观主题展览重点推介项目。1集体获全省文物工作成绩突出集体，4人获全省文物工作成绩突出个人。

执法督察

对全市不可移动文物保护单位、文物经营单位及馆藏文物开展文物执法巡查，出动3606人次，检查2251家次；对文物违法行为立案并作出行政处罚6起，罚款160万元；协助推进打击防范文物犯罪专项行动，协助公安部门破获文物犯罪案件125起，打击文物犯罪团伙9个119人，追缴各类文物2583件，其中三级以上珍贵文物58件。督导大禹陵周边违法建设、二环北路智慧快速路跨浙东运河违法建设、俞秀松故居“两划”范围内一建筑被拆等案件的后续整改，“七张问题清单”销号两项，推进文物法人违法案件整改清零。

文物安全

经绍兴市政府同意，建立全市文物安全工作联席会议制度；推进文物安全大排查大整治大提升行动，印发《全市文物安全大整治行动重点工作任务清单的通知》，开展文物安全检查1405次，检查文物单位1722家次，发现安全隐患503处，整改484处。委托专业机构每季度对全市428处文物保护单位、6家国有博物馆的消防和安防设备技术、文物环境风貌保存等情况进行监测评估。坚持数字化改革，研发预防文物法人违法、古桥安全监测、文物建筑白蚁监测预防处置、火灾监测处置、“文物+城建”等5个多跨场景工作应用并正式上线，“文物守望者”应用平台首创空间治理（文保范围和规划范围自动比对）、遥感监测等功能模块，“文物智慧管家”应用平台获“全省文化和旅游数字化改革最佳应用”。

不可移动文物保护和管理

全市共有各级文物保护单位436处，其中全国重点文物保护单位32处、省级文物保护单位73处、县（市）级文物保护单位331处，文物保护点559处，其他普查登录文物3828处，实施文物保护工程80余项。加强大遗址保护，设立绍兴市宋六陵遗址公园保护中心，核定编制10名；《宋六陵保护规划》经省政府批复同意公布，《宋六陵考古遗址公园规划》经绍兴市政府批复同意公布；设立绍兴市宋六陵考古遗址公园建设领导小组，宋六陵考古遗址公园入选国家考古遗址公园立项名单。嵊州参与联合申遗签约仪式，启动上山文化遗址群申报世界文化遗产工作，起草《关于加快推进小黄山考古遗址公园建设暨上山文化遗址群保护和申报世界文化遗产实施方案（初稿）》。做好建设项目报批、地下文物保护及文物保护修缮审批，完成绍兴市轨道交通二期建设规划等建设项目设计方案优化指导报批及考古勘探报批10项，省级及以上文物保护单位保养工程备案项目5项，省级文物保护单位修缮、展陈提升项目指导及审批十余项。

考古发掘

按要求落实建设项目考古前置工作，完成考古调查勘探86项，勘探面积约13.1平方公里；实施考古发掘8项，发掘面积16.2平方公里；宋六陵陵园遗址入选“新时代浙江考古十大发现”，绍兴大湖头遗址、嵊州下方山及周边墓群考古发掘入选2022年度浙江考古重要发现。宋六陵三、四号陵园遗址进行考古发掘，发现2组陵园建筑、3座帝后陵石藏墓葬等重要遗迹；大湖头遗址发掘清理遗址面、灰坑等500多个，发现木制建筑构件、船桨等出土器物3000余件/套和巨量炭化植物与稻米，是绍兴地区第一次大面积考古发掘的春秋战国时期越国聚落遗址；群贤遗址发掘清理灰坑1个，发现竹编织物及河姆渡文化典型夹炭黑陶，出土器物约40件/套，是绍兴北部地区首次发现的新石器时代河姆渡文化遗址。

博物馆与可移动文物保护

“博物馆之城”建设列入省文化和旅游厅支持计划，组建绍兴市博物馆联盟，新增登记备案非国有博物馆3家，全市登记备案国有博物馆12家、非国有博物馆42家；绍兴博物馆获年度全省最具创新力博物馆，绍兴周恩来纪念馆入选第六批省红色旅游教育基地，上虞博物馆入选第八批省科普教育基地；完成绍兴纺织馆、诸暨市博物馆展陈提升工程，上虞博物馆新馆建成开放；26家乡村博物馆入选浙江省乡村博物馆名单，建设经验在全省推广。举办各类展览（活动）823场，观众300余万人次，绍兴博物馆“畸人青藤——徐渭书画作品展”获年度全省博物馆陈列展览精品奖、全省博物馆展览海报十佳案例推介活动优秀奖，绍兴鲁迅纪念馆“山河赤子心 岁月峥嵘行——鲁迅与共产党人专题展”入选2022年度“弘扬中华优秀传统文化、培育社会主义核心价值观”主题展览重点推介项目。绍兴大禹陵举办年度公祭大禹陵典礼，省人大常委会副主任姒健敏、副省长徐文光、省政协副主席裘东耀等领导出席。第三十八届兰亭书法节在兰亭景区开幕。新征集藏品311件/套，国有博物馆共收藏可移动文物87261件/套，其中珍贵文物3157件/套（一级文物183件/套、二级文物604件/套、三级文物2370件/套）；非国有博物馆备案藏品36717件/套。

革命文物保护与利用

梳理近五年全市革命文物工作情况，完成《绍兴市革命文物保护利用工程实施情况报告》；组织红色标语类革命文物专项调查，调查发现红色标语14处30条。完成第二批革命文物专项调查和补充调查申报，206件入选全省第二批革命文物名录；实施革命文物保护利用项目，为10件珍贵革命文物拍摄制作微视频，讲述革命文物背后的故事。

学术研究

开展省部级及以上科研课题2个，在省级及以上刊物发表论文11篇；成立绍兴市宋文化研究会，召开第二届大禹文化学术研讨会，完成《河南禹迹图》《山西禹迹图》《夏文化与中国古代文明——中国大禹陵首届夏文化学术峰会论文汇编》等学术研究成果，出版《近代报刊所见大禹文化资料整理选编（一）》。

文博队伍建设与培训

招引考古发掘项目负责人4名，招聘文博专业应届硕士研究生6名；组建绍兴市文物安全监督员队伍，引导社会公众参与文物保护。承办2022“讲好浙江故事——全省博物馆讲解员大赛”，3人分获职业组、业余组“十佳”，获奖数居全省前列。组织2022“讲好绍兴故事——全市博物馆优秀讲解案例推介活动”。举办全市乡村博物馆业务培训班，各县（市、区）百余人参加。新昌县博物馆馆长张斯鸿获“全国文物系统先进工作者”称号，绍兴博物馆胡秀苇获“浙江革命文物青年说”短视频大赛“最佳讲解员”，柯桥区文物“护宝”志愿队获浙江省文物工作成绩突出集体，高军、金燕、周能兵、王鑫君获浙江省文物工作成绩突出个人。

文博宣传

“5·18国际博物馆日”期间策划推出文物展览、乡村博物馆推介巡展、研学体验活动、文化专题讲座等五大系列15项子活动，吸引观众近万名。结合文化和自然遗产日，将6月作为全市文物安全宣传月，推出系列文物安全宣传教育活动，组织文物法律法规网上有奖知识竞赛，上万人关注参与；编印文物法律法规手册、文物安全宣传画，开展文物法律法规宣传“五进”活动。利用各级各类传媒平台和渠道开展文物宣传，相关网站年访问量超700万次，微信、微博相关账号关注人数近200万，其中绍兴博物馆微信公众号推送信息172条，关注用户34376，总阅读量24万次，最高点击量1.3万人次；微博发布信息245条，关注用户65.7万，总阅读量395万次，最高点击量12.6万人次；发布7条短视频，阅读量7万人次，最高点击量3万人次，博物馆自媒体重大展览活动资讯的阅读量达40余万人次。新昌县博物馆《魏晋风度展宣传片》获“全省十佳新媒体短视频”，上虞博物馆短视频《浙东望邑，博物上虞》、诸暨市博物馆短视频《风，从历史深处吹来》获全省博物馆“优秀新媒体短视频奖”，浙江民艺拼布博物馆“兰亭序拼布”系列文创获2022年浙江省博物馆文创产品大赛银奖，新昌县博物馆《书声千载——鼓山书院历史文化陈列》“状元”系列文创获铜奖。

对外交流与合作

绍兴、上海、北京以及丹麦两国四地于9月共同举办“大师对话：鲁迅与安徒生”国际文化交流活动。四地学者以直播连线形式进行演讲和交流对话，吸引万余人在线观看。

越城区

概述

2022年，越城区共有各级文物保护单位97处，其中全国重点文物保护单位10处、省级文物保护单位18处、市县级文物保护单位69处、文物保护点104处、其他普查登录文物275处；出动888人次，对442处各级文物开展执法检查，立案查处违法案件4起；对485处各级文物进行常态化安全检查，发现隐患90项，立即完成整改67项；迭代“文物智慧管家”获全省文化和旅游数字化改革最佳应用、2021浙江十大文化和旅游数字化改革优秀案例等荣誉；开展考古调查、勘探45项；参与举办展览2场，3家乡村博物馆列入全省乡村博物馆名录，1家被列为绍兴市示范乡村文化博物馆。

文物安全

层层签订区、乡镇（街道）、村（社区）文物安全责任书191份，增补落实区（市）级文保单位（点）文物保护标志碑35处，完成28处省级以上文物保护单位和102处民居类文物建筑安全档案建档。召开全区文物安全问题督查整改专题会议，出台《关于全面推进考古前置工作的实施意见》（越政发〔2022〕21号），明确全区范围内土地应依法进行前置考古调查，并规范调查实施条件，制定工作流程，厘清分工职责。加强部门协作，组建成立多部门协同、行业专家共同参与的越城区文物安全巡查队。多部门落实征迁区块资源调查工作机制，开展古城民居类文物建筑消防安全整治、宗教类文物建筑消防安全专项联合督查、台风汛期文物安全隐患排查等文物安全专项行动7次。实施省级以上文保单位安防监控联网工程，实现视频监控覆盖100%，纳入公安“雪亮工程”，形成文物安全监管执法联动。

数字化场景建设

全省文物安全应用场景“揭榜挂帅”试点模块建设上线，联动区社会治理中心，文物安全基层治理“一件事”集成体系形成施行规范制度成果。试点项目越城区不可移动文物信息管理系统通过验收，迭代“文物智慧管家”获全省文化和旅游数字化改革最佳应用，入选2021浙江十大文化和旅游数字化改革优秀案例，相关经验做法被《人民日报》刊载推广。

乡村博物馆建设

鲁迅外婆家朝北台门陈列馆、绍兴市荷湖乡土文化博物馆、绍兴黄酒酒器展示馆等3家乡村博物馆入选全省乡村博物馆名单，其中鲁迅外婆家朝北台门陈列馆被列为绍兴市示范乡村文化博物馆；绍兴市荷湖乡土文化博物馆、绍兴黄酒酒器展示馆、绍兴船文化博物馆、尚巷村师爷陈列馆、上旺精神陈列馆入选绍兴市乡村博物馆名单。

文博宣传

出版《越城文物览胜》系列丛书之《古桥》《屋檐下》《石上书》，共收录越城区古桥53处、名人故居、府邸民居、宗祠家堂58处、摩崖碑刻、牌坊、造像27处；制作推出《於越安澜——越城摩崖碑石纪》专题片和27期《越州访古》系列短视频。

柯桥区

概述

2022年，柯桥区共有各级文物保护单位75处，其中全国重点文物保护单位9处、省级文物保护单位8处、市县级文物保护单位58处、文物保护点93处、其他普查登录文物801处；实施文物安全大排查大整治大提升攻坚行动，巡查反馈整改38项；推进乡村文物资源振兴三年行动，开展第三批乡村文物修缮工程13项，创建省级乡村博物馆7家、市级乡村博物馆家18家，举办乡村振兴主题研学游活动2期、各类展览活动99场次，文创产品分获全省博物馆年度文创产品大赛银、铜奖；落实考古前置工作，开展考古调查勘探38项，面积约260万平方米，西泶村遗址、中南漓铁文旅项目一期地块实施考古发掘；绍兴越国王陵及贵族墓、绍兴兰若寺墓地考古发掘项目分别入选“新时代浙江考古重要发现”“我喜欢的浙江考古重要发现”，1团体被评为全省年度文物工作成绩突出集体。

不可移动文物保护

持续推进文物保护单位（点）升级保护，开展第八批省级文物保护单位推荐，配合做好专家复核，柯桥区姚长子纪念碑、万安桥、鉴湖官塘入选推荐名单。公布湖塘街道五丰村狗山摩崖石刻、柯岩风景区内抗战英烈将士碑、安昌街道安昌老街滤水池（三处）、杨汛桥街道联社村汪辉祖墓为柯桥区第十一批文物保护点。

数字化建设

加强文物安全监管平台建设，推广省文物安全智慧监管平台、绍兴越国贵族墓群智慧监护系统、柯桥区文保单位监控系统等应用。文保单位监控系统新增柯岩街道柯岩风景区、马鞍街道古海塘的9个监控点位。绍兴越国贵族墓群智慧监护系统新增地波微震动探测报警系统和198个监测监控点位。

文博队伍建设

组建柯桥区护宝志愿者队伍，与文保协管员队伍协同开展巡查，联合检查文物保护单位（点）290余次，发现并反馈文物安全隐患问题35项，实现全区文保单位“点线面”全覆盖，成为全省先行示范案例，获“2022年度浙江省文物工作成绩突出集体”。

博物馆建设

推出“岁月华章——柯桥区博物馆开馆15周年成果展”，展出精品文物100件/套（珍贵文物55件/套），展现15年来的工作、成果与荣誉。3家博物馆的10件/套作品参加全省博物馆年度文创产品大赛，浙江民艺拼布博物馆兰亭序拼布文创系列获银奖，越是浙里·时光博物馆靖节藕粉礼盒获铜奖。

上虞区

概述

2022年，上虞区共有各级文物保护单位74处，其中全国重点文物保护单位5处、省级文物保护单位13处、市县级文物保护单位56处、文物保护点39处、其他普查登录文物926处；开展文物安全检查42次，发现并整改安全隐患98处，举办文物安全培训与宣传十余次；投资7304万元，实施文物修缮项目4个，创建省级乡村博物馆3家、市级乡村博物馆5家；举办临展14场、社会教育活动87场，参与14378人次。

文物安全

实施文物安全检查42次，发现并整改安全隐患98处；组织文物保护法律法规进社区、进乡村，并与乡镇街道进行文物安全联合宣传，现场张贴文物海报200余份，发放法规宣传册500余册；开展文物安全培训，邀请专业人员进行消防实战应急演练。

文保修缮工程

根据《上虞区不可移动文物（古建筑类）修缮五年（2018—2022）计划》《上虞区名人故居保护工程三年（2021—2023）行动计划实施方案》安排，投资1980万元，完成丰惠钱氏大宅院古建筑群修缮工程。

博物馆建设

上虞博物馆新馆竣工并于11月开放。新馆舍总用地面积11470平方米，总建筑面积18865平方米，设四个基本陈列展厅和两个临展厅。帮扶7家非国有博物馆做好日常管理、开放运营，指导各馆组织举办临时展览9场、社会教育活动81场。

诸暨市

概述

2022年，诸暨市共有各级文物保护单位101处，其中全国重点文物保护单位2处、省级文物保护单位14处、市县级文物保护单位85处，文物保护点89处、其他普查登录文物779处；持续开展文物安全隐患大排查大整改专项行动、文物建筑消防安全专项检查、除险保安检查，出动1903人次，检查文物保护单位、文物保护点559家次，发现并整改安全隐患730余处，实施文物安全天网工程，实现省级以上文物保护单位公共视频监控全覆盖；开展文物保护工程10项；举办展览20场，观众25.7万人次；创建省级乡村博物馆6家、市级乡村博物馆13家；“西施文化”入选首批“浙江省文化标识”培育项目，编印《诸暨三贤研究》两期。

文物安全与保护

建立文物安全隐患排查处置机制和文物安全工作联席会议制度，组建24人的文物保护专家队伍、20人的文物审查委员会以及文物安全监督员（17人）、市级文博志愿者（30人）等队伍；组织市、镇乡（街道）开展排查整治，出动1903人次，检查文物保护单位、文物保护点559家次，发现并整改安全隐患730余处；开展文物保护法律法规宣传教育“十个一”活动，拍摄推送文物保护安全宣传片，印发文物保护法规汇编，组织文物保护法律法规考试等，邀请专业力量指导开展文博单位业务培训、消防应急演练。

数字化建设

实施“诸暨市文物建筑白蚁监测预防处置模块”数字化建设项目，为108处文物建筑（博物馆）安装智能装置2637套并上线运行，为114处文物建筑安装白蚁智能报警装置。

博物馆建设

投入2200余万元，完成诸暨市博物馆基本陈列改造提升工程，布置“诸山毓秀 浣水流芳”“仁人志士 潮涌浣江”“陵谷沧桑 守望家园”等三个基本陈列，新增展品200余件。诸暨博物馆分馆——华夏金石学馆正式对外开放，获首届浙江省最美公共文化空间“最美公共阅读空间”。三个馆区全年观众约15万人次。

研学品牌建设

打造“诸博伴我共成长”研学品牌，举办“文博讲坛”，邀请专家作专题讲座，与20余家单位共建联盟，开展“观展+讲座+体验”等多元互动活动。

越文化精品文物展

7月至10月，诸暨市博物馆举办“铮铮越吟——越文化精品文物展”，分“越源”“越兴”“越绝”三个单元，展出省内外19家文博机构自商周至西汉武帝时期的越文化代表性精品文物158件/套，其中珍贵文物107件/套。

嵊州市

概述

2022年，嵊州市共有各级文物保护单位52处，其中全国重点文物保护单位4处、省级文物保护单位13处、市县级文物保护单位35处，文物保护点139处、其他普查登录文物549处；组织文物安全检查，出动576人次，对243处各级文物开展执法检查，发现隐患36处，立即整改30处；争取上级资金1581万元，修缮文物保护单位、文物保护点16处，实施文物保护单位安消防工程3处；创建省级乡村博物馆4家、市级乡村博物馆11家，举办各类展览活动十余场，观众4.38万人次。1人获浙江省文物工作成绩突出个人。

文物安全

制定出台《嵊州市整治提升文物安全攻坚行动计划》（嵊政办〔2022〕79号），开展文物古建筑消防安全专项治理行动，组织多部门共同参与的文物安全联合检查；文物安全生产月期间，进一步加强文物安全日常巡查，多次组织文物建筑安全自查、文物安全专项检查，向属地政府、有关单位发送整改函，及时落实30余个隐患问题的整改；以527国道盗掘案件为线索，举报并协助公安部门破获系列性盗掘古墓案，抓获涉案盗墓团伙5个、盗掘倒卖文物嫌疑人47人，追回并移交涉案盗掘盗卖文物1374件，其中三级以上文物28件。

崇仁村建筑群消防工程

崇仁村建筑群消防工程被列入全国文物消防安全百项重点工程，经三年建设，于1月通过省级验收。嵊州市崇仁村建筑群消防安全数字化应用平台入选省文物安全应用场景建设试点“揭榜挂帅”项目。

小黄山遗址保护与申遗

成立申遗领导小组，组建部门联动工作专班，完成《关于加快推进小黄山考古遗址公园建设暨上山文化遗址群保护和申报世界文化遗产实施方案》的起草，明确2022至2025年工作任务清单；投入550万元，启动小黄山考古遗址公园规划、保护展示工程、遗址工程范围测绘、遗址保护管理规划、申遗文本编制等工作，完成遗址核心区环境清理和遗址入口、发掘区及主要通道等处标识标牌的设计安装，编印相关宣传册页2000份。

新昌县

概述

2022年，新昌县共有各级文物保护单位36处，其中全国重点文物保护单位1处、省级文物保护单位9处、市县级文物保护单位26处、文物保护点95处、其他普查登录文物485处；开展文物安全检查88次，检查文物建筑105处；实施文物保护修缮项目27项，修缮面积4263平方米；承办省级学术研讨会1个，举办展览活动25场，观众18.89万人次；获国家级荣誉2项、省级荣誉3项。

拆改区块文物保护

做好拆改区块文物保护和历史文化街区建设，完成梅湖岙桥里22号、42号、54号（徐诵明故居）、95号、101号民居、五都村俞氏民居、弥陀寺、继全堂、岙桥里光霁桥等9处建筑的迁建工程以及尉健行故居修缮工程并通过验收。

石窟寺数字化保护项目

国家资金支持的新昌大佛寺数字化保护项目完工。项目总投资171万元，建设内容包括石弥勒像、千佛岩造像数字化采集、文物数字系统建设、应用展示系统开发、造像艺术数字展览，项目成果数字出版等。省部级科研项目《基于多元知识的新昌大佛寺石弥勒像的虚拟复原与展示》同步推进。项目成果在实际工作中多次运用，取得较好反响。

魏晋风度展

新昌县博物馆6月至10月举办“魏晋风度展”，展出全国20家博物馆的精品文物268件，其中一级文物12件、二级文物60件、三级文物140件，且多件文物系国内首次亮相，被百余家媒体报道。《魏晋风度展宣传片》在2022年“全省博物馆十佳新媒体短视频推介活动”中被评为“全省十佳新媒体短视频”。

召开省级学术探讨会

6月29日，“合作·共享——基

畸人青藤——徐渭书画作品展”获全省博物馆陈列展览精品奖

层博物馆展览提升与发展”省级学术研讨会在新昌召开。学会领导、省内外文博专家等百余人就基层博物馆挖掘展陈内涵、拓宽策展思路、提升办展能力进行探讨。

参加“博博会”并获奖

新昌县博物馆作为我省9家参展博物馆中唯一的县级博物馆，参加第九届“中国博物馆及相关产品与技术博览会”，获“弘博奖”优秀展示奖。

金华市

概述

2022年，金华市将文物安全纳入“平安金华”督查考核体系，出动9660人次，检查文物保护单位3521处，督查整改1358处；进行电气安全专项检测，出具检测报告166份，检测安全性缺陷156项，其中存在严重安全隐患单位14家，一般性安全隐患单位43家，均落实整改；10处文物保护重大火灾隐患单位被列入金华市重大火灾隐患挂牌督办名单，督促整改并检查；投入文物保护资金6383万元，实施各类文物保护工程133项，完成国家文物局试点“诸葛村民居建筑预防性保护项目”；正式启动上山文化遗址群申遗，上山考古遗址公园入选第四批国家考古遗址公园立项名单，义乌桥头遗址入选“新时代浙江考古十大发现”，积极进行上山文化宣传；审核通过《金华市红色资源保护利用条例》，创建省级乡村博物馆67家，举办61场临时展览，观众128.2万，社教活动800场，120余万人次参与，1展览获全省博物馆陈列展览精品项目第一名；1单位获“浙江省文物工作成绩突出集体”“浙江省最具创新力博物馆”；4人获“浙江省文物工作成绩突出个人”，1人入选全省“新鼎计划”优秀文博人才。

文物安全

加强文物安全管理机制建设，制定领导班子成员联系重点文物保护单位制度，将文物安全纳入“平安金华”督查考核体系；开展文物安全专项督查，出动9660人（次），检查文物保护单位3521处，督查整改1358处；委托第三方对27处重点文物保护单位、60栋单体建筑进行电气安全专项检测，出具检测报告166份，检测安全性缺陷156项，其中存在严重安全隐患单位14家，一般性安全隐患单位43家，均落实相关整改；10处文物保护重大火灾隐患单位被列入金华市重大火灾隐患挂牌督办名单，督促整改并检查。文物保护智治模块入选省文物局文物安全应用场景建设“揭榜挂帅”试点项目名单；组建金华市文物护宝队、磐安文物保姆、兰溪市百姓护宝团等队伍；联合举办“警钟长鸣——全市文物建筑消防安全警示教育巡展”，联合开展全市文物保护单位志愿消防队技能比武，各县（市、区）18支队伍参赛；联合印发《金华市打击防范文物违法犯罪专项行动2022年工作方案》。

文物保护和管理

争取国家文物保护资金2193万元，投入6383万元，实施各类文物保护工程133项；完成国家文物局试点“诸葛村民居建筑预防性保护项目”，2处省级文物保护单位修缮工程，以及2处全国重点文物保护单位保护修缮工程的前期工作，“诸葛古村落保护利用模式”入选“2021年度浙江省政府督查激励推进工作”名单。2处全国重点文物保护单位安防升级改造项目工程初步验收，启动3处全国重点文物保护单位、省级文物保护单位修缮工程。完成全国重点文物保护单位俞源村古建筑群保护规划初稿，出版《古月桥保护修缮工程报告》。开展文物资源调查，新发现6处石刻；实地复核“三普”登记点情况；完成宋代不可移动文物资源和墓志碑刻专项调查。

大遗址保护

实施长城里遗址、庙山遗址、长田遗址、湖西遗址等上山文化遗址考古调查勘探，正式启动上山文化遗址群申遗。上山考古遗址公园入选第四批国家考古遗址公园立项名单。浦江县建立正科级事业单位上山遗址管理中心（上山文化研究中心），完成《上山考古遗址公园规划（国家级）》评审稿，义乌市吴坎头、府君殿、三百丁等区块进行勘探调查，取得初步成果。桥头遗址入选“新时代浙江考古十大发现”。

考古发掘

完成5处地块考古发掘和58处考古地块前置审批，实施土地储备“先考古、后出让”33项；金华山金品C地块考古发掘出土保存完整的瓷器、金属器等70余件，东室地面铺置铜钱，排列呈“長命”二字，在国内较罕见；永康启动两处上山文化遗址考古发掘，配合开展上山文化义乌桥头遗址中心台地考古发掘，发掘面积500平方米，出土小件器物3件，修复器物15件，开展后坟头山、桥头西下盛殿等区块发掘，完成《2022兰溪市皂洞口遗址发掘收获（年报）》。

博物馆工作

创建省级乡村博物馆67家，义乌市博物馆完成老馆整体搬迁，新馆土建工程、园林景观等附属工程完工。东阳市博物馆启动安防提升工程，实施临展厅、文物库房改造提升。全市举办临时展览61场，观众128.2万，社教活动800场，120余万人次参与，金华市博物馆“无穷镜·古代铜镜中的微观世界”获第十六届（2021年度）全省博物馆陈列展览精品项目第一名，海报入选全省博物馆展览海报十佳案例推介。金华市文物局获2022年浙江省博物馆文创产品大赛优秀组织奖。

可移动文物保护

新增馆藏1335件/套，修复古籍36册、陶器18件、书画12幅，铜器及鎏金银器19件、托裱画心69幅。金华市博物馆启动文物库房恒温恒湿系统项目和馆藏珍贵文物数字化保护项目，太平天国侍王府纪念馆开展文物档案资源化升级与应用项目，形成文物数字化资源库，完成文物及档案整理与编号；东阳市博物馆初步建立部分馆藏古籍数据库。

革命文物保护与利用

形成《金华市红色资源保护利用条例（草案送审稿）》并经金华市人大常委会主任会议审核通过。开展第二批革命文物补充调查，申报不可移动革命文物7处、可移动革命文物35件/套。启动革命文物保护利用方案编制，完成邵飘萍旧居、李友邦将军办公旧址日常养护，实施徐氏民居、施光南、施复亮故居等革命文物保护、利用、提升工程，徐英故居修缮工程进行验收。活化利用冯雪峰故居，打造雪峰文学馆。开展红色标语类革命文物调查，登记录入各类红色标语22处。

学术研究

开展市社科联研究课题《上山文化与史前村落研究》《婺州窑年谱研究》以及《金华传世宋韵文化基因解码》等5项课题研究，发表论文十余篇，出版《金华市博物馆馆藏精品图册》(修订版) 等文物图册4本及论文期刊《丽泽文丛2022》。

文博队伍建设与培训

举办文物安全管理培训班、文物智慧监管平台操作专题培训班、全市文博宣讲员技能培训班，开展全市文物消防技能比武、全市文博宣讲员技能比赛，金华市博物馆陈茜妍获全省博物馆讲解员大赛职业组十佳。金华市博物馆获“浙江省文物工作成绩突出集体”“浙江省最具创新力博物馆”，高胜、俞剑勤、诸葛坤亨、张国萍获“浙江省文物工作成绩突出个人”，武义县文物保护管理所邵路程入选全省“新鼎计划”优秀文博人才。

文博宣传

加强上山文化宣传：中国考古学会理事长王巍在央视《开学第一课》讲述《一粒稻米的故事》，央视《寻古中国》“稻谷记”完成拍摄，浙江卫视播出3集考古文献纪录片《万年上山》，《中国文物报》刊载《上山与中华一万年文化史》，启动“稻·源·启明——浙江上山文化考古特展”全国巡展，在浦江上山采集省运会圣火，启动火炬传递仪式，上山考古遗址公园获评省级优秀科普教育基地。开展文博宣传，推出“博物馆来啦”系列科普视频，发布“博物馆里说文物”视频节目8期，“听雕板家风家训故事”节目22期，全年传统媒体进行报道427条，新媒体报道1296条，28次登上“学习强国”平台。

婺城区

概述

婺城区共有各级文物保护单位（点）124处，其中全国重点文物保护单位5处、省级文物保护单位17处、市县级文物保护单位42处，文物保护点60处；出动229人次，开展文物巡查69次，检查文物保护（点）161家次，发现文物安全隐患86处并实施整改；验收4处文物修缮工程验收，评审文物修缮工程设计方案2处。

文物安全

出动229人次，开展文物巡查69次，检查文物保护（点）161家次，发现文物安全隐患86处并整改；组织各乡镇进行消防安全应急演练及文物安全知识培训，72人次受训，在金华市志愿消防队技能比武大赛上获优胜奖。

文物保护

验收文物修缮工程4处，评审修缮工程设计方案2处，对辖区文物保护单位开展白蚁危害调查及治理；推荐双龙电站申报第八批省级文物保护单位。

考古挖掘

完成40余处地块考古前置审批，考古审批率达100%，金华山金品C地块考古遗址完成考古发掘，发掘面积1000多平方米，在西室出土瓷粉盒3件（套）、葵形铜镜1面、铁剪刀1把，铜钱58枚，西室封门墙外出土带盖瓷堆塑罐和陶魂瓶各1件，东室出土铜烛台、银龙、瓷盖、瓷三足炉、瓷钵各一件，均保存完整。

博物馆工作

兴建一批具有地方特色的乡村博物馆，形成生态博物馆、村史村情馆、民俗民艺馆及传统名人故居、历史遗迹纪念馆等多元形态。创建省级乡村博物馆4家。开展宋代文物资源专项调查，复核宋代不可移动文物26处。

革命文物保护

建成徐文佩革命烈士纪念馆，沙畈乡狮岩坞村汪氏宗祠实施改造提升，建成红色革命文化馆，龙蟠村徐氏宗祠进行改造提升；开展红色标语类革命文物专项调查，发现红色标语类不可移动革命文物2处并上报。

金东区

概述

金东区共有各级文物保护单位（点）166处，其中省级文物保护单位8处、市县级文物保护单位49处、文物保护点109处；开展文物安全巡查173家次，检查各级文物保护单位68处，发现并整改安全隐患51处；结合“金东记忆工程”，安排文物保护经费910万元，实施历史建筑修缮工程10处，修缮省级文物保护单位2处；开展土地储备“先考古、后出让”33项，审批建设项目“先考古、后建设”许可11项，考古调查、勘探面积逾200万平方米；创建省级乡村博物馆7家，备案非国有博物馆2家。

文物安全

开展文物安全巡查173次，其中专项检查36次，检查各级文物保护单位68处，其中省级文物保护单位8处、县（市）级文物保护单位26处、市级文物保护点34处，责令整改安全隐患51处。引入第三方机构开展文物安全巡查。投入60多万元，为全区木构文物建筑安装智慧用电设施，初步建立数字文物智慧监管模式；修缮十多处受损不可移动文物。

考古发掘

完成土地储备“先考古、后出让”33项，建设项目“先考古、后建设”许可审批11项，评估文物保护区域26处，考古调查、勘探面积逾200万平方米。

博物馆工作

创办省级乡村博物馆7家。新成立、备案古婺窑火陶瓷博物馆、麦磨滩博物馆两家非国有博物馆。麦磨滩博物馆藏398件、基本陈列展4项、观众1.8万人次；古婺窑火陶瓷博物馆藏品500件、基本陈列展2项，观众2.2万人次。

开发区

概况

开发区共有各级文物保护单位（点）60处，其中全国重点文物保护单位2处、省级文物保护单位4处、市县级文物保护单位16处，文物保护点38处；开展文物建筑排查，检查文物单位220家次，排查隐患38处并全部整改；推进文物建筑修缮三年行动计划，完成修缮7处；落实土地前置审核，配合勘探地块累计0.88平方公里；签订“馆校合作协议”，建立长效合作机制，将馆校合作推向全区中小学。

文物保护

联合各乡镇、街道文物负责人开展文物安全检查和村级自查68次，完成两轮辖区内文物建筑排查，共检查文物单位220处，排查隐患38处并全部整改。落实文物建筑修缮三年行动计划，完成修缮7处，施工中7处，审核设计图纸2处。在寺平村、上境村重点文物保护单位配备微型消防车，开展消防应急演练2次，寺平村业余消防队获全市文物技能消防比武二等奖；举办文物消防知识展览4场，发放文物安全手册1500余册。文物智治应用模块入选省文物局“揭榜挂帅”第一批试点项目。

兰溪市

概述

兰溪市共有各级文物保护单位（点）158处，其中全国重点文物保护单位8处、省级文物保护单位37处、市县级文物保护单位89处，文物保护点24处；加强文物安全工作，出动400余人次，检查文物保护单位500多处，发现安全隐患300多处，下发整改通知书7次，整改290处；完成诸葛村民居建筑预防性保护项目，芝堰村文物建筑整改消防安全隐患并获肯定；举办展览10场、巡展21场，观众17.3万人次，宣教活动62场，线上线下参与逾1.8万余人次；1人获“全省文物工作成绩突出个人”。

文物安全

结合全省文物安全大排查大整治大提升安排，制定兰溪市文物管理工作权责清单，出动400多人次，检查文物保护单位500多处，发现安全隐患300多处，下发整改通知书7次。整改290处；对芝堰村57处文物本体建筑及周边民居实施电气化改造和明火隔断，整改、消除安全隐患，如期在省消安委销号；完成国家文物局试点“诸葛村民居建筑预防性保护项目”，修缮古民居33处；迭代升级“不可移动文物智慧管理一件事”数字化改革，实现文物保护全闭环智治流程，入选省文化和旅游厅第一批数字化改革试点项目、省文物局“揭榜挂帅”第一批试点项目，获省文化和旅游系统最佳应用、省数字文化优秀应用、金华市数字化改革第五批双月最佳应用。

考古发掘

皂洞口遗址继续实施二期发掘，面积1200平方米，清理新石器时代灰坑13座、柱洞9个，出土较丰富的陶器、石器等。陶器以夹炭红衣陶为主，包括双耳罐、大口盆、平折沿罐等，石器有石球、长方形穿孔石器等，初步判断遗址年代相当于上山文化中期，距今约9000年。遗址位于衢江、金华江交汇处，地理位置独特，是上山文化传播、交流重要空间节点，为认识上山文化内部文化类型提供新资料，发掘情况被中央电视台报道。

文博队伍建设与培训

举办消防技能安全培训4次，600多人次接受培训。芝堰村文物志愿消防队在金华市文物保护单位志愿消防队伍技能大比武活动中获一等奖。宣传、推广诸葛村“人人都是文物保护员”文物保护模式，组建护宝队51支，成员558人。

博物馆工作

举办展览10场、巡展21场，观众17.3万人次，宣教活动62场，线上线下参与逾1.8万余人次；策划兰溪市历届环球自然日成果展，进学校巡展21次。

东阳市

概况

东阳市共有各级文物保护单位（点）482处，其中全国重点文物保护单位6处、省级文物保护单位10处、市县级文物保护单位140处，文物保护点326处；完善市、镇、村、使用人四级文物安全管理网络，出动2609人次，巡查文物保护单位（点）1087处，发现安全隐患514处，发整改函50份，整改文物安全隐患461处，整改率89.7%；推进十余项文物建筑维修工程，3项通过竣工验收；举办展览10项，观众15万余人次，1展览入选金华市博物馆十佳精品陈列，巡展5项，观众7540人次，社教活动122场，7.6万余人次参与。

文物安全

完善市、镇、村、使用人四级文物安全管理网络，出动2609人次，巡查文物保护单位（点）1087处，发现文物安全隐患514处，发放整改函50份，整改文物安全隐患461处，整改率89.7%；为辖区内各文物保护单位（点）配备业余文物保护员263名，利用“三色图”微信小程序进行文物巡更巡检；整改提升省级以上文物保护单位及毗邻建筑电气线路，市级文物保护单位、文物保护点完成率达50%；2处全国重点文物保护单位、9处省级文物保护单位设计安防监控工程方案；推进十余处文物建筑维修工程，紫薇山民居之小厅修缮工程、下石塘德润堂中轴线（一期）修缮工程、严济慈故居修缮工程通过竣工验收。

博物馆工作

举办临时展览10项、进校园巡展2项、引进交流巡展3项，制作数字展览3项，“铁肩辣手——追忆邵飘萍先生‘新闻救国’革命道路红色主题展”入选第一届金华市博物馆公共文化服务十佳精品项目推介之十佳精品陈列，红色主题木艺文化体验获“精品传播教育活动”，“博物馆之夜”获“优秀传播教育活动”。开展社教活动122场，其中线上31场，线下91场，参与观众达7.6万余人次。新增藏品221件/套，其中征集28件/套，接收社会捐赠及移交193件/套。推进馆藏文物保护研究，数字化扫描地方珍贵文献154册，初步建立部分馆藏古籍数据库；20件馆藏珍贵文物进行数字化采集，与浙江省博物馆签订“馆际文物数字资源共享协议”，在全省藏品管理平台实现藏品数字资源共享。

学术研究

组织申报金华市社会科学课题研究项目5项，结题2项，在省级以上刊物上发表专业论文4篇。

文博队伍建设与培训

派遣人员参加基层博物馆展览提升与发展学术研讨会等各类各级学术活动，组织业务交流与培训学习20余次，提升专业素养；遴选人员参加讲解员大赛，骆冠妍获省诗路讲解大赛优秀讲解员，楼珊获金华市选拔赛优秀奖，卢晨获金华市博物馆讲解员技能比赛非专业组三等奖、陈灿灿获专业组优秀奖。

文博宣传

开展特色品牌活动，联合制作、发布“博物馆里说文物”视频8期，先后在学习强国、微信、抖音等平台推广，播放及点赞量超50万人次；联合制作推出“听雕板家风家训故事”节目22期，听众逾100万人次。

义乌市

概述

义乌市共有各级文物保护单位（点）503处，其中全国重点文物保护单位7处、省级文物保护单位12处、市县级文物保护单位272处、文物保护点212处；出动792人次，检查文博单位305家/次，委托开展文物安全检查与评估，检查文物保护单位398家次，出具评估报告、隐患清单426份，发现问题1252项；投入2500万元，完成17处文物建筑保护修缮工程；继续配合开展桥头遗址中心台地考古发掘，发掘面积500平方米，修复器物15件，出土小件器物3件；创建省级乡村博物馆9家，推出线上展览6项，巡展5项，送展下乡144场次，26余万人次参与。

文物安全

出动792人次，开展定期文物安全检查，检查文博单位305家/次；委托开展全市文物保护单位、文物保护点安全检查和评估，检查文物保护单位398家次，出具评估报告、隐患清单426份，发现问题1252项；启动3处全国重点文物保护单位6项智慧安消防工程建设，2项基本完工。参加金华市年度文物保护单位志愿消防队消防技能比武，凰升塘古建筑群志愿消防队获第一名。

博物馆工作

创建省级乡村博物馆9家，组织移动展览5项，开展“移动展览入校园、进农村文化礼堂”活动，共送展144场次，26余万人次参与，推出线上展览6项。

可移动文物保护

新增藏品925件/套；“义乌市博物馆馆藏宋代银器保护修复（第二期）”项目通过验收，修复宋代银器27件/组，元代龙泉窑窖藏瓷器、馆藏陶瓷、金属文物保护修复项目完成中期验收；推出文创产品8套16件/组，义乌市博物馆“义方——文房礼盒”获全省博物馆文创产品大赛铜奖。

学术研究

义乌市博物馆3项重点课题进行结题验收。其中《数字赋能助力乡村振兴的策略研究——以义乌市乡村博物馆建设为例》获义乌市统一战线专项课题一等奖。

文博队伍建设与培训

开展文物安全线上线下培训近20场次，207人次受训；组织参加金华市年度文物保护单位志愿消防队消防技能比武，获第一名。

永康市

概况

永康市共有各级文物保护单位（点）289处，其中全国重点文物保护单位2处、省级文物保护单位18处、市县级文物保护单位61处，文物保护点208处；继续实施百幢文物建筑抢救工程，批复文物保护工程维修计划 9 处、设计方案13处、修缮设计方案1处；开展238处“三普”登录文物重点复核，制作、安装文物安全责任公示牌103块；成立上山文化遗址保护和申遗工作领导小组，开展5处上山文化遗址考古勘探，发现文化堆积2处，面积约480平方米；举办临时展览9项、巡展59场次、主题社教活动6场次、主题讲座9场，线上直播活动6场，观看、参与69.6万人次。

文物安全与保护

开展“三普”登录文物重点复核，对16个乡、镇、街道上报的238处“三普”文物登录点消失情况进行逐一实地复核；继续实施百幢文物建筑抢救工程，3处省级文物保护单位和1处市级文物保护单位进行修缮，10处通过竣工验收，批复文物保护维修工程计划9处，文物保护工程设计方案13处。成立永康市上山文化遗址保护和申遗工作领导小组，每季度召开1次专班工作例会，不定期召开专题协调会。举办2次全市业余文物保护员培训，130人次受训。

浦江县

概述

浦江县共有各级文物保护单位（点）111处，其中全国重点文物保护单位3处、省级文物保护单位10处、市县级文物保护单位38处，文物保护点60处；出动1588人次，开展文物安全巡查与检查397次，检查文物保护单位1191家次，发现并督察整改安全隐患32处；有序开展文物保护和上山申遗工作，上山考古遗址公园入选第四批国家考古遗址公园立项名单；举办展览11场、“稻·源·启明—浙江上山文化考古特展”全国巡展20场；上山文化公布为首批100项“浙江文化标识”培育项目，1人获“全省文物工作成绩突出个人”。

大遗址保护与管理

省政府印发《上山文化遗址保护和申报世界文化遗产实施方案（2022—2025年）》，成立上山文化遗址保护和申遗工作专班，在浦江县召开第一次工作例会。省领导袁家军、王浩、王纲等先后赴浦江实地考察。浦江县上山遗址博物馆更名为浦江县上山遗址管理中心，挂浦江县上山文化研究中心牌子，具体承担浦江县上山遗址管委会日常工作。举办“上山文化保护和申遗培训会”，召开上山文化遗址保护规划集中审查会议，经审议正式加入中国博物馆协会史前遗址博物馆专业委员会。

文物安全

出动1588人次，开展文物安全巡查397次，发现并督察整改安全隐患32项；文物保护单位进行电气线路规范化改造，改造线路约5100米；完成省级文物保护单位修缮工程2处，启动全国重点文物保护单位、省级文物保护单位修缮工程3处。

博物馆工作

举办各类展览11场、巡展20场，观众10.5万人次，社教活动20场，1300人次参与；文化和自然遗产日期间推出“浦邑典藏——浦江博物馆馆藏精品图文展”“‘宋韵·宋意’——浦江博物馆馆藏宋代文物线上展览”等活动。

上山文化取得荣誉

上山考古遗址公园入选第四批国家考古遗址公园立项名单，被评为第八批省科普教育基地、省优秀科普教育基地、全省第二批大花园耀眼明珠、第三批省国际人文交流基地、省华侨国际文化交流基地；上山文化公布为首批百项“浙江文化标识”培育项目，上山稻作文化系统入选全省首批重要农业文化遗产资源名单，“构建‘大上山’联盟推进上山文化申遗”入选全市宣传思想文化工作创新项目。

武义县

概况

武义县共有各级文物保护单位（点）155处，其中全国重点文物保护单位3处、省级文物保护单位10处、市县级文物保护单位64处、文物保护点78处；出动500余人次，开展文物安全检查281家次，巡查500余家次（同比增长20%）；创建省级乡村博物馆35家，举办展览8项，观众14.1万人次，社教活动115场，开发文创产品3种。

文物保护

投入专项资金1000余万元，开展俞源村古建筑群保护，保护规划初稿、修缮项目预算编制、“四有”档案初验、木蜂防治项目一期建设、佑启堂等立项申报，设计佑启堂修缮方案，实施养老轩、进基楼、大屋修缮工程；完成古桥类数字化采集项目，形成文物档案，出版《水梁石虹——武义古桥觅踪》；开展全国重点文物保护单位吕祖谦家族墓安防方案编制与安全工作，溪里窑址申报第八批省级文物保护单位。

博物馆工作

创建乡村博物馆35家；举办展览8项（原创展5项），观众14.1万人次，社教活动18场，“州学宝器——

宋元复古铜器展”在金华市博物馆公共文化服务十佳精品项目推介活动中获十佳精品展览，“非物质文化遗产二十四节气之草木观察”获十佳精品传播教育活动；开发博物馆文创产品3种，武义县文物保护管理所、武义婺州窑陶瓷研究所“宋韵主题系列—手刻宋人诗词组器”获全省博物馆文创产品大赛金奖，“武川拾遗系列笔记本”获铜奖。

可移动文物保护

新增文物藏品6件，藏品共计11566件/套，其中一级文物17件/套，二级文物40件/套，三级文物328件/套；完成百余件/套文物的入藏、编目、基本信息采集，300余件/套工艺品、标本的入藏、编号，以及馆藏拓片的整理、编目；投入经费95.9万元，建设纸质文物文物修复室、陶瓷修复室，编制《武义县博物馆书画保护修复方案》，启动馆藏书画修复，保护修复馆藏文物43件/套。

考古发掘

完成6处地块考古调查勘探和3处地块考古发掘，编写吕祖谦及家族墓考古勘探报告初稿。

革命文物保护与利用

投入350余万元，完成履坦徐氏民居修缮工程并编制报告；设计、上报革命文物保护利用一期方案设计，纳入浙江省文物保护资金项目储备库；徐英故居、林登岳故居修缮工程完工验收；开展红色文物主题研学2场，百余人次参与。

文博队伍建设与培训

组织321人次参加博物馆综合业务、安全管理业务等各级各类线上、线下培训；3人参加全市博物馆讲解技能比赛，获一等奖1名、三等奖2名；1人获全省博物馆讲解员大赛专业组优秀讲解员。

文博宣传

开展馆校研学等特色活动89场，17484人次参与（未成年人14563人次），被各级媒体报道124次（国家级媒体3次，省级媒体16次）；举办传承明招文化、助推乡村振兴共同富裕活动6场，文化和自然遗产日宣传活动3项，宋韵文化主题研学2场、红色文物主题研学2场、宋韵主题采风1场、红色文物采风1场、宋韵主题展览4场、文物主题巡展4场、文物主题讲座3场。

磐安县

概况

磐安县共有各级文物保护单位（点）87处，其中全国重点文物保护单位2处、省级文物保护单位6处、市县级文物保护单位29处，文物保护点50处；开展文物安全检查6次、评估1次，检查文物单位120处，发现隐患83处，整改75处；磐安茶文化博物馆举办临时展览2场，社教活动279场，观众40万人次，创建省级乡村博物馆4家；1项目入选省首批公共文化国际交流项目，2项目列入省首批文化标识培育名单。

文物安全

开展文物安全联合检查6次、评估1次，检查文物120处，发现隐患83处，整改75处；召开全县文物工作会

上山文化遗址群申遗正式启动

议，建立63人的“文物保姆”队伍，对全县80多处文物保护单位（点）进行常态化巡查管护。

文物保护

完成玉山古茶场、榉溪孔氏家庙、磐安茶文化博物馆安防提升工程，以及大山下陈氏宗祠、东里厉氏家庙、胡村应氏宗祠等3处县级文物保护单位的修缮保护；对G351国道改造开展考古调查和项目审批，完成尚湖100亩光伏项目文物考古调查；榉溪孔若钧墓、茶潭施氏宗祠申报第八批省级文物保护单位，组织第七批县级文物保护单位推荐申报。

文物活化利用

完成“许逊当馆长”项目，以及《许逊在磐安》宣传片拍摄、许逊养生宴研制、宋代交易场景展示、磐安道茶及蟾蜍文创开发等工作；举办点茶、茶艺表演等研学体验活动11次，古茶场文化列入浙江省首批文化标识培育名单。发掘榉溪儒家文化，实施“让孔子说话”项目。

衢州市

概况

2022年，衢州市推进文物安全大排查大整治大提升攻坚行动，开展文物安全检查795次，巡查文物单位2013家次，发现安全隐患142处，整改141处，1项目纳入省数字化改革试点；投入8000余万元，推进文物保护修缮工程近60处；实施考古发掘项目4项，发掘面积3800余平方米，1项目入选“新时代浙江考古十大发现”、2021年度国内十大考古新闻，入围全国十大考古新发现终评，浙西考古工作站挂牌成立；基本实现县县有博物馆目标，举办展览52项，观众40.91万人次，社会教育活动218场次，8.74万人次参与，建成省级乡村博物馆28家，印发《衢州市国有博物馆藏品安全管理制度》；举办全省文物保护实训班，1集体评为“全省文物工作成绩突出集体”，4人获“全省文物工作成绩突出个人”，1人入选“新鼎计划”优秀青年文博人才培养对象；获全省博物馆文创产品大赛银奖、铜奖各1项，1作品入选“浙江革命文物青年说”十佳短视频。

文物安全

强化文物安全问效、联席会议、监督等机制，将文物安全工作、大整治任务完成情况列入县（市、区）党委、政府年度考核负面清单，实行文物安全重大事故一票否决制，对大整治专项工作进行验收和考核评分，将文物安全问题列入市级“七张问题清单”；制定全市文物安全大排查大整治大提升三年专项行动督查工作方案，开展文物安全督导，衢州市纪委常态化督查、检查全市重点文物保护单位安防设施、消防器材、文物保护标志碑、责任人公告公示牌、文物保护单位施工安全及各项制度措施等文物安全情况。进行文物安全检查795次，巡查文物单位2013家次，发现安全隐患142处，整改141处；召开文物安全会议20余次，完成文博单位文物安全直接责任人公示公告；县（市、区）与乡镇街道签订文物安全责任书。实施省级以上文物单位安防提升服务项目，整合六县（市、区）文物监管平台，实现省、市、县三级文物实时信息数据联通共享。制止龙游县级文物保护单位志棠潘氏民居户主擅自在“两划”范围内修缮房屋行为，责令恢复原状。

不可移动文物保护

全市共有各级文物保护单位585处，其中全国重点文物保护单位16处、省级文物保护单位104处、市县级文物保护单位465处。投入修缮资金8000余万元，推进文物保护单位保护修缮工程近60处，完成全国重点文物保护单位衢州城墙之东段残址现状保护修缮工程，以及东门城台、南北两侧城墙遗址保护性修缮，整治区域性周边环境。启动第八批省级文物保护单位推荐申报。

考古发掘

实施衢江区石角山古城遗址、龙游县文林茶场、横山镇杨源山、江山城区通禄门拆迁片区明城墙遗址等考古发掘项目4项，发掘面积3800平方米，出土陶器、原始瓷器、石器等标本近630件。衢江区西周高等级土墩墓群入选“新时代浙江考古十大发现”、2021年度国内十大考古新闻，入围全国十大考古新发现终评。

博物馆工作

开化县博物馆完成建设，常山县博物馆完成主体建筑建设，编制展陈大纲并提交省文物局评审，基本实现县县有博物馆目标。衢州市博物馆、江山市博物馆完成设施改造提升。举办展览52项（基本陈列22项、临时展览30项），观众40.91万人次（未成年人14.15万人次），社会教育活动218场次，8.74万人次参与；建成省级乡村博物馆28家。新征集藏品53件/套，全市文物藏品总数达13452件/套（一级文物33件/套、二级文物172件/套、三级文物1026件/套）；印发《衢州市国有博物馆藏品安全管理制度》，涵盖文物收藏单位藏品安全责任管理等制度30项。衢州市博物馆馆藏文物数字化保护项目完成招投标并进入数字化采集阶段。江山恒亮蜜蜂博物馆“恒亮勺型山花蜂蜜”获全省博物馆文创产品大赛银奖，江山市博物馆“状元及第”折扇获铜奖。

学术研究

在省级以上刊物、出版论文集上发表专业文章10篇；4项课题获市社科联立项，2项结项。

文博队伍建设

举办全省文物保护实训班，安排人员参加省第二届书画鉴定培训等，组织全市博物馆优秀讲解员案例推介，遴选三名选手参加全省博物馆优秀讲解案例推介；安全培训演练30余次，千余人次参与；壮大业余文保员队伍，全市共有业余文保员449名，并开展每日安全巡查，全天候掌握文物保护单位安全状况。江山市大陈乡大陈村村委会获“全省文物工作成绩突出集体”，周华斌、王晓、吴振雷、毛建强获“全省文物工作成绩突出个人”，许晨入选“新鼎计划”优秀青年文博人才培养对象。

文博宣传

举办各类宣传活动72场（未成年人活动50场），4.6万余人次参与（青少年4.33万余人次）；制定诗画浙江宝藏游路线，推出“走近活字印刷 感受宋韵之美”等一批精品课程；举办国际博物馆日、文化与自然遗产日系列活动，制作“我眼中的衢州市博物馆”宣传短视频进行展播，推出线上活动8场（博物馆云课堂5场、云展览3场），5项流动展进社区、校园、部队、文化礼堂，展出31场，观众4万余人次；举办流动课堂4场，260余人次参与。开展线上活动8场（博物馆云课堂5场、云展览3场）。衢州市博物馆“探寻清献足迹，感悟名臣气节”研学旅行方案获年度全市研学实践和劳动教育优秀成果评选之研学方案一等奖，“针圣爷爷的‘针功夫’——杨继洲针灸文化沉浸式体验”“立春日来鞭春牛——二十四节气之立春”分获研学课程一等奖、三等奖；在各类各级传统媒体上开展宣传50余次，并利用新媒体平台和渠道，微信公众号推送信息51

条，1作品入选“浙江革命文物青年说”十佳短视频。

柯城区

概况

开展文物安全检查27次，巡查文物单位136家次，发现安全隐患13处并全部整改；实施省级以上安防工程，启动实施省级文物保护单位修缮工程1项，完成市级文物保护单位维修保护工程2项；建成省级乡村博物馆5家。

乡村博物馆建设

建成衢州柯城区胡麻饼博物馆、衢州碗窑陶瓷博物馆、柯城区非物质文化遗产展示馆、立春文化展示馆、余东竹编馆等5家省级乡村博物馆。

衢江区

概况

开展文物安全检查138次，巡查文物单位228家次，发现安全隐患34处并全部整改；增加文化遗产保护专项经费至1200万元，谋划建设姑蔑古国考古遗址公园；实施石角山古城遗址考古发掘项目，西周土墩墓群入围全国十大考古新发现终评，入选2021年度国内十大考古新闻、“新时代浙江考古十大发现”，浙西考古工作站挂牌成立；建成省级乡村博物馆1家；1人获“全省文物工作成绩突出个人”。

考古发掘

衢江区石角山古城遗址西部至中部进行发掘，发掘面积500平方米（西部325平方米，中部175平方米），共清理灰坑36个、壕沟1段，解剖夯土墙1段，出土陶器、原始瓷器、石器等标本600余件，为研究金衢地区乃至闽浙赣皖交界地区新石器时代末期至西周时期考古学文化的分布与交流、聚落变迁、人地关系，以及南方地区早期文明发展提供重要材料。孟姜村土墩墓群基本完成考古发掘，实证了历史上以衢江区为中心的独特区域文化面貌，可能是姑蔑国国君墓葬，系西周考古重要发现、百越考古重大突破，入选2021年度国内十大考古新闻、“新时代浙江考古十大发现”，入围全国十大考古新发现终评。姑蔑考古入选全省首批100个“浙江文化标识”培育名单。

可移动文物保护

西周出土文物数字化三维建模及仿复制项目采集墓葬出土器物的三维数据，对文物进行虚拟修复，已完成西周出土文物数字化采集、文物建模、模拟修复等工作。

浙西考古工作站成立

浙西考古工作站6月25日挂牌成立。该工作站由衢江区与省文物局、省文物考古研究所共建，承担出土文物存储、提取、修复、研究、展示等职能。

考古遗址公园建设

衢江区姑蔑古国考古遗址公园计划总投资47亿元，已完成《衢江西周姑蔑王陵考古遗址公园概念性规划》《一园三岛概念规划和城市设计》编制，启动一期工程，进入编制工程设计方案阶段。

江山市

概况

开展文物安全检查230次，巡查文物单位120家次，发现安全隐患8处并全部整改；与19个乡镇街道、3家管理单位签订文物安全责任书，明确各方监管职责；实施文物保护单位保护项目13项（省级文物保护单位9项、市级文物保护单位4项），完成“三普”登录点复核及挂牌，编制三卿口制瓷作坊活化利用方案；启动考古项目1项；举办展览6项，观众60200人次，社会教育活动45次，建成省级乡村博物馆5家；获“全省文物工作成绩突出集体”1个、“全省文物工作成绩突出个人”1名，全省博物馆文创产品大赛银奖铜奖各1项；1作品入选“浙江革命文物青年说”十佳短视频。

参加全省文物工作会议

在全省文物工作会议上作《激活文物建筑新价值，助推文旅事业新发展》书面交流。大陈乡大陈村村委会在会上获“全省文物工作成绩突出集体”，毛建强获“全省文物工作成绩突出个人”。

文物保护

全国重点文物保护单位三卿口制瓷作坊之龙窑遗址修缮工程获国家文物局立项批复。编制全国重点文物保护单位江山文昌宫和南坞杨氏宗祠消防设计方案。

博物馆工作

建成省级乡村博物馆5家。举办衢州市博物馆联盟2022年度工作交流会暨宋韵文化培训会。1家国有博物馆和1家乡村博物馆的5件作品参加全省博物馆文创产品大赛，江山恒亮蜜蜂博物馆“勺型山花蜂蜜”获银奖，江山市博物馆“状元及第折扇”获铜奖。江山博物馆《霞光红岩顶，悠悠马灯情》入选“浙江革命文物青年说”十佳短视频。江山博物馆微信公众号推送信息15条，总阅读量1.5万次，最高点击量2000人次；发布短视频5条，阅读量1.3万人次，最高点击量0.5万人次，关注用户1860人，新增用户312人。

龙游县

概况

出动360余人次，开展文物安全检查214次，巡查文物单位525家次，发现安全隐患23处，整改22处；古塔及牌坊沉降监测纳入省文物局数字化改革试点项目；推进荷花山遗址公园建设和申遗，实施考古发掘2项，勘探面积约71000平方米，发掘面积约2000平方米；举办展览8项、社会教育活动38次，观众64117人次，建成省级乡村博物馆2家。1人获“全省文物工作成绩突出个人”；龙游县博物馆微信公众号推送信息36条，总阅读量28912人次，最高点击量3095人次。

文物安全

龙游县古塔及牌坊沉降检测项目基于GIS的三维可视化文物沉降物联网监测系统，通过指挥调度一张图的预警管理，实现预警数据信息上传下达，建立事前预警机制，实现各部门共同参与文物保护，被列入省文物局数字化改革试点项目。组织全国重点文物保护单位小南海石室修缮工程（一期）和鸡鸣山民居苑之翊秀亭修缮工程初步验收，完成小南海石室修缮工程（二期）方案，编制并审查鸡鸣山民居苑之雍睦堂、马氏宗祠，关西世家等文物保护单位修缮方案，启动项目招标。

考古发掘

实施文林茶场和横山镇杨源山考古发掘项目，勘探面积约71000平方米，发掘面积约2000平方米。文林茶场项目完成考古发掘、资料整理及结项报告等工作，累计清理古墓葬60座，出土器物28件；横山镇杨源山项目累计清理古墓葬18座，出土器物28件。

文博队伍建设与培训

省文物局主办，省文物考古研究所承办的省文物保护实训班在龙游举办。实训班采取课堂理论学习和田野实操教学相结合的方式，传授专业基础知识及文物建筑勘察、测绘、方案编制等技能，全省20名学员参加。龙游县文物保护业务知识培训班在浙江大学西溪校区举办，龙游县文物干部、文管会成员单位干部，乡镇和文物重点村干部等60余人参加。

常山县

概况

加强文物保护，召开全县文物安全工作会议，开展文物安全检查126次，巡查文物单位684家次、发现安全隐患26处并全部整改，完成消防安防工程3处并通过省级验收；举办展览8项，社会教育活动34场，102561人次参与，建成乡村博物馆15家。

文物安全

召开全县文物安全工作会议，传达省、市文物安全专题工作会议精神，通报全县文物安全情况，部署文物安全大排查大整治大提升工作。县宣传部部长姜敏主持，县长王永明、副县长方育娟参加。完成徐氏旧宅、樊氏大宗祠、底角王氏宗祠（含世美坊）消防安防工程并通过省文物局验收，泰安王氏宗祠之石氏宗祠、余氏宗祠修缮工程完工并通过初验，实施胡村建筑群修缮工程。

博物馆建设

常山县博物馆完成主体建设，编制、修改展陈大纲，提交省文物局评审。建成乡村博物馆15家。

文博宣传

文化和自然遗产日期间举办赠书、专题讲座等系列宣传活动，邀请专家开展公益鉴定等文物惠民服务，600余人次参与。

开化县

概况

开展文物巡查与专项检查，进行文物安全检查34次，巡查文物单位180家次，发现安全隐患28处，整改25处，实现全年文物安全无事故；实施开化水库文物古迹迁移保护工程，修缮文物保护单位20余处，申报第八批省级文物保护单位；推进开化县博

举办全省文物保护实训班

物馆、龙坦窑址陈列馆、保护棚等项目建设，文物单位接待观众约290000人次。

文物保护

开化水库工程文物古迹迁移保护项目系开化水库建设子项目之一，涉及水库淹没区3处县级文物保护单位及3处“三普”登录点、2处文保点，已全面完成。杨林镇下庄村、号岭村，银岭关、壕岭关，马金街古建筑群9号、109号、128号，大溪边余公墓、何田乡田畈村怡睦堂等省级文物保护单位及20处县级文物保护单位修保护缮工程启动。

舟山市

概况

2022年，舟山市围绕“守好文物安全底线、传承红色文化基因、推进文物数字赋能、深化文旅融合发展”目标，落实文物安全大整治、考古勘探调查与研究、博物馆公共文化服务提升、文物保护与利用等工作；出动1593人次，进行文物安全检查859次，检查1955家次，联合组建“东海渔嫂”护宝员队伍；开展联合考古调查，调查面积约40平方公里，勘探面积约0.45平方公里，发现新石器时代遗址22处，实施考古发掘1项；举办展览78项，观众近96万人次，1展览入选年度核心价值观主题展览百项推介，社教活动272场，打造红色主题旅游线路10条，嵊泗县博物馆正式建成开放；1单位获浙江省文物工作成绩突出集体、3人获浙江省文物工作成绩突出个人。首个国际原创展登上《人民日报海外版》。

文物安全

出动1593人次，进行文物安全检查859次，检查各级文物1955处，发现安全隐患293处，整改隐患278处，立案查处1起；与消防、民宗、公安等部门开展10次联合检查并发布隐患整改函、通报8份；提请舟山市消安委挂牌督办隐患较严重的不可移动文物5处;与多部门建立文博单位治安防范、文物违法案件交流合作，立案查处1起省级文物保护单位保护修缮施工过程中擅自拆除违法案件。下发《关于开展全市文物安全大整治行动的通知》《关于开展全市文物安全隐患分类整治工作的通知》，按照安全隐患风险程度实施文物保护单位、文保点差异化分类整治，采用红、黄、绿三码分等级管理，上牌率达100%。建立健全联席会议制度，召开全市文物安全工作会议和文物安全风险隐患分析会暨整治工作推进会；开展部门间联防联动，与舟山市检察院通过海岛公益诉讼方式，保护凉帽蓬墩遗址、定海公墙、普陀山龙寿庵等3处文物保护单位（点）；联合舟山市住房与建设局白蚁防治中心实施白蚁综合治理工程，成为全市首个国家级白蚁防治示范项目；推动文物安全智慧监管新模式，将四县（区）12处省级以上文物保护单位和9处国有博物馆数据推送到省文物安全智慧监管平台；推进文物平安工程建设，28处省级以上文物保护单位配置安全防护设施设备，全国重点文物保护单位花鸟灯塔安防工程方案经省文物局批准。

不可移动文物保护与管理

编制11处市县（区）级文物保护单位记录档案，推进定海区、普陀区两地（含新城、普朱）849处第三次全国文物普查登录文物重点复核；开展16处省级以上文物保护单位保护范围和建设控制地带评估论证及标准化图则编制。开展濒危文物建筑抢救性修缮专项行动，实施省级文物保护单位海山许氏名居、普陀山文化景观之兴善堂、市级文物保护单位栴檀庵、临城吴家大院等处保护修缮和利用工程；做好市级文物保护单位舟山革命烈士陵园保护范围内建设工程的审批评估和定海古城“微更新”区块内文物保护与考古调查。利用社会力量参与文物保护，聘请4人担任文物安全督察员；舟山市文物局与舟山市委政法委联合组建50人组成的“东海渔嫂”护宝员队伍。

考古发掘

落实“先考古、后出让”“先考古、后建设”的考古前置措施，实施4处地块的考古调查勘探和六横双屿港考古调查项目；开展岱山县史前遗址联合考古调查，调查面积约40平方公里，勘探面积约0.45平方公里，发现新石器时代遗址22处；对岱山姚家湾遗址实施主动性考古发掘，首次在舟山发现新石器时代晚期完整龙窑遗址1座，首次在岱山岛发现新石器时代稻谷颗粒。

博物馆工作

举办陈列展览78项（原创临展

56项、国际原创展1项、引进临展15项、市内帮扶展3项、国内巡回展3项），观众约96万人次。“青春须有为——党领导下舟山青年运动的百年历程纪念展”入选国家文物局2022年度“弘扬中华优秀传统文化、培育社会主义核心价值观”主题展览百项推介。开展社教活动272场，举办10期“翁山雅集·宋韵”系列讲座及宋韵服饰、茶文化等体验活动。舟山博物馆“小城大爱——致敬抗疫战场上的凡人英雄”系列海报获“全省博物馆十佳展览海报”，“大漆之境”说明牌获“浙江省博物馆优秀展品说明牌”。完成嵊泗县博物馆建设工程，实施舟山鸦片战争纪念馆、舟山名人馆和舟山市徐正国博物馆展陈提升工程，推进14家乡村博物馆建设。

可移动文物保护与管理

新增藏品319件，藏品总量达41574件/套。开展公共博物馆藏品安全整治专项行动，做好馆藏文物保管、入库出库、治安防范、安保应急处置等安全管理。舟山博物馆研发文创产品20余款，销售额近12万元。

数字化建设

通过文物高清采集、数字化展厅等方式推动数字博物馆建设，开发文博数字资源，拓展线上文博服务功能。“纸上博物馆”栏目升级，推出“听得见的博物馆”文物故事系列音频5期、科普故事6期及“云讲解”“云观展”“云故事”等线上服务，开发“少年与海”舟山海洋生物百科短视频。

革命文物保护与利用

三忠祠实施保护修缮工程，打造红耀东海之旅、烽火岁月之旅等红色主题旅游线路10条，开展以舟山鸦片战争纪念馆、蚂蚁岛人民公社旧址、中共定海县工委旧址为代表的“革命文物青年说”短视频宣传。

学术研究

完成省级、市级课题5项，论文、报告十余篇。开展宋韵文化原创性学术研究，课题论文《创意蓝色梦想——博物馆海洋特色文创产品的研发》入选中国博物馆协会文创产品专业委员会《博物馆文创实践与研究》论文集，《舟山外销瓷研究——以宋代古港为中心》入选市级“宋韵文化”研究专项课题。省级科技保护项目《舟山市“里斯本丸”沉船出水铁质文物保护研究》完成前期调研。

文博队伍建设

举办“讲好舟山故事——舟山市博物馆优秀讲解案例推介活动”，提高讲解人员整体水平。1人获“全省博物馆优秀讲解案例推介”专业组优秀讲解员。选派1名业务骨干参加第九期全国水下考古专业人员培训，选派1名水下考古队员参加福建漳州圣杯屿元代沉船遗址水下考古发掘。舟山市博物馆获浙江省文物工作成绩突出集体，王和平、高升、刘生龙获浙江省文物工作成绩突出个人。

文博宣传

组织5·18国际博物馆日、文化和自然遗产日等系列活动；在各类各级媒体上进行宣传1130余次；官网发布信息223条，阅读量1478次；微博发布信息320条，阅读量556933次，新增用户120人次；微信发布信息302条，阅读量276324次，新增用户4937人。《永不遗忘的沉没——“里斯本丸”号沉船事件80周年》获2022年全省博物馆十佳新媒体短视频；开展“文旅深度体验游”活动，合作举办“跟着考古去研学”公益行，与各中小学联合实施“考古发现与探索”拓展性课后服务之特色课程进校园活动，在2022“环球自然日”年度总决赛取得三金三银一铜成绩。

对外交流与合作

以中韩建交30周年为契机，舟山博物馆联合韩国江华郡举办首个国际原创展览“往来津渡——中韩交流史上的舟山”及“古代舟山与朝鲜半岛历史文化交流”国际学术论坛，获近80家中外媒体关注，中新网客户端浏览量突破24.2万。

定海区

概况

加强文物安全监管，出动300余人次，检查各级文物博物馆200余家次，其中联合检查4次，下发整改告知函20余份。举办临时展览15项，社会教育活动142次，观众16.3万人次，新增乡村博物馆1家。开展博物馆碑刻石刻文物拓片、抗美援朝不可移动文物、宋代文物资源、革命历史类纪念设施、遗址名单、红色标语类革命文物等专项调查，完成1处省级文物保护单位和1处市级文物保护点保护修缮工程，通过“定海文旅”微信公众号开展文物法律法规宣传及博物馆信息展示。1人获浙江省文物工作成绩突出个人。

文博队伍建设

加强文博队伍建设，开展2次文物业务知识培训和2次文物消防安全演练；组织文物安全管理员、文物安全监督员、镇(街）文物安全责任与监管人员、业余文保员等参加全省文物安全管理业务线上培训和市级文物安全管理培训。21名“东海渔嫂”护宝员对27处民居类文物保护单位进行结对认领与巡查。舟山鸦片战争纪念馆王和平获浙江省文物工作成绩突出个人。

普陀区

概况

持续推进文物平安工程，加强文物安全保障和巡查力度，特别是节假日与汛期等时段的文物安全检查，重点开展“文物建筑消防安全三年专项整治行动”；全年组织文物安全检查132次，出动230人次，发现隐患、问题122项，整改率达100%；推出展览7项，观众近30万人次，新增乡村博物馆4家。

不可移动文物保护和管理

新增、公布不可移动文物点名录19处，编制“浙东第一功”摩崖题记、张煌言蒙难处、青龙山革命烈士纪念碑等3处区级文物保护单位的记录档案。

博物馆工作

举办各类临时展览7项，普陀区博物馆接待观众19.2万人次，新征集藏品36件/套；海洋系列博物馆5家分馆接待观众9.8万人次；推进渔文化主题系列文创产品设计与开发，举办馆内讲解、馆外宣讲、讲解礼仪、茶艺等业务比拼与培训。

文博宣传

围绕5·18国际博物馆日、文化

和自然遗产日等节点，举办“指里行间”互动微课堂、“流动博物馆”、“红色主题”文博讲座等各类线下主题活动39场次，参与观众近1.2万人次；利用媒体平台渠道推出《普博荟萃》电子刊物，宣传普陀文物。

岱山县

概况

开展文物安全大排查大整治专项行动，出动297人次，检查不可移动文物168次，发现隐患38处，下发文物安全整改通知书1份，整改37处；加大资金保障，下拨各乡镇文物补助资金25万元，用于文物日常保护与队伍建设；举办各类展览26场（文化交流艺术展1场、主题展9场、巡展16场），观众18805人次，另有海洋文化博物馆接待观众247241人次，其中未成年人30330人次；新增乡村博物馆1家。

不可移动文物利用和管理

将不可移动文物保护利用纳入文物事业发展规划、区域经济社会发展规划和国土空间规划；开展第三次全国文物普查登录重点复核，实施县级文物保护单位保护修缮工程；县级文物保护点聚泰祥活化利用为曲艺书场，展演近200场次。

文博队伍建设

组建“东海渔嫂”10+X专业护宝员队伍，实现全县“文物局督查、业余文保员月查、护宝员周查、文物点位长巡查”的多元化检查模式。参加“全省博物馆讲解员大赛”，2人获专业组优秀讲解员，2人获非专业组优秀讲解员。

嵊泗县

概况

现有不可移动文物62处，其中各级文物保护单位24处（全国重点文物保护单位1点3处、省级文物保护单位1处、市县级文物保护单位20处，尚未核定公布为文保单位的一般文物38处）；落实文物安全防护能力提升、文物安全隐患整治、文物安全检查评估、一般文物标识牌安装等重点工作；出动执法巡查38人次，检查文物博物馆单位32家次；嵊泗县博物馆正式建成开放，举办展览5场、观众30696人次，公益研学等活动13场次，受众1500余人次；新增乡村博物馆8家。

博物馆工作

嵊泗县博物馆8月开馆，其中主馆面积1584平方米，藏品113件，下设9个乡镇分馆，面积2424平方米；举办“海上良渚·列岛遗踪”博物馆奇妙夜晚会暨文旅融合“五百五千”工程启动仪式活动。

不可移动文物保护和利用

开展红色标语类革命文物专项调查；加强文物转化利用，将不可移动文物历史故事创作编排为沉浸式党课《一块红布片的故事》。

文博队伍建设

开展文化文物干部业务培训班暨消防安全演练。嵊泗县博物馆举行博物馆知识培训和消防安全与应急演练。

文博宣传

举办“博物馆奇妙夜晚会”等活动，开展“海上良渚·列岛遗踪”“海上良渚·列岛遗风”等5场不可移动文物图版展。

舟山举办首个国际原创展“往来津渡——中韩交流史上的舟山”

台州市

概述

2022年，台州市召开全市文物工作会议，传达上级精神，部署重点工作；出动2586人次，开展文物安全巡查860次，检查文博单位1519家次，发现并整改文物安全隐患840处，查处文物违法案件1起；申报第八批省级文物保护单位14处、全省第二批革命文物名录23处，复核、检查“三普”登录点3521处，开展宋代文物资源专项调查，上报宋代不可移动文物106处，可移动文物4119件（套）；实施下汤遗址、沙埠窑遗址、章安故城遗址等发掘项目，发掘面积约3400平方米，出土器物800余件/套，首次发现距今4500年的好川文化时期水稻田遗迹，成立下汤考古工作站，1项目入选“新时代浙江考古重要发现”“新时代浙江考古十大发现大众评选奖”，2项目入选全省年度考古重要发现；1博物馆新馆开馆，创建省级乡村博物馆41家；举办各类展览71场，观众187万人次，社会教育活动393场次，87316人次参与；1展览获全省博物馆陈列展览精品奖，获浙江省博物馆文创产品大赛金奖、铜奖各1项，4人获“全省文物工作成绩突出个人”。

执法督察

出动2586人次，开展文物安全巡查860次，检查文博单位1519家次，发现并整改文物安全隐患840处；查处擅自在省级文物保护单位水南许氏宗祠群之许氏三房宗祠、许氏莲芳嵩祠建设控制地带内进行建筑拆除案件，责令当事人改正违法行为并处罚款25万元。

不可移动文物保护

开展第八批省级文物保护单位

申报遴选，最终申报14处。成立台州市“三普”文物登录点复核工作专班与专家组，复核“三普”文物登录点3521处；组织省级文物保护单位修缮工程设计方案评审及竣工验收14次、工程实施准予许可8处，完成桃渚城主街立面修缮及桃渚城城墙、鼓楼等8处古建筑修缮工程。成立下汤考古遗址公园建设暨上山文化遗址保护和申遗工作专班，出台方案，保护规划经省级审核，下汤考古工作站正式揭牌；成立沙埠窑青瓷遗址公园建设工作专班，《黄岩沙埠窑遗址文物保护规划》经省政府批复同意，《黄岩沙埠窑考古遗址公园规划》获省文物局审批；开展宋代文物资源专项调查，上报宋代不可移动文物106处，可移动文物4119件（套）。

考古发掘

开展下汤遗址、沙埠窑遗址、章安故城遗址等发掘项目，面积约3400平方米，出土器物800余件/套，首次发现距今4500年的好川文化时期水稻田遗迹。编制《台州市路桥飞龙湖墓群考古发掘项目工作报告》。沙埠窑遗址入选“新时代浙江考古重要发现”“新时代浙江考古十大发现大众评选奖。仙居下汤遗址、临海延恩寺宋墓入选全省年度考古重要发现，天台百亩塘遗址入围。

博物馆工作

推动博物馆建设，路桥区博物馆新馆开馆，玉环市博物馆工程项目竣工验收，进入陈列布展施工阶段；仙居县博物馆通过地基基础及主体结构验收，启动展陈大纲招标。创建省级乡村博物馆41家。举办各类展览71场，观众187万人次；社会教育活动393场次，87316人次参与；临海市博物馆原创大展“华光重现——馆藏文物修复成果展”获评第十六届（2021年度）全省博物馆陈列展览精品奖，台州市博物馆获全省博物馆展览优秀海报；国有博物馆藏品总数46517件/套，其中一级文物119件/套，二级文物293件/套，三级文物2296件/套；并新增藏品449件/套；开展藏品定级，其中一级文物2件/套，二级文物19件/套，三级文物290件/套。黄岩博物馆“Q版赵伯澐IP”系列获浙江省博物馆文创产品大赛金奖，临海市博物馆“《幽香自远》之文创香膏”

获铜奖。

革命文物保护与利用

组织全省第二批革命文物名录申报，共申报不可移动革命文物23处，其中省级文物保护单位3处、市县级文物保护单位9处、文物保护点3处、其他一般文物点8处。开展红色标语类革命文物专项调查，上报红色标语类不可移动革命文物29处，红色标语77条。

学术研究

以线上线下形式先后举办“台州置州1400周年暨台州文博70周年学术论坛”“浙东唐诗之路与台州文化学术研讨会”“沙埠窑学术研讨会暨宋瓷论坛”等4场重要学术活动。

文博队伍建设与培训

举办全市古建筑保护修缮评审培训班，首次将理论传授和现场实训相结合，让学员分组参与工程验收与方案评审，全市文物保护一线35人接受培训。举办第二届全市博物馆讲解员大赛，并推荐5人参加全省博物馆优秀讲解案例推介活动，1人获职业组十佳讲解员。出台《台州市市级业余文物保护员管理办法》《台州市市级业余文物保护员安全巡查工作制度》《台州市市级业余文物保护员文物保护单位巡查要点》《台州市市级业余文物保护员考核制度》，加强全市业余文物保护员队伍建设和管理。王妤、罗永华、叶祥青、陈引奭获“全省文物工作成绩突出个人”。

文博宣传

加强文博宣传，各级各类媒体报道130条/次，博物馆微信公众号发布推文790条，阅读量达41.4万，关注用户15万，新增2.38万；开展“一记三展”系列活动，推出《台州宋韵记》，举办“宋韵台州·大雅府城”台州府城宋韵文化艺术特展、“宋韵台州·雅致生活”2022自然和文化遗产日活动、“等闲识得宋人面——宋代器物风情展”等展示，以及“风雅宋”博物馆奇妙夜、宋韵生活美学图展等活动。央视频对台州市博物馆进行专题报道，点击量825万。台州市博物馆短视频《一次击掌 一种力量》在10家国家级主流媒体播出。文物保护宣传“进景区、进村庄、进社区”活动举办展板和宣传片展示38场，万余人次参与。推动品牌教育项目“台博君进校园”走进2所学校，开展教育活动30场，上千名学生参与；“台博君动漫版台州历史文化图文展”先后走进8所学校，1万多人次参与；“台博君研学之旅”系列课程先后走进3家学校。出版《台州市博物馆馆藏陶瓷精品集》，展示馆藏文物172件（套）。

其他

9月28日召开全市文物工作会议，传达全国文物工作会议精神，学习《国家文物局关于印发〈尚未核定公布为文物保护单位的不可移动文物保护管理暂行规定〉的通知》《中共浙江省委办公厅 浙江省人民政府办公厅印发〈关于在城乡建设中加强历史文化保护传承的实施意见〉的通知》《浙江省文化和旅游厅 浙江省文物局关于加强第三次全国文物普查登录的一般不可移动文物保护管理工作的紧急通知》，部署重点工作。各县（市、区）文物局分管局长、业务科长等20多人参加。

椒江区

概况

椒江区共有不可移动文物271处，全国重点文物保护单位2处、市县级文物保护单位40处、文物保护点56处，国有博物馆3家，藏品974件/套，其中二级珍贵文物3件/套，三级珍贵文物18件/套；召开椒江区文物安全工作会议，开展文物保护单位安全检查专项行动，出动258人次，检查文物单位80家次，发现安全隐患8处并全部整改，举办文物安全与保护培训1次；复核“三普”登录点304处，上报宋代不可移动文物7处，开展文物保护单位修缮工程2项、消防工程1项；实施考古发掘项目1项，发现多处六朝遗迹和宋墓，出土遗物634件；创建省级乡村博物馆3家，举办临时展览2场，观众26.32万人次，社会教育活动37场次，1827人次参与。

文物安全

8月12日召开椒江区文物安全工作会议，部署除险保安“百日攻坚”

整治和文物大排查大整治大提升工作攻坚战。椒江区文物局与区公安分局、区消防救援大队联合组建检查工作组，开展全区文物保护单位安全检查专项行动，出动检查258人次，检查文物单位80家次，发现安全隐患8处并全部整改。9月26日召开文物安全与保护暨文物保护志愿者工作会议，部署不可移动文物核查工作，全区文物行政管理部门分管领导、文博单位负责人及文物保护志愿者等30余人参加。

考古发掘

对章安故城遗址实施为期10个月的发掘，发掘面积约600平方米，发现六朝时期道路、河道1组、房址4座、排水沟2条、水井1座、灰坑9个，另发现宋墓3座，出土了六朝至唐宋时期遗物634件，主要有砖瓦建筑材料和碗、盏、罐、盘、壶、盆、鼎和砚等生活用品。

黄岩区

概况

黄岩区共有全国重点文物保护单位2处、省级文物保护单位7处、市县级文物保护单位48处、文物保护点8处，国有博物馆1家、非国有博物馆5家，藏品8515件/套，其中一级珍贵文物101件/套，二级珍贵文物67件/套，三级珍贵文物280件/套；出动275人次，检查文物保护单位消防安全90余次，发现隐患21处并全部闭环整改；复核“三普”登录点284处，上报宋代不可移动文物15处，申报第八批省级文物保护单位3处，审核文物保护单位修缮方案2项，实施文物保护单位修缮工程3项、安防工程4项；开展考古发掘1项，发掘面积276平方米，创建省级乡村博物馆4家，举办临时展览19场，观众28.99万人次，社会教育活动22场次，3500人次参与，获全省博物馆文创产品大赛金奖1项，1人获“全省文物工作成绩突出个人”，黄岩区博物馆入选国家4A级景区。

文物安全

出动275人次，开展文物保护单位消防安全检查90余次，发现隐患21处并全部闭环整改；实施瑞隆感应塔、沙埠窑遗址、徐昌积宅、镇锁桥等安防项目；审核上洋辛氏宗祠、茅畲豫亲堂维修方案，启动镇锁桥修缮工程，整治铁米筛井、水口石塔等周边，徐昌积宅、委羽山大有宫修缮工程通过竣工验收。成立沙埠窑青瓷遗址公园建设工作专班，《黄岩沙埠窑遗址文物保护规划》获省政府批复同意，《黄岩沙埠窑考古遗址公园规划》获省文物局审批。

博物馆工作

黄岩博物馆入选国家4A级旅游景区名单，成为全省第一批跻身国家4A级景区的县级博物馆。举办“风雅宋”博物馆奇妙夜活动等大型活动6场，并在周末推出“宋运会”系列活动；推进馆校合作，持续开展“黄小博进校园”活动。“Q版赵伯澐IP”系列获全省博物馆文创产品大赛金奖。

考古发掘

沙埠窑遗址竹家岭窑址实施发掘，发掘面积276平方米，出土大量瓷片和窑具标本，发现辘轳坑、匣钵挡墙、淘洗池、早期工作面、房址、储泥池、窑场界墙等窑址作坊遗迹。

路桥区

概况

路桥区共有省级文物保护单位3处、市县级文物保护单位26处、文物保护点51处；藏品1777件/套，其中一级珍贵文物5件/套，二级珍贵文物10件/套，三级珍贵文物214件/套；3处申报第八批省级文物保护单位，2处申报全省第二批革命文物名录，复核“三普”登录点157处，上报宋代不可移动文物7处，验收文物保护单位修缮工程1处，启动消防平安工程1处，实施提升工程3处，组织文保员业务培训2次；开展抢救性考古发掘1项，发掘面积1900平方米，出土器物百余件，编制考古发掘报告1份；创建省级乡村博物馆5家，路桥区博物馆新馆正式开放，举办展览10场次，观众17.28万人次，社会教育活动65场次，2872人次参与，1人获“全省文物工作成绩突出个人”。

文物保护

省级文物保护单位新桥爱吾庐二期修缮工程进行实地验收，区级文物保护单位同兴里古民居实施展陈提升工程，推动省级文物保护单位新桥爱吾庐室外绿化工程、陈安宝烈士陵园改造提升工程等。

路桥区博物馆开馆

7月12日，路桥区博物馆新馆开馆。新馆建筑面积近10000平方米，展陈总面积约4000平方米，有三个基本陈列及两个临时展厅。

文博宣传

5·18国际博物馆日期间举办宋韵生活美学图办展，开展文物保护法律法规宣传，印发文物保护宣传折页800余份；围绕“特展”“节日”“时令”“民俗”四大主题，举办“岁时节庆，四季路桥”“百里异俗，匠心路桥”“百家讲坛”等品牌社会教育活动65场次。

临海市

概况

临海市共有全国重点文物保护单位4处、省级文物保护单位14处、市县级文物保护单位95处、文物保护点19处；国有博物馆2家、非国有博物馆17家；召开全市文物工作会议暨文物保护培训，复核“三普”登录点759处，上报宋代不可移动文物15处，实施文物保护单位修缮工程10项；开展抢救性考古发掘1项，出土器物45件和石墓志1合，入选年度浙江考古重要发现；成立临海市博物馆联盟，创建省级乡村博物馆7家，举办展览13场，观众54万人次，社会教育活动78场次，8450人次参与，重要学术论坛3次，获第十六届（2021年度）全省博物馆陈列展览精品奖，全省博物馆文创产品大赛铜奖各1项，1人获“全省文物工作成绩突出个人”。

文物保护

完成省级文物保护单位马氏庄园一期修缮工程，投入80余万元，对8处市级文物保护单位进行抢救性修缮。

考古发掘

延恩寺宋墓实施抢救性发掘，出土金器、银器、铜器、玉器、铁器、漆木器等器物45件，以及保存完好的“宋少保观文殿学士杨公圹志”石墓志一合。墓志约1500字，详载杨栋生平事迹。该发掘对宋代官制、理学、书院制度、功德寺制度、舆服与丧葬制度、金银器皿工艺制作等研究均具有重要意义，为了解临海在南宋时期的地域认知和官员择寓变迁踪迹提供重要实物佐证，入选年度浙江考古重要发现。

博物馆工作

5月18日召开临海市博物馆联盟工作会议，临海市国有、非国有博物馆及乡村博物馆有关人员参加。会上通过《临海市博物馆联盟章程（草案）》，签署《临海市博物馆联盟公约》，正式建立临海市博物馆联盟。9月16日召开临海市文物工作会议暨文物保护培训。临海市委常委、宣传部部长高佐明，副市长林敏出席并讲话。临海市博物馆原创大展“华光重现——馆藏文物修复成果展”获第十六届（2021年度）全省博物馆陈列展览精品奖，《幽香自远》之文创香膏获浙江省博物馆文创产品大赛铜奖。

文博宣传

举办13场展览活动，媒体进行宣传报道200余次。微信公众号发布推文260篇，浏览量超6万人次，并新开“宋朝的那些风雅事”栏目，推出系列文章20余篇；拍摄红色主题宣讲视频《红色女谍——台州第一位女共产党员吴先清》。

温岭市

概况

温岭市共有不可移动文物272处，其中全国重点文物保护单位4处、省级文物保护单位6处、市（县、区）级文物保护单位51处、文物保护点24处，国有博物馆2家，藏品4129件/套；复核“三普”登录点290处，上报宋代不可移动文物6处，申报第八批省级文物保护单位5处（8个点），出台文物保护维修专项经费管理办法，编制省、市级文物保护单位保护方案6项，实施文物平安“揭榜挂帅”项目1项，改造26处文物保护单位电气线路，新增文物保护单位、文物保护点监控34处；召开乡村博物馆建设推进会，建成省级乡村博物馆7家，举办临时展览10场，观众13万人次，社会教育、研学等活动108场次，1.6万人次参与。

文物安全

出台《温岭市文物保护维修专项经费使用管理办法》，对24处省级文物保护单位实施电气线路与明火使用改造，完成市级文物保护单位张元勋旧居、乌台门里的电气线路改造，编制梵音禅寺等5处市级文物保护单位的消防整治方案；加强文物安全监管，推进《文物守望》数字化项目，完成平台数据开发建设并上架浙政钉，开展文物平安“揭榜挂帅”项目之恶劣天气、灾害预警监测处置，完成不可移动文物恶劣天气灾害预警处置模块试点建设，新增文物保护单位、文物保护点监控34个，实现文物保护单位监控全覆盖。为省级以上文物保护单位张贴社会监督二维码，使文物安全接受社会监督。

乡村博物馆建设

5月26日，台州市乡村博物馆建设工作推进会在温岭市召开。各县（市、区）局分管局长、文化遗产科科长、博物馆馆长、乡村博物馆建设负责人参加，交流各地乡村博物馆建设情况和下阶段计划。

玉环市

概况

玉环市共有全国重点文物保护单位1处、省级文物保护单位7处、市县级文物保护单位13处、文物保护点14处；复核“三普”登录点270处，实地检查111处并接受省、市重点复核；上报宋代不可移动文物3处，完成12处县（市）级文物保护单位记录档案编制招投标及测绘，和8处文物保护单位（点）保护标志碑的制作与安装；上报文物保护单位修缮方案1项，协调、指导文物保护单位修缮5处；玉环市博物馆工程竣工验收，转入陈列布展项目建设；建成省级乡村博物馆3家，举办文物图文巡展10场。

文物保护

开展“三普”文物市级复核，检查“三普”文物公布登记情况、文物“四有”档案、安全责任书等书面材料，实地抽查“三普”登录点58处；接受省级重点复核，实地检查“三普”登录点53处，重点复核已消失“三普”登录点24处。上报审批干江盐盘应氏碉楼抢救性修缮工程设计方案，指导潘心元烈士纪念馆、东街尤氏鱼行、樟岙大帝庙戏台等处修缮；协调西跳碉楼修整和南排山碉堡环境治理；完成县（市）级12处文物保护单位记录档案编制招投标及测绘，以及8处文物保护单位（点）保护标志碑的制作与安装。

博物馆建设

玉环市博物馆完成土建工程并通过验收，评审、确定陈列布展大纲。起草《玉环市人民政府关于公开征集文物的通告》开展藏品征集。修复馆藏文物112件/套文物，其中书画5件、民国档案四件/套21份、地契文书档案86份。

文博宣传

举办文物图片巡展10场，在“全国法制宣传日”开展文物“两划”解读、文物保护单位属地管理职责、文物安全等宣传，拍摄作品参加“浙江革命文物青年说”短视频大赛。

天台县

概况

天台县共有全国重点文物保护单位1处、省级文物保护单位12处、市县级文物保护单位42处，国有博物馆1家，非国有博物馆2家，馆藏6270件/套，其中二级珍贵文物19件/套，三级珍贵文物108件/套；出台文物保护政策，复核“三普”登录点496处，上报宋代不可移动文物17处，申报第八批省级文物保护单位2处，编制文物修缮方案2项，启动文物保护单位修缮3处，完成修缮2处；开展抢救性考古发掘1项；创建省级乡村博物馆5家，举办临时展览9场，观众16.82万人次，“文博工坊”等社会教育活动92场次，26000余人次参与。

文物保护

出台《关于进一步加强文物保护工作的实施意见》，成立天台县文物保护工作专班，建立全县文物安全防范工作“宝长制”。开展水南片区文化遗产分类普查及价值评估，编制张文郁旧居（三逸阁）修缮复原方案和水南片区文物保护环境整治方案，启动妙山花楼民居群之慎德楼、水南许氏宗祠群之莲舫嵩祠、广济庙修缮工程，完成省级文物保护单位红旗渡槽和水南许氏宗祠群之六房宗祠修缮工程。

考古发掘

天台百亩塘史前遗址开展为期4个月的抢救性发掘，发掘面积260平方米，清理地层9个、遗迹单位40个，出土较完整陶器6件、石器28件及动物骨骼6件，另有大量残陶片和石制品残块，经梳理初步判断遗址存在上山——跨湖桥文化过渡时期和跨湖桥文化早期两个阶段的遗存，距今约7800—8300年。这是天台县首次发掘的史前遗址，文化面貌清晰，出土陶器、石器具有鲜明地方特色，突破了以往对跨湖桥文化分布范围的认识。

仙居县

概况

仙居县共有不可移动文物748处，其中全国重点文物保护单位3处（7点）、省级文物保护单位13处、市县级文物保护单位58处、文物保护点48处，可移动文物藏品1086件/套，其中二级珍贵文物10件/套，三级珍贵文物29件/套；出动494余人次，检查文物单位165家次，发现安全隐患75处并全部整改；复核“三普”登录点730处，上报宋代不可移动文物27处，申报第八批省级文物保护单位1处；推进下汤遗址考古发掘，挂牌成立仙居下汤考古工作站，1项目入选年度全省考古重要发现；完成仙居县博物馆新馆土建与展陈大纲编写，创建省级乡村博物馆3家，开展“文化遗产成果集中展示月”活动，展示展板、宣传片38场，9.6万人次参与。

文物安全

2月24日召开全县文物安全工作暨大排查大整治大提升攻坚行动推进

会，各县级相关部门，乡镇（街道）分管领导，省级以上文物保护单位安全直接责任人等60余人参加。

考古发掘

下汤遗址实施主动性发掘，发掘面积350平方米，发现上山时期土台3座、器物坑9座、大型灰沟1条，出土石器、陶器百余件，并首次发现距今4500年的好川文化时期水稻田遗迹，为了解当时的稻作农业和水田管理提供了重要实证，入选年度全省考古重要发现。

下汤考古工作站成立

仙居下汤考古工作站10月19日挂牌成立。工作站由省文物考古研究所和仙居县合作共建，是省文物考古研究所第十三个工作站和基地，也是上山考古遗址第一个正式挂牌的考古工作站，主要负责仙居县下汤遗址及周边地区的考古调查、勘探、发掘和出土文物的修复、保护、研究等工作。

三门县

概况

三门县共有不可移动文物247处，其中省级文物保护单位7处，市县级文物保护单位52处，文物保护点64处；国有博物馆1家，非国有博物馆3家，国有博物馆藏品共计2586件/套（二级文物10件/套，三级文物82件/套）；推进文物安全大排查大整治大提升行动，出动936人次，检查文物单位307家次，发现安全隐患80处并全部整改；开展全区文物保护单位安全专项检查，出动221人次，检查文物单位78家次，发现安全隐患11处并全部整改；复核“三普”登录点231处，上报宋代不可移动文物9处，1处文物保护单位修缮进行竣工验收，评审文物保护单位修缮方案2处；实施遗址考古发掘1项，召开学术研讨会1次；创建省级乡村博物馆3家，举办临时展览7场，观众1.07万人次，开展社会教育活动7场次，300余人次参与。

学术研究

11月18日召开“浙东南史前文化研讨会暨三门上蔡新石器遗址考古成果展”。省文物考古研究所部分考古业务人员、台州市及各县、区文物主管部门领导、负责人出席，就上蔡遗址考古成果、学术意义、河姆渡文化相关研究进行研讨。

文博队伍建设

11月7日至9日举办台州市古建筑保护修缮评审培训班，来自全市文物保护一线的35名学员接受培训，并参加三门亭旁起义旧址修缮竣工验收和文信公大宗祠墙体加固工程、三门宗祠群之娄坑俞氏家庙抢险加固工程方案评审。

沙埠窑遗址入选新时代浙江考古重要发现

丽水市

概况

2022年，丽水市落实省委、省政府关于进一步加强文物工作和文物安全、革命文物保护利用工作的部署，建立文物安全联席制度，开展文物安全专项联合行动，检查文物博物馆单位714家次，发现问题214处，全部督促整改，1场景应用被列入省委宣传部数字文化系统第3批优秀应用；申请考古调查勘探项目29项，实施考古发掘项目8项，1项目入选全省年度考古重要发现；核定公布第一批市级革命遗址名录227处；创建省级乡村博物馆57家，推出乡村博物馆游3个系列9条路线；举办展览87场，观众220余万人次，社教活动512场，28万人次参与（未成年人逾11万人次）；1单位获全省文物工作成绩突出集体，4人获全省文物工作成绩突出个人。1场馆入选全国第一批科普教育基地名单，3场馆获“首届浙江省最美公共文化空间”，1场馆列入第八批全省科普教育基地名单。

文物安全

围绕“文物安全整治年”重点任务，结合文物火灾隐患整治和消防能力提升三年行动，建立文物安全联席制度；结合台汛期、文物建筑消防安全专项检查等节点，联合多部门开展文物安全专项联合行动，检查文物博物馆单位714家次，发现问题250处并全部督促整改；联合消防部门开展“除险保安”专项督导检查及重大火灾隐患文博单位挂牌督办，上报省级挂牌督办2处，提请市级挂牌督办7处，相关问题纳入市委政法委“除险保安”重大问题月晾晒。

不可移动文物保护

围绕“十四五”规划和宋韵文

化工程，配合开展海上丝绸之路建设；聚焦大遗址保护，启动《大窑龙泉窑遗址保护补偿机制实施意见（试行）》的草拟，助力大窑龙泉窑国家考古遗址公园建设；编制遂昌县好川省级考古遗址公园建设工程可行性研究报告。加快实施文物平安工程，按照省文物平安工程三年计划，重点推进省级以上文物保护单位、木结构类文物建筑、革命文物建筑等10个项目建设。龙泉市组建大窑龙泉窑遗址巾帼义务女子护保队、义务护保巡逻队、文保志愿服务队，引入安保队伍进行24小时巡逻。松阳县持续推进拯救老屋项目，投资1400万元，修缮老屋42幢，总结、出版《拯救老屋行动松阳实践》。

考古发掘

申请考古调查勘探项目29项，勘探面积60万平方米，实施考古发掘项目8项（其中抢救性考古发掘6项），面积近2000平方米，发掘古墓葬15座。缙云县仙都金龙洞采集到北宋金龙，出土大量宋元时期瓷片及建筑构件；大窑龙泉窑亭后窑址实施主动性考古发掘，发掘面积500平方米，发现龙窑窑炉2条、石铺道路1条及数十吨宋元瓷片、窑具堆积；云和盆地进行史前遗址系统调查，发现新石器至商周时期遗址52处（云和盆地内43处、瓯江流域云和段9处），采集石器、陶瓷器标本260余件。

博物馆工作

举办展览87场，观众220余万人次，藏品总数6万余件（套）；指导莲都、青田、云和、遂昌等地完善博物馆体系建设，持续推进国有县级博物馆全覆盖，逐步实现“县县都有国有博物馆”目标；指导与扶持非国有博物馆建设，编制瓯江文苑民办博物馆群策划方案，指导完善海德音乐艺术收藏馆展览方案，修改完善华侨博物馆项目建议书，支持青田东堡山华侨文博生态城建设；开展“浙文惠享”民生实事工程建设，创建省级乡村博物馆57家；景宁畲族自治县畲族博物馆、青田稻鱼共生系统博物馆、庆元县月山春晚展览馆入选“首届浙江省最美公共文化空间”；景宁县畲族博物馆列入全国第一批科普教育基地名单，丽水市博物馆列入第八批浙江省科普教育基地名单。

革命文物保护与利用

落实全省首部革命文物地方立法《丽水市革命遗址保护条例》；持续开展革命文物专项调查，梳理不可移动革命文物 319处、可移动革命文物 849件/套；73处不可移动文物、194件/套可移动文物列入全省革命文物名录；组建丽水市革命遗址专家委员会，起草《丽水市红色文化名乡（镇）、名村评定办法（试行）》等配套制度，核定公布第一批市级革命遗址名录227处；打造全省首个革命遗址数字智治应用“红立方”，构建集10处省级党史教育基地和市域所有革命遗址在内的“10+X”全域保护体系；上线“丽水市革命遗址数字地图”，建设“丽水市革命遗址数字智治应用”；推出多项红色原创展。

学术研究

完成市、县级课题5项，编辑出版《摭翠融青——龙泉青瓷博物藏龙泉国营瓷厂品图录》等书籍，发表《新时代基层民族博物馆发展路径探析——以景宁畲族自治县畲族博物馆为例》《畲乡城乡历史文化传承与发展路径初探》《宋韵文化与庆元文创开发路径研究》等论文12篇。

文博队伍建设与培训

开展业务培训36场，培训2884人次。联合律师事务所打造“律师护宝团”，开展普法宣传季及文物保护相关法律法规普及宣传活动12场，近500人参与。遂昌县王村口镇政府获全省文物工作成绩突出集体，初士浩、沈子珍、杨克新、陈化城获全省文物工作成绩突出个人。

文博宣传

利用国际博物馆日等重要节点，开展博物馆奇妙夜等系列活动十余场；推出“在浙‘丽’，跟着博物馆去旅游”乡村博物馆游3个系列9条路线；丽水摄影博物馆协助举办世界摄影大会，策划“数字时代的影像与教育”国际学术研讨会，举办多项展览活动；在各类媒体平台发布文博消息529条，并持续推进与网络媒体的深度融合，官网综合浏览量达103085次，微信公众号全年阅读数47878次，推文分享3199次；1视频课程入选国家文物局“文博精品共享课程”。

莲都区

概况

出动505人次，检查不可移动文物235家次，其中巡查全国重点文物保护单位34家次，发现、抄报安全隐患3家次；巡查省级文物保护单位105家次，发现、抄报安全隐患12家次；完成省级以上文物保护单位修缮项目6项；11处点位入选丽水市第一批革命遗址名录；创建省级乡村博物馆6家。

不可移动文物保护

争取省级及以上文物专项资金849万元，整合经费700万元，完成7项文保单位修缮项目；参与涉及文物保护单位保护范围及建设控制地带内项目的方案论证、指导等70余次，涉及项目50余个。

龙泉市

概况

出动232人次，检查文物保护单位116家次，组织文物安全巡查284人次，检查不可移动文物772家次；实施3处考古调查勘探和1处考古发掘，面积约500平方米；举办展览12个，观众17.89万人次，开展“天下龙泉——宝剑青瓷传承与创新展”全国巡展；推出“口袋里的博物馆”线上活动9期，与故宫博物院合作完成《陈万里日记》第一、二卷的第二次专家释读，出版专业图录1本。1人获全省文物工作成绩突出个人。

不可移动文物保护

完成1处全国重点文物保护单位保护展示工程和9处省级文物保护单位修缮项目的省级验收，以及2处市级文物保护单位修缮方案评审；推进2处全国重点文物保护单位保护利用工程前期工作，开展1处省级文物保护单位修缮项目。

文博队伍建设

组建大窑龙泉窑遗址巾帼义务女子护保队、义务护保巡逻队、文保志愿服务队，吸引90余人加入，并引入安保队伍进行24小时巡逻服务。龙泉市博物馆沈子珍获全省文物工作成绩突出个人。

青田县

概况

出动156人次，组织文博单位安全检查174家次，签订县级以上文物保护单位安全目标责任书32份；设计各1处全国重点文物保护单位、省级文物保护单位的修缮方案；申报丽水市革命遗址文物9处；举办展览4项，观众15.89万人次，开展社教活动12场，4659人次参与；创建8家省级乡村博物馆。1博物馆被公布为首届浙江省最美公共文化空间。

不可移动文物保护

与32个乡镇、街道办事处签订文物安全目标责任书；排查39处文物保护单位的房屋安全风险隐患；全国重点文物保护单位处州廊桥之毓秀桥修缮工程设计方案通过评审；县级文物保护单位刘府祠开展为期三年的白蚁综合治理。

博物馆工作

编制、下发《青田县乡村博物馆常态化运营管理机制(试行)》，创建8家省级乡村博物馆；青田稻鱼共生系统博物馆被公布为首届浙江省最美公共文化空间。

云和县

概况

成立文物安全检查工作组，出动276人次，检查文物单位92处；编制全国重点文物保护单位1处10个子项目的平安工程设计方案并报审、立项；8处点位入选丽水市第一批革命遗址名录；实施抢救性考古发掘项目6项，发现遗址52处，采集标本260余件，完成显圣湾遗址、门前山遗址、角山遗址等考古发掘报告；云和雪梨文化展示中心、云和梯田畲族文化活态博物馆实施改造提升工程，创建省级乡村博物馆5家。1人获全省文物工作成绩突出个人。

不可移动文物保护和管理

完成《云和县文物建筑保护利用规划》及大湾禹王庙等8处文物修缮项目；为1处全国重点文物保护单位（10个子项目）和6处省级文物保护单

位制作、安装文物名片（二维码）。

显圣湾遗址发掘

开展为期五个多月的抢救性考古发掘，发现距今3000至5000年的新石器时代大型文化遗址——显圣湾遗址，其中好川文化墓葬6座，出土随葬品、重要器物标本百余件，试掘区域还发现属于肩头弄文化且排列规则的柱洞、洞坑13处。该遗址是云和地区目前发现面积最大、底层最丰富的新石器至夏商时期遗址，将云和历史延伸至肩头弄文化、好川文化时期，填补云和地域新石器晚期至夏商考古历史空白。

庆元县

概况

贯彻新文物工作方针，开展巡查79次，巡查文物112处；实施文物安防提升工程，投入30万元经费安装监控，共增设点位15个、摄像头52个；获评2022年度全省文物行政处罚案卷评查良好案卷；16处点位入选丽水市第一批革命遗址名录；开展考古调查、勘探项目3项；举办展览4场，观众11余万人次，社教活动28场、第二课堂活动20场，8万余人次参与；创建5家省级乡村博物馆。1人获全省文物工作成绩突出个人。

不可移动文物保护和管理

公布《庆元县上垟窑遗址管理办法（试行）》；完成全国重点文物保护单位龙济桥、省级文物保护单位胡紘夫妇墓、吾际下姚氏宗祠、济川桥，县级文物保护单位外村桥、黄洋护龙桥修缮工程项目验收，全国重点文物保护单位咏归桥夜景亮化工程竣工并通过验收；对西洋殿、岙头周家本宅等文物保护单位实施电气线路改造工程；修缮照明设备34处，为5处重要文物保护单位配备微型消防站。

缙云县

概况

出动208人次，开展文物安全检查100家次，排查安全隐患13处；修缮文物保护单位2处，完成文物平安工程设计11处；26处革命遗址进行申报、公示及保护范围划定；缙云县博物馆完成布展改造提升工程，举办临时展览6场、流动展览11场次，观众11.56万人次，开展社教活动20场，6.05万人次参与；创建省级乡村博物馆5家。

不可移动文物保护和管理

实施全国重点文物保护单位河阳村古民居之朱岳松宅修缮项目，以及省级文物保护单位双港桥贞节坊石刻修缮工程；对全国重点文物保护单位仙都摩崖题记进行日常维护；编制县级文物保护单位"田氏总祠"修缮方案。

博物馆工作

与浙江自然博物院联合举办流动博物馆入校园、入社区活动11场次，观众5000余人次。

遂昌县

概况

落实文物安全大排查大整治大提升，出动91人次，检查不可移动文物40家次；实施好川遗址安防提升和独山石牌坊环境整治，完成奕山朱氏宗祠、鞍山书院修缮工程和苏氏大屋（含苏氏家庙）文物平安工程；遂昌早期中共组织成立旧址群等四处申报第八批省级文物保护单位；申报认定丽水市革命遗址8处；举办展览5场，观众近15万人次，创建省级乡村博物馆8家。遂昌县王村口镇政府获全省文物工作成绩突出集体。

博物馆工作

遂昌县博物馆基本完成基建项目，对展陈大纲进行7轮修改。汤显祖纪念馆举办临时展览5场、讲解600余场，观众149849人次；开展昆曲等艺术培训24次，学习交流活动32次，汤显祖文化进校园31次，昆曲精品课授课11次。

松阳县

概述

结合文物安全整治年，出动270余人次，开展文物安全巡查80余次，实现36处省级以上文物保护单位文物安全视频监控系统全覆盖，“拯救老屋”场景应用被列入省委宣传部数字文化系统第3批优秀应用和省文化和旅游数字化改革第2批试点应用名录；58处革命遗址入选丽水市第一批市级革命遗址名录；举办临时展览25项，观众59.78万人次；开展各类社教活动105场，3.6万人次参与；创建省级乡村博物馆7家。

不可移动文物保护和管理

完成省级文物保护单位青云塔、西三蔡氏民居修缮和初步验收；县级文物保护单位“四有”档案编制工作完成第一批55个点位的建筑测量；安排专项资金200万元，用于低级别文物修缮，27处挂牌文物建筑实施修缮和验收。

文博宣传

《这里是我们的家——“拯救老屋”的松阳实践》视频课程入选国家文物局“文博精品共享课程”。松阳三庙（文庙、城隍庙）保护利用案例入围国家文物局文物建筑保护利用优秀案例。

显圣湾遗址发掘成果填补相关空白

景宁畲族自治县

概述

出动200余人次，开展文物安全巡查39次，全县木结构文物保护单位更换消防灭火器354个；畲族博物馆被认定为第一批全国科普教育基地，也是全市唯一、全省13家之一；34处革命遗址入选丽水市第一批市级革命遗址名录；举办临时展览16项，观众47.55万人次，开展各类社教活动144场，2.05万人次参与；创建省级乡村博物馆5家。

不可移动文物保护和管理

推进文物平安工程建设，实施时思寺、处州廊桥安防提升工程；争取文物修缮资金629万元，为3处文物建筑设计保护修缮工程和维修方案，其中高演环胜桥完成修缮工程，潘家大屋实施维修，东坑上桥完成维修设计方案。

博物馆工作

推进景宁县畲族博物馆提升工程建设，完成项目招投标；《金凤于飞新娘装》入选国家文物局《见证新时代》书籍。畲族博物馆入选首届浙江省最美公共文化空间和浙江省优秀科普教育基地。

浙江省古建筑设计研究院有限公司

概述

2022年，浙江省古建筑设计研究院有限公司（以下简称“省古建院”）扎实做好文物保护利用，拓展浙江文物科研平台，深化文旅深度融合发展，推动浙江优秀传统文化走出去。

内部建设

持续学习宣传贯彻习近平新时代中国特色社会主义思想和党的二十大精神，以党建引领发展，抓牢抓实意识形态工作，创建特色支部，推出“你听，浙地‘老屋’话共富”“古建风华”等，深化“浙地传承”党建品牌。顶住压力稳住基本盘，做大延伸EPC、展陈等业务；取得ISO9001管理体系认证证书，推进管理工作体系化、规范化；推动院知识产权保护，9月受理申请，完成商标注册第一阶段工作。

世界遗产价值研究

持续开展世界文化遗产研究相关工作：深化海盐段海塘遗产相关研究，听取各方意见，修改完善海盐段海塘申报世界遗产预备名单文本和相应保护管理规划；启动杭州段海塘申报世界文化遗产预备名单文本编制，推动钱塘江海塘整体申报；陆续启动天台山、龙游石窟申报世界文化遗产可行性研究等前期工作。

围绕浙江“文明之源”大遗址群，启动永康区域上山遗址文物保护专项规划编制，推动龙游荷花山考古遗址公园相关方案编制，推进“万年上山”申遗。开展温州千年古港遗址公园保护展示项目，助力海丝申遗。

考古遗址公园建设

以文献和考古研究为前提，以保护为基础，深化遗址价值研究，持续在遗址保护、价值阐释展示和公共文化空间打造等方面开展实践探索，承担衢江姑蔑王陵、富阳泗洲造纸遗址、宋六陵等考古遗址公园概念性规划方案编制，努力做好遗址保护展示与社会文化、产业发展的协调统一。

由省古建院设计并作为施工总承包单位的南宋德寿宫遗址博物馆11月建成开放。省古建院采用“止水帷幕+黑房间+温湿度控制”方式，探索南方潮湿地区土遗址赋存光环境、水环境、空气环境下的综合管控技术，实现大规模土遗址露明展示；构建以露明覆罩展示为核心，综合地表模拟、地表标识、建筑立体标识的全方位展示体系，结合动态投影、AR技术等数字化手段，还原遗址历史场景，营造原真性、即时性、沉浸式观展效果。

绍兴古城内王阳明故居遗址保护与展示工程完工并开放。省古建院通过对考古发掘遗迹的全面精准测绘和深度研究，保护并揭示其“一轴、四进、六重”历史格局，采用地面建筑空间场所标识展示方式，使之与地下遗址一一对应呈现，直接展现500多年前生活空间，形成古城古街中沉浸式参观体验与文化展示相结合的特色公共文化空间。

进一步思考位于郊野区域的考古遗址公园展示手法及与社会的衔接。在衢江姑蔑王陵考古遗址公园概念性规划编制中，结合土墩墓群特征及所处郊野村庄环境，整体采用生态保护策略，以植被地貌方式呈现土墩墓群格局和规模，同时适应区域发展需求，与周边村落经济形成共同发展体系，推动乡村振兴、助力文旅融合协调发展。

文物保护与有效利用

持续夯实文物保护工作基础，承担泰顺土楼、河阳乡土建筑、庆安会馆、俞秀松故居、一江山岛战役遗址等全国重点文物保护单位、省级文物保护单位的保护规划、修缮利用、环境整治等项目，在文物保护修缮过程中兼顾后续展示与利用；关注文物建筑预防性保护，承担兰溪诸葛村预防性保护试点项目，开展保国寺大殿结构安全监测；围绕行业变革和发展需求，在国土空间规划背景下，在文物保护、材料保护与科技保护、文物保护与展示利用结合等方面先试先行，探索形成新的技术路径；通过全国重点文物保护单位福建万安桥灾后修复项目输出浙江经验。

编制沙埠窑遗址、天目窑遗址群、通济堰等大规模文物保护规划，探索跨部门、多方位、全过程协同的文物保护规划编制（包括自然资源部门城镇开发边界划定、拟划保护区划公示征询、土地用途管制、保护区划“一张图”平台落位等），旨在及时发现文保空间和国土空间、城乡建设之间的矛盾冲突，提前协调布局，与国土空间规划体系形成有效工作协同。4月，《沙埠窑遗址文物保护规划》完成保护区划与土地用途“一张图平台”复核，获省政府批复并公布施行。

面对文物材料与科技保护等难点技术问题，通过设计施工一体化、工程与科研结合等实施路径，探索技术措施落地与技术成果转化应用。围绕省级文物保护单位杭州海塘临平段（局部）异地迁移工程、沉船搬迁及科技保护项目，开展鱼鳞石塘、柴塘等各类塘型搬迁的全过程跟踪记录，考虑不同塘型结构特征和木、石、灰等材料特性，有针对性地制定拆解搬迁措施和各类材料出水出土保护措施，首创并成功应用柴塘链臂锯、液氮冷却切割+钢板套箱提取技术。

在镇海口海防遗址（靖远、平远、宏远、镇远）炮台保护修缮工程中，推动对三合土炮台的科技保护，有针对性开展残缺部位原材料修复、裂隙部位注浆、风化部位化学保护、微生物防治等多种技术应用，进一步明确技术措施可行性，为后续此类文物修缮提供经验借鉴；针对四处炮台不同遗存特征，制定差异性保护与展示措施：对格局保存不完整、结构稳定性差的镇远炮台，以考古现场及残状展示为主；对平远炮台，结合历史研究及现状遗存，展示由营门、官厅、兵房等构成的相对完整格局；重现宏远炮台在历史上作为制高点的炮台遗址形象，展示清代和民国两个不同时期遗存的叠加关系。

课题研究与标准制定

加快“十三五”国家重点研发计划项目“传统村落适宜性技术和活态利用策略研究”相关研究，4月完成各课题中期检查，6月通过项目整体中期检查，10月初步形成传统村落环境风貌相关技术标准，上报国家文物局立项；多次组织前往兰溪、江山、松阳等地，开展传统村落成果测试与应用，推动传统村落保护与活态利用示范点工作。

深度参与文物行业“十四五”国家重点研发计划项目指南编制与发布，以及“十四五”期间文物行业标准规范立项等工作，参与制定杭州市历史建筑保护利用导则编制规范、长三角历史文化名城联盟标准历史建筑保养维护规范等地方标准。

受国家文物局委托，开展《古塔维护管理手册》编制。《手册》通过评估古塔风险因素和保护管理要点，总结古塔日常保养维护经验，完善古塔抵御自然和人为破坏预防措施，加强日常维护管理，避免古塔产生结构性安全隐患，减少大修影响。

加强校企联动，构建文物保护研究平台。谋划并成立浙江石窟寺石刻保护修复基地，谋划建立东南地区廊桥保护研究中心。构建区域性保护研究平台，发挥科技支撑和引领作用，全面提升保护水平。

文旅深度融合

聚焦国家文化公园、共同富裕示范区建设等战略，思考文物资源与区域文化产业及区域发展的结合，重点关注城市文化与古城古镇历史街区复兴，做好文旅深度融合。

承担桐乡大运河国家文化公园、乌镇运河智能汽车文化园工程等项目，以桐乡段大运河衍生的聚落文化、农耕文化价值为支撑，考虑文化与产业深入融合，形成以县域大运河文化传承与展示利用为核心、文旅深度融合的示范项目。

承担嘉兴古城文化核心区概念方案设计，从文化机会、地块文化禀赋、区域发展需求三个维度，寻找项目核心文化IP及文化矩阵，探索城市文化核心区构建新路径。

助力建设文化和旅游事业高质量发展共同富裕示范区，在省文物局组织下，开展《浙江省山区26县文物发展利用规划》编制，通过对山区26县文物资源的梳理、挖掘，明确文物发展利用方向，制定文物发展利用策略并遴选重点实施项目，促进文物资源转化和文旅产业融合。深耕武义古城保护与更新，从保护与利用概念规划入手，通过对上栈房、王家厅等十余处古建筑的修缮，古城上街、横街等老街的保护整治，以及文庙、文昌阁、孔园等历史地标性建筑的修复，还原古城历史记忆，恢复古城街巷肌理，植入地域多元文化，再现盛景。武义古城于2022年底正式开放，成为文旅融合发展典型案例。

行业管理服务

围绕国家和省文物局关于革命文物保护利用工作部署，重点围绕浙江作为中国革命红船起航地、改革开放先行地、新时代中国特色社会主义思想重要萌发地，全面梳理浙江革命历史，深入挖掘新时期革命文物资源，和党史部门探讨方向和可行性；进一步配合省文物局完成第二批不可移动革命文物梳理和征求意见稿公布；总结革命文物工作，梳理第一、二批不可移动革命文物，归纳价值支撑情况、保护利用情况，为后续全省革命文物工作提供策略和建议。

对标行业发展需求，结合数字化改革，针对不同类型文物保护工程特点和存在问题，明确工程事中监管关键节点和信息，编制形成文物保护工程施工管理数字资料采集技术标准初稿，搭建文物保护工程事中监管平台；针对杭州地方基层管理现状，制定文物建筑修缮工程施工过程检查和工程评价管理导则，推动文物保护工程事中监管。

配合省文物局“浙里文物”平

设计、施工的杭州南宋德寿宫遗址博物馆建成开放

台文物建筑活化利用模块的开发，通过平台向社会发布可租赁文物建筑信息，为文保技术团队等搭建起社会共享的开放式平台。

根据省文物局工作部署，组织专业技术人员前往永嘉，对639处“三普”登录点保存现状进行现场复核，形成《永嘉县639处“三普”登陆点现场复核情况汇报》。

其他

被省政府办公厅授予全省文物工作成绩突出集体；德寿宫遗址项目设计团队获评2022年杭州生活品质总点评年度人物。在《自然与文化遗产研究》期刊发表《上山文化遗址群保护管理实践初探——以浙江省国土空间规划文物保护专项为背景》。参加国际古迹遗址日“气候变化与遗产”研讨会，发表“东南地区应对洪灾的遗产保护探讨”。

杭州良渚遗址管理区管理委员会

概述

2022年，杭州良渚遗址管理区管理委员会（以下简称良渚遗址管委会）立足“世界遗产、文明圣地”定位，聚焦文物保护加强年、研究工程加强年、人才培养加强年，推动良渚遗址保护研究传承利用迈上新台阶。良渚遗址管委会获全国五一劳动奖状，在全省文物工作会议上作经验交流发言；良渚博物院获一星级全国青年文明号，入选第二届全国文博百强文创产品单位；“一起：寻找文明之光”计划获2022全球世界遗产教育创新案例奖卓越之星奖；“良渚是实证中华五千年文明史的圣地”陈列获新时代博物馆百大陈列展览精品；良渚文化志愿者获2022年首届全国博物馆志愿者服务典型案例；“良渚遗址5000+”数智应用被评为省数字化改革“最佳应用”；“构建良渚遗址保护传承和活化利用机制”获2022年度省改革突破提名奖；良渚古城遗址公园获省优秀科普教育基地称号，入选“浙江省旅游协会特别推荐文旅企业纾困典范”；良渚古城遗址公园文旅数字化改革项目入选“2021浙江十大文化和旅游数字化改革优秀案例”。良渚文化多次在全国重量级媒体亮相。

内部建设

利用“周三夜学”、主题党日等组织政治理论学习，开展交流研讨14次；各党支部每月研究布置“三会一课”“三服务”“双报到”等工作并抓落实；在文物安全保护、遗产价值研究与宣传、遗产保护监测等方面制定并践行岗位争先承诺书；选派党员参加“杭州市学习强国知识竞赛活动”“‘之江杯’党的二十大精神知识竞赛”；经常性开展党员谈心谈话，选派党员参加街道等抗疫工作；持续开展“结对大走访、护航二十大”“周三夜访”等，走访慰问港南村困难老党员和困难家庭，认领并实现微心愿。聘请著名考古学家、北京大学考古文博学院教授、博士生导师徐天进出任良渚博物院首位外聘院长。

法规建设

申请将《杭州市良渚遗址保护管理条例》修订列入“十四五”期间立法计划；在杭州市人大指导下，根据《良渚遗址保护总体规划》及保护、研究、传承、利用要求，起草《杭州市良渚遗址保护管理条例条例》初稿，在征求意见基础上完成修订。

大遗址保护

加强基层调研，前往各结对村（社区），实地听取集体经济发展、良渚遗址保护利用等规划建议，走访了解良渚遗址各遗址点最新分布和保护管理情况，集中调研破难“四张清单”。妥善处理遗产保护与属地民生发展的关系，完成63户农户建房审核上报，获批43户；对接开展23个建设项目地块的考古勘探，13个项目地块完成考古意见转批；对接审核18个建设项目方案，9个项目完成批复；动态做好农户建房、项目建设前期踏勘和批后监管。推进《良渚遗址保护总体规划》及《良渚遗址和鲤鱼山——老虎岭水坝遗址保护总体规划（2020—2035）》保护区划与管理规定的修编，《良渚国家考古遗址公园控制性详细规划》完成规划结题，协调良渚遗址保护与30余项规划研究的衔接，梳理良渚遗址、水坝遗址“四有”档案。强化数字赋能，打造“良渚遗址5000+”数智应用，实现跨部门多业务整体协同，构建良渚遗址文物智慧治理体系，被评为全省数字化改革年度“最佳应用”，经验做法面向全省宣传、推广。实施科技保护，与敦煌研究院签订战略合作协议，正式挂牌“国家古代壁画与土遗址保护工程技术研究中心东南分中心”，筹建潮湿环境土遗址保护中心（保护实验室），申报创建第八批国家文物局重点科研基地；完成南城墙和老虎岭遗址保护工程，推进良渚遗址考古剖面劣化机理及预防性保护技术、遗址水文地质调查与监测项目研究，2项课题列入全省文物保护科技项目。

文物安全

严格落实省、市文物保护要求，完成台风期间遗址本体及人员安全防护；排查解决高温雷暴天气下智能安防设施故障问题，累计修复系统故障159处；持续开展“文物安全365行动”，联合实施良渚遗址管理区文物安全年度检查与评估，全年巡查近1.8万人次；文物安全专职巡防队做好抽查、暗访、考核工作，发挥保护职能；结合全省文物安全隐患排查专项整治行动，进行文物安全自查自排，制定人防和技防提升方案，为良渚古城遗址本体等重要部位加装监控探头等高科技设施设备，扩大文物安防覆盖范围；对接相关单位及属地镇街、村社，构建预防保护体系，探索遗址文物安全协同机制。

不可移动文物管理

开展良渚文化大走廊前期谋划研究，划定规划范围约320平方公里，构建“二廊一轴、三片多点”空间格局，提出产业发展方向，分析重点实施途径。推进老虎岭遗址基础设施提升工程，老虎岭遗址公园建成开放。完成良渚港安溪路桥梁、长命港（良渚古城遗址公园段）基础设施提升工程项目。加快良渚博物院二期综合体项目。牵头编制遗址区绿道规划和三年行动计划，启动全长约17公里的绿道一期（良渚博物院至十里渠段）工程项目。

考古发掘

实施考古发掘，面积500平方米，重点对外围水利系统塘山北侧疑似坝体开展调查与发掘，共发现疑似坝体16条，其中5条属良渚时期同一水利系统的一部分。发掘羊后山坝、翁家山——高山上土台，确认羊后山的人工坝体性质。在劳家头、翁家山与高山上等水坝附近土台设施发现建筑、石器加工作坊痕迹。

博物馆工作

良渚博物院先后举办学术讲座、暑期陶艺课程、沉浸式展演、专题音乐会等特色活动，年接待观众70万余人次。策划推出“郁郁乎文哉——晋国博物馆周代玉器特展”等多个特色展览，做好相关配套宣传和社教活动；前往广州、武汉、郑州、盐城等地，举办良渚文明省外交流展览，配套开展社教课程和良渚文化宣讲。“良渚讲堂”系列活动全年举办讲座32场，线上观看量达百万人次。加强馆校合作，与学军小学共建校内紫金农学馆，与浙江大学等高校对接馆校合作事宜；参加杭州观成实验学校宋韵文化集市活动，举办3场良渚陶艺课程和专题讲解。继续做好结对共建乡村博物馆工作，协助富阳元书纸文化展示馆成功创建全省乡村博物馆。成立“良渚MEI”生活美学联盟，发布首批成果作品——良渚文化主题青少年服装；建立健全良渚文化品牌授权机制，与知名品牌合作推出联名产品102款；搭建文创多样矩阵，自主研发系列文创产品113款，良渚王国系列盲盒获全省博物馆年度文创大赛金奖。正式启动馆藏未定级文物定级工作，鉴定文物1534件，拟定一级文物22件/组，二级文物70件/组，三级文物311件/组，一般文物355件/组。

学术研究

召开中华玉文化中心第七届年会暨第九届中国古代玉器与传统文化研讨会，汇编《玉魂国魄——中国古代玉器与传统文化学术讨论会文集（九）》。“良渚博物院藏石刀微痕分析”“良渚文化玉器钻孔实验”课题结项。与南方科技大学合作开展良渚博物院藏玉器成分数据采集与分析课题。完善专项数据库建设，“良渚文化海外玉器数据库”在良渚博物院官网上公开，“良渚文化玉器数据库”收录良渚文化玉器13945件，“良渚博物院数字图书馆”新增考古发掘报告、图录98本、近4万页，数据量愈400GB。

文博队伍建设

先后举办良渚遗址管理区文物保护年度培训和讲解员培训班，组织人员参加全市年度文物保护法规政策培训。22名讲解员参加杭州市讲解员技能竞赛，14人进入决赛，8人被评为四星级讲解员。

文博宣传

以杭州良渚日为核心，结合国际博物馆日、文化与自然遗产日等重要节点，打造良渚文化“1+N”活动体系，开展对外宣传。“杭州良渚日”活动期间，线上线下参与人次超百万，全网刊发新闻报道300多篇，点击量近1亿次，出版《浙江画报·2022杭州良渚日专刊》，“学习强国”全国平台开设《7·6良渚申遗成功三周年》专题页面。联合摄制出品大型历史文化纪录片《良渚》并在央视播出，中央主流媒体对良渚古城遗址进行密集宣传。启动良渚文化青年传播计划，创作传播作品500余个。《良渚微讲坛》系列短视频译配多语种在全球播出，宣传片《在良渚看见光》向全球发布，在首届全球数字贸易博览会上推出“良渚文化主题展”。打造新媒体宣传平台，至年底良渚博物院官方微博关注量达5万人，视频累计播放量79.4万次。合作开办“在B站云游博物馆”栏目，粉丝数5392人，发布视频34条，总播放量10.8万次。制作4集以“良渚玉器”为主题的数字媒体视频，被收录于“学习强国资”杭州市资料库；撰写“良渚时课”第一季24期科普文章并在“钱江晚报·小时新闻”客户端发布，全网总阅读量近90万。出版《中国早期文明论丛》之《陶寺——

“一起：寻找文明之光”计划获2022全球世界遗产教育创新案例奖卓越之星奖

中国文明核心形成的起点》《凌家滩——中华文明的先锋》《红山——中国文化的直根系》，《杭州全书》“良渚丛书”之《良渚墓葬》，以及绘本《良良和汶汶》《良良的申城之旅》，《良渚考古发掘史料集成》完成二校。

对外交流与合作

7月8日，良渚遗址管委会与英国剑桥大学遗产研究中心、英国威尔特郡博物馆召开世界遗产保护管理专题研讨会。

9月12日至25日，良渚遗址管委会、联合国教科文组织亚太地区世界遗产培训与研究中心（北京）、北京大学考古文博学院共同举办“良渚讲堂之2022纪念《世界遗产公约》50周年系列活动——考古遗址的发展与未来”。

12月13日，亚太遗产中心（WHITRAP）公布2022“全球世界遗产教育创新案例奖”获奖名单，良渚博物院“一起：寻找文明之光”计划获卓越之星奖，是全球获此奖项的十个案例之一。

杭州西湖风景名胜区管理委员会

概述

2022年，杭州西湖风景名胜区管理委员会（以下简称西湖风景名胜区管委会）注重西湖文化景观遗产保护及遗产群落建设，做好遗产监测评估、文物历史建筑保护、博物馆改造提升、宋韵文化宣传展示等工作。景区内博物馆举办展览27个、巡回展5个，接待观众64.89万人次，2展览获全省博物馆陈列展览精品奖。

文物安全

落实全域签订《文物安全责任书》，张贴文物安全责任人公告公示牌，建立西湖西溪景区文物安全联席会议制度。开展消防安全标准化创建，成立西湖西溪景区文物系统消防安全联合监管协同机制，制定《杭州市西湖西溪景区文物系统消防安全标准化管理规定（试行）》，以六和塔、杭州西湖博物馆总馆为引领示范，完成岳庙管理处（连横纪念馆）、灵隐管理处、花港管理处、凤凰山管理处、水域管理处、钱江管理处、杭州西湖博物馆总馆文物安防提升工程；实施六和塔智慧安防室室内改造和岳庙消防提升项目，启动飞来峰造像安防工程，将六和塔、岳庙创建为杭州市文物建筑消防安全管理标杆示范单位。对辖区内170余处文物点位进行全面安全评估。

世界遗产管理

推进世界遗产监测预警体系指标提升及预警设计项目，更新游客量监测设备91处，布置太子湾等处新增游客量监测点；完成西湖遗产要素百科、遗产监测数字化管理、数据库等系统开发，通过数字化实现西湖风景名胜区管委会与杭州市主管部门关于遗产监测、文物遗产相关数据的共享与联动。组织遗产影响评估会7场，对9个遗产区内建设项目进行评估。

不可移动文物保护和管理

实施《杭州西湖风景名胜区保护管理条例》《杭州西湖文化景观保护管理条例》，依法保护、管理西湖世界遗产和风景名胜资源。持续推进《杭州西湖风景名胜区总体规划（2021—2035年）》《杭州西湖文化景观保护管理规划（2021—2035）》修编，推动《西湖风景名胜区9大景区控制性详细规划》《北山街历史文化街区保护规划（2021— 2035）》等专项规划编制。先后完成孤山、白堤区域综合提升工程（清行宫保养维护、石质文物保护），胡雪岩故居、明宅及“丁鹤年墓亭”“湖心亭牌坊”石质文物修缮工程，大麦岭摩崖题记保养维护工程，花港观鱼、苏堤春晓御碑及御碑亭保养维护工程。完善宝成寺麻曷葛剌造像维修加固工程方案文本，推进杭州西湖南山造像（慈云岭、天龙寺）本体保护及排水防渗工程、梵天寺经幢保护与加固工程的前期研究，完成小瀛洲先贤祠水下勘察，推进水下结构加固方案审批。测绘建档文物历史建筑3处，编制6处市级文物保护单位的“四有”（有保护范围、有标志说明、有记录档案、有专门机构或者指定专人负责管理）档案，测绘市级文物保护单位13处。“浙江医院一号楼”获杭州历史建筑最佳测绘建档案例（公共类）。为13处历史建筑安装“智慧消防”，实现文物历史建筑“智慧消防”全覆盖。推荐第七批市级文物保护单位和第八批省级文物保护单位，维新堂、石屋洞石刻、九曜山造像、陈夔龙墓、赵之谦墓址被公布为市级文物保护单位。做好文物保护单位巡查保护，南宋官窑郊坛下窑址实施专业监测；完成景区造像、摩崖石刻、碑刻文物专项调查，摸清石窟寺文物家底。

博物馆与可移动文物保护

完成中国茶叶博物馆提升改造重点项目工程、苏东坡纪念馆、唐云艺术馆陈设提升工程、杭州西湖博物馆总馆南宋官窑馆区“南宋官窑历史文物陈列馆”建筑紧急抢修工程及名人馆区张苍水先生祠修缮工程。三大博物馆接待观众64.89万人次，举办展览27个，推出巡回展5个。《绿色黄金——海上丝绸之路上的茶叶贸易》《他是谁？——探秘兰若寺大墓》获第十六届（2021年度）全省博物馆陈列展览精品奖。建设“景区博物馆数字化展陈空间”，推出“乐游南宋官窑”AR陶瓷文化研学、兰若寺考古发现展线上展陈等数字产品，提升博物馆数字化观展体验。

革命文物保护与利用

完成6处全省第一批革命文物（不可移动）的简介校勘，组织革命文物补充调查。澄庐、中美联合公报起草处旧址、周恩来农村工作联系点旧址入选《浙江省第二批革命文物名录》推荐名单。

学术研究

加强与《东南文化》等期刊合作，撰写、发表学术论文14篇；举办名人讲堂、西湖艺术史论坛、西湖文化大讲堂等学术讲座11场，参加高级研讨会15个；完成7项省、市、区级课题申报及立项，省级文物保护科技项目《一带一路茶文化价值挖掘与具象化动漫制作表达》、宋韵文化研究课题“岳飞爱国精神的社会实践转型研究”通过验收。编撰出版“西湖丛书”系列之《西方人眼中的西湖》《西湖的历史建筑》《杭州宝石山摩崖石刻集萃》，出版期刊《西湖学论丛》第十三辑。

文博队伍建设与培训

组织讲解员参加“2022年（第十四届）杭州市讲解员技能竞赛暨讲解员星级评定”活动，10人获评五星级讲解员，23人获评四星级讲解员。组建迎亚运讲解专班，提升讲解员素质。

文博宣传

先后举办岳飞诞辰919周年祭祀、中秋拜月、万松书院祭孔典礼、八卦田南宋农耕文化艺术节、“壬寅元宵钱王祭”等特色活动。推进宋韵文化研究与活化利用，以“宋韵迹忆”为主题开展系列宣传，组织西湖明信片大赛、青少年陶艺大赛、“童画杭州名人”等品牌活动，推出8条“宋韵迹忆”精品游线并拍摄研学线路宣传视频，研发“宋韵”系列文创产品；开展“宋韵寻踪”传统节日系列活动，举办“文事集——西湖西溪宋韵生活节”，推选首批

“双西宋韵人文空间”（10家）和“双西宋韵精品项目”（10个），编撰《西湖宋韵文化品读》图书。国际博物馆日期间，杭州西湖博物馆总馆推出“微型主题展+宣教课堂+互动体验”的“流动的博物馆”文化体验空间项目，开启馆校共建新模式。中国茶叶博物馆承办2022“杭州西湖日”活动，举行“茶文化教育实践基地”签约暨《中国国家地理》“浙江杭州”附刊发布仪式。推出《飞来峰故事·我来说》，完成《中国的世界遗产·杭州西湖文化景观》初稿。招募、集训第十届西湖文化特使，5人获“杭州市世界遗产文化特使”称号，1人获“杭州市世界遗产文化金牌特使”称号；组织“原地旅行·走读杭州”“西湖文化特使进校园”“线上读书会”活动十余次；西湖文化特使代表队获首届世界遗产城市线上青年论坛论文竞赛（世界遗产城市组织亚太区域秘书处〈OWHC-AP〉举办）一等奖。组建西湖文化遗产讲师团队。

对外交流与合作

推进中华茶文化展览援非项目，按摩洛哥方面要求提供《香远益清——中摩茶文化交流展》展览资料并在当地展示。中国茶叶博物馆联合主办首届宝船国际茶文化节，获“茶文化特别贡献奖”。杭州西湖博物馆总馆接待泰国驻华大使等。

举办杭州市讲解员技能竞赛暨讲解员星级评定

文物调研

全面推进新时代浙江文物事业高质量发展的调研报告

省文物局综合处

在党的二十大报告中，习近平总书记站在坚持和发展马克思主义必须同中华优秀传统文化相结合的高度，深刻指出：“坚定历史自信，增强历史主动”“推进文化自信自强，铸就社会主义文化新辉煌”“加大文物和文化遗产保护力度，加强城乡建设中历史文化保护传承”“坚守中华文化立场，提炼展示中华文明的精神标识和文化精髓，加快构建中国话语和中国叙事体系，讲好中国故事、传播好中国声音，展现可信、可爱、可敬的中国形象”。文物承载灿烂文明，传承历史文化，维系民族精神，是不可再生、不可替代的中华优秀文明资源，是老祖宗留给我们的宝贵财富，是建设社会主义文化强国的重要载体。为贯彻落实党的二十大精神，推进新时代浙江文物事业高质量发展，我们在全省范围内组织开展了专项调研。综合调研情况，现将有关情况报告如下：

一、浙江是名副其实的文物资源大省

党的十八大以来，省委、省政府高度重视文物工作，推动浙江文物事业高质量、跨越式发展。省委常委会多次专题研究文物工作，并将文物安全工作纳入党政领导班子和领导干部年度考核、党委（党组）意识形态专项检查、浙江高质量发展综合评价和“平安浙江”考核，以省政府或省“两办”名义出台文物工作政策性文件6个，有力推动我省文物工作持续走在全国前列。我省文物事业发展各项重要指标实现历史性的跨越：各级财政累计投入文物事业费逐年递增，从2012年的12.6亿元增加至2021年的44.3亿元，10年累计投入264亿元，位居全国前列；新增世界文化遗产2处；全国重点文物保护单位从181处增加至281处，排名跃升至全国第四；国家历史文化名城从7座增加至10座，数量并列全国第二；建成4个国家考古遗址公园，命名25个省级考古遗址公园和一批市县级考古遗址公园，在全国率先建立省市县三级考古遗址公园体系；全省已登记备案博物馆从252座增加至420座，居全国第二；国家等级博物馆从43座增至73座，推出博物馆展览2万多场次，居全国第三；接待观众7亿多人次，居全国第二；连续7年获得全国博物馆陈列展览精品奖；率先启动博物馆景区化建设，建成A级景区博物馆55家。

从文物资源禀赋上看，我省文物资源数量，相比于陕西、河南、河北等文物大省毫不逊色，相比于长三角的上海、江苏、安徽等兄弟省份具有明显优势。就种类上而言，陕西、河南、河北等文物大省的文物资源类型主要为帝王陵寝、青铜器、唐三彩、墓葬壁画等，我省则有丰富的史前文化遗址、青瓷窑址、良渚玉器等。从时代跨度看，陕西、河南、河北等文物大省文物资源的年代序列主要集中在周、秦、汉、唐、宋和新民主主义革命时期的革命文物，但我省的文物资源既有史前时期的古文化遗址，也有自西周原始瓷到民国龙泉窑跨越所有历史时期的青瓷窑址，更有作为中国革命红船启航地的嘉兴南湖中共“一大”会址，还有全国独一无二且印证习近平新时代中国特色社会主义思想重要萌发地的新时代革命文物。从文物事业发展整体水平上看，相比于陕西、河南、河北等文物大省，也可以说是平分秋色、各有高低。在文物保护研究方面，陕西、河南、河北等省份在青铜器等无机质文物保护研究方面具有优势，但我省在有机质文物保护领域却有着行业领先优势。在博物馆建设管理方面，我省在博物馆数量、国家等级博物馆数量、展陈数量、观众数量等方面具有明显优势，相比于长三角的上海、江苏、安徽，仅江苏省在2020年文博机构参观人次上超过了我省。由此得出浙江已成为文物资源大省的结论。

二、浙江文物工作存在不少短板和问题

浙江作为文物资源大省，在考古

实证中华文明方面有着举足轻重的地位，博物馆事业发展位居全国前列，但相比于河南、陕西、山西等老牌文物大省，社会知名度差距甚大，在广大干部和人民群众中的认知度不高，值得深刻反思。这当中既有面上的共性问题，也有需要重点突破的短板。

（一）文物事业发展不平衡不充分。从文物保护管理力量配置情况看，虽然我省已于2021年已实现各市、县(市、区）全部挂牌成立了文物局，但至今还有部分市、县（市、区）未任命文物局局长，未设置履行文物行政管理职责的文物科（处），由事业性质的文保所、文物馆、文管办或博物馆代履行行政管理职能。设区市层面，仍有3个设区市文物局未设立独立承担文物行政职能的处室，各地文物工作行政编制数多寡不一、总体偏少。县（市、区）层面，全省仅19个县（市、区）设置了独立的文物科，文物工作行政编制普遍缺少。从文物保护专项资金设立情况看，全省各县（市、区）设立文物专项经费的平均数为308万元，但仍有20个县（市、区）每年安排文物保护专项资金不足50万元。全国重点文物保护单位文物平安工程覆盖率为84.3%，省级文物保护单位文物平安工程覆盖率仅为64.3%，且地区之间不平衡的现象十分明显。

（二）文物安全主体责任落实不到位。我省近年发生的杭州市临安区钱镠墓被盗案等，反映出部分地方党委政府的文物安全主体责任、相关部门的监管责任和管理使用单位的直接责任落实不到位。2012年至今，全省共查处文物法人违法案件175起，占文物违法案件总数的65.6%。尤其是近两年发生的全国重点文物保护单位绍兴市大禹陵周边违法建设案、诸暨市俞秀松故居“两划”范围内古民居被拆案等典型案例，均暴露出部分地方党委政府文物保护意识薄弱。

（三）文物安全形势依然严峻。主要表现为文物安全“四风险”问题突出。一是火灾事故多发。2012年至2022年8月底，我省发生文物火灾事故35起，其中全国重点文物保护单位发生6起、占全国14%。数据显示，级别越低发生火灾事故越多，暴露出文物安全风险管控力度层层递减的问题。二是文物法人违法屡禁不止。2012年至2022年8月底，全省共查处文物法人违法案件175起，占文物违法案件总数的65.6%。三是盗掘盗挖文物犯罪难以杜绝。2016年至今，全省共发生盗窃盗掘文物犯罪案件63起，其中涉及全国重点文物保护单位4处、省级文物保护单位6处。四是非法交易文物时有发生。随着收藏热的兴起，社会文物流通领域鱼龙混杂，知假拍假、交易出土文物和盗失文物、公开拍卖存在重大意识形态风险的文物、瞒报或谎报文物信息等等问题时有发生。

（四）文物资源价值挖掘和发挥不充分。重保护轻研究阐释、传播弘扬的倾向依然存在。一是推动文物活起来的有效机制未建立。一些博物馆工作停留于收藏、保护和研究，加上公益一类事业单位性质的体制性束缚，在博物馆文创开发能力明显不足，导致博物馆外向型功能发挥不足。鼓励引导社会力量参与、投入文物保护利用的机制尚不健全，民间资本参与古建筑活化利用等方面仍处于点上探索。二是文物与相关行业融合化发展的格局未形成。文物与旅游、教育、文创、传媒、消费等领域融合的深度、广度都有待拓展，文物资源优势未能有效转化为助推相关行业特色化、高质量发展的支撑力。博物馆尚未真正成为外地游客热门打卡地。三是文物价值挖掘和传播的有效模式未建立。文物建筑、馆藏文物的活化利用缺乏行之有效的模式。“拯救老屋行动”等创新项目受经费、项目招标制度等约束，在全省复制推广难度很大。

（五）文物领域改革创新力度不够。一是文物数字化改革实战实效不明显。大部分地区未建立文物安全物联感知分布式平台，文物安全智慧监管尚未构建涵盖文物保护、管理、研究、利用全流程的数字应用体系，基层实战使用率过低。二是文物保护利用改革系统性不强。总体上看，推进全省文物保护改革创新缺乏顶层设计，仍处于碎片化状态，没有在整体上形成改革突破的明显效应。三是文物博物馆国际化发展水平不高。省内文博机构国际交流合作方面仅有零星的引进外展或送出藏品赴外展览，即便是具备较高国际知名度的中国丝绸博物馆、良渚古城遗址，对标法国卢浮宫、大英博物馆，对标意大利罗马古城、埃及金字塔，其知名度和影响力还差距甚远。

（六）革命文物资源保护利用难度大。基层政府和全社会守护和传承“红色根脉”的意识不够强，革命文物保护利用整体保障水平有待提升，专门针对革命文物保护利用的政策举措尚不完善。革命文物保护修缮力度有待加大，全省近60%的不可移动革命文物尚未核定公布为文物保护单位，低级别不可移动革命文物保护利用、统筹规划及日常保护管理措施有待加强。革命文物分布较散，对革命文物遗产价值及其相互之间的关联挖掘不够，革命文物展示利用多停留于点，没有形成连片成带、互动共享的局面，保护利用系统性不强。

三、新时代浙江文物事业发展面临大好形势

今年7月22日，党中央召开全国文物工作会议，王沪宁同志亲自出席会议并讲话，对深入学习贯彻习近平总书记关于文物工作重要论述精神、做好新时代文物工作作出全面部署。在全国文物工作会议上，党中央就新时代文物事业发展提出了新目标、新要求，吹响了推动文物事业实现新跃升、开创新局面的号角。省第十五次党代会提出“高水平推进文化强省建设，打造新时代文化高地”“打造文博强省”的目标，为新时代浙江文物工作指明了方向。无论从外部环境，还是事业发展内在趋势看，浙江文物事业都面临大有可为的重大机遇。

（一）在文明探源研究上大有可为。目前，我国迄今为止规模最大的一项国家级综合性人文科学重大研究项目——中华文明探源工程正在深入实施。中央政治局在2022年5月27日，就深化中华文明探源工程进行第三十九次集体学习，习近平总书记主持学习并作重要讲话。浙江作为中华文明的重要发祥地之一，是100万年人类史起源地之一，是10000年文化史的重要起源地，是中华5000多年文明史的实证地，是1000年宋韵文化高地，是百年党史中革命红船的起航地。同时，浙江还是习近平同志曾经主政的地方，留下不少见证习近平新时代中国特色社会主义思想萌发地的实物例证。因此，浙江有条件、有能力、更有责任在深化中华文明探源工程的新征程中勇担使命，为深化对中华文明起源的认识作出积极贡献。

（二）在参与推进中国式现代化上大有可为。党和国家正致力于以中国式现代化推进中华民族迈向伟大复兴。所谓中国式现代化，不同西方“传统—现代”二元论的现代化，认为传统与现代不是断裂的、对抗的，而是相互作用、相互影响的，强调要推动中华优秀传统文化的创造性转化、创新性发展，要不断融入中国现代文化体系之中，以此滋养当代中国人的精神世界，在未来的实践过程中逐步构建人类文明新秩序，不断开创人类文明新形态，实现传承中国文化和光耀中华文明的现代化。因此，打造文博强省，是推进中国式现代化的应有之义，是助力中华民族伟大复兴和省域“两个先行”的重要举措。

（三）在助力共同富裕上大有可为。共同富裕是物质生活和精神生活的系统性共同富裕。所谓精神生活共同富裕，就是人民群众在文化获得、文化参与、文化享受与文化发展机会上的丰富和平等。浙江作为文物资源大省，有着丰厚的文物资源和优秀传统文化积淀，把它们所承载的文化内涵充分挖掘出来、传播出去，既有利于提高人们的文化素质、丰富人们的精神生活，更有利于弘扬浙江文化传统中务实求真的创造精神，增强浙江人民的文化自信，激发浙江人民的创造力。因此，保护好、传承好、利用好文物资源和优秀传统文化资源，打造文博强省也是打造共同富裕示范区的应有之义。

（四）在参与打造新时代文化高地上大有可为。新时代文化高地是建立在继承和弘扬丰厚历史文化遗产基础上的文化高地。浙江作为中华文明的重要发源地之一，历史上就是极具文化创新力和文化标志性的地区。从史前文明到近代以来，浙江文化弦歌不绝，出现过数次繁荣发展的高峰。作为新时代浙江人，必须以战略眼光和全局视野，自觉担负起赓续中华文脉的时代使命，把浙江文化建设推向新的高度，而起始点就在于保护好、传承好、利用好丰厚的历史文化遗产，使其在新的历史条件下实现创造性转化和创新性发展，才能有效树立起作为文化高地的精神标识。

（五）在赋能人民群众美好生活上大有可为。近年来，社会上出现的考古热、收藏热、文博热，反映出人民群众对高质量的文物博物馆公共文化服务需求日益高涨。故宫博物院“石渠宝笈”特展持续火爆，观众排队7小时只为看一眼《清明上河图》；河南卫视“唐宫夜宴”“洛神水赋”“中秋奇妙游”等数字技术与传统文化融合的节目引发强烈社会反响，并衍生出一系列火爆商业现象。近年来，省内的文博机构也通过理念创新、体制机制创新、技术创新奋起直追，在推动文物活起来赋能人民群众美好生活方面作出了积极的探索，取得了一些成效。

总而言之，文物工作的重要性已越来越凸显，人民群众对文化的需求日益高涨，科技赋能文物保护已成为新趋势，文物作为对外交流重要载体的价值越来越得到重视。为此，打造文博强省与我省文物事业发展的内在逻辑高度重合，与党中央关于文物工作的最新部署高度契合，是大势所趋、势在必行。

四、全面推进浙江文物事业高质量发展的建议举措

（一）实施文明探源实证工程，打响“文明之源耀浙江”品牌。一是深入实施浙江考古“启明星”计划。立足上山、河姆渡、良渚文化遗址，聚焦世界稻作农业起源、文明起源形成与发展、南岛语系起源和扩散等命题，主导或参与中华文明起源和早期发展综合研究和“考古中国”重大项目。进一步点亮上山、河姆渡、良渚三颗“启明星”，塑造中华文明探源省域典范。二是全面构建浙江史前考古学文化谱系。通过考古实证，进一步夯实浙江作为100万年人类史发源地的证据，进一步推进以10000年上山、8000跨湖桥和井头山、7000年马家浜和河姆渡、5000年良渚、4000年钱山漾为代表的浙江新石器时代遗址考古工作，清晰呈现浙江早期文明发展脉络。三是深化浙江特色文化考古研究。围绕丝、瓷、茶、吴越文化、宋韵文化等浙江特色文化类型，开展系统深入的考古探源研究，为浙江成就更多文化之源、全国之最、世界之最。着力围绕宋韵文化传世工程，大力推进宋韵文化考古研究。

（二）实施世界文化遗产点睛工程，树立世界文化遗产保护利用标杆。一是以领跑姿态打造世界文化遗产保护管理典范。实施三大世界文化遗产联动计划，进一步加强大运河、

西湖、良渚三大世界文化遗产的联动互通、提升发展。推动良渚成为全国大遗址类世界文化遗产保护利用的典范，树立杭州西湖文化景观作为世界文化遗产保护管理“三好生”的标杆。推动大运河（浙江段）沿线成为高品质的文化体验区和文化展示区。二是以抢跑姿态推进预备名单项目申遗。全力支持杭州打造世界文化遗产群落，加快推进海上丝绸之路（浙江）、钱塘江海塘·潮文化景观等6处已列入预备名单项目申遗工作。综合国内申遗竞争激烈的态势，通过各方努力，重点推进钱塘江海塘、海上丝绸之路等申遗项目，力争我省世界遗产申报工作5年内有新惊喜，10年内有新突破。三是以奔跑姿态做好申遗后备项目储备。着力推动上山文化遗址群纳入预备名单，争取温州千年古港遗址纳入“海上丝绸之路”申遗点，推动宁波河姆渡——井头山遗址群、宋六陵——南宋临安城遗址、天台山等项目启动申遗前期准备工作，创造条件让更多文化遗产项目进入申遗预备队。

（三）实施文物除险保安工程，打赢文物安全翻身仗。一是切实构建文物安全监管闭环网络。全面落实各级政府属地管理的文物安全主体责任、政府相关部门监管责任和文物管理使用者直接责任，建立省级以上文物保护单位和存在重大安全风险的文物保护单位安全监管“一点一策”工作机制，全面落实文物安全直接责任人公告公示制度。二是全面提升文物安全治理能力。争取省级以上文物保护单位平安工程覆盖率达到100%，逐步提高市县级文物保护单位平安工程覆盖率。迭代升级全省文物安全智慧监管平台，加强卫星遥感、无人机、智能分析、生物识别等现代科学技术在文物安全治理领域的广泛应用，形成“天上看、地上查、网上管”的文物督查监管新模式。三是进一步加强文物安全监管和执法联动。建立完善各级文物安全联席会议制度，推进文物行政执法与刑事司法相衔接，联合公安机关深入开展打击文物犯罪专项行动，联合消防救援部门持续开展文物火灾隐患专项整治。努力发挥“大综合一体化”的联动作用，全面加强文物行政执法工作。四是着力构建文物安全群防群治格局。完善政府购买服务开展文物安全巡查看护的机制，推进文物安全巡查队建设。推广“巾帼护宝队”“企业家护宝队”“护宝家园卫队”等试点经验，组建各类民间文物安全管护队伍，广泛动员社会力量参与文物保护，逐步构建“人人都是文保员”的文物安全群防群治新格局。

（四）实施“百城千馆”建设提升工程，构建全省博物馆矩阵。一是实施文博机构“双一流”创建计划。大力推进浙江省文物考古研究所创建世界一流考古机构，大力推进3家省级博物馆创建世界一流博物馆。攻坚浙江省考古与文物保护基地（国家重点区域考古标本库房）建设项目，并以此为依托建成国家重点区域考古标本库房、南方地区物质文化基因库等。二是优化博物馆空间布局。建成浙江省博物馆之江馆区，完成一批博物馆新馆建设，全面实现县县有博物馆目标。推动杭州、宁波、温州、绍兴等地建设“博物馆之城”，打造一批“博物馆小镇（村落）”。深入推进乡村博物馆建设，改造提升乡村博物馆1000家以上。三是提升博物馆办馆质量。支持省级博物馆高品质发展，推动杭州博物院、宁波博物馆、温州博物馆做强做精。探索部门联合认证、共建共管机制，鼓励有关部门、国有企业、大专院校建设行业博物馆、专题博物馆。加大非国有博物馆帮扶力度，引导非国有博物馆规范化发展。四是提高博物馆展陈服务能力。推动全省博物馆陈列展览数量、教育活动数量、参观人数稳步增长。构建博物馆资源全社会共享平台，实行场馆内定点服务和走出去流动服务相结合。推广24小时博物馆、打造博物馆+商业综合体等创新做法。推进智慧博物馆建设，发展博物馆“云”展览、“云”课堂、“云”直播和其他线上数字化体验产品。五是构建分众化博物馆讲解服务体系。搭建全省博物馆讲解员“赛马”机制，实行博物馆讲解员资格认定考核制度，定期举办博物馆讲解员大赛，促进博物馆讲解员队伍素质能力提升。建立博物馆分众化讲解导览体系，鼓励有条件的博物馆建立“以需定供”菜单式定制化讲解服务。

（五）实施“文物+”融合发展工程，提升文物事业发展格局。一是推进文物与旅游深度融合发展。紧扣“四条诗路”文化带建设、大花园建设、千年古城复兴、十大海岛公园建设等中心工作，加快实施相关文物保护利用项目。深入推进博物馆景区化建设，力争5年内全省创成A级景区博物馆100家以上，4A景区博物馆50家以上。建成杭州西湖、良渚、台州府城等一批富有文化内涵的世界级文化旅游区和度假区。做精打响“跟着考古去旅游”“诗画浙江宝藏游”等文旅品牌活动。二是推进文博文创产业升级发展。鼓励各级文博机构积极探索建立临时展览市场化运作、建立授权交易服务、文创产品开发销售等方面的新机制。鼓励省内各级博物馆在坚守公益属性的前提下，按照事企分开的原则，探索“商业特展+文创销售”等新模式，并推动文创产品销售延伸至机场、商场、地铁、书店等公共开放空间，逐步构建“事业支持产业、产业反哺事业”的良性机制。三是推进文物与教育全面衔接。坚持“展教并重”理念，推动文物教育资源开发应用，联合开展文物保护利用课题研究，合作开发青少年研学旅行实践精品项目和精品课程，组织实施“博物馆进校园”活动，打响“丝绸文化进校园”等研学活动品牌。开展“博物馆青少年教育优秀案例”推介活动。深入推进公众考古、博物馆之夜等活动，构建文物全众化社会教育体系。

（六）文物数字化改革工程，构建智慧化文物治理体系。一方面，加快建设“浙里文物”应用，集成全省文物数字化改革成果，衔接国家文物大数据体系，在全国率先构建文物挖掘、保护、研究、利用全周期的数字化治理体系。深入推进文物数字化改革“揭榜挂帅”项目，鼓励各地结合实际打造一批“一地创新、全省共享”的模块化、组件化应用，构建全省文博应用超市，争取率先建成全国文物数字化治理示范省。另一方面，大力推进文物资源的数字化采集工作，建成全省文物资源大数据库和“世界丝绸互动地图”“国际濒危遗产图像数据库”“杭州迹忆”等一批特色化云服务平台，面向全球提供一站式浏览、检索、数据挖掘和展示服务，在全国率先建成文物资源数字化传播和共享体系。

（七）实施文物基因解码工程，打造文物研究传播标志性成果。一是强化文物资源系统性研究。以浙江文化研究工程为引领，系统梳理浙江历史文化脉络，着力推进“浙江考古与中华文明”“中国丝绸艺术大系”“黄宾虹书画大系”等项目，打造一批具有国家意义、填补区域文化谱系空白、具备鲜明浙江辨识度的重大研究成果。二是打造文物传承轴线和传承片区。整合重要文化文物资源，集成保护、研究、利用成果，构建文物传承轴线和传承片区，打造一批集保护传承、文化教育、公共服务、旅游观光、休闲娱乐、科学研究等功能于一体的特点开放空间和公共文化服务载体。重点支持杭州打造世界文化遗产群落、考古遗址公园研学露营基地、杭州宋韵研学基地等片区。三是实施文物全媒体传播计划。以“跨界融合”“科技引领”“沉浸体验”为着力点，全面提升文化遗产活化利用水平，着力构建云端智慧游、3D实景游、VR漫游等产业链。通过音视频、融媒体、动漫、条漫、H5、小程序、云展示、云直播等多样态传播类型，推出“良渚遇见亚洲”“亚洲看见良渚”等集知识性、启迪性、可视点、吸引力于一体的全媒体文物传播精品。

（八）实施革命文物守护弘扬工程，构建浙江革命精神谱系。一是进一步摸清革命文物资源家底。建立革命文物定期排查制度，认真做好革命文物的认定、建档、定级等工作，并在专项调查成果的基础上，陆续公布全省革命文物名录，逐步提升革命文物保护级别，建成革命文物资源大数据库。二是进一步推进革命文物抢救征集和修缮保护。以列入国家革命文物保护利用片区分县名单的县（市、区）为重点，大力推进浙西南革命文物集中连片保护利用工程，深入开展革命旧址维修保护和馆藏革命文物保护。鼓励全省各级文物收藏单位，积极开展革命文物和革命文献档案史料、口述资料的调查征集捐赠工作。三是进一步加强革命文物研究传承。整合文物、党史、军史、档案、地方志等方面的研究力量，系统性开展革命文物史实研究、价值挖掘和内涵阐释，推出重要研究成果，构建涵盖红船精神、浙江精神、浙西南革命精神、大陈岛垦荒精神、抗疫精神的浙江革命精神谱系。四是进一步强化革命文物传播弘扬。深入挖掘代表性浙江革命精神的重要价值和老一辈革命家、新时代模范人物的感人故事，围绕重要时间节点、重大历史事件，策划推出革命文物陈列展览精品，依托革命文物资源开展重大纪念活动。建设网上展馆，打造红色数字家园，运用直观的文物、生动的例证、现代化的方式讲好浙江故事、中国故事。五是进一步推进革命文物活化运用。把革命文物保护利用与民生改善有机结合起来，发展红色旅游和“红色旅游+”多元化新业态，提升革命文物助力乡村振兴的综合效应。运用新媒体新技术，推进以革命文物、革命人物、革命事迹为原型的文创产品设计开发、文艺精品创作生产。

（九）实施文物科技创新工程，提升文物科技支撑能力。一是深化基础研究。聚焦浙江文物保护利用实践需求和关键领域，加快构建符合浙江文物资源特点的文物修复、预防性保护、防灾减灾理论体系和实践体系。建设文物保护科学数据库系统，推进文物博物馆领域标准化建设，推动文物博物馆领域的多学科参与和合作，全面构建涵盖考古、文物保护工程、文物数字化、预防性保护、火灾防控、洪涝灾害防御等重点领域的标准规范体系。二是加强关键共性技术研发。加强文物保护科技创新“全链条”布局，依托省内重点文博机构共建一批国家级区域文物科研创新中心。整体推进考古发掘、文物保护、价值阐释、展示传播等环节的文物科技基础研究和关键共性技术研发攻关。着力推进土遗址保护展示、有机质和石质文物保护、书画修复、木结构建筑失稳等领域的跨学科交叉研究，并形成一批突破性成果。三是提升科研成果转化应用能力。整合优化科技资源配置，用好现有国家文物局重点基地，新拓展科学研究实验平台，建设石窟寺、土遗址、文物建筑、壁画、考古发掘等领域技术应用试验场，开展新材料、新工艺、新技术和新装备的后续试验、开发与应用观测。推广应用文物领域病害诊断识别、知识挖掘、时空融合展示等关键技术。四是加强社会文物管理创新。建设国家文物鉴定审核东部区域管理中心、东部地区国家文物鉴定系列基地和文物鉴定人员实习实训基地。优化自贸区文物进出境管理，支持文物经营主体发展在线展示交易、定制服务等新业态。

（十）实施文物国际交流合作工程，提升浙江文物事业国际影响力。一是拓展国际交流合作平台。持续办好“丝绸之路周”、良渚国际论坛、博物馆与可持续发展国际学术研讨会等国际性活动会议，鼓励省内文博机构主动策划举办国际性论坛、学术研讨会。鼓励省内文博机构加强与法国卢浮宫、加拿大皇家安大略博物馆、俄罗斯国家博物馆等国际知名博物馆开展平等对话、交流合作。三是实施特色文物资源海外推广计划。策划推出一批文物外展精品，支持文博机构通过联合办展、巡回展览、网上展示藏品互借、展览互换等方式引进外展或赴外办展，面向全世界展示中华文明取得的辉煌成就以及浙江对世界文明的重大贡献。三是加强文物考古对外交流合作。积极参与中外联合考古行动、世界性学术课题研究，实施国际文物保护考古援外和联合攻关项目5个以上，着力在农业起源、文明起源、石窟寺考古和丝织品、陶瓷、玉器考古研究等领域提升国际话语权。积极参与海外馆藏中国文物合作研究，深化与相关国家在文物保护、考古研究、博物馆学研究等领域的交流合作。积极参与文化遗产领域国际治理，推动国际丝路之绸研究中心申报联合国教科文组织二类中心，争取建立国际文化遗产保护与修复研究中心杭州基地。

全省文物建筑用火情况专项调研报告

浙江省文物局　文物安全与督察处

火灾事故是当前文物安全的主要风险。近年来，我省文物建筑火灾事故时有发生，起火原因主要为用电用火不慎，其中不安全用火造成的火灾事故占比40.8%（从2016年至今）。为全面了解全省文物建筑居民生产、生活以及民俗宗教活动用火情况，局文物安全与督察处以省级以上文物保护单位中的木构类文物建筑为样本进行摸底调查，深入分析文物建筑用火产生的安全风险和背后的原因，提出加强火源管控的建议和对策，进一步提升文物建筑火灾防控能力。

一、基本现状

（一）总体情况

1.我省木构类文物建筑点多量大，主要集中分布在金华、衢州、温州、宁波、杭州、丽水一带。调查显示，在全省现有1150处省级以上文物保护单位中，木构类文物建筑有631处（单体建筑1934处），占比54.9%。从地区情况看，省级以上文物保护单位木构类建筑数量较多的地区有金华市125处（489处单体）、衢州市92处（254处单体）、温州市81处（243处单体）、宁波市69处（134处单体）、杭州市66处（298处单体）、丽水市55处（198处单体）。

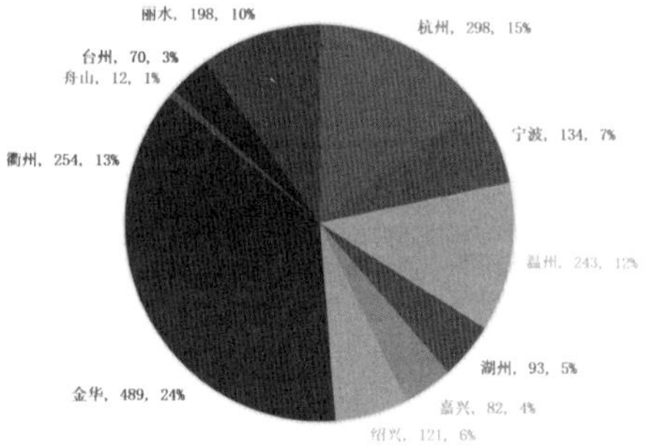

图 1. 各设区市木构类省级以上文物保护单位单体数

2.近30%的木构类文物建筑有人居住，56%的住户年龄超过60岁。调查显示，在全省1934处单体建筑中有居民居住使用的572处，占单体建筑总数的29.6%。住户共有4119人，其中：60岁至80岁的有1699人，占比41.2%；80岁以上的有628人，占比15.2%。从地区情况看，除舟山市11处文物建筑居住人员为年龄较轻的僧侣人员外（587人，99%的人员年龄低于60岁），其他大部分地区文物建筑人员居住较为密集，且年长者居多。其中：金华市134处文物建筑有人居住，住户622人，76%的住户年龄超过60岁；温州市79处文物建筑有人居住，住户307人，65.1%的住户年龄超过60岁；衢州市79处文物建筑有人居住，住户188人，90.9%的住户年龄超过60岁；杭州市78处文物建筑有人居住，住户241人，73%的住户年龄超过60岁；丽水市76处文物建筑有人居住，住户506人，60%的住户年龄超过60岁；宁波市35处文物建筑有人居住，住户555人，66.5%的住户年龄超过60岁。

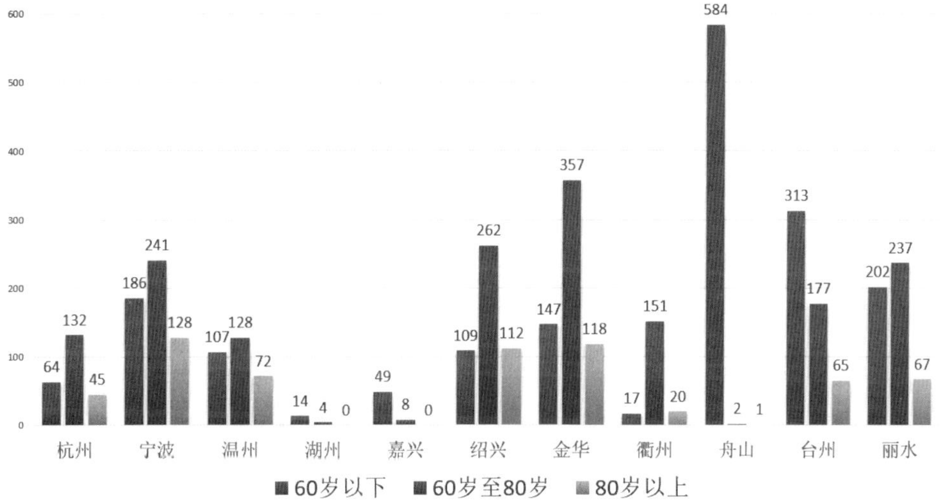

图 2. 各设区市木构类文物建筑住户数

3.41%的木构类文物建筑内有使用明火。调查显示，全省使用明火的文物建筑单体共有793处，占单体建筑总数的41%；用火点共计2323个，平均每处文物建筑有3处用火点。部分地区明火使用情况较为突出，其中：台州市70%的文物建筑使用明火，平均每处文物建筑有5.6处用火点；丽水市66%的文物建筑使用明火，平均每处文物建筑有2.2处用火点；温州市53%的文物建筑使用明火，平均每处文物建筑有1.4处用火点；绍兴市41%的文物建筑使用明火，平均每处文物建筑有8.9处用火点；金华市30%的文物建筑使用明火，平均每处文物建筑有2.7处用火点。

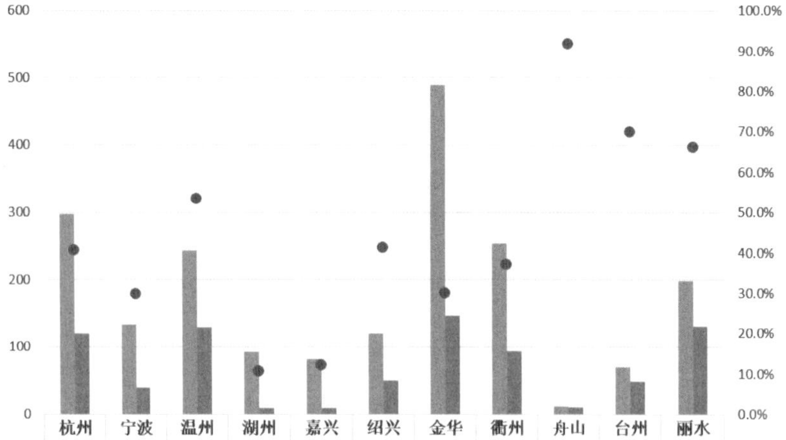

	杭州	宁波	温州	湖州	嘉兴	绍兴	金华	衢州	舟山	台州	丽水
■木构类文物建筑单体数	298	134	243	93	82	121	489	254	12	70	198
■使用明火单体数	121	40	130	10	10	50	147	94	11	49	131
●占比	40.6%	29.9%	53.5%	10.8%	12.2%	41.3%	30.1%	37.0%	91.7%	70.0%	66.2%

图 3. 使用明火木构类国省保单体数量

4.生活用火是文物建筑火灾的主要风险。据统计，2016年以来，全省文物建筑因生活用火不慎造成火灾事故有6起，占火灾总数的22.2%。这类用火包括使用土灶、煤气灶的炊事用火，也有使用火盆的取暖用火，主要设置于产权私有或者集体的民居类文物建筑内。调查显示，全省文物建筑生活用火点1866个，占用火点总数的80.3%。从地区情况看，生活用火较多的地区有绍兴市346个、金华市338个、丽水市240个、台州市240个、宁波市214个。

5.民俗宗教活动用火、生产用火是文物建筑火灾的重要风险。民俗宗教活动用火主要包括燃香、点烛、烧纸、长明灯等宗教仪式和民俗活动用火等，生产用火主要包括生产加工使用的煤火、燃气火以及焊接、切割等施工作业产生的明火。民俗宗教活动用火、生产用火虽然总量不大，但危害性极强。如发生在2019年巴黎圣母院的火灾事故，就是由于修缮施工过程中火源管理不善引发的。调查显示，我省文物建筑民俗宗教活动用火点367个，占用火点总数的15.8%；生产用火90个，占用火点总数的3.9%。从地区情况看，民俗宗教活动用火较多的地区有：台州市154个、杭州市43个、宁波市42个；生产用火最多的地区为绍兴市，有83个用火点位。

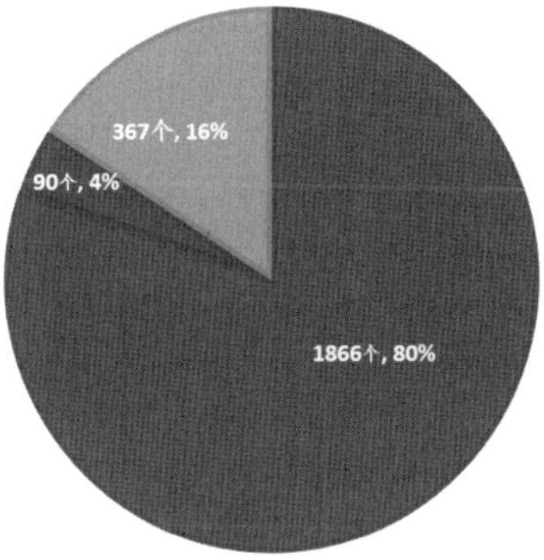

图 4. 用火点数量图（按用途分）

（二）主要问题

1.文物火源管控措施落实不到位。《文物建筑消防安全管理十项规定》《浙江省宗教活动场所消防安全标准化管理规定（试行）》明确：文物建筑内严格控制使用明火。宗教活动场所或者民居建筑等确需使用明火时，应加强火源管理，采取有效防火措施；宗教活动场所内烧香、点烛、焚纸等宗教活动用火，应当在室外固定位置，并由专人看管。但我省民居类文物建筑居住其内的大多为老人，普遍消防安全意识弱，日常生活用火不注意采取有效防火措施，容易发生火灾事故；部分文物建筑仍然存在擅自违规电气焊、人员吸烟等生产施工管理不到位的问题；部分宗教活动场所类文物建筑未落实“明火不进殿”规定，违规燃香、燃烛的现象时有发生，如，今年年初部分游客在普济寺御碑亭御碑须弥基座上违规上香造成文物受损；部分村社在举办民俗祭祀活动时未执行安全管理制度，无专人看管，存在较大火灾隐患，如发生在今年的松阳县省级文物保护单位石仓乡土建筑之六村阙伟胜宅（余庆堂）火灾事故，就是由于民俗活动用火不慎造成的。

2.火源周边可燃易燃物管理不规范。《古城镇和村寨火灾防控技术指导意见》规定：“用于炊事和采暖的明火，其周围2.0m范围内的墙面、地面应采用不燃材料进行防火隔离保护，周围1.0m范围内不应堆放柴草等可燃物，或采取防火隔离措施”。但实际上文物建筑火源周边未采取有效防护措施的情况在我省较为普遍，部分宗教活动场所用火点与经幡、锦绣、地毯等可燃物之间未保持安全距离；部分文物建筑土灶周边随意堆放大量可燃易燃物；煤气灶与建筑木构件未保持安全距离或采取防火隔离；煤气管老化、煤气瓶随意堆放、排油烟管道未定期清理。如，诸暨市国保单位斯氏古民居建筑群现有土灶45个、煤气灶52个，部分土灶周边仍堆放柴火、刨花，个别煤气灶、煤气软管使用年限较长，存在较大安全隐患。

3.文物消防安全基础建设不完善。文物建筑大多分布在乡村山野，地处偏远，隐患排查整改、初期火灾扑救主要依靠当地乡村自行组织开展，但目前镇街、村社文物消防基础建设总体水平不高。一方面消防人员力量不足。一些村社、宗教活动场所未按实际需求建立微型消防站或业余消防队，已配备的安全管理人员责任心不足，业务能力不强，日常检查流于形式，显而易见的火灾隐患发现不了、整改不掉；另一方面消防基础设施不够完善。部分文物建筑周边未按规定设置消防管网和消火栓系统，已配置的感烟火灾报警器、应急照明灯具、灭火器以及水枪水带等设备安装不规范，或者缺少定期维护处于故障状态，导致发生火灾时无法及时监测告警，影响消防救援。

二、原因分析

（一）文物安全直接责任不落实。近年来，我省持续推进落实文物安全直接责任人公告公示制度，但部分文保单位公告公示牌虽然挂了，安全责任却未得到有效落实，特别是产权私有或者集体的民居建筑、宗教活动场所类文物建筑，产权使用管理人往往文物保护观念淡薄，消防安全意识不强，认为如何用火是自己的事，只考虑使用方便或者习惯性做法，不顾及安全防范、安全用火，导致火灾隐患“反复整改、反复出现”，无法从根本上得到治理。如，土灶周边随意堆放木柴、刨花等可燃易燃物就是一个“屡改屡现”的典型问题。

（二）基层政府主体责任履行不到位。部分基层领导干部不重视文物保护工作，认为“文物工作就是文物部门的事”。部分镇、村文物安全主体责任落实还不够有力，未根据实际需求组建消防安全组织、明确安全管理岗位和人员，未制定防火公约，建立文物消防安全制度、应急预案；未安排必要资金保障消防安全基础设施建设；未有效开展文物安全隐患排查整治、消防宣传教育和应急疏散演练等工作。如，2019年永康市省级文物保护单位厚吴村乡土建筑之新屏山精舍火灾事故，复盘后发现：当地镇、村文物安全职责履行不到位，既未建立消防安全管理制度和应急预案，也未督促指导文物产权人落实消防安全隐患整改，致使文物火灾隐患长期存在。

（三）文物安全管理机制不够健全。《文物保护法》及中央、省级有关文件，仅规定私有产权文物建筑所有人、使用人应承担文物安全直接责任，但尚未建立文物保护补偿机制，“责、权、利”并不对等。部分私有产权文物建筑所有人、使用人对文物保护有抵触情绪，有的甚至提出要求撤销文物保护单位身份的诉求。近年来，各级文物行政部门、消防救援机构排查发现的民居类文物建筑火灾隐患，常因整改所需资金缺口大、地方财政无力承担，住户又缺乏整改积极性，而未能得到效整治。

三、加强火源管控的几点措施

（一）层层压实安全责任。通过“督检考”等手段，推动基层党委、政府切实履行文物安全主体责任和直接责任，建立健全文物消防安全制度和火灾防控机制，落实包括火源管控在内的各项文物安全防范措施，加强基层消防队伍力量，完善消防水源、管网和消火栓等设施。村（居）民委员会要发挥好管理和教育职能，指导文物产权管理使用人全面落实文物安全直接责任人公告公示制度，自觉接受安全教育和社会监督，提高文物保护意识和火灾防范能力。

（二）分类推进明火“除清”。严格火源管理，除用于生活居住、宗教活动、修缮施工等必要用途的，文物建筑本体内应禁止使用明火。针对年龄在80岁以上或者健康程度不佳、行动不便的住户，所在镇、村可给予统一供应餐食，减少其在文物建筑内使用明火的频次；年龄在60岁以上至80岁以下且身体健康的住户，在尊重其用火习惯的基础上，指导做好明火隔离防范措施，确保在火源周边不堆放易燃易爆物品；年龄在60岁以下的住户，引导其改用电磁炉、电灶头等设施设备进行炊事。宗教活动场所类文物建筑要严格落实“明火不进殿”规定，加强火源管控，做到“人离火灾”。

（三）完善火源周边消防设备。用火点周边应当配备必要且易于使用的消防设施设备，如煤气泄漏探测器、便携式灭火器、小型灭火毯等。此外，可利用视频监控、红外感温等设备加强对火源的监测，实现早发现、早预警、早处置。

（四）建立火源防控管理标准。目前，涉及文物建筑火灾防控的各类相关标准主要集中在电气防火领域，缺少针对文物建筑火源防控工作的系统性管理规定和技术标准。建议在国家或者省级层面出台有关规定或者标准，推动各地更加有效地开展火源点隐患整治和防控工作，实现火灾隐患治理长效长治，确保文物建筑消防安全。

（五）加强消防安全教育培训。围绕“人人会安全，个个会应急”主题，开展消防安全宣传教育活动，定期组织文物产权使用管理人参加火灾隐患检查整改知识培训，开展逃生自救等应急演练，提升使用人火灾防范和应急能力。

2022年文化和旅游系统调研课题

关于加强山区26县文物资源保护发展的调研报告

浙江省文物局文物保护与考古处（革命文物处）

2021年3月，国家“十四五”规划纲要出台，提出支持浙江高质量发展建设共同富裕示范区。2021年5月，中共中央国务院出台《关于支持浙江高质量发展建设共同富裕示范区的意见》，支持浙江在高质量发展中扎实推动共同富裕，并提出要升级山海协作工程，带动山区群众增收致富。

山区26县，是山海协作升级版的重要“落棋点”，是浙江区域协调发展、实现共同富裕的关键。“十四五”开局，浙江多措并举支持山区26县跨越式高质量发展，制定了一系列工作部署和支持政策，努力推动山区同步迈向现代化和共同富裕。（山区26县：杭州市淳安县，温州市永嘉县、平阳县、苍南县、文成县、泰顺县，金华市武义县、磐安县，衢州市柯城区、衢江区、江山市、常山县、开化县、龙游县，台州市三门县、天台县、仙居县，丽水市莲都区、龙泉市、青田县、缙云县、遂昌县、松阳县、云和县、庆元县、景宁畲族自治区）

浙江山区26县文物资源丰富且类型多样。有世界稻源上山文化，世界灌溉工程遗产通济堰系统，有被总书记誉为“留有多处革命意志，值得重视与挖掘”的浙西南地区的众多革命文物，有独具特色的乡土村落建筑、木拱廊桥、祠堂建筑、青瓷窑址，是伯温故里、南孔圣地。

为深入贯彻党的十九届六中全会精神，紧紧围绕习近平总书记关于文物工作重要批示精神和调查研究指示批示精神，围绕忠实践行“八八战略”、奋力打造“重要窗口”，聚焦推动文化和旅游高质量发展，扎实推进共同富裕示范区建设，浙江省文物局文物保护与考古处（革命文物处）开展关于加强山区26县文物资源保护发展的调研工作，并邀请浙江省古建筑设计研究院有限公司专业技术人员参与调研。自2021年9月提出初步想法，到2021年底拟定调研目标方向，再到2022年展开具体工作，调研项目扎实稳步推进。

本次调研工作主要分为以下四个阶段：

阶段一（2022年2月~3月）准备阶段：准备工作方案，制定调研框架，设计技术路线，收集基础资料，整理已有相关规划和课题研究成果，开展前期调查，分地域考察不可移动文物情况、文物所处地区综合情况，从工作实际和存在困境两方面整理出与共同富裕有关的内容。

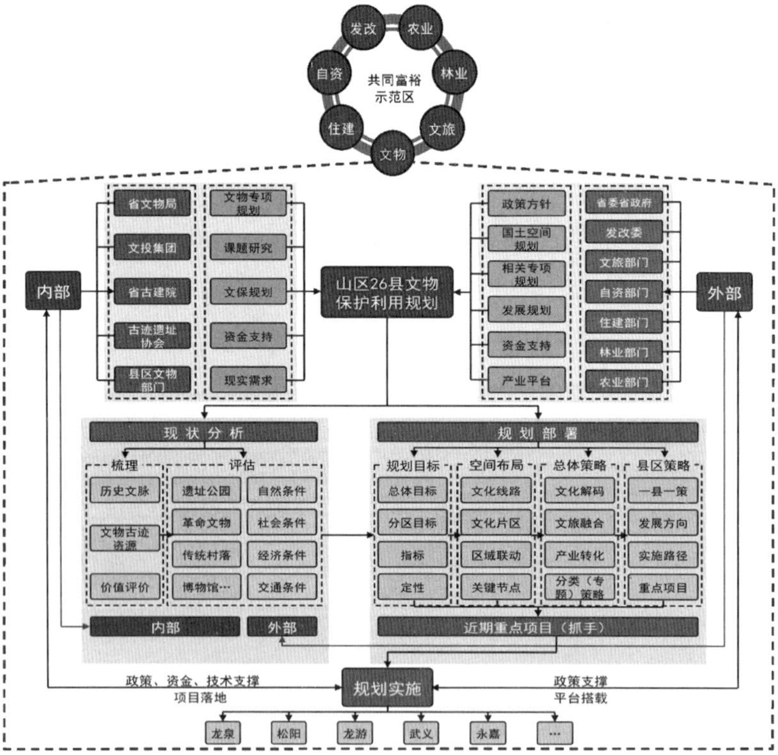

技术路线

阶段二（2022年4月~5月）实地调研：根据整理所得，有针对性地选取调研案例赴现场调研。采取的调查方法主要有：现场踏勘、抽样调查、访谈和座谈会调查。本次调研除专门针对山区26县的调查外，还结合省文物局和古建院其他涉及26县的工作项目进行补充调查，丰富调研广度和深度。

阶段三（2022年6月～7月）整理编制：整体调查成果，编制调研报告，主要内容包括：分析资源禀赋、挖掘文物内涵、梳理文物价值、评估内外部条件，结合区域情况，确定发展利用总体策略和框架，提出总体部署及重点项目，形成报告初稿。

阶段四（2022年8月～11月）修改完善：组织相关单位召开论证会议，并对报告进行修改完善；组织召开结题审查会，由专家组对调查报告进行审核验收。

一、山区26县文物资源现状评估

（一）历史文脉梳理

1、历史沿革

浙江历史久远，早在旧石器时代，就有原始人类“建德人”活动，新石器时代有上山文化、河姆渡文化、马家浜文化、良渚文化等光辉灿烂的考古学文化。有文字可考的历史可追溯到夏禹时代；春秋时期分属吴、越两国；唐朝时分置浙江东道、浙江西道两节度使，“浙江”作为行政区名称自此始；五代十国时临安人钱鏐建立吴越国；南宋建都临安（即今杭州），分置两浙西路和两浙东路；明初置浙江行中书省，简称浙江省，省名自此出现，省界区域基本定型；清康熙初年改为浙江省，沿袭至今。

浙江境内区域开发自杭嘉湖平原、宁绍平原以及椒江、瓯江流域江口平原起始，沿钱塘江、曹娥江、浦阳江、衢江、椒江、灵江、鳌江等主要水系，大致遵循自北向南、先平原后山区、先下游后上游的总体开发序列，年代上以秦、东汉末至孙吴、唐为迅速发展时期，至宋达省域西南边境，明清及至偏僻山区及沿海岛屿，形成今日浙江省内县市辖境基本划分。受自然地理条件影响，整体上，山区26县的开发时间晚于杭嘉湖宁绍等地区。

山区26县的历史可以追溯到一万年前的上山文化，择址于钱塘江上游盆地中腹部的河流阶地、台地之上，开启了世界稻作农业之源。四千多年前，瓯江流域、仙霞岭北麓山地出现了好川文化，农牧兼营，与良渚文化等周边文化有着密切联系，同时又有着浓厚的个性特征。

夏商时山区26县属百越之地。《汉书·地理志》记载，百越的分布“自交趾至会稽七八千里，百越杂处，各有种姓”。春秋时金华属越，衢州为姑篾国，战国时金衢地区属楚。秦时，淳安、金华、衢州等地属会稽郡，温州、台州、丽水地区属闽中郡。西汉时增设州（刺史部），属扬州会稽郡。西汉惠帝三年（前192年）惠帝刘盈立驺摇为东海王，都东瓯，温州地属东海国（俗称东瓯国），至前138年东瓯国灭。三国时，以会稽郡西部和东部分别设东阳郡和临海郡，隶扬州。南朝时东阳郡改名金华郡。隋文帝时改州县二级制，淳安（新安）属睦州；金华郡改置婺州，辖区包含今金华、衢州；建处州（括州），治括苍，辖区包含今丽水、台州、温州等。隋炀帝时改括州为永嘉郡，睦州为遂安郡，婺州复置东阳郡。唐代时，复改为州，分婺州于信安置衢州，从括州析置温州、台州，属江南东道。五代时属吴越国。宋代改道为路，除淳安属两浙西路外，其余属两浙东路。元代时设置行中书省，设温州路、台州路、处州路、婺州路、衢州路、建德路等。明代废路置府，大部分县置已形成。清沿明制。辛亥革命后设立军政分府，民国后撤销，此后区划名称、辖属多有变迁，但是除新置磐安、三门、文成、苍南外，县级政区基本保持稳定，这对区域文化的形成具有重要影响。

2、自然地理与山水格局

自然地理环境是区域文化差异形成和演变的基础，对文化发展具有重要影响。主要包括气候和地貌。浙江全境属亚热带季风性湿润气候，优越的气候条件为农耕文化的发达提供了良好的基础。但是降水年内、年际变化比较大，易造成旱涝灾害。水、旱灾害的频繁，对浙江民间信仰产生了重大影响。总体来看，气候对浙江区域文化的共性有重要影响，但是对浙江境内各区域文化差异的形成，影响并不明显。

山水（地貌）是山区26县的骨骼与血脉，文化于山水中孕育，又赋予山水精神与内涵。山水格局与文化脉络密切相关。古人顺应山形水势，择址而居、繁衍生息，在与山水相依和改造自然的过程中，积累丰富的历史文化底蕴。钱塘江水系（衢江、乌溪江、新安江等）、瓯江干流和支流、灵江水系（始丰溪、永安溪）、飞云江、鳌江，加之延绵横亘的仙霞岭山脉、洞宫山脉、括苍山脉、雁荡山山脉以及白际山、千里岗山（赣东怀玉山支脉），构成了山区26县清晰的山水格局。文物资源分布于山水之中，以山水为依托，共同构筑起山区26县的文化脉络体系。

浙江全境可分为六个地理单元——浙北平原区、浙西低山丘陵区、浙中丘陵盆地区、浙东低山丘陵区、浙南中山区、沿海丘陵平原及岛屿区。山区26县在除浙北平原区外的五个地理单元内均有分布，大致分布情况和自然地理特征见下表。山区26县受多山的阻隔和河流湍急、舟楫少通的影响，文化传播受到阻碍，尤其是在山脉、河流的垂直方向上，阻碍明显，因而形成了特殊的地域文化。

山区26县地理单元分布与特征表

地理单元	自然地理特征	涉及山区26县范围
浙西低山丘陵区	位于杭嘉湖平原以西，海拔多在500米以下，主要包括天目山、千里岗山、龙门山和白际山；盛产茶叶和毛竹。	淳安县、开化县
浙中丘陵盆地区	浙江最大的盆地，位于浙江中部、钱塘江中游，有衢江和婺江横贯而过，底部高程多在海拔40—100米之间。	柯城区、衢江区、常山县、龙游县、江山市
浙东低山丘陵区	杭嘉湖宁绍平原以南、灵江以北，包括会稽山、天台山和四明山，海拔多在500米以下；其中分布有大小不等的山间盆地，如天台盆地。	天台县、磐安县、仙居县
浙南中山区	位于浙东丘陵和金衢盆地以南，地势较高，多海拔1000米以上的山峰，主要包括仙霞岭、括苍山、雁荡山和洞宫山，山间多峡谷急流。	武义县、莲都区、青田县、缙云县、遂昌县、松阳县、云和县、庆元县、景宁畲族自治县、龙泉市、永嘉县、文成县、泰顺县
沿海丘陵平原及岛屿区	海拔多在300米以下，沿海河口地带分布有面积不大的平原，滨海岛屿主要是陆地山脉延伸入海的连续部分。台风等自然灾害天气频繁。	三门县、平阳县、苍南县

文物调研

3、文化特色

文化交融，多元并蓄：山区26县处于浙江之西、南部，靠山临海，山地丘陵文化与海洋文化交融；以新安江流域为主体的新安文化，以金衢盆地为主体的婺文化，以温丽台为主体的瓯越文化，其文化形态呈现出各自特点。地理区位上，南接福建，西邻安徽、江西，岁时习俗、民间信仰、传统建筑等文化特征受周边地区影响明显。历史发展上，多次的大规模移民带来文化的融合与碰撞，青瓷贸易、龙游商帮等商贸活动促进文化交流与传播，形成多元价值与文化并存的局面。

稻作起源，农遗生辉：以金衢盆地为中心的上山文化遗址群，是万年浙江文化之源，世界稻作文化起源于此，农耕村落由此产生。在悠久的农事劳作中，创造出了通济堰、云和梯田、青田稻鱼共生系统、庆元香菇文化系统、仙居杨梅栽培系统、开化山泉流水养鱼系统、缙云茭鸭共生系统等农业文化遗产，代代相传、熠熠生辉。

宗族聚居，民俗多样：山区26县宗族文化浓厚，多聚族而居形成村落，重风水，以祠堂为精神中心，建筑质朴，面积较大。读书风气兴盛，科举入仕人数多，兴树牌坊、建书院、修祠堂之风。叶适等人为代表的永嘉学派，陈亮为代表的永康学派，吕祖谦为代表的金华学派，成为当时重要的儒学流派。民间信仰文化呈现复杂多样性，典型的有周宣灵王、济公、海神、菇神、茶神、窑神等信仰；岁时习俗以宗族祭祀活动或宗族合力举办活动为特色，其中南宗祭孔活动随孔氏大宗南渡衢州而兴起，在国外内有重大影响。

山水秀美，名人荟萃：山区26县为奇山秀水与文人雅士荟萃之地，造就了雁荡、仙居、仙都、天台、百丈漈、富春江—新安江、楠溪江等众多山水与人文交相辉映的文化景观胜地。数百座古廊桥飞架山水之间，造型独特，结构精巧，与周围景色相映成辉。各朝各代文人墨客寄情于山水，留下了无数珍贵的摩崖题记和精彩华章。

革命老区，红绿辉映：山区26县有典型的革命老区——土地革命时期红十三军在浙南播下革命种子，革命逆境之时诞生浙西南、浙南革命根据地，抗日救亡时期成为浙江抗战的政治、经济、文化中心，在一系列重大历史事件中涌现了一批重要的革命人物。新时代，“绿水青山就是金山银山”的理念在这里萌发和实践。红色文化奠基因，绿水青山显魅力，红绿辉映焕发出多彩新姿。

（二）文物资源分析

1、数量分析

山区26县共有“三普”登录文物点29428处，约占浙江省90个县市区“三普点”总数的40%，拥有全国重点文物保护单位60处（21%），省级文物保护单位292处（34%）。其中有世界稻源上山文化，世界灌溉工程遗产通济堰系统；有被总书记誉为“留有多处革命意志，值得重视与挖掘”的浙西南地区的众多革命文物；有独具特色的木拱廊桥、青瓷窑址、传统民居、祠堂建筑；有伯温故里、南孔圣地、理学名区、浙东唐诗之路、钱塘江诗路、瓯江山水诗路，名人文化独树一帜。各县（市、区）国省保数量统计详见附表（一）。

文物数量统计表

保护级别	山区 26 县数量	全省数量	占比
全国重点文物保护单位	60 处	281 处	21.4%
省级文物保护单位	292 处	869 处	33.6%
“三普”登录点	29428 处	73943 处	39.8%

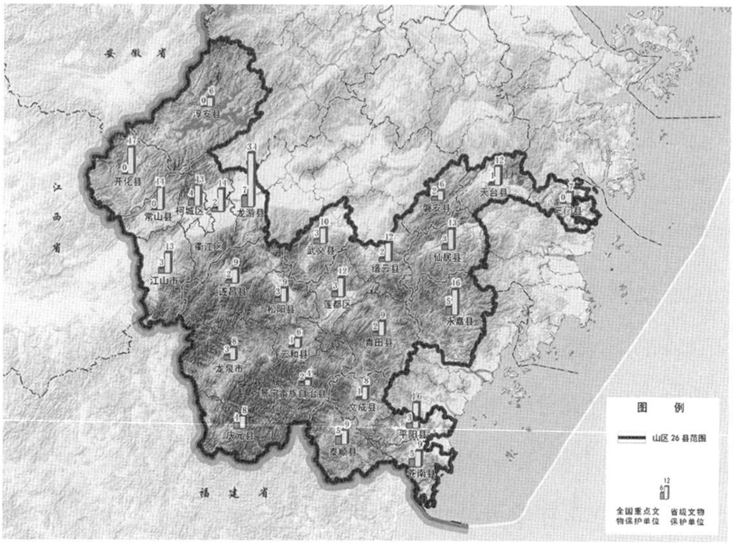

山区 26 县国省保数量统计图

2、分布分析

山区26县国省保单位分布情况如图。其中有多处文物保护单位构成要素多、空间分布广、整体价值突出，如处州廊桥、泰顺廊桥、大窑龙泉窑遗址、楠溪江宗祠建筑群等，且具有文物系统与山水自然环境交织复合的特征，需在较大空间尺度上整体系统实施资源整合、集中连片保护利用。

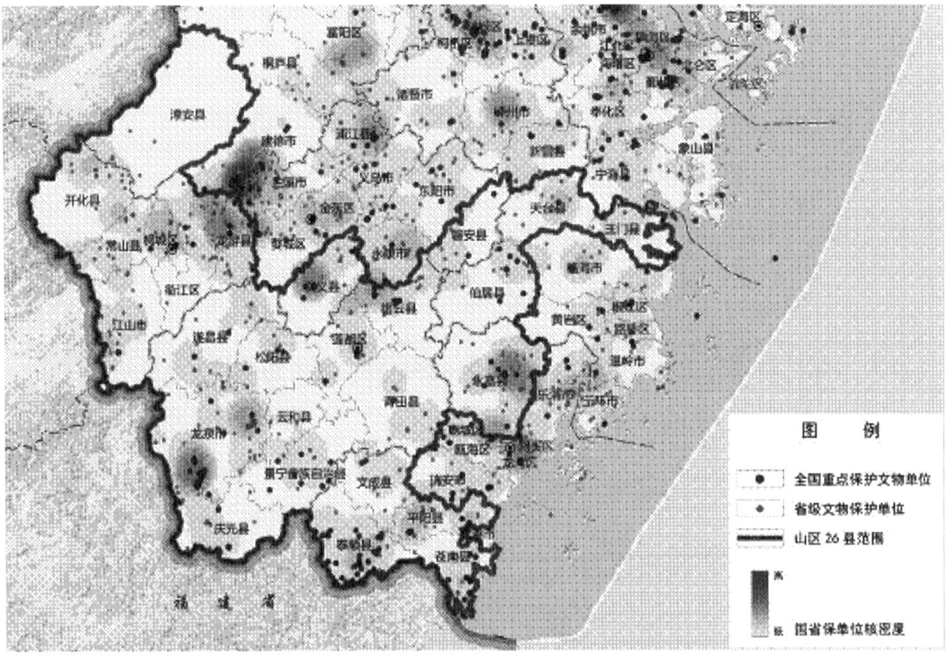

国省保核密度分布图

3、年代分析

根据山区26县全国重点、省级文物保护单位和“三普”登录点的统计数据，对其年代构成分析可得，山区26县范围内全国重点文物保护单位的年代主要集中分布在宋元、明、清时期，石器时代最少；省级文物保护单位、“三普”登录点中清代文物最多，其次是近代以来文物。由此可见，清以前的文物资源多具有较高价值，但是清以后文物资源，尤其是大量的革命文物，具有很大发掘潜力，有待进一步挖掘其保护和利用的价值。

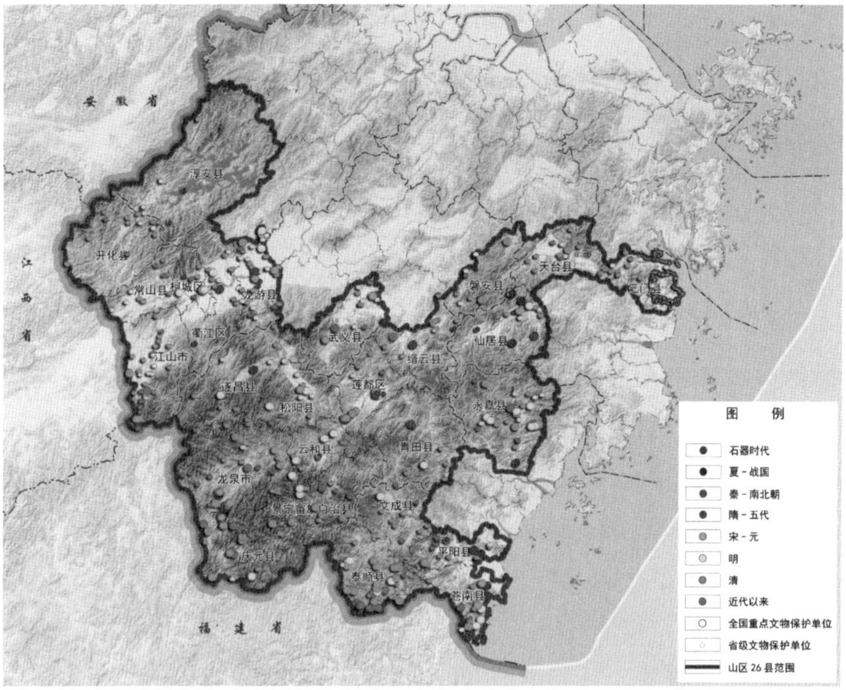

山区 26 县国省保年代分析图

山区 26 县文物资源分年代统计表

年代	全国重点文物保护单位		省级文物保护单位		“三普”登录点	
	数量（处）	占比	数量（处）	占比	数量（处）	占比
石器时代	1	1.7%	4	1.4%	57	0.2%
夏一战国	2	3.3%	1	0.3%	146	0.5%
秦一南北朝	3	5.0%	2	0.7%	78	0.3%
隋一五代	2	3.3%	6	2.1%	137	0.5%
宋一元	15	25.0%	26	8.9%	813	2.8%
明	19	31.7%	81	27.7%	1973	6.7%
清	16	26.7%	133	45.5%	19019	64.6%
近代以来	2	3.3%	39	13.4%	6834	23.2%
待定	0	0.0%	0	0.0%	371	1.3%
合计	60	100.0%	292	100.0%	29428	100.0%

文物调研

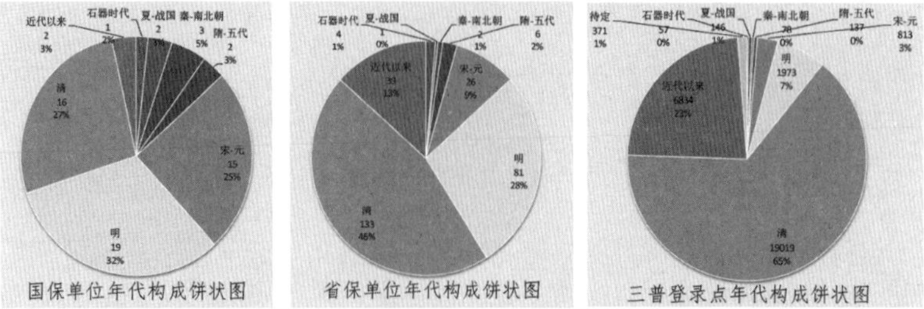

年代构成饼状分析图

4、类型分析

根据山区26县全国重点、省级文物保护单位和“三普”登录点的统计数据，分为古遗址、古墓葬、古建筑、石窟寺及石刻、近现代重要史迹及代表性建筑、其他等六大类进行分类统计，并分析类型构成。

从分析结果来看，不可移动文物资源中古建筑类最多，远超其他类型，不论是全国重点文物保护单位、省级文物保护单位还是“三普”登录点，其占比均超过了三分之二，是本次调研需要重点关注的类型。古遗址类文物整体数量占比一般，但价值较高，在国省保中占有较高比例，也是需要关注的类型之一。

以“三普”登录点为基础，按各类型资源的小类细分进行统计，其中宅第民居、坛庙祠堂、桥涵码头、传统民居的数量均远超一千处，是山区26县文物资源的重要构成。以此为基底，形成了众多古色古香的传统村落，据统计，山区26县拥有373处中国传统村落，388处省级传统村落，占全省总数的一半以上。

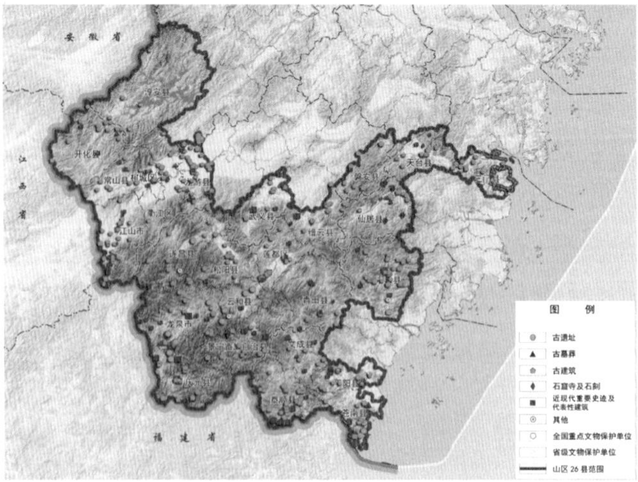

山区 26 县国省保类型分析图

山区26县文物类型构成统计表

类型	全国重点文物保护单位		省级文物保护单位		“三普”登录点	
	数量(处)	占比	数量(处)	占比	数量(处)	占比
古遗址	5	8.3%	18	6.2%	1133	3.9%
古墓葬	2	3.3%	9	3.1%	1283	4.4%
古建筑	45	75.0%	197	67.5%	19822	67.4%
石窟寺及石刻	5	8.3%	9	3.1%	315	1.1%
近现代重要史迹及代表性建筑	2	3.3%	46	15.8%	6848	23.3%
其他	1	1.7%	13	4.5%	27	0.1%
合计	60	100%	292	100%	29428	100%

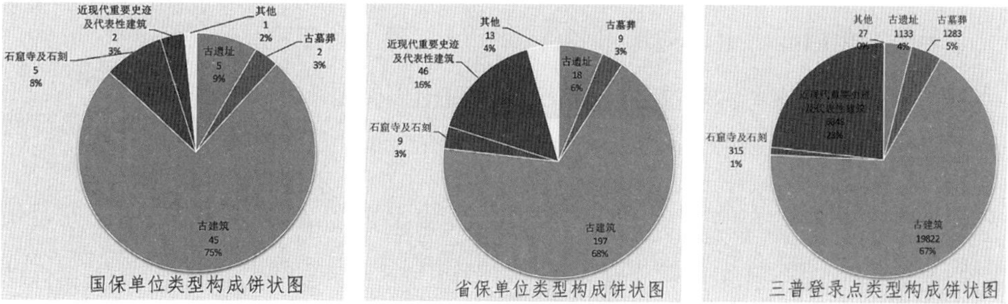

类型构成饼状分析图

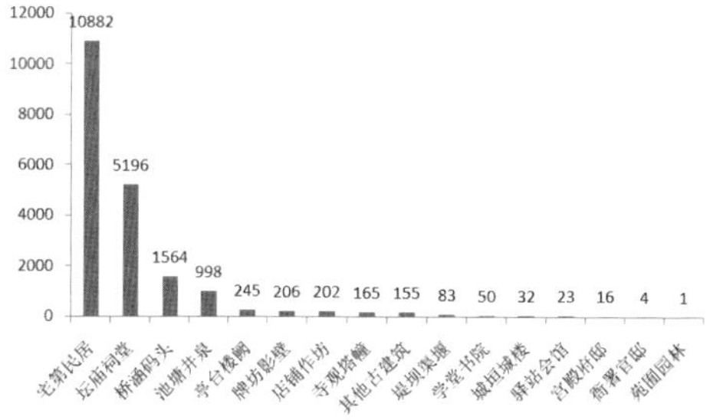

古建筑小类构成分析图

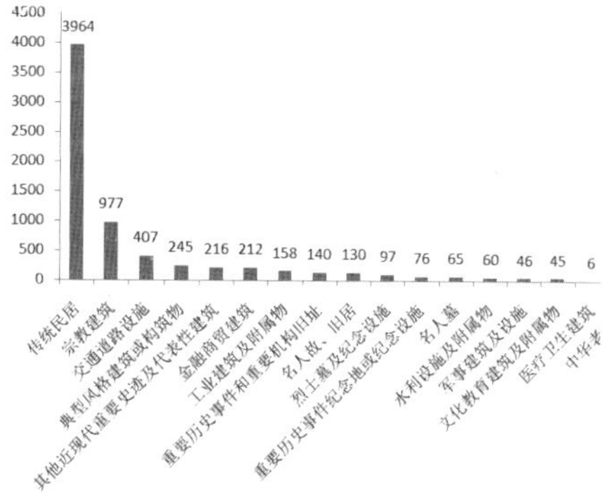

近现代重要史迹及代表性建筑小类构成分析图

（三）文物价值评估

浙江省历史悠久，人文荟萃，是中华文明重要的发祥地之一。山区26县山清水秀、物产丰富，传统文化源远流长，保留有丰富多样的不可移动文物资源，展现了浙江先民们的生产与生活，也反映了杰出历史人物的创造与成就，是浙江历史文化的重要见证。

1、遗址类

（1）史前文化遗址

山区26县的史前文化，主要有上山文化和好川文化。

上山文化因浦江上山遗址得名，是浙江年代最早的考古学文化，是万年浙江的文化之源。上山文化遗址群是迄今中国规模最大的新石器时代早期聚落群，是迄今已知世界上最早的农业定居聚落，是世界稻作农业的重要起源地，出土了迄今世界上最早的彩陶。

好川文化是分布在瓯江流域、仙霞岭北麓山地的史前文化，其发现填补了浙西南新石器时代考古的空白，在浙、闽、赣三省交界区块史前文化发展史上具有重要地位，同时也为一些重大学术向题如良渚文化的去向、马桥文化的渊源、相邻考古学文化的关系等研究提供了有益探索。

（2）窑址

浙江是瓷器的发源地和重要产区，其制瓷业从夏商时期开始，延及明清，给人类文明史留下了不可磨灭的光辉页章。山区26县历史上的窑系主要有金衢地区的婺州窑、温州地区的瓯窑、瓯江流域的龙泉窑等，留存了大量瓷窑遗址，包括大窑龙泉窑遗址、坦头窑遗址、凤阳窑址、达河窑址群、大溪滩窑址群、吕步坑窑址、安仁窑址、白洋垅窑址群、方坦窑址、潘里垄瓷窑址、两弓塘窑址群、横山周窑址等。

其中大窑龙泉窑遗址是中国陶瓷史上窑场最多、分布最广、产量最大、延续历史最长的、最具代表性的瓷窑体系，其烧制技术融合了南北、官民两大瓷业体系，达到青瓷釉色之美的顶峰。大窑龙泉窑遗址青瓷产品远销国内外，是公元11～17世纪中西方经济、社会、文化经“海上丝绸之路”而实现交流与融合的有力见证。坦头窑遗址则是唐代瓯窑的典型窑场，代表了瓯窑的最高制作水平。

（3）矿冶遗址

因地质环境影响，山区26县拥

有多处采石采矿遗迹，突出的有：小南海石室（龙游石窟）、云和银矿遗址、矾山矾矿遗址、铜山铜矿遗址、湖南银矿遗址等，不仅具有地貌学上的典型意义，更是人类开发活动的见证，也是富有文化内涵的参观游赏胜地。

小南海石室开凿年代约为南宋或更早，是国内迄今发现规模最大、最为齐整的古代地下采石场之一。明代云和县银矿开采历史长、规模大，对于人口迁移、集镇村落形成和社会经济发展影响深远，县境内与银矿相关遗址、史迹分布广泛，类型齐备，对研究、认识明代盛极一时的银矿开采史、科技史具有重要价值。

2、墓葬类

（1）石棚墓

石棚墓在中国的分布，过去主要集中于辽东半岛地区，浙南发现石棚墓，改变了传统认知，具有重要意义。浙南石棚墓群承载了浙南地区商周时期的人类活动印迹及相应的文化特征，反映了商周浙南沿海地区的墓葬制度和宗教信仰状况，是研究瓯越文化的重要文物资料，对于世界巨石文化研究、人类文化传播融合研究具有重要价值。此外，台州地区发现的岩石殿石棚墓，对台州地区乃至浙南地区商周时期的丧葬习俗乃至历史文化也有重要的研究价值。

（2）名人贵族墓

浙江素称“人文渊薮”，名人辈出，留下了众多具有重要纪念意义或是对丧葬文化具有研究价值的名人贵族墓葬，山区26县也保存有一定数量的名人贵族墓，如吕祖谦及家族墓、刘基墓、张琴墓、余端礼墓、胡紘夫妇墓、赵抃墓、荥阳侯夫人墓、雅阳林一牧墓等。

吕祖谦及家族墓，安葬着包括著名理学家吕祖谦、吕祖俭兄弟在内的约96座家族成员墓。吕祖谦是“婺学”创始人，与朱熹、张栻并称“东南三贤”，曾两度在明招山讲学，“四方之士争趋之”，在学术史上影响深远。明招山吕祖谦家族墓地，典型地反映了吕氏“中原文献之家”的特殊追求，对当时及明清时代江南地区的墓葬制度，影响深远。刘基墓是明朝开国元勋及朱元璋的帝王师刘基的安葬地。刘基是元末明初杰出的军事谋略家、政治家、文学家和思想家，具有广泛深厚的民间影响力。

3、建筑类

（1）寺塔建筑

在浙江众多地上文物中，寺院建筑以其数量多、价值高、影响大而占有极其重要地位，反映了佛教的流传与发展，也是研究古代建筑史的重要实物例证。延福寺大殿是现存江南早期木构建筑为数不多的实例，它沿袭了早期江南建筑的形制做法和营造技术，是宋《营造法式》的重要参证。它和日本禅宗样建筑样式相仿，也是宋元时期江南禅宗盛极一时的证明。时思寺建筑形式古朴，保留了诸多早期式样特征，是研究古建筑形制演变和区域风格的典型实物例证。国清寺是佛教天台宗的发源地，与日本佛教关系源远流长，被日本天台宗尊为祖庭。

塔，随佛教而传入中国。山区26县塔的类型按材料分主要有砖塔、石塔、砖身木檐塔等，具有重要的历史价值、艺术价值和科学价值。松阳延庆寺塔（砖木结构楼格式），是江南至今保留北宋遗构最多的古塔，为研究宋塔的构造特点提供了难能可贵的实例，在浙江众多宋塔中别具一格。湖镇舍利塔，保存完整、制作精巧、比例适度、造型峻秀挺拔，是我省现存宋代砖塔的典范之作。南峰塔和福印山塔是浙江省内现存较早的风水塔（砖塔），造型典雅秀丽，具有明显的宋塔时代特征。灵鹫寺石塔、栖真寺五佛塔、护法寺塔等石塔，造型别致、雕刻精美，对研究塔的形制以及雕刻风格，具有重要价值。

（2）文化信仰建筑

因文化信仰修建的建筑，多以庙、祠形式存在，是对地方文化特色的直观反映。祠堂，是山区26县文化信仰建筑中数量最多的一类，是宗族祭祀先祖、处理宗族事物、聚会议事的重要场所，反映了民间的祖先崇拜信仰和宗族文化，也是研究地域建筑形制的重要实物例证。山区26县典型的祠堂类文物有：永嘉楠溪江宗祠建筑群、龙游三槐堂、关西世家、衢州吴氏宗祠、北二蓝氏宗祠、江山南坞杨氏宗祠、泰顺玉岩包氏宗祠等，具有浓厚的地方特色和建筑价值。

此外，山区26县还留存有众多反映民间信仰和历史人物崇拜的文物建筑。如孔氏南宗家庙、周宣灵王庙、西洋殿等，是研究民俗文化和区域性建筑文化的重要载体。孔氏南宗家庙是古代孔氏后裔代表国家奉祀孔子的宗庙，全国仅南宗家庙和曲阜孔庙二处，具有重要的历史地位和极高的文物价值，其建筑构成及家庙变迁，反映了孔氏南宗的兴衰历史。周宣灵王庙，奉祀孝子周雄（钱塘江水系保护神），为历代水上人家及商旅尊崇祭拜，建筑具有元代建筑之遗风。西洋殿为菇民信仰与奉祀香菇鼻祖的祖殿，也是全国最大的菇神祭祀场所，承载着我国古代食用菌人工培育的历史与菇民独特的民俗文化。玉山古茶场（茶场庙），奉许逊为“茶神”，每年春茶开摘之日以新茶祭茶神，对于研究茶业生产和挖掘茶文化内涵有着重要价值。

（3）民居建筑

传统民居建筑在山区26县保存十分丰富，既有以单体形态存在的住宅、官邸、店铺等，也有以村落、古镇形态整体保存的。受地理环境、历史人文环境、审美等因素影响，不同区域传统建筑具有“和而不同”的总体特征，金华衢州一带建筑讲究风水、用材硕大、雕刻繁富精美，温州台州丽水一带，受外来影响较小，自成一派。山区26县具有代表性的民居类文物有：俞源村古建筑群、芙蓉村古建筑群、河阳村乡土建筑、鸡鸣山民居苑、三门源叶氏民居、顺溪古建筑群、泰顺土楼、龙游楼上厅建筑等。这些建筑反映了不同时期不同地域的建筑风格与特色，记录了历史发展脉络，形成了独具地方特色的乡土文化。

（4）古代桥梁

桥梁是山区26县除民居和坛庙祠堂外数量最多的一类文物。桥梁类型丰富，拱桥、梁桥、廊桥、矴步桥等，多姿多彩，各有千秋，体现了古代高超的工艺水平以及艺术审美。苍南护法寺桥建于北宋，是我省现存有确切纪年的古桥中，年代最为久远的。泰顺、丽水地区，因特殊的地理环境和乡土文化背景，廊桥建造历史悠久、数量众多、技艺精湛、造型美观，是古代劳动人民实践和智慧的结晶。除交通外，廊桥兼具避雨、聚会、祭祀、风水、集市、景观等功能，成为与村民生活息息相关的物质与精神活动场所。同时，廊桥还承载着革命热血与红色记忆，谱写了浙西南革命精神的时代篇章。

（5）古代牌坊

牌坊，是古时用于表彰、纪念、装饰、标识和导向的一种建筑物，是中华特色建筑文化之一。浙江省全国重点文物保护单位中，共有5处牌坊，其中4处位于山区26县，包括金昭牌坊和宪台牌坊、詹宝兄弟牌坊、独山石牌坊、林应麒功德牌坊。这些牌坊多因表彰纪念而立，造型美观，雕刻精湛，是研究我国牌坊建筑的演变历史及牌坊建筑特色的重要实物资料，具有较高的历史、科学、艺术价值。金昭牌坊和宪台牌坊更是我省现存不多的保存完好、年代较早的木牌坊之一，具有典型的楠溪江流域地方特色。

（6）古城城墙

山区26县留存下来的古城，大致可分为3类：古代州府所在地，如衢州、处州；县城所在地，如龙泉、松阳、天台；军事卫所，如蒲壮所城、健跳所城。这些古城蕴藏着丰富的内涵，从不同侧面反映出浙江的历史文化面貌。城墙是城的标志性建筑，但清末以来大量古城墙被拆除，现存不多，主要有衢州古城墙、处州府城墙、蒲壮所城城墙等。衢州素有“四省通衢”之称，为兵家必争之地，其城防体系是研究我国古代军事思想和城防战略的真实案例，城墙近两千年的修缮历史，也记录了历代修城工艺特征和材料演变等历史信息。蒲壮所城是浙南沿海抗倭海防体系的重要组成部分，对研究东南沿海抗倭和明代卫所制度具有重要意义。

（7）水利设施

水利是传统社会的生命线，具有防洪、灌溉、航运等功能。水利设施蕴藏着古代人民改造自然的智慧，承载着千年历史兴衰的记忆，与人民生产生活息息相关。山区26县多山地丘陵，需要各种水利设施满足灌溉、防洪等功能，留存下来很多水利工程设施，如，通济堰、姜席堰、云水渠等。通济堰较完整地保存有古代水利灌溉的整个系统，至今仍旧发挥重要作用，是中国古代水利科技的典范实例；水利系统与自然环境相嵌结合而成独特人文自然景观，具有独特的审美艺术情趣和价值。

4、石刻类

山区26县内石刻类文物中，摩崖石刻数量最多、价值最高。至迟在春秋战国时期，仙居的古越族先民已经开始在崖壁上凿刻岩画。仙居古越族岩画群的发现，揭开了浙江古岩画考古新的一页，也是迄今为止我国东南沿海地区发现的总面积最大的岩画群落。摩崖题记，多位于名胜古迹、道观佛寺附近。浙江山清水秀、名胜众多，题名刻石风气盛行。山区26县中共有摩崖题记类国保单位4处，包括仙都摩崖题记、南明山摩崖题刻、石门洞摩崖题刻、仙岩洞摩崖题记等，均为摩崖题记的典型代表，或为名家手迹，或记叙重要史实，为自然名胜注入了宝贵的人文内涵。

5、**革命文物**

浙江是我国反侵略、反封建斗争的前哨阵地，是中国革命在南方的重要支点，是中国共产党的诞生地，也是抗日战争时期应对日军暴行的重要战场。浙西南革命是浙江土地革命时期的核心内容，是抗战时期浙江抗日救亡活动的重要支撑，对于浙江革命历史具有重要的承上启下作用。山区26县与《革命文物保护利用片区分县名单（第一批）》高度重合，大部分县为革命老区，遗留下众多革命文物，是革命历史的重要见证和支撑。其革命历史中红十三军、红军挺进师活动历程以及抗战时期作为浙江省指挥中心是最为突出的内容，代表性革命文物有红十三军军部旧址、溪下金氏宗祠（浙南革命委员会旧址）、开化新四军整编旧址、中共浙皖特委旧址、亭旁起义旧址、丽水中共浙江省委机关旧址、龙泉革命纪念建筑群、王村口革命纪念建筑群、安岱后浙西南革命根据地旧址、中共浙江临时省委成立旧址、抗日救亡干部学校旧址等。这些旧址多以民居、宗祠、寺庙等为依托，也赋予文物良好的展示利用空间以及更为丰富的文化内涵。

6、**其他**

除前述类型外，梯田和古道也是山区26县中重要的文化遗产类型。梯田是我国江南山区先民在生产、生活过程中顺应自然、改造自然与自然和谐共生、共同进化的高超生态智慧和精湛农业生产技术的见证，且具有较高的艺术欣赏价值和审美价值，是开展美学教育、传统人文教育、摄影采风等艺术创造的理想基地。代表性梯田有：梅源梯田、南尖岩梯田。

古道，是具有丰富历史内涵的线路文化遗产和自然资源，具有文化和生态双重属性，链接和驱动的双重作用。现存古道一般都是古代交通的主要通道，如江山市仙霞古道——沟通钱塘江和闽江水系的陆路连接线，仙居和缙云县苍岭古道——古代婺州、处州通往台州的交通要道，文成县大会岭和道岭古道——文成县境内以及通往南北邻县的重要通道。也有作为重要军事设施存在的古道，如仙霞古道、大岭背古道。还有作为工商业运输专用的通道，如苍南县挑矾古道。目前，平原上的古道大多已消失殆尽，保存下来的古道基本分布于山区、森林（森林古道）。据浙江省林业局统计数据显示，全省现存森林古道1200余条，总长9000多千米，其中山区26县有618条，5242千米，周边平均森林覆盖率达89%，沿线保存有人文古迹1268处，自然景观资源2029处，酒店、民宿、农家乐2596个，记载民间传说2048个。这些古道是古代经济交流、文化传播的重要通道，汇集了丰富优美的自然景观和人文古迹，具有多方面重要价值，是考古研究、文旅融合发展的重要资源。

二、山区26县文物资源保护发展现状评估

（一）总体保护发展情况

近年来，“一带一路”、乡村振兴、文旅融合、“文化浙江”建设等国家级和省级重要战略的实施，为文物发展提供了良好契机，浙江省文物保护利用工作水平发展态势良好——文物家底持续增厚，考古工作成果丰硕，保护工作不断夯实，文物活化利用系统初步形成。但是，文物保护利用仍然存在一些问题亟需解决。

文物保护利用的不平衡、不充分。山区26县由于资金、人才、管理力量的相对薄弱，“小马拉大车”的问题较严重，保护利用管理水平相比杭州、宁波等经济发展地区较落后。同时，位于乡村、山区中的文物，保存和利用水平较城区中的文物有较大差距，也存在更多的安全风险，如台风、暴雨、山洪等自然灾害，轻则影响其延续性，重则可能造成不可逆转的破坏。大量的低级别不可移动文物，大多无保护区划，挂牌保护的法律效力较低，保护利用统筹及日常保护管理措施有待加强。

合理利用不足、传播传承不够。山区26县文物开放利用水平尚需提升。地处偏远、分布较散的文物，展示利用情况较差，有些建设了展示利

用设施，但缺乏人气，可持续性较差（如大窑龙泉窑遗址公园）。价值阐释和展示的科技含量较低，新型数字化展示技术方法运用不足。对于文物资源的价值及其相互之间的关联挖掘不够，保护利用系统性不强，多停留在单点展示，没有形成连点成片、互动共享的局面，需加强文物资源整合、统筹规划和整体保护。

融合发展不足、转化程度有待提高。文化与旅游的融合发展尚显不足，在推动文物资源向旅游产品有效转化方面方法手段有限。文物资源在突破桎梏，有效转化为社会效益、经济效益，促进共同富裕方面的水平还有很大提升空间。

（二）文物保护发展内部条件评估

1、遗址公园

（1）概况

大遗址是不可移动文物的典型代表，是中华优秀传统文化的重要载体。考古遗址公园立足于遗址及其背景环境的保护、展示与利用，兼顾教育、科研、游憩等多项功能，是大遗址保护利用的新模式新理念，也是“让陈列在广阔大地上的遗产活起来”的一种重要手段。

浙江省现有国家考古遗址公园3处，列入国家考古遗址公园立项名单2处，省级考古遗址公园3批共22处。其中山区26县有国家级1处（大窑龙泉窑国家考古遗址公园），省级4处（武义吕祖谦家族墓省级考古遗址公园、下汤省级考古遗址公园、好川省级考古遗址公园、荷花山省级考古遗址公园）。

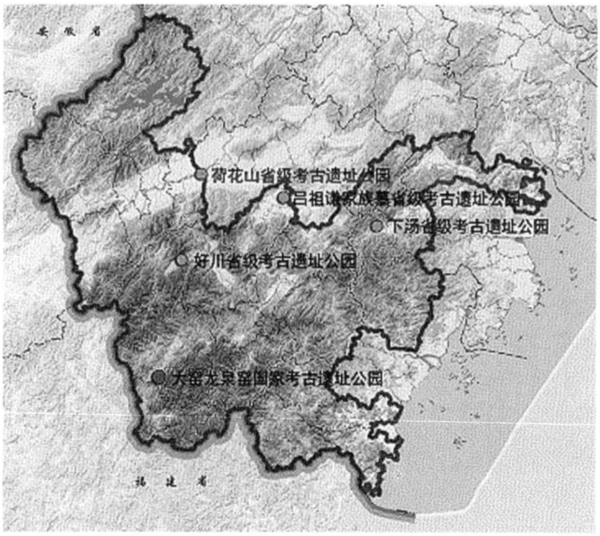

山区 26 县考古遗址公园分布图

（2）分项评估

从遗址的基础研究、保护展示、管理运营等方面对山区26县的5处考古遗址公园进行分项评价。

名称		大窑龙泉窑遗址	武义吕祖谦家族墓	仙居下汤遗址	遂昌好川遗址	龙游荷花山遗址
基础研究	考古研究	考古研究工作扎实到位，考古资料已整理完成，枫洞岩考古报告已正式出版	考古研究取得较大进展，成立了中华明招文化研究院，缺少后续考古研究计划	考古研究已有一定基础，2018 年开始发掘工作的考古资料还在整理阶段	考古研究较为深入，出版有专著	考古研究较为深入，入“2013 年全国十大考古新发现”二十五强，出版有专著
	规划编制	保护规划和遗址公园规划已公布实施	保护规划已获批，遗址公园规划正在编制中	保护规划已通过审批，遗址公园规划在编制中；因安置点调整和考古推进，已启动修编	保护规划和遗址公园规划已公布	保护规划正在编制中，考古遗址公园规划尚未启动
保护展示	本体保护	枫洞岩、瓦窑垟窑址为露天覆棚保护，方法较为科学，但是仍面临一定的雨水、潮湿威胁	本体考古发掘后干预较少，保存状况较好	遗址核心范围内建围墙，遗址坑覆膜保护	遗址本体现为覆土保护，处于原状保护状态	发掘区域保持原状，搭设保护棚，东区保护棚存在一定安全问题
	遗址展示	展点较多，但分布分散，展示标示系统欠缺，可读性、趣味性待提升	设立明招讲院，专门用作展示陈列空间，整体建设还在初期阶段，主要以自然山林和农田呈现	遗址公园建设处于前期阶段，设置了临时展板，展示设施较单一，尚无标识系统	遗址公园建设处于前期阶段，设置了简易展板，展示设施设备较为落后	遗址展示利用尚未开展

名称		大窑龙泉窑遗址	武义吕祖谦家族墓	仙居下汤遗址	遂昌好川遗址	龙游荷花山遗址
管理运营	服务设施	已建成金村、高际头两处游客中心,公厕等相关服务设施待完善	除明招寺及明招讲堂外其余地块的服务设施还未建立	服务设施较欠缺	缺乏基本的游客服务设施	遗址公园及服务设施建设尚未开展
	机构人员	已成立大窑龙泉窑遗址保护管理委员会,但现有人员配备尚不能满足保护管理需求	已成立吕祖谦及家族墓管理委员会,设专人负责日常管理	下汤村设有下汤遗址文保小组,共7人,负责遗址公园日常巡查等工作	日常管理工作由好川村委具体负责,设有管理人员4名	由龙游县文物保护管理所负责管理,聘请1名业余文保员开展日常巡查工作
	地方支持	龙泉对遗址公园建设极为重视,但是地方财政有限,一定程度影响了遗址公园实施力度	地方支持力度尚可,需在落实层面加强	县委、县政府高度重视,将遗址公园建设写入政府工作报告中。需在落实层面加强	受限于地方经济的压力,政府支持力度一般,遗址公园建设进度缓慢	地方支持力度尚可,需在落实层面加强

（3）小结

考古遗址公园建设进展情况不一，大窑龙泉窑考古遗址公园借助“海丝申遗”的契机，取得了较大进展，4处省级考古遗址公园进展则较为缓慢，在用地、遗址展示和阐释方面尚有大量的工作需要开展。存在的共性问题：

一是对遗址公园的认识存在偏差。各地政府对遗址公园及其效益没有形成较为全面的认知，存在重保护轻利用或重利用忽视保护的错误认知，导致遗址公园建设难以推动，或影响遗址的真实性以及对历史文化价值的误读。

二是政府主导与社会参与未得到发挥。考古遗址公园建设涉及考古、保护、管理、展示、科研、环境整治、土地利用、产业调整、人口调控、资金投入等多项内容，是综合性社会系统工程。仅仅依靠单个部门的力量无法实现，必须由政府主导，统筹各部门、各方面力量，统筹资金，才能真正推动考古遗址公园的建设。

三是遗址展示的可读性、观赏性不足。考古遗址的展示需要真实、完整地向公众传达其内容和价值。由于遗址一般是片段式的，加上公众考古知识的缺乏，导致很多遗址可读性差。比如龙泉大窑枫洞岩遗址，现场解说牌解说内容较为简单，对于制瓷技术不了解的参观者，很难读懂。后续建设中，应增强遗址的可读性和观赏性。

2、传统村落

（1）概况

传统村落是农耕文明创造的不可再生的文化遗产，蕴藏着丰富的历史文化信息和自然生态景观资源。传统村落内成片错落分布的老屋（传统民居、祠堂、寺庙等），是传统村落的基本组成单元，构筑了当地独特的农村历史风貌，是千百年来农耕文化赖以传承的载体。

山区26县共有中国传统村落418个，浙江省传统村落388个，分别占全省总数的66%、61%。尤其是丽水地区，因其地形地貌复杂，且受制于山多地少的地理隔绝，加之现代交通发展的滞后，使大量传统村落保存至今，成为全国传统村落保有数量最多的地区之一，共有中国传统村落257个，仅松阳县，就有75个中国传统村落，被《中国国家地理》杂志称为“最后的江南秘境”，是松阳乃至浙江的一张金名片。

序号	县(市、区)	所属地级市	中国传统村落数量	省级传统村落数量
1	淳安县	杭州	11	14
2	永嘉县	温州	6	25
3	平阳县	温州	1	1
4	苍南县	温州	6	3
5	文成县	温州	2	6
6	泰顺县	温州	9	16
7	武义县	金华	19	10
8	磐安县	金华	8	2
9	柯城区	衢州	8	20
10	衢江区	衢州	7	18
11	常山县	衢州	7	13
12	开化县	衢州	7	12
13	龙游县	衢州	9	9
14	江山市	衢州	16	11

序号	县(市、区)	所属地级市	中国传统村落数量	省级传统村落数量
15	三门县	台州	2	17
16	天台县	台州	8	5
17	仙居县	台州	35	8
18	莲都区	丽水	13	7
19	青田县	丽水	4	0
20	缙云县	丽水	13	36
21	遂昌县	丽水	24	44
22	松阳县	丽水	75	13
23	云和县	丽水	9	6
24	庆元县	丽水	15	13
25	景宁畲族自治县	丽水	55	57
26	龙泉市	丽水	49	22
	合计		418	388

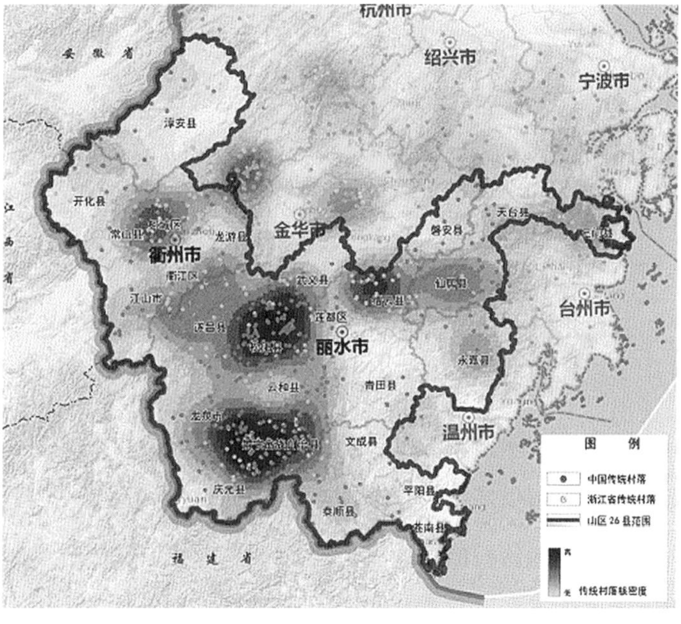

山区 26 县传统村落分布及核密度图

（2）分项评估

——总体特征

传统村落按其所在的地形地貌可划分为山地型、丘陵型、平原型三种类型。山区26县传统村落多为山地型和丘陵型。村落呈现出数量多、大分散、小聚居的特征。村落选址与布局受风水观念影响较大。例如松阳山下阳村，即是以传统的五行风水布局，村落与自然山水密切契合。传统村落体系在“点、线、面”等要素的相互映衬下，呈现出“山水——田园——村落”融合的景观风貌。

在多元文化影响下，山区26县传统村落集清新自然的山水文化、敬贤尊礼的礼制文化、避世隐逸的士人文化、“勤耕立家、苦读荣身”的耕读文化和血缘宗亲的宗族文化为一体。宗族观念对村落构成的影响深远。例如河阳村，有15座宗祠，各家住宅建在“家祠”周围，“家祠”建在“支祠”周围，“支祠”建在“宗祠”周围，形成以“宗祠”为村落中心的布局。

——保存现状

根据调研评估，大部分传统村落的历史环境、村落格局和传统风貌保存较好，与周边山水田园的保持原生态环境关系，传统风貌未遭受大的破坏，传统风貌建筑、历史环境要素等整体保存质量较好；部分村落因后期村庄发展建设和民宅更新，村落传统风貌受到破坏；受村落空心化影响，传统风貌建筑（包括传统民居和宗祠）的保存质量比较一般。

——保护管理

2012年以来，住房城乡建设部会同文化部、国家文物局、财政部、国土资源部、农业部、国家旅游局等部门开展了传统村落调查，建立了保护名录。为进一步加强传统村落保护发展，浙江省人民政府办公厅于2016年出台《关于加强传统村落保护发展的指导意见》。各县（市、区）住房和城乡建设局在对中国传统村落进行系统调查的基础上，建立传统村落调查表和中国传统村落档案。通过调查，调查与建档情况较好，但个别尚需补充建档。

——发展利用

各县发展利用现状差异较大。主导产业主要有：茶业、食用菌、毛竹等传统产业，竹木简单加工、制瓷等为主的传统手工业，来料加工业、养殖业，个别传统村落由村集体或政府引导发展乡村旅游业，包括旅游观光、餐饮、住宿、休闲娱乐、服务等相关产业。整体发展状况一般，一些资源不佳或交通不便的传统村落产业发展较差，村民收入较低，村落人口流失严重。

——非遗传承

传统村落在漫长的岁月中发展形成了纷繁多样的非物质文化遗产：手工技艺方面如龙泉青瓷传统烧制技

艺、龙泉宝剑锻制技艺、庆元木拱廊桥营造技艺等；美术工艺如缙云剪纸艺术、青田石雕艺术、仙居花灯等；民间音乐包括遂昌昆曲十番、景宁畲族民歌；民间舞蹈有开化香火草龙、青田百鸟灯舞等，传统戏剧有松阳高腔、淳安三角戏等。随着社会发展，依附传统村落而存在的这些文化习俗也面临着各方面的问题，主要体现在随着越来越严重的传统村落空心化现象，诸多民俗文化出现传承危机，而且也同时受到外来文化的冲击，传统村落的文化和习俗保存和传承状况不容乐观。

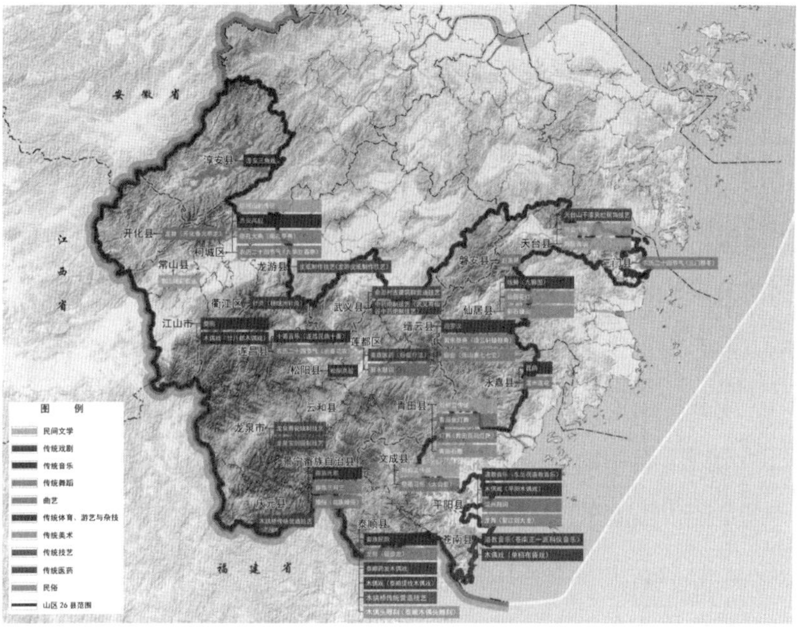

山区 26 县非物质文化遗产分布图

（3）小结

保护方面：随着工业化、城市化进程加速，传统村落的空心化和老龄化程度比较严重，面临消失风险。传统村落保护工作起步较晚，在不合理的保护理念的指引下，部分保护性工程给传统村落的风貌和景观带来了不可逆转的保护性破坏，尤其是大量的低等级保护建筑。传统村落保护与居住条件改善的矛盾比较突出，建设性破坏的情况较为严重。

管理方面：治理体制仍未理顺，基层保护管理人员和专业技术人才缺乏，政策落实不到位，资金与需求不匹配，传统村落量多面广的现状与资金投入、筹资能力之间不相符的矛盾较为突出。

发展方面：传统村落的产业发展与新技术融合度较低，难以形成规模化，业态较为单一，抗风险能力弱。医疗、教育等公共服务设施配套不足，交通、电力、电信、排水等基础设施难以满足现代生活需求和村落发展需求。部分村落过度商业化的旅游开发，削弱了传统村落的生活原真性与历史风貌感，人文环境发生变化，使传统村落的价值逐渐丧失。

传承方面：由于传统村落内人口流失、活力锐减，诸多民俗文化出现传承危机，历经千百年的营造技艺也面临失传的危险。随着外来资本和开发者的介入，也引发了外来文化与当地文化、城市文化与乡村文化之间的冲突，导致传统村落本真的文化韵味被削弱。大量带有旅游性、商业性的“仿古建筑”的兴建，不仅传递了错误信息和工艺，还影响了大众对传统建筑、景观和工艺的心理印象。

3、革命文物

（1）概况

保护利用好革命文物，用活用好红色文化资源，对于助力乡村振兴、赋能城乡发展、汲取精神财富、推进共同富裕，具有重要意义。

浙江省已公布第一批革命文物名录，包括不可移动革命文物547处、可移动革命文物9061件/套。其中山区26县有不可移动革命文物174处，约占全省总数的32%。各县（市、区）数量统计如下。

2019年3月，中宣部、财政部、文化和旅游部、国家文物局发出关于公布《革命文物保护利用片区分县名单（第一批）》的通知，确定了15个革命文物保护利用片区。浙江有15个县（市、区）被列入闽浙赣革命文物保护利用片区中，其中14个为山区县。2020年7月，公布第二批，浙江21个县被列入浙东片区，其中武义县为山区县。即，山区26县中共有15个划入革命文物保护利用片区，名单如下：

序号	县（市、区）	所属地级市	不可移动革命文物（第一批）数量
1	淳安县	杭州	9
2	永嘉县	温州	15
3	平阳县	温州	21

序号	县（市、区）	所属地级市	不可移动革命文物（第一批）数量
4	苍南县	温州	7
5	文成县	温州	9
6	泰顺县	温州	9
7	武义县	金华	9
8	磐安县	金华	4
9	柯城区	衢州	1
10	衢江区	衢州	8
11	常山县	衢州	1
12	开化县	衢州	11
13	龙游县	衢州	3
14	江山市	衢州	3
15	三门县	台州	1
16	天台县	台州	4
17	仙居县	台州	0
18	莲都区	丽水	4
19	青田县	丽水	10
20	缙云县	丽水	7
21	遂昌县	丽水	9
22	松阳县	丽水	5
23	云和县	丽水	5
24	庆元县	丽水	7
25	景宁畲族自治县	丽水	3
26	龙泉市	丽水	9

2019年3月，中宣部、财政部、文化和旅游部、国家文物局发出关于公布《革命文物保护利用片区分县名单（第一批）》的通知，确定了15个革命文物保护利用片区。浙江有15个县（市、区）被列入闽浙赣革命文物保护利用片区中，其中14个为山区县。2020年7月，公布第二批，浙江21个县被列入浙东片区，其中武义县为山区县。即，山区26县中共有15个划入革命文物保护利用片区，名单如下：

第一批：闽浙赣片区：

杭州市　淳安县

温州市　永嘉县、平阳县、泰顺县

衢州市　柯城区、衢江区、常山县、开化县、江山市

丽水市　青田县、衢江区、云和县、庆元县、景宁畲族自治县

第二批：浙东片区——武义县

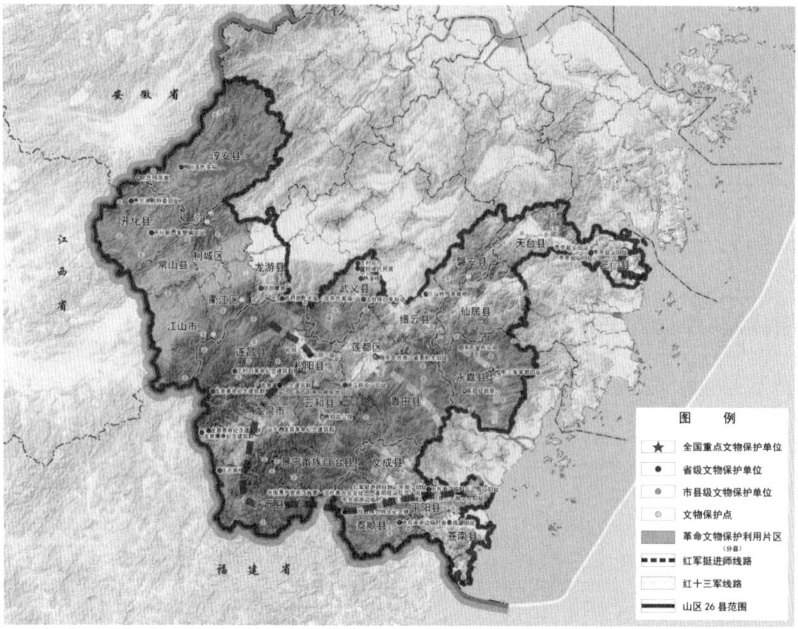

山区 26 县革命文物分布图
（第一批不可移动革命文物、革命文物保护利用片区）

（2）分项评估

——总体特征

山区26县革命文物呈现出整体分散，局部以共同历史事件为主题集中成片分布的资源特征。其中以红十三军、北上抗日先遣队和红军挺进师革命历史主题相关革命文物数量最多、分布最为集中。文物分布呈现出远离中心，汇集边界的特点，局部集中于地区边界山区，具有较强的跨区域联动利用潜能。依托游击战争与抗战大后方的革命属性，文物类型以民居宗祠类居多，是这一区域复杂革命历史的统一特性在文物遗存类型上的体现。

——保存现状

山区26县革命文物（第一批）中有全国重点文物保护单位1处、省级文物保护单位30处、市县级文物保护单位120处、文物保护点23处。全国重点文物保护单位保存状况较好。省级文物保护单位中，大部分革命文物在近年完成了修缮工程，个别建筑本体保存状况较差，周边环境杂乱。市县级文物保护单位、文物保护点的革命文物中，各类文物保存情况各有不同：重要历史事件和重要机构旧址、名人故居、军事建筑、典型风格建筑类文物——大部分保存较好，部分文物的屋顶、主体结构、维护墙体、门窗构件、地面铺装、周边环境仍存在不同程度的问题；军事建筑及纪念设施类文物——以碉堡、战壕为主，大部分保存状况较差；烈士墓及纪念设施、名人墓及墓群类文物，大部分保存一般；近现代典型风格构筑物、设施类文物——大部分保存一般，红军标语类文物受自然风化等破坏影响较大，字迹难以辨认，保存较差。

——保护管理

革命文物使用和管理单位范围广、类型多。其权属单位有文物部门、属工矿企业、学校、部队、宗教部门、旅游部门、个人等。产权国有、集体比例较大，但集体、个人所有文物保存情况堪忧，存在坍塌、搭建、改建、不当维修等情况。管理单位职责、权限、工作内容不明确，导致许多革命文物现状无日常保养维护，缺乏管理。

——展示利用

全国重点文物保护单位和大部分省级文物保护单位的革命旧址已作为陈列馆、纪念馆向公众开放。市县保及文物保护点、未定级文物中，较大比例文物尚未得到开放利用，部分被私人占用或集体堆放杂物、作为仓库使用。已有展示的革命文物，存在展示方式单一、分布分散、缺乏体系性、价值体现不完整、配套设施不完善等问题。

（3）小结

一是革命文物整体保护保障问题亟需落实。大量低级别革命文物，由于文物本身建筑质量的问题或私人产权的问题，仍存在建筑空置、残损、私自改建、违章搭建等一系列问题，亟待维修。同时，因保护管理经费不足，低等级革命文物的保护利用工作存在较大压力。

二是展示利用系统性不足，缺乏社会效益及吸引力。文物展示利用程度低，省保以下的文保单位，少数以简单图片展陈为主要利用方式，大部分遗址未开放展示或缺乏展示设施。部分现状已开放展示的革命文物，展示方式单调，未能突出“事件性”特征，核心价值未能充分传达。公众参与度不高，体验性不强，展示方式缺少吸引力，社会效益有待拓展。

4、廊桥

（1）概况

廊桥是浙闽边界地区山地人居景观和乡土文化的杰出范例，是弥足珍贵的历史文化遗产，对于提升山区民众的文化认同感及文化自豪感具有重要作用。山区26县廊桥数量众多，其中列入国省保的廊桥有处州廊桥、泰顺廊桥、龙泉廊桥、庆元廊桥，包含廊桥70座。溪东桥、北涧桥等10座廊桥与福建4县12座廊桥作为“闽浙木拱廊桥”的代表，列入“中国世界文化遗产预备名单”。

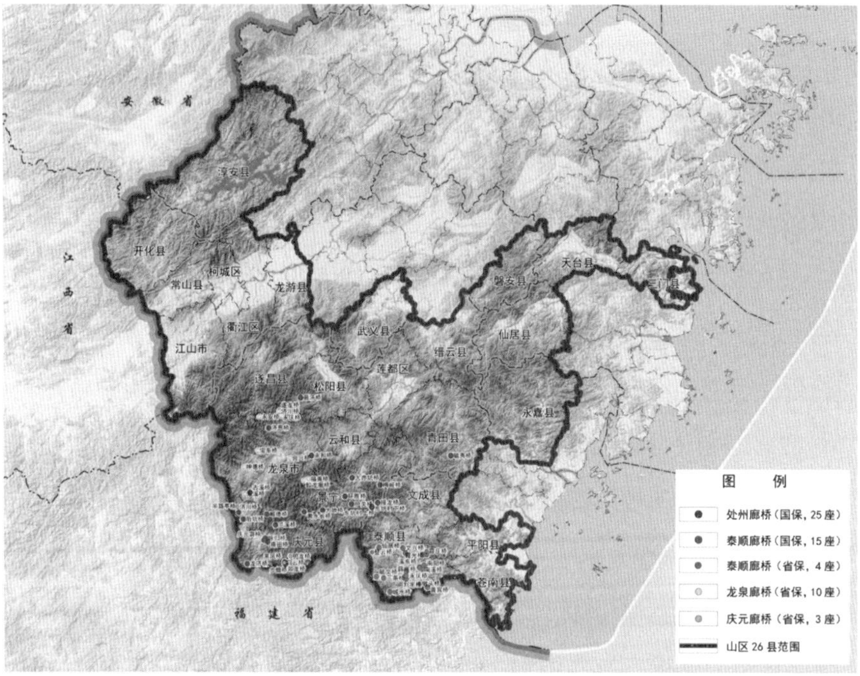

山区 26 县廊桥分布图

（2）分项评估

——保存现状

廊桥文物本体保存状况参差不齐，总体而言，真实性、完整性、延续性尚可，大部分廊桥环境风貌基本协调。附属文物方面，桥匾、桥联、墨书题记等基本保存较好，碑刻保存一般，部分碑刻被随意搁置在路边，保存状态较差。存在洪涝灾害、山体滑坡、台风、雷击、山林火灾、水汽侵蚀等自然因素的潜在威胁，不当修缮、不当建设与水利改造、旅游破坏等人为因素，也使部分廊桥面临安全隐患。

——保护管理

2021年8月，我国第一部廊桥保护专项法规，《温州市泰顺廊桥保护条例》正式施行，对泰顺廊桥本体及其周边附属物和廊桥营造技艺的保护，具有重要意义。目前全国重点文物保护单位处州廊桥、泰顺廊桥已编制保护规划，但是仍有很多廊桥尚无保护规划，现有保护区划不合理且缺少明确的管控规定，致使其本体和历史环境受到城镇化建设破坏。市、县各级保护管理机构的设置和职责划分较为混乱，未建立完整的保护管理体系。资金的不足，也制约了廊桥保护和利用工作的开展。

——展示利用

廊桥的价值不仅限于廊桥的技术、艺术本身，且多数位于传统村落或优美的自然环境中，景观优越，部分廊桥与红色文化相关联，是作为革命老区的实物场所，具有重要的爱国教育意义。随着乡村振兴战略的实施和乡村旅游的大力发展，部分位于村镇中的廊桥已开展展示工作，以廊桥本体的展示为主，一般融合于所在村镇或景区的旅游展示系统中，作为其中的一个展示节点。周边环境的展示尚未形成体系。展陈设施简陋，一般是在桥头设置简单的标识标牌。廊桥的核心价值与社会效益未能充分显现。

（3）小结

一是廊桥保护管理现状有待提升。缺乏针对性的保护措施，管理保护机构较为杂乱。建议形成廊桥的联动管理机制，加强资金、人力等方面的投入，建设高素质、专业性的人才队伍。

二是廊桥展示利用较为薄弱，历史文化内涵未能凸显。现状展示多以点状展示利用为主，未将其进行统筹考虑，形成线状或面状的展示利用体系，与周边资源的整合利用仍未深入开展。内涵价值挖掘和阐释不足，缺乏完善的展陈体系和配套设施，难以满足展示需求。

5、博物馆

（1）概况

至2021年，浙江省已登记备案博物馆总数达402个。其中山区26县登记数量为57个，苍南县最多，共有博物馆6个，其次是武义县和三门县，分别有5个，衢江区、常山县、开化县尚无登记的博物馆。

各县(市、区)博物馆名录

序号	县(市、区)	所属地级市	博物馆数量	博物馆名录
1	淳安县	杭州	3	淳安县中国工农红军北上抗日先遣队纪念馆、淳安县博物馆、淳安县千岛湖自然博物馆
2	永嘉县	温州	4	永嘉县吴超征烈士纪念馆、永嘉县春秋陶瓷博物馆、永嘉县瓯渠民俗博物馆、永嘉红十三军军部旧址纪念馆
3	平阳县	温州	4	平阳县博物馆、中国工农红军挺进师纪念园、平阳县烈士纪念馆、中共浙江省一大纪念园
4	苍南县	温州	6	苍南县天韵奇石博物馆、苍南县刘基文化博物馆、温州矾矿博物馆、苍南县碗窑博物馆、苍南县博物馆、苍南县揽月轩博物馆
5	文成县	温州	1	文成县博物馆
6	泰顺县	温州	1	泰顺县文博馆
7	武义县	金华	5	潘絜兹艺术馆、吴远谋绘画陈列馆、吴有发绘画陈展馆、叶一苇艺术馆、武义县博物馆
8	磐安县	金华	2	大盘山博物馆、磐安茶文化博物馆
9	柯城区	衢州	2	衢州市博物馆、衢州市雅趣黄蜡石博物馆
10	衢江区	衢州	0	/
11	常山县	衢州	0	/
12	开化县	衢州	0	/
13	龙游县	衢州	1	龙游县博物馆
14	江山市	衢州	1	江山市博物馆
15	三门县	台州	5	浙江启明艺术博物馆、三门县博物馆、亭旁起义纪念馆、三门县高天祥艺术馆、三门县章一山纪念馆
16	天台县	台州	2	天台和合博物馆、天台山民俗博物馆
17	仙居县	台州	1	仙居县竺梅枕文化博物馆
18	莲都区	丽水	4	丽水市博物馆、丽水市处州青瓷博物馆、丽水市处州三宝博物馆、丽水摄影博物馆
19	青田县	丽水	1	青田县石雕博物馆

序号	县(市、区)	所属地级市	博物馆数量	博物馆名录
20	缙云县	丽水	1	缙云县博物馆
21	遂昌县	丽水	4	遂昌竹炭博物馆、遂昌县汤显祖纪念馆、遂昌石文化博物馆、遂昌民俗博物馆
22	松阳县	丽水	1	松阳县博物馆
23	云和县	丽水	1	云和县匠心博物馆
24	庆元县	丽水	1	庆元县博物馆
25	景宁畲族自治县	丽水	3	景宁畲族自治县畲族博物馆、景宁畲族自治县畲银博物馆、景宁畲族自治县晓琴畲族民间陈列馆
26	龙泉市	丽水	3	龙泉市博物馆、龙泉市香菇博物馆、浙江紫竹艺术博物馆
	合计		57	

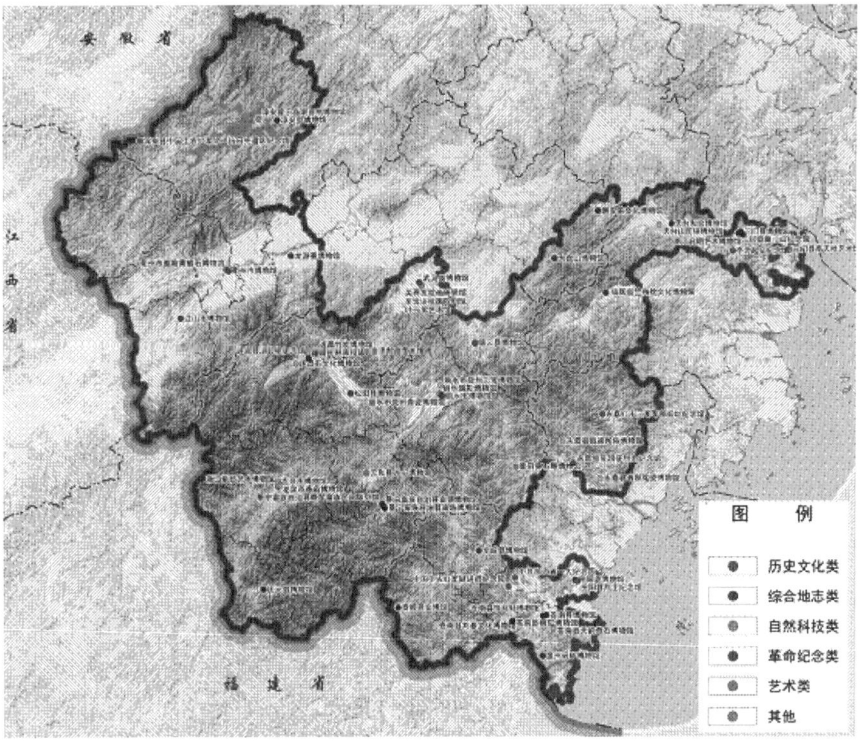

山区 26 县博物馆分布图

（2）分项评估

——质量等级

根据博物馆的综合管理与基础设施、藏品管理与科技研究、陈列展览与社会服务情况，博物馆划分为一级、二级和三级。全省现有一级博物馆13个，二级27个，三级34个，但山区26县博物馆中仅有4个二级、4个三级，其余为未定级，说明山区26县博物馆的整体质量较低，展示管理水平、社会服务水平和社会影响力有待提高。

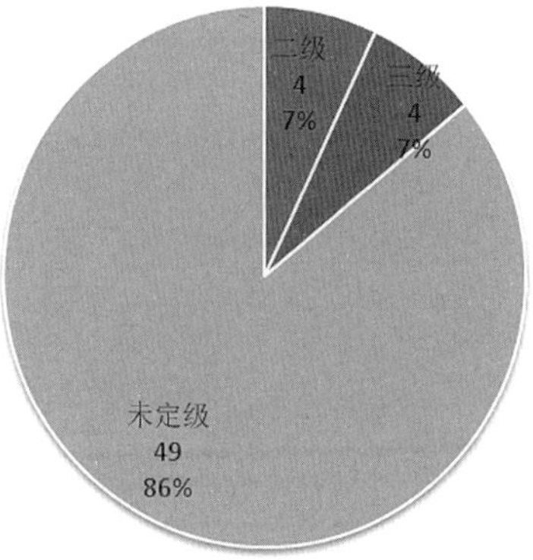

——博物馆性质

从博物馆性质来看，国有博物馆比例略高于非国有。近年来，非国有博物馆快速发展，质量显著提升，在优化博物馆体系布局、满足人民精神文化需求等方面发挥了积极作用，但是在登记备案、可持续运营、高质量发展等方面尚需进一步完善，在政策支持、税费减免等方面待遇相对较差，应给予更多的规范引导和扶持发展。

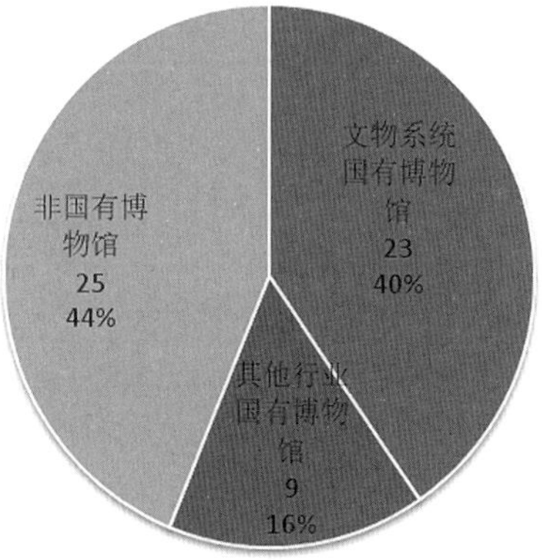

——题材类型

博物馆的题材类型包括历史文化、考古遗址、综合地志、自然科技、革命纪念、艺术及其他。山区26县博物馆题材类型见下图。各题材类型比例较均衡，但是缺少考古遗址类博物馆。考古遗址博物馆往往是考古遗址公园的重要组成部分，对于考古遗址公园和遗址博物馆的支持力度有待加强，以弥补考古遗址类博物馆的缺失。

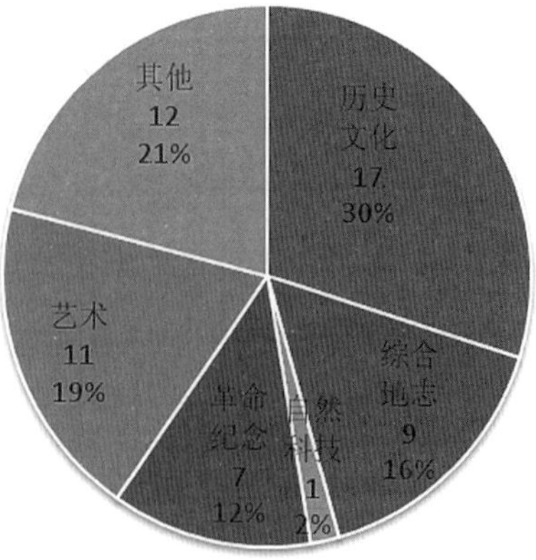

（3）小结

一、博物馆数量和质量有待提高。博物馆事业发展区域不平衡，公共文化服务水平区域差距及城乡差距较大，山区26县整体发展水平较落后，个别县区至今尚无备案登记的博物馆。大多数博物馆位于城镇地区，农村地区博物馆覆盖率较低，功能发挥不够充分。

二、融合化发展能力不足。博物馆与相关行业融合发展不足，向旅游产品有效转化的意识不强、方法手段有限。博物馆领域数字化系统与整个数字化治理平台的融合打通尚未完成。VR/AR、5G、云计算等新技术在文博领域的融合应用未能全面铺开。

（三）文物保护发展外部条件评估

结合地缘背景、自然地理（生态）特征；社会发展、经济、交通等条件；景区、旅游区资源条件，以各县区为单位，进行文物保护的宏观评估，分析各县短板和长处、厘清突破口和发展点。

1、发展利用外部条件因素构成

参考《国家考古遗址公园评定细则（试行）》、《风景名胜区总体规划标准》GB/T50298-2018 等国内目前实施较为有效的评估标准，对外部条件相关评价标准的因子评价要素进行提炼，结合山区26 县文物资源分析特征梳理了文物资源发展利用的因素构成，包括区域经济条件、政策条件、客源市场条件、其他旅游资源条件、环境条件、交通设施条件、服务设施条件等七大方面。

其中，政策条件主要以目前各县区提出一县一策内容中提取能够体现文化发展利用的相关政策并对其进行定性评价；客源市场条件主要针对现有公布的游客数量及游客分布的特征性，对目标市场进行评价；其他旅游资源条件以文物资源以外的旅游资源进行说明，包括但不限于风景名胜区、名镇名村等；环境条件结合山区26 县自身地理位置的特殊性，对自然灾害和人为污染进行评价；交通设施条件从高速公路枢纽、高速铁路枢纽、客运枢纽、机场枢纽等交通设施布局情况对文物资源发展利用的影响进行评价；服务业设施条件结合大型酒店、商业娱乐配套及运管设施等角度对发展利用条件进行评价。

2、外部发展利用条件综合评价

根据上述外部发展利用条件的构成因素及评价因子，对山区26县各县区进行评价，分析其外部条件的优劣与不足，为后续文物资源的重点发展利用提供可靠支撑。综合来看，山区26县目前发展的综合外部条件差距不大，在一定程度上是在同一起跑线上，具有较强的可比性；但是从上述评价因子分项来看，外部条件上仍有较大差异，发展潜力存在一定参差，比如地理区位导致的客源市场条件不同、城市职能导致的基础设施差异等。详见附件（二）。

三、山区26县文物资源保护发展思路与策略

（一）总体思路

1、聚集化

浙江省山区26县的产业、资本、人力等经济社会要素由于地理条件等因素呈现出区域分散的态势。强化文物与产业、资本、自然等资源的高度集聚，会有力推动区域规模发展，通过各种资源的优化配置达到经济、社会效益的最大化。由于山区26县的山地地形特征，使其发展策略更具特殊性，将空间形态研究分为空间集聚和事件集聚两方面，通过对区域文物资源价值特征剖析，在空间聚集的基础上，有针对性地将文物价值特征相近的资源构成事件聚集，以形成山区26县的文化聚集片区。

2、串联化

以诗路文化、革命文化、上山文化、青瓷文化、丝绸之路等主题为线索，串联山区26县文物发展利用的关键展示节点构建空间线路体系，集中力量建设重要节点的重点项目，彼此错位发展，串联成线，在不同发展利用方向对区域形成突出示范。推动重点项目区块承担文旅产业功能，从美食餐饮、休闲农业、创意办公、旅游度假、研学教育、文化娱乐等领域进行联动探索。

3、融合化

多元文化视角的“解码”、跨圈层运作的文化策略，推动传统文化频频“出圈”，为浙江省山区26县文物资源的高质量发展，提供了借鉴的经验。在文化和旅游融合发展战略背景下，完善“文物+”的产业模式：“文物+旅游”，打造优质文物景区，围绕文物景区化建设目标，开展文物工作；“文物+研学”，创新文

物利用模式，增强文化自信，提升文物知名度；“文物+文创”，赋予了文物新的生命，让文物“活”起来，走进人们视野。不断加深文物与其他领域融合趋势，彰显“跨界融合”的合作发展理念。

4、数字化

基于数字技术、大数据、人工智能等科技，文物事业也开始升级转型，推动数字技术与文物保护、文化旅游等深度融合，通过紧密连接政府端、企业端、个人端，搭建起良性共赢的发展利用生态链，满足不同文物使用者的体验和需求，结合当前数字化改革、文博数字化平台、保护与展示数字化，不断提升文物保护利用工作效能，在山区26县文物发展利用实践中应成为其探索的新方向。

5、社群化

鼓励和支持社会力量参与文物保护利用，是健全社会参与机制，推动文物保护利用改革和文物事业高质量发展的重要举措。文物资源的发展利用不应仅仅是政府和文物部门的责任，公众社会群体及个人都有权利和义务将文物资源的发展利用作为自身的一项事业，在山区26县整体经济条件相对落后的情况下，应该鼓励各类社会群体及个人以不同的形式参与其中，强调情怀共鸣，通过物质文物资源与非物质文化资源的互补，更好地展示山区26县文物发展利用的故事情景。

（二）空间布局

山区26县自然山水和人文景观资源丰富，相映生辉；同时也因自然地理阻隔、交通不便等因素影响，致使山区26县文物保护利用呈现点状分散式、互联缺失的局面。基于山区26县文物资源现状梳理的成果，提出“三区、四线、八片、多点”的总体空间格局，加强空间连结和线索链接，引导山区26县文物保护利用高质量发展，推进共同富裕示范区建设。

1、三区

受自然环境、行政区划、经济状况、移民、交通等因素的影响，在一定时期演变下，地方文化不断渗透、整合，形成具有相似或相同文化特质的地理区域，即文化区。根据现有的文化区研究成果以及现状评估结果，将山区26县大致划分为以下三个文化区：

浙中丘陵盆地文化区：以金衢为

主要承载空间，地形以盆地、山地、丘陵为主，属钱塘江流域，文化一定程度上受邻近的江西、徽州影响，商帮文化和浙西建筑文化显著。距今约一万年前出现上山文化，它是人类稻作文明的发祥地，也是中国最早的初级村落。现今浙中地区古村落、古民居资源仍富有相当特色，星状散布、古朴优美。建议构建以浙江民居、宗族文化为核心的文化价值体系，形成金衢盆地文化核心区域，以文化集聚形成文化规模效益。

浙西南山地文化区：以松阳、丽水、龙泉、泰顺等分散的山地空间为基础，山地山峦层叠、坡陡谷深，山区乡土建筑密集，是浙江红色革命的活跃地区，也是畲族在浙江世居的区域。建议构建以山地村落、木拱廊桥、龙泉窑、革命文化为核心的文化价值体系，在区域层以分散点状的形态，与山地景观环境相融合，形成散点式文化布局。

浙东南沿海文化区：以温台地区为主要承载空间，面向海洋，相互之间有海道相联系，“山海”文化是该区最主要的文化特征，是历代海防的重点区域，因而海洋文化显著，也是浙江佛道文化主要体现区域。建议构建以“海洋文化”、为核心的文化价值体系，结合当地生态景观特点，形成以海洋海防、革命文化、民居文化资源结合绿水青山生态资源的复合空间。

2、四线

以全省文化空间格局为基调，研究山区26县具有代表性的文化重要线索，以此为主题串联主要节点县区和重点项目，形成四条主线，协调地域文化发展。

瓯江山水诗路：以瓯江山水为链，依托古堰画乡、云和梯田、楠溪江、雁荡山等名胜，延庆寺塔、玉海楼、仙都摩崖题记、南明山摩崖题刻等古迹，龙泉青瓷、木拱廊桥、青田玉雕等特色非遗技艺，展现山水诗路印象。重点推进云和梯田、古堰画乡、伯温故里等景区的文物保护利用工程，着力推进文化旅游融合发展，促进共同富裕。

浙东唐诗之路：主线沿曹娥江——剡溪——椒（灵）江，延伸至山区26县中的天台、仙居等县，依托天台山、神仙居等资源，串联打造集名人名作、佛宗道源、海岛风情于一体的精品主题线路，加深山海协作，优势资源互补，携手走向共富。

钱塘江诗路：主线沿钱塘江——富春江——新安江——兰江——婺江——衢江，涉及山区26县中淳安、武义及衢州各县区，依托钱塘江上下游沿线名城、名江、名湖，新安文化、衢州文化、婺文化等呈现的名人名学，衢州古城、金衢古村落、南孔胜地、千年森林古道等古迹名胜，把人文与自然、文脉与山水、遗产与景区有机结合，开发水上诗路精品主题线路，加强上下游联动，以旅游等带动乡村振兴、山县共富。

革命文化线路：以革命力量及军事遗存、重要人物、党组织的重大事件为线索，以浙西南革命根据地、红十三军、北上抗日先遣队和红军挺进师等为重点，通过串点成线，整合革命文物资源，策划主题突出、构成多样的革命文物展示线路，建立多条精品红色文化旅游线路，助力革命老区实现共同富裕。

3、八片

根据山区26县文物资源聚集程度和历史文化价值提炼，结合区域文化发展方向，形成八个文物资源保护利用聚集片区，包括：

永嘉片区：以楠溪江流域为核心，该片区既具“水长而美”的楠溪江山水胜景生态资源、写照社会背景和宗族文化的楠溪江流域传统村落，又有记录奇山秀水和人文史迹的山水诗画，是生态人文一体化发展的样板地。围绕“瓯江山水诗路核心地”建设，实施文化基因解码工程，做大做深楠溪江“宋文化”“瓯文化”，聚焦枫林千年古城复兴、江南宋村、宋韵楠溪等重大项目；强化瓯窑文化旅游，依托坦头窑遗址，建设瓯窑遗址公园、瓯窑文化博物馆；扩大文旅品牌效应，创新活化利用古村落资源，融合“艺术家驻村”、乡村音乐漫都、沉浸式景观秀、“永受嘉福”文创产品，打造文旅融合重点IP。

衢州片区：以衢州市区、龙游县为核心，辐射至常山、开化两县，域内有万年上山文化遗址，千年姑蔑文化遗址，又有数量众多，类型丰富的民居、祠堂文物，是传统人居环境营造和人文聚落生活生产的真实反映。围绕“传统人居环境示范地”发展方向，促成荷花山遗址在内的“上山文化遗址群”申遗，构建对外宣介的窗口——荷花山考古遗址公园，用好用足世界文化遗产影响力；推动姑蔑文化遗址的考古与研究工作，结合保护利用项目，尽快擦亮“姑蔑文化”金名片；深入发掘南孔文化、宋韵文化、商帮文化底蕴，结合民居、祠堂资源，打造南孔文化样板区、宋韵文化样板区，共建商帮家园，推动文化与产业双向赋能。

千岛湖片区：以新安江流域千岛湖为核心，该区域是国家重点生态功能区亦是杭州市特别生态功能区，湖光山色和人文聚落相映生辉。围绕“新安文化传承高地”的发展目标，以“钱塘江诗路文化带”为廊，以西湖——淳安山海协作生态旅游文化产业园为发展极核，以特色文化街区、小镇、村落为点，“点——线——面”结合，释放文化产业集聚效应；实施新安江流域文明之光探源工程、千岛湖建设发展史记忆库工程、浙西南红色革命传统传习工程、“两山”文化遗产大保护工程等四大文化工程，推动淳安文化振兴；打造一批以芹川村、里商村、白马村、茶山村等为重点的传统文化村落；加强对淳安竹马、三角戏、青溪龙砚制作技艺等优秀非遗项目资源的保护传承。

松阳——莲都——云和片区：以松阳为核心，向外辐射至莲都区和云和县，该区域分布有众多人类聚居，世代延续的传统村落，凝聚人类传统生产智慧的水利、农耕遗产，是中国农耕文明集中代表性区域。围绕“农耕文化传承区”主题，创新“国家公园”建设理念，以“全域大花园”为目标追求，按照“整体化、品牌化、景区化”的建设思路，着力破解传统村落保护、农业生态保护与城乡建设发展的矛盾，努力打造全面展示浙江农耕文化独特韵味、充分彰显中国乡村别样魅力的“最美田园风光大花园”和“国家传统村落公园”。以松古盆地为农耕文明传承示范带，协同古堰画乡景区（碧湖平原农耕片区）、松阴溪水利风景区、云和梯田景区等，把村落、农耕、山水作为一个有机整体开展规划、保护和建设。实施传统村落格局和历史风貌整体保护工程，对传统村落核心区域和周边区域建房进行控制和引导；实施梯田稻米、水利农耕等生态系统修复工程，全面保护提升生态湿地、古树名木和水利系统，引导农民调整农作物种植结构，美化农田生态景观，优化“村落、农耕、山水”格局。

龙泉——遂昌片区：以遂昌龙洋乡王村口镇红色文化、龙泉小梅镇上垟镇瓷窑文化为核心，依托天后宫、宏济桥、蔡相庙等挺进师旧址遗迹、乌溪江、大窑龙泉窑遗址、龙泉宝溪景区、中国青瓷小镇等资源基础，充分挖掘该区块的红色文化和瓷窑文化，引入主题酒店、红色情景体验、瓷窑工艺体验、特色村庄（街区）等。从历史文化、生活生产出发，衍生度假、休闲、展示、体验等旅游产品，进一步发展王村口红色古镇旅游综合体、龙泉住龙红色景区等；逐步完善大窑龙泉窑国家考古遗址公园的景区化配套设施，做好古窑址的保护与修缮工作，结合瓷窑文化非遗代表性项目跨产业融合，打造青瓷窑址文化与红色革命文化的联动发展之路。

平阳——苍南片区：以平阳、苍南两县为界，依山傍海，域内有丰富的海洋文化资源，又具深厚的红色文化底蕴，是山区26县中滨海区域的重要代表。围绕“红蓝融合”的发展理念，逐步发掘平阳、苍南两县浙南革命老区的红色文化内涵，以凤卧——山门、五岱山——矾山——大渔湾两条红色旅游线路为轴线，打造研学旅游特色的A级旅游景区，结合生态康养、滨海度假等功能区，完善旅游设施的建设，整合资源升级旅游业态，完善旅游产品体系，重点培育红色研学小镇、红色红军剧场等文化景区新赛道。以中国浙江省委党校平阳分校为平台，推进红色遗址遗迹保护和红色基因解码工作，延伸红色观光、红色教育、红色文创、红色演艺、红色运动、红色美食、红色住宿等，增强红色旅游吸引力，强化红色景区基础配套。

天台——仙居片区：以天台、仙居两县为界，依托天台山、神仙居独具魅力的地理景观，域内留有众多佛禅道源宗教文化遗产。围绕“山水神秀，佛宗道源，唐诗之路”特色主题，推陈出新文旅融合活动，通过天台山和合文化节、浙东唐诗之路高峰论坛、唐诗研学旅行，打响区域文化品牌影响力；加强浙东唐诗之路沿线古迹古道的保护修缮和唐诗文化植入，建立国清寺——赤城山（梁妃塔、紫云洞、玉京洞）——桐柏宫——琼台双阙——方广寺（石梁飞瀑）——华顶讲寺为主脉络的“浙东唐诗之路—天台段”、南峰寺、括苍洞等古寺洞天等文化遗产专项保护资金，结合环境修复，打造寺、观、洞、塔、古木、山体、石径复合交融的风貌样板区。

庆元——泰顺——景宁片区：以泰顺县为核心向庆元、景宁两县辐射，以廊桥文化为基调，挖掘廊桥与古村落、民间习俗等文化资源，着力开展“廊桥文化旅游节”为代表的系列主题节庆活动。以未来乡村试点为契机，积极推进乡村游客接待中心、廊桥展示中心、宜居生活设施的建设工作。优化国家A级旅游景区的布局，结合红绿文化和生态资源，积极打造廊桥主题的复合性国家级旅游度假区，同时在核心区域打造一处高星级酒店，完善三县联动快速交通网络形成合力，为闽浙木拱廊桥申遗工作打好坚实基础。

4、多点

以山区26县中具有鲜明价值特色但又分散于各县的点状文物资源为重点，实施保护利用工程，打造一批富有特色的“文化名片”，形成多点散布、百花齐放的格局。拟推荐“点”：芹川村（淳安县）、姑蔑国王陵、衢州古城（衢州市区）、仙霞古道（江山市）、红色古镇王村口（遂昌县）、松阳老屋（松阳县）、大窑龙泉窑（龙泉市）、云和梯田（云和县）、通济堰（莲都区）、时思寺（景宁）、廊桥（泰顺县）、吕祖谦及家族墓（武义县）、下汤遗址（仙居县）、国清寺（天台县）、平阳革命根据地（平阳县）、楠溪江古建筑群（永嘉县）、括苍古道（缙云县）、刘伯温故里（文成县）、荷花山遗址（龙游县）、玉山古茶场（磐安县）。

（三）基本策略

1、完善文物资源数据库，深入挖掘价值特色

进一步做好山区26县文物资源调查，完善文物资源数据库和“两划”录入工作，建立数据共享与动态维护机制。深化山区26县特色文化研究，有序组织解码文化基因，依托价值突出、内涵丰厚的珍贵文物，推进上山文化、青瓷文化、宋韵文化、农耕文化、名人文化、祠堂文化、革命文化等重要文化标识的价值挖掘，提升山区26县文物资源阐释能力，努力打造“重要窗口”中的亮丽之窗。

2、活化利用文物资源，推进“文物+N”融合发展

在文物保护的基础上，积极推动文物合理适度利用。对具体保护修缮和环境整治工程项目给予政策和技术倾斜，在守好保护底线的前提下，通过“微改造、精提升”促进文物资源转化、助力共同富裕。推进“文物+旅游、研学、文创、土产、影视演艺、教育、两山、健康、农业、交通……”高质量融合发展，开发文物主题旅游研学线路，鼓励文物赋能文创、土特产、影视演艺等产业，发挥博物馆与学校教育深度合作的资源优势，努力让文物“活”起来，带来更多的社会效益和经济效益。

3、加强跨县协同联动，促进山海互济携手共富

建立文物领域的山海协作机制，推动陆海之间资源互补、产业互动、布局互联，依托现有平台，进行更深层次、更加频繁的“双向互动”。基于特色文化标识、重要文化线路，促进跨县市的重要文化遗产相关市县协调联动，加强地区间协同合作。围绕“诗路”文化带建设、大花园建设、十大海岛公园建设、千年古城复兴、乡村振兴等中心工作，跨区跨界多维联动，推进文物资源转化，产业融合发展。

4、聚焦文物关键领域，谋划标志性重点项目

围绕山区26县文物资源保护传承利用协调推进目标，聚焦申遗预备、农业文章、遗址旅游、老屋村落、红绿融合、古城复兴等六个关键领域，集中谋划一批标志性重点项目进行试点工作。

（1）依托“申遗预备”工程：从浙江省不可移动文物资源中遴选具有申遗潜力的典型性文化遗产，争取海上丝绸之路（大窑龙泉窑遗址）纳入我国世界文化遗产申报正式提名项目，推进浙江青瓷窑遗址、闽浙木拱廊桥（泰顺廊桥）等中国世界文化遗产预备名单的申遗前期工作，争取上山文化遗址（龙游青碓遗址、龙游荷花山遗址、龙游下库遗址、仙居下汤遗址、武义大公山遗址）列入中国世界文化遗产预备名单，努力打造浙江世界文化遗产之窗。

（2）依托“农业文章”工程：进一步挖掘万年上山遗址、丽水通济堰等农业文化遗产的文化价值，同步完善茗岙梯田、云和梯田、青田稻鱼等景区化措施，提高现代化农业附加值，将农业文化遗产工作放入共同富裕大场景中谋划推动，更好发挥其推动经济社会发展的作用，探索农业文化遗产动态保护与可持续发展的浙江路子。

（3）依托“遗址旅游”工程：聚焦浙江特色文化，深入挖掘弘扬浙江特色文化深厚内涵，着力推进“遗址+旅游”的传承发展模式，加强大窑龙泉窑遗址、遂昌好川遗址、下汤遗址及荷花山遗址等保护，结合旅游风景名胜区、森林公园等项目，建设文化复合性景区，以生态文化、青瓷文化、茶文化、矿产工业文化等特色文化为重点，深化浙江特色文化遗产资源保护、研究、传承和传播。

（4）依托“老屋村落”工程：以龙游县、永嘉县、缙云县、景宁县等传统村落保护为抓手，以“松阳拯救老屋”为案例，结合现有楠溪江、龙游石窟、云中大漈等一系列景区，打造镇村一体、居业游共享的核心区。按照“点状激活、串珠成线、辐射全域”的思路，建设若干个以古村落为核心的大公园式景区。

（5）依托“红绿融合”工程：充分挖掘全省革命文物资源价值，以松阳浙西南革命根据地、丽水中共浙江省委机关旧址、龙泉住龙景区、永嘉革命旧址、泰顺革命旧址及平阳革命旧址等为重点，实施革命文物展示设施建设和环境整治项目，并通过串点成线， 整合革命文物资源与森林公园、湿地公园及水利河道等生态资源，建设若干革命文物保护利用引领性工程。

（6）依托“古城复兴”工程：千年古城复兴计划是加快推进浙江文化强省建设提供了重要路径，依托莲都碧湖镇、松阳古市镇的“古城复兴”特色产业基础和文旅产业优势，加快历史文化与现代产业相互促进，推动特色产业复兴，建设4A级景区镇，争创5A级景区镇，打造“文旅融合，产业创新，特色鲜明”的特色产业标杆。

（四）保障措施建议

1、加强组织领导。建议成立山区26县文物发展利用建设工作领导小组，加强顶层设计与项目落地的有效衔接，健全协调机制，统筹推进一批浙江省山区26县文物发展利用试点项目。省级文物主管部门与26县分管领导作为领导成员，结合试点项目所在地区各自职能，明确责任分工，建立长效机制，形成工作合力。试点项目相关县区组织编制本级文物发展利用试点项目建设方案，成立领导机构，明确工作职责。

2、强化政策保障。统筹利用领导小组成员职能资源，强化政策支持的整体性、系统性、协同性、可持续性。试点项目所在地区财政统筹资源，设立的相关专项资金、基金应当按照规定加强对山区26县文物发展利用试点项目的支持。鼓励公民、法人和其他组织通过捐赠等方式参与试点项目相关资金，引导社会资本参与建设。强化对非物质文化遗产和文化创意产业等的知识产权保护。

3、建立考核机制。将山区26县文物发展利用工作纳入省政府对各相关县（区）级职能部门的综合考评，督促各方提高工作效率。在山区26县年度工作评估的基础上，开展文物发展利用工作及试点项目建设实施评估，通过第三方评估、满意度调查等方式，定期对试点项目进行跟踪调查、监测评估和动态调整，确保省级文物主管部门顶层设计落实到位，高质量推进浙江省级山区26县文物发展利用建设工作。

4、广泛宣传引导。加强广播、电视、报纸等媒体宣传，深入解读山区26县文物发展利用的工作理念，制作通俗易懂的宣传手册，积极利用微信、微博、抖音等新媒体方式进行推广。支持广大市民参与浙江省级山区26县文物发展利用建设工作，建立共建共享、共同管理的实施机制，营造全社会关心、支持、参与的良好氛围。

附件

（一）山区26县各县（市、区）国省保数量统计表

县（市、区）	所属地级市	国保单位		省保单位（处）		国省保总数（处）	三普点（处）
		数量（处）	名录	数量（处）	名录		
龙游县	衢州	7	关西世家、绍衣堂和横山塔、鸡鸣山民居苑、三槐堂、三门源叶氏民居、湖镇舍利塔、小南海石室	34	龙游风水塔、白洋垅窑址群、方坦窑址、横山蔡氏民居、天池许氏民居、翁坞诸氏民居、志棠雍睦堂、志棠建筑群、志棠邵氏宗祠、荷花山遗址、下田畈黄氏民居、叶家叶氏家庙、余绍宋故居、大南门历史街区建筑群、姜席堰、芝塘金金氏宗祠、华岗故居、刘家永和堂、沐尘郑家大院、上堤花厅、大公朱氏宗祠、石佛胡氏民居、三门源古建筑群、西垣蒋氏宗祠、石佛探花厅、里余余氏小厅、泽随建筑群、莲塘瑞森堂、龙游楼上厅建筑、余端礼墓、灵下应氏民居、溪口翁氏大院、塔石溪桥群、丁氏节孝坊	41	1642
永嘉县	温州	5	红十三军军部旧址、金昭牌坊和宪台牌坊、芙蓉村古建筑群、楠溪江宗祠建筑群、坦头窑遗址	16	埭头村乡土建筑、楠溪江宗祠建筑群（省）、荆州绿幛太阴宫壁画、蓬溪谢氏宗祠、花坦古建筑群、阳岙朱宅、南垟村乡土建筑、吴超征故居、西源三官亭、梅坦谷宅、溪口李氏大屋、戴蒙书院（含戴蒙故居）、溪下金氏宗祠、岩坦戴氏宗祠、屿北村乡土建筑、花亭（含丽水桥）	21	3021
苍南县	温州	5	蒲壮所城、矾山矾矿遗址、赤溪五洞桥、护法寺桥和塔、浙南石棚墓群	9	挑矾古道、凤阳窑址、金山古井、金山飞亭、张琴墓、矴步头谢氏民居、碗窑村乡土建筑、界牌浙闽界碑、藻溪杨府宫	14	604
泰顺县	温州	5	玉岩包氏宗祠、泰顺廊桥、仕水矴步、雪溪胡氏大院、泰顺土楼	9	泰顺抗战阵亡将士纪念碑、泰闽桥红军桥岭北水屋桥、罗阳石亭、严山董家大院、回澜桥、中共闽浙边临时省委成立旧址、前坪张氏厝屋、新厝下林宅、雅阳林一牧墓	14	1194
柯城区	衢州	4	衢州城墙、孔氏南宗家庙、北二蓝氏宗祠、周宣灵王庙	13	徽州会馆、天皇巷天后宫、衢州孔氏民居、衢州书院、神农殿、九华乡土建筑、大岭背古道、衢州侵华日军细菌弹投放点旧址、达源号钱庄、巨化电石工业遗址、麻蓬天主教堂、国民政府空军第十三总站遗址、赵抃墓、祠	17	1532

县（市、区）	所属地级市	国保单位		省保单位（处）		国省保总数（处）	三普点（处）
		数量（处）	名录	数量（处）	名录		
庆元县	丽水	4	西洋殿、吴文简祠、处州廊桥、大窑龙泉窑遗址	8	庆元廊桥、坑井吴氏宗祠、吾际下姚氏宗祠、胡紘夫妇墓、大济古驿道、卢福庙、潘里垄瓷窑址、黄坛季氏宗祠	12	702
平阳县	温州	3	顺溪古建筑群、栖真寺五佛塔、浙南石棚墓群	16	钱仓摩崖题记、中国共产党浙江省第一次代表大会会址——平阳冠尖及马头岗村、红军挺进师驻地（平阳）旧址、中共浙江临时省委成立旧址、师儒侍养牌坊、文明塔、南湖赵氏宗祠、会文书院、金钱会起义遗址、宝胜寺双塔、青街李氏池氏大屋、中共闽浙边临时省委机关驻地旧址、抗日救亡干部学校旧址、忠训庙、苏步青故居、凤山遗址	19	700
江山市	衢州	3	三卿口制瓷作坊、江山文昌宫、南坞杨氏宗祠	13	仙霞古道、大陈村乡土建筑、凤里姜氏宗祠、茅坂徐氏宗祠、和睦陶窑群、泉井（含周氏宗祠）、县前粮仓群、达河窑址群、柴村乡土建筑、峡口大公殿、新塘边姜氏宗祠、礼贤城隍庙、张村乡土建筑	16	2062
仙居县	台州	3	仙居古越族岩画群、林应麒功德牌坊、南峰塔和福印山塔	13	苍岭古道、岩石殿石棚墓、石灯柱、安洲山塔、吴芾“赐谥敕牒”碑、刘光求雨摩崖题记、上江垟古建筑群、下汤遗址、卜家岙李氏家族墓、下各东桥、黄梁陈武庙及陈氏宗祠、羊棚头成氏宗祠、羊棚头王氏宗祠	16	730
莲都区	丽水	3	南明山摩崖题刻、通济堰、灵鹫寺石塔	12	谭宅、吕步坑窑址、碧湖建筑群、丽水巾山塔、梁村河桥、西畈花门楼、西溪村乡土建筑、厦河塔、丽水中共浙江省委机关旧址、崇德小学旧址、浙江铁工厂旧址、处州府城墙	15	858
武义县	金华	3	吕祖谦及家族墓、延福寺、俞源村古建筑群	10	王村花厅、毓英塔、岭下汤石祠、忠孝堂、日军侵华掠矿遗址、履坦徐氏民居、发宝象龙塔、石板巷陈家厅、熟溪桥、上甘塔红军标语	13	1615
松阳县	丽水	3	詹宝兄弟牌坊、松阳延庆寺塔、处州廊桥	9	安岱后浙西南革命根据地旧址、石仓乡土建筑、刘氏祖居门楼、黄家大院、青云塔、西三蔡氏民居、何联奎故居、市口进士牌坊、松阳三庙	12	1026

县（市、区）	所属地级市	国保单位		省保单位（处）		国省保总数（处）	三普点（处）
		数量（处）	名录	数量（处）	名录		
龙泉市	丽水	3	浙江大学龙泉分校旧址、大窑龙泉窑遗址、处州廊桥	8	龙泉廊桥、安仁窑址、龙泉革命纪念建筑群、龙泉窑制瓷作坊、龙南菇民建筑群、平水王社庙、云水渠、叶溥故宅	11	970
衢江区	衢州	2	吴氏宗祠、仙岩洞摩崖题记	14	赵抃墓和祠、湖南银矿遗址、两弓塘窑址群、荥阳侯夫人墓、涧峰徐氏宗祠及余氏宗祠、楼山后骏惠堂、楼山后国舅厅、李泽李氏大宗祠、下金大桥、黄甲山塔、蒋村张氏宗祠、下埠头天后宫、相对方氏私己厅及方氏宗祠、葱口洞穴遗址	16	1313
缙云县	丽水	2	河阳村乡土建筑、仙都摩崖题记	13	大溪滩窑址群、九进厅、道门进士第、前岙村卢氏民居、岩下石头建筑群、贤母桥和竞爽桥、慕义桥、白茅云衢坊、仙都石梁桥、独峰书院、双港桥贞节坊石刻、苍岭古道	14	1281
青田县	丽水	2	石门洞摩崖题刻、处州廊桥	9	北山吴氏宗祠、龙现吴氏旧宅（含家庙、宗祠）、裕堂别墅、陈宅古桥群、刘文成公祠、陈诚故居、太鹤山摩崖题记、山口林宅、夏超旧居	11	995
遂昌县	丽水	2	独山石牌坊、好川遗址	9	苏村苏氏大屋（含苏氏家庙）、奕山朱氏宗祠、黄沙腰李氏大屋（含李氏宗祠）、陈家大屋、王村口革命纪念建筑群、南尖岩梯田、蕉川乡土建筑、鞍山书院、长濂村古建筑群	11	1064
磐安县	金华	2	榉溪孔氏家庙、玉山古茶场	6	道德桥、昌文塔、黄余田杨氏宗祠、双峰清德堂、蔡氏宗祠（含钟英堂、下厅民居）、宅口承志桥	8	689
景宁畲族自治县	丽水	2	时思寺、处州廊桥	4	鹤溪潘家大屋、敕木山村畲族民居、严氏节孝木牌坊、景宁孔庙	6	763
天台县	台州	1	国清寺	12	红旗渡槽、张文郁旧居、妙山陈氏宗祠、妙山花楼民居群、水南许氏宗祠群、街头曹氏民居、九遮山垟桥群、张思村乡土建筑、石梁摩崖题记、玉湖七里庙、大房文昌阁、桐柏山摩崖题记	13	496

县（市、区）	所属地级市	国保单位		省保单位（处）		国省保总数（处）	三普点（处）
		数量（处）	名录	数量（处）	名录		
文成县	温州	1	刘基庙及墓	8	大会岭和道岭古道、苦马塘岩葬墓群、依仁灯柱、方坑太阴宫、坦岐炼铁厂旧址、谢林大宅院、玉壶中美合作所旧址、养根施宅	9	831
云和县	丽水	1	云和银矿遗址	6	横山周窑址、林山下石拱桥、梅源梯田、黄绍竑公馆、王家祠堂、石门桥	7	526
开化县	衢州	0	/	17	开化新四军整编旧址、小溪边余氏宗祠、大溪边余公墓、大溪边余氏宗祠、方田太和堂、公淤丰氏宗祠、中共浙皖特委旧址、田畈怡睦堂、霞山爱敬堂、霞山永锡堂、马金街古建筑群、余氏鸣凤堂、余村余氏宗祠、高朱致福堂、正大永言堂、霞山汪氏宗祠（含启瑞堂）、银岭关壕岭关	17	402
常山县	衢州	0	/	14	底角王氏宗祠（含世美坊 ）、大处古建筑群、樊家尚书坊、兴贤塔、球川建筑群、徐氏旧宅、德川行、文峰塔、方文彬故居和傥溪桥、里择祠、胡村建筑群、樊氏大宗祠、岩前民国建筑群、泰安古建筑群	14	975
三门县	台州	0	/	7	三门宗祠群、祁家祁宅、东屏陈氏亚魁第、健跳所城遗址（含蒲西巡检司城）、仙岩洞摩崖石刻、亭旁起义旧址、义丰路160号民居	7	231
淳安县	杭州	0	/	6	龙门塔（含余四山墓 ）、余氏汪氏家厅、铜山铜矿遗址、芹川王氏宗祠、狮城水下古城、淳安方腊起义遗址——方腊洞	6	3206

（二）山区26县各县（市、区）文物保护发展外部条件评估

（1）淳安县

截至2020年11月，淳安县常住人口328957人；2020年，淳安县实现生产总值（GDP）240.62亿元，其中第一产业增加值38.42亿元，增长0.6%，第二产业增加值62.43亿元，下降13.1%，第三产业增加值139.77亿元，下降0.7%。全县按户籍人口计算的人均GDP达到52604元，三次产业结构比为16.0∶25.9∶58.1。

淳安县外部发展利用条件评价表

外部条件因素	外部要素	评价因子
产业经济条件	经济情况与产业互助	全县生产总值位于全省74位，人均GDP约5.3万元；杭州市萧山区等多个区与淳安县达成结对互助任务
政策条件	文物资源类政策	克隆古城，狮城上岸
	文旅发展政策	千岛湖旅游专项政策，景区门票补贴、税费减免、金融支持、房租减免等政策扶持的同时再享新政
客源市场条件	市场客流量	2021年五一期间全县共接待国内外游客63万人，实现旅游经济收入约7.34亿元；十一期间共接待游客115.21万人次
	现状目标市场	客源市场主要为杭嘉湖地区、上海地区等
其他旅游资源条件	风景名胜景区	千岛湖景区、乐水小镇（文渊狮城）两处4A级以上景区，下姜村景区、芹川古村两处3A级村落景区
	名镇/名村/传统村落	
	文化产业园/影视基地	
环境条件	自然灾害条件	以梅汛期、台风等灾害为主
	人为污染	工业以先进制造业、纺织服装业以及食品饮料业为主
交通设施条件	高速公路枢纽	杭黄高铁、杭千高速、千黄高速，拥有5个高速口，每个高速口服务885平方千米
	高速铁路枢纽	2021年五一期间千岛湖站发送旅客4.21万人
	机场枢纽	建德千岛湖通用机场
	客运专线	以千岛湖旅游专线为主，2处客运站
服务设施条件	大型酒店设施	五星级标准酒店17家、四星级标准酒店23家
	商业娱乐设施	以县城为载体的商业旅游服务中心
	运管设施	以淳安千岛湖旅游度假区管理委员会为管理机构

（2）永嘉县

截至2020年11月，永康常住人口964203人；2018年11月，入选2018年工业百强县（市）；2020年12月，社科院发布《全国县域经济综合竞争力100强》，永康排名第47；2020年永康市地区生产总值（GDP）639.78亿元，按可比价计算增长1.6%。

永嘉县外部发展利用条件评价表

外部条件因素	外部要素	评价因子
产业经济条件	经济情况与产业互助	全县生产总值位于全省55位，人均GDP约6.6万元；经济条件位于山区26县排名第二；瓯海区与永嘉县达成山海协作互助
政策条件	文物资源类政策	
	文旅发展政策	永嘉县旅游业发展扶持办法
客源市场条件	市场客流量	2021年春节期间全县共接待游客65.49万人次，实现旅游收入75312.58万元；五一期间共接待游客52.61万人次
	现状目标市场	客源市场主要为温州地区，未来大力开拓上海市场
其他旅游资源条件	风景名胜景区	楠溪江4A风景旅游区、茗岙梯田、革命遗址
	名镇/名村/传统村落	
	文化产业园/影视基地	
环境条件	自然灾害条件	以台风等灾害为主
	人为污染	提升的电镀、金属表面处理、铸造、线路板等行业废水治理设施
交通设施条件	高速公路枢纽	诸永高速，温丽高速及温州绕城高速，拥有7个高速枢纽，每个高速口服务385平方千米
	高速铁路枢纽	温州北站改造工程及楠溪江高铁站正在建设过程中
	机场枢纽	
	客运专线	永嘉客运站、楠溪江客运专线
服务设施条件	大型酒店设施	四星酒店约8家，未来将进驻首家五星酒店
	商业娱乐设施	以瓯北地区为主与温州城区结合紧密
	运管设施	楠溪江景区由楠溪江风景旅游区管理委员会管理，其余以县行政主管部门管理

文物调研

（3）平阳县

截至2020年11月，平阳县常住人口为863166人；2020年，平阳县实现地区生产总值534.51亿元；是南戏的重要发祥地和传承地，是“全国武术之乡”“中国象棋之乡”和“浙江省传统戏剧之乡”；文化名人有“富春山居图”作者黄公望、南宋爱国诗人林景熙、清朝思想家宋恕、当代数学泰斗苏步青、百岁棋王谢侠逊等。有世界生物圈保护区、南麂列岛、南雁荡山等风景区。

平阳县外部发展利用条件评价表

外部条件因素	外部要素	评价因子
产业经济条件	经济情况与产业互助	全县生产总值位于全省51位，人均GDP约6.2万元；经济条件位于山区26县排名第一；乐清县与平阳县达成山海协作互助
政策条件	文物资源类政策	
	文旅发展政策	平阳县支持民宿产业提质富民的扶持奖励政策、平阳县全面推进旅游名县建设扶持办法
客源市场条件	市场客流量	2021年春节期间全县共接待游客14.8万人次，实现旅游收入1.27亿元，其中过夜游游客10.5万人次
	现状目标市场	周边的短途游客为主
其他旅游资源条件	风景名胜景区	南雁荡山4A风景旅游区、南麂山列岛、革命旧址
	名镇/名村/传统村落	
	文化产业园/影视基地	
环境条件	自然灾害条件	以山洪、台风等灾害为主
	人为污染	塑料加工、重金属污染以及水污染情况相对突显
交通设施条件	高速公路枢纽	沈海高速，甬莞高速以及温州绕城高速，拥有3个高速枢纽，每个高速口服务385平方千米
	高速铁路枢纽	平阳高铁站，位于主城区
	机场枢纽	
	客运专线	平阳客运站、水头客运中心
服务设施条件	大型酒店设施	预计入住两家五星酒店
	商业娱乐设施	以鳌江滨水地区、县城、水头镇为载体的商业旅游服务中心
	运管设施	温州雁荡山风景旅游管理委员会

（4）苍南县

截至2020年11月，苍南县常住人口为84.39万人；2020年，苍南县完成地区生产总值363.09亿元，比2019年增长2.9%，实现财政总收入40.4亿元；第一产业增加值28.01亿元，第二产业增加值127.92亿元，第三产业增加值207.15亿元，分别增长2.3%、2.1%和3.5%，第三产业对GDP增长的贡献率为67.2%。三次产业增加值结构为7.7∶35.2∶57.1；甬台温高速公路、沈海高速公路纵贯境内，温福铁路横贯境内，设有苍南站。

苍南县外部发展利用条件评价表

外部条件因素	外部要素	评价因子
产业经济条件	经济情况与产业互助	全县生产总值位于全省63位，人均GDP约4.3万元；经济条件位于山区26县排名第四；龙湾区与苍南县达成山海协作互助
政策条件	文物资源类政策	
	文旅发展政策	关于加快推进全域旅游发展的实施意见、苍南旅游地接奖励办法
客源市场条件	市场客流量	2020年接待游客总人数平均值为416.44万人次，2021年全国县域旅游综合实力百强县
	现状目标市场	以温州和邻近福建周边客源为主
其他旅游资源条件	风景名胜景区	渔寮4A风景旅游区、玉苍山4A风景区、碗窑古村落4A风景旅游区、南浦溪3A风景区、炎亭3A景区、矾山遗址风景区、棕榈湾旅游度假区
	名镇/名村/传统村落	
	文化产业园/影视基地	
环境条件	自然灾害条件	以台风等灾害为主
	人为污染	主要为纺织染工业污染
交通设施条件	高速公路枢纽	沈海高速，甬莞高速，拥有5个高速枢纽，每个高速口服务252.2平方千米
	高速铁路枢纽	苍南站，位于主城区
	机场枢纽	
	客运专线	
服务设施条件	大型酒店设施	2021年入驻四家五星酒店
	商业娱乐设施	以县城为载体的商业旅游服务中心，位于全县中心位置
	运管设施	

（5）文成县

截至2020年11月，文成县常住人口为288168人；2020年，文成县生产总值112.01亿元；革命老根据地县，也是国家重点生态功能区；于1946年从瑞安、青田、泰顺三县边区析置而成，以明朝开国元勋刘基(刘伯温)的谥号“文成”作县名。

文成县外部发展利用条件评价表

外部条件因素	外部要素	评价因子
产业经济条件	经济情况与产业互助	全县生产总值位于全省87位，人均GDP约3.9万元；经济条件位于山区26县排名倒数第四；瑞安市与文成县达成山海协作互助
政策条件	文物资源类政策	
	文旅发展政策	关于印发文成县加快旅游业发展若干扶持政策的通知
客源市场条件	市场客流量	2021年五一期间，全县累计接待游客超过24万人次，实现旅游收入2.68亿元
	现状目标市场	以温州周边客源为主
其他旅游资源条件	风景名胜景区	刘伯温故里5A级旅游景区、铜铃山森林公园4A景区、百丈漈飞云湖4A景区
	名镇/名村/传统村落	
	文化产业园/影视基地	
环境条件	自然灾害条件	以台风等灾害为主
	人为污染	畜禽养殖污染，工业污染较少
交通设施条件	高速公路枢纽	龙丽温高速，拥有1个高速枢纽
	高速铁路枢纽	
	机场枢纽	
	客运专线	
服务设施条件	大型酒店设施	暂无五星级酒店，仅有少量度假酒店
	商业娱乐设施	以县城为载体的商业旅游服务中心
	运管设施	

（6）泰顺县

截至2020年11月1日零时，泰顺县常住人口为265973人；泰顺是国家生态县、国家重点生态功能区，县域森林覆盖率达76.1%；现存各类桥梁970多座，古廊桥33座，15座古廊桥和“仕水矴步”被列为国家级文保单位，被列入国家和省市非遗名录116项；2020年，泰顺县全县生产总值121.99亿元。

泰顺县外部发展利用条件评价表

外部条件因素	外部要素	评价因子
产业经济条件	经济情况与产业互助	全县生产总值位于全省82位，人均GDP约4.6万元；鹿城区与泰顺县达成山海协作互助
政策条件	文物资源类政策	泰顺县文物保护安全工作联席会议制度
	文旅发展政策	泰顺县民宿产业发展扶持新政、泰顺县进一步加快推进旅游主业化发展扶持办法
客源市场条件	市场客流量	2021年春节假期我县景区景点接待游客近63万人次
	现状目标市场	以温州周边客源为主
其他旅游资源条件	风景名胜景区	泰顺氡泉4A景区、矿坑冰城景区、古村落、革命旧址
	名镇/名村/传统村落	
	文化产业园/影视基地	
环境条件	自然灾害条件	以山洪、台风等灾害为主
	人为污染	竹木、石材等加工业颗粒物空气污染
交通设施条件	高速公路枢纽	龙丽温高速，拥有1个高速枢纽
	高速铁路枢纽	
	机场枢纽	
	客运专线	
服务设施条件	大型酒店设施	
	商业娱乐设施	以县城为载体的商业旅游服务中心
	运管设施	

（7）武义县

截至2020年11月，武义县常住人口为462462人；2020年，武义县生产总值（GDP）271.33亿元，其中第一产业增加值15.90亿元，第二产业增加值122.69亿元，第三产业增加值98.82亿元，第一、二、三产业增加值占全县生产总值的比重由上年的7.4：51.4：41.2调整为6.7：51.7：41.6；武义山川秀美，素有“萤石之乡、温泉之城”的美誉。

武义县外部发展利用条件评价表

外部条件因素	外部要素	评价因子
产业经济条件	经济情况与产业互助	全县生产总值位于全省68位，人均GDP约5.8万元；永康市与武义县达成山海协作互助
政策条件	文物资源类政策	武义县文物保护“民办公助”项目简易操作实施细则
	文旅发展政策	武义县人民政府关于进一步推进我县全域旅游发展的若干意见、武义县人民政府关于加快推进全域旅游发展的政策意见
客源市场条件	市场客流量	2021年1—4月全县接待游客122.9万人次，实现旅游综合收入18.3亿元
	现状目标市场	以金华、温州等地区的客源市场为主
其他旅游资源条件	风景名胜景区	大红岩国家级4A风景区、牛头山国家级4A风景区、郭洞景区、台山风景名胜区、石鹅湖风景名胜区
	名镇/名村/传统村落	
	文化产业园/影视基地	
环境条件	自然灾害条件	以台风等灾害为主
	人为污染	造纸、印染、化工、制革、电镀等高能耗污染
交通设施条件	高速公路枢纽	长深高速，拥有1个高速枢纽
	高速铁路枢纽	两处铁路枢纽
	机场枢纽	
	客运专线	
服务设施条件	大型酒店设施	暂无五星级酒店，8家四星酒店
	商业娱乐设施	以县城、泉溪镇、桐琴镇为载体的商业旅游服务中心
	运管设施	

（8）磐安县

截至2020年11月，磐安县常住人口为177161人；拥有玉山古茶场和榉溪孔氏家庙两家“全国重点文物保护单位”和国家自然保护区大盘山；中国药材之乡、中国香菇之乡、中国香榧之乡；2020年，磐安县实现生产总值（GDP）120.70亿元。

磐安县外部发展利用条件评价表

外部条件因素	外部要素	评价因子
产业经济条件	经济情况与产业互助	全县生产总值位于全省83位，人均GDP约6.8万元；东阳市与磐安县达成山海协作互助
政策条件	文物资源类政策	
	文旅发展政策	磐安县旅游投资项目管理办法、金华磐安人民政府关于进一步加快旅游业发展的若干补充意见、磐安县人民政府关于扶持休闲养生旅游业发展的政策意见
客源市场条件	市场客流量	2021年春节期间磐安全县13个A级景区累计接待游客4.08万人次
	现状目标市场	以周边县市游客和留磐企业员工为主
其他旅游资源条件	风景名胜景区	大盘山风景区、夹溪风景区、玉山古茶场、灵江源森林公园·玻璃栈道、俺老孙农业观光区
	名镇/名村/传统村落	
	文化产业园/影视基地	
环境条件	自然灾害条件	以山洪、台风等灾害为主
	人为污染	塑料产业加工污染
交通设施条件	高速公路枢纽	诸永高速，拥有2个高速枢纽
	高速铁路枢纽	
	机场枢纽	
	客运专线	
服务设施条件	大型酒店设施	暂无五星级酒店，部分度假酒店
	商业娱乐设施	以县城为载体的商业旅游服务中心
	运管设施	

（9）柯城区

截至2020年11月，柯城区常住人口为528847人；有孔氏南宗家庙、城南烂柯山、城北九华山（灵鹫山）等景点，九华立春祭被列入人类非遗；区位优越、交通便捷，浙赣、杭长、衢九、衢宁等铁路线路及杭金衢等高速、国道横贯境内；2020年全区实现地区生产总值236.48亿元，同比增长3.0%。

柯城区外部发展利用条件评价表

外部条件因素	外部要素	评价因子
产业经济条件	经济情况与产业互助	全县生产总值位于全省75位，人均GDP约4.4万元；余杭区与柯城区达成山海协作互助
政策条件	文物资源类政策	
	文旅发展政策	柯城区关于全面推进旅游业高质量发展的若干政策意见
客源市场条件	市场客流量	2021年春节期间，全市景区接待总人数196.7万人次
	现状目标市场	来衢游客主要来源地为浙江省内，年龄结构趋于年轻化，30岁以下占比62.4%
其他旅游资源条件	风景名胜景区	城北九华山（灵鹫山）、桃源七里景区、水亭门、三衢石林、江郎山景区、沟溪休闲农业旅游景区、江南儒城·水亭门
	名镇/名村/传统村落	
	文化产业园/影视基地	
环境条件	自然灾害条件	防洪要求
	人为污染	工业固体废弃物污染
交通设施条件	高速公路枢纽	沪昆高速、京台高速，拥有2个高速枢纽
	高速铁路枢纽	1处高铁站，衢州站
	机场枢纽	1处机场
	客运专线	
服务设施条件	大型酒店设施	大型酒店设施较多，主要集中在主城区
	商业娱乐设施	以老城区、高铁新城的衢江两岸为载体的商业旅游服务中心
	运管设施	

（10）衢江区

截至2020年11月，衢江区常住人口为373920人；衢江区是丘陵山区，衢地貌特征是“七山一水二分田”；2020年，衢江区全年全区生产总值（GDP）209.35亿元，比上年增长3.6%。

衢江区外部发展利用条件评价表

外部条件因素	外部要素	评价因子
产业经济条件	经济情况与产业互助	全县生产总值位于全省77位，人均GDP约5.6万元；衢江区与鄞州区达成山海协作互助
政策条件	文物资源类政策	
	文旅发展政策	衢江区全域旅游高质量发展实施意见、衢江区创建省级全域旅游示范区工作考核办法
客源市场条件	市场客流量	2021年春节期间，全市景区接待总人数196.7万人次
	现状目标市场	来衢游客主要来源地为浙江省内，年龄结构趋于年轻化，30岁以下占比62.4%
其他旅游资源条件	风景名胜景区	天脊龙门景区、药王山景区、紫薇星谷景区、盛世莲花农业休闲观光园、红色千里岗景区
	名镇/名村/传统村落	
	文化产业园/影视基地	
环境条件	自然灾害条件	防洪要求
	人为污染	工业固体废弃物污染
交通设施条件	高速公路枢纽	沪昆高速，拥有1个高速枢纽
	高速铁路枢纽	
	机场枢纽	
	客运专线	
服务设施条件	大型酒店设施	主要依托柯城区内相关设施
	商业娱乐设施	主要依托柯城区内相关设施
	运管设施	

（11）常山县

截至2020年11月，常山县常住人口259966人；有“四省通衢，两浙首站”之称，常山县矿产资源丰富，水资源总量13亿立方米，出境水水质常年保持在Ⅱ类水标准；2020年，常山县实现地区生产总值160.14亿元，第一产业增加值8.33亿元，第二产业增加值67.69亿元，第三产业增加值84.12亿元，三次产业增加值结构为5.2∶42.3∶52.5。

常山拥有常山胡柚、球川豆腐、球川雪片糕等特色小吃；三衢国家森林公园是国家一级森林公园，常山喀斯特地貌是常山的特殊地貌。

常山县外部发展利用条件评价表

外部条件因素	外部要素	评价因子
产业经济条件	经济情况与产业互助	全县生产总值位于全省78位，人均GDP约6.2万元；拱墅区、慈溪市与常山县达成山海协作互助
政策条件	文物资源类政策	
	文旅发展政策	常山县创建国家全域旅游示范县工作方案、常山县关于加快推进文化旅游产业发展政策意见（试行）
客源市场条件	市场客流量	2021年常山县旅游人数146.3万人次，旅游总收入14.7亿
	现状目标市场	以服务常山县为主体的游客市场
其他旅游资源条件	风景名胜景区	三衢石林景区、黄塘景区、桃花源景区、不老泉景区、金钉子景区
	名镇/名村/传统村落	
	文化产业园/影视基地	
环境条件	自然灾害条件	防洪要求
	人为污染	工业固体废弃物污染
交通设施条件	高速公路枢纽	沪昆高速、京台高速、杭长高速，拥有6个高速枢纽，，每个高速口服务219.8平方千米
	高速铁路枢纽	常山高铁站，位于主城区周边
	机场枢纽	
	客运专线	
服务设施条件	大型酒店设施	
	商业娱乐设施	主要依托县城内相关设施
	运管设施	

（12）开化县

截至2020年11月，开化县常住人口258810人；是钱塘江的发源地，是国家级生态县，国家级生态旅游示范区；2020年，开化县全年全县生产总值150.5亿元，比上年增长1.5%。

开化县外部发展利用条件评价表

外部条件因素	外部要素	评价因子
产业经济条件	经济情况与产业互助	全县生产总值位于全省79位，人均GDP约5.8万元；上城区与开化县达成山海协作互助
政策条件	文物资源类政策	开化县革命旧址、遗迹保护和利用办法（试行）
	文旅发展政策	开化县促进文化旅游产业高质量发展若干政策
客源市场条件	市场客流量	2021年春节期间，全县景区共接待游客18万多人次，实现旅游收入670多万元
	现状目标市场	
其他旅游资源条件	风景名胜景区	钱江源国家森林公园、古田山国家自然保护区、圣潭沟风景区
	名镇/名村/传统村落	
	文化产业园/影视基地	
环境条件	自然灾害条件	山洪灾害危险区防灾要求
	人为污染	污水污染
交通设施条件	高速公路枢纽	杭长高速、京台高速，拥有2个高速枢纽
	高速铁路枢纽	
	机场枢纽	
	客运专线	
服务设施条件	大型酒店设施	
	商业娱乐设施	主要依托县城内相关设施
	运管设施	

（13）龙游县

截至2020年11月，龙游县常住人口360229人；是浙江东、中部地区连接江西、安徽和福建三省的重要交通枢纽，是传统农业县。2020年，龙游县实现地区生产总值247.61亿元，同比增长4.4%；其中，第一产业增加值15.23亿元，同比增长-5.4%；第二产业增加值104.17亿元，同比增长4.5%（工业增加值83.66亿元，同比增长3.7%），第三产业增加值128.21亿元，同比增长5.6%。

龙游县外部发展利用条件评价表

外部条件因素	外部要素	评价因子
产业经济条件	经济情况与产业互助	全县生产总值位于全省72位，人均GDP约6.9万元；
政策条件	文物资源类政策	
	文旅发展政策	龙游县关于加快推进旅游业高质量发展的实施方案；龙游县推进文旅产业融合高质量发展若干政策
客源市场条件	市场客流量	2020年龙游县全年旅游总人次达到1454.8万人次
	现状目标市场	
其他旅游资源条件	风景名胜景区	龙游石窟、三门源、志棠建筑群、龙游民居苑、龙天红木小镇
	名镇/名村/传统村落	
	文化产业园/影视基地	
环境条件	自然灾害条件	山洪灾害危险区防灾要求
	人为污染	污水污染
交通设施条件	高速公路枢纽	沪昆高速、龙丽温高速，拥有2个高速枢纽
	高速铁路枢纽	龙游高铁站
	机场枢纽	距离衢州机场26公里
	客运专线	
服务设施条件	大型酒店设施	
	商业娱乐设施	主要依托县城内相关设施
	运管设施	

（14）江山市

截至2020年11月，江山常住人口为494412人；主要景点有江郎山景区、清漾景区、廿八都古镇等；杭长高铁、京台（黄衢南）高速、浙赣线铁路贯穿全境；2020年，江山全市生产总值312.64亿元，按可比价格计算，比上年增长1.6%。

江山市外部发展利用条件评价表

外部条件因素	外部要素	评价因子
产业经济条件	经济情况与产业互助	全县生产总值位于全省65位，人均GDP约6.3万元；
政策条件	文物资源类政策	江山市文物保护利用专项资金管理办法
	文旅发展政策	江山市加快文化旅游体育高质量发展的若干政策意见
客源市场条件	市场客流量	2021年国庆黄金周江山市共接待游客29.8万人次
	现状目标市场	立足长三角区域旅客市场资源
其他旅游资源条件	风景名胜景区	江郎山·廿八都景区、清漾村、仙霞关、大陈古村
	名镇/名村/传统村落	
	文化产业园/影视基地	
环境条件	自然灾害条件	山洪灾害防灾要求
	人为污染	
交通设施条件	高速公路枢纽	京台高速，拥有2个高速枢纽
	高速铁路枢纽	江山高铁站
	机场枢纽	
	客运专线	
服务设施条件	大型酒店设施	拥有2处五星级酒店
	商业娱乐设施	主要依托城区内相关设施
	运管设施	

（15）三门县

截至2020年11月，三门县常住人口379469人；2020年，三门县地区生产总值273.39亿元，比上年增长4.4%。其中，第一产业增加值34.91亿元，第二产业增加值114.23亿元，第三产业增加值124.25亿元，人均生产总值为61184元，增长4.5%。

三门县外部发展利用条件评价表

外部条件因素	外部要素	评价因子
产业经济条件	经济情况与产业互助	全县生产总值位于全省67位，人均GDP约7.2万元；
政策条件	文物资源类政策	
	文旅发展政策	关于加快文化产业发展的若干扶持政策（试行）
客源市场条件	市场客流量	2021年国庆黄金周各景区共接待游客76588人次
	现状目标市场	
其他旅游资源条件	风景名胜景区	蛇蟠岛景区、亭旁红色景区、健跳所城遗址、湫水大峡谷、东屏古村
	名镇/名村/传统村落	
	文化产业园/影视基地	
环境条件	自然灾害条件	台风洪涝防灾要求
	人为污染	海洋污染
交通设施条件	高速公路枢纽	沈海高速、甬莞高速，拥有3个高速枢纽
	高速铁路枢纽	三门高铁站
	机场枢纽	
	客运专线	
服务设施条件	大型酒店设施	
	商业娱乐设施	主要依托县城内相关设施
	运管设施	

（16）天台县

截至2020年11月，天台县常住人口474711人；以佛宗道源、山水神秀著称，是国家级生态县、国家生态旅游区等；2020年，天台县实现地区生产总值（GDP）301.70亿元，比去年同期增长3.6%，人均生产总值（户籍口径）50099元。

天台县外部发展利用条件评价表

外部条件因素	外部要素	评价因子
产业经济条件	经济情况与产业互助	全县生产总值位于全省66位，人均GDP约6.4万元；
政策条件	文物资源类政策	
	文旅发展政策	天台县乡村旅游高质量发展推动增收共富实施方案
客源市场条件	市场客流量	2021年度天台县共接待游客402.98万人次
	现状目标市场	浙江、江苏、上海游客市场
其他旅游资源条件	风景名胜景区	天台山景区、后岸村、南屏旅游景区、国清寺、赤城山玉京洞
	名镇/名村/传统村落	
	文化产业园/影视基地	
环境条件	自然灾害条件	山洪防灾要求
	人为污染	
交通设施条件	高速公路枢纽	苏台高速、常台高速，拥有3个高速枢纽
	高速铁路枢纽	天台山高铁站
	机场枢纽	
	客运专线	
服务设施条件	大型酒店设施	拥有3处五星级/高档酒店
	商业娱乐设施	主要依托县城内相关设施
	运管设施	

（17）仙居县

截至2020年11月，仙居县常住人口431888人；是历史文化悠久、人杰地灵的千年古城，有距今7000多年的下汤文化遗址、皤滩古镇、桐江书院，入选2019年度全国投资潜力百强县市；2020年，仙居县全县实现地区生产总值260.50亿元，比上年增长3.5%。

仙居县外部发展利用条件评价表

外部条件因素	外部要素	评价因子
产业经济条件	经济情况与产业互助	全县生产总值位于全省69位，人均GDP约6万元；
政策条件	文物资源类政策	仙居县文化遗产保护中心章程
	文旅发展政策	仙居县关于加快推进全域旅游发展的若干意见
客源市场条件	市场客流量	2020年，仙居县共接待游客1449.69万人次
	现状目标市场	
其他旅游资源条件	风景名胜景区	神仙居景区、永安溪休闲绿道、皤滩古镇、管山村、仙缙古道、下汤遗址
	名镇/名村/传统村落	
	文化产业园/影视基地	
环境条件	自然灾害条件	台风洪涝防灾要求
	人为污染	
交通设施条件	高速公路枢纽	诸永高速、台金高速，拥有6个高速枢纽
	高速铁路枢纽	仙居高铁站（在建，预计2023年通车）
	机场枢纽	
	客运专线	
服务设施条件	大型酒店设施	拥有多处高档酒店
	商业娱乐设施	主要依托县城内相关设施
	运管设施	

（18）莲都区

截至2020年11月，莲都区常住人口为562116人；2020年，莲都区实现地区生产总值406.97亿元，按可比价计算，增长3.3%。

莲都区外部发展利用条件评价表

外部条件因素	外部要素	评价因子
产业经济条件	经济情况与产业互助	全县生产总值位于全省58位，人均GDP约7.2万元；
政策条件	文物资源类政策	
	文旅发展政策	莲都区加快推进文化、旅游、体育产业发展政策意见
客源市场条件	市场客流量	2019年春节莲都区共接待国内外游客30.08万人次
	现状目标市场	
其他旅游资源条件	风景名胜景区	通济堰（古堰画乡景区）、东西岩、丽水中共浙江省委机关旧址、白云森林公园、九龙湿地公园
	名镇/名村/传统村落	
	文化产业园/影视基地	
环境条件	自然灾害条件	山洪内涝防灾要求
	人为污染	工业废水
交通设施条件	高速公路枢纽	溧宁高速、长深高速、温丽高速，拥有2个高速枢纽
	高速铁路枢纽	丽水高铁站
	机场枢纽	莲都机场（在建）
	客运专线	
服务设施条件	大型酒店设施	拥有多处高档酒店
	商业娱乐设施	主要依托县城、景区内相关设施
	运管设施	瓯江风情旅游度假管理中心

（19）青田县

截至2020年11月，青田县常住人口为509053人；拥有的世界农业遗产——青田稻鱼共生系统；2020年，青田县地区生产总值（GDP）249.13亿元，比上年增长2.5%。

青田县外部发展利用条件评价表

外部条件因素	外部要素	评价因子
产业经济条件	经济情况与产业互助	全县生产总值位于全省71位，人均GDP约4.89万元；
政策条件	文物资源类政策	
	文旅发展政策	青田县生态旅游高质量发展助推共同富裕实施方案
客源市场条件	市场客流量	2019年，全县景区累计接待游客28.5万人次
	现状目标市场	
其他旅游资源条件	风景名胜景区	中国石雕城、青田石雕文化旅游区
	名镇/名村/传统村落	
	文化产业园/影视基地	
环境条件	自然灾害条件	山洪内涝防灾要求
	人为污染	工业废水、固体废弃物
交通设施条件	高速公路枢纽	温丽高速，拥有4个高速枢纽
	高速铁路枢纽	青田高铁站
	机场枢纽	
	客运专线	
服务设施条件	大型酒店设施	拥有多处高档酒店
	商业娱乐设施	主要依托县城内相关设施
	运管设施	

（20）缙云县

截至2020年11月，缙云县常住人口为405318人；2020年，缙云县实现地区生产总值243.4亿元，同比增长5.5%。

缙云县境内非金属矿产极为丰富，已发掘的有沸石、凝灰岩、珍珠岩、澎润土、石英砂、萤石等。其中，沸石贮量约3亿吨，居全国第四，质量第一。建材矿产以凝灰岩、花岗岩为主。

缙云县外部发展利用条件评价表

外部条件因素	外部要素	评价因子
产业经济条件	经济情况与产业互助	全县生产总值位于全省73位，人均GDP约6万元；
政策条件	文物资源类政策	
	文旅发展政策	
客源市场条件	市场客流量	2021年春节黄金周缙云县共接待游客12.8万人次
	现状目标市场	以近程客源市场和青年游客为主体
其他旅游资源条件	风景名胜景区	仙都国家级风景名胜区、河阳古民居、大道坛及宗祠古建筑群、大龙门景区、鼎湖峰景区
	名镇/名村/传统村落	
	文化产业园/影视基地	
环境条件	自然灾害条件	山洪内涝防灾要求
	人为污染	
交通设施条件	高速公路枢纽	长深高速、台金高速，拥有2个高速枢纽
	高速铁路枢纽	缙云高铁站
	机场枢纽	
	客运专线	
服务设施条件	大型酒店设施	拥有多处高档酒店
	商业娱乐设施	主要依托县城内相关设施
	运管设施	

（21）遂昌县

截至2020年11月，遂昌县常住人口为194385人；入选了2019年度全国绿色发展百强县市，九龙山自然保护区、白马山避暑胜地等；2020年，遂昌县全年地区生产总值130.81亿元，比上年增长3.4%。

遂昌县外部发展利用条件评价表

<table>
<tr><th>外部条件因素</th><th>外部要素</th><th>评价因子</th></tr>
<tr><td>产业经济条件</td><td>经济情况与产业互助</td><td>全县生产总值位于全省81位，人均GDP约6.7万元；</td></tr>
<tr><td rowspan="2">政策条件</td><td>文物资源类政策</td><td>遂昌县文物保护建筑修缮管理办法</td></tr>
<tr><td>文旅发展政策</td><td>遂昌县加快推进文化、旅游、体育产业发展政策意见</td></tr>
<tr><td rowspan="2">客源市场条件</td><td>市场客流量</td><td>2021年1—12月，遂昌县共接待旅游总人数359.9万人次</td></tr>
<tr><td>现状目标市场</td><td></td></tr>
<tr><td rowspan="3">其他旅游资源条件</td><td>风景名胜景区</td><td rowspan="3">好川遗址、南尖岩景区、神龙谷旅游度假区、遂昌金矿国家矿山公园、千佛山景区、十八里翠国家水利风景区</td></tr>
<tr><td>名镇/名村/传统村落</td></tr>
<tr><td>文化产业园/影视基地</td></tr>
<tr><td rowspan="2">环境条件</td><td>自然灾害条件</td><td>山洪内涝防灾要求</td></tr>
<tr><td>人为污染</td><td></td></tr>
<tr><td rowspan="4">交通设施条件</td><td>高速公路枢纽</td><td>溧宁高速，拥有4个高速枢纽</td></tr>
<tr><td>高速铁路枢纽</td><td>遂昌高铁站（在建）</td></tr>
<tr><td>机场枢纽</td><td></td></tr>
<tr><td>客运专线</td><td></td></tr>
<tr><td rowspan="3">服务设施条件</td><td>大型酒店设施</td><td></td></tr>
<tr><td>商业娱乐设施</td><td>主要依托县城内相关设施</td></tr>
<tr><td>运管设施</td><td></td></tr>
</table>

文物调研

（22）松阳县

截至2020年11月，松阳县常住人口为204880人；松阳是留存完整的“古典中国”县域样板，中国国家地理把松阳誉为“最后的江南秘境”；2020年，松阳县地区生产总值（GDP）119.49亿元，同比增长2.8%。

松阳县外部发展利用条件评价表

外部条件因素	外部要素	评价因子
产业经济条件	经济情况与产业互助	全县生产总值位于全省84位，人均GDP约5.8万元；
政策条件	文物资源类政策	松阳县古市镇千年古城核心区保护发展扶持政策；松阳县历史文化名城沿街建筑和传统建筑保护修缮利用实施意见
	文旅发展政策	松阳县人民政府关于推动生态旅游业高质量发展的若干意见
客源市场条件	市场客流量	2019年1—12月，松阳县共接待游客72.24万人次
	现状目标市场	省内主要为杭州、金华、温州；省外主要为上海、江苏
其他旅游资源条件	风景名胜景区	箬寮—安岱后景区、大木山骑行茶园、松阴溪水利风景区、延庆寺塔、浙西南革命根据地、界首村、黄家大院、卯山森林公园
	名镇/名村/传统村落	
	文化产业园/影视基地	
环境条件	自然灾害条件	山洪内涝防灾要求
	人为污染	
交通设施条件	高速公路枢纽	溧宁高速，拥有2个高速枢纽
	高速铁路枢纽	松阳高铁站
	机场枢纽	
	客运专线	
服务设施条件	大型酒店设施	拥有多处豪华/高档酒店
	商业娱乐设施	主要依托县城、古村落等相关设施
	运管设施	

（23）云和县

截至2020年11月，云和县常住人口为129216人；主要景点有云和湖、梅源梯田等；2020年，云和县全县实现生产总值（GDP）869947万元，比上年增长5.8%。

云和县外部发展利用条件评价表

外部条件因素	外部要素	评价因子
产业经济条件	经济情况与产业互助	全县生产总值位于全省88位，人均GDP约6.74万元；
政策条件	文物资源类政策	
	文旅发展政策	
客源市场条件	市场客流量	2019年国庆期间，云和县重点景区共接待游客25万人次
	现状目标市场	
其他旅游资源条件	风景名胜景区	云和湖仙宫景区、云和梯田、江南畲族风情村、白云森林公园、云和银矿遗址、紧水滩水力发电工程
	名镇/名村/传统村落	
	文化产业园/影视基地	
环境条件	自然灾害条件	山洪内涝防灾要求
	人为污染	
交通设施条件	高速公路枢纽	溧宁高速、长深高速，拥有3个高速枢纽
	高速铁路枢纽	
	机场枢纽	
	客运专线	
服务设施条件	大型酒店设施	拥有多处豪华/高档酒店
	商业娱乐设施	主要依托县城、景区等相关设施
	运管设施	

（24）庆元县

截至2020年11月，庆元县常住人口为142551人；2020年，庆元县全年地区生产总值（GDP）78.93亿元，按可比价格计算，比上年增长2.1%。

庆元县外部发展利用条件评价表

外部条件因素	外部要素	评价因子
产业经济条件	经济情况与产业互助	全县生产总值位于全省89位，人均GDP约5.5万元；
政策条件	文物资源类政策	庆元县文物安全大整治行动实施方案
	文旅发展政策	关于支持山区26县乡村全面振兴加快农民农村共同富裕的意见
客源市场条件	市场客流量	2020年五一期间，庆元县重点景区共接待游客1.2万人次
	现状目标市场	
其他旅游资源条件	风景名胜景区	百山祖国家级自然保护区、巾子峰森林公园、月山村、大济村
	名镇/名村/传统村落	
	文化产业园/影视基地	
环境条件	自然灾害条件	山洪内涝防灾要求
	人为污染	
交通设施条件	高速公路枢纽	长深高速，拥有1个高速枢纽
	高速铁路枢纽	
	机场枢纽	
	客运专线	
服务设施条件	大型酒店设施	
	商业娱乐设施	主要依托县城等相关设施
	运管设施	

（25）景宁畲族自治县

截至2020年11月，景宁畲族自治县常住人口为111011人；畲族歌舞、服饰、语言、习俗、医药等传统文化传承和发展良好；2020年，景宁畲族自治县地区生产总值为74.76亿元，同比增长3.5%。

景宁县外部发展利用条件评价表

外部条件因素	外部要素	评价因子
产业经济条件	经济情况与产业互助	全县生产总值位于全省90位，人均GDP约6.7万元；
政策条件	文物资源类政策	景宁畲族自治县人民政府关于进一步加强文化遗产保护工作的实施意见
	文旅发展政策	
客源市场条件	市场客流量	2020年国庆期间，景宁重点旅游景区共接待游客14万人次
	现状目标市场	
其他旅游资源条件	风景名胜景区	云中大漈景区、大均畲乡之窗景区、时思寺、景宁孔庙、江南畲族风情文化村、草鱼塘森林公园、寨山烈士陵园
	名镇/名村/传统村落	
	文化产业园/影视基地	
环境条件	自然灾害条件	山洪内涝防灾要求
	人为污染	
交通设施条件	高速公路枢纽	龙丽温高速，拥有3个高速枢纽
	高速铁路枢纽	
	机场枢纽	
	客运专线	
服务设施条件	大型酒店设施	拥有多处豪华/高档酒店
	商业娱乐设施	主要依托县城、特色村等相关设施
	运管设施	

（26）龙泉市

截至2020年11月，龙泉常住人口为248866人；著名的青瓷之都、宝剑之邦；2020年，龙泉地区生产总值达147.2亿元。

龙泉市外部发展利用条件评价表

外部条件因素	外部要素	评价因子
产业经济条件	经济情况与产业互助	全县生产总值位于全省80位，人均GDP约5.9万元；
政策条件	文物资源类政策	丽水市大窑龙泉窑遗址保护条例
	文旅发展政策	龙泉市加快旅游业发展扶持政策
客源市场条件	市场客流量	2020年国庆期间，龙泉市重点旅游景区（景点）共接待游客32.5万人次
	现状目标市场	
其他旅游资源条件	风景名胜景区	中国青瓷小镇、龙泉宝溪景区、龙泉住龙景区、白云岩风景名胜区、凤阳山国家级自然保护区、大窑龙泉窑遗址、龙泉山景区
	名镇/名村/传统村落	
	文化产业园/影视基地	
环境条件	自然灾害条件	山洪内涝防灾要求
	人为污染	工业固体废弃物
交通设施条件	高速公路枢纽	龙浦高速、长深高速，拥有7个高速枢纽
	高速铁路枢纽	龙泉高铁站
	机场枢纽	
	客运专线	
服务设施条件	大型酒店设施	拥有多处高档酒店
	商业娱乐设施	主要依托主城区等相关设施
	运管设施	

数字化改革背景下的博物馆 IP 授权与文创开发现状调研报告

中国丝绸博物馆

前言

随着博物馆数字化改革工作的推进，国内博物馆文创事业取得了前所未有的发展，博物馆文创开发模式、产品种类、销售及推广呈现诸多新成果。但也表现诸多困境，如产品创新力不足，人才匮乏、产业链不完善、缺乏资源整合平台；中小型博物馆自主研发资金、人力不足，IP授权缺乏企业合作；大型博物馆虽然文物、人力、资金资源有优势，但公益一类博物馆无法盈利等问题，致使多家博物馆文创发展受阻。

此调研报告根据实地调研法、文献调查法、访问调查法、问卷调查法等研究方法，整理出国内博物馆文创发展现状、相关政策、IP授权、数字文创、销售及运营平台等相关数据，找出博物馆文创发展的难点、痛点，通过优秀案例分析，总结经验，为促进博物馆文创发展提供参考依据。

1.博物馆数字化对文创发展的影响

2016年，国家文物局联合五部门发布的《“互联网+中华文明”三年行动计划》(文物博函 f201611944号)相继出台，“互联网+博物馆”的产业升级模式正式被确立。2019年，国家文物局发布《博物馆馆藏资源著作权、商标权和品牌授权操作指引(试行)》，将数字信息资源界定为——“包括以数字化处理的博物馆藏品和博物馆建筑的文字介绍、图像、视频、三维模型等，以及对博物馆藏品的文化内涵、与藏品相关的文化背景、博物馆的文化内容，进行深度发掘和梳理的一切资料的数字化资源”。

1.1 博物馆文物数字化采集为

文创IP授权提供海量资源

2016年至今，国内博物馆通过数位影像技术、数据处理技术、移动互联网技术等手段采集文物藏品的高清数码图片、文字标识、音频影像、3D模型等数字化的文化符号，使授权对象以数字资源形态被发掘、整理和确权。如甘肃省博物馆借助数字化技术提取文化资源的图像、文字、标识、声音、影像，以数字化符号的形式进行保存、建档，并在此基础上对这些文化符号进行授权。

部分博物馆建立了文物藏品数据库，并通过网络对外发布数字化的授权标的物。2015年敦煌研究院启动“数字敦煌”项目，利用现代数字技术先后建成了数字敦煌数据库、数字资源永久保存系统。2019年故宫博物院建成业内最大的授权数据库——故宫博物院数字文物库，超过百万件/套文物基础信息，近万张精选文物影像，并对拥有版权的影像资源提供授权服务，为公众提供相关影像的授权。

1.2 博物馆数字化加速推进文创工作的数字化

1.2.1 文创产品数字化

2013年故宫博物院在苹果 App Store中出品了“每日故宫”“故宫展览”“皇帝的一天”等十多款 App。其中“胤禛美人图”上线两周下载量超 20万，被评为“2013年度精选优秀 App”。

2016年7月，故宫与腾讯出品了《穿越故宫来看你》H5刷爆朋友圈，页面浏览量（PV）高达 300万。故宫形象的数字化、年轻化转型成功吸引了一大波流量粉丝。除故宫博物院外，国内各博物馆也相继推出多款数字文创产品。尤其是 2021年以来NFT的流行，刷新了大众对博物馆文创的认知。

1.2.2 授权平台及授权流程数字化

博物馆的授权模式分可为三种类型：一是直接授权模式。即博物馆作为授权方直接与被授权方进行授权合作：二是委托授权模式，是指博物馆通过委托授权经纪的形式与被授权方开展授权合作；三是综合授权模式，即直接授权模式和委托授权模式的综合运用。

2016年以来，博物馆授权模式的变化进一步推动了行业内外资源整合的趋。一方面，陆续搭建的授权平台加速了委托授权模式的发展，推动国内博物馆的授权实践向开放互联转型。2016年 3月，国家博物馆与阿里巴巴集团签署战略合作协议，共建“文创中国”授权开发平台和线上运营平台。

2017年 6月，上海自贸区承接线下运营中心项目，正式形成了一个以授权合作为中心，平台聚合、功能整合、渠道融合的开发闭环。此后，国内各种规模和层级的联盟层出不穷，单个博物馆授权经验不足、信息流通不畅等难题正在得到改善。

另一方面，随着授权模式的转型，更多具有开发实力、营销经验和品牌影响力的传统企业及互联网企业进入博物馆文创市场，进一步发挥了授权在开发市场、整合资源方面的突出优势。后者在推动开放融合方面表现尤为突出。2017年，腾讯发布“艺术+”计划，与国内 200家博物馆展开数字化合作，成为近年来覆盖范围最大的跨界尝试。博物馆行业自身市场经验尤其是自主开发能力有限的局面大为改善，亦为相近行业的转型发展提供了范本。

1.2.3 文创销售平台及形式数字化

博物馆文创销售除了实体商店之外，淘宝、京东、天猫等线上平台成为各大博物馆的重要渠道。同时形成直播带货+自媒体运营的多平台、多形式相结合的方式。

2.博物馆文创发展相关政策

2016年文化部、国家发改委、财务部、国家文物局等印发了《关于推动文化文物单位文化创意产品开发的若干意见》，明确提出文化单位开发文化创意产品的意见。2017年按照《国务院办公厅转发文化部等部门关于推动文化文物单位文化创意产品开发若干意见的通知》，全国有 92家文博单位被遴选为“文化创意产品开发试点单位”。2019年国家文物局发布《博物馆馆藏资源著作权、商标权和品牌授权操作指南》，对博物馆文创授权开发提供了具体操作指南。

2021年8月，文化和旅游部印发《关于进一步推动文化文物单位文化创意产品开发的若干措施》（文旅资源发〔2021〕85号），提出推进先行先试，试点单位可通过知识产权作价入股等方式投资设立从事文化创意产品开发的企业，并按要求将企业国有资本纳入党政机关、事业单位经营性国有资产集中统一监管体系。

2022年8月，国家文物局关于印发《文物事业单位财务制度》，文物事业单位收入包括文化创意产品开发收入，即文物事业单位采取合作、独立开发等方式开发文化创意产品取得的收入。

3.博物馆文创开发模式

自2013年台北故宫推出风靡一时的康熙手书复制品“朕知道了”纸胶带，让人们认识到了文创产品的庞大市场。在开发模式上，国内博物馆从自主研发到IP授权，结合文创大赛、馆企合作等多种形式进行。近年各博物馆运用互联网技术在文创开发、产品形式、销售模式上不断探索，形成文创领域的新业态、新形势。

3.1 大文创开发思路

博物馆文创工作者逐渐意识到，文创开发不应局限于利用馆藏文物资源做产品。许多博物馆开发的产品还存在着等同于“艺术衍生品”或“旅游纪念品”的情况。

“博物馆文化创意”的本质应是利用各种载体与手段对具体文化元素创新或

再创作，涉及博物馆工作的方方面面，具有博物馆知识产权(in—tellectualproperty，IP)的创造性劳动都应纳入此列。

以上海博物馆为例，上博对内结合文创产品、文创活动和文创服务等三方面内容。从实体与虚拟两个领域出发，使文创工作深入至博物馆教育、宣传、展览、出版、文保科技、“互联网+”等各项工作。2017年上博举办了“大英博物馆百物展：浓缩的世界史”，推出了180余种系列文创产品，还为贴合沪上风行的白领下午茶热潮，首次尝试推出以“吃”为主题的原创文创食品，如以埃及猫神“芭丝特”卡通版曲奇饼干、拉花咖啡、3D巧克力、彩喷白巧克力蛋糕等。

此外，上博推出了分众教育项目。如亲子活动，上博共开发了 9种82场原创课程。与上海音乐厅合作举行了“百物之声——上海博物馆亲子音乐会”演出。在三个月的展期内，上博的文创总营业额达 1700万元，媒体报道近万条。

3.2 自主开发

2016年浙江省博物馆、浙江自然

博物馆、中国丝绸博物馆、杭州博物馆、宁波博物馆五家博物馆成为浙江省文创试点单位，并开始成立自己的文创部门或文创企业。

以中国丝绸博物馆为例，2016年成立全资“杭州锦道文化艺术公司”，利用馆藏资源设计生产文化用品类、服饰品类、家居生活用品类、装饰品类等四大类48个品种，共计一万六千余件文化创意产品。近年来配套大型临展及丝绸之路周等重大活动，开发产品140余款。引进晓风书屋，在馆内展示、销售国丝特色文创产品。该公司成立以来营业利润超52.52万元。

2010年国丝和凯喜雅国际股份有限公司联合创立“经纶堂文化创意有限公司”。该公司结合馆内展览、科研成果、丝绸之路周等活动设计生产92个系列628款新品，获得产品外观专利和版权保护72项。其中“华美致远”方巾入选G20杭州峰会纪念礼（2016年），荣获第12届中国（义乌）文化产品交易会展销会“浙江省博物馆十佳文创产品奖”（2017年）。成立以来利润收入超107.8万元。

但2021年12月“杭州锦道文化艺术公司”100%股权被无偿划转给浙江艺术职业学院资产经营有限责任公司，经纶堂商店也撤出国丝。浙江省内多家博物馆文创企业均如此。

对此，2021年10月19—24日经实地调研苏州博物馆、上海博物馆、南京博物馆等友邻省份博物馆，发现有部分文博公司得以保留（详见附录一）。

如上海市财政局已批复同意保留上海博物馆所办“上海博物馆艺术品公司”。湖南省博物馆的“湖南省文博文创产权产业研究发展有限责任公司”以“两块牌子，一套人马”的形式进行文创开发，对外以公司的形式对接市场，对内以“文创研究中心”的部门进行博物馆文创业务，受博物馆党委的领导和管理。

苏州博物馆的“苏州博欣艺术品有限公司”则由合作方苏州市文化经济发展总公司出资成立，苏博委派人员对公司经营进行监督管理，苏博将公司人事财务职能及人员合并入苏博人事财务部。目前位于全国博物馆第一梯队的博物馆中，故宫博物院、中国国家博物馆、上海博物馆、南京博物院、陕西历史博物馆、河南博物院、湖南博物馆等均有自属公司，公司形式为有限责任公司，用以提升公众服务的能力水平。

综上所述，依据目前博物馆文创工作的特殊性，期待将浙江省文博经营公司改为公司制并保留统一监管的请求，这将更有利于博物馆的公益性职能，有利于博物馆整体事业的发展，有利于博物馆文创工作经验的有效延续。更好地提升博物馆文创发展能力及更好地服务社会大众。

3.3 IP授权开发

3.3.1 IP授权的政策依据

2019年国家文物局印发了《博物馆馆藏资源著作权、商标权和品牌授权操作指南（试行）》，为各博物馆文创 IP授权工作提供指引。

指南中就授权内容、授权模式、授权流程、权利与义务方面进行了详细解答。明确指出IP授权馆藏资源是指博物馆登记备案的所收藏、管理、保护的不可移动和可移动文物、艺术品等；以及在此基础上二次加工得到的以语言、文字、声像等不同形式记载的藏品状态、变化特征及其与客观环境之间的联系特征等藏品本身蕴含的原始信息；或经过加工处理并通过各种载体表现出来的信息，包括与之相关的文件、资料、数据、图像、视频等信息资源，包括实物和数字化信息。

指南中指出许可费是指博物馆向被授权方授权使用其馆藏资源著作权、商标权和品牌时收取的费用。许可费可以是固定金额，也可以是按约定比例所获得的商业开发利益分成，或保底金额加超出部分分成的方式，以及双方约定的其他方式。

3.3.2 博物馆IP授权流程

博物馆的公益事业属性和文创产业的经济经营属性，使得博物馆文创工作受到制约。但是在利用馆藏资源传播历史智慧这一点上，博物馆的许多工作同时涉及公共文化事业和文创产业范畴，其事业性质是普及性的、具有保障属性，而产业性质是选择性的、具有经营属性，两者之间互为补充和不断丰富。开展实际工作的关键点是厘清博物馆与文创产业之间的关系以及博物馆文创的经营方式。目前各博物馆结合自身特点也探索出自己的工作经验。博物馆IP授权工作的一般流程主要包括：

苏州博物馆在2022年5月12日，

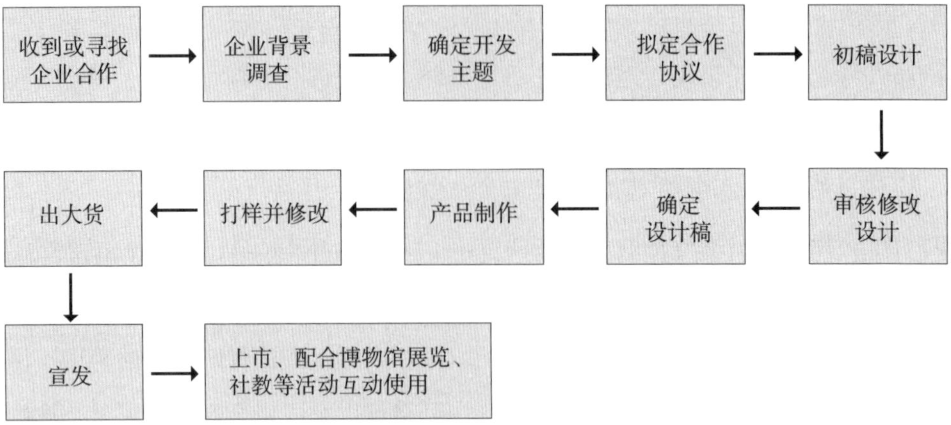

图片来源：图表自制

在其官方视频号上发布了《苏州博物馆IP授权规范》，总结分享了苏博授权工作的经验及优秀案例，为其他博物馆文创IP授权工作提供借鉴。

3.3.3 **博物馆IP授权内容**

（1）馆藏文物的图像资料

馆藏文物的图像资料授权是博物馆IP授权内容中最常见的。如常见的明信片、冰箱贴等产品。这类产品品类丰富，所选文物多为镇馆之宝，具有鲜明的博物馆地方特色和旅游纪念品属性。

（2）学术、科研成果授权

博物馆学术科研成果的产品转化也是博物馆授权工作的重要内容。如中国丝绸博物馆运用《中国丝绸文物分析与设计素材再造关键技术研究与应用》项目成果，建立中国古代丝绸纹样设计素材库，出版《中国古代丝绸设计素材图系》。国丝依托该图库授权设计生产丝绸产品 62个系列224件，获得产品外观专利和版权保护 38项。 2018年国丝运用“中国古代丝绸纹样 IP的开发与互联网+运营平台建设”项目与亚洲微软研究院合作，利用“微软小冰”人工智能设计并制作“宋之雅韵”相关文创产品。

2022年国丝与 OLIVIO&CO合作，运用国丝“乾隆色谱复原项目”研究成果，以及馆藏文物“唐团窠联珠对狮纹锦”联合开发植物染特色眼镜。该产品荣获2022年浙江省博物馆文创产品大赛金奖。

（3）展览授权

展览作为博物馆业务板块中最重要的板块，集结了博物馆内人力、智力、财力、藏品等各方面资源。展览 IP是博物馆 IP打造与授权工作的重要内容。2020年 5月，苏州博物馆在上海世纪汇广场举办了“复苏——幸会！苏博”教育文创巡回展，通过IP授权模式将苏州博物馆建筑、文物资源授予专业的商业地产展览公司，并根据商业综合体的需求共同合作策划办展。展览经费全部由被授权方承担，博物馆收取授权费并参与收益分成。经统计 23天的展期中，观众人数逾 10万人次；在展览的学堂空间开展教育工作坊 26场；文创市集部分总销售达 20余万元。

（4）社教课程授权

教育是博物馆的重要功能之一，博物馆可以将本馆自主研发的教育课程通过授权与社会机构展开合作，亦可授权社会机构使用博物馆机构名称和研究内容开展教育培训活动，博物馆通常通过收取年度权益金获得收益，同时对社会机构的内容策划以及执行过程给予全程的指导和监督。上海博物馆与上海文广互动电视有限公司共同打造的“上海博物馆学院”即是案例之一。

（5）商标授权

知识产权保护的三个法定形式包括专利、版权和商标。博物馆授权项目中专利类标的使用较少，更多以版权作品为主。由于博物馆版权的形式和产生的路径十分多样，因此博物馆在授权过程中有必要同时采用商标的形式加强对授权内容的保护。如此一来，即便博物馆授权的内容因版权时效等原因受到的法律保护力度较弱时，博物馆的权利依然可以依赖商标授权得到主张，同时对于授权过程中产生的新版权的权利也有制约作用。

2019年中国丝绸博物馆联合钱江晚报发布了馆宠形象征集启事，确定了馆宠鹅夫四的基础形象。2022年中国丝绸博物馆将其授权进行文创开发。在鹅夫四形象设计中，国丝尤其重视商标的运用，避免后期版权模糊而带来的纠纷。

3.3.4博物馆 IP授权注意事项

（1）企业背景调查

博物馆在IP授权工作中涉及许多细节应十分注意，如对被授权企业的背景调查，不仅要对该企业的经济实力、品牌影响力、产品质量等做调查，还应对其企业文化等有所把控。

（2）授权之前先确权

授权的核心是知识产权的交易，因此对博物馆的知识产权资产进行评估、整合、确权、系统管理是授权顺利开展的重要保障。明确博物馆的信誉及有关其藏品的独特知识是博物馆最重要的资产。因此，对于博物馆而言最关键的是管理其商号和商标等知识产权的能力，这样才能保证一个整体的知识产权许可战略能够不断得到发展和实施。

与其他IP授权领域所不同的是，博物馆所保管的大部分文物资源，其知识产权已进入公有领域。如果简单地将文物资料进行授权，这些资源是否具备授权条件，在法律上是很难确认的。一个典型的案例，2009年中国国家博物馆馆藏文物击鼓说唱俑(东汉)的形象被四川省成都市一民营企业用于商标注册，涉及类别广泛，许多商品与博物馆经营内容有交叉，彼时中国国家博物馆还未对该文物形象进行商标注册。

博物馆应该认识到馆藏IP和品牌对博物馆发展的重要意义，通过法律途径将一些模糊的权利进行确权，然后将确权后的博物馆元素运用于博物馆服务和商品开发。博物馆需时刻警惕这些商标抢注行为，及时补救被侵权带来的不利影响。

在实践中可采用以下策略增加博物馆授权的法律保护效力：一是将文物资料进行二维、三维等形式的再创作，通过增加原创内容产生新的知识产权，并注册申请确权，以拥有更受法律保护的授权标的；二是侧重商标的管理和授权。

如苏州博物馆将“苏州博物馆”商标注册18大类，涵盖日化、服饰、印刷品等方方面面，在授权实施过程中采取将商标与内容资源同时授权的策略。如此，即便授权的内容资源因保护时效等原因在法律中的受保护力度较弱，博物馆的权利依然可以依靠商标授权得到主张，并对授权中产生的新知识产权的权利也予以更强有力的制约。

（3）设计应正能量

博物馆文创产品与一般产品的最大不同在于其背后蕴含的历史文化属性，博物馆在进行IP授权时，尤其是在产品设计阶段，应保证产品的设计、包装以真、善、美为原则，不可完全迎合市场而故意设计的过于夸张、扭捏、丑化历史及文化。博物馆在产品设计阶段应该进行严格把关。

（4）宣发阶段避免过度商业化

产品上市的宣发是博物馆文创产品推广的重要一环。但往往由于被授权企业对文物了解不足，对授权知识产权的专业知识认识不够，而出现宣传不到位，甚至解释错误的现象。

以中国丝绸博物馆2022年与OLIVIO&COIP品牌 IP授权为例，该授权项目运用国丝“乾隆色谱复原项目”成果联合开发了一款植物染特色眼镜。但由于技术原因，该儿童眼镜并非运用植物染料染制而成，而是经过比对植物染料染出的色彩进行眼镜框架的设计。产品宣传时为避免消费者误解，并没有直接出现“植物染眼镜”字样。

3.3.5 **博物馆单向授权**

近年来，中国丝绸博物馆与小微企业联合开发产品 60余款，9000余件文创产品。其中与嘉兴盐田织彩文化创意有限公司 IP授权开发的“丝绸之路周”系列文创颇受好评。相关产品荣获中国特色旅游商品大赛铜奖（2020年、2021年）、全国博物馆文化创意产品开发优秀成果奖（2021年）、全国百佳文化创意产品（2020年）、浙江省博物馆十佳文创产品奖（2020年）、浙江省博物馆十佳文创产品优秀奖（2020年）、第二届全国文博百强文创产品单位（2022年）等奖项。

3.3.6 **博物馆与其他著名 IP的双向授权**

在博物馆 IP授权工作中，常见的形式即有博物馆与文创企业长期合作，有计划的根据博物馆每年的大型临展、活动挑选合适文物素材进行授权开发。

也有某一品牌公司根据自身产品需求，寻求博物馆进行某一产品的跨界联名，也可称为双向授权。这类跨界联名产品属于强强联合，在市场表现中溢价明显。如2018年，上博与美国华特迪士尼公司(The Walt Disney Corn. pany，TWDC)合作开发了 6大类 66种文创产品，一举夺得上博天猫旗舰店的销量冠军。如上博馆藏文物青铜纹饰与迪士尼米奇 90周年庆典相结合，创作了一系列中西合璧的设计元素和文创产品。

2019清华大学文化经济研究院与天猫新文创统计的《2019博物馆文创产品市场数据报告》中显示博物馆

联名款销量TOP100商品中70%的品牌商品存在溢价，平均溢价水平达到30%，最高能到3倍的溢价。同时近好7成的博物馆跨界合作款产品消费者是品牌新客，拉新效果非常显著。

3.3.7 文化企业发展为博物馆 IP授权提供支持

博物馆IP授权，离不开优秀文化企业的参与。有数据统计，2021年中国文创行业新增相关企业注册数量为11464家，同比增长56%。2021年中国文创专利申请数量为1243件，同比下降28.7%。文创专利申请主要地区为广东省1365件，占总申请量的19.54%；其次是福建省文创专利申请1284件，占总申请量的18.38%。可见，博物馆文创 IP授权具有政策和社会资源的有力支撑，但在整体发展上呈现波动发展和地域差别。

3.4 成立博物馆联盟开发

中小型博物馆文创工作，因自身博物馆品牌效应弱、馆藏资源少，人力、资金不足，销售平台、渠道窄等多方面原因，IP授权工作合作企业少、产品销售难。为了解决这一难题，江苏省通过整合博物馆、企业等资源。创办“江苏省博物馆商店联盟”。

该联盟是以南京博物院、全省博物馆以及江苏省博物馆学会为依托，由江苏省各有关博物馆商店自愿加盟组成的行业连锁战略联合体，采用先进的连锁管理运营模式和市场营销理念，依据共同的章程、规则，整合全省博物馆及其商店资源。联盟提供统一的商店形象，包括统一的商标、统一的环境布置、统一的形象设计、统一的品牌、统一的色彩装饰等，在统一的运营管理体系下，统筹博物馆文化衍生产品精品系列的研发、营销及市场推广，充分利用多馆的藏品及展览资源，最大程度地降低设计、开发成本，让利于公众，更好地为社会服务，同时也打造了一个新型的一体化博物馆文创产业平台。截至目前，江苏省博物馆商店联盟筹建了南京博物院、镇江博物馆、仪征博物馆等三十余家博物馆加盟店已正式营业。

3.5 博物馆文创众筹

3.5.1 博物馆文创众筹背景与现状

近年来文创众筹被国内各大博物馆所尝试。2016年苏州博物馆落成10周年之际，苏博推出文创新品“山水间・文具置物座”并首次应用淘宝众筹的方式向大众宣传推广。

目前，国内众筹平台以“摩点众筹”“京东众筹”“淘宝众筹”为代表。其中“摩点”被誉为国内最大的文化创意众筹平台社区，不仅有官网，还有手机app、微信小程序。

2018年，由奥秘和故宫文创联合出品的《谜宫·如意琳琅图籍》在摩点众筹，上线24小时后筹得金额超过 200万元。2021年 12月陕西历史博物馆与铜师傅在淘宝众筹发起《陕历博宝物团》的项目众筹，筹集资金超 180余万元，获3700余位消费者支持。据摩点官方公布，他们有 1000万注册用户的流量池，此外在微博的矩阵号还有5000万粉丝，再加上独家众筹平台的流量扶持，使其具有强大的宣传推广潜力。

3.5.2 **博物馆文创众筹的优势与风险**

文创众筹充分调动社会资源，形成边研发边生产边消费的产业模式，不仅降低开发成本，还可以根据众筹情况预判项目的可行性。可在众筹开始之前进行项目预热。产品在消费者的讨论中进行前期宣传和推广。多主体产于的文创“众筹”对降低开发成本、缓解库存、宣传推广等方面具有积极作用。

但文创众筹的潜在风险也应引起重视。首先，文创众筹的项目多有博物馆与之授权的文创公司发起，那么众筹项目的责权如何设定，产品的设计是否合理，文物背后的文化解读是否准确，众筹对象是否限定在一定范围；此外，众筹金额是否有上限，如果没有限制随时都可以增加可能就存在问题。其次，因为众筹成功与否存在不确定性，项目不成功，一定程度上会降低博物馆辛苦积攒起来的粉丝好感度。

因此，博物馆在文创众筹中首先要与授权的文创公司签署协议，明确责权，尤其是众筹结构中因需要涉及更多的第三方(如资金监管方，担保方)，应根据其在众筹中的权利与义务做好协议安排，在众筹模式设计及具体的交易流程设计上，要关注每一个细节并以法律文本形式固定下来；其次，文创企业作为众筹方，应当设立好众筹规则，相关各方与众筹平台应当有一份比较完整的协议。无论该协议是在线上或是线下完成，企业应当要求众筹平台做好流程及文档管理并且企业自身也应当建立相关的档案。最后，博物馆要对发起的众筹项目严格把关，就设计、宣传、文化内涵的解读等方面进行严格把控，始终以文创产品的有效开发及传承传统文化为目标。

4.博物馆文创品类

4.1 实物文创

目前大多数文创产品仍以实物产品为主。尤其是家居日用、文化娱乐用品是博物馆文创用品的核心品类，占比超过80%。TOP10细类上可进一步印证，文具、礼品、钥匙扣、笔记本等家居日用和文教用品仍占据主流。

但各博物馆文创产品也不断推陈出新，从早期的家居用品、文具礼品后，先后在食品饮料、美妆用品等方面也不断尝试。2016年故宫开发宫廷美食文化，推出“朕的心意”品牌。2018年故宫文创携东方美学大举进入美妆市场，推出故宫口红等美妆产品，引爆市场。据阿里零售平台数据显示，2019年美妆个护、食品在文创产品中占比已超 10%。近年来河南博物院考古盲盒成为新宠，截止到2021年 10月，销售额已经超过三千万元。

4.2 数字文创

目前各种数字文创层出不穷。从早期故宫博物院推出的故宫壁纸，再到敦煌研究院的数字敦煌。尤其是近年来动作捕捉、三维扫描、虚拟现实等数字技术蓬勃发展。2022年故宫博物院推出增强现实(AR)日历《故宫日历（亲子版）》，通过增强现实的手段，让日历“活”了起来，不经能够讲述文物故事，还有文物涂色小游戏。将线上互动，线下体验，实物与虚拟结合起来。消费者通过这种技术对故宫博物院的文物有了更为直观的认识。

博物馆数字文创还涉及动画、游戏等线上产品。部分博物馆还设计了动画形象大使。如敦煌研究院 2022年 6月官宣“伽瑶”为首位数字敦煌文化大使，其原型为敦煌莫高窟壁画中声音婉转如歌的神鸟“迦陵频伽”。体现了从文化 IP到新生数字IP的再开发过程，对于其他博物馆如何建立一个全新IP，进行实物以外的文化创意开发建设，具有极好的参考作用。

4.2.1 博物馆NFT发行情况

2021年6月23日，支付宝发布敦煌飞天付款码皮肤NFT。NFT数字文创于2021年迅速火遍全网。全国各博物馆也纷纷推出自己的数字文创。

博物馆头条发布首个“全国文博数字藏品（NFT）发行月报”，2022年1月至12月间包括上海博物馆、山西博物院、河南博物院、甘肃省博物馆等至少50家博物馆参与，共计上线895件NFT线上数字文创，价格在9.9—399元不等，以9.9元至50元居多，也有部分如国家图书馆发行的资治通鉴售价是高达6999元。发布平台从早期鲸探（阿里）、HI元宇宙（博骏）、幻核（腾讯）、X光年、超维空间（伦萨科技）、麦塔等多家发展成为以鲸探（阿里）、幻核、HI元宇宙、百度为主的态势。

数字文创也以唐三彩、兵马俑、莲鹤方壶等耳熟能详的文物为主发展为年画、皮影、水墨熊猫、脸谱盲盒等生动有趣、贴近生活的文化题材相结合的形势。

4.2.2 NFT发行风险

NFT数字文创火遍全球，但其市场风险逐渐凸显。如是否可以二次交易，探鲸平台允许用户之间进行转赠，更多平台用户可自行将藏品二次挂售，自由定价和交易。有的二手数字藏品价格被“爆炒”超百倍。发行价格 19.9元的敦煌系列数字藏品单件被叫卖到1.5万元以上，有的数字藏品二手价格甚至被炒到近10万元。

多位玩家向记者表示，并不在乎作品艺术价值和著作权的高低，“主要是看一些藏品价格涨得快，低买、高卖、不套牢，能赚钱才是‘王道’”。可见 NFT已成为炒作赚钱的工具。

不仅如此，数字藏品同时存在平台交易安全问题、用户退款难问题、洗钱风波，以及知识产权侵权风险等诸多问题。如2022年 5月 28日，徐悲鸿美术馆发布声明指出，某些以徐悲鸿先生的名义发售的相关数字藏品，其原始作品有些为假冒作品，与徐悲鸿先生根本无任何关联。数字藏品NFT的发行和管理亟待引导和规范。

4.2.3 NFT相关准则发布

2022年4月12日国家文物局有关司室在北京组织召开数字藏品有关情

况座谈会。重点要求文博单位不应直接将文物原始数据作为限量商品发售。2022年7月6日，由国家新闻出版署科技与标准综合重点实验室区块链版权应用中心主编的《数字藏品应用参考》发布，成为目前数字藏品领域最为详尽的应用参考书。

2022年9月4日在2022年服贸会“世界前沿科技大会——元宇宙与数字经济论坛”上，《数字藏品合规评价准则》（以下简称《标准》）正式发布。《标准》(详见附录三)首次对于国内市场流通的数字藏品定义、合规发行及流转进行了规范，明确提出数字藏品仅限于使用目的流转，不可开展炒作、洗钱、代币化、金融化、证券化等挂牌或私下非法交易流转。对于市场的进步具有重要的积极意义，其中全面给出合规评价标准，即使数藏的定义也进行了明确，这为下一步市场的真正壮大铺平道路。

4.3 互动体验式文创

目前多家博物馆增加体验式文创，其产品虚实结合，形式多样。这类线上线下互动体验式文创是博物馆文创产品从实物文创，到具有体验交互类文创的迭代升级。

如浙江大学艺术与考古博物馆的3D打印巧克力，河南博物院的考古盲盒。2021年中国丝绸博物馆推出文物打卡明信片，观众购买后在展厅寻找对应文物，用“纹样印章机”亲手制作明信片。该产品推出后销售达 9.5万元，售出2500余份。2022年9月，国丝经与谷歌合作，在“观妙悦色”小程序上推出馆藏文物填色小游戏，可生成文物海报，发朋友圈，增强观众体验性与互动感。

2022年8月，河南博物馆发出了“虚拟公社”招聘的通知。“虚拟公社”是以河南博物院为基础打造的“元宇宙”雏形世界，以九大镇院之宝为原型，进行二次虚拟形象创作，让文物所蕴含的意义得到更广泛的展示。

5.博物馆文创销售及推广平台

2021年9月26日的第 16届中国义乌文化和旅游产品交易博览会数据统计显示，目前试点单位文创产品开发营业收入总计已超过 19亿元。试点单位文创产品品牌意识不断提高，年注册商标数量达 584件。河南博物院推出“失传的宝物”考古盲盒，上线一个月销售收入超200万元。

5.1 博物馆文创产品价格

博物馆文创产品价格是影响其销量的重要因素之一。2022年7月6日对18家博物馆线上旗舰店销量前5畅销产品的统计。发现5—200元价格区间的产品销量最高，其中5—70元（含70）产品占畅销产品的70%。产品品类包括口罩、笔记本、书签、夜灯、笔记本、冰箱题、钥匙扣、考古盲盒、帆布袋、纸胶带、水杯等等文具及生活用品。

5.2 销售平台多样化

相关数据显示，“十三五”期间，我国文博单位淘宝、天猫平台新开店铺数达33家。2018年阿里平台博物馆店铺访问累计超16亿人次，2019年阿里平台线上文创购买者已近900万。经2021年12月在淘宝、京东平台进行的“博物馆旗舰店”关键词检索，共统计有18家国内博物馆在淘宝有“官方旗舰店”，同时拥有淘宝、京东两大电商平台旗舰店的有8家。

其中故宫博物院的淘宝、京东粉丝量就有1080万；18家博物馆在淘宝、京东、拼多多三个平台的粉丝总量共计超过1498万（2022年4月16日统计）。2021年天猫双十一开售首日（11月1日上午10点），超100家博物馆参与的文创产品销量迎来爆发，同比激增超400%。

除了淘宝、京东电商平台，部分博物馆也通过官方微信公众号等自媒体进行文创的售卖和推广。故宫博物院设置“文化创意馆公众号”来发布文创信息，推广文创新品，并在微信小程序进行售卖。敦煌研究院在官方微信公众号设置“新文创”；苏州博物馆的微信公众号也有“爱上苏博”窗口。

5.3 直播带货兴起

博物馆文创销售除了实体店和各网商平台多渠道进行的同时，在形式上也不断创新。尤其是2020年疫情以来，兴起了“网络直播”热潮。2020年3月27日，大都会艺术博物馆、汉景帝阳陵博物院、海南省博物馆、西汉南越王博物馆等全球七所博物馆拼多多开启直播，上线近千种博物馆文创产品。

2020年3月1日，苏州博物馆在某平台直播间开播。共计吸引125万观看流量、33万人观看。苏州博物馆两场直播共计吸引193万观看流量，共 58万人观看，相当于苏州博物馆近 3个月的观众量，当天文创产品成交额较往日翻了4倍。

河南博物院也创办“豫来遇潮”直播间，建立了 20人直播团队，在淘宝、天猫直播间每日轮番直播。在带货同时，邀请院内历史专家讲解历史文物，线上播放河南博物院荣获中国新闻奖一等奖的《中原藏珍》纪录片，进行珍品文物赏析，邀请文创产品设计师分享网红产品背后的奇思妙想，在带货同时以更接地气的方式传播历史文化知识。博物馆正在加速与互联网、新技术、新模式的联动发展，推动博物馆文创销售模式的不断升级。

6.浙江省内博物馆文创开发现状

6.1 浙江省博物馆学会文化创意专业委员会问卷调研数据分析

2020年11月8日“浙江省博物馆学会文化创意专业委员会”成立。由来自中国丝绸博物馆、中国茶叶博物馆、浙江大学艺术与考古学院等多家博物馆专家组成，秘书处设立于中国丝绸博物馆。专委会于2021年9—10月进行了文创主题调研，最终收获有效样卷8份。样本虽少，但从某种程度上可反映博物馆的文创开发管理具有一些困难，各馆的填写回答积极性不高。

经问卷结果分析，各馆无论规模大小，在资金、人员不足等制约因素上存在共性，百元以下产品更受欢迎（调研问卷及调研结果数据详见附件二）。

6.2 浙江省 13家国家一级博物馆文创发展困境

经过对浙江省内13家国家一级博物馆相关文创负责人电话访谈。整理出以下各博物馆文创工作中的痛点难点。

6.2.1 缺乏资金

资金不足是各博物馆文创工作的普遍问题。因资金限制，只能选择投入少、见效快、工艺简单、成本低的产品，如冰箱贴、钥匙扣贴图式文创产品。甚至为了降低成本只能寻找源头工厂进行加工，在产品设计、品质控制上很难把控。最后只能追求“有”即可，无法做到“好”。

6.2.2 缺乏专业性人才

博物馆文创开发在整个博物馆业务链条中，处于末端，起到配合展览、社教、活动等作用。人员少、人员专业性不足情况明显。大多数博物馆虽有文创部门，但基本核心人员只要1—2个人。甚至有的博物馆没有文创部，只是保管部或社教部工作人员兼顾文创工作。

文创产品开发岗位要求工作人员具备 1.学术研究能力，既对本馆文物资源、非文物资源足够的了解；2.设计审美能力；3.产品销售运营思维，把控产品上市过程中的文案、宣发、平台等细节；4.知识产权保护意识；5.数据分析能力，具备产品上市后市场的反馈数据整理和分析。

6.2.3 **缺乏资源整合平台**

中小型博物馆受到自身条件的限制，想要自主研发文创缺乏资金，IP授权又鲜有企业合作。从什么平台挑选企业，如何挑选适合的企业也是博物馆文创工作的重要工作。甚至为了寻找企业只能在兄弟单位中寻求推荐，最后各博物馆的产品便具有很强的同质化现象。

一个整合浙江省内博物馆、文化设计公司、生产企业、销售、宣传的综合平台就显得尤为重要。

6.2.4 **缺乏宣传，未形成热点话题**

冰墩墩以及新晋网红“绿马”的成功是值得我们深思的案例，其爆红网络一定程度上都有偶然的因素。但是深思便会发现它们都有个共性，即都结合了一个老少皆知的，熟悉的热门话题，即所谓的“蹭热点”。互联网的发展使得大家都有机会参与到一个共同话题之中。如果博物馆文创能够结合馆藏资源，深度了解观众急需的，并能一程度上满足观众“潮人”的心理追求，也许便会开发出新款网红文创。

在访谈中，大多数博物馆文创工作人员表示，浙江省内关于文创的宣传力度不够，缺少与之相关的热议话题，希望能够对文创有更多的宣传推广。

6.2.5 **缺乏动力**

文化是文创产品的灵魂，利润是文创产品的生命。无论是博物馆自主开发，还是与企业合作进行IP授权，盈利是重中之重。只有产品卖得出去才能形成整个文创产业的良性互动。但是，浙江省内多家博物馆文创流量和销量都相对较弱。

对于国家公益一类博物馆而言，不能盈利是文创开发的一大制约。许多博物馆文创工作人员表示即便盈利，盈利收入放着反而成为博物馆的“负担”。文创工作人员缺乏成就感，没有工作动力。

7.博物馆文创开发建议

7.1 建立博物馆文创开发的素材资源库

博物文创工作的基础是文物资源的整理、挖掘。在博物馆展览、社教、学术科研日常工作中整理资源。既包括围绕文物的文字、图片以及数字化采集的数据资源，也包含课题项目研究的学术、科研成果资源。建立起博物馆文创开发的素材资源库。

7.2 紧抓特色开发差异化文创

博物馆文创产品的同质化与文创开发的共性难题有关联。但是本质上是创新力不足，缺乏特色化开发有关。不同城市、不同博物馆都有其浓厚的地域文化特色。文创需结合博物馆地域特色进行开发。

以中国丝绸博物馆为例，国丝文创致力于打好全球最大的纺织品专题博物馆及杭州这座国际知名旅游城市双名片。打造尤以丝绸、纺织品为特色的国丝文创品牌。始终围绕国丝研究型、时尚范、国际化、全链条四大办馆特色。文创工作①做好学术、科研项目成果的产品转化。②做好国丝文创丝绸产品时尚化。③深挖丝路主题，主打丝路文创。④确定大文创服务范围，将博物馆展览、社教、研学、文物保护等工作为文创工作提供源源不断的文化资源，形成博物馆几大业务板块的良性互动。

7.3 注重确权工作

近年来以IP授权形式开发文创成为各个博物馆文创工作的主要形式。授权的前提是确权。2019年国家文物局印发了《博物馆馆藏资源著作权、商标权和品牌授权操作指南（试行）》，为各博物馆文创 IP授权工作提供指引。

7.4 鼓励创新

文创的重点在“创”字。国内博物馆文创产业发展日新月异。博物馆文创工作应具备一定的市场敏感性，紧跟时代潮流，开发年轻一代喜闻乐见的文创产品，其创新工作重心包括有：（1）设计创新；（2）材料、工艺创新；（3）营销形式的创新；

（3）实物与体验式文创相结合，巧用互联网。

7.5 确定大文创服务范围

实施社教、展览、研学、文创产品在内的系列化大文创文化服务。允许博物馆对所提供相关文化服务合理收费。明确以财政性资金为主建设的公共文化设施，开放或提供公共文化服务收费，实行政府指导价。以非财政性资金为主建设的公共文化设施，开放或提供相关服务收费，实行市场调节价。以保障公共文化设施正常运营和可持续发展，更好满足公众多样化、多层次文化需求。

7.6 加强文创工作人才培养

以文化创意、文化科技和文化贸易人才为重点，加强文化产业经营管理人才队伍建设。建立健全专业人才培养体系，聚焦推进“产业+高校+人才”融合发展，打造文化文物单位、社会企业、高校共建的文化创意人才优质培养平台，鼓励产学研用融合赋能人才培养，推动人才多向交流互动。实施文化产业高层次经营管理人才培养工程，不断增强文化系统经营管理人才开发应用文化资源，适应文化市场和文化产业发展的能力。

全省博物馆多媒体展项发展现状和对策研究

浙江省博物馆

新时代背景下，数字化转型已成为博物馆展览的一种发展趋势，博物馆依托科技手段与数字技术传播文化，运用各种新技术的同时也更加注重观众观展时的参与体验。省内的各个博物馆都有其自身特色，展览中的多媒体展项不能按照固定样本进行复制和照搬照抄，应该依据自身条件走差异化发展之路。

一、全省博物馆多媒体展项的发展现状

多媒体（multimedia）是多种媒体的综合，一般包括文本，声音和图像等多种媒体形式。在计算机系统中，多媒体指组合两种或两种以上媒体的一种人机交互式信息交流和传播媒体。使用的媒体包括文字、图片、照片、声音、动画和影片，以及程式所提供的互动功能。

博物馆多媒体展项，是指利用多媒体技术，将文本、图片、影像、声音等展示内容经过艺术加工后的可视化表达，从而在展陈空间里快捷高效的传递展示信息，使观众多感官体验博物馆展陈所带来的深厚文化蕴意和独特精神魅力，满足观众不断发展的多元化需求。博物馆多媒体展项是功能、技术与审美的综合，是科技与艺术的高度统一，是体现展陈设计需求的有谋划的设计过程，有很强的交互性和指定性。多媒体展项是博物馆展览的重要组成部分，在文化公共服务数字化趋势的影响下，如何利用新技术更好地开发多媒体展项已成为当前博物馆发展的新方向。

（一）现状概述

多媒体展项的广泛应用是发展趋势。2021年10月，国务院办公厅印发《“十四五”文物保护和科技创新规划》，要求坚持科技创新引领，全面深化文物领域各项改革，激发博

物馆创新活力。近年来，我国计算机应用技术与世界先进水平的差距不断缩小，省内博物馆在数字化、智能化领域的发展也取得了长足进步，各种层次、各种类型的多媒体展项纷纷落地，博物馆多媒体展项的应用已由“浅滩区”进入“深水区”。

根据浙江省文物局最新公布的浙江省博物馆（纪念馆）名录，截至2021年，全省共有420家博物馆（纪念馆）被纳入其中。其中，一级12家；二级26家；三级34家；未定级348家。通过实地调查、网站检索、问询调研等方式，对全省的综合博物馆和专题博物馆开展了多媒体展项的代表性应用案例调研（表1）。目前，省内越来越多的博物馆开始依托虚拟现实、增强现实、全息投影、多点触控等数字技术，对文物藏品进行三维建模，对历史场景进行复原，根据内容开发体验项目，从而给观众营造全新的科技体验。观众可以在沉浸式投影巨幕、虚拟现实头盔、体感动作捕捉设备等智能化装备的辅助下，体验博物馆展览的沉浸式多媒体展项。

从调查情况总体上看，省级综合类博物馆多媒体展项应用案例较为成熟，案例较丰富。从功能类型划分，可以分为阅读鉴赏、视频动画、情景装置、互动游戏四类，以前两类局多。技术类型偏重动画、幻影成像、微电影视频、全息投影等，情景装置类则以电影为多。除了一些新开馆外，全省中小型博物馆在多媒体展项的技术形式应用上较为贫乏。

博物馆名称	多媒体展项			
	阅读鉴赏类	视频动画类	情景装置类	互动游戏类
中国茶叶博物馆	多媒体展示（中国茶叶品牌）			
杭州西湖博物馆总馆		幻影成像/电影（西湖沧桑）		
杭州博物馆	珍贵展品结合多媒体动画展示（“粮道山18号”计划）	动画效果（丁丙与十九世纪的杭州）		音频交互问答（发髻的宋潮游艺区VR展厅）、互动游戏（“粮道山18号”计划）

博物馆名称	多媒体展项			
	阅读鉴赏类	视频动画类	情景装置类	互动游戏类
宁波博物院	电子书（宁波之窗）、动画（基本展览）	微视频（基本展览）		3D展示（清封天生圆雕达摩立像、唐越窑荷叶盏托等10多件珍贵文物）
温州博物馆	动画（生命的历程——古生物化石展）	多媒体视频（我国首台铁木结构弹棉机）		
湖州博物馆	多媒体情景再现（蚕宝宝的一生、传统缫丝工艺）	幻影成像（桑基鱼塘）	电影（吴兴赋）	3D展示（360°环拍文物100件（套），观众可以随意上下、左右、前后拖动观看）
绍兴博物馆	动漫（迁都琅琊）	幻影成像(筑海塘)	环幕电影（唐·古纤道）	
金华市博物馆	微视频（婺剧表演、金华斗牛）	幻影成像(兄弟诀别郑义门祠堂)	球幕影院	

表1：省内部分一、二级博物馆代表性多媒体展项案例统计表

（二）个案分析

从博物馆多媒体展项的应用现状来看，省内科技类博物馆、艺术类博物馆、自然类博物馆以及某些专题类的博物馆中的应用较为普遍，而历史人文类博物馆的应用相对较少。浙江自然博物院(安吉馆)的多媒体展项无论是功能类型还是应用技术类型均位居前列，可资借鉴。而浙江自然博物院（杭州馆）虽然开放已经过去了十多年，其多媒体展项在今天看来仍具有一定的代表性（表2）。

展厅名称	展项名称	技术形态	互动方式	模态	传播内容
地球生命的故事	太阳地球的距离	带屏幕的交互装置	机械式	视觉触觉	用手移动行星模型，体会星球与太阳的距离不同形成的完全不同的环境
	地幔之旅	沉浸式三屏影像	无	视觉听觉	感觉就像置身火热的岩浆中，了解地幔的构造及其对流的形态
	水中探测器/恐龙的视觉	模拟观看装置	机械式	视觉触觉	通过模拟装置清晰地看到海洋生物、体验恐龙的视觉
	生命的家园	沉浸式环幕影像剧场	无	视觉听觉	通过影像感受原始生命诞生的过程
	“人类进化”剧场	关联体感动捕的投影	自然交互	视觉听觉体感	观众的剪影并渐渐变形为人类最早的祖先，结合着体态、步伐依次登场南方猿人、能人、直立人和智人进化阶段的影像
丰富奇异的生物世界	中国/世界生物多样性关键地区	数字沙盘	图形界面	视觉触觉	了解电子地图中每个地区的相关信息
	生物与人类知识竞赛剧场	关联按键答题的投影	关联按键答题的投影	视觉触觉	参与互动游戏，以丰富对知识传播的感知体验和乐趣。
	海洋生物礁生态场景	带屏幕的交互装置	机械式	视觉触觉	运用体验装置感受海洋生物中生物礁的形成过程
绿色浙江	鸟瞰浙江	沉浸式剧场	无	视觉听觉	模拟飞行浙江大地，可选择鸟瞰浙江六大生态功能区
	钱塘江漫游	沉浸式剧场	无	视觉听觉	漫游钱塘江源头、上游、中游、下游至杭州湾入海口等主要江段

表2：浙江自然博物院（杭州馆）常设展览中部分多媒体展项一览表

文物调研

二、全省博物馆多媒体展项发展的SWOT分析

SWOT分析法是竞争情报分析常用的方法之一，S是指组织内部的优势(Strengths)，W 是指组织内部的劣势(Weaknesses)，O 是指组织外部环境的机会(Opportunities)，T 是指组织外部环境的威胁(Threats)。运用S W O T 分析法有利于对组织所处情景进行全面、系统、准确的研究，有助于制定发展对策和计划。

（一）优势

1.促进认知

博物馆多媒体展项可以有效提升观众的注意力，降低观众的认知负荷。在多媒体的协助下，观众停留在展项前的时间显著延长，观察范围得到显著提升。在多感官刺激的共同作用下，观众在体验多媒体展项时知识获取的效果也较以图文说明为主的常规参观更为优异。

认知负荷是认知科学中的术语。科学家将记忆分为感觉记忆、短期记忆和长期记忆。短期记忆的目的是思考、推理、学习，来自感觉记忆或长期记忆的数据被复制到短期记忆中以便处理。认知负荷是短期记忆在某一时刻所受的活动总量。影响认知负荷的主要因素是注意力需要关注的元素的数量。认知负荷取决于记忆内容和表现形式两者的总和。借助多媒体技术，观众在低认知负荷的愉悦体验中，更容易感受到学习带来的快乐和成就感，有助于通过亲身体验加深理解，使博物馆的参观体验成为一种长期记忆。

虽然观众惯常进行以文字为主要载体的抽象学习，但这并不意味着是一种高效的知识获取手段。相对而言，多媒体更具潜力和可塑性，能提供精心设计的理想学习效果。观众在体验一些沉浸式的博物馆多媒体展项时，可以获得身临其境的在场感和操纵感。根据具身认知理论，观众在与多媒体展项发生互动时，大脑指挥必须和运动等器官高度协同配合，注意力就会关注于交互内容，使大脑的活力被充分地激发出来，记忆变得更加精确灵敏，因此使学习、感受、理解和处理等认知过程变得更加高效。

2.提升体验

多媒体展项可以弥补和提升展览场景的缺失和不足，对于参观氛围

的营造、参观体验的提升都有重要作用。沉浸式多感官的多媒体体验，可以有效缓解观众在以视觉感官为主的参观过程中的疲劳状态，解放双眼，同时进行知识的传递。

认知与情感是紧密关联的。观众通过体验形成对传播信息的认知，这个认知过程中，可能会唤醒观众对以往的记忆或情感。反过来，情感因子也会对观众的认知产生影响，那些与人的情感相关的展项更容易吸引观众的注意力，激发他们的求知欲和探索欲，也更容易引发共鸣，从而加深记忆。

3.延展内容

展览是博物馆核心的公共文化产品，由于受到时空及展陈形式等方面的限制，策展人的研究成果通过实体展览传递给观众的有效信息通常不足20%，另有80%的信息无法得到有效释放。多媒体展项可以有效丰富和拓展空间实体的信息承载量，形成主题知识图谱，并能够让观众更加快捷地获取自己需要的信息，从不同层面了解展览的相关信息，从而有效弥补传统图文展板信息量的不足。研究统计结果表明，使用博物馆多媒体展项的观众相较不使用者可以获取更多的展览信息。

4.开放平台

目前一些多媒体展项的内容不仅可以在展厅中体验，也可以在线上查看，从而可以打破时空界限和身份区隔，让更广泛的社群参与其中，实现资源共享和公共文化服务均等化。一些博物馆适应新媒体时代所倡导的信息传播、大众传播的发展趋势，开始构建多媒体展示的开放线上平台，通过超实物的信息传播形态，打破了物理世界与虚拟世界的隔阂，在文化展示和社交互动等方面具有明显优势和生长潜力，在科技与文化跨界融合的过程中，促使传统文化焕发当代活力。

（二）劣势

1.泛娱乐化

泛娱乐化是指以现代媒介为主要载体，以浅薄空洞的内容和形式，通过戏剧化的滥情表演，试图放松人们的紧张神经，从而达到快感的一种文化现象。一些多媒体展项，背离了博物馆的教育宗旨和传播目的，盲目应用技术，主题模糊，导致内容苍白，过于肤浅。

2.喧宾夺主

如今，声光电场景、幻影成像、全息投影、特效影院等多媒体展项正在抢占观众的注意力，试图给观众留下直观而深刻的印象，反而可能会干扰观众正常参观展览的其它内容。这种喧宾夺主的问题或是占据了过多的展厅面积影响了展厅的整体布局；或是造成了光污染影响文物的展示；或是因为同时播放声音妨碍到想要安静参观的观众等等。

3.形式雷同

目前全省博物馆多媒体展项的同质化现象还是较为严重的，观众对触屏、电视、投影、影院已经司空见惯。博物馆多媒体展项的制作方，受制于传播内容的枷锁，可能会为了降低开发成本，求稳不出错，墨守成规，不求创新，采用重复的手段进行模板化制作，才导致问题的产生。如果还是因袭固有思维，将导致展项缺乏新意、观众反应平淡。

4.运维困难

在如今的博物馆展览中，不仅投资开发建设多媒体展项需要大量资金，展览开放后，数量众多的多媒体设备及其技术终端仍需要博物馆方进行持续地管理和维护，一定程度上导致隐形成本上升。作为公益事业单位，博物馆资金周转相对不灵活。如果因为资金不足，导致设备技术升级落伍；故障设备无力维修；长期关闭以降低成本等问题，都将导致博物馆多媒体展项由展览的亮点变为污点。

（三）机会

1.政策扶持

自2015年新的《博物馆条例》颁布之后，文化和旅游部和国家文物局接连推出鼓励博物馆数字化改革的政策和措施。为深入贯彻落实全省数字化改革会议精神，全面推进文化和旅游数字化改革，省文化和旅游厅印发了《浙江省文化和旅游厅文化和旅游数字化改革方案》和《浙江省文化和旅游厅2021年文化和旅游数字化改革工作要点》，提出要建设公共文化场馆数字化示范单位、推出一批数字文化和旅游产业发展应用案例、全面升级文化和旅游数字基础设施等要求。在政策支持下，博物馆从业人员的理念发生质的转变，掀起了各地博物馆应用多媒体展项的热潮。

2.技术进步

如今，网络成熟且易于访问，移

动设备呈爆炸式增长，社交媒体正在改变格局，智能手机、可穿戴设备、智能家居、传感器等商业产品已经非常普及，多媒体展项的相关技术已经渗透到人们生活的各个领域。观众对博物馆应用新的多媒体技术不会感到恐惧，而是会期待体验和积极参与。

3.吸引观众

传统的博物馆展览主要以文物和图板展示为主，形式单一；缺少互动性；观众与展品间隔着玻璃或围栏，很难激发观众，特别是青少年观众的参观兴趣。而多媒体展项可以吸引观众，尤其是青少年观众。海因（Hein）和希尔德（Heald）作了一项研究，博物馆把动物野生状况的仿真模拟场景再现方式，改成包括多种感官互动的交互展项，可以增加观众在展览前的停留时间，并增强对展示主题的理解。

4.新馆建设

根据省文化和旅游厅印发的《推进文化和旅游高质量发展服务共同富裕示范区建设行动计划（2021—2025年）》中推进博物馆改革发展的内容，实施博物馆质量提升“一十百千”计划，近年来，全省博物馆新馆建设如火如荼。例如集结了浙江省博物馆新馆、浙江图书馆新馆、浙江省非物质文化遗产馆和浙江文学馆的浙江省之江文化中心，将成为省内体量最大，集自然、人文、艺术、生态于一体的现代复合文化综合体的姿态，成为杭州乃至浙江的全新文化地标。

（四）威胁

1.知识侵权

在开发博物馆多媒体展项的过程中，会形成诸多的数字资产，主要包括藏品二维影像、藏品三维模型、影片、音频、源代码、图形界面、二创美术等，如果对知识产权的重视不够，可能会出现数字资产泄露的问题。例如文物的高精度模型和书画的高清晰度照片，一旦外流，则可能被制成侵权数字藏品，造成许多不良影响。另一方面，某些第三方开发为了降低开发成本，盗用或者剽窃未经授权的数字资产来制作多媒体展项内容，而博物馆方也没有进行严格审核，如果发生侵权时间，可能会严重影响博物馆形象和声誉。

2.用户隐私

在大数据和云计算的技术支持

下，博物馆多媒体展项的数据采集方式已经取得了显著进步，系统可以轻而易举地取得观众的各种信息，因而可能引发侵犯观众隐私的问题。如果博物馆未经观众授权进行身份识别或是信息采集，将数据用于多媒体展示，可能会引发观众不满和社会舆论等不良后果。

3.盲目攀比

某些博物馆没有从实际情况出发，忽视传播的重要性，追求多媒体展项的新颖、酷炫、吸睛，投入了大量的人力、物力、财力，比拼着屏幕的数量、大小、分辨率、刷新率，仿佛在进行装备竞赛。引入新技术至展览后，热闹喧嚣的外表后是苍白无力的内核。一种代表性的问题便是，为了追求视觉冲击力，过分做大信息载体的尺寸，而承载的内容却是粗制滥造的。

4.商展竞争

随着商品社会的发展，商业展示的形式变得越来越丰富，在设计上百花齐放。博物馆现在的跨界和多元化的发展趋势开始让自身的界限开始模糊，商展不光开始抢夺博物馆的观众，制作方也开始逐渐踏足到博物馆领域。

三、全省博物馆多媒体展项发展的对策

总体来看，全省博物馆多媒体展项发展的优势高于劣势，机会大于威胁，具有发展前景。对SWOT的各项因素进行科学整理和分析后，扬长避短，趋利避害，可以提出四个不同方向的对策。

（一）SO对策　依靠内部优势，抓住外部机会

1.和谐统一

多媒体展项不应该是孤立存在的，要能够和建筑、空间、平面、展具、灯光等形成一个展览的整体。要处理好多媒体展项与展览空间、展品等其他辅助展品的关系，不仅包括硬件的外观风格，也包括软件的界面效果，要与展陈主题、展陈空间总体设计风格的匹配，要让它们和谐的组合在一起，共同发挥最大作用，为展览服务，为观众服务。既要避免形式的单调和重复，或是靠新技术遮掩内容的缺失，也要避免一味追求形态的美观，过分花哨复杂，使观众眼花缭乱。

2.精准定位

多媒体展项虽然可以承载海量的知识，但不能没有主次和逻辑。需要进行知识挖掘和智能匹配，根据观众需求，进行精准定位，提供有价值信息。依托内容的深度和下沉，需要在合适的时间给与合适的场景，在最短的时间做出最直接的信息输出。强化对观众的瞬时吸引力，使观众用最少注意力获得最直接的信息。例如在多媒体展项的开篇前置亮点，迅速切入主题。

3.资源整合

博物馆多媒体展项要破除以往实体性资源的束缚，尤其是突破馆藏资源的束缚，充分利用馆内各部门、其它馆、行业外的数字资源，以信息组建代替实物借调，实现资源共建共享，通过资源整合将传播效果最大化。可以围绕特定主题进行策划，实现众多在物理空间内难以达成的体验项目，为公众打造优质体验。

（二）WO对策　利用外部机会，克服内部缺点

1.明确主题

多媒体展项的开发首先要进行选题，需要构思与组织，围绕特定主题进行内容策划，可以通过故事结构的变形、地方特色的构建等方式，拓宽叙事路径、优化呈现形式，赋予传播内容全新的文化内涵和阐释价值。通过内容变化来克服触屏、电视、投影、影院等雷同形式导致的审美疲劳。

2.信息阐释

为了追求传播内容的客观真实，原始的传播内容或许是晦涩难懂的。因此，博物馆方要深入开展藏品研究和地域文化研究，多角度、多层次挖掘传播信息，为多媒体制作方提供智力支持，化难为易，化繁为简，对信息进行二次加工。通过合理解读，营造叙事语境，赋予传播内容新的阐释方式，将学术性转化为通俗性，专业性转变成普及性，使观众在喜闻乐见的情境下增长知识、陶冶情操，提高文化素质。

3.服务观众

要服务好被博物馆多媒体展项吸引的观众，不能让他们失望。博物馆多媒体展项的设计要以人为本，需要在立项前充分利用互联网平台数据做分析调研，整理观众画像，推出观众想要的多媒体展项。但这并不意味着完全满足观众的一切需求。因为公众

的需求，往往就是人们的朴素期望，比如好看、好玩、有趣、新奇等。要细分受众，针对不同人群开发相适应的版本。还要在正式落地前反复测试，尽可能优化用户体验。

（三）ST对策 利用内部优势，抵制外部威胁

1.重视原创

博物馆多媒体展项的开发是定制而不是复制，重技术、轻设计是不可取的。要重视原创，根据各博物馆自身的特点、定位、地域、环境的不同，因地制宜，创造个性鲜明地多媒体展项，才能推陈出新，保持活力。同时要重视博物馆多媒体展项相关数字资源的版权保护和数据安全，尽可能避免侵权事件的发生。

2.强化合作

多媒体制作应该是团队协作而非单打独斗，博物馆策展人、展陈设计人员、多媒体制作人员应该加强协作和沟通。尤其是多媒体制作方，要试图从更加全面的角度去理解传播目的，在馆方指导下对内容进行优化加工，将其融入设计当中，从而向观众进行传播。

面对商业展览和相关公司，要吸取经验，化敌为友。需要结合市场实际，采取合作、授权、外包等多种方式与其对接合作，把握市场走向，逐步打造独具特色、覆盖各种观众群体的多媒体展项，发挥各自所长同时，做好对内容的审核和把控。

3.人才培养

博物馆经营管理者要了解多媒体展项的基本常识，才能理性决策而不被外部公司主导。要提升馆内参与多媒体展项内容策划人员对于多媒体展项的认识和了解，才能更好优化多媒体脚本。要加强多媒体展项相关技术维护人员的培训，提升专业水平。博物馆要招聘和培养可以设计和研发多媒体展项的人才，形成馆内特有的多媒体展项研究理论和实践体系。

（四）WT对策 减少内部弱点，回避外部威胁

1.统筹规划

博物馆多媒体展项开发与反哺博物馆是一个长期的过程。当今科技的飞速发展致使新技术的实效性愈来愈短，其更迭速度已经超过了博物馆展览的更新速率。博物馆不是新技术的试验田，没有必要盲目追逐；另一方面，要对文物怀有敬畏之心，保持对多媒体展项应用的谨慎和克制，最大限度地避免其影响文物的展示效果。因此，多媒体设计展项的投资和应用，既要考虑到博物馆方的经济承受能力，也要考虑到这些设备在今后长期运作和维护中的成本，更要把握多媒体展项的比例和尺度，只有良好地统筹规划，才能避免昙花一现，保持生命力。

2.节能环保

一些博物馆多媒体展项会因为不间断地运作，导致高耗电和高发热。应当利用可持续发展的理念，提倡节能环保的设计思路。例如采用环保材料和节能灯具、优化结构和技术等。对于临展中的设备，可采用租赁代替购买的方式。

3.定期维护

无论如何都要尽量避免故障，要及时获取故障反馈，并在意外发生时及时修理。要定期进行例行检查，对于损坏率、故障原因、使用时间等数据进行量化分析，结合观众的意见反馈，为后续的展项维修和开发提供参考。还可以通过备选方案，填补因为展项故障维修导致信息传达的缺失，避免展览内容的不连贯。

四、结论

近年来，全省博物馆多媒体展项的发展是显而易见的，如今限制发展的不再是技术工具，而是理念和规划。本文通过对浙江省内博物馆的多媒体展项现状进行调研，通过SWOT分析法分析多媒体展项的应用情况，为以后省内博物馆多媒体展项提升质量提供参考（表3）。

内部能力 / 外部因素	优势（Strength）	劣势（Weakness）
	S1：促进认知 S2：提升体验 S3：延展内容 S4：开放平台	W1：泛娱乐化 W2：喧宾夺主 W3：形式雷同 W4：运维困难
机会（Opportunities）	SO 对策	WO 对策
O1：政策扶持 O2：技术进步 O3：吸引观众 O4：新馆建设	1：和谐统一 2：精准定位 3：资源整合	1：明确主题 2：信息阐释 3：服务观众

内部能力 / 外部因素	优势（Strength）	劣势（Weakness）
	S1：促进认知 S2：提升体验 S3：延展内容 S4：开放平台	W1：泛娱乐化 W2：喧宾夺主 W3：形式雷同 W4：运维困难
威胁（Threats）	ST 对策	WT 对策
T1：知识侵权 T2：用户隐私 T3：盲目攀比 T4：商展竞争	1：重视原创 2：强化合作 3：人才培养	1：统筹规划 2：节能环保 3：定期维护

表3：全省博物馆多媒体展项发展SWOT分析矩阵

总而言之，博物馆多媒体展项要有和展览关联的明确主题；要有新颖完备的传播内容；要有富有魅力的表现形式；形式和内容要和谐统一并能融入展览；要易于上手且可用性强；要易于维护且节能环保。要全面提升博物馆多媒体展项的体验性、科技性、共享性、创新性、融合性，需要博物馆统筹规划、培养人才、重视原创、强化合作、资源整合、定期维护。

全省博物馆数字化改革现状及其应用研究

浙江自然博物院

近期，浙江提出建设“文博强省”的目标，从“文化强省”到“文博强省”，虽只一字之差，即彰显了浙江省委、省政府对博物馆工作的重视和期待。博物馆在弘扬中华优秀传统文化、革命文化和社会主义先进文化，构建公共文化服务体系、服务人民美好生活，推动经济社会发展、促进人类文明交流互鉴中的作用更加突出。截止2021年底，我省已登记备案的各级各类博物馆420家，数量居全国第二，举办各类展览2500余个，全年参观人数达3800万余人次。

2021年2月18日，在浙江省委召开的全省数字化改革大会上，省委书记袁家军在会上强调要加快建设“数字浙江”，进入数字化改革阶段是“数字浙江”建设的新阶段，是政府数字化转型的一次拓展和升级，是浙江立足新发展阶段、贯彻新发展理念、构建新发展格局的重大战略举措。12月31日，浙江省文化和旅游厅印发了《浙江省文化和旅游厅关于加快推进数字文化产业高质量发展的实施意见》，顺应数字产业化和产业数字化发展趋势，深入实施文化和旅游产业数字化战略，围绕构建现代文化和旅游产业体系，提高质量效益和核心竞争力。

基于以上背景，研究全省博物馆数字化改革现状及其对策，很有必要性。博物馆如何落实推进数字化改革发展是摆在每个从业者面前的新课题，通过对全省博物馆数字化改革现状的调研统计后发现，我省博物馆数字化改革已初现成效。

一、全省博物馆数字化建设现状

博物馆资源数字化是数字化建设的基础，具备智能化、信息化、交互性等优势，能够对文物本身和具有历史参考价值的藏品起到保护和展示作用，博物馆资源数字化是省内博物馆在数字化建设中具有现实意义的首要选择。我省博物馆数字化形式主要集中在以下4个方面。

（一）常设展、临特展览数字化设计，打破时空界限

数字化展厅，通常是指以多媒体和数字化技术作为展示技术，以各类新颖的技术吸引参观者，实现人机交互方式的展厅形式。如中国动漫博物馆的数字全景展厅、兰溪市博物馆数字展厅，信息工作人员对线下展览进行360°全景式扫描拍摄，创建成数字虚拟展览，上传至网络供观众随时随地浏览。将博物馆基本陈列、临特展通过数字化手段采集制作，在线上展示博物馆展厅、馆内环境及周边区域等实景，为观众提供更强烈的观感触动和更广泛的信息接受度，帮助博物馆更好地吸引观众并增强展览的交互性，真正实现了藏品在“真实空间”的多元呈现，改变了公众对于博物馆的传统印象和刻板观念，让更多的人接触、走进、参与和利用博物馆。

（二）藏品数字化处理，实现资源的“媒介转移”

藏品是构成博物馆的基础与核心，博物馆的藏品具有很高的学术研究价值，从人文历史和自然科学等方面为专业人员和普罗大众提供完整的、科学的、系统性的概念和启示。将博物馆藏品资源数字化，主要是对藏品进行高清扫描拍摄、3D制作和展示，既便于专业人员做研究，又让观众直观地了解到库房里成千上万未展出的藏品，有效提高藏品利用率。如兰溪市博物馆的馆藏珍贵文物3D数字化采集利用系统，针对馆藏的代表性珍贵文物进行数字化采集及三维建模，并结合3D打印、线上展示等技术，满足观众对藏品的多元需求、提升展览陈列丰度及博物馆的社会渗透力。

（三）建立藏品数据库及开发藏品管理系统，提升藏品管理能力

在对馆内藏品进行全方位扫描获取数字信息的基础上，建立藏品数据库和开发独立的藏品管理系统，有利于提升博物馆藏品管理能力。如浙江自然博物院、舟山博物馆藏品管理系统均以藏品本体信息为核心，以藏品业务流程作为主线，涵盖了入院凭证流程、入库管理流程、藏品管理、藏品保护修复、藏品出入库管理、藏品影像管理、藏品展览管理、藏品借用管理、藏品检索、事务跟踪、统计分析、系统配置管理、系统容灾备份等功能。实现藏品数字化信息全面管理和利用，使得藏品管理业务流程更加规范，藏品管理利用更加高效安全。

（四）利用数字化手段对博物馆展陈等资源进行传播

在数字化大背景下，博物馆积极开辟网络传播新资源，从被动等观众到馆参观的传统模式到根据大众感兴趣的方向，探索利用云展览、云讲解、云直播、云课堂、云平台等新技术手段，通过线上展陈或科普活动为观众服务，提升博物馆的社会影响力，扩大博物馆的传播效应。

1.新冠疫情加快博物馆数字化进程

2020年受新冠疫情影响，全省多地博物馆宣布闭馆暂停对外开放。许多博物馆提出“闭馆不闭展”的理念，加快了博物馆数字化进度。博物馆以云展览、云参观的方式利用数字资源，使观众通过互联网何时何地都能共享海量的博物馆信息资源。在国家文物局发布的前三批网上博物馆展览中，我省推送的展览有中国丝绸博物馆“丝路岁月：大时代下的小故事”、浙江省博物馆“越王时代·吴越楚文物精粹展”和浙江自然博物院“绿水青山就是金山银山——从余村出发的生态文明践行”特展、“牦牛走进浙江——高原牦牛文化展”等，从观众体验和文化信息获取的角度拉近了观众与文物的距离，丰富了省内外民众的精神文明生活。

2.网站平台成为博物馆的主要宣传窗口

网站是博物馆对外宣传的重要手段，我省博物馆官方网站基本涵盖了博物馆概况、文博资讯、参观指南、展览信息、馆藏藏品等信息内容。在加强门户网站建设的同时，为做好对外宣传工作，发挥自媒体宣传“窗口”作用，积极开拓“新市场”，打破传统参观模式的传播壁垒，发掘现代人喜爱访问的休闲娱乐平台，入驻微博、微信、百度、抖音、B站等热门互联网平台，进一步树立博物馆的品牌形象，扩大博物馆对公众的影响力。截至目前，浙江省博物馆微博粉丝量102万，中国丝绸博物馆微博粉丝量31.1万，浙江自然博物院官方网站年点击量达300万次。基于此，博物馆策划并开展线上活动取得了良好的社会效果，如浙江自然博物院与百度合作举办的“博物馆好奇之旅之大自然的跷跷板”直播活动，直播当天观看人数达18万。据百度数据显示，过去一年抖音平台上博物馆相关视频点赞量超过12亿次，播放量超过394亿次。科技的不断变革与发展，民众的生活观念、认知方式、知识获取模式已经发生巨大变化，通过新媒体技术处理加工的科普教育也更容易为人们所接受。

3.公众号成为博物馆宣传的重要媒介

在移动终端普及的背景下，公众号在博物馆对外推广宣传上起了很大的作用，除具有展讯、活动、参观预约的基本功能外，还提供了各具特色的线上服务功能。浙江自然博物院微信公众号新增杭州馆导览和安吉馆导览，在多彩暑假栏目举办 “奇趣大自然——暑假听我说”实践活动。兰溪市博物馆微信公众号提供“数字兰博”“活动资讯”等栏目，其中“数字兰博”包含3D文物、VR展厅、数字展览、固定陈列；“活动资讯”包含阳明的故事语音。平湖市博物馆微信公众号提供“相约平博”之镇馆之宝、馆藏精品。绍兴博物馆微信公众号及台州市博物馆均配备“智慧导览”功能，其中包含虚拟展览、语音导览及数字点播。中国财税博物馆微信公众号提出“博学”和“博雅”功能栏目，其中“博学”包含了财眼读史、财博宣教、财博论坛；“博雅”展现了“丹青引——中国财税博物馆藏当代国画”“翰墨苍——中国财税博物馆当代书法”。中国茶叶博物馆微信公众号加强与观众的“微互动”，创新了随手拍、随手写、随手答等一系列互动。中国动漫博物馆微信公众号为游客展示了数字全景展厅。舟山博物馆微信公众号提供的“导览服务”中添加了艺术相机特色功能，体验“梵高为你画肖像”。

4.通过技术手段增加博物馆的趣味性

传统博物馆展示中由于文物保护或展示空间限制而无法展出的藏品，现在不仅通过数字技术展示出来，还能有效缓解藏品保护与利用之间的矛盾，带来意想不到的展示效果。浙江自然博物院“24小时博物馆”在300

平方米的场地内设置了元宇宙剧场，突破了场馆空间限制，把更多的藏品展现给观众。元宇宙剧场有一位24小时在岗的AI虚拟讲解员（新华智云数字员工“华智云”），她带领观众了解大自然的奇妙和魅力，还可与美国、欧洲、日本等地的自然博物馆跨时空连接，做到“足不出馆、遍览全球”。虚拟现实VR、增强现实AR、微信小程序等技术手段的应用增加了博物馆资源的趣味性。如浙江旅游博物馆“唐诗之路”主题展厅通过“水墨画卷背景+模型场景+旅游资源投影”的沉浸式互动体验技术，以“诗路文化带”四条诗路串联起了浙江各地市的景点。四楼“红色之旅”数字化场馆使用了多媒体、声、光、感应投影、动感体验、VR体验、互动竞答等多种技术手段，参观者可通过裸眼VR技术“云参观”嘉兴南湖革命纪念馆、延安革命纪念馆、井冈山革命博物馆、遵义会议纪念馆、西柏坡纪念馆等全国红色经典主题馆。舟山博物馆多媒体互动墙（魔墙）的建设利用了多媒体终端技术、二维码技术，结合数据挖掘技术、数据整合技术，突破了参观者在空间和时间上的束缚。

二、全省博物馆数字化建设面临的问题

我省博物馆数字化取得了不少成效，但通过调研发现，现阶段全省文博产业数字化及应用系统仍面临着不少困难与问题。主要有以下三方面：

（一）信息化建设投入资金大，中小型博物馆难以开展

无论是线上的博物馆展示网站还是线下的数字媒体展示，都面临着制作周期长、技术难度大等问题，对博物馆的经费支持和财政保障更是提出了较高要求。浙江自然博物院安吉馆2018年智慧博物馆建设投入597.57万元，包括藏品系统、数据采集、文物保护、公众服务、展厅讲解、AR互动、机房网络系统集成等内容，建设周期在3年以上。浙江省博物馆之江新馆的智慧博物馆建设预算高达8000万元；舟山博物馆预防性保护系统投入800万；平湖博物馆新馆信息化系统投入费用600万；中国动漫博物馆信息化系统投入费用近90万元。前期建设需要大量资金投入，后期仍需继续维护迭代升级才能显现出其效果，还需配备相关技术型人才。对于大多

数中小型博物馆来说，资金缺口巨大，导致数字化建设只能停留在起步阶段，甚至是纸上谈兵的构想阶段。

（二）后续维护资金及人才短缺，难以支撑实现信息化持续迭代发展

从博物馆自身的角度来看，数字技术的运用不仅意味着高额的成本投入，也对博物馆建筑等硬件设施提出了更高的要求，所以对大多数中小型博物馆而言，数字化展示设备的长期维护和运营的压力远大于开发成本。不少博物馆的藏品数据库由于无法及时更新维护，导致利用率逐年下滑；实体场馆的互动装置展示经过开馆后短时间内的高频使用，便会面临维护更新成本过高而不得不闲置弃用的尴尬境地。数字化时代，数字创新改革、智慧博物馆建设及发展需要硬件、软件及系统支撑。不仅前期需要大量建设投入，后期还需要更新迭代，它的持续发展需要有资金做保障。同时，博物馆行业里掌握计算机相关技术的专业型人才较为稀少，发展数字化对兼顾掌握计算机技术和博物馆专业的人才需求尤为迫切。因资金、技术、编制等诸多因素限制，一些大馆尚难招到相应人才，中小型博物馆则面临更加窘迫的现状。受条件限制，在数字化预算方面配额有限，中小型博物馆数字化建设仍处于起步阶段，硬件、软件滞后，难以满足信息化发展的基本配置要求，制约了智慧化博物馆的发展。

（三）系统缺少顶层链接架构，新技术产生新问题

网络信息系统产生信息孤岛、数据孤岛，同时系统安全体系及机制没有完善，存在网络安全隐患。系统复用率低，建设效率低。新技术随之衍生出新的问题，如暑假期间本应在各场馆官方平台提供的免费预约，被公然以售卖的方式挂在美团、大众点评、咸鱼等交易平台。网络黄牛在各大场馆免费预约系统上抢票，然后以几元、几十元，甚至上百元的价格挂在美团、大众点评、闲鱼上售卖。一边是早早被预约完名额的免费平台，观众想来场馆参观来不了;另一边是黄牛浪费掉的预约名额，造成各场馆核销率低，资源严重浪费。

（四）藏品的数字化展示取代实物藏品，造成本末倒置

数字化展示起源于图书馆对文献

资料的数字化储存和展示，但藏品区别于文献资料，数字技术不能取代人脑解读藏品信息，其所蕴含的非言语性和非视觉性信息无法被数字储存或展示。此外，脱离了实物的数字化展示，无论如何都无法弥补观看藏品本体的临场感和仪式感，这些感觉很难由方寸间的屏幕或是投影表现出来。而经过复制和转译的图像更无法全面转述文物的信息，往往难以达到预期的展示效果。博物馆应充分意识到数字化展示的局限性，不能过度依赖数字手段而忽视了藏品本体信息的展示和阐释，“物”始终是博物馆存在的根基，公共博物馆理应承担阐释物的使命。利用数字技术展示阐释藏品，应以是否更好地阐释和展示藏品信息为评价标准，避免过度神圣化数字展示技术，从而丢失了藏品本身在博物馆展示中的主体地位。

三、全省博物馆数字化建设发展破解难题的对策探讨

近年来，我省结合地区实际和优势特色，深入推进数字中国战略部署，加快夯实数字化发展基础，打造数字变革高地，数字化综合发展水平全国领先。在此背景下，博物馆数字化建设任重而道远，绝非一朝一夕，一蹴而就的。博物馆数字化建设应顺应时代变革，在引导公众建立正确的意识形态观念的前提下，尽最大努力满足社会大众对精神文化生活的新期盼和新需求。

2021年第十二届中国国际服务外包交易博览会上，商务部服务贸易和商贸服务业司副司长王东堂提出将运用数字技术大力发展众包、云外包、平台分包等新业态新模式，推进服务外包数字化高端化转型。博物馆协同办公、在线教育、在线课堂、云展览应用已被广泛应用，为服务外包发展注入了新动力。如浙江省一体化数字资源系统IRS，涵盖了全省各部门各类数字资源，可以看作是一个为数字资源建立的大超市，把“信息孤岛”连成“数字大陆”。借鉴此思路，加强顶层设计，保障数据跨部门共享，改变信息孤岛、数据孤岛的情况，为单位建立数据中台，整合业务数字资源，使各部门各业务横向关联，是下一步博物馆数字化的重要发展方向。

为此，我们建议对策探讨如下：

一是为博物馆建设可广泛通用

的系统。如协同办公、陈列展览、科普活动、掌上应用、藏品管理、电子票务等业务，多级协商，打造顶层设计，抽取业务中各博物馆适用的通用功能，开发出高效便捷的公共服务平台，避免业务重复建设。统建共享可实现博物馆资源的共享和推广，也为各级博物馆数字化建设中节省了人力、物力和财力。充分考虑到系统安全的前提下，保证前期的科学有效的系统设计和后续运维时系统稳定运行。

二是通过数字技术外包，让更专业的人员做更专业的事情。博物馆在数字化改革的进程中必将会遇到诸多技术难题，技术外包是能够有效补充博物馆技术力量的形式。技术的纵深层面交给专业的外包公司来做，能够有效地缓解博物馆缺乏技术人员，任务重，又能降低技术成本，规范管控，更高效地为博物馆服务。一方面，博物馆利用云计算、5G、区块链、AI、XR等技术，运用多媒体动画、科学绘画、声音装置、体感互动游戏等多种展示手法，配套多元的研学活动，通过对人文历史、自然艺术、科学创新等各个领域的知识探究，转换成寓教于乐的展览体验，可以更快捷、更有效地为公众服务；另一方面，借助专业公司的力量，来实现AR、VR等技术在博物馆展览中的应用落地，保障数据共享、数据存储安全及其其他业务的正常开展，如虚拟讲解员，可以24小时实现无人讲解，互动效果好，还可以用多种语言交流，科技感十足。当然技术外包并不意味着减轻负担，要制订外包人员管理制度，对外包人员依据制度进行合理有效的管控。

三是多举措培养博物馆所需数字化人才。除了通过招聘渠道引入数字化人才外，博物馆可以加强深化和高等院校在人才培养、科学研究方面合作交流。博物馆需要新技术、新理念，高校需要传授给学生的技术知识实践的地方。博物馆可作为高校专业学位实践基地，高校为博物馆提供专业人才，双方合作可以发挥各自资源优势的同时弥补自身的欠缺，从而推动文化功能的真正实现。此外，博物馆根据自身情况进行人员激励，提高人员积极性和创造力，为人员提供培训和发展及职称职位晋升的机会。

打造具有浙江文化标识的考古研学游

浙江省文物考古研究所

中国是世界四大文明古国中唯一连续发展、延绵不断的国家，中国历史悠久、文明光辉灿烂、生生不息，深刻影响着古代世界和现代世界，中国古代的优秀历史文化也深刻地影响着我们每一个中国人的精神气度和思想信仰。浙江素有“文物之邦，人文荟萃之地”的赞誉，是我国百万年的人类史、一万年的文化史、五千多年中华文明史的实证地，是中华文明的重要组成部分。研究、保护、传承、利用好宝贵的历史文化遗产，是需要公众参与甚至全民参与的社会性工作，讲好考古故事、浙江故事、中国故事，更是新时代浙江考古人的使命与担当。

一、选题背景

（一）党中央、国务院高度重视文物考古工作，“让文物活起来”是新时代文物工作新方针中的重要内容

党的十八大以来，习近平总书记就考古工作做出系列论述和重要指示批示。2020年9月28日，习近平总书记主持中共中央政治局集体学习并发表重要讲话，提出要“教育引导广大干部群众特别是青少年认识中华文明起源和发展的历史脉络，认识中华文明取得的灿烂成就，认识中华文明对人类文明的重大贡献，不断增强民族凝聚力、民族自豪感。”2022年5月27日，习近平总书记主持中央政治局进行第三十九次集体学习并发表重要讲话，强调“要营造传承中华文明的浓厚社会氛围，广泛宣传中华文明探源工程等研究成果，教育引导群众特别是青少年更好认识和认同中华文明，增强做中国人的志气、骨气、底气”。

习近平总书记关于考古工作的系列论述和重要指示批示，内涵深刻、思想精深、论述精辟，为新时代文物事业发展提供了根本遵循，也为考古研学游等公众考古活动的发展指明了前进方向。

2021年，国务院办公厅印发《“十四五”文物保护和科技创新规划》，是文物领域规划首次上升为国家级专项规划，其中明确指出要壮大文物人才队伍，“支持文物领域大师、名师、工匠进校园参与教育教学活动”，密切了文物考古工作与教育工作的关系。2022年4月，国家文物局发布《“十四五”考古工作专项规划》，考古工作定位更加清晰，目标任务更加明确，提出“鼓励依托国家考古遗址公园、国家重点区域考古标本库房、考古研究基地和考古工作站开展考古工地开放日、考古研学游、考古夏令营等多种公众考古活动。”2022年7月，王沪宁、孙春兰、黄坤明等中央领导同志出席全国文物工作会议并作出重要部署，会上提出“坚持保护第一、加强管理、挖掘价值、有效利用、让文物活起来的工作方针。”相较于

（二）考古研学对于打造“浙江文化标识”、建设文化强省具有特殊作用

2021年7月，浙江省委在《浙江高质量发展建设共同富裕示范区实施方案（2021—2025）》中提出“打造具有代表性的浙江文化符号和文化标识”。2021年9月，浙江省委文化工作会议上也强调，要深入推进新时代文化浙江工程，着力打造思想理论高地、精神力量高地、文明和谐高地、文艺精品高地、文化创新高地，培育浙江文化新标识，构建文化建设大平台，形成文化发展新格局。2021年11月，时值中国现代考古学诞生100周年，浙江省特别举行“浙江考古与中华文明”新闻发布会，表示未来将致力于“打造具有辨识度的浙江文化标识体系”“进一步展示浙江历史发展脉络”的决心。2022年1月，浙江省首批100个“浙江文化标识”培育项目正式发布，其中不少项目直接依托古遗址、古墓葬和世界文化遗产。2022年7月，浙江省第十五次党代会明确提出了“实施宋韵文化传世工程，推进上山、河姆渡、良渚等文明之源大遗址群和温州宋元码头遗址等海上丝绸之路遗址保护利用，提升阳明文化、和合文化、黄帝文化、大禹

文化、南孔文化、吴越文化以及浙学等优秀传统文化影响力”，将“彰显浙江深厚底蕴的文化标识”作为未来五年的奋斗目标。推进这些文化领域的重点任务，离不开考古工作先行，更需要考古工作宣传，助力推进全域文化繁荣全民精神富有。

（三）研学游是教育文化领域发展的新趋势，是进行公众考古、推广素质教育的新途径

党的十八大以来，我国进入全面深化教育改革的新阶段，2013年，国办印发《国民旅游休闲纲要（2013—2020 年）》，提出“逐步推行中小学生研学旅行”的设想，此后数年，研学游概念、政策与相关实践不断深化，例如2014年国务院办公厅印发《关于促进旅游业改革发展的若干意见》，提出要“建立小学阶段以乡土乡情研学为主、初中阶段以县情市情研学为主、高中阶段以省情国情研学为主的研学旅行体系。”，2015年8月，国办印发的《关于进一步促进旅游投资和消费的若干意见》包含有以“支持研学旅行发展”为主题的整条意见。2016 年底，教育部等 11 个部门联合印发《关于推进中小学生研学旅行的意见》，进一步明确研学旅行的内涵，对推进中小学生研学旅行工作的要求、原则、主要任务、组织保障提出了具体要求。《关于推进中小学生研学旅行的意见》标志着研学游这一教育形式纳入了国家教育政策，这为提升教育文化领域的活态发展提供新路径，也形成了持续至今的“研学热”。2021年，《关于进一步减轻义务教育阶段学生作业负担和校外培训负担的意见》出台，引导中小学生在课后更多地走近公共文化空间，走向研学旅行活动。考古研学游能够使青少年有兴趣涉猎学习考古知识、有机会体验考古活动、有平台利用考古成果，真正将丰富的文物资源转化为提升学生综合素养的教育资源。

在党中央、国务院的正确领导下，在省委省政府的统筹部署下，“考古热”“研学热”的良好氛围下，打造具有浙江文化标识的考古研学游顺应时势且具备优势，也一定能创造独特价值、发挥重要功能。

二、调研目标

通过对时代背景、社会整体环境和行业现状的前期分析，本次调研以期达成三个层次的目标：

一是助力考古成果的适时转化和广泛传播，创新公众考古的方式方法，促进考古学在社会服务领域作出贡献。由考古学建立起来的最鲜活、最真实、最有现场感的历史进程和历史事实，由考古工作者来宣传阐释，是最喜闻乐见的模式。对于考古工作者而言，带领公众一同领略文物之美、考古之奇、中华文明之博大精深，是提升社会参与度，展现行业风采的有效途径。

二是在研学实践过程中，能够以“润物细无声”的方式，帮助青少年认知历史、尊重历史、保护历史、传承历史以及活化历史，从而认识国情、热爱祖国，增长知识、开阔眼界，树立正确的世界观、人生观和价值观，提高民族自豪感、社会责任感和实践创新能力，成长为国之栋梁。

三是结合浙江实际情况，推动建设浙江辨识度的文化和旅游标志性成果，以“教育旅游”“考古旅游”的方式，为创新浙江文旅融合探索具有可操作性的实施路径。考古研学游需要依托大遗址、遗址公园等文化遗产资源、博物馆和展览馆等公共文化设施以及考古工地、库房与驻地等考古现场，更需要目的地因地制宜，呈现地域特色，让青少年在与日常生活不同的环境中拓展视野、丰富知识、了解社会、亲近历史、参与体验。在很大程度上，研学游的目的地，都应当是浙江辨识度的文化和旅游标志性的空间。

通过规范管理、责任清晰、保障安全的考古研学旅行工作机制，可以让陈列在广阔大地上的遗产活起来，可以探索文旅融合和文教结合的新方法，可以实现考古行业、教育行业、文化产业和旅游行业的多方共赢。

三、考古研学游的原则

在《关于推进中小学生研学旅行的意见》中，提出了研学游的基本原则，即教育性原则、实践性原则、安全性原则和公益性原则，也有研究者基于区域文明史研学游研究提出各个环节遵循的原则。通过本次调研，我们提出考古研学游建议遵循的几项原则：

（一）开放性原则

一是场景的开放性，提倡开放式游览，即在遵循安全性原则的前提下，将青少年平时较难接触到的考古发掘现场、考古标本库房、考古整理基地等场所开放参观，营造不同于简单参观博物馆或遗址公园的体验。二是人际关系的开放性，即参与到研学游中的人群应当不拘泥于导游与游客、老师与学生、外来者与当地人等划分，而应当成为一个有机的、开放的整体，促进各方相互交融，教学相长，让激发学生的学习自主性，激发考古工作者的知识分享欲，更加沉浸式、互动式地参与到研学游的全过程当中。

（二）情境性原则

研学游作为一种旅游新趋势、教育新形态、课程新模式，其设计研发与合作实施中最大的特色在于实践性，考古研学游能够充分发挥、有效利用其特殊的历史文化资源，沟通连接古代与现代，营造情境并引导青少年融入情境，更加真实可感地体验历史、感受考古。

（三）系统性原则

考古研学游是需要突出主题、强调专业、彰显科学的研学游形式，不是简单串联各个研学游目的、突击培养导览讲解人员就可以实现的。徐天进在接受《中国文化报》记者采访时提出，考古研学游，可以先策划一条考古旅游路线，提前收集相关资料让参加者做一些阅读，并在出发之前组织一个简单的讲座，旅游的过程当中做些笔记、写些游记和感想等，这样可以就某方面达成深入和全面的学习旅游。考古研学游无论从组织形式还是研学内容上，都应当具备高度的、完备的系统策划，才能确保达到实施预期效果。

四、考古研学游方案设计

（一）文物资源梳理

浙江省地上、地下文物丰富，是我国的文物大省。截至2020年末，全省世界文化遗产总数达3处，全国重点文物保护单位281处（其中古遗址类46处，古墓葬类15处，古建筑类147处），省级文物保护单位869处，国家考古遗址公园3处、国家考古遗址公园立项项目2项、省级考古遗址公园25处，国家历史文化名城10座、省历史文化名城10座、中国历史文化名镇名村71个，省级历史文化名镇68处，省级历史文化名村175处，省级历史文化街区77处，入选中国传统村落名录古村落636处。

八十余年来，几代浙江考古人耕耘于浙江沃土之上，扎根于方寸田野之间，踔厉奋发、接续奋斗，取得了重要的考古成果，丰富了全省文物资源、旅游资源，也将考古发掘现场转化为历史再现的现场、文化宣传的现场和公众教育的现场。

文物和文化遗产承载着中华民族的基因和血脉，是不可再生、不可替代的中华优秀文明资源。将浙江省境内的世界文化遗产、各级重点文物保护单位、考古遗址公园、历史文化名城和考古发掘现场等资源，按地域、按时代、按类型进行归类与整合，统筹考虑全省每年考古项目发掘情况，为研学游方案的系统性制定提供基础支持。

（二）国内相关实践分类

考古研学游在国内的实践处于起步阶段，按照组织实施主体可包括以下五类：

第一类为文物部门与考古机构。例如河北博物馆推出“河博之旅”以搭建考古专家和社会公众之间互动桥梁的方式，推出系列研学旅游线路，又如云南省文物考古研究所推出“南南考古学院”，为青少年普及考古知识并提供考古职业体验。2022年7月，由浙江省文物局主办“穿越浙江一万年，跟着考古去研学”，全省同日出发联动，以杭州为主场，其他10个设区市为分会场，在考古工作者的带领下，组织四年级至七年级的中小学生以名师课堂、动手实操等形式，参观各设区市内的考古发掘现场、博物馆、考古遗址公园。

第二类为考古遗址公园。例如大明宫考古探索中心、半坡博物馆史前工坊等，以“运营者”“主人翁”的身份，开展面向公众的青少年的考古教育、考古职业体验等活动。在浙江的考古遗址公园中，安吉古城遗址公园研学部组织了“考古发现一日营”“考古博物两日营”“古越科考记”“假如历史会说话”等研学活动，公益性质和商业性质皆有。

第三类为高等院校。国内设立有考古专业的高校，往往在寒暑假或田野实习期间进行公众考古活动，研学游是一种常见形式。例如经由北京大学批准，北京大学考古文博学院组织多年的考古夏令营，是面向全国中学生的公众考古活动，其中有几届就曾联合浙江省良渚博物院、浙江省文物考古研究所等省内科研机构，将研学游地点选在了浙江省境内。

第四类为义务教育学校。中小学校将研学游作为校园教育的延伸，主动引导、组织学生参与其中。例如2022年杭州市西兴实验小学组织高年级学生在良渚考古遗址公园内进行研学活动。

第五类为民营企业机构。这类机构包括诸多考古研学课程开发机构、教育培训机构等，通过与博物馆、考古遗址公园开展合作进行考古研学活动。例如北京鸣鹤书苑文化传播有限公司自2013年成立至今，策划并实施了一系列针对青少年的研究性文化学习体验活动、游学见习和考古文博相关系列课程。

综上，目前省内、国内的考古研学游的组织实施主体多样，其中，由文物部门或考古机构主导并实施是最能够综合突出实践性、安全性、公益性的模式，是最有利于实现开放性、情境性、系统性研学游的模式。

（三）青少年学情分析

我国的教育理论和实践表明，当代学生发展的核心素养包括人文底蕴、科学精神、学会学习、健康生活、责任担当和实践创新六大方面。通过考古研学游的教育模式，能够促进青少年在六个方面得到全面提升。

为了更好实现考古研学游提升核心素养的效果，研学游方案设计的应当以青少年为核心，了解青少年学员的学情是一项重点任务，学情的范围包括但不限于青少年身心发展规律、学习动机、学习意愿、学习习惯、学习兴趣等，在此基础上合理制定方案及相关预案。

经过前期文献梳理、政策调研、校园采访和从业人员访谈之后，大体依照青少年的年龄和学业发展阶段，确定不同的研学游的框架和主题。

年龄（岁）	研学游时长（天）	研学游活动范围	研学游教学目标	推荐研学游主题
12—14	1—3	减少流动性，依托1—2处遗址	培养学科兴趣，激发学习能力，树立科学意识和人文观念	“安且吉兮” 依托安吉古城考古遗址公园及周边自然、文物资源进行研学游，帮助青少年初步了解考古学

年龄（岁）	研学游时长（天）	研学游活动范围	研学游教学目标	推荐研学游主题
14—16	3—5	可根据课程主题，适当跨市区流动	创新历史教育方式，活化历史课堂	“风雅宋韵” 依托浙江省内的宋时期文物资源，主要在浙北、浙东地区进行研学游，促进青少年对历史和乡土的认知
16—18	4—7	可按需要在全省范围内流动	巩固历史课程内容，帮助学科选择和升学专业指导	“万年探源” 依托浙江省内新石器时代的考古学发现，以时代顺序为逻辑在全省内进行研学游，建立起浙江史前文化的知识框架

（四）路线及课程设计

1、确定主题：确定研学主题与形式，公布研学内容，下达研学课程的学习任务，组织学习小组。

2、校内准备：结合本研学游课程所提供的文献、视频等学习资源，开展校内集中专题学习，初步梳理历史脉络，构建知识框架，发放研学手册、工具、背包等相关物资，为进一步的深度研学做准备。

3、研学行程：

（1）主题1：“万年探源”6日考古研学游

行程路线	行程要点	课程内容	实践活动
第一天（杭州——金华——义乌）	1、参观金华市浦江上山考古遗址公园 2、实地参观义乌桥头遗址发掘现场	题目：《那山·万年行旅，上山文化》	以“石”为主题打制石器模拟实验，使用自制石器收割水稻
第二天（义乌——余姚）	1、参观田螺山遗址现场馆 2、参观井头山遗址考古发掘现场和临时库房	题目：《那海·八千年前的星辰大海》	以“水”为主题观察、绘制考古出土贝壳和贝器辨认生物种类和工具功能
第三天（余姚——萧山）	1、游览湘湖参观跨湖桥遗址博物馆 2、参观萧山博物馆	题目：《那舟·“跨”越七千年》	以“木”为主题进行木作实践，了解造船工艺和漆加工工艺流程

行程路线	行程要点	课程内容	实践活动
第四天（萧山——嘉兴）	1、参观马家浜文化博物馆 2、参观嘉兴市博物馆 3、在考古现场尝试进行实际发掘	题目：《那湖·太湖南风六千载》	以“土”为主题 使用盘条泥筑法、轮制法制作陶器
第五天（嘉兴——余杭）	1、参观良渚博物院及遗址博物馆 2、参观良渚古城考古与保护中心	题目：《那城·上下五千年的良渚文明》	以“国”为主题思考古国应当具备的形态和特征
第六天（余杭——杭州主城区）	1、参观浙江省博物馆 2、参观浙江省文物考古研究所标本室展厅	题目：《那人·考古学家的故事》	以“人”为主题分享考古职业生涯中的故事，鼓励青少年畅所欲言

注：课程内容均为讲座形式，由考古发掘项目负责人授课。第物馆

（2）主题2：“风雅宋韵”4日考古研学游

行程路线	行程要点	课程内容	实践活动
第一天（杭州——绍兴）	1、参观南宋皇城遗址、八卦田遗址、御街遗址等 2、参观杭州市城市规划馆	小课堂：中国古代都城的发展	以“读城”为主题，学习绘制南宋都城布局图
第二天（绍兴——宁波）	1、参观宋六陵遗址公园 2、参观绍兴市考古发掘现场	小课堂：中国古代帝陵的发展	以“读陵”为主题，了解科学发掘墓葬的一般流程
第三天（宁波）	1、参观保国寺 2、参观二灵塔	小课堂：中国古代建筑的发展	以“读寺”为主题，了解古代寺庙建筑的形态，拼接斗拱模型
第四天（宁波——杭州）	1、参观慈溪上林湖越窑遗址 2、参观南宋官窑博物馆	小课堂：中国古代瓷器的发展	以“读瓷”为主题，了解瓷器生产制作、销售的流程

（3）主题3：“安且吉兮”2日考古研学游

行程路线	行程要点	课程内容	实践活动
第一天	1、参观安吉生态博物馆 2、参观安吉古城城址	由当地博物馆讲解员进行讲解，了解浙北远古和现代的环境特征	在博物馆绘制远古人类生存环境作品和安吉古城写生
第二天	1、参观安吉古城考古遗址公园 2、参观安吉八亩墩大墓，体验考古发掘现场 3、参观安吉古城遗址考古工作站	由安吉古城考古发掘项目负责人和安吉古城遗址公园研学部主任带队，了解考古工作的步骤	在考古发掘现场尝试进行实际发掘，学习拓印印纹硬陶片，陶艺DIY

4、反思反馈：一是与青少年及其监护人建立有效的反馈机制，通过发放问卷、电话回访等形式，评估研学游的效果并及时完善，二是实施主体关于研学游的总结与反思，从实践中进一步优化资源利用（国保单位、遗址公园、主题场馆、研学基地、社区空间）、课程体系（主题定位、特色产品、课程类型、路线设计等）、安全保障（安全风险管理、安全管理制度等）等方面，为浙江考古研学实践游建立科学、可行的建设标准体系提供指导，真正让由考古工作而呈现历史文化遗产在提供公共文化服务、满足人民精神文化生活需求方面充分发挥作用。

五、结语

习近平总书记在2022年中央政治局进行第三十九次集体学习时明确要求“要积极推进文物保护利用和文化遗产保护传承，挖掘文物和文化遗产的多重价值，传播更多承载中华文化、中国精神的价值符号和文化产品。”中国考古学界的泰斗张忠培先生曾指出：“大众考古的追求，是以考古启迪大众之智，应实行提高前提下的普及。‘提高’是源，‘普及’是流，源不竭，流长流”。打造具有浙江文化标识的考古研学游正是活化文物资源的有益尝试，是落实总书记讲话精神的积极举措，通过系统设计、精心打造具有浙江文化标识的考古研学游，能够让考古人提高考古能力，发扬“甘于奉献，勇于担当”的精神；能够为青少年普及考古学知识，进行“读万卷书，行万里路”的实践；能够在文旅融合中发挥作用，打造“以文促旅、以旅彰文”的范例。

杭州市文物建筑“智慧消防”建设工程实践

杭州市园林文物局

文物火灾事故是危害文物安全的重大风险之一。近年来，巴西国家博物馆、巴黎圣母院、意大利都灵皇家马厩与马术学院、日本琉球古城连遭大火，一大批珍贵的文化遗产遭受严重损毁，引起国际社会的广泛关注，再次敲响了文物消防安全的警钟。为贯彻落实习近平总书记关于文物安全工作的重要指示批示精神和《国家文物局 应急管理部关于进一步加强文物消防安全工作的指导意见》《国家文物局关于深入推进全国文物火灾隐患整治和消防能力提升三年行动的通知》等文件要求，深刻吸取火灾事故带来的沉痛教训，自2019年起，杭州市园林文物局联合杭州市消防救援支队（以下简称“市园文局”“市消防支队”）组织实施了全市文物建筑“智慧消防”建设工程，经过2年时间，已经取得了初步成效。

一、工作回顾

（一）分析查找问题，研究解决途径。

火灾安全隐患是威胁文物安全的三大安全隐患之一，其中由于电气线路造成的火灾事故又是引起火灾事故的重要因素。市园文局对全市1191处文保单位和文保点进行摸底调查，发现木结构、砖木结构建筑以及其他具有火灾安全隐患的文物建筑共计600余处，占全市文保单位和文保点总数的50%以上。市园文局又多次主动和市消防支队沟通，了解到全市学校、医院、商场等公共场所“智慧消防”已经非常普及，技术也比较成熟，完全有条件可以在文物建筑进行大规模推广。

（二）组织宣传发动，形成工作共识。

推行“智慧消防”，需要各县、

市（区）积极配合，落实人员和经费，争取文物建筑的产权人、管理人、使用人的理解和支持。市园文局通过组织消防安全演练，举办消防安全讲座，请安装“智慧消防”的单位“现身说法”，让设备供应商讲解技术原理等方法，不遗余力地宣传文物建筑消防安全工作的重要性和必要性，逐步统一思想，达成共识，为正式启动“智慧消防”建设工程做好思想准备。

（三）开展调研摸底，做好基础工作。

“智慧消防”建设工程专业性较强，为了精准施策，市园文局在正式启动前，进行了长达4个月的调研摸底。在2019年之前，净慈寺、孩儿巷98号、梁宅、孔庙等部分文保单位已经自发安装了“智慧消防”设备。市园文局逐一进行实地调研，充分了解技术原理、应用范围、建设费用、使用效果等，做到心中有底。

（四）加强部门协同，明确工作内容。

在充分调研摸底的基础上，2019年8月，市园文局和市消防支队联合印发了文物建筑“智慧消防”建设工程工作方案和资金补助办法，以“政府主导、属地管理、民办公助、以奖代补”为原则，对五方面内容进行了明确。**一是明确了建设对象。**“智慧消防”建设工程的对象是前期摸底调查具有火灾安全隐患的600余处文物建筑，考虑到市园文局还是全市历史建筑的业务主管部门，将具有火灾安全隐患的历史建筑也列入了实施对象，但不作为硬性要求。**二是明确了建设周期。**“智慧消防”建设工程自2019年8月正式启动，为期三年，至2022年8月结束。通过三年攻坚，争取实现600余处文物建筑“智慧消防”全覆盖。**三是明确了职责分工。**“智慧消防”建设工程由文物部门牵头实施，消防部门协助做好技术指导。市级层面由市园文局牵头，市消防支队做好技术指导和协助工作。**四是明确了实施内容。**“智慧消防”建设工程包括六大部分，即：推广安装智慧用电安全隐患监管服务系统（以下简称“智慧用电”）、推广使用单位自主管理APP系统、推广安装消防设施远程监控系统、推广安装联网式独立火灾探测报警器、推广安装电动车智能充电桩和建设完善微型消防站。其中，“智慧用电”作为硬性建设内容，其余建设内容根据各单位实际情况可以选择性建设。五是明确了经费补助标准。参照其他公共领域“智慧消防”的资金补助模式，“智慧用电”由市园文局实行阶梯式补助，即第一年完成补助500元/套，第二年完成补助300元/套，第三年完成补助100元/套。一套“智慧用电”设备市场报价在2000元至3000元，不足的部分通过地方政府补助、文物建筑管理使用单位或个人自筹解决。其他五类“智慧消防”建设按照“一户一策”，单独进行资金补助申请。

（五）建立工作机制，有序推进工程。

1.构建组织架构，做到“有人办事”。建立微信工作群，明确各县、市（区）负责“智慧消防”建设的联络员。市园文局成立工作专班，由文物业务处室处长任专班组长，处室和杭州市文物遗产与历史建筑保护中心（以下简称“市文保中心”）工作人员任专班组员。

2.落实经费来源，做到“有钱办事”。自2019年开始，市园文局在市级专项经费中每年安排“智慧消防”的补助经费，各县、市（区）也在部门预算中落实相应的工作经费。两年来，市级补助近298万，各县、市（区）配套投入2535多万。

3.编制建设案例，做到“有据可依”。为进一步明确“智慧消防”六大建设内容，加强对各县、市（区）的指导，市园文局在市消防支队的协助下，编制了《“智慧消防”建设案例》，详细介绍了“智慧消防”六大建设内容的具体概念、适用范围、已安装“智慧消防”的文保单位、施工单位、投入费用等，避免了工作的盲目性。

4.建立工作机制，做到“有章可循”。**一是通报机制**。对照各地自行上报的工作目标，每季度统计工作进度，进行排名通报。**二是例会机制**。每季度召开工作例会，先后在下城、拱墅、桐庐、建德、西湖景区、滨江召开现场会。组织观摩当地已经完成的“智慧消防”建设现场，总结工作成果，分析存在问题，部署下阶段任务。安排工作推进较好、成效较明显的地区汇报工作亮点和经验，树立先进典型。形成比学赶超的良好工作氛围。**三是考核机制**。将“智慧消防”

建设内容列入“全市文物工作综合考核”。该考核由市园文局牵头实施，已纳入每年市政府对地方政府的督查考核计划。针对文物建筑，采用扣分制，对照当年度工作目标，未完成的要扣分。针对历史建筑，采用加分制，每完成一处可加分，鼓励在历史建筑中推广“智慧消防”。四是验收机制。各地完成“智慧消防”建设工程后，市园文局、市文保中心和消防部门要共同参与验收，填写验收表，对不符合建设要求的要进行整改。将“智慧消防”作为文物建筑和历史建筑修缮方案的审查内容，要求在实施修缮工程时同步考虑。

二、工作成效

经过两年时间，全市“智慧消防”建设已经取得了初步成效。2021年8月，市园文局在杭州博物馆组织召开了全市“智慧消防”建设工程总结会。经统计，迄今已有586处文物建筑完成“智慧用电”建设，完成率达到97%左右，基本实现了三年计划两年完成，另有221处历史建筑也同步完成“智慧用电”建设。全市13个县、市（区）中，已有7个地区提前完成全部目标任务，其余6个地区也进入最终收尾阶段。

（一）精准施策，切实加强文物建筑用电安全监管。随着“智慧消防”特别是“智慧用电”设备的普及推广，各县、市（区）对于文物建筑用电安全的监管得到了极大改善提升。通过安装的设备，文物建筑的管理使用人可以通过安装在手机上的应用系统，第一时间收到文物建筑用电安全的报警信息，从而实时掌握用电情况，对隐患提前进行整改，防患于未“燃”。截至目前，各地通过“智慧用电”设备报警而成功提前消除安全隐患的达到30余起。引起报警的原因主要有电器漏电、电线短路、电流过载等原因，以下选取了部分典型案例作进一步说明。

1.电器漏电。市保单位广济医院松木场分院旧址包括民国时期的8幢砖木结构建筑，现为省机关事务管理局职工宿舍。统一安装了“智慧用电”设备后，期间管理人员发现了其中一幢文物建筑电流数据出现异常报警，经检查后发现，原来是住户家中电器出现了漏电，通过电路整改及时排除了安全隐患。国保单位马寅初旧居现作为马寅初纪念馆使用，安装“智慧用电”设备后监测到存在漏电现象，通过电气线路的全面排查整改，彻底消除了漏电问题，系统数据恢复正常。

2.电线短路。省级文保单位丁家花园，某日墙插电线突然短路爆火星，幸好该建筑已经安装了具备灭弧功能的“智慧用电”设备，启动了自动跳闸，及时切断电源，避免了火星外溅可能引发的火灾。

3.电流过载。市保单位钱学森故居内工作人员违规使用小太阳取暖器、市保单位梁宅（现作为广兴堂中医馆使用）使用附房内使用大功率电器、市保单位新四军苏浙军区某部临时指挥所文保工程现场木工使用大功率电动工具、历史建筑鲍坞17号民居、鲍坞27号民居、罗家老宅用电负荷过高等均造成电流过载，通过“智慧用电”系统报警，管理人员及时对安全隐患进行了整改，有效避免了安全事故的发生。

（二）以点带面，全面提升文物安全管理工作。文物安全工作是一项系统性工程，内容非常复杂，涉及面广泛。市园文局通过摸底调查，明确如何有效防控消防火灾事故是全市文物安全工作中的薄弱环节，也是痛点难点。因此，从消防安全着手，在消防安全中又重点针对用电安全，找准突破口，起到了“以点带面”的连锁效应和良性循环。一是文保单位和文保点“智慧用电”设备安装后，系统预警有效避免了安全事故的发生，让各县、市（区）切身感受到了设备发挥的重要作用，自发地在历史建筑进行推广应用，很多地区已经考虑在尚未核定公布为文保单位、文保点的不可移动文物中进行安装使用。在文物建筑修缮工程中同步考虑“智慧消防”建设，也逐渐成为工作惯例。二是“智慧消防”建设工程市级有专项补助，并且可以“一户一策”进行申报，让有条件的单位如浙江大学、市运河集团、市二医院等国有单位，更加积极主动地开展除“智慧用电”以外的其他“智慧消防”建设工程。三是随着“智慧消防”建设工程的开展，同步带动了文物建筑管理人员安全意识的提升、安全管理制度的完善、安全责任的落实、安全隐患的整改等，从而全面带动全市文物安全工作的提升。

（三）数字赋能，有效助力数字化安全监管平台打造。全市586处文物建筑和221处历史建筑安装的“智慧消防”系统，提供了海量的安全监测数据，为下一步实现数据归集、安全工作打造全市统一的数字化安全监管平台奠定了良好基础。

三、下步举措

全市文物建筑“智慧消防”建设工程目前虽然已经取得了一定成效，但是还存在安装不充分、安装未全覆盖、系统使用不熟练、数据尚未归集等问题。接下来，市园文局将再接再厉，在巩固现有成果的基础上，针对以上问题进行整改提升，确保我市“智慧消防”建设工程真正取得实效。

（一）确保“管用”。

一是要充分安装。首先，数量安装要充分。部分文物建筑只在配电箱的主路或重要分路上安装了“智慧用电”设备。一旦出现报警需要倒查线路时，就要对每一路都作检查，费时费力。对于体量较大、线路较多的文物建筑，所有分路上都应当安装“智慧用电”设备。其次，设备功能要充分。部分“智慧用电”设备不具备自动灭弧功能，万一晚上文物建筑无人值守或发现预警信息不及时，就无法在第一时间进行处置。在经费允许、文物建筑适用自动断电的情况下（如梁宅作为广兴堂国医馆使用，内有医疗设备，不允许自动断电，使用单位主动要求不需要自动灭弧功能），应当逐步增设自动灭弧功能。再次，建设内容要充分。大部分文物建筑还只是安装了“智慧用电”，要结合文物建筑实际，逐步推广联网式独立火灾探测报警器、电动车智能充电桩、微型消防站等其他“智慧消防”设施设备。

二是要全域覆盖。文物建筑内“智慧用电”尚有约3%没有安装完成，经过调查了解，造成尚未完成安装的文物建筑，有的是因为建筑空置未通电，暂时没有必要安装；有的是因为电气线路尚未套管整改，计划在完成电气线路套管整改以后再安装；有的是正准备修缮，计划结合修缮工程一同安装；有的是因为文物建筑为私人产权，且产权人众多，无法达成统一意见。要针对不同的原因，分类处置，采取有效措施，逐一突破，争取在2021年底前完成全覆盖。

三是要勤查快改。“智慧用电”设备只是完成安装是远不够的，关键是要在出现报警的时候及时处置，做到“早发现、早响应、早处置”，形成安全隐患的整改闭环。能立即整改的问题，有条件的单位可以让本单位的电工来处理，没有电工的可以通过第三方服务外包，让设备安装单位提供整改服务，购买设备安装、问题预警、隐患整改的全服务流程。不能立即整改的问题，要制定整改方案，限期进行整改。

（二）确保“会用”。

一是全员发动。文物建筑的直接责任人、安全管理人都应在手机上安装“智慧消防”系统，并能够熟练使用操作。在前期的检查中发现，部分地区全盘委托负责“智慧消防”建设的公司对文物建筑消防安全情况进行24小时监管，一旦发生报警，报警信息先传到公司，再由公司通知管理人员，容易造成隐患处置不及时；部分地区管理人员虽然已经在手机上安装了“智慧消防”系统，但不会使用或使用不熟练，发生报警不知道如何处理，系统形同虚设。下步，要进一步压紧压实责任，确保责任到人、应装尽装，确保培训到位、常用熟用。除了文物建筑的直接责任人、安全管理人，可以适度扩大范围，在属地的消防监督员、社区网格员、微型消防站队员等相关人员上也安装“智慧消防”系统，实现信息共享，群防群治。

二是定期评估。电气设备容易受到外部环境影响，且有一定的使用寿命，需要定期保养维护和更换，才能确保设备的有效性。要定期对已安装的“智慧消防”设施设备进行测试、检修、保养，对发现的设备故障要及时维修，确保设施设备处于正常工作状态。每年最好对已安装的电气线路进行一次全面的检测，从根源上消除安全隐患，也可以减少设备错报误报。

三是多方联动。进一步加强和消防部门之间的沟通联系，建立完善协同工作机制，通过共享“智慧消防”监测数据，提高接警出动、联合处置的效率。同时，在文物建筑消防安全标准制定、消防安全联合检查、消防安全专项整治、消防安全业务培训等领域进一步加强合作。

（三）确保“智用”

一是转变观念顺势而为。数字化时代已经到来，文物工作者要张开怀抱迎接数字化浪潮，顺应时代潮流，顺势而为。我们要牢牢抓住浙江省数字化改革重要契机，研究制定文物安全数字化改革工作方案，整体性推进文物安全管理系统建设，实现全市文物安全管理工作质的飞越。

二是建立消防安全“三色图”监管平台。为深入推进文物火灾隐患整治和消防能力提升三年行动，计划打造全市文物消防安全“三色图”监管平台，逐步将全市文物建筑“智慧消防”系统数据进行统一归集，建好“一库一图一清单”。“一库”指建立文物消防安全电子档案库，“一图”指文物消防安全风险隐患分色图，“一清单”指文物消防安全隐患整治清单。在监管平台上，一是要上点位，已经安装“智慧消防”的文物建筑在全市电子地图上精准标注，并上传文物建筑的名称、地址、级别、类型、历史沿革、文物价值等基础信息。二是要上设施，文物建筑上安装的所有“智慧消防”相关设施的监测数据全部接入，可以实时查看文物建筑消防安全状况。三是要上力量，在文物建筑上标注直接责任人、安全管理人的姓名、单位、职务、联系方式等信息。同时，根据文物建筑的等级、文物本体保存情况、保护管理开展情况（如巡查次数是否达到设定的频率值、巡查中是否有发现问题、问题是否及时处置等）等进行安全管理分类，对应高风险、中风险、低风险，分别标注为“红、黄、绿”三色，实行分色管理。市级文物消防安全“三色图”监管平台和省级平台实现数据共享。

三是打造安全监管综合管理平台。结合“智慧园文”二期建设，打造“全市文物安全监管综合管理平台（指挥中心）”。计划利用现有市文保中心办公用房进行提升改造，通过整合现有文博场所的视频监控和文物建筑“智慧消防”数据，通过信息资源整合及大数据分析，逐步实现监测预警、应急指挥、分析研判等综合性功能，不仅可以满足常态下的安全监测监管，也可以开展突发事件下的协同处置与指挥调度。

文物安全是文物工作的底线、红线和生命线，关系到文化遗产的保护与传承，关系到国家文化安全。我们将时刻牢记以习近平总书记对文物安全工作的重要指示，保文物安全、守文化根脉，全力以赴抓好文物安全管理各项工作任务，坚决打赢文物安全防范攻坚战。

（执笔：段虹、章珠裕）

关于《宁波市大运河遗产保护管理条例》的立法调研报告

宁波市文物局

一、立法调研的基本情况

（一）调研目的与调研内容

大运河（宁波段）位于中国大运河最南端，是中国大运河内河航运通道与外海连接的纽带，中国大运河与海上丝绸之路的交汇点，文化遗产资源丰富，在中国大运河体系中具有独特的代表性。随着2014年中国大运河申遗成功，大运河（宁波段）中的“浙东运河上虞——余姚段”“浙东运河宁波段”和“宁波三江口（含庆安会馆）”三个遗产区列入世界文化遗产名录，成为宁波首个也是目前唯一一处世界文化遗产。尽管近年来我市大运河遗产保护工作有了积极进展，取得了一定成效，但是由于受诸多因素的影响，我市大运河遗产保护在管理体制、保护措施、开发利用等方面还存在一些短板与不足，亟须通过地方立法进一步规范和强化。为此，市人大常委会将《条例》立法列为2021年人大立法调研项目。

按照2021年宁波市人大地方性法规立法调研工作要求，立法调研小组对我市大运河文化遗产保护和利用现状与主要问题进行了全面的梳理，对《条例》制定的必要性、可行性、合法性、合理性、特色性进行深入系统的分析，特别是对立法需要解决的重点难点问题及解决问题的措施、主要制度设计构想等进行深入调研。并在此基础上，起草完成了《条例》立法调研报告、《条例》草案立法建议稿及相关材料，为市人大开展《条例》立法提供参考依据。

（二）调研组织与调研方式

市人大常委会教科文卫工委、市人大常委会法工委、市司法局、市文化广电旅游局、市文研院、浙大宁波理工学院等单位联合组成《条例》立法调研小组。立法调研小组研究制定了调研方案，组建了法规起草小组，对调研工作进行了周密部署，确定了调研工作进度及具体分工。调研工作主要采取资料收集、立法座谈、现场走访、外地考察、对照梳理、集中研讨等方式，对相关问题进行全方位的调查与研究。

（三）时间安排与调研进展

1.立法资料整理。2021年1—3月，立法调研小组共收集有关大运河遗产保护方面的法律、行政法规、地方性法规、部门规章、政府规章以及相关规范性文件100多部，编写《中央及地方大运河遗产保护管理法规政策汇编》全面梳理、归纳各地大运河遗产保护立法的基本内容与主要创新，撰写完成《大运河遗产保护管理理论研究综述》《中央及地方大运河遗产保护管理立法实践综述》。

2.组织座谈调研。2020年4—6月，立法调研小组通过召开座谈会、市内走访、学习取经等形式，深入了解与听取各相关部门、单位、社会各界的立法建议。（1）4月23日，立法调研小组召开两个层次座谈会。一是召开市级各相关部门负责人座谈会。二是召开区县（市）文化广电旅游部门相关机构负责人和文物保护管理部门负责人座谈会。（2）4月30日，在江北区召开基层政府、部门、相关企业《条例》立法调研座谈会。（3）5月13日，在余姚召开大运河遗产保护有关基层政府部门、镇、村（社区）代表立法座谈会。（4）6月23日和7月16日，召开两次《条例》立法调研小组集中研讨会议。

3.开展立法问卷调研。2021年4—5月，立法调研小组在宁波各区县（市）内组织立法问卷调研。本次调查共回收596份问卷，围绕《条例》立法相关问题进行问卷调查，撰写完成了《条例》立法问卷调研分析报告。

4.立法成果材料撰写与修改。2021年6—8月，立法调研小组在上述调研工作基础上，对《条例》立法的必要性、可行性、立法的主要内容进行全面、深入、系统地研究与论证，确立了《条例》立法的基本思路、立法重点和立法框架，完成了《条例》立法调研报告、《条例》草案建议稿、《条例》草案建议稿条文依据说明等立法调研材料。

二、我市大运河（宁波段）遗产保护的基本成效与主要问题

（一）我市大运河（宁波段）遗产保护的基本成效

1.大运河遗产保护管理体制不断完善

中国大运河申遗成功后，我市专门成立了大运河（宁波段）遗产保护管理委员会，协调、解决保护管理工作中的重大问题。大运河（宁波段）遗产保护管理委员会由18个市级部门和6个区县（市）人民政府为成员单位。大运河（宁波段）遗产保护管理委员会下设办公室，协调部门之间的对接工作，文物、规划、水利、港航、城管等各部门各司其职，形成了多部门协同管理的长效机制。目前已按要求转为议事机构。2017年底，宁波市世界文化遗产保护中心正式获批，增加人员编制5名，增加内设机构1个，负责我市世界遗产日常管理工作。

2.大运河遗产调查工作扎实推进

在市级层面，共筛选出62项市级以上层面大运河遗产保护内容，并将浙东运河上虞——余姚段、浙东运河宁波段、宁波三江口、水则碑、姚江水利航运设施（大西坝、小西坝旧址及压赛堰遗址）、通济桥等6处成功申报全国重点文物保护单位；建立了遗产档案中心，编制了遗产记录档案和国保记录档案，共编制遗产档案180卷，电子卷564份，纸质卷919份。

3.大运河遗产监测预警平台对接互通

2020年，为了落实国家文物局对大运河世界文化遗产监测预警体系建设“两级平台、三级管理”的总体要求，大运河（宁波段）监测预警平台率先实现与中国世界文化遗产监测预警总平台数据实时对接互通，宁波由此成为中国大运河沿线34个城市试点单位中，首个提出实施并顺利完成该工作的城市。大运河（宁波段）监测预警平台是保护、管理大运河（宁波段）的重要工具。平台凭借其动态化、信息化、可视化等特性，为遗产的预防性保护提供了良好的数据支持。作为宁波市自主搭建的第一个世界文化遗产监测预警管理平台，自建成以来一直致力于部门间合作和数据共享工作，为中国大运河世界文化遗产保护管理发挥积极示范作用，是

信息化技术驱动下“互联网+遗产监测”新模式的宁波实践。大运河（宁波段）监测预警平台目前已经成为我市集档案收录整理、遗产监测、移动巡查等多功能于一体的世界文化遗产监测管理智慧平台，对我市世界文化遗产的保护起着举足轻重的作用。

4.大运河遗产日常巡查与项目监控常态化

在大运河遗产日常巡查方面，市大运河文化遗产保护机构采用无人机和人工巡查相结合的方式，对大运河保护区划内的建设项目和沿线重要的运河遗产点实行每月至少一次的移动巡查。截至2020年12月26日12时，相关部门共开启移动巡查任务461次，每月例行填报各类《移动巡查报告》350份。在大运河项目监控方面，市大运河保护机构针对沿线工程项目，建立起一套“规划指导—巡查管控—机制评估”管理体系。从方案设计、审批、实施各个阶段积极介入，定期开展项目督查，确保工程项目实施与遗产安全有效融合。

5.创新方式方法，加强大运河保护宣传教育

市、区县（市）人民政府及相关部门、大运河遗产保护机构通过各种形式，深入开展大运河保护宣传教育活动，开展了大运河保护进校园、大运河保护志愿服务宣传系列活动，向全社会宣传、普及、弘扬了运河历史文化。大运河遗产保护机构圆满完成了《大运河上的宁波》五集主题纪录片拍摄工作。该纪录片系统介绍大运河（宁波段）的历史与现状，深入阐述其独特的地位、文化内涵与重要价值，并荣获第四届浙江省纪录片“丹桂奖”优秀长纪录片奖。此外，联合推出“运河中秋夜”诗歌诵读会、“作家、艺术家走运河”“再走大运河：我们的生活”融媒体采访、“杭甬对话”文化研学等系列活动，进一步促进公众对大运河文化认知。

6.大运河遗产本体保护情况良好

大运河（宁波段）遗产河道全长约34.4公里，遗产本体保护状况总体良好，河道线型保持稳定，沿线堤岸基本保持完整，河道走向无明显变化，河道宽度总体无变化。2020年，大运河（宁波段）各段水质均达到Ⅲ类及以上水标准，且各段航道均未出现阻塞断流等情况。

（二）我市大运河遗产保护面

临的主要问题

1.大运河保护管理体制不太顺畅

从立法调研情况来看，在管理体制方面，大运河保护管理体制机制还不太健全，缺少专门的综合性保护管理机构。大运河沿线涉及诸多产权主体，需要跨区域、跨部门协调解决的事项较多，多头管理和管理不到位的现象并存，部门间相互协作配合不力的困境仍未彻底破解。（1）缺少专门的综合性保护管理机构。目前我市在大运河保护管理工作中尚未在市级层面进行统筹管理，由市文物主管部门承担具体管理工作，市世界遗产保护管理中心负责日常监测工作，缺少专门的综合性保护管理机构。（2）部门协作合力不足。大运河遗产管理涉及水利、文物、城建、环保等多个部门按职能分工共同管理。虽然我市已经建立了相关的协调机制，但在具体项目的管理上，各部门的沟通协调仍然暴露出一些问题。如水利和文物两个部门基于各自的职责，在大运河的功能定位、处置原则上存在较大分歧。又如大运河移动巡查异况处置问题，大运河文化遗产监测部门具有遗产巡查监测、发现上报职责，而具体的处置、执法包括前期审批等涉及诸多部门职责，只有建立起高效的管理模式，形成合力，方能发挥真正预防性保护的作用。

2.大运河遗产保护人力物力保障不足

与《文物保护法》规定的文物保护静态管理模式不同，大运河遗产属于大型、线性、活态文化遗产，不仅需要对列入文物的场所、设施、景观进行保护，还要对相关水域、水流、水质、水利设施、环境生态进行保护，需要大量的人力物力投入。与其他地方大运河遗产保护相比，我市大运河遗产保护人力物力保障不足。在大运河遗产保护机构专业人员方面，市本级有专职保护人员4人，海曙区兼职人员2人，江北区兼职人员5人，鄞州区兼职人员2人，余姚市兼职人员3人。在大运河遗产保护经费方面，据统计，市本级2018年保护经费为120万元，2019年保护经费为154万元，2020年保护经费为170万元，区县（市）均无专门保护经费。在大运河遗产宣传展示场馆方面，我市目前仅有庆安会馆一处大运河世界文化遗产展示场馆，导致面向全市大运河遗产宣传、展示、利用的一些整体性、系统性保护工作缺乏必要的支撑条件，严重制约了大运河遗产的保护、宣传和利用。

3.大运河遗产传承、开发、利用较为滞后

大运河（宁波段）作为我市目前唯一的世界文化遗产，文化品牌影响力与其地位不相符合，特别是与杭州、绍兴等城市相比，大运河（宁波段）需进一步处理好遗产保护与城市发展的关系，合理开发利用沿线资源，不断提升品牌价值。（1）文化遗产传承展示不足。从我市大运河文化遗产传承情况来看，我市大运河文化遗产活态展示不足，对大运河遗产保护和传承重视不足，运河社会生态系统保护不足，传统生活方式和习俗受到新技术新方式的冲击而逐渐消失。（2）开发利用水平有待提升。近年来，我市大运河遗产开发利用有了一步的进展，但是相比其他先进城市，我市大运河文化旅游融合度有待提高，大运河遗产资源开发模式较为单一，大运河遗产资源有待进一步有效利用，大运河遗产对外影响力不足，运河文化研究不足。（3）水利航运功能有待开发。目前大运河（宁波段）申遗河段通航条件、综合影响和经济社会效益仍待评估，开展水上旅游条件较差，而且河道等级较低，通航能力难以满足全线通航要求。

4.公众大运河遗产保护意识不足，参与积极性不高

《条例》问卷调研数据显示，超过四分之一（27.01%）的调研对象认为政府没有组织过宁波大运河遗产项目宣传活动，可见政府在大运河遗产保护宣传教育方面工作还不够。大运河文化遗产生命力的关键是在人群中的流传度，但是调研数据表明对我市大运河遗产非常了解的民众不到三分之一（29.19%），仍然有超过五分之一（22.98%）的民众对我市大运河遗产不了解或者非常不了解，公众有关大运河遗产的知识比较欠缺。同时，基层干部、群众大运河遗产保护的意愿不强，公民参与度不高。调研数据表明，经常参加宁波市大运河遗产保护宣传等相关活动的调查对象不到一半（48.66%），而从来没有参加过的占比15.94%。由此可见，大运河遗产自觉保护意识明显不足，公众参与大运河遗产保护的积极性还有待提高。

5.地方大运河遗产保护法规体系不太健全

我市在2013年制定了《宁波市大运河遗产保护办法》（市人民政府令第240号），该《办法》于2013年9月1日起正式施行，2017年市人民政府对该《规定》进行了修改。《办法》实施以来，对于推进我市大运河遗产保护发挥了重要作用，有力地推动了我市大运河遗产保护，很好地保障了中国大运河申遗工作。但是，随着新的国家大运河文化遗产保护政策和2020年《浙江省大运河世界文化遗产保护条例》的出台，该《办法》很多内容比较滞后，与当前大运河文化遗产保护要求存在较大差距。（1）《办法》内容比较单薄。《办法》共22条，对大运河保护相关措施规定不太系统。与《浙江省大运河世界文化遗产保护条例》相比，《办法》在很多方面存在空白，诸如大运河保护河长制度、大运河世界文化遗产保护名录制度、大运河遗产保护区划范围、保护责任人责任、大运河遗产保护记录档案及其数据库建设、水系生态治理、大运河文化精神传承和发展、大运河遗产开发利用、大运河保护志愿服务、违法行为举报投诉等内容都缺少明确规定。（2）《办法》内容相对滞后。由于《办法》制定时间较早，当时主要是为了配合大运河申遗需要，即当时的大运河尚未成为世界文化遗产，因此现今对于大运河遗产的定位难以在当时的立法中充分体现，诸多针对世界遗产的管理性要求也未能纳入《办法》。申遗成功后，联合国对世界遗产后续的保护工作管理更严格、监测更缜密、手段更先进、渠道更广泛，世界遗产组织会随时跟踪回访，对遗产区和缓冲区是否符合世界遗产保护管理要求作出调查评估。因此，针对后申遗时代的遗产保护、传承、利用，及中国大运河文化带、国家文化公园建设等新任务，《办法》的规定还远远不能满足实际需要。（3）《办法》效力层级较低。《办法》属于政府规章，新修订《立法法》对于政府规章权限有严格的限制，难以针对上位法没有规定的危害大运河遗产的行为设定相应的法律责任。目前《办法》的法律责任条款仅有三条，其中第十九条为转致条款，第二十一条为对管理主体不履职的处罚条款。针对管理对象的处罚条款仅第二十条一条，系针对第十六条第一项所设。第十六条共规定有七项禁止性行为，有部分禁止性行为缺乏相对应的执法依据，如第十六条第五项和第六项，即在大运河遗产保护范围内不得存放易燃、易爆、腐蚀性等危害遗产安全的物品和擅自从事爆破、钻探、挖掘、取土、打井、打桩等危害遗产安全的行为。由于《办法》虽有禁则却缺乏相应的罚则，导致对该类非文物的大运河遗产无法实施有效保护。

三、《条例》立法必要性分析

（一）制定《条例》是贯彻落实党中央关于大运河文化保护要求与政策的内在需要

近年来，大运河文化遗产保护与利用受到高度关注。2017年2月24日，习近平总书记在北京通州视察时指出，要深入挖掘以大运河为核心的历史文化资源，强调保护大运河是运河沿线所有地区的共同责任。同年6月，习近平总书记在中央研究室关于大运河文化带建设报告上作出重要批示："大运河是祖先留给我们的宝贵遗产，是流动的文化，要统筹保护好、传承好、利用好"。2019年，中共中央办公厅、国务院办公厅先后印发《大运河文化保护传承利用规划纲要》《长城、大运河、长征国家文化公园建设方案》，统筹推进大运河文化保护传承利用，建设大运河国家文化公园。2020年9月，国家发展和改革委员会联合国家文物局、水利部、生态环境部、文化和旅游部分别编制并发布了大运河文化遗产保护传承、河道水系治理管护、生态环境保护修复、文化和旅游融合发展4个专项规划。2021年8月，国家发改委牵头编制印发《大运河文化保护传承利用"十四五"实施方案》，该实施方案提出，要推进大运河文化遗产保护条例立法工作，指导地方完善大运河文化遗产保护立法。因此，制定《条例》是贯彻落实党中央关于大运河文化保护要求与政策的内在需要。

（二）制定《条例》是贯彻落实大运河遗产保护法律法规的客观要求

《浙江省大运河世界文化遗产保护条例》（以下简称《省条例》）已于2020年9月24日经浙江省第十三

届人民代表大会常务委员会第二十四次会议通过，并于2021年1月1日起正式施行，这是我省关于大运河世界文化遗产保护的省级地方性立法，也是《条例》制定的上位法。《省条例》贯穿大运河世界文化遗产保护理念，明确了中国大运河（浙江段）的保护原则和保护措施，对于推进我市大运河文化遗产保护具有重要作用。但是《省条例》对于大运河遗产保护规划、保护措施、水系生态治理、大运河文化精神传承和发展、大运河遗产开发利用等内容规定较为原则，还存在一些空白与不足，需要通过《条例》立法进一步细化与补充。例如《省条例》在制定时未考虑到遗产保护与开发之间的冲突，使得大运河（宁波段）沿岸一些区域出现了开发利用难等问题；具体治理标准不明确，细化执行内容较少，给协调对接工作带来困难；审批、备案等流程或程序不清或标准不清晰，导致可操作性较低，在部门协调合作高效推进大运河治理的问题上，仍需要地方有针对性的立法做出具体细化明确。因此，制定《条例》是贯彻落实大运河遗产保护法律法规的客观要求。

（三）制定《条例》是破解我市大运河遗产保护困境的迫切需要

从立法调研情况来看，目前我市关于大运河遗产保护存在较多困境，诸如大运河保护管理体制不太顺畅、大运河遗产保护人力物力保障不足、大运河遗产传承、开发、利用较为滞后、公众大运河遗产保护意识不足，参与积极性不高。通过《条例》立法，进一步完善大运河遗产保护制度，对于破解当前我市大运河遗产保护面临的困境，具有重要作用。因此，制定《条例》是破解我市大运河遗产保护困境的迫切需要。

（四）制定《条例》是充分发挥地方人大立法保障作用的客观需要

通过地方立法为经济社会发展提供法律保障，这既是地方立法的基本功能，也是地方人大的使命担当。从前期立法调研来看，作为专门保护大运河遗产的宁波市人民政府规章，《宁波市大运河遗产保护办法》内容较为单薄，相关规定较为滞后，法律效力层级较低，严重制约了其作用的发挥。《办法》一些规定在制定时未考虑到遗产保护与开发之间的冲突，使得大运河（宁波段）沿岸一些区域出现了开发利用难等问题；同时后申遗时代又对遗产的后续保护工作提出了许多更新、更高的要求，有必要加强大运河遗产保护方面的立法工作力度。从外地立法实践来看，大运河世界文化遗产申遗成功之后，我省杭州、嘉兴、绍兴等地均制定了大运河世界文化遗产保护地方性法规，通过地方性法规对大运河文化遗产保护进行全面系统规定，充分发挥了地方人大立法的保障作用。因此，将《办法》上升为地方性法规，对宁波大运河文化遗产进行人大立法保护，是充分发挥地方人大立法保障作用的客观需要。

四、《条例》制定可行性分析

（一）《条例》制定具有充分的政策基础

如上文所言，2019年，中共中央办公厅、国务院办公厅先后印发《大运河文化保护传承利用规划纲要》《长城、大运河、长征国家文化公园建设方案》。2020年9月，国家发展和改革委员会联合国家文物局、水利部、生态环境部、文化和旅游部分别编制并发布了大运河文化遗产保护传承、河道水系治理管护、生态环境保护修复、文化和旅游融合发展4个专项规划。2021年8月，国家发改委牵头编制印发《大运河文化保护传承利用"十四五"实施方案》。这些政策与文件为《条例》制定提供了充分的政策依据。

（二）《条例》制定具有坚实的法律基础

（1）《条例》制定属于地方立法权限范围。《条例》制定具有充分的上位法依据。2015年3月15日通过的新修订《立法法》对设区的市的人民代表大会及其常务委员会的立法权限作了明确规定，规定可以对城乡建设与管理、环境保护、历史文化保护等事项制定地方性法规。作为历史文化保护的重要组成部分，大运河遗产保护属于历史文化保护立法事项范围，符合《立法法》关于地方立法权限范围的规定。**（2）《条例》制定具有充分的上位法依据**。其中《文物保护法》《非物质文化遗产法》是《条例》制定的法律依据。《浙江省大运河世界文化遗产保护条例》是《条例》制定的地方性法规依据。另外，国家有关部门制定的大运河遗产保护规章、政策，包括2012年出台的《大运河遗产保护管理办法》，2006年出台的《世界文化遗产保护管理办法》《世界文化遗产监测巡视管理办法》《世界文化遗产专家咨询管理办法》等规章、政策，为《条例》制定提供了参考依据。

（三）《条例》制定具有丰富的地方立法参考依据

从地方立法来看，申遗成功前，扬州、洛阳、宁波、山东先后出台了各自的大运河文化遗产保护政府规章。2017年始，新一轮大运河世界遗产保护立法启动，《嘉兴市大运河世界文化遗产保护条例》（2017）、《杭州市大运河世界文化遗产保护条例》（2017）、《绍兴市大运河世界文化遗产保护条例》（2019）、《浙江省大运河世界文化遗产保护条例》（2020）、《淮安市大运河文化遗产保护条例》（2020）相继制定实施。另外，我市于2013年制定实施了政府规章《宁波市大运河遗产保护办法》，在宁波全市范围内普及了大运河遗产保护理念，并建立了大运河遗产保护的体制机制，有力地推动了我市大运河遗产保护，为《条例》的制定提供了重要的参考资料。

（四）《条例》制定具有广泛的民意基础

制定《条例》具有广泛的民意基础。从前期立法座谈意见反馈来看，主管部门、基层政府和广大民众对制定《条例》的必要性具有高度的共识。《条例》立法问卷调查数据显示，有53.69%的调查对象认为制定《条例》非常有必要，29.36%的调查对象认为制定《条例》较为有必要；就制定《条例》的可行性而言，有47.82%的调查对象认为制定《条例》非常可行，34.9%的调研对象认为制定《条例》较为可行。由此可见，《条例》立法具有广泛的民意基础。

五、《条例》制定特色性分析

（一）弥补《省条例》立法相关空白

（1）建立大运河世界文化遗产保护专家咨询制度。由于大运河世界文化遗产保护涉及文物、文化、历史、水利、交通运输、规划、建设、环保、旅游、法律多个领域，需要多个领域专家参与，但《省条例》对大运河世界文化遗产保护专家咨询制度缺少明确规定。《条例（草案）》立法建议稿明确规定，“市大运河世界文化遗产保护管理委员会设立专家委员会。专家委员会由文物、文化、历史、水利、交通运输、规划、建设、环保、旅游、法律等方面的专家组成，负责对大运河世界文化遗产保护规划、保护名录、保护措施等事项进行论证或者评审，为市大运河世界文化遗产保护管理委员会决策提供咨询意见。”（2）**建立大运河世界文化遗产分级分类保护名录制度**。为了推进大运河世界文化遗产保护，明确大运河世界文化遗产保护范围与保护对象，需要建立大运河世界文化遗产保护分级分类名录制度，《省条例》对这一制度缺少明确规定。《条例（草案）》立法建议稿明确规定，“市人民政府应当建立统一的大运河世界文化遗产分级分类保护名录制度。市大运河世界文化遗产保护主管部门应当会同市自然资源规划、水利等部门与区县（市）人民政府组织编制和修订分级分类保护名录，根据本条例规定将大运河世界文化遗产河道、遗产点和大运河其他遗产要素明确为保护对象，纳入分级分类保护名录。国务院、省和市人民政府已经批准公布为保护对象的，直接列入分级分类保护名录。对列入分级分类保护名录的保护对象应当逐一建档，并依照有关法律法规、保护对象权属等明确保护责任人和保护措施。”（3）**明确大运河世界文化遗产保护责任人权利义务**。《省条例》对保护责任人权利义务缺少明确规定。《条例（草案）》立法建议稿明确规定，大运河世界文化遗产区、缓冲区内的文物保护单位、文物保护点、历史建筑、历史文化街区内建筑的使用人或者所有权人应当依照有关法律法规的规定履行保护义务，做好文物或者建筑的日常维护、修缮工作。大运河世界文化遗产保护主管部门可以对使用人或者所有权人履行保护责任的情况进行考核，并根据考核结果给予奖励或者经费补助。使用人或者所有权人无力维护、修缮的，大运河世界文化遗产保护主管部门应当给予帮助。（4）**完善大运河世界文化遗产监测预警机制**。《省条例》对大运河世界文化遗产监测制度作了规定，但在大运河世界文化遗产保护预警机制方面还存在空白。《条例（草案）》立法建议稿明确规定，市大运河世界文化遗产保护主管部门应当建立大运河世界文化遗产监测预警系统，编制遗产保护应急预案，报市人民政府批准后实施。发生危及大运河世界文化遗产安全事件，或者发现大运河世界文化遗产存在安全隐患的，大运河世界文化遗产保护主管部门应当及时发布预警信息，启动应急预案，采取相应处置措施，并向市人民政府报告。

（二）细化《省条例》立法相关规定

（1）细化政府及相关部门保护职责。《省条例》对设区的市人民政府及相关部门、乡镇人民政府、街道办事处、村居民委员会保护职责作出原则性要求。基于《省条例》规定，《条例（草案）》立法建议稿进一步细化市、区县（市）人民政府及相关部门保护责任。**（2）细化大运河遗产保护综合协调机制**。基于《省条例》相关规定，《条例（草案）》立法建议稿对市、区县（市）保护综合协调机制作了明确规定，“市人民政府设立市大运河世界文化遗产保护管理委员会，负责研究大运河世界文化遗产保护与监督管理中的重大事项，明确相关部门职责，组织、协调和推动大运河世界文化遗产的保护工作。市大运河世界文化遗产保护管理委员会的日常工作由市人民政府文物行政部门承担。大运河世界文化遗产所在地的区县（市）人民政府应当加强本行政区域内大运河世界文化遗产的保护，设立相应的保护工作议事协调机构和常设机构，组织本级相关部门、街道办事处或者镇（乡）人民政府开展大运河世界文化遗产保护、管理和利用相关具体工作。镇（乡）人民政府、街道办事处应当按照规定的职责，建立健全大运河世界文化遗产保护工作制度，明确主管机构职责和人员，做好本行政区域内大运河世界文化遗产保护、管理和利用工作。”**（3）细化大运河遗产保护河长制**。《省条例》第六条规定，“负责河长制工作的机构应当将大运河遗产河道保护纳入工作范围，并列入各级河长履职考核内容”。基于《省条例》这一规定，《条例（草案）》立法建议稿在总结前期实践经验的基础上，进一步明确了大运河遗产保护管理纳入河长制涉的具体工作内容和巡查范围，对大运河遗产保护与运河河长制管理作出细化规定，确保河长制落在实处。**（4）细化大运河遗产水系生态治理措施**。《省条例》第二十条规定，“相关设区的市、县（市、区）人民政府应当组织相关部门全面治理大运河遗产河道及其支线水系，综合整治岸线和区域环境，构建生态良好的连续滨河空间。大运河遗产河道及其支线水系的水体水质应当符合水功能要求并持续改善。”根据这一规定，《条例（草案）》立法建议稿从水系生态保护、船舶污染防治、畜禽水产网箱养殖的禁养或者限养区域、河道清淤与保洁等方面作出具体保护措施规定。**（5）细化大运河遗产传承开发利用规定**。《省条例》对大运河遗产传承和开发利用规定作了原则性规定。《条例（草案）》立法建议稿进一步细化了开发利用要求、开发利用措施和途径、宣传教育措施。

（三）体现宁波地方特色

（1）体现宁波河海文化特色。大运河（宁波段）位于中国大运河最南端，是中国大运河内河航运通道与外海连接的纽带，中国大运河与海上丝绸之路的交汇点，文化遗产资源丰富，在中国大运河体系中具有独特的代表性。为了体现这一特色，《条例（草案）》立法建议稿规定，“市、区县（市）人民政府及其有关部门应当组织大运河文化精神和文化价值的发掘、研究，加强越窑青瓷烧制技艺、晒盐技艺、传统木船制作技艺和甬剧、宁海平调、姚剧等大运河沿线非物质文化遗产普查、发掘和整理，加强非物质文化遗产保护利用，建立大运河传统民俗档案，组织大运河传统民俗节庆活动，开展大运河文化的活态展示展演工作，传承弘扬优秀运河文化，推进大运河文化精神的传承和发展。每年6月22日所在周为宁波大运河世界文化遗产与海上丝绸之路文化宣传周。”**（2）固化宁波“活态”保护经验**。大运河不同于一般文物，其跨地区、跨行业管理和线性活态的特点，决定了大运河世界文化遗产是活态的遗产。活态遗产最好的保护措施就是合理利用。宁波在大运河遗产保护过程中，始终坚持保护与利用相结合理念，制定各种开发利用鼓励措施，注重传承利用和“活态”保护，积累了一些成功经验。为此，《条例（草案）》立法建议稿规定，大运河世界文化遗产的利用在有效保护其真实性、完整性的前提下，维持和延续其水利、航运、游憩等功能。鼓励大运河世界文化遗产的利用与旅游、科技、文创等产业融合，开发相关特色文化产品服务。

六、关于《条例》名称变更与遗产要素增加的建议

（一）关于《条例》名称变更的建议

根据立法调研情况，立法调研小组建议，将《宁波市大运河遗产保护管理条例》名称变更为《宁波市大运河世界文化遗产保护条例》。理由有三：**（1）与《省条例》调整范围保持一致**。浙江省关于大运河文化遗产保护立法名称为《浙江省大运河世界文化遗产保护条例》，保护范围为大运河世界文化遗产，宁波大运河遗产立法作为贯彻落实《省条例》的执行性立法，保护范围需要与《省条例》保持一致。**（2）与宁波经济社会发展相协调**。《宁波市大运河遗产保护管理条例》保护范围涉及宁波所有的大运河遗产，保护范围与区域过大。目前大运河遗产保护对大运河沿线的开发利用限制较多，在一定程度上影响到所在地的经济社会发展和民众生活。所以，适当缩小立法调整范围，仅仅针对列入世界文化遗产名录的部分大运河文化遗产加以保护，符合宁波大运河文化遗产保护管理实际。**（3）与其他地方立法名称相一致**。目前浙江省其他城市，如杭州市、绍兴市、嘉兴市等地立法均采用大运河世界文化遗产保护条例名称，反映了大运河文化遗产保护的客观要求。基于以上理由，立法调研小组建议，将《宁波市大运河遗产保护管理条例》更名为《宁波市大运河世界文化遗产保护条例》。

（二）关于增加大运河世界文化遗产要素的建议

基于宁波市大运河世界文化遗产保护的立法定位，立法调研小组建议在现有大运河世界文化遗产保护范围的基础上，增加两处文化遗产要素：西塘河（自宁波市区西门口至高桥）、大西坝河（自高桥至大西坝入姚江）。西塘河至大西坝河是连接宁波城和姚江，作为避开姚江咸潮，进入宁波古城的一条重要航道，是中国大运河进入宁波城的最后一段里程，也是经由水路离开宁波城前往杭州、

北京等地的起始点，是浙东运河乃至中国大运河的重要组成部分，承担着通江达海大通道的“重任”。作为宁波对外文化行政往来交流的交通要道，西塘河——大西坝河沿线拥有众多历史文化遗产，具有深厚的文化内涵。自申遗开始以来，西塘河作为大运河宁波段重要遗产要素，一直被列入世界文化遗产预备名单，后因客观原因，暂时未列入世界文化遗产名录，但其文化、历史、地理等价值毋庸置疑。2021年5月25日中共宁波市委办公厅、宁波市人民政府办公厅印发《大运河（宁波段）文化保护传承利用实施规划》，西塘河文化带作为“一馆两带三公园”重要组成部分，列入大运河宁波段遗产展陈体系。

七、《条例》立法的主要内容

（一）明晰职责，构建全社会协同的大运河世界文化遗产保护体系

大运河世界文化遗产保护不仅仅是主管部门的职责，各级政府、各部门和全社会都有参与保护的义务。针对当前大运河世界文化遗产保护职责不清、合力不足问题，《条例（草案建议稿）》进一步明确政府、部门职责，建构全社会协同的大运河世界文化遗产保护体系。**（1）构建政府主导机制**。一是构建政府职责，确立管理体系。明确市、区县市、镇（乡）街道政府职责，要求市、区县（市）人民政府负责本辖区内大运河世界文化遗产的保护、管理和利用，并将其纳入本级国民经济和社会发展规划和地方政府绩效考核评价体系，并将大运河世界文化遗产保护经费列入同级财政预算，建立大运河世界文化遗产保护管理经费保障机制。二是确立管理委员会制，明确市人民政府设立市大运河世界文化遗产保护管理委员会，并明确其职责，理顺管理委员会与主管部门和相关部门的关系（第四条）。三是加强区县（市）人民政府对本行政区域内大运河世界文化遗产保护职责，设立相应的保护工作议事协调机构和常设机构，组织本级相关部门、街道办事处或者镇（乡）人民政府开展大运河世界文化遗产保护、管理和利用相关具体工作（第四条）。四是明确列举大运河世界文化遗产保护主管部门职责及相关部门职责，明确责任主体，做到权责明确（第五条、第六条）。**（2）构**

建社会协同机制。一是完善河长制工作内容。负责河长制工作的机构应当将大运河世界文化遗产河道保护纳入工作范围，并列入各级河长履职考核内容，进一步明晰大运河世界文化遗产所涉河道河长应当依法履行的职责（第七条）。二是确立专家咨询制度。明确市大运河世界文化遗产保护管理委员会设立专家委员会，为市大运河世界文化遗产保护管理委员会决策提供咨询意见。专家来源于不同行业，体现运河管理的综合性和专业性（第四条）。三是强化数字化建设。建立统一的大运河世界文化遗产保护信息平台，整合文物保护、开发利用、生态环境、水利航运等相关数据，纳入公共数据平台，实现全流程数字化管理和大运河世界文化遗产保护整体智治（第八条）。**（3）构建社会参与机制**。一是鼓励公众积极参与大运河世界文化遗产的保护与利用，对在大运河世界文化遗产保护、传承和利用工作中做出突出贡献的单位、个人给予奖励（第九条）；二是加强对大运河世界文化遗产保护的宣传教育，提升全社会大运河世界文化遗产保护的意识（第十条）；三是规定每年6月22日所在周为宁波大运河世界文化遗产与海上丝绸之路文化宣传周（第三十八条）；四是鼓励与支持单位和个人参与大运河世界文化遗产保护和开发利用活动，设立运河文化研究、艺术创作基地，发展文创产业，开展其他有利于大运河世界文化遗产保护和文化传承的活动（第三十九条）；五是鼓励开展大运河世界文化遗产保护志愿服务活动，政府及其有关部门可以依法通过购买服务等方式支持志愿服务运营管理（第四十条）。

（二）细化规定，建立健全大运河世界文化遗产保护制度

针对我市大运河保护存在的突出问题，《条例（草案建议稿）》充分借鉴其他地方大运河世界文化遗产保护立法的先进经验，进一步细化大运河世界文化遗产保护与管理制度，提高宁波大运河世界文化遗产保护管理水平。**（1）确立保护基本原则**。大运河世界文化遗产保护应当遵循保护优先、活态传承、科学规划、统筹协调、统一管理、分级负责、合理利用的原则，维护大运河世界文化遗产的真实性、完整性和延续性。大运河世界文化遗产实施整体性保护（第三条）。**（2）保护规划的编制与实施**。市大运河世界文化遗产保护主管部门应当会同有关部门与区县（市）人民政府编制市大运河世界文化遗产保护规划，由市人民政府批准公布实施。大运河世界文化遗产所在地的区县（市）人民政府根据保护规划，制定具体实施方案（第十一条）。强调规划的效力和基本要求（第十二条），明确规划的内容（第十三条），规定大运河世界文化遗产标志和界桩的落实（第十四条）。**（3）确立分级分类保护名录制度**。明确市人民政府建立统一的大运河世界文化遗产分级分类保护名录制度。要求主管部门，根据本条例规定将大运河世界文化遗产河道、遗产点和大运河其他遗产要素明确为保护对象，纳入分级分类保护名录，并完善建档制度（第十五条）。**（4）规定具体保护措施**。一是明确保护责任人职责，强化大运河世界文化遗产区、缓冲区内的文物保护单位、文物保护点、历史建筑、历史文化街区内建筑的使用人或者所有权人履行保护义务，做好文物或者建筑的日常维护、修缮工作责任（第十七条）；二是明确规定主管部门、有关部门、大运河世界文化遗产保护机构及责任单位的具体保护措施。主要有开展大运河世界文化遗产调查（第十六条）、日常监测（第十八条）、执法巡查与信息共享（第十九条）、监测预警（第二十条）。三是建构综合执法机制。明确市、区县（市）人民政府应当建立大运河世界文化遗产保护联合执法、综合执法机制，整合各类执法资源，强化执法力量建设，依法及时查处危害大运河文化遗产保护的各类违法行为（第十九条）。

（三）明确重点，建立健全大运河世界文化遗产保护管理制度

为了解决保护与利用的矛盾，理顺保护优先，合理利用的关系，《条例（草案建议稿）》根据宁波大运河世界文化遗产保护管理实践的重点，作出了以下制度安排。**（1）细化开发建设管理程序**。一是规定大运河世界文化遗产保护区内土地出让、划拨，要报请省大运河世界文化遗产保护主管部门对该土地组织考古调查、勘探及必要的考古发掘（第二十一条）。二是规定在大运河世界文化遗产区、缓冲区内进行工程建设的，要符合市大运河世界文化遗产保护规划要求，并依法履行报批程序。在大运河世界文化遗产区和缓冲区内进行工程建设的，建设单位应当在建设项目立项前委托具有相应专业资质和专业人员的机构进行遗产影响评价，并向建设项目审批部门提交遗产影响评估报告（第二十二条）。三是对遗产区工程建设作出禁止规定。大运河世界文化遗产区内不得进行工程建设或者爆破、钻探、挖掘等作业；但是，对必要项目工程建设作出列举，并规定依照《中华人民共和国文物保护法》有关规定履行报批程序（第二十三条）。**（2）细化开发建设禁止规定**。一是对危害大运河世界文化遗产安全或者污染大运河世界文化遗产环境的建设项目和设施，作出禁止建设和依法限期拆除、外迁或者整改，强调遗产区和缓冲区内的河道清淤疏浚、设施维护、居民住宅维修和树木种植等活动，报所在地区县（市）文物行政部门备案（第二十四条）。二是对大运河缓冲区内新建、改建、扩建建筑物或者构筑物项目设计及施工做出具体要求（第二十五条）。三是对在大运河世界文化遗产保护范围内不得从事的活动做出列举（第三十二条）。**（3）明确具体保护措施**。《条例（草案建议稿）》从历史文化整体保护，建立大运河沿线物质文化遗产及周边环境风貌保护管控清单制度（第二十六条）、水系生态保护，加强运河沿岸生态保护修复和水环境治理，（第二十七条）、船舶污染防治（第二十八条）、畜禽水产网箱养殖的禁养或者限养区域（第二十九条）、河道清淤与保洁（第三十条）、相关公共设施维护管理（第三十一条）等方面分别作出具体保护措施规定。

（四）凸显特色，加强大运河世界文化遗产保护利用与传承

（1）完善保护利用制度。一是明确利用的要求。大运河世界文化遗产的利用应当符合市大运河世界文化遗产保护规划和适度、合理、可持续发展的要求。在有效保护其真实性、完整性的前提下，维持和延续其水利、航运、游憩等功能（第三十三条）。二是规定利用途径。要求市、区县（市）人民政府开辟大运河参观游览区、体验休闲区，提升大运河沿线市政公用、公共生活服务、公共文化体育等基础设施和配套服务，推动大运河世界文化遗产保护利用与文化、商贸、旅游等产业协调发展（第三十四条）。三是规定参观游览利用安全保障（第三十五条）。**（2）完善遗产保护传承制度**。一是规定开展大运河世界文化遗产文化宣传和展示的具体措施。要求市、区县（市）人民政府建立集文物陈列、非物质文化遗产展示、科普教育、文化宣传等功能于一体的大运河世界文化遗产博物馆（展示馆）和大运河国家文化公园，利用各类场所，因地制宜开展宣传展示活动（第三十六条）。二是开展大运河世界文化遗产教育。强化中小学开展大运河文化遗产宣传教育，提高青少年大运河世界文化遗产保护知识水平（第三十七条）。三是规定发掘及弘扬大运河世界文化遗产的具体措施（第三十八条）。

（五）强化责任，提高立法的可操作性与权威性

在法律责任设计中，《条例（草案建议稿）》在贯彻落实上位法及其他法律法规已有规定下，针对宁波实际，确立相关法律责任。**（1）强化公益诉讼保护**。规定对污染大运河生态环境、破坏大运河文化遗产等损害社会公共利益的行为，法律规定的机关和有关社会组织可以依法提起公益诉讼（第四十一条）。**（2）细化违法责任**。依据《省条例》第三十三条，规定擅自在遗产区或者缓冲区内进行工程建设或者爆破、钻探、挖掘等作业，或者未按批准建设工程设计方案进行工程建设的违法责任。依据《省条例》第三十四条，规定建设单位未按规定报请考古调查、勘探或者发掘的法律责任。依据《省条例》第三十五条规定擅自占用、填堵、围圈、覆盖大运河世界文化遗产河道水域，造成大运河世界文化遗产河道岸线改变或者破坏的；涂污、损毁或者擅自移动、拆除大运河世界文化遗产保护标识标志、界桩界标的；破坏、侵占大运河世界文化遗产保护和监测设施等行为的违法责任。**（3）增设违法责任**。第四十三条规定了文物主管部门的执法依据。对于违反本条例规定，损毁、擅自迁移或者拆除列入保护目录的水工、航运设施遗存，或者古建筑、遗址、石刻以及近现代重要史迹、代表性建筑的行为，对除文物、历史建筑以外的保护对象擅自修建、改建、添建的行为，对除文物、历史建筑以外的保护对象刻划、涂污的行为，分别规定了一定标准的罚款（第四十三条）。第四十四条规定了综合执法部门的执法依据。对违反本条例规定损毁、破坏大运河市政设施的行为，向大运河世界文化遗产水体或者坡岸倾倒、堆放废弃物的行为追究法律责任的依据（第四十四条）。四是规定政府及工作人员法律责任（第四十五条）。

八、立法调研的结论性意见

经过深入调研，立法调研组认为，制定《条例》不仅必要，而且可行，立法时机已经成熟。《条例（草案建议稿）》包括第一章总则、第二章保护与管理、第三章利用与传承、第四章法律责任、第五章附则等内容，共计四十七条。鉴于加强宁波市大运河世界文化遗产保护的紧迫性，建议将《宁波市大运河遗产保护管理条例》变更为《宁波市大运河世界文化遗产保护条例》，列入2022年宁波市人大常委会立法审议项目。

关于温州乡村博物馆建设的调研报告

温州市文物局

一、温州市乡村博物馆创建基本工作回顾

（一）领导重视，主要领导亲自部署。

1、**高站位布局**。温州市委、市政府高度重视乡村博物馆建设工作，刚刚召开的温州市第十三次党代会明确提出要着力打造“民办博物馆之城”；市“两会”将乡村博物馆建设项目纳入温州十大民生实事项目，报经市人大研究通过，并写进了政府工作报告，市里将各县（市、区）乡村博物馆建设任务做了分解，明确定点定位定量、时间进度、分管领导、责任人员、工作举措与有关要求，市委市政府主要领导专门召开民生实事项目推进情况的汇报会，市委、宣传部门胡剑谨、施艾珠，市政府分管副市长娄绍光、李无文

先后专题听取我们乡村博物馆建设推进情况的汇报。市委市政府将将乡村博物馆建设纳入2022年度全市性督查督办计划项目与市对县（市、区）年度考核评价体系，同时把乡村博物馆建设奖励性补助资金纳入年度产业扶持政策予以激励。为解决市级文物部门人手少、工作量大的实际困难，抽调温州博物馆有关专业人员成立工作专班，并抽调局办公室、温州市图书馆有关同志支持文物处工作，加快落实重点工作任务，通过项目化管理、时间表推进、考核项挂钩，加速项目推进。

2、**高起点谋划**。在去年全省乡村博物馆创建动员部署会议之后，我们第一时间向市委市政府做了汇报，并召开了全市乡村博物馆建设专题研究部署座谈会，及时组织开展对全市范围内的200多家红色主题纪念馆、名人故居陈列馆、非遗体验馆、乡土民俗馆、民间收藏馆、书画艺术馆、行业主题馆等场馆进行全面调查摸

底，从中筛选出127家具有博物馆性质或具备博物馆部分功能的场馆作为温州乡村博物馆拟创建对象。把乡村博物馆民生实事项目纳入温州民办博物馆之城建设的重要内容，紧紧围绕“千年商港、幸福温州”城市定位，突出千年古城、山水诗源、田园乡情、瓯越名人、百工百艺、红色浙南等六大系列文化主题，并结合东亚文化之都、国家文化和旅游消费示范城市创建等重大文化工程，合理配置资源，健全完善体系；鼓励社会力量利用“一轴一带一区”“一核十片”、“四大振兴”等发展过程中闲置的文物建筑与历史建筑，兴办古建筑、非遗类、民间收藏、名人故居、红色记忆、产业资源、村史乡情、休闲消费等主题乡村博物馆。建立覆盖市、县、乡镇（街道）、村（社区）的四级博物馆之城系列馆网络体系。

3、**高标准指导**。根据《浙江省文化和旅游厅 浙江省文物局关于印发〈浙江省乡村博物馆建设指南（试行）〉的通知》（浙文物〔2022〕54号）与省局关于年内创成400家乡村博物馆的通知要求，我们及时在与省局社会文物和博物馆处衔接的基础上，从之前梳理的127家你创建对象中，按照100平方面积、50件陈列产品及有关场馆设施、消防安防要求，召开专门研究会议培训，有针对性地结合温州各地产业的特色与文旅基础进行了类别指导，如乐清铁皮石斛、泰顺红色记忆、瓯海纸山文化、鹿城名人故居、永嘉传统村落等等，并结合元旦春节、省市两会、党代会、清明节等重要节期会期，联合公安、消防部门一起对全市乡村博物馆创建单位进行了安全检查与业务指导。对部分场馆负责人思想观念守旧、不符合规范要求的创建对象，于3月上旬及时与省局社会文物与博物馆处衔接后作了动态调整。同时对一些场馆的服务设施、标识标牌、展厅布置等提出了限期整改提升的意见，如永嘉老酒汗文化博物馆、瑞安陶山青瓷陶艺馆等对原有展馆做了重新设计布展，而永嘉瓯忆体验馆、泰顺铭粹石雕馆对展品展馆做了全面改造。指导产业主题类的乡村博物馆结合乡村振兴、业态复苏与产业发展，对原有展馆进行改造提升，清理周边环境卫生，重新设计布展基本陈列，增强安全护栏、消防栓与灭火器、消防安全应急通道等，如永嘉瓯忆博物馆、老酒汗博物馆、龙湾麦麦酒博物馆、鹿城驿头程让平祖居纪念馆等。

（二）精心指导，建设发展有序推进。

1、**调查摸底**。市文广旅局全面组织开展全市乡村博物馆与类博物馆资源调查摸底，在省文物局湖州会议之后，正式纳入民生实事项目、标准规范出台与验收标准之前，我局梳理了150家乡村博物馆并从中筛选出127家乡村博物馆拟创建单位，1月份根据省局通知要求，明确地点在乡村或村镇的，同时明确展陈面积、藏品数量与有关要求。结合省里乡村博物馆民生实事要求，从第一轮调查摸底的创建候选单位中筛选了65家纳入温州十大民生实事乡村博物馆建设项目，明确创建数量、创建时间与创建进度。同时召开民生实事项目建设动员会，要求务必要跟进进度。截至4月18日，我市民办博物馆进度为63.58%。

2、**观摩学习**。多次组织开展与产业发展结合、乡村振兴结合的社会办博物馆调研。朱云华局长带队赴广东顺德、潮州与广西阳朔考察美食、非遗等行业类博物馆，并系统学习了苏州等外地扶持博物馆发展的奖励性补助政策，市委第十三次党代会提出了建设民办博物馆之城的部署，草拟了《温州市建设民办博物馆之城的实施方案》与《温州市促进民办博物馆之城建设奖励补助实施细则》，把乡村博物馆奖励补助纳入民办博物馆之城的奖励性补助内容，明确了有关标准与要求。

3、**检查初验**。我们于4月上旬温州市召开全市乡村博物馆建设推进工作视频会议，要求各地高度重视，将乡村博物馆作为一把手工程，强化政策支持，专业技术指导，加快建设进度，务必要按照市委市政府主要领导关于时间过半、任务过半、提前完成的要求，建立专班、强化责任，扎实推进。接省文物局《关于开展第一批乡村博物馆验收认定工作的通知》（浙文物〔2022〕70号）与市政府关于民生实事项目进展情况的督办件之后，我们于4月组织三个组，由局分管领导、文物处负责人、温州博物馆工作专班负责人带队，分赴全市各地，对县市区申报省里验收命名的第一批乡村博物馆进行全面检查初审，在此基础上，按照不同类别、地域分布，从基本符合要求的18个首批申报的乡村博物馆创建单位中精选了10个上报省局，接受检查组的实地检查验收指导。

（三）注重融合发展，结合实际突出特色。

融合发展是乡村博物馆持续发展的动力，让收藏在场馆里的文物、陈列在广阔大地上的遗产、书写在古籍里的文字都活起来；推出手工课堂、模拟考古、拓展研发、展览展示等功能，促进博物馆与教育、科技、旅游等跨界融合，实现博物馆与产业经济、游客需求相融合。乡村博物馆作为省市十大民生实事项目，绝不是简单的一个展馆的概念，而需要结合乡村振兴、文化振兴、产业发展与文物活动的要求，结合消费市场、体验互动、客源消费与服务配套的要求，将乡村博物馆作为能够彰显乡风文明、乡愁乡韵，带动乡村产业兴旺、百姓致富的重要载体与抓手。因此温州的乡村博物馆建设全面按照4月12日省局组织的在线视频培训要求予以贯彻落实。充分彰显各地的区域特色、行业特征，尽量做到门类丰富、主题多元。结合实际内容突出乡村博物馆特色，形成产业发展类、民间收藏类、红色专题类、名人故居类、乡情民俗类、非遗主题类等不同主题的乡村博物馆。具体结合包括：

1、乡村博物馆建设与A级旅游景区发展提升结合，在景区内部或者周边，结合景区特色，建设乡村博物馆。进行有针对性的“插花”布点，规划建设一批民办博物馆，打造文旅深度融合的旅游目的地，串“珠”成“链”，形成若干条以博物馆体验休闲、研学旅行为主题的黄金旅游线路。

2、乡村博物馆与文保单位活化利用结合。将乡村博物馆与文物建筑、革命旧址结合，如泰顺三魁卢梨老东家与革命陈列馆结合、鹿城西坑与革命历史纪念馆结合等。

3、乡村博物馆与“四大振兴”市场需求结合。乡村博物馆是维系乡村乡愁记忆、传承乡土文化根脉、助力乡村振兴发展、促进文旅深度融合的绝佳路径，将乡村博物馆纳入乡村振兴示范带建设体系，计划打造100家具有浓郁田园乡情的博物馆。活化利用地处乡村的文物建筑、历史建筑，如龙湾时光印记、泰顺茶坪红色主题、芙蓉古村摄影器材馆、民俗馆、瑞安陶山青瓷陶艺馆、泰顺龟湖铭粹石雕馆等等。并将乡村博物馆与消费体验结合，如永嘉老酒汗与麦饼体验结合、瓯忆新瓯窑与研学体验结合。

二、存在问题与建议

（一）对乡村博物馆建设的认识会出现视角不同认识不一致的问题。乡村博物馆是未婚先孕先育的新生儿，在省政府将乡村博物馆纳入民生实事项目时，乡村博物馆的规范标准尚未出台，也没有开展类似的培训，因此各地不少创建对象对乡村博物馆理解不到位，存在不同行业不同视觉对乡村博物馆的解读与认知也会不一样。同时对于乡村博物馆到底最终是市里检查验收报省局备案，还是省局直接组织检查验收命名，也存在先后不同的说法，3月下旬之前一直是说各地乡村博物馆拟由设区市组织验收而报省局备案，后来改为将由各地农业农村局会同文物部门验收，待省局正式通知与线上培训之后，才明确由各地乡镇为主体申报，县级初核、市级初审、上报给省博物馆学会组织验收，统一由省里命名。这样导致的结果是市里要求的进度与省局计划的进度不一致，如第一批省局要求不多于10%的数量，导致县市区不平衡、创建对象有意见，而市里督查进度时就出现条块上的矛盾。

（二）扶持政府未明朗影响部分创建单位的进度。既然作为省市政府十大民生实事项目，省里有无相应的扶持政策与奖励性补助资金？这是不少私有产权或社会办乡村博物馆所关心的事情，譬如新建场馆用地指标、陈列布展与配套设施改造提升需要经费支持，乡村博物馆建设缺乏专项资金，而不少产业类民办乡村博物馆在改造提升过程中需要经费投入，包括场馆设计、展品征集、施工建设、标识标牌及配套设施等，都需要经费投入。因此不少创建单位存在观望思想，相比A级旅游景区、A级景区村、非遗基地、城市书法等创建项目与民生实事，都是有政策资金支持的，而不少县市区等着省里扶持政策出来，再落实相应的配套政策，否则现在市县级出台扶持性政策文件依据不足。

（三）省局对民生实事项目的定点定位定量与省市政府对进度的督查督办要求出现矛盾。如果我们就考虑存量的申报，那么从原有的127家里面我们简单地筛选一下就可完成任务，但是那种创建是没有丝毫意义的。考虑到乡村博物馆民生实事项目的适用与效益，因此需要做很多方面的督促指导、改造提升，将之建设成为乡村美好生活的活化空间。省里民生实事项目对乡村博物馆建设有定点、定位、定量的要求，创建数量与定点定位的要求出现矛盾。从全省来讲，你有457家创建单位，即便其中57家创建不了或不符合要求，至少也会确保400家的任务，但是温州市列入的48家，市里增加到60家，直接纳入考核督办的，一旦48家中有1—2家中途退出或不符合要求，则就会完不成任务，会影响年度的考绩。同时关于第一批乡村博物馆验收认定上报数量问题。省文物局关于开展第一批乡村博物馆验收认定工作的通知中规定“各设区市上报数量不得超过目标任务书的10%。”不够科学合理，建议条件成熟的设区市可以多报。如永嘉芙蓉古村的几个乡村博物馆、鹿城藤桥山福的红色记忆馆，还有些是地处乡村特色鲜明的乡村博物馆如乐清铁皮石斛博物馆、瑞安蒋幼山故居等也是符合要求的，由于申报名额限制，没办法上报接受省局的验收指导，他们也是很有意见的。

建议省局调整一下检查验收的方法：可以委托设区市检查验收后报省局备案，这里涉及不同的检查验收人员会有不同的视角与要求；也可以在定点定位与定任务指标两选其一：一种是落实各地创建任务数量指标，在适当考虑县域平衡的基础上，明确不限定具体定位定点的创建对象数量，按照省文物局设定标准，通过各地自愿申报、市里组织验收、省里备案等程序，按品质分别由省、市文物主管部门发文命名。另一种是在适当考虑区域平衡的基础上，明确各地的具体创建对象（包括名称、位置），不硬性落实各地的具体创建任务数，按照一年两次或三次，对照省里确定的乡村博物馆创建规范要求，成熟一批、申报一批、验收一批、命名一批。这样会有利于存量与增量的同步发展、规范发展与提升发展。

三、下步举措

（一）强化业务指导与规范提升。按照省政府与省文物局民生实事项目的部署与市委市政府的考核督办要求，进一步加强对温州市各地的宏观管理和业务指导，进一步发挥温州博物馆工作专班的作用，指导各地建立相应的工作专班，定期召开专题会议，通过市政府督查室定期通报晾晒各地建设情况，创成一批精品化、特色化的乡村博物馆，保障我市该项建设任务保质保量完成。

（二）强化政策扶持与服务配套。结合民办博物馆之城建设实施方案与实施细则，在省局出台扶持政策的基础上，督促全市各县（市、区）制订出台乡村博物馆建设奖励性补助政策，落实相应工作经费。在乡村博物馆场馆建设、基本展陈、文创研发、人员培训、营销推广等方面予以指导帮扶，同时注重乡村博物馆数字化提升。

（三）加强宣传推广与增强氛围。及时总结乡村博物馆建设经验做法，提炼工作亮点和特色。通过定期组织召开学习交流会、现场会等方式开展经验交流，丰富乡村博物馆建设内涵，加强乡村博物馆的宣传，增强乡村博物的影响力、知名度与参与度，形成全社会支持乡村博物馆、参与乡村博物馆建设的良好氛围。

（四）统筹面上推进与彰显个性特点。我们将进一步统筹谋划乡村博物馆建设，立足年内任务的完成，着眼明后年甚至今后一个时期的发展，完善督查考核，定期通报进度。通过项目化管理、时间表推进，引导乡村博物馆在具备博物馆共性的基础上，强化个性化指导发展，彰显乡地域特色与行业特点，建筑设计要既能触摸历史，又兼具美学韵味，探索适合乡村博物馆可持续发展、市场化运营机制。

湖州市乡村博物馆建设的做法

湖州市文物局

2021年9月，湖州市被列入国家乡村博物馆建设试点，一年来，我们紧紧围绕国家文物局部署的工作任务和目标要求，创新实践，大胆探索，有序推进，试点工作取得了初步成效，得到了各级领导的关注，也获得了社会公众的肯定和基层群众的满意。根据会议安排，下面我分四个方面向各位领导和专家汇报一下湖州试点工作的情况。

一、乡村博物馆建设之探索

建设乡村博物馆，将文博的焦点和资源集中在助力乡村振兴战略上，是国家文物局的一项重大举措。在此之前，乡村博物馆建设在全国各地已有一些探索，但在乡村博物馆的定义上并不明确，也缺少统一的建设标准和管理规范。因此，在试点工作伊始，我们就将“立足湖州实际、考量全省定位、提供全国样板”作为工作目标，围绕“缺什么、盼什么、是什么”进行深入思考和探索。

1.调研：美丽乡村缺什么。近年来，湖州市重视推进农村人居环境提升，在全国率先出台了《湖州市美丽乡村建设条例》《湖州市乡村旅游促进条例》两部地方性法规，目前已经实现985个行政村美丽乡村全覆盖，且拥有3A级景区村庄167个。在美丽乡村建设过程中，高品质文化的缺失一直是各级政府部门要努力解决的难题，也是农村缺乏文化自信的根源。

2.调查：新时代村民盼什么。乡土文化是中华民族得以繁衍发展的精神寄托和智慧结晶，是区别于任何其它文明的唯一特征，是民族凝聚力和进取心的真正动因！但在当前工业化、城市化大潮的冲击下，传统乡村的消失，农村人口的流失，使传统乡村文化面临着前所未有的考验和挑战。村民急需一个展示在地文化的场所，一个进行民间交流的舞台。

3.调试：乡村博物馆是什么。经过近4个月的调研探索和实践论证，去年12月，湖州向省文物局提交了《乡村博物馆建设认定办法》《乡村博物馆管理办法》初稿，首次厘清了乡村博物馆建设的宗旨、定义、标准和规范。省文物局在此基础上进一步完善，形成《浙江省乡村博物馆建设指南（试行）》，明确“乡村博物馆是位于乡村范围内，传承中华优秀传统文化，弘扬社会主义核心价值观，以重点展示、传播、收藏和传承地域历史文化、特色文化、革命文化及乡村生产生活、非遗保护、产业发展见证物，向公众开放，具有博物馆功能的文化场馆”。这一富有地域特色、设计展陈精美、活动内容丰富、融入村民生活的乡村博物馆，将是让“乡村”真切看得到、“村民”真实感受到、“游客”真正用得到的高品质文化空间。

二、乡村博物馆建设之实践

一年来，我们通过构建“建设、规范、提升、示范”工作闭环，积极探索实践文博阵地在广阔农村的拓展方式，有效推动城乡公共文化服务体系的健全完善，努力为全省乃至全国实施乡村振兴战略和浙江高质量发展建设共同富裕示范区提供湖州样本。

（一）以规划引领，明晰建设标准

坚持谋定而动，创新实干，高标准、严要求推动乡村博物馆建设试点各项工作。

一是科学谋划。在试点工作启动前，对全市博物馆发展情况进行全面排摸，尤其是对非国有博物馆发展中遇到的问题进行了深入调研，对国内外乡村类博物馆进行了细致分析，并多次以专家会、座谈会的形式进行深谋细研。在此基础上，结合湖州实际起草了《中国乡村博物馆建设湖州试点三年行动方案》，明确用一年时间，完成《乡村博物馆建设认定标准》《乡村博物馆管理办法》的编制、评审和认证工作，形成湖州试点工作经验；至十四五末，实现乡村博物馆在全市3A景区村庄、历史文化名村（镇）中全覆盖，构建覆盖市、县、乡（镇）、村四级的博物馆公共服务体系。

二是专家指导。聘请了上海历

博、省博、省自然院、复旦大学等7位知名文博专家组成顾问小组，为试点工作把关把度。抽调了全市31名文博专家组成5支专家指导组，分片区、不定期赴区县开展评估和业务指导，共召开专家会20余次、赴基层指导170余人次。从乡镇基层遴选出6名有建设实践经验的乡村代表作为基层实践顾问，参与试点重要活动，为试点工作出谋划策，有效推动了乡村记忆具象化、乡愁乡情鲜明化、文化根脉特色化。

三是现场比看。每20天召开一次全市乡村博物馆建设现场推进会，通过“现场看、互相比、交流谈、部署推”等多种形式，在思想碰撞中融合建设经验，在比拼赶超中营造浓厚氛围，在各区县间形成“比、学、赶、超”的良好氛围。截至目前，已召开10余次现场推进会，使各区县在经验共享、良性互动中同步推进、共促发展，助推了试点成果的形成。

四是政策扶持。为保障乡村博物馆建设正常推进，市文物局出台了《2022年度湖州市级乡村博物馆资金补助实施细则》，对通过省、市级认定的场馆分别给予2万元、1万元的补助。各区县也分别明确了专项资金奖补政策，其中德清县对新建的按展厅面积给予400元/平方米补助；改、扩建的按展厅面积给予200元/平方米补助。长兴县对重点项目按不少于50%的比例予以补助，非重点项目按照不少于20%的比例予以补助，等等，这一系列政策，成为我市乡村博物馆建设的有力保障。

五是健全制度。充分发挥考核指挥棒作用，把试点工作与市对区县、区县对乡镇考核挂钩，设定指标、量化绩效、全过程考核，全力推进乡村博物馆建设试点各项工作。与湖州师范学院合作，共同编制了《乡村博物馆建设认定办法》《乡村博物馆管理办法》，明确了定义、面积、藏品数量以及管理规范。结合基层办馆需求，探索编制《国有文博单位文物标本出借办法》，着力解决乡村博物馆藏品来源问题。同时，我们对各个馆的信息有公示、参观有讲解、藏品有登记、消防有制度等“四有内容”制作了统一模板，确保了乡村博物馆管理规范有序。

（二）以在地为核，激活文化引擎

坚持以“乡土、乡情、乡愁”为纽带，突出在地文化特色，使乡村博物馆成为乡村文化铸魂的生动载体。

一是依托农耕文化。乡村是中国的根，农耕文化是乡村博物馆最常见的题材。德清阜溪街道农耕文化馆、长兴大Ｘ村Ｘ文化馆、南浔车家兜村农耕馆等，通过精美的展陈设计、丰富的藏品展示、详实的知识讲解，向年轻一代展示了传承几千年的农耕文化魅力，通过触发乡愁的老物件，既留住了乡愁，又传承了乡土文化。

二是依托产业特色。湖州安吉白茶、善琏湖笔、菱湖淡水鱼养殖、洛舍钢琴等产业久负盛名，历史底蕴深厚，很多产业已经成为当地乃至湖州的一张名片，一批依托产业兴建的宋茗白茶博物馆、湖笔文化馆、乐韵钢琴博物馆、大康椅业展示馆、淡水鱼标本展示馆等，成为展示当地工业文化和农业文化的文旅新空间，也因为企业资本的注入，为湖州乡村博物馆建设增添了新的活力。

三是依托非遗文化。非物质文化遗产是一个国家和民族历史文化成就的重要标志，是优秀传统文化的重要组成部分。湖州很多村的“非遗”是当地的文化之魂，如长兴白阜蚕文化展示馆、荠里婚庆博物馆，安吉大河皮影文化展示馆等展示“非遗”文化的乡村博物馆，通过丰富多彩的非遗展演活动，让更多的人了解“非遗”、熟悉“非遗”、爱上“非遗”，有力推动“非遗”的保护和传承，活跃乡土文化，助推乡村旅游业发展。

四是依托民间收藏。湖州人历来喜爱收藏，孕育了南朝最大的藏书家沈约、清代著名藏书家庞莱臣等。湖镜博物馆、林海车模博物馆、偲园盆景文化艺术博物馆、林梓醉秋书画馆、莫干山艺术邮票馆、唐颂茶文化博物馆等一大批由收藏爱好者筹建的乡村博物馆，因其藏品特色鲜明，艺术价值突出，丰富和拓展了乡村博物馆的内涵。

五是依托名人乡贤。名人是一种无形的文化资产，是一个城市的历史文化品牌。湖州自古以来名人辈出，他们是湖州人的骄傲，更是当地村民的自豪。由各地政府筹建的赵孟頫管道昇艺术馆、臧懋循纪念馆、姚醒吾故居陈列室、钟兆琳故居、王启民楷模展示馆、朱祖谋词学馆，等等，通过图文、雕塑、场景、影像等方式将身边的名人乡贤无形的精气神有形化、具象化和立体化，使其可观、可感、可触，从而铸就有血有肉的精神高地。

此外，还有依托生态环境建造的太湖溇港文化展示馆、桑基渔塘系统历史文化博物馆、报福生态文明展示馆，依托红色资源兴办的戈亭诗派纪念馆、马吉村新四军三次反顽战役文化展示馆、郎部抗日纪念馆、长超红色纪念馆，依托移民文化打造的平阳人记忆馆、高禹移民文化展示馆，以及依托科普资源筹办的中医药文化馆，等等，构建了湖州乡村博物馆建设丰富的门类体系。

（三）以一馆一品，构建叙事体系

坚持“高标准、有特色、接地气、可推广”原则，努力把乡村博物馆打造成为既有“乡土味”又有“高品位”，具有“一村一馆一品”特色的乡村文旅新空间。

一是主题鲜明有高度。在场馆的设计上，要求每个馆都要有鲜明的主题，让观众看得懂、喜欢看，能得到启迪与教育。在今年建成并顺利通过省市验收的82家各类乡村博物馆，均能通过深入挖掘、展示不同主题的文化内涵，使其成为开放的特色文化展示平台和对外交流窗口。

二是以物说史有力度。以物说史是博物馆的基本要求。在探索编制《乡村博物馆建设认定办法》时，我们结合湖州实际，并着眼省内乃至全国各地乡村发展情况，提出了不少于50件/组藏品的基本要求。这一标准得到省文物局的认可，并编入了《浙江省乡村博物馆建设指南（试行）》，在全省推行。在82家通过验收的乡村博物馆中，平均每个馆藏品达到384件。

三是展陈设计有深度。为了提升展陈设计水平，我们先后邀请了一批来自上海、杭州的博物馆专业展陈设计公司参与，并向区县推荐，供区县和乡镇在招投标时进行选择。通过专业公司的参与，确保了乡村博物馆展陈设计的品质，如长兴县大抖村抖文化馆、许宅婚俗文化馆等，透着浓浓“乡土味”的展览和器物吸引了现代年轻人的眼球。

四是配套设施有温度。乡村博物馆作为公共文化服务窗口，我们注重在交通指示、游客服务等方面下功夫，充分考虑人性化、便捷化和品质化方面要求，统筹结合“15分钟品质文化生活圈”建设，健全完善了停车场、休息区、公共卫生间以及交通指示牌等配套设施，不断增强观者的体验感和舒适度。

五是日常活动有热度。乡村博物馆建好以后，我们在确保每年200天以上开放时间的基础上，将其作为全市“15分钟品质文化生活圈”和“村游富农”的重要一环，结合“文化探源看江南”研学旅游试验区建设，推出了5条特色研学路线。今年暑假期间，“走读湖州—乡村博物馆研学”活动网上报名异常火热，600余名中小学生参与研学活动。近期，德清阜溪街道农耕文化馆举行的割稻、打蚕宠、画画比赛，安吉县组织开展的“乡村博物馆来晒秋”活动，晒祝福、晒文化、晒美好，各种参观、研学和民俗活动丰富多彩，网上互动达到5万余人次。

三、乡村博物馆建设之启示

乡村文化振兴是实施乡村振兴的重要内容。推动乡村文化振兴，让人民享有更加充实、更为丰富、更高质量的精神文化生活，有助于提振广大农民精神面貌，激发乡村振兴的内生动力。乡村博物馆的建设，让我们启迪颇多。

启示一：丰富和拓展了博物馆事业的新内涵。党的二十大报告指出，要增强中华文明传播力影响力，讲好中国故事、传播好中国声音，展现可信、可爱、可敬的中国形象。乡村博物馆作为新时代文博发展的新阵地，丰富和拓展了博物馆事业发展的内涵外延，成为国有、非国有博物馆的有益补充，有效拓展了博物馆服务阵地，推动了博物馆事业健康可持续发展。

启示二：健全和完善了现代公共文化的新体系。试点开始前，我市仅拥有国有和非国有博物馆35家，每万人拥有在册博物馆数量仅为0.09家。截至目前，全市已有各类经审批和认定的国有、非国有和乡村博物馆117家，平均每万人拥有博物馆数量达到0.34家。根据试点工作计划，到十四五末，每万人拥有博物馆数量将达0.5家以上。通过把博物馆公共服务的触角延伸至镇村，构建了覆盖市、县、乡（镇）、村四级的博物馆公共服务体系，让村民也能享有更高质量的精神文化生活。

启示三：探索和助力了乡村振兴的新途径。乡村博物馆源于乡村、建在乡村、赋能乡村，通过乡土文化展陈、丰富多彩的民俗活动，以及文创产品展售、手工体验、特产供应、研学教育等，形成了以文促旅、以旅兴业、以业引人的良性循环，为乡村旅游注入文化灵魂，助推乡村的振兴与发展。如吴兴区八里店镇的愢园盆景文化艺术博物馆，仅今年上半年就实现盆景产品销售收入180余万元，有20多个省市的盆景协会、工作者及大专院校的师生前来参观研学，先后带动周边100多位盆景爱好者从事盆景产业，通过制作盆景致富。

启示四：创新和描绘了精神富有的新图景。在近日中办、国办印发的《“十四五”文化发展规划》中指出，要“把乡土特色文化融入乡村建设，留住乡情乡愁”。作为一个拥有五千多年文明发展史的国家，悠久的农耕文明是中华优秀传统文化的精神根脉，优秀的乡村文化凝聚着中华民族最深层的思想智慧。代代相传的家风家教、敬天法祖的朴素情感、独具特色的民俗活动、丰富多彩的民间文化，通过乡村博物馆一一呈现在广大村民和游客面前，使乡村记忆更加具象化、乡愁乡情更加鲜明化、文化根脉更加特色化，进一步增强了村民的文化自觉，坚定了乡村的文化自信。

四、乡村博物馆建设之思考

乡村博物馆建设试点推进以来，我们取得了一些成绩，但仍然存在一些短板和不足，下一步，我们将在国家和省文物局的统一部署下，在各位专家的指导下，深入分析自身不足，继续高标准、严要求抓好乡村博物馆建设各项工作，争做“保护好、传承好、利用好”乡村文化遗产的“三好生”。

（一）存在的不足。

虽然湖州的乡村博物馆建设已形成持续发力、比学赶超、深入推进的良好氛围，建设试点工作也已初显成效，但在推进过程中，仍然存在部分乡村博物馆建设不平衡的现象，如有些有旅游资源的乡村文化底蕴不足，没有可挖掘、可展示的文化内涵；有些乡村的村民建设博物馆的需求很强烈，但村集体经济比较薄弱，缺少资金投入建设和运营；还有一些乡村博物馆在建好以后，仅仅作为供游客参观的场所，与产业结合度不够高，缺乏特色活动，对游客的吸引力不足。

（二）意外的惊喜。

建设中，我们也收获了意外的惊喜。**一是进入了领导视野**。得到省委常委、宣传部部长王纲（时任湖州市委书记）重要批示：改革创新，扎实推进，走到全国最前列，并先后得到副省长徐文光、省文物局长杨建武、时任副市长闵云等省、市领导的批示肯定。各区县党委政府主要领导也专题研究部署，全市上下形成“一盘棋”抓推进格局。**二是受到了社会关注**。试点工作成为全社会关注的焦点，先后在人民网、新华社新闻、中国文化报、文旅中国、农民日报、浙江卫视、浙江新闻客户端等20多家媒体和公众号宣传报道，并得到人民日报（已采写未刊发）等新闻媒体关注。**三是收获了村民满意**。乡村博物馆带动了村民致富和产业发展，也提升了乡村的知名度和美誉度，获得在地村民的满意和支持。行业专家、各路乡贤、基层干部积极出谋划策，乡村民众、企业家、收藏家争相参与办馆，在我市已启动建设的乡村博物馆中，企业和个人办馆数量占比达45%。

（三）今后的打算。

一是聚焦顶层设计，建立健全工作推进机制。按照“一个理念、两个原则、四个提质”的思路进行谋篇布局和规划建设。“一个理念”，是指以深耕在地文化、传播文明素养、坚定文化自信的“三文”新格局作为村博规划建设理念。“两个原则”，是以“分类精准施策、保持在地特色”为原则，在充分尊重村民意愿基础上，科学分类，精准施策，不搞一刀切；注重保持原有的民俗民风民业，因地制宜实行在地文化的“深挖掘、精提升”，不贪大求洋，打造具有在地文化与村镇生态相交、与乡村产业相连、与村民生活相融的特色文化环境。“四个提质”是指在“规范化、乡土化、特色化、数字化”四个方面进行提质，即：在乡村博物馆信息公示、服务管理、藏品登记、安保消防等规范化上再提质，在挖掘、融合、提炼在地文化的乡土化上再提质，在建筑风貌、展览主题、展示内容等突出“一村一馆一品”的特色化上再提质，在展现形式、便民服务等应用的数字化上再提质。

二是聚焦文旅融合，共建共享汇聚工作合力。加强与教育、农业农村、建设、规划、生态环境等部门协作，合力推动乡村博物馆建设纳入美丽乡村整体规划和“强村富民”乡村集成改革，主动融入市委市政府建设新时代美丽乡村样板片区和组团式未来乡村等工作格局。引导乡村博物馆建设为乡村旅游、产业发展服务，推动3A级景区村庄、历史文化名村（镇）覆盖率，以文化铸魂助力乡村振兴。

三是聚焦特色亮点，打造打响“村博联盟”品牌。探索建立“湖州乡村博物馆联盟”，加强各馆之间联系，通过资源互换、活动联动、信息共享、经验交流等形式，进一步加强乡村博物馆治理体系、管理营运、人才培育等方面建设，以联盟带动和助推乡村博物馆事业健康协调可持续发展。健全完善由村集体统一运营、民宿业主代为管理、企业个人自主运营和第三方参与等多种运营管理模式，着力构建博物馆、古村落保护利用与旅游、休闲、创意等产业融合发展的新机制，推动乡村博物馆全面融入城乡一体化的“15 分钟品质文化生活圈”框架体系，将国有、非国有、乡村博物馆等重点场馆纳入高标准文旅空间建设。

“绍兴纺织史”调研成果报告

绍兴博物馆

1.古代绍兴是丝绸纺织业的发源地之一。

绍兴在新石器时代的纺织事项主要集中在河姆渡遗址、跨湖桥遗址等古文化遗址中。在这些遗址文化中，纺织工具门类繁多，大致可以分为纺纱工具、织布工具和缝纫工具三类。

纺纱工具：主要是纺轮，数量很多，仅第一期发掘时，在第四文化层就出土陶纺轮近70件；在第二期发掘时，于第四层出土刻纹纺轮2件，其中一件一面阴刻旋涡纹，一面阴刻叶纹。直径7.2厘米，厚0.9厘米；另一件，一面边沿阴刻十五个三角花纹，中心阴刻二对对称的变形的三爪纹。直径6.4厘米，厚1厘米。在萧山跨湖桥遗址也出土纺轮和线轮。纺轮大多以陶片打制成圆形，边缘稍加打磨，中钻一孔的常见形式；线轮呈圆扣状，外缘有凹槽，其中有的线轮出土时槽间还缠绕着纤维质线圈，为他处所未见。

织布工具：河姆渡遗址出土的织布工具多为硬木制成，少数为鹿角磨制。工具门类颇多，有定经杆、综杆、绞纱棒、分经木、骨梭形器、机刀、布轴和齿状器等，均为原始织机上的部件。在河姆渡遗址第一期发掘时，曾出土一批大小不同的硬木棒和带榫小木棒，即是定经杆、综杆、绞纱棒和分经木，为织机上的小构件。骨梭形器，是用动物遗骨磨制而成，是织纬的工具，起引纬穿经的作用。机刀，或称纬刀、打纬刀，是织纬后用于击纬，使之紧密的工具。河姆渡两期发掘中均有出土，如第二期发掘时于第四文化层出土的骨机刀，横断面呈月牙形，一端穿有两个小圆孔，磨制光滑，长31.7厘米，宽3.7厘米，用于击纬，方便灵活。布轴，俗称卷布轴，均系木制，布轴的长度应与人的腹部宽度相近，以便拴系腰带，防止布轴转动。

根据出土的布轴和机刀等纺织工具，专家分析，当时已出现了原始的水平腰机——踞织机。其操作程序是：织工席地而坐，双脚分置于织机两侧，依次立刀引纬→用机刀打纬→提综开刀→立刀引纬，再以机刀打纬→放综立刀→引刀打纬，如此反复操作，“一升一降，每次投梭引渡纬线，奇数和偶数的经线轮流交替成为底经和面经，持续不断，便可交织成布帛”。

踞织机的出现，是一件了不起的成就，是中国纺织发展史上的一座丰碑。早在六、七千年前，绍兴先民已经发明了踞织机，它以后曾沿袭数千年之久，从此可以看出其贡献之巨大。

缝纫工具：主要是骨针和一些细小的骨锥，骨针数量较多。萧山跨湖桥遗址有骨针、骨锥出土。有的骨针针眼很细，如余姚河姆渡遗址第四文化层出土的一枚骨针，孔径仅0.1厘米，不仅要求缝纫用的纱线细软牢固，也反映了当时制衣技术的水平。

特别是在1986年至1987年，余杭反山和瑶山大型良渚文化显贵者的专用墓地中，曾出土有制作精致的国内最早和最为完整的玉质纺轮和原始腰机部件，更是当时纺织技术水平高超的实证。玉纺专（瑶山M11:16）系由玉纺轮和玉捻杆所组成，纺轮呈扁平的圆饼形，直径4.3厘米，色白，出土时以青玉制成的圆捻杆（长16.4厘米）仍穿插在纺轮孔中；捻杆上端锥尖，并有对钻的一小孔，下端圆钝而稍粗。使用时是依靠纺轮转动的惯性手旋自转对纱线进行加捻，待到一定长度后再将纱线绕于捻杆之上，它既可用于麻类纤维的纺制，也可用作丝线的加捻，这可织制出起皱效应的縠。原始腰机部件出自反山M23，共6件3对，各置两头，配对使用，相距约35厘米，其中间原本应有木杆棒，惜已朽无存。其中卷布轴镶件（反山M23：151、152）为青玉质，系由两块总体断面呈椭圆形（通高2.9厘米），可以拼合错缝相加，以夹持织好的织物，其内侧两块各有一小圆形卯眼，以供插入卷布轴，这种卷布轴也即是后来称作“榎”的前身。开口刀端饰（反山M23:153、154）为黄玉质（通高3.1厘米），系由两个圆弧匀薄的舌形器件组成。据赵丰先生研究，它可以作挑花开口用，很可能此件原始腰机未曾使用综杆，故由此刀口挑织，挑好后将刀竖起，使开口清晰，然后引纬，引纬后此刀又可作打纬刀使用，故其作用相当于后世“持交不失，出入不绝”的“梱”。另有一种青玉质部件可能是经轴的端饰（M23：155、156，通高2厘米），其器身基本呈扁平的长方形，一面稍弧鼓，内侧平直，并各钻两个小圆形卯眼，以便插入经轴的榫头。经轴一般由脚撑住，需要正反有别，后世称之为“你縢”。縢、複、梱（即后世所称的“三轴”）是构成良渚文化腰机的主体部件。当时已能够生产出幅宽达35厘米以上的织物是可以肯定的，说明良渚先民已穿着较大面积纺织面料的衣服。联系到反山、瑶山大墓中出土的玉带钩，以及背面带有小隧孔的动物形、半月形和半瓣形等衣服上的缀饰玉器来看，当时少数显贵者的衣服应属束腰款式，既衣缀珠玑，又佩玉琳琅，一派显赫华贵、气势不凡的王者气派，这也正是良渚服饰文化先进发达，领先于世的反映。

尤其是1958年在湖州钱山漾遗址中出土的家蚕丝织品——绸片，以及丝带、丝线等遗物，更是良渚或稍后的马桥先民已率先发明了养蚕织绸的实证。其中的绸片经显微镜摄影观测，为平纹组织；绞织的纬丝由20多根茧丝合成一根生丝，经纬丝的平均投影宽度为167微米；经纬丝均无捻度，是直接用茧丝借助丝胶的粘合力并合而成，其经密为134根/寸、纬密为122根/寸，丝织技术水平已很先进。

2.隋唐时期的越州是中国的纺织中心。

桑蚕生产自古就是我国一项重要的农业经济，也是农业与手工业相结合的主要内容之一。汉代，北方“丝绸之路”开通以后，大量的丝织品除供给皇室、贵族和豪族地主等统治阶级享用外，从此还有了大量的出口。据考证，汉以后中国出口的丝织品，向西一直远销到中亚、西亚和欧洲，向东、向南销至朝鲜半岛、日本和东南亚等地。我国也应因获得“丝绸古国”的美誉。

越州地区植桑养蚕起于何时，已无从考证。但隋唐以前，越地就已经有悠久的栽桑、养蚕、缫丝、织绸的历史，这是必然的。那时，全国桑蚕业的重心在中原和巴蜀，越地尚不及。至唐安史之乱后，因中原“农桑井邑靡获安居，不能相保”，于是全国的桑蚕业中心便开始逐步南移了。唐代，“均田制”下农家以永业田种植桑、麻等经济林木，规定要占所属土地的20%，南方便逐渐形成了四川和两浙地区两个桑蚕业中心，这样，越州的桑蚕业也得到了兴盛，开始形成两浙丝绸主产区之一。据《唐国史补》记载，唐大历二年（767），薛兼训任江东节度使，为提高当时越地的丝织水平，访求军中未婚者，厚给钱，密令其到北方娶回善于蚕织之妇，加上南徙北民中的蚕妇，从而使越州桑蚕业大振，出现了“机杼之声，比户相闻”的景象。

唐代越州桑蚕虽盛，但因蚕农贡赋繁重，官逼民苦。诗人李贺的《感讽》诗就是蚕农生活的真实写照，诗曰：“越妇未织作，吴蚕始蠕蠕。县官骑马来，狞色虬紫须。怀中一方板，板上数行书。不因使君怒，焉得诣尔庐。越妇拜县官，桑芽尚幼小。会待春日晏，丝车方掷掉。越妇通言语，小姑具（悬）黄粱。县官踏飧去，簿吏复登堂。”诗中充分反映了越州蚕妇的穷苦生涯。

隋唐五代，蚕桑、丝绸业的记载开始大量出现。唐代丝织中心逐渐南移。五代的吴越国“闭关而修蚕织”，江浙丝绸为全国之冠。

唐朝前期，纺织中心仍在河南、河北一带。安史之乱以后，南方社会安定，才有“㩦越而衣”之称，越州成了著名的纺织中心之一。

越州丝织品，《嘉泰会稽志》记载独详：“越罗最名于唐。杜于美（杜甫）诗屡道之”。其《缫丝行》有“越罗蜀锦金粟尺”，《后出塞曲》有“越罗与楚练，照耀舆台躯”等句。越绫“今（宋）出于剡县（今嵊州市），昔（唐）所谓十样花纹者，今不尽见，唯樗蒲绫最盛。”越州应出过缭绫，白居易有《缭绫》诗为证：“缭绫缭绫何所似？不似罗绡与纨绮。且思天台山上明月前，四十五尺瀑布泉。中有文章又奇绝，地铺白烟花簇雪。织者何人衣者谁？越溪寒女汉宫姬……”。这些说明，越州在唐代，尤其是开元至贞元不到百年的时间内，蚕织生产发展迅速，已成为两浙新兴的丝织业中心。浙江成为全国“丝绸之府”。

3.改革开放以来，二十一世纪初期，绍兴成为世界纺织之都。

丝绸纺织业发展到最高境界。1978年以来，由于全国改革开放方针的确立和实施，绍兴丝绸业获得了空前的发展，不仅重现了历史上的繁荣，而且走向了全国、全世界。

体量激增。城乡经济体制改革打破了过去计划经济体制的束缚，各种经济成分的丝绸企业迅猛发展，过去从未有过的产业如合成纤维、丝绸服装、丝针织品等等相继出现，全市形成了门类齐全、规模宏大的丝绸工业体系。至1993年底，共有乡及乡办以上的丝绸工业企业412家，年产蚕丝2089吨，相当于新中国成立初期的95倍；丝织品29867万米，相当于解放初的563倍；全行业在全市工业中的比重，产值占22.66%，销售收入占22.79%，销售税金及附加占21.6%，实现利润占22.16%，职工人数占24.61%。

工艺技术设备获得革命性进步。缫丝行业：原先多采用20世纪40—50年代的工艺设备，至八十年代开始改进。嵊县丝厂一面加强管理，不断优化工艺和操作技术，一面采用切断机、强伸率机、抱合力机、400回旦尼尔秤等先进设备和质量检测仪器，使所产的厂丝质量和品位居全国第一，在国际市场倍受欢迎，原中纺部为此于1979年在嵊县丝厂召开全国现场会，江苏、浙江、安徽、四川、山东、上海等五省一市代表参观评较后，一致折服。诸暨绢纺织厂，1982年从日本引进PD练条机、ZS14型粗纺机、H317型精纺机、BC584细丝精纺机等先进设备，使年产绢丝增加123吨，达到323.97吨；铀丝增加47吨，达到197.77吨，提前3年收回全部投资。其他各丝厂也纷纷以ZD681型等新式缫车取代旧式缫车，以ZH79型等新式多窗复摇取代旧式少窗扬返车，以新制蚕茧联合选剥机将剥茧、传送、手工选茧等工序合成一条龙生产，工效和产品质量普遍显著提高，各厂均能缫制5A级以上的厂丝。

丝织行业：八十年代前期还全部使用传统的有梭织机，主要机型是定型于六十年代初的“62式铁木机”和定型于七十年代初的“ZK272

全铁机”，车速多为每分钟140—200梭。1986年，绍兴丝织厂投资1800万元，从日本引进100台喷水织机，车速达到每分钟500—700梭，每台日产化纤绸250米，全部电脑自动监控，一名职工可看台10—20台（有梭织机一般看2台），且所成绸面挺括，无小疵点，企业年创利润一下子增长126%，不仅开创我市丝绸界无梭织造时代，而且成为全省首例引进丝织设备的成功范例；此后，该厂又先后投资2亿元，实施了二十余个技术改造项目，成为全国拥有喷水织机（500台）最多的厂家和全省唯一获国家级企业技术进步奖的丝绸企业。1994年该厂四项主要经济指标（年产销绸缎3800万米、利税总额2562万元、实现利润1500万元、全员劳动生产率12.8万元／人），遥居全国丝织同行第一。红光绸厂、诸暨丝织印染总厂1986年从瑞士引进PU-130苏尔寿片梭织机各24台，车速每分钟达350梭左右，每台日产真丝绸150米，每人可看台7台左右。1992年后，光明丝织厂、东浦绸厂、绍兴县浙江化纤总厂、红旗绸厂等等，也都引进了无梭织机。在改造主机的同时，各厂对织造的前道设备——整经、拈丝等等也都作了改造，特别是拈丝，大都采用了国产GD型大卷装拈丝车和引进的高速倍拈机或国产高速倍拈机，拈丝能力提高5—10倍，为生产强拈织物，改善品种结构创造了条件。

印染行业：20世纪60—70年代大多采用手工或半机械化的练染设备和印花台板；污水处理也原始落后，有的甚至不加处理直接排放。1985年起，绍兴丝绸练染厂开展较大的技术改造活动，购置较为先进的国产平幅精练机，引进日本产精练机、定型机、拉幅机、德产定型机等；同时间，诸暨丝织印染总厂也从意大利、德国引进部分先进设备；绍兴丝绸印花厂，则从1980年向瑞士、日本、德国等引进气动绷框贡、定型机、悬挂式长环蒸化机开始，不断推进，直至引进新型减碱量处理成套设备；各乡镇印染厂也广泛使用自动印花台板和圆网印花机械。至九十年代初，全市形成了拥有练白、染色、印花、涂层、烧毛、砂洗和整理定型等系统功能的工艺设备体系。在排污问题上，绍兴丝绸印花厂1979年建成日处理800吨的接触氧法二极污水处理设施，1982年又建成日处理2000吨的二期污水处理工程。其他各厂也作了较为严格的处理，多数企业达到国家规定的排放标准。

棉麻化纤纺织业出现跨越式发展。新石器时代，大越先民利用葛、麻等野生作物韧皮纤维纺纱织布。商、周时期，大越所产葛布、苎麻布成为交换物。春秋战国时期，越国都城成为葛布、麻布生产中心，始有越布”之名。宋代，棉花种植传入浙江，绍兴府乡村始有棉纱、棉布，土纺土织业。清乾隆五年（1740），绍兴府印染业随纺织作坊兴办而获得发展。嘉庆年间（1796—1820），山阴县设织染局，掌管全县纺织印染业。20年代至30年代初，绍兴地区棉纺织业一度中兴，后因日军侵绍，纺织业衰落，1949年仅产棉布40万米。1950至1955年，境内陆续新办绍兴八一布厂，绍兴新建染织厂，绍兴县钱清、安昌精洗麻厂，新昌欣欣布厂，嵊县失业工人救济委员会染织厂，上虞崧厦轧花厂，上虞天公袜厂等一批纺织企业。60年代后期，嵊县棉纺织厂、诸暨布厂和上虞棉纺织厂先后建成投产。70年代后期起，绍兴纺织工业迅速发展，毛、麻纺织，针织，合成纤维业兴起，新昌毛纺织厂、诸暨毛纺织厂、绍兴市麻纺织厂、绍兴市毛麻纺织厂、绍兴市麻棉纺织总厂、绍兴弹力丝厂和浙江涤纶厂陆续建成投产。棉纺织企业规模扩大，引进国外成套棉纺设备，生产能力成倍提高。以绍兴县为代表的乡镇企业化纤布生产全国闻名。到80年代后期，全市纺织业已形成棉、毛、麻、化纤门类，纺纱、机织、针织、印染、整理配套的纺织工业体系。

1990年，全市有纺织企业（含丝绸业）1499家，职工172914人，工业总产值769354万元，占全市社会工业总产值40.44%，为绍兴市第一支柱产业。年产合成纤维10529吨，棉纱11817吨，厂丝1454吨，毛线3728吨。年产棉、麻、毛、化纤纺织品74130万米，占全省总数的47.32%；丝织品9630万米，占全省总数的21.62%。年印染布85957万米，其中漂白布17353万米，染色布64951万米，印花布3653万米。另产呢绒428万米，麻袋1116万条。产品获国际金奖1个，部优质产品奖7个，省优质产品奖23个。棉纱、棉、呢绒、文化衫、羊毛衫、麻布、麻袋等产品出口，年外贸收购值50451万元。

1995年，绍兴县率先进行织机无梭化改造，带动全市织造业技改革命，全市织机无梭化率达到46%，织造装备水平达到和超过同期世界发达国家水平。1999年，纺织工业占全市工业经济总量的50%以上，成为全国著名的纺织工业基地。进入21世纪，纺织行业加大结构调整，规上纺织企业发展速度明显加快，绍兴开始由纺织大市向纺织强市转变。至2010年，绍兴纺织产业有化纤、织造、印染和服装服饰等四大行业领域，形成涵盖上游的PTA、聚酯、纺丝，中游的织造、印染，下游的服装、服饰、家纺、产业用纺织品等较为完整的产业链，配套以中国轻纺城、钱清轻纺原料市场等为代表的纺织专业市场，成为国内产业链最完整、最具竞争优势的纺织产业集群。

舟山市革命文物保护情况与成效调研报告

舟山市文物局

3月25日，习近平总书记就革命文物工作作出重要指示，加强革命文物保护利用，弘扬革命文化，传承红色基因，是全党全社会的共同责任。近年来，我市革命文物保护工作坚持“保护第一、传承优先”，以“讲好党的故事、革命的故事、英雄的故事”为抓手，将“红色资源利用好、红色传统发扬好、红色基因传承好”为目标，革命文物保护工作成效明显。

一、舟山市革命文物保护基本情况

1.**开展革命文物专项调查，摸清资源底数**。为贯彻落实《浙江省实施革命文物保护利用工程（2018—2022年）的意见》，2019年，在第三次全国文物普查成果的基础上，围绕“一条主线”“两个见证”的要求，对现有的革命文物和革命文献档案史料、口述资料一一做好调查征集、梳理和分析，进一步摸清全市革命文物家底。目前全市已基本摸清革命不可移动文物47处，革命可移动文物408件/套。2019年，制定下发《舟山市进一步推进革命文物保护利用工程的实施方案》，以“四个坚持”，“四个保护”，“四个结合”明确我市推进革命文物基础、保护、展示、利用、传播等各项任务。

2.**加强革命文物抢救保护，护好红色根脉**。着力抓好濒危革命文物的修缮修复工作，目前已推进完成省级文保单位三忠祠修缮工程。按照“公布一批、提升一批、征集一批”的思路，构建涵盖全国重点、省级、市县级文保单位和文保点的革命类不可移动文物保护体系。2020年7月，中央宣传部、财政部、文化和旅游部、国家文物局公布了第二批革命文物保护利用片区分县名单，舟山市定海区入选浙东片区分县名单。2021年1月，浙江省文物局公布了浙江省第一批革命文物公布名录，我市22处不可移动文物和7件/套可移动文物列入其中，切实将革命文物保护好、管理好、运用好。2020年7月，将具有重要价值的蚂蚁岛人民公社旧址、中共定海县工委旧址、抗英阵亡将士墓群等革命文物点升格并公布为第九批市级文物保护单位，推进革命文物的提档升格。2021年，开展革命文物省级文物保护单位三忠祠、市级文物保护单位蚂蚁岛人民公社旧址修缮及周边环境整治提升。

3.**强化革命文物传播弘扬，突出培根铸魂**。深入挖掘我市革命精神的重要价值和老一辈革命家、新时代模范人物的感人故事，舟山博物馆先后组织策划了反映革命历史的原创展“战海山—纪念舟山军民抗英斗争180周年”和“蹈海—纪念舟山解放70周年特展”。其中，原创展“蹈海—纪念舟山解放70周年特展”荣获国家文物局“弘扬优秀传统文化、培育社会主义核心价值观”100项主题推介展。推动红色遗址和红色场馆等红色资源转化为党员干部理想信念教育资源和青少年学生爱国主义教育资源，组织中小学生和党员干部走进红色教育基地中共定海县工委旧址、舟山革命烈士事迹陈列馆、登步岛战斗革命纪念馆等。近三年，未成年人参观革命类文博场馆人数达10余万。

4.推进革命文物活化利用，赋能美好生活。在符合保护要求的前提下，我市积极做好“革命文物+”融合文章。如打造了蚂蚁人民公社旧址3A级和舟山鸦片战争纪念馆3A级红色旅游景区，蚂蚁人民公社旧址青少年红色旅游教育基地和舟山博物馆、金维映故居等研学基地。大力发展红色旅游，培育和发展红色旅游新业态，发挥红色旅游的综合效应。如蚂蚁岛红色旅游教育基地自2018年建设至今已累计接待游客超过20万人次，带动岛内住宿、餐饮、娱乐等服务行业高速发展，年服务业产值达到3700多万元，获得省级特色样板小镇、浙江省3A级景区村庄等多项称号。文艺赋予红色资源发展，如我市文艺工作者多角度的以“蚂蚁岛故事、蚂蚁岛精神”等红色革命元素开展各类创作，创作了情景剧《红色蚂蚁岛》、舞蹈《天边的号子》等作品，从而点亮海岛“红色风景线”。2021年，为推进文旅融合，打造并发布了红耀东海之旅、烽火岁月之旅等红色主题旅游线路10条。革命文物蚂蚁岛人民公社旧址被评为第三届不可移动文物保护优秀案例，入选长三角少先队员“百年·百个”红色研学点。蚂蚁岛红色精神守护团队被评为第五届省级“最美浙江文物守望者”红色根脉守护团队。革命文物中共定海县工委旧址与主题教育、党史教育相结合，被列入市委组织部红色教育基地。

二、舟山市革命文物保护存在问题

（一）革命文物挖掘的深度和广度有待增强。我市革命文物名录基本以第三次全国文物普查基础上形成，基本以口述资料调查为主，对于见证社会主义革命和建设时期、改革开放时期和新时代重大改革、重大建设、重大事件、重大成就的革命文物的研究还需进一步的梳理和论证。

（二）革命文物古建筑的消防安全隐患仍比较突出。我市革命不可移动文物47处中，60%为文物古建筑，特别是我市革命文物名录中低级别的文保单位、文保点和一般不可移动文物居多，普遍存在消防基础设施薄弱，消防水源缺乏，消防报警和灭火设备不健全，消防器材配置不达标等问题。文物消防安全管理责任缺位，一些革命类不可移动文物属部队产权或者无产权人的、空置无人看管的，落实消防安全责任人难度较大。

（三）以革命文物为载体的保护利用和传播途径有待进一步拓展。近年来，随着主题教育、建党100周年和党史教育的深入开展，社会各界、各部门走进革命文物、革命旧址、革命文博场馆的参观、学习交流日益增多。新闻媒体对革命文物关注度日益增强。但是，把革命故事弘扬好、传播好非常重要，却忽视了将革命文物本体的利用好，用起来才是长久之计，可以适当开辟公共文化空间，开展文物展陈、文化展示。视条件开放革命文物点为景区景点，纳入我市全域旅游精品线路，实现可持续的保护、更可靠的安全。

三、舟山市革命文物保护成效及今后发展思路

（1）红色+IP赋能，系统呈现

“革命精神”风景线。深入挖掘每个革命文物资源的革命故事、红色主题和核心元素，寻找与革命精神IP契合的共振点，如蚂蚁岛以“艰苦创业、敢啃骨头、勇争一流”精神为元素，鸦片战争遗址公园以“鸦片战争”浴血奋战精神为元素，加大革命精神的衍生与产业发展，打造我市各具特色的红色旅游产业集聚群，提升IP文化知名度和旅游新业态。

（2）红色+流量提升，撬动红色旅游经济增幅。利用互联网技术和流量推动旅游供给提质升级，已成为行业的大势所趋。随着疫情时期影响，利用“流量”带动作用，可以打造革命文物点、革命类文博场馆和红色旅游景区的新的引爆点。将现有的我市红色文化资源，以文创直播、云展览、现场游览直播以及直播推送介绍等形式，撬动我市红色旅游经济增幅。

（3）红色+故事宣传，推动“革命精神”活化再现。一个生动的故事，带动一座城市底蕴。一是做好我市革命文物的认定、建档、定级等工作，在专项调查成果基础上，建设全市革命文物资源数据库。二是整理搜集全市革命文物点、革命旧址里隐藏的感人故事和感动人物，计划编纂一本《舟山革命故事》，并改编成舟山革命传统教育读本成为学校校本读物。三是建立一支专业化、懂历史、讲得好的讲解员队伍。同时，要组建老革命前辈、新时代模范人物的宣讲队伍，进一步讲好“舟山革命文物故事”，让革命文物崭现光彩，传承初心使命。

丽水市关于革命遗址保护利用工作调研报告

丽水市文物局

丽水是浙西南革命老区所在地，也是浙江省唯一所有县（市、区）都是革命老根据地县的设区市，在中国革命历史上创造了“23年红旗不倒”的光辉业绩。长期的革命斗争，不仅缔造形成了“忠诚使命、求是挺进、植根人民”的伟大浙西南革命精神，也留下了丰富密集的红色资源。目前，全市有5个县被纳入全国第一批革命文物保护利用片区分县名单，全省9大革命文物保护利用片区中有2大片区主要分布在丽水、2大片区涉及丽水。近年来，丽水全市文物系统深入贯彻省委关于全面实施新时代文化浙江工程、加快打造社会主义先进文化高地的部署，落实省委、省政府关于进一步加强革命文物保护利用工作的部署，高举“丽水之干”奋斗旗帜，发扬浙西南革命老区“勇、特、韧”的改革创新精神，坚守文物安全“底线”、特色发展“底气”、红绿融合“底色”，革命遗址保护利用各项工作有序推进。

一、主要亮点

（一）扎实做好革命遗址保护工作。以出台实施全省首部革命文物地方立法《丽水市革命遗址保护条例》为抓手，系统推进浙西南革命遗址基础保护与研究阐释。**一是抓高质量调查认定**。扎实开展丽水首批革命遗址认定工作，重点针对我市占比80%以上的未定级的革命遗址，研究提出建议名单、确定产权关系、划定保护范围。创设符合丽水市域实际的管理体制，形成“申报+专家论证+政府公布”认定流程，引入保护管理人制度，有效提高法律效力。组建丽水市革命遗址专家委员会、起草《丽水市红色文化名乡（镇）、名村评定办法（试行）》等配套制度，核定公布全省第一批市级革命遗址名录227

处，完成列入保护名录革命遗址的统一保护标志设立。**二是抓跨区域统筹保护**。立足9个县（市、区）都是山区、老区县的实际，在全省率先谋划全域行动，编制《浙西南革命文物保护利用规划》，形成“一圈、一片、多点”的总体框架，谋划打造九个特色片区“十亿百项”行动，即100个革命文物保护项目计划投资达10亿元，扎实推进了丽水中共浙江省委机关旧址保护展示工程等一批革命遗址保护利用工程与产权回购项目的实施，推动保护利用高质量发展道路提质增效。**三是抓深层次智慧治理**。配合党史办打造全省首个革命遗址数字智治应用“红立方”，构建集10处省级党史教育基地和市域所有革命遗址在内的“10+X”全域保护体系。通过三维建模、720全景展示等手段，让革命遗址管护“人人可参与、时时可参与、处处可参与”。上线“丽水市革命遗址数字地图”，建设“丽水市革命遗址数字智治应用”，联合律师事务所打造“律师护宝团”，强化“人防+物防+技防”，在全市开展持续性的线上线下宣讲、普法培训、公益法律咨询等活动，以点带面引领社会公众参与保护，形成坚固的革命文物安全防控体系。

（二）探索红色资源价值转化路径。以创建全国红色文化融合绿色发展示范区为载体，深入推动革命文物“活起来”创新实践，努力把红色资源价值转化为经济价值、红色资源优势转化为发展优势。一是突出精准至点。积极拓展革命文物利用方式，累计点亮浙西南革命文物“金名片”22张、打造革命红色体验点500多处，创成红色示范乡镇44个、红色示范村135个，成功建成了一批具有鲜明“红绿”特色的融合发展示范基地（村镇），推出了一批红色文化+经典文创、+民族风情、+健康养生的特色发展范例，推动遂昌王村口镇成功创建全省首批5A级景区镇。二是突出连线成面。坚持提点成线和增线扩面相结合，加强红色旅游线路打造，重点打造了“缅怀革命先烈之旅”“重走红军挺进师之旅”“红色古镇之旅”等10条红色旅游精品线路以及“红色乡村博物馆”定制游线路；加强红色革命古道建设，将红色元素融入红色景区通景公路、红色乡镇通村公路建设，打造了遂昌浙西川藏线等一批红色景观道路，推动革命文物和红色资源串点成线连面，形成良性运营纽带。三是突出系统施策。在全国首创红色资源价值转化政策体系，编制出台《浙西南革命精神弘扬和红色资源价值转化规划》《浙西南革命文物保护利用和红色旅游发展行动计划》，以政策为先导、项目为支撑唤醒用好红色资源。注重发挥财政资金牵引作用，积极引导社会资金参与革命文物保护利用和红色旅游发展，鼓励商业银行、政策性银行等对符合条件的红色旅游项目予以贷款支持。

（三）充分发挥革命文物育人功能。坚持教育传承和综合效益相结合，深入挖掘革命文物所蕴含的思想内涵和时代精神，更好把革命传统弘扬好、革命文化传承好，实现政治效益、社会效益和文化效益的有机统一。一是讲好精彩故事。系统开展革命文物、文献、档案、史料的调查研究，整理出一批以人物事迹为主的民主革命时期的党史好故事，编制出版《浙西南革命好故事系列丛书》；充分发挥革命文物在党史学习教育、革命传统教育、爱国主义教育等方面的重要作用，推动浙西南革命传统教育进学校、进教材、进课堂，纳入中小学生德育教育体系。二是焕发展览光彩。积极推进革命类文物保护单位对外开放，完善红色主题陈展体系，规划建设“一县一主题”红色展馆，新谋划和提升建设浙西南革命根据地纪念馆、遂昌挺进师纪念馆等一批纪念场馆。定期策划推出一批主题突出、导向鲜明、内涵丰富的革命文物精品陈列展览，联动四川泸州等地策划推出“红旗漫卷·泸丽相连——红军挺进浙西南革命文物泸州展”等红色展览活动；同时积极探索开发“红色云展览”“红色剧本杀”“革命文物密室探索”等更多年轻态、活力范、时尚感的革命文物展示方式，绽放新时代光芒。三是强调教育功能。立足我市九大革命文物保护利用片区，用好革命文物、红色典籍、红色剧目等红色资源，充分运用革命旧址、博物馆、纪念馆、展览馆和各类纪念设施，积极开展体验式教学、主题党日活动和干部主体班次培训等，因地制宜开辟“第二课堂”，让旧址遗迹成为“党史教室”、文物史料成为“党史教材”。目前，依托丰富的革命文物资源，已打造省市级爱国主义教育基地76个、省市级党史教育基地21个，使之成为开展爱国主义教育和革命传统教育的重要阵地。

二、存在问题

一是革命文化软实力有待提高。革命文化研究和展示还需进一步深入，在文化品牌建设方面有待加强，需率先形成一批具有知名度的典型案例。同时，在革命遗址资源开发利用方面价值转化路径有待探索，例如纪念场馆景区化建设程度偏低、文创产品开发仍处于初级阶段、建筑利用方式同质化等问题较明显。

二是革命遗址服务效能有待提升。各地革命遗址利用和革命纪念馆场馆如火如荼地开展建设，但涉及后续运营管理及服务面临着严重人员短缺问题，就当前而言，专业人才缺口很大。大部分场馆多由乡村干部或村委会代管，人员稳定性低的问题仍未从根本上解决，低水平运行现象较普遍存在。优质公共文化服务供给不足，存在革命遗址保护利用“量大面广”与“队伍薄弱”的冲突矛盾。

三是深度融合手段有待丰富。部分革命遗址纪念场馆建设后存在“自娱自乐”现象，与旅游、非遗、文创等消费性因素融合程度低；乡镇对入驻的文化场所缺乏系统规划和统一部署，不设门槛，导致部分革命类场馆定位不高，大局观不强，公益属性不明显，未真正发挥以点带面助推乡村振兴的引擎作用。

三、下步工作思路

丽水作为全国12个重点革命老区之一将继续坚守根脉之“红”，弘扬革命之“红”，共赴发展之“红”，形成党委政府“顶格推进”、技术执法“双管齐下”、人才科技“双轮驱动”、全社会“多线作战”的体系，对标红绿融合发展国家文物保护利用示范区创建，不断推进革命遗址保护利用滚轮式向前发展。

（一）依托资源优势，让红色遗存“潮”起来。丽水是一座没有围墙的革命文物“博物馆”，533处革命遗址红色体验点星罗云布。在总结推广松阳“拯救老屋行动”的基础上，将其经验复制到革命遗址保护当中，针对“革命遗址”小而分散的痛点，深入实施“微改造 精提升”行动，最大限度节约土地等指标，减少建设性破坏，从旧居、遗址、微景观等小体量建筑切入，延续原有革命文化脉络和乡村肌理。同时，以乡村博物馆创建为基础，建设革命老区乡村博物馆群，形成一批优秀案例，树立典型、示范带动，创造能够讲好“革命故事”的开放的文化展示平台与对外交流窗口。积极探索“革命+”多产业融合模式、打造“活化利用”试点，形成乡村多元经济发展新局面，创造主客共享、互利共赢的新型乡村公共空间，形成集功能性、思想性、经济性为一体的革命老区“有机综合体”。

（二）紧抓价值转化，让红色产业“火”起来。抓好《浙西南革命文物保护利用规划》的实施，以九大特色连片遗址为重点，推进革命文物的整体规划、串点成线、连片保护、统筹展示，着力打造龙泉住龙、遂昌王村口、松阳安岱后等3个革命文化核心展示圈，莲都北乡等8个一般展示圈和龙泉安仁等10个展示点。坚持抢救性和预防性保护并重，开展革命文物保护性修缮、环境整治和展示利用，加强革命遗址保护资金保障，组织实施一批革命遗址维修保护项目，努力改善革命文物的保存状况和环境风貌。以丽水红绿融合发展国家文物保护利用示范区创建为契机，着力推进红色文物、红色旅游、红色产业、红色乡村融合发展，以革命文物为重要载体，联动资源，设计浙西南革命文化研学路线，探索实体化打造红色旅游沉浸式体验项目。

（三）着力数智并举，让红色文化“活”起来。持续优化完善革命遗址数字智治应用场景建设，结合丽水地方实际，思考谋划具有丽水特色的可复制、可借鉴、可推广的革命遗址服务类子场景。引导全市革命遗址类场馆开展创建提升，通过增加数字化沉浸体验项目、完善标识系统等配套设施、研发文创旅游商品等多元手段的运用，突出“参与+体验”，着力提升展馆游览的参与性和趣味性，促进相关服务迭代升级，形成“文化内涵”与“文娱休闲”共建的高质量红色文化旅游资源和独具魅力的休闲场所。加强革命文物宣传矩阵建设，通过新视角讲述、多平台联动、沉浸式体验、全区域串点、多主题覆盖、全方位展示、新技术运用，构建革命文物知识的普及传播矩阵，讲好“丽水革命文物故事”。

统计资料

文物业基本情况综合年报

（甲）		机构数（个）	从业人员（人）	专业技术人才	正高级职称	副高级职称	中级职称	安全保卫人员	登记注册志愿者（人）	藏品（件/套）	一级品	二级品	三级品	在藏品数中（件/套）本年新增藏品	本年从有关部门接收文物数	本年藏品征集数	本年修复藏品数（件/套）	一级品	二级品	三级品	基本陈列（个）
		1	2	3	4	5	6	7	8	9	10	11	12	13	14	15	16	17	18	19	20
总 计	A	624	13,008	3,444	221	607	1,359	2,437	25,577	1,808,443	2,233	10,994	84,561	35,943	2,819	15,603	2,532	6	36	224	1,328
按单位类型分	—	—	—	—	—	—	—	—	—	—	—	—	—	—	—	—	—	—	—	—	—
文物科研机构	B	4	310	130	21	24	44	2	0	161	0	0	0	0	0	0	244	0	0	0	0
文物保护管理机构	C	85	2,879	989	35	167	375	357	3,736	101,500	103	272	2,969	835	7	24	501	0	0	0	114
博物馆（纪念馆）	D	432	7,257	2,197	158	383	893	2,078	21,841	1,628,948	2,095	10,485	78,410	34,247	2,639	15,201	1,747	6	36	224	1,214
文物行政部门	E	88	2,309	0	0	0	0	0	0	40,449	35	224	2,776	529	173	46	40	0	0	0	0
其他文物机构	F	15	253	128	7	33	47	0	0	37,385	0	13	406	332	0	332	0	0	0	0	0
按隶属关系分	—	—	—	—	—	—	—	—	—	—	—	—	—	332	—	—	—	—	—	—	—
中 央	G	0	0	0	0	0	0	0	0	0	0	0	0	0	0	0	0	0	0	0	0
省区市	H	12	942	469	67	113	173	52	2,417	375,010	703	4,939	35,669	9,712	0	8,154	242	6	4	94	34
地 市	I	119	4,905	1,490	74	269	610	963	6,582	488,838	741	2,909	19,368	6,096	2,351	2,129	935	0	2	26	277
县市区	J	493	7,161	1,485	80	225	576	1,422	16,578	944,595	789	3,146	29,524	20,135	468	5,320	1,355	0	30	104	1,017
按部门分	—	—	—	—	—	—	—	—	—	—	—	—	—	—	—	—	—	—	—	—	—
文物部门	K	348	10,713	2,999	175	547	1,225	1,876	22,587	1,354,394	2,197	10,683	83,477	30,860	2,796	14,688	2,074	6	36	221	642
其他部门	L	276	2,295	445	46	60	134	561	2,990	454,049	36	311	1,084	5,083	23	915	458	0	0	3	686

续表

		临时展览（个）	参观人次（万人次）			门票销售总额（千元）	本年收入合计（千元）								本年支出合计（千元）			
				未成年人参观人次	境外观众参观人次			财政拨款预算收入	财政拨款预算收入：基建拨款	上级补助收入	事业预算收入	经营收入	附属单位上缴收入	其他收入		基本支出	项目支出	经营支出
（甲）		21	22	23	24	25	26	27	28	29	30	31	32	33	34	35	36	37
总计	A	1,411	4,516.80	1,128.53	41.31	179,645	6,321,511	4,889,267	358,177	62,483	347,090	91,528	800	930,343	6,346,958	2,064,423	3,862,439	108,809
按单位类型分	—	—	—	——	—	—	—	—	—	—	—	—	—	—	—	—	—	—
文物科研机构	B	1	0.00	0.00	0.00	0	367,413	110,015	29,000	0	90,505	0	0	166,893	309,862	129,797	180,065	0
文物保护管理机构	C	54	998.62	112.11	0.04	159,607	1,291,671	927,132	120,631	38,894	236,317	40,399	0	48,929	1,362,234	601,395	664,881	66,213
博物馆（纪念馆）	D	1,356	3,518.19	1,016.42	41.27	20,038	2,428,686	1,901,966	186,009	23,589	20,268	51,129	800	430,934	2,477,595	905,033	1,391,736	42,596
文物行政部门	E	0	0.00	0.00	0.00	0	2,102,609	1,941,003	22,537	0	0	0	0	161,606	2,093,898	423,307	1,624,848	0
其他文物机构	F	0	0.00	0.00	0.00	0	131,132	9,151	0	0	0	0	0	121,981	103,369	4,891	909	0
按隶属关系分	—	—	—	——	—	—	—	—	—	—	—	—	—	—	—	—	—	—
中　央	G	0	0.00	0.00	0.00	0	0	0	0	0	0	0	0	0	0	0	0	0
省区市	H	78	291.78	103.19	0.36	0	589,928	387,822	29,062	0	98,596	0	0	103,510	565,788	267,016	220,287	0
地　市	I	318	1,487.74	245.48	8.82	131,232	2,617,605	1,690,286	182,821	26,961	242,057	41,281	0	617,020	2,632,746	952,689	1,507,018	70,824
县市区	J	1,015	2,737.28	779.86	32.13	48,413	3,113,978	2,811,159	146,294	35,522	6,437	50,247	800	209,813	3,148,424	844,718	2,135,134	37,985
按部门分	—	—	—	——	—	—	—	—	—	—	—	—	—	—	—	—	—	—
文物部门	K	1,065	3,582.29	899.56	21.06	163,484	5,766,601	4,787,545	349,539	47,163	346,909	37,489	800	546,695	5,747,677	1,870,342	3,559,247	54,462
其他部门	L	346	934.53	228.99	20.28	16,161	554,910	101,722	8,638	15,320	181	54,039	0	383,648	599,281	194,081	303,192	54,347

续表

		本年支出合计（千元）										资产总计（千元）		实际使用房屋建筑面积（万平方米）			实际拥有产权面积（万平方米）	增加值（千元）
		在支出合计中：																
		工资福利支出	商品和服务支出					对个人和家庭补助支出		其他资本性支出			固定资产原值		展览用房	文物库房		
				差旅费	劳务费	福利费	各种税金支出		抚恤金和生活补助		各种设备、交通工具、图书购置费							
（甲）		38	39	40	41	42	43	44	45	46	47	48	49	50	51	52	53	54
总计	A	1,424,783	2,278,472	16,367	237,754	51,128	6,378	87,086	10,029	588,843	75,112	17,457,382	7,199,680	269.69	127.36	17.27	137.65	2,221,510
按单位类型分	—	—	—	—	—	—	—	—	—	—	—	—	—	—	—	—	—	—
文物科研机构	B	33,966	241,950	5,026	103,045	1,159	440	437	17	33,509	4,396	325,188	56,584	1.07	0.34	0.00	0.73	141,615
文物保护管理机构	C	449,328	358,160	1,618	17,208	18,479	3,651	46,392	1,766	71,216	6,562	7,909,110	2,297,711	45.38	20.99	0.68	18.62	656,950
博物馆（纪念馆）	D	646,518	809,148	5,930	90,314	21,705	2,267	22,590	4,201	227,566	55,305	7,412,744	4,360,150	216.10	104.71	16.58	108.71	958,844
文物行政部门	E	290,778	868,174	3,700	26,986	9,588	20	17,634	4,019	256,018	8,315	1,316,671	365,175	5.38	0.00	0.00	2.51	355,831
其他文物机构	F	4,193	1,040	93	201	197	0	33	26	534	534	493,669	120,060	1.76	1.37	0.00	7.09	108,270
按隶属关系分	—	—	—	—	—	—	—	—	—	—	—	—	—	—	—	—	—	—
中　央	G	0	0	0	0	0	0	0	0	0	0	0	0	0.00	0.00	0.00	0.00	0
省区市	H	134,283	277,426	7,415	70,846	5,364	449	5,390	2,669	70,204	20,977	1,463,932	646,136	10.51	4.83	1.55	2.35	322,373
地　市	I	649,055	748,683	3,180	103,430	26,047	4,240	57,475	2,576	138,157	28,544	11,100,489	3,934,134	84.42	37.89	4.31	41.89	1,043,592
县市区	J	641,445	1,252,363	5,772	63,478	19,717	1,689	24,221	4,784	380,482	25,591	4,892,961	2,619,410	174.76	84.64	11.41	93.41	855,545
按部门分	—	—	—	—	—	—	—	—	—	—	—	—	—	—	—	—	—	—
文物部门	K	1,342,987	2,227,916	15,509	233,839	49,622	4,476	85,478	9,660	581,409	69,027	15,200,154	6,079,321	184.67	79.50	11.35	91.21	2,076,221
其他部门	L	81,796	50,556	858	3,915	1,506	1,902	1,608	369	7,434	6,085	2,257,228	1,120,359	84.98	47.89	5.94	46.46	145,289

文物行政主管部门基本情况综合年报

		机构数（个）	从业人员（人）			藏品数（件/套）					在藏品数中（件/套）			本年修复文物数（件/套）			
				编制人员数	在编人员数		文物藏品				本年新增藏品				一级品	二级品	三级品
								一级品	二级品	三级品		本年从有关部门接收文物数	本年藏品征集数				
（甲）		1	2	3	4	5	6	7	8	9	10	11	12	13	14	15	16
总 计	A	88	2,309	1,385	1,256	40,449	23,889	35	224	2,776	529	173	46	40	0	0	0
单位性质	–	——	——	——	——	——	——	——	——	——	——	——	——	——	——	——	——
行政机关	B	87	2,305	1,381	1,256	40,449	23,889	35	224	2,776	529	173	46	40	0	0	0
行政类事业单位	C	1	4	4	0	0	0	0	0	0	0	0	0	0	0	0	0
公益类事业单位	D	0	0	0	0	0	0	0	0	0	0	0	0	0	0	0	0
其 他	E	0	0	0	0	0	0	0	0	0	0	0	0	0	0	0	0
行政级别	–	——	——	——	——	——	——	——	——	——	——	——	——	——	——	——	——
厅局级	F	2	60	21	21	0	0	0	0	0	0	0	0	0	0	0	0
县处级	G	26	512	392	363	19,870	3,651	6	47	893	32	0	32	0	0	0	0
乡科级	H	60	1,737	972	872	20,579	20,238	29	177	1,883	497	173	14	40	0	0	0
其 他	I	0	0	0	0	0	0	0	0	0	0	0	0	0	0	0	0
按隶属关系分	–	——	——	——	——	——	——	——	——	——	——	——	——	——	——	——	——
中 央	J	0	0	0	0	0	0	0	0	0	0	0	0	0	0	0	0
省区市	K	1	22	24	22	0	0	0	0	0	0	0	0	0	0	0	0
独立编制文物局	L	1	22	24	22	0	0	0	0	0	0	0	0	0	0	0	0
行政部门内设机构（不挂牌）	M	0	0	0	0	0	0	0	0	0	0	0	0	0	0	0	0
合署办公（挂牌）	N	0	0	0	0	0	0	0	0	0	0	0	0	0	0	0	0
地 市	O	11	254	142	106	0	0	0	0	0	0	0	0	0	0	0	0
独立编制文物局	P	1	60	21	21	0	0	0	0	0	0	0	0	0	0	0	0
行政部门内设机构（不挂牌）	Q	5	49	45	11	0	0	0	0	0	0	0	0	0	0	0	0
合署办公（挂牌）	R	5	145	76	74	0	0	0	0	0	0	0	0	0	0	0	0
县市区	S	76	2,033	1,219	1,128	40,449	23,889	35	224	2,776	529	173	46	40	0	0	0
独立编制文物局	T	1	30	14	9	0	0	0	0	0	0	0	0	0	0	0	0
行政部门内设机构（不挂牌）	I	52	1,416	1,029	953	29,896	13,336	31	199	2,560	524	168	46	40	0	0	0
合署办公（挂牌）	V	23	587	176	166	10,553	10,553	4	25	216	5	5	0	0	0	0	0

续表

（甲）		本年收入合计（千元）							本年支出合计（千元）										
			财政拨款预算收入							在支出合计中：								对个人和家庭补助支出	
				文物类经费		在文物类经费中				基本支出	项目支出	工资福利支出	商品和服务支出						
					基建拨款	行政运行	一般行政管理事务	文物保护等经费						差旅费	劳务费	福利费	各种税金支出		抚恤金和生活补贴
（甲）		17	18	19	20	21	22	23	24	25	26	27	28	29	30	31	32	33	34
总　计	A	2,102,609	1,941,003	316,279	22,537	53,957	33,974	130,216	2,093,898	423,307	1,624,848	290,778	868,174	3,700	26,986	9,588	20	17,634	4,019
单位性质	–	——	——	——	——	——	——	——	——	——	——	——	——	——	——	——	——	——	——
行政机关	B	2,101,829	1,940,223	316,279	22,537	53,957	33,974	130,216	2,093,118	422,663	1,624,712	290,134	868,038	3,700	26,986	9,588	20	17,634	4,019
行政类事业单位	C	780	780	0	0	0	0	0	780	644	136	644	136	0	0	0	0	0	0
公益类事业单位	D	0	0	0	0	0	0	0	0	0	0	0	0	0	0	0	0	0	0
其　他	E	0	0	0	0	0	0	0	0	0	0	0	0	0	0	0	0	0	0
行政级别	–	——	——	——	——	——	——	——	——	——	——	——	——	——	——	——	——	——	——
厅局级	F	104,622	104,622	56,995	0	9,364	4,016	30,688	104,622	10,702	93,920	8,993	1,709	66	11	295	0	46	0
县处级	G	584,815	473,259	54,115	3,823	13,498	2,102	28,565	602,180	147,574	419,070	81,673	221,787	753	3,312	2,674	1	2,613	799
乡科级	H	1,413,172	1,363,122	205,169	18,714	31,095	27,856	70,963	1,387,096	265,031	1,111,858	200,112	644,678	2,881	23,663	6,619	19	14,975	3,220
其　他	I	0	0	0	0	0	0	0	0	0	0	0	0	0	0	0	0	0	0
按隶属关系分	–	——	——	——	——	——	——	——	——	——	——	——	——	——	——	——	——	——	——
中　央	J	0	0	0	0	0	0	0	0	0	0	0	0	0	0	0	0	0	0
省区市	K	30,227	30,227	25,973	62	10,235	15,738	0	29,924	13,244	16,680	9,133	17,481	400	607	493	0	1,167	318
独立编制文物局	L	30,227	30,227	25,973	62	10,235	15,738	0	29,924	13,244	16,680	9,133	17,481	400	607	493	0	1,167	318
行政部门内设机构（不挂牌）	M	0	0	0	0	0	0	0	0	0	0	0	0	0	0	0	0	0	0
合署办公（挂牌）	N	0	0	0	0	0	0	0	0	0	0	0	0	0	0	0	0	0	0
地　市	O	272,264	272,259	70,514	0	9,364	13,439	34,784	272,631	49,621	223,009	36,408	95,303	575	5,514	1,348	1	2,614	569
独立编制文物局	P	104,622	104,622	56,995	0	9,364	4,016	30,688	104,622	10,702	93,920	8,993	1,709	66	11	295	0	46	0
行政部门内设机构（不挂牌）	Q	4,507	4,507	2,340	0	0	0	2,840	4,874	800	4,074	800	1,219	157	36	84	0	0	0
合署办公（挂牌）	R	163,135	163,130	10,679	0	0	9,423	1,256	163,135	38,119	125,015	26,615	92,375	352	5,467	969	1	2,568	569
县市区	S	1,800,118	1,638,517	219,792	22,475	34,358	4,797	95,432	1,791,343	360,442	1,385,159	245,237	755,390	2,725	20,865	7,747	19	13,853	3,132
独立编制文物局	T	137,916	33,897	5 260	2,000	1,470	1,340	2,450	137,916	3,794	134,122	3,424	370	13	123	87	0	67	30
行政部门内设机构（不挂牌）	I	1,448,217	1,393,859	181,089	18,652	32,560	3,452	68,474	1,440,883	329,007	1,067,316	216,454	594,273	2,638	19,606	7,362	0	13,012	2,758
合署办公（挂牌）	V	213,985	210,761	33,443	1,823	328	5	24,508	212,544	27,641	183,721	25,359	160,747	74	1,136	298	19	774	344

续表

		在支出合计中：		资产总计（千元）		实际使用房屋建筑面积（万平方米）	实际拥有产权面积（万平方米）	对外交流情况					本级举办业务培训情况		本辖区文物点（处）			
		其他资本性支出	各种设备购置费		固定资产净值			与国外文博机构合作项目数（个）	与国外文博机构签署协议或备忘录数（个）	赴港澳台人员数（人次）	对港澳台交流项目数（个）	参加国际组织活动数（个）	举办业务培训班（个）	培训业务人员数（人）		全国重点文物保护单位	省级重点文物保护单位	市县级文物保护单位
（甲）		35	36	37	38	39	40	41	42	43	44	45	46	47	48	49	50	51
总　计	A	256,018	8,315	1,316,671	365,175	5.38	2.51	0	0	0	1	0	156	18,975	63,454	277	869	5,297
单位性质	–	—	—	—	—	—	—	—	—	—	—	—	—	—	—	—	—	—
行政机关	B	256,018	8,315	1,316,671	365,175	5.38	2.51	0	0	0	1	0	155	18,925	63,454	277	869	5,297
行政类事业单位	C	0	0	0	0	0.00	0.00	0	0	0	0	0	1	50	0	0	0	0
公益类事业单位	D	0	0	0	0	0.00	0.00	0	0	0	0	0	0	0	0	0	0	0
其　他	E	0	0	0	0	0.00	0.00	0	0	0	0	0	0	0	0	0	0	0
行政级别	–	—	—	—	—	—	—	—	—	—	—	—	—	—	—	—	—	—
厅局级	F	89	0	18,701	941	0.09	0.00	0	0	0	0	0	12	1,000	0	0	0	0
县处级	G	144,186	1,733	400,671	156,154	0.98	0.08	0	0	0	0	0	39	4,790	0	0	0	0
乡科级	H	111,743	6,582	897,299	208,080	4.31	2.43	0	0	0	1	0	105	13,185	63,454	277	869	5,297
其　他	I	0	0	0	0	0.00	0.00	0	0	0	0	0	0	0	0	0	0	0
按隶属关系分	–	—	—	—	—	—	—	—	—	—	—	—	—	—	—	—	—	—
中　央	J	0	0	0	0	0.00	0.00	0	0	0	0	0	0	0	0	0	0	0
省区市	K	2,143	281	28,104	5,281	0.37	0.04	0	0	0	0	0	7	7,136	63,454	277	869	5,297
独立编制文物局	L	2,143	281	28,104	5,281	0.37	0.04	0	0	0	0	0	7	7,136	63,454	277	869	5,297
行政部门内设机构（不挂牌）	M	0	0	0	0	0.00	0.00	0	0	0	0	0	0	0	0	0	0	0
合署办公（挂牌）	N	0	0	0	0	0.00	0.00	0	0	0	0	0	0	0	0	0	0	0
地　市	O	3,994	290	53,217	15,075	0.92	0.62	0	0	0	0	0	20	1,477	0	0	0	0
独立编制文物局	P	89	0	18,701	941	0.09	0.00	0	0	0	0	0	12	1,000	0	0	0	0
行政部门内设机构（不挂牌）	Q	0	0	0	0	0.00	0.00	0	0	0	0	0	2	152	0	0	0	0
合署办公（挂牌）	R	3,905	290	34,516	14,134	0.83	0.62	0	0	0	0	0	6	325	0	0	0	0
县市区	S	249,881	7,744	1,235,350	344,819	4.09	1.85	0	0	0	1	0	129	10,362	0	0	0	0
独立编制文物局	T	130,261	0	3,167	3,167	0.15	0.00	0	0	0	0	0	0	0	0	0	0	0
行政部门内设机构（不挂牌）	I	119,447	7,640	1,173,476	324,230	2.93	1.14	0	0	0	1	0	116	9,946	0	0	0	0
合署办公（挂牌）	V	173	104	58,707	17,422	1.91	0.71	0	0	0	0	0	13	416	0	0	0	0

续表

		本辖区对外开放的省级及以上文物保护单位数（个）	本级财政专项安排文物保护经费（千元）	本级出台地方性文物业法规、规章（部）	进出境文物审核数（件/套）					文物拍卖标的审核数（个）		文物保护单位保护维修情况				本级出台落实中央文物领域的政策性文件	文物安全巡查次数	增加值（千元）
						允许出境文物数	临时进境文物数	临时出境文物数	接收移交文物数		禁止上拍文物标的数	国保单位保护维修项目数		省保单位保护维修项目数	市、县保单位保护维修项目数			
													保护维修面积（平方米）					
（甲）		52	53	54	55	56	57	58	59	60	61	62	63	64	65	66	67	68
总　计	A	1,170	283,804	10	147	121	26	0	0	88,438	274	23	36,414	58	131	5	29,108	355,831
单位性质	-	——	——	——	——	——	——	——	——	——	——	——	——	——	——	——	——	——
行政机关	B	1,170	283,804	10	147	121	26	0	0	88,438	274	23	36,414	58	131	5	28,788	355,187
行政类事业单位	C	0	0	0	0	0	0	0	0	0	0	0	0	0	0	0	320	644
公益类事业单位	D	0	0	0	0	0	0	0	0	0	0	0	0	0	0	0	0	0
其　他	E	0	0	0	0	0	0	0	0	0	0	0	0	0	0	0	0	0
行政级别	-	——	——	——	——	——	——	——	——	——	——	——	——	——	——	——	——	——
厅局级	F	0	0	0	0	0	0	0	0	0	0	6	0	9	33	0	1,764	9,387
县处级	G	101	36,439	7	13	0	13	0	0	0	0	7	32,600	7	21	0	7,736	95,768
乡科级	H	1,069	247,365	3	134	121	13	0	0	88,438	274	10	3,814	42	77	5	19,608	250,676
其　他	I	0	0	0	0	0	0	0	0	0	0	0	0	0	0	0	0	0
按隶属关系分	-	——	——	——	——	——	——	——	——	——	——	——	——	——	——	——	——	——
中　央	J	0	0	0	0	0	0	0	0	0	0	0	0	0	0	0	0	0
省区市	K	952	127,880	1	134	121	13	0	0	88,438	274	0	0	0	0	0	35	11,319
独立编制文物局	L	952	127,880	1	134	121	13	0	0	88,438	274	0	0	0	0	0	35	11,319
行政部门内设机构（不挂牌）	M	0	0	0	0	0	0	0	0	0	0	0	0	0	0	0	0	0
合署办公（挂牌）	N	0	0	0	0	0	0	0	0	0	0	0	0	0	0	0	0	0
地　市	O	80	7,756	0	13	0	13	0	0	0	0	6	0	10	34	1	2,636	45,956
独立编制文物局	P	0	0	0	0	0	0	0	0	0	0	6	0	9	33	0	1,764	9,387
行政部门内设机构（不挂牌）	Q	0	2,064	0	13	0	13	0	0	0	0	0	0	1	1	0	667	930
合署办公（挂牌）	R	80	5,692	0	0	0	0	0	0	0	0	0	0	0	0	1	205	35,639
县市区	S	138	148,168	9	0	0	0	0	0	0	0	17	36,414	48	97	4	26,437	298,556
独立编制文物局	T	0	0	0	0	0	0	0	0	0	0	0	0	0	0	0	0	3,799
行政部门内设机构（不挂牌）	I	81	116,983	4	0	0	0	0	0	0	0	10	32,724	27	60	3	23,740	266,813
合署办公（挂牌）	V	57	31,185	5	0	0	0	0	0	0	0	7	3,690	21	37	1	2,697	27,944

文物保护管理机构基本情况综合年报

		机构数（个）	从业人员（人）								登记注册志愿者人数（人）	藏品数（件/套）					在藏品数中（件/套）		
				编制人员数	在编人员数	专业技术人才				安全保卫人员			文物藏品				本年新增藏品		
							正高级职称	副高级职称	中级职称					一级品	二级品	三级品		本年从有关部门接收文物数	本年藏品征集数
（甲）		1	2	3	4	5	6	7	8	9	10	11	12	13	14	15	16	17	18
总　计	A	85	2,879	2,258	1,884	989	35	167	375	357	3,736	101,500	73,018	103	272	2,969	835	7	24
按隶属关系分	—	—	—	—	—	—	—	—	—	—	—	—	—	—	—	—	—	—	—
中　央	B	0	0	0	0	0	0	0	0	0	0	0	0	0	0	0	0	0	0
省区市	C	0	0	0	0	0	0	0	0	0	0	0	0	0	0	0	0	0	0
地　市	D	22	2,162	1,846	1,495	652	23	112	240	235	473	23,073	17,119	6	3	29	685	0	0
县市区	E	63	717	412	389	337	12	55	135	122	3,263	78,427	55,899	97	269	2,940	150	7	24
按部门分类	—	—	—	—	—	—	—	—	—	—	—	—	—	—	—	—	—	—	—
文物部门	F	84	2,741	2,195	1,829	972	35	166	371	315	3,686	96,530	72,846	103	272	2,966	695	7	24
其他部门	G	1	138	63	55	17	0	1	4	42	50	4,970	172	0	0	3	140	0	0
按机构类型分	—	—	—	—	—	—	—	—	—	—	—	—	—	—	—	—	—	—	—
区域性文物保护管理机构	H	72	1,885	1,570	1,355	759	32	138	293	145	3,585	95,306	71,766	99	256	2,707	695	7	24
专门为一处或几处文物保护单位设立的保护管理机构	I	13	994	688	529	230	3	29	82	212	151	6,194	1,252	4	16	262	140	0	0

续表

		本年修复文物数（件/套）				基本陈列（个）	临时展览（个）	参观人次（万人次）			举办社会教育活动（次）	参加活动人次（万人次）		门票销售总额（千元）	本年完成科研成果						
			一级品	二级品	三级品				未成年人参观人次	境外观众参观人次			未成年人参加人次		省部级及以上科研课题数（个）	专利（个）	专著或图录（册）	论文数（篇）	古建维修、考古发掘报告（册）	获国家奖（个）	获省、部奖（个）
（甲）		19	20	21	22	23	24	25	26	27	28	29	30	31	32	33	34	35	36	37	38
总　计	A	501	0	0	0	114	54	998.62	112.11	0.06	1,062	49.59	14.93	159,607	0	2	7	26	2	0	4
按隶属关系分	—	—	—	—	—	—	—	—	—	—	—	—	—	—	—	—	—	—	—	—	—
中　央	B	0	0	0	0	0	0	0.00	0.00	0.00	0	0.00	0.00	0	0	0	0	0	0	0	0
省区市	C	0	0	0	0	0	0	0.00	0.00	0.00	0	0.00	0.00	0	0	0	0	0	0	0	0
地　市	D	150	0	0	0	49	31	666.99	41.19	0.06	810	5.55	4.37	123,860	0	0	4	17	1	0	0
县市区	E	351	0	0	0	65	23	331.63	70.92	0.00	252	44.04	10.56	35,747	0	2	3	9	1	0	4
按部门分类	—	—	—	—	—	—	—	—	—	—	—	—	—	—	—	—	—	—	—	—	—
文物部门	F	501	0	0	0	113	48	990.31	110.38	0.05	959	49.05	14.56	157,020	0	2	7	26	2	0	4
其他部门	G	0	0	0	0	1	6	8.31	1.73	0.01	103	0.55	0.37	2,587	0	0	0	0	0	0	0
按机构类型分	—	—	—	—	—	—	—	—	—	—	—	—	—	—	—	—	—	—	—	—	—
区域性文物保护管理机构	H	501	0	0	0	87	35	574.26	71.80	0.04	851	47.77	13.78	102,524	0	2	7	25	2	0	4
专门为一处或几处文物保护单位设立的保护管理机构	I	0	0	0	0	27	19	424.36	40.32	0.02	211	1.84	1.15	57,083	0	0	0	1	0	0	0

续表

		本年收入合计（千元）					本年收入合计（千元）			本年支出合计（千元）													
			财政拨款预算收入											在支出合计中：									
															商品和服务支出					对个人和家庭补助支出		其他资本性支出	
				基建拨款	上级补助收入	事业预算收入	经营收入	附属单位上缴收入	其他收入		基本支出	项目支出	经营支出	工资福利支出		差旅费	劳务费	福利费	各种税金支出		抚恤金和生活补贴		各种设备、交通工具、图书购置费
（甲）		39	40	41	42	43	44	45	46	47	48	49	50	51	52	53	54	55	56	57	58	59	60
总　计	A	1,291,671	927,132	120,631	38,894	236,317	40,399	0	48,929	1,362,234	601,395	664,881	66,213	449,328	358,160	1,618	17,208	18,479	3,651	46,392	1,766	71,216	6,562
按隶属关系分	—	—	—	—	—	—	—	—	—	—	—	—	—	—	—	—	—	—	—	—	—	—	—
中央	B	0	0	0	0	0	0	0	0	0	0	0	0	0	0	0	0	0	0	0	0	0	0
省区市	C	0	0	0	0	0	0	0	0	0	0	0	0	0	0	0	0	0	0	0	0	0	0
地　市	D	926,577	589,672	93,836	24,628	230,361	34,506	0	47,410	995,215	489,408	412,471	66,116	364,985	223,957	1,034	10,076	15,451	3,627	43,726	1,487	10,519	4,945
县市区	E	365,094	337,460	26,795	14,266	5,956	5,893	0	1,519	367,019	111,987	252,410	97	84,343	134,203	584	7,132	3,028	24	2,666	279	60,697	1,617
按部门分类	—	—	—	—	—	—	—	—	—	—	—	—	—	—	—	—	—	—	—	—	—	—	—
文物部门	F	1,285,865	924,702	118,201	38,674	236,317	37,243	0	48,929	1,340,583	593,388	664,881	52,569	441,321	344,516	1,615	16,252	18,252	3,205	46,392	1,766	71,216	6,562
其他部门	G	5,806	2,430	2,430	220	0	3,156	0	0	21,651	8,007	0	13,644	8,007	13,644	3	956	227	446	0	0	0	0
按机构类型分	—	—	—	—	—	—	—	—	—	—	—	—	—	—	—	—	—	—	—	—	—	—	—
区域性文物保护管理机构	H	961,135	710,949	79,986	18,616	184,930	24,491	0	22,149	943,925	445,244	475,635	592	316,195	234,194	1,450	12,322	14,524	3,033	34,983	1,602	67,761	5,624
专门为一处或几处文物保护单位设立的保护管理机构	I	330,536	216,183	40,645	20,278	51,387	15,908	0	26,780	418,309	156,151	189,246	65,621	133,133	123,966	168	4,886	3,955	618	11,409	164	3,455	938

续表

		资产总计（千元）		实际使用房屋建筑面积（万平方米）			实际拥有产权面积（万平方米）	文物保护规划和方案设计（个）	文物保护维修情况				进行考古发掘情况			
			固定资产原值		展览用房	文物库房（含标本室）			国保单位保护维修项目数（个）	保护维修面积（平方米）	省保单位保护维项修目数（个）	市、县保单位保护维修项目数（个）	考古发掘面积（万平方米）	出土器物（件/套）	原址保护展示面积（万平方米）	异地保护展示面积（万平方米）
（甲）		61	62	63	64	65	66	67	68	69	70	71	72	73	74	75
总　计	A	7,909,110	2,297,711	45.38	21.00	0.68	18.62	146	67	224,065	76	145	2.71	4,386	0.94	0.00
按隶属关系分	—	—	—	—	—	—	—	—	—	—	—	—	—	—	—	—
中　央	B	0	0	0.00	0.00	0.00	0.00	0	0	0	0	0	0.00	0	0.00	0.00
省区市	C	0	0	0.00	0.00	0.00	0.00	0	0	0	0	0	0.00	0	0.00	0.00
地　市	D	7,617,120	2,147,814	31.53	12.34	0.22	13.01	10	11	17,925	9	14	1.35	3,934	0.91	0.00
县市区	E	291,990	149,897	13.85	8.66	0.46	5.61	136	56	206,140	67	131	1.36	452	0.03	0.00
按部门分类	—	—	—	—	—	—	—	—	—	—	—	—	—	—	—	—
文物部门	F	7,746,531	2,297,578	44.17	20.57	0.61	17.80	145	66	224,015	76	145	2.71	4,386	0.94	0.00
其他部门	G	162,579	133	1.22	0.43	0.06	0.82	1	1	50	0	0	0.00	0	0.00	0.00
按机构类型分	—	—	—	—	—	—	—	—	—	—	—	—	—	—	—	—
区域性文物保护管理机构	H	3,067,383	1,135,089	29.78	14.79	0.57	6.90	138	56	175,964	70	143	2.71	4,386	0.94	0.00
专门为一处或几处文物保护单位设立的保护管理机构	I	4,841,727	1,162,622	15.61	6.20	0.09	11.73	8	11	48,101	6	2	0.00	0	0.00	0.00

续表

		主办刊物（种）	国际合作项目数（个）	文化创意产品情况			文博单位举办新媒体情况				增加值（千元）	
				文化创意产品种类（个）	文化创意产品销售收入（千元）	文化创意产品销售利润（千元）	举办线上展览	网站年访问量	举办微信公众号、微博	举办微信公众号、微博关注人数		
（甲）		76	77	78	79	80	81	82	83	84	85	
总　计	A	5	0	317	2,831	1,392	38	2,804,291	39	1,455,243	656,950	—
按隶属关系分	—	—	—	—	—	—	—	—	—	—	—	—
中　央	B	0	0	0	0	0	0	0	0	0	0	—
省区市	C	0	0	0	0	0	0	0	0	0	0	—
地　市	D	2	0	270	2,404	1,246	12	2,783,159	30	1,383,328	554,004	—
县市区	E	3	0	47	427	146	26	21,132	9	71,915	102,946	—
按部门分类	—	—	—	—	—	—	—	—	—	—	—	—
文物部门	F	5	0	287	1,548	717	37	744,291	34	1,434,582	647,308	—
其他部门	G	0	0	30	1,283	675	1	2,060,000	5	20,661	9,642	—
按机构类型分	—	—	—	—	—	—	—	—	—	—	—	—
区域性文物保护管理机构	H	3	0	197	1,374	619	37	605,000	20	446,995	452,441	—
专门为一处或几处文物保护单位设立的保护管理机构	I	2	0	120	1,457	773	1	2,199,291	19	1,008,248	204,509	—

博物馆基本情况综合年报

		机构数（个）	从业人员（人）							安全保卫人员（人）	登记注册志愿者（人）	藏品数（件/套）					在藏品数中（件/套）		
				编制人员数	在编人员数	专业技术人才							文物藏品				本年新增藏品		
							正高级职称	副高级职称	中级职称					一级品	二级品	三级品		本年从有关部门接收文物数	本年藏品征集数
（甲）		1	2	3	4	5	6	7	8	9	10	11	12	13	14	15	16	17	18
总　计	A	432	7,257	2,949	2,483	2,197	158	383	893	2,078	21,841	1,628,948	735,094	2,095	10,485	78,410	34,247	2,639	15,201
其中：免费开放	B	413	6,906	2,865	2,389	2,117	154	363	863	2,031	21,228	1,542,736	685,308	2,024	9,970	72,826	32,159	551	15,201
按机构类型分	—	—	—	—	—	—	—	—	—	—	—	—	—	—	—	—	—	—	—
综合性	C	105	3,354	1,677	1,397	1,292	72	227	564	1,130	12,030	821,890	635,617	1,735	9,389	68,048	17,396	2,597	3,681
历史类	D	85	895	248	216	159	10	20	73	321	4,493	87,541	46,141	84	473	1,129	1,042	13	148
艺术类	E	105	872	206	180	256	19	39	91	208	1,033	149,870	16,857	45	357	3,687	2,265	23	650
自然科技类	F	29	608	200	197	154	28	33	43	101	1,818	334,753	1,335	27	32	105	11,155	0	9,628
其　他	G	108	1,528	618	493	336	29	64	122	318	2,467	234,894	35,144	204	234	5,441	2,389	6	1,094
按隶属关系分	—	—	—	—	—	—	—	—	—	—	—	—	—	—	—	—	—	—	—
中　央	H	0	0	0	0	0	0	0	0	0	0	0	0	0	0	0	0	0	0
省区市	I	3	485	322	303	273	42	70	95	52	2,417	374,905	87,273	703	4,939	35,663	9,654	0	8,096
地　市	J	77	2,371	1,044	906	778	48	143	359	726	6,109	429,336	271,176	735	2,893	18,939	5,137	2,351	1,855
县市区	K	352	4,401	1,583	1,274	1,146	68	170	439	1,300	13,315	824,707	376,645	657	2,653	23,808	19,456	288	5,250
按系统分类	—	—	—	—	—	—	—	—	—	—	—	—	—	—	—	—	—	—	—
文物单位管理的国有博物馆	L	161	5,133	2,409	2,084	1,771	112	324	765	1,559	18,901	1,209,898	638,123	2,059	10,174	77,329	29,304	2,616	14,286
其他行业性国有博物馆	M	43	577	185	171	111	6	13	46	125	1,422	61,569	1,563	0	28	248	1,236	23	415
非国有	N	228	1,547	355	228	315	40	46	82	394	1,518	357,481	95,408	36	283	833	3,707	0	500
评估定级情况	—	—	—	—	—	—	—	—	—	—	—	—	—	—	—	—	—	—	—
国家一级博物馆	O	12	1,177	769	667	646	63	141	274	227	4,962	606,660	289,172	1,205	6,789	47,261	12,737	2,254	8,676
国家二级博物馆	P	26	1,424	533	415	411	22	63	182	537	7,682	280,767	195,998	471	1,928	14,068	1,860	276	1,404
国家三级博物馆	Q	30	670	306	249	233	4	36	103	224	2,242	164,157	73,916	162	801	9,599	2,686	26	924
未定级馆	R	364	3,986			907	69	143	334	1,090	6,955	577,364	176,008	257	967	7,482	16,964	83	4,197

续表

		本年修复文物数（件/套）				基本陈列（个）	临时展览（个）	参观人次（万人次）			举办社会教育活动（次）	参加活动人次（万人次）		门票销售总额（千元）	本年完成科研成果						
			一级品	二级品	三级品				未成年人参观人次	境外观众参观人次			未成年人参加人次		省部级及以上科研课题数（个）	专利（个）	专著或图录（册）	论文数（篇）	古建维修、考古发掘报告（册）	获国家奖（个）	获省、部奖（个）
（甲）		19	20	21	22	23	24	25	26	27	28	29	30	31	32	33	34	35	36	37	38
总　计	A	1,747	6	36	224	1,214	1,356	3,518.19	1,016.42	41.27	15,539	550.48	190.46	20,038	29	8	142	287	1	17	86
其中：免费开放	B	1,486	6	35	224	1,153	1,295	3,389.03	989.84	41.07	15,183	547.17	188.65	3,812	27	7	138	274	1	15	74
按机构类型分	—	—	—	—	—	—	—	—	—	—	—	—	—	—	—	—	—	—	—	—	—
综合性	C	1,135	3	33	156	384	676	1,605.05	517.86	15.78	6,702	207.61	118.81	6,389	10	2	50	167	1	12	57
历史类	D	274	0	0	3	204	139	498.78	159.39	1.13	2,373	82.85	19.43	75	1	0	55	13	0	0	11
艺术类	E	102	0	0	0	253	292	443.18	109.46	13.60	1,668	60.54	18.77	3,684	2	3	12	34	0	1	5
自然科技类	F	18	0	0	0	94	41	303.93	115.90	0.16	1,312	7.26	5.53	9,890	8	1	4	33	0	0	2
其　他	G	218	3	3	65	279	208	667.30	113.89	10.62	3,484	192.21	27.95	0	8	2	21	40	0	4	11
按隶属关系分	—	—	—	—	—	—	—	—	—	—	—	—	—	—	—	—	—	—	—	—	—
中　央	H	0	0	0	0	0	0	0.00	0.00	0.00	0	0.00	0.00	0	0	0	0	0	0	0	0
省区市	I	242	6	4	94	34	77	291.78	103.19	0.36	1,674	2.69	2.10	0	15	4	19	98	0	4	5
地　市	J	541	0	2	26	228	287	820.74	204.29	8.78	4,361	102.53	70.87	7,372	3	3	38	119	1	7	36
县市区	K	964	0	30	104	952	992	2,405.67	708.94	32.13	9,504	445.26	117.49	12,666	11	1	85	70	0	6	45
按系统分类	—	—	—	—	—	—	—	—	—	—	—	—	—	—	—	—	—	—	—	—	—
文物单位管理的国有博物馆	L	1,289	6	36	221	529	1,016	2,591.98	789.20	21.02	10,542	445.39	157.48	6,464	24	5	78	254	1	16	76
其他行业性国有博物馆	M	20	0	0	0	120	78	182.88	33.74	4.29	1,499	14.82	7.34	8,759	3	1	11	22	0	0	0
非国有	N	438	0	0	3	565	262	743.33	193.55	15.98	3,498	90.27	25.63	4,815	2	2	53	11	0	1	10
评估定级情况	—	—	—	—	—	—	—	—	—	—	—	—	—	—	—	—	—	—	—	—	—
国家一级博物馆	O	719	6	5	102	102	168	733.66	228.70	0.71	3,786	70.96	50.84	6,077	18	5	40	161	0	13	37
国家二级博物馆	P	337	0	31	115	83	216	607.17	152.80	7.41	2,375	61.48	29.39	95	1	0	20	61	0	0	14
国家三级博物馆	Q	33	0	0	4	88	189	405.24	172.79	9.42	1,188	62.12	31.31	100	3	0	1	8	0	1	8
未定级馆	R	658	0	0	3	941	783	1,772.13	462.14	23.72	8,190	355.90	78.89	13,766	7	3	81	57	1	3	27

续表

		本年收入合计（千元）			本年收入合计（千元）							
			财政拨款预算收入		财政拨款预算收入		上级补助收入	事业预算收入	经营收入	附属单位上缴收入	其他收入	
				基建拨款	中央财政免费开放补助资金	地方财政免费开放补助资金						捐赠收入
（甲）		39	40	41	42	43	44	45	46	47	48	49
总　计	A	2,428,686	1,901,966	186,009	139,318	51,192	23,589	20,268	51,129	800	430,934	6,548
其中：免费开放	B	2,333,939	1,844,478	175,775	139,318	50,542	21,689	10,696	34,653	800	421,623	6,548
按机构类型分	—	—	—	—	—	—	—	—	—	—	—	—
综合性	C	1,441,121	1,267,334	158,034	85,194	37,545	7,285	13,623	1,030	0	151,849	1,000
历史类	D	140,058	130,416	6,532	4,398	4,221	1,931	181	2,262	0	5,268	3,035
艺术类	E	409,714	122,625	9,690	346	5,180	6,598	16	26,360	0	254,115	693
自然科技类	F	154,599	115,717	800	5,540	1,584	2,102	4,955	19,364	800	11,661	0
其　他	G	283,194	265,874	10,953	43,840	2,662	5,673	1,493	2,113	0	8,041	1,820
按隶属关系分	—	—	—	—	—	—	—	—	—	—	—	—
中　央	H	0	0	0	0	0	0	0	0	0	0	0
省区市	I	276,186	265,167	0	34,680	4,300	0	8,091	0	0	2,928	0
地　市	J	1,204,852	801,867	88,985	89,647	7,532	2,333	11,696	6,775	0	382,181	2,628
县市区	K	947,648	834,932	97,024	14,991	39,360	21,256	481	44,354	800	45,825	3,920
按系统分类	—	—	—	—	—	—	—	—	—	—	—	—
文物单位管理的国有博物馆	L	1,890,157	1,806,467	179,801	138,098	41,432	8,489	20,087	246	800	54,068	2,868
其他行业性国有博物馆	M	367,893	83,554	6,160	1,200	1,480	4,473	181	19,978	0	259,707	220
非国有	N	170,636	11,945	48	20	8,280	10,627	0	30,905	0	117,159	3,460
评估定级情况	—	—	—	—	—	—	—	—	—	—	—	—
国家一级博物馆	O	684,027	626,566	49,061	36,606	6,460	0	19,569	0	0	37,892	0
国家二级博物馆	P	525,459	521,712	92,433	92,908	7,820	2,530	202	95	0	920	0
国家三级博物馆	Q	178,554	169,421	1,602	6,563	9,377	4,497	0	0	0	4,636	0
未定级馆	R	1,040,646	584,267	42,913	3,241	27,535	16,562	497	51,034	800	387,486	6,548

续表

		本年支出合计(千元)														资产总计(千元)	
			基本支出	项目支出	经营支出	在支出合计中:											固定资产净值
						工资福利支出	商品和服务支出				各种税金支出	对个人和家庭补助支出		其他资本性支出			
								差旅费	劳务费	福利费			抚恤金和生活补贴		各种设备、交通工具、图书购置费		
(甲)		50	51	52	53	54	55	56	57	58	59	60	61	62	63	64	65
总 计	A	2,477,595	905,033	1,391,736	42,596	646,518	809,148	5,930	90,314	21,705	2,267	22,590	4,201	227,566	55,305	7,412,744	4,360,150
其中:免费开放	B	2,367,434	859,601	1,357,685	16,005	610,972	778,413	5,842	85,515	20,857	1,685	21,216	4,067	221,741	50,750	7,142,763	4,246,556
按机构类型分	—	—	—	—	—	—	—	—	—	—	—	—	—	—	—	—	—
综合性	C	1,436,712	592,092	754,725	1,492	394,756	522,377	3,084	52,233	13,911	797	12,951	2,166	177,345	41,031	3,870,833	2,203,103
历史类	D	140,917	53,604	75,869	2,246	49,043	55,510	398	2,338	1,339	21	1,320	427	2,051	1,326	456,767	271,673
艺术类	E	418,113	66,964	320,363	6,044	53,165	74,758	827	3,395	1,474	1,020	1,935	382	14,309	8,169	872,717	446,584
自然科技类	F	173,142	71,323	65,092	28,873	57,538	64,484	897	11,767	1,572	408	1,295	656	14,033	3,504	802,998	742,855
其 他	G	308,711	121,050	175,687	3,941	92,016	92,019	724	20,581	3,409	21	5,089	570	19,828	1,275	1,409,429	695,935
按隶属关系分	—	—	—	—	—	—	—	—	—	—	—	—	—	—	—	—	—
中 央	H	0	0	0	0	0	0	0	0	0	0	0	0	0	0	0	0
省区市	I	267,791	131,586	136,205	0	97,512	131,309	1,970	15,605	3,783	9	3,857	2,308	35,113	16,861	925,678	496,325
地 市	J	1,220,520	401,158	757,966	4,708	237,141	315,069	1,497	39,228	8,980	612	11,031	520	122,549	22,214	3,123,950	1,740,553
县市区	K	989,284	372,289	497,565	37,888	311,865	362,770	2,463	35,481	8,942	1,646	7,702	1,373	69,904	16,230	3,363,116	2,123,272
按系统分类	—	—	—	—	—	—	—	—	—	—	—	—	—	—	—	—	—
文物单位管理的国有博物馆	L	1,907,153	718,959	1,088,544	1,893	572,729	772,236	5,075	87,355	20,426	811	20,982	3,832	220,132	49,220	5,337,656	3,241,604
其他行业性国有博物馆	M	377,031	44,513	296,481	28,152	40,447	17,398	202	1,393	625	299	1,298	359	1,605	940	791,511	416,497
非国有	N	193,411	141,561	6,711	12,551	33,342	19,514	653	1,566	654	1,157	310	10	5,829	5,145	1,283,577	702,049
评估定级情况	—	——	——	——	——	——	——	——	——	——	——	——	——	——	——	——	——
国家一级博物馆	O	671,461	278,157	393,304	0	217,757	303,958	2,717	29,311	8,129	384	7,726	2,584	90,102	35,502	2,246,052	1,325,091
国家二级博物馆	P	526,863	142,566	323,120	517	114,361	210,883	846	31,213	3,992	74	4,122	292	78,115	5,627	1,285,284	743,111
国家三级博物馆	Q	181,163	87,917	80,188	0	70,779	79,888	377	10,168	2,248	36	2,228	728	11,669	2,165	300,032	226,615
未定级馆	R	1,098,108	396,393	595,124	42,079	243,621	214,419	1,990	19,622	7,336	1,773	8,514	597	47,680	12,011	3,581,376	2,065,333

续表

(甲)		实际使用房屋建筑面积（万平方米）			实际拥有产权面积（万平方米）	本年度可移动文物保护情况		国际合作项目数（个）	主办刊物（个）	文化创意产品情况			文博单位举办新媒体情况				增加值（千元）	
			展览用房	文物库房（含标本室）面积		数字化保护（项）	预防性保护（项）			文化创意产品种类（个）	文化创意产品销售收入（千元）	文化创意产品销售利润（千元）	举办线上展览（个）	网站年访问量（次）	举办微信公众号、微博（个）	举办微信公众号、微博关注人数（人次）		
		66	67	68	69	70	71	72	73	74	75	76	77	78	79	80	81	
总　计	A	216.14	104.73	16.59	108.72	3,547	400	34	39	3,331	73,742	8,783	445	38,923,878	1,549	11,565,418	958,844	—
其中：免费开放	B	207.28	99.37	15.49	105.79	3,547	399	32	37	2,416	70,777	7,775	439	38,498,439	1,470	10,759,399	911,056	—
按机构类型分	—	—	—	—	—	—	—	—	—	—	—	—	—	—	—	—	—	—
综合性	C	107.73	46.21	8.88	49.72	2,305	179	12	19	1,374	4,518	1,656	220	4,994,119	797	5,421,216	560,928	—
历史类	D	25.02	11.74	1.15	16.19	8	7	1	1	128	42,137	3,686	58	3,628,662	47	1,745,220	64,763	—
艺术类	E	33.05	19.35	2.21	19.98	11	12	8	5	774	18,627	2,249	41	2,388,065	74	966,380	82,425	—
自然科技类	F	13.65	7.86	1.95	5.64	1	0	1	7	22	1,372	632	14	21,189,539	116	1,545,551	102,148	—
其　他	G	36.78	19.68	2.45	17.20	1,222	202	12	7	1,033	7,088	560	112	6,723,493	515	1,887,051	148,580	—
按隶属关系分	—	—	—	—	—	—	—	—	—	—	—	—	—	—	—	—	—	—
中　央	H	0.00	0.00	0.00	0.00	0	0	0	0	0	0	0	0	0	0	0	0	—
省区市	I	8.97	4.41	1.55	1.35	1,452	93	15	2	110	0	0	19	23,668,437	8	3,680,668	138,701	—
地　市	J	50.40	24.35	4.10	28.09	311	8	14	17	1,238	6,461	1,525	80	9,164,052	956	4,572,587	366,537	—
县市区	K	156.77	75.97	10.94	79.28	1,784	299	5	20	1,983	67,281	7,258	346	6,091,389	585	3,312,163	453,606	—
按系统分类	—	—	—	—	—	—	—	—	—	—	—	—	—	—	—	—	—	—
文物单位管理的国有博物馆	L	133.48	58.23	10.75	69.77	2,400	184	26	30	2,003	52,500	5,582	323	35,540,278	840	9,178,569	828,845	—
其他行业性国有博物馆	M	20.40	9.41	0.61	5.05	0	0	7	6	57	117	61	65	614,585	500	507,665	60,729	—
非国有	N	62.28	37.12	5.28	33.91	1,147	216	1	3	1,271	21,125	3,140	57	2,769,015	209	1,879,184	69,270	—
评估定级情况	—	—	—	—	—	—	—	—	—	—	—	—	—	—	—	—	—	—
国家一级博物馆	O	32.96	14.62	4.05	19.65	1,454	97	22	12	1,108	3,474	1,276	49	24,735,939	520	5,648,550	314,277	—
国家二级博物馆	P	35.29	14.24	2.76	19.00	825	85	4	11	275	3,436	1,218	108	7,463,002	514	1,806,197	183,251	—
国家三级博物馆	Q	24.49	11.02	1.12	9.24	5	2	0	3	65	0	0	60	859,425	22	151,415	93,819	—
未定级馆	R	123.38	64.86	8.71	60.84	1,263	216	8	13	1,883	66,832	6,289	228	5,865,512	493	3,959,256	367,497	—

文物保护科学研究机构基本情况综合年报

		机构数（个）	从业人员（人）								登记注册志愿者人数（人）	藏品数（件/套）					在藏品数中（件/套）			本年修复文物数（件/套）				基本陈列（个）	临时展览（个）
				编制人员数	在编人员数	专业技术人才				安全保卫人员			文物藏品				本年新增藏品				一级品	二级品	三级品		
							正高级职称	副高级职称	中级职称					一级品	二级品	三级品		本年从有关部门接收文物数	本年藏品征集数						
（甲）		1	2	3	4	5	6	7	8	9	10	11	12	13	14	15	16	17	18	19	20	21	22	23	24
总　计	A	4	310	174	139	130	21	24	44	2	0	161	0	0	0	0	0	0	0	244	0	0	0	0	1
按性质分类	—	—	—	—	—	—	—	—	—	—	—	—	—	—	—	—	—	—	—	—	—	—	—	—	—
考古研究	B	4	310	174	139	130	21	24	44	2	0	161	0	0	0	0	0	0	0	244	0	0	0	0	1
古建研究	C	0	0	0	0	0	0	0	C	0	0	0	0	0	0	0	0	0	0	0	0	0	0	0	0
其他研究	D	0	0	0	0	0	0	0	0	0	0	0	0	0	0	0	0	0	0	0	0	0	0	0	0
按隶属关系分类	—	—	—	—	—	—	—	—	—	—	—	—	—	—	—	—	—	—	—	—	—	—	—	—	—
中　央	E	0	0	0	0	0	0	0	0	0	0	0	0	0	0	0	0	0	0	0	0	0	0	0	0
省区市	F	1	255	120	91	84	18	11	36	0	0	0	0	0	0	0	0	0	0	0	0	0	0	0	1
地　市	G	3	55	54	48	46	3	13	8	2	0	161	0	0	0	0	0	0	0	244	0	0	0	0	0
县市区	H	0	0	0	0	0	0	0	0	0	0	0	0	0	0	0	0	0	0	0	0	0	0	0	0
按部门分	—	—	—	—	—	—	—	—	—	—	—	—	—	—	—	—	—	—	—	—	—	—	—	—	—
文物部门	I	4	310	174	139	130	21	24	44	2	0	161	0	0	0	0	0	0	0	244	0	0	0	0	1
其他部门	J	0	0	0	0	0	0	0	0	0	0	0	0	0	0	0	0	0	0	0	0	0	0	0	0
按经费来源分类	—	—	—	—	—	—	—	—	—	—	—	—	—	—	—	—	—	—	—	—	—	—	—	—	—
文物经费	K	3	298	163	128	120	19	21	43	2	0	161	0	0	0	0	0	0	0	244	0	0	0	0	1
科研经费	L	1	12	11	11	10	2	3	1	0	0	0	0	0	0	0	0	0	0	0	0	0	0	0	0
其他经费	M	0	0	0	0	0	0	0	0	0	0	0	0	0	0	0	0	0	0	0	0	0	0	0	0

续表

		参观人次（万人次）			举办社会教育活动（次）			门票销售总额（千元）	本年完成科研成果							本年收入合计（千元）		
			未成年人参观人次	境外观众参观人次		参加活动人次（万人次）			省部级及以上科研课题数（个）	专利（个）	专著或图录（册）	论文数（篇）	古建维修、考古发掘报告（册）	获国家奖（个）	获省、部奖（个）		财政拨款预算收入	
							未成年人参加人次											基建拨款
（甲）		25	26	27	28	29	30	31	32	33	34	35	36	37	38	39	40	41
总　计	A	0.00	0.00	0.00	0	C.00	0.00	0	12	10	21	40	5	0	2	367,413	110,015	29,000
按性质分类	—	—	—	—	—	—	—	—	—	—	—	—	—	—	—	—	—	—
考古研究	B	0.00	0.00	0.00	0	0.00	0.00	0	12	10	21	40	5	0	2	367,413	110,015	29,000
古建研究	C	0.00	0.00	0.00	0	0.00	0.00	0	0	0	0	0	0	0	0	0	0	0
其他研究	D	0.00	0.00	0.00	0	0.00	0.00	0	0	0	0	0	0	0	0	0	0	0
按隶属关系分类	—	—	—	—	—	—	—	—	—	—	—	—	—	—	—	—	—	—
中　央	E	0.00	0.00	0.00	0	0.00	0.00	0	0	0	0	0	0	0	0	0	0	0
省区市	F	0.00	0.00	0.00	0	0.00	0.00	0	12	0	20	38	4	0	2	181,299	87,104	29,000
地　市	G	0.00	0.00	0.00	0	0.00	0.00	0	0	10	1	2	1	0	0	186,114	22,911	0
县市区	H	0.00	0.00	0.00	0	0.00	0.00	0	0	0	0	0	0	0	0	0	0	0
按部门分	—	—	—	—	—	—	—	—	—	—	—	—	—	—	—	—	—	—
文物部门	I	0.00	0.00	0.00	0	0.00	0.00	0	12	10	21	40	5	0	2	367,413	110,015	29,000
其他部门	J	0.00	0.00	0.00	0	0.00	0.00	0	0	0	0	0	0	0	0	0	0	0
按经费来源分类	—	—	—	—	—	—	—	—	—	—	—	—	—	—	—	—	—	—
文物经费	K	0.00	0.00	0.00	0	0.00	0.00	0	12	10	21	40	5	0	2	362,825	105,552	29,000
科研经费	L	0.00	0.00	0.00	0	0.00	0.00	0	0	0	0	0	0	0	0	4,588	4,463	0
其他经费	M	0.00	0.00	0.00	0	0.00	0.00	0	0	0	0	0	0	0	0	0	0	0

续表

		本年收入合计（千元）					本年支出合计（千元）													
											在支出合计中：									
		上级补助收入	事业预算收入	经营收入	附属单位上缴收入	其他收入		基本支出	项目支出	经营支出	工资福利支出	商品和服务支出					对个人和家庭补助支出		其他资本性支出	
													差旅费	劳务费	福利费	税金支出		抚恤金和生活补贴		各种设备购置费
（甲）		42	43	44	45	46	47	48	49	50	51	52	53	54	55	56	57	58	59	60
总　计	A	0	90,505	0	0	166,893	309,862	129,797	180,065	0	33,966	241,950	5,026	103,045	1,159	440	437	17	33,509	4,396
按性质分类	—	—	—	—	—	—	—	—	—	—	—	—	—	—	—	—	—	—	—	—
考古研究	B	0	90,505	0	0	166,893	309,862	129,797	180,065	0	33,966	241,950	5,026	103,045	1,159	440	437	17	33,509	4,396
古建研究	C	0	0	0	0	0	0	0	0	0	0	0	0	0	0	0	0	0	0	0
其他研究	D	0	0	0	0	0	0	0	0	0	0	0	0	0	0	0	0	0	0	0
按隶属关系分类	—	—	—	—	—	—	—	—	—	—	—	—	—	—	—	—	—	—	—	—
中　央	E	0	0	0	0	0	0	0	0	0	0	0	0	0	0	0	0	0	0	0
省区市	F	0	90,505	0	0	3,690	183,788	117,295	66,493	0	23,445	127,596	4,952	54,433	891	440	333	17	32,414	3,301
地　市	G	0	0	0	0	163,203	126,074	12,502	113,572	0	10,521	114,354	74	48,612	268	0	104	0	1,095	1,095
县市区	H	0	0	0	0	0	0	0	0	0	0	0	0	0	0	0	0	0	0	0
按部门分	—	—	—	—	—	—	—	—	—	—	—	—	—	—	—	—	—	—	—	—
文物部门	I	0	90,505	0	0	166,893	309,862	129,797	180,065	0	33,966	241,950	5,026	103,045	1,159	440	437	17	33,509	4,396
其他部门	J	0	0	0	0	0	0	0	0	0	0	0	0	0	0	0	0	0	0	0
按经费来源分类	—	—	—	—	—	—	—	—	—	—	—	—	—	—	—	—	—	—	—	—
文物经费	K	0	90,505	0	0	166,768	305,274	127,289	177,985	0	31,697	240,776	4,988	102,842	1,076	440	387	17	32,414	3,301
科研经费	L	0	0	0	0	125	4,588	2,508	2,080	0	2,269	1,174	38	203	83	0	50	0	1,095	1,095
其他经费	M	0	0	0	0	0	0	0	0	0	0	0	0	0	0	0	0	0	0	0

续表

		资产总计（千元）		公用房屋建筑面积（万平方米）			实际拥有产权面积（万平方米）	文物保护规划和方案设计（个）	进行考古发掘情况				国际合作项目数（个）	主办刊物（种）	文化创意产品情况			文博单位举办新媒体情况				增加值（千元）	
			固定资产原值		文物库房（含标本室）面积	实验室面积			考古发掘面积（万平方米）	出土器物（件/套）	原址保护展示面积（万平方米）	异地保护展示面积（万平方米）			文化创意产品种类（个）	文化创意产品销售收入（千元）	文化创意产品销售利润（千元）	举办线上展览	网站年访问量	举办微信公众号、微博	举办微信公众号、微博关注人数		
（甲）		61	62	63	64	65	66	67	68	69	70	71	72	73	74	75	76	77	78	79	80	81	83
总　计	A	325,188	56,584	1.07	0.34	0.07	0.73	0	12.53	15,948	1.68	0.00	0	0	0	0	0	1	50,000	3	13,040	141,615	—
按性质分类	—	—	—	—	—	—	—	—	—	—	—	—	—	—	—	—	—	—	—	—	—	—	—
考古研究	B	325,188	56,584	1.07	0.34	0.07	0.73	0	12.53	15,948	1.68	0.00	0	0	0	0	0	1	50,000	3	13,040	141,615	—
古建研究	C	0	0	0.00	0.00	0.00	0.00	0	0.00	0	0.00	0.00	0	0	0	0	0	0	0	0	0	0	—
其他研究	D	0	0	0.00	0.00	0.00	0.00	0	0.00	0	0.00	0.00	0	0	0	0	0	0	0	0	0	0	—
按隶属关系分类	—	—	—	—	—	—	—	—	—	—	—	—	—	—	—	—	—	—	—	—	—	—	—
中　央	E	0	0	0.00	0.00	0.00	0.00	0	0.00	0	0.00	0.00	0	0	0	0	0	0	0	0	0	0	—
省区市	F	121,232	50,413	0.83	0.18	0.07	0.73	0	8.19	10,248	1.68	0.00	0	0	0	0	0	1	50,000	1	12,722	81,858	—
地　市	G	203,956	6,171	0.24	0.16	0.00	0.00	0	4.34	5,700	0.00	0.00	0	0	0	0	0	0	0	2	318	59,757	—
县市区	H	0	0	0.00	0.00	0.00	0.00	0	0.00	0	0.00	0.00	0	0	0	0	0	0	0	0	0	0	—
按部门分	—	——	——	——	——	——	——	——	——	——	——	——	——	——	——	——	——	——	——	——	——	——	——
文物部门	I	325,188	56,584	1.07	0.34	0.07	0.73	0	12.53	15,948	1.68	0.00	0	0	0	0	0	1	50,000	3	13,040	141,615	—
其他部门	J	0	0	0.00	0.00	0.00	0.00	0	0.00	0	0.00	0.00	0	0	0	0	0	0	0	0	0	0	—
按经费来源分类	—	—	—	—	—	—	—	—	—	—	—	—	—	—	—	—	—	—	—	—	—	—	—
文物经费	K	324,057	55,454	0.91	0.24	0.07	0.73	0	12.53	15,948	1.68	0.00	0	0	0	0	0	1	50,000	2	12,802	138,962	—
科研经费	L	1,131	1,130	0.16	0.10	0.00	0.00	0	0.00	0	0.00	0.00	0	0	0	0	0	0	0	1	238	2,653	—
其他经费	M	0	0	0.00	0.00	0.00	0.00	0	0.00	0	0.00	0.00	0	0	0	0	0	0	0	0	0	0	—

其他文物事业机构基本情况综合年报

		机构数（个）	从业人员（人）	编制人员数	在编人员数	专业技术人才	正高级职称	副高级职称	中级职称	安全保卫人员	登记注册志愿者（人）	藏品数（件/套）	文物藏品	一级品	二级品	三级品	在藏品数中（件/套）本年新增藏品	本年从有关部门接收文物数	本年藏品征集数	本年修复文物数（件/套）	一级品	二级品	三级品	本年完成科研成果 省部级及以上科研课题数（个）	专利（个）	专著或图录（册）	论文数（篇）	古建维修、考古发掘报告（册）	获国家奖（个）	获省、部奖（个）	本年收入合计（千元）	财政拨款预算收入	基建拨款	上级补助收入	事业预算收入
（甲）		1	2	3	4	5	6	7	8	9	10	11	12	13	14	15	16	17	18	19	20	21	22	23	24	25	26	27	28	29	30	31	32	33	34
总计	A	1	13	12	12	12	4	3	2	0	0	0	0	0	0	0	0	0	0	0	0	0	0	0	0	0	0	0	0	0	5,339	5,186	0	0	0
按隶属关系分	—	—	—	—	—	—	—	—	—	—	—	—	—	—	—	—	—	—	—	—	—	—	—	—	—	—	—	—	—	—	—	—	—	—	—
中央	B	0	0	0	0	0	0	0	0	0	0	0	0	0	0	0	0	0	0	0	0	0	0	0	0	0	0	0	0	0	0	0	0	0	0
省区市	C	1	13	12	12	12	4	3	2	0	0	0	0	0	0	0	0	0	0	0	0	0	0	0	0	0	0	0	0	0	5,339	5,186	0	0	0
地市	D	0	0	0	0	0	0	0	0	0	0	0	0	0	0	0	0	0	0	0	0	0	0	0	0	0	0	0	0	0	0	0	0	0	0
县市区	E	0	0	0	0	0	0	0	0	0	0	0	0	0	0	0	0	0	0	0	0	0	0	0	0	0	0	0	0	0	0	0	0	0	0
按部门分	—	—	—	—	—	—	—	—	—	—	—	—	—	—	—	—	—	—	—	—	—	—	—	—	—	—	—	—	—	—	—	—	—	—	—
文物部门	F	1	13	12	12	12	4	3	2	0	0	0	0	0	0	0	0	0	0	0	0	0	0	0	0	0	0	0	0	0	5,339	5,186	0	0	0
其他部门	G	0	0	0	0	0	0	0	0	0	0	0	0	0	0	0	0	0	0	0	0	0	0	0	0	0	0	0	0	0	0	0	0	0	0

续表

		本年收入合计（千元）			本年支出合计（千元）														资产总计（千元）		实际使用房屋建筑面积		
									在支出合计中：														
		经营收入	附属单位上缴收入	其他收入		基本支出	项目支出	经营支出	工资福利支出	商品和服务支出					对个人和家庭补助支出		其他资本性支出			固定资产原值	（万平方米）	展览用房	文物库房
											差旅费	劳务费	福利费	各种税金支出		抚恤金和生活补贴		各种设备购置费					
（甲）		35	36	37	38	39	40	41	42	43	44	45	46	47	48	49	50	51	52	53	54	55	56
总计	A	0	0	153	5,800	4,891	909	0	4,193	1,040	93	201	197	0	33	26	534	534	2,875	801	0.03	0.00	0.00
按隶属关系分	—	—	—	—	—	—	—	—	—	—	—	—	—	—	—	—	—	—	—	—	—	—	—
中央	B	0	0	0	0	0	0	0	0	0	0	0	0	0	0	0	0	0	0	0	0.00	0.00	0.00
省区市	C	0	0	153	5,800	4,891	909	0	4,193	1,040	93	201	197	0	33	26	534	534	2,875	801	0.03	0.00	0.00
地市	D	0	0	0	0	0	0	0	0	0	0	0	0	0	0	0	0	0	0	0	0.00	0.00	0.00
县市	E	0	0	0	0	0	0	0	0	0	0	0	0	0	0	0	0	0	0	0	0.00	0.00	0.00
按部门分	—	—	—	—	—	—	—	—	—	—	—	—	—	—	—	—	—	—	—	—	—	—	—
文物部门	F	0	0	153	5,800	4,891	909	0	4,193	1,040	93	201	197	0	33	26	534	534	2,875	801	0.03	0.00	0.00
其他部门	G	0	0	0	0	0	0	0	0	0	0	0	0	0	0	0	0	0	0	0	0.00	0.00	0.00

续表

		实际拥有产权面积（万平方米）	文物保护规划和方案设计	文物保护单位保护维修情况				进行考古发掘情况				国际合作项目数	增加值（千元）
				国保单位保护维修项目数		省保单位保护维修项目数（个）	市、县保单位保护维修项目数（个）	考古发掘面积（万平方米）	出土器物（件/套）	原址保护展示面积（万平方米）	异地保护展示面积（万平方米）		
					保护维修面积								
（甲）		57	58	59	60	61	62	63	64	65	66	67	68
总　计	A	0.00	0	0	0	0	0	0.00	0	0	0.00	0	4,636
按隶属关系分	—	—	—	—	—	—	—	—	—	—	—	—	—
中　央	B	0.00	0	0	0	0	0	0.00	0	0	0.00	0	0
省区市	C	0.00	0	0	0	0	0	0.00	0	0	0.00	0	4,636
地　市	D	0.00	0	0	0	0	0	0.00	0	0	0.00	0	0
县　市	E	0.00	0	0	0	0	0	0.00	0	0	0.00	0	0
按部门分	—	—	—	—	—	—	—	—	—	—	—	—	—
文物部门	F	0.00	0	0	0	0	0	0.00	0	0	0.00	0	4,636
其他部门	G	0.00	0	0	0	0	0	0.00	0	0	0.00	0	0

其他文物企业机构基本情况综合年报

		机构数（个）	从业人员（人）					藏品数（件/套）					在藏品数中（件/套）			资产、负债、所有者权益（千元）					
				专业技术人才					文物藏品				本年新增藏品			资产总计			负债合计	所有者权益合计	
					正高级职称	副高级职称	中级职称			一级品	二级品	三级品		本年从有关部门接收文物数	本年藏品征集数		固定资产原价	当年提取的折旧总额			实收资本
（甲）		1	2	3	4	5	6	7	8	9	10	11	12	13	14	15	16	17	18	19	20
总　计	A	14	240	116	3	30	45	37,385	8,216	0	13	406	332	0	332	490,794	119,259	4,598	110,782	380,012	151,034
按隶属关系分	—	—	—	—	—	—	—	—	—	—	—	—	—	—	—	—	—	—	—	—	—
中　央	B	0	0	0	0	0	0	0	0	0	0	0	0	0	0	0	0	0	0	0	0
省区市	C	6	167	100	3	29	40	105	0	0	0	6	58	0	58	386,043	93,316	3,957	87,954	298,089	130,800
地　市	D	6	63	14	0	1	3	36,268	7,251	0	13	400	274	0	274	102,246	24,521	473	17,417	84,829	19,734
县市区	E	2	10	2	0	0	2	1,012	965	0	0	0	0	0	0	2,505	1,422	168	5,411	-2,906	500
按系统分类	—	—	—	—	—	—	—	—	—	—	—	—	—	—	—	—	—	—	—	—	—
文物部门	F	10	207	114	3	30	43	7,356	7,251	0	13	406	332	0	332	471,233	117,579	4,428	97,761	373,472	149,334
其他部门	G	4	33	2	0	0	2	30,029	965	0	0	0	0	0	0	19,561	1,680	170	13,021	6,540	1,700

续表

			损益（千元）												工资、福利费、税金（千元）			实际使用房屋建筑面积			
		所有者权益合计	营业收入		营业成本					营业利润	营业外收入		营业外支出	利润总额	本年发放工资总额	本年支付的职工福利费	本年应交税金总额	（万平方米）	业务用房	实际拥有产权面积（万平方米）	增加值（千元）
		实收资本		主营业务收入		养老、医疗、失业等各种社会保险费	住房公积金和住房补贴	差旅费	工会经费			政府补助（补贴收入）									
		国家资本金																			
（甲）		21	22	23	24	25	26	27	28	29	30	31	32	33	34	35	36	37	38	39	40
总计	A	30,534	120,679	116,810	97,528	5,998	2,313	781	874	23,151	5,114	3,965	41	28,224	46,237	2,008	14,457	1.73	1.37	7.09	103,634
按隶属关系分	—	—	—	—	—	—	—	—	—	—	—	—	—	—	—	—	—	—	—	—	—
中央	B	0	0	0	0	0	0	0	0	0	0	0	0	0	0	0	0	0.00	0.00	0.00	0
省区市	C	20,800	95,946	92,519	78,450	5,128	1,952	680	743	17,496	931	138	35	18,392	40,529	1,597	13,284	0.31	0.24	0.23	85,859
地市	D	9,234	23,865	23,673	18,300	827	344	101	131	5,565	3,933	3,577	6	9,492	5,665	346	1,162	1.32	1.05	0.16	17,338
县市区	E	500	868	618	778	43	17	0	0	90	250	250	0	340	43	65	11	0.10	0.08	6.70	437
按系统分类	—	—	—	—	—	—	—	—	—	—	—	—	—	—	—	—	—	—	—	—	—
文物部门	F	28,834	113,899	110,280	90,343	5,498	2,082	750	817	23,556	1,319	172	38	24,837	44,287	1,751	14,389	0.60	0.41	0.39	97,986
其他部门	G	1,700	6,780	6,530	7,185	500	231	31	57	−405	3,795	3,793	3	3,387	1,950	257	68	1.13	0.96	6.70	5,648

全省内部机构一览表

浙江省文物鉴定站（国家文物进出境审核浙江管理处）内设机构一览表

<table>
<tr><th>部　门</th><th>负责人</th><th>职　务</th><th>联系电话（0571）</th></tr>
<tr><td rowspan="3">站　部</td><td>黄　斌</td><td>站　长</td><td>87916116</td></tr>
<tr><td>柴眩华</td><td>首席专家</td><td>88023159</td></tr>
<tr><td rowspan="2">梁秀华</td><td rowspan="2">副站长
科　长</td><td rowspan="2">87081576</td></tr>
<tr><td>业务科</td></tr>
<tr><td>综合科</td><td>邓琪瑛</td><td>科　长</td><td>87083310</td></tr>
</table>

地　　址：杭州教场路26号

邮政编码：310007

浙江省博物馆内设机构一览表

<table>
<tr><th>部　门</th><th>负责人</th><th>职　务</th><th>联系电话（0571）</th></tr>
<tr><td rowspan="7">馆　部</td><td>陈水华</td><td>书　记
馆　长</td><td>86715130</td></tr>
<tr><td>纪云飞</td><td>副馆长
五级职员</td><td>87970017</td></tr>
<tr><td>许洪流</td><td>副馆长</td><td>87989680</td></tr>
<tr><td>蔡　琴</td><td>副馆长</td><td>87986719</td></tr>
<tr><td>徐永盛</td><td>专职副书记
纪委书记</td><td>87999773</td></tr>
<tr><td>王　炬</td><td>副馆长</td><td>85337596</td></tr>
<tr><td>陈　浩</td><td>首席专家</td><td>87970836</td></tr>
<tr><td>办公室</td><td>高利祥</td><td>主　任</td><td>87971177</td></tr>
<tr><td>组织人事部</td><td>徐力田</td><td>主　任</td><td>87988993</td></tr>
<tr><td>财务部</td><td>朱赛前</td><td>代理主任</td><td>87969326</td></tr>
<tr><td>保管部</td><td>王　静</td><td>主　任</td><td>85318616</td></tr>
</table>

续表

部　门	负责人	职　务	联系电话（0571）
技术保护部	刘东坡	副主任（主持工作）	85120267
历史文物部	黎毓馨	主　任	87979615
党史部	熊　彤	副主任（主持工作）	88211785
书画部	卢　佳	主　任	87971501
陶瓷部	江　屿	副主任（主持工作）	86022560
工艺部	范珮玲	主　任	87964157
陈列部	俞锦辉	主　任	87982190
博物馆学研究所	杜　昊	所　长	87964133
《东方博物》编辑部	俞珊瑛	主　任	87979331
信息资料中心	乐荣伟	主　任	85301312
开放与教育部	陈　平	主　任	87985475
宣传与对外交流部	施义亭	主　任	87972123
经营管理部	蒋　琳	主　任	87970991
武林馆区综合管理部	鲍亦鸥	主　任	88272913
保卫部	陈继祥	主　任	87986742
后勤保障部	卓春新	主　任	87996669

地　　址：杭州市西湖区孤山路25号

邮政编码：310007

浙江自然博物院内设机构一览表

部　门	负责人	职　务	联系电话（0571）
院　部	严洪明	书　记 院　长	89939890

续表

部门	负责人	职务	联系电话（0571）
院部	雍泰鹤	副院长	85395136
	兰国英	专职副书记	0572-5022512
	杨 岭	副院长	88212787
	夏 靓	副院长	0572-5022609
办公室	颜 雯	主 任	88840700
	曹美静	副主任	85395130
党群工作部	钱周兴	主 任	88073257
	卢 婷	副主任	85395178
人力资源部	马 磊	主 任	85395151
财务管理部	倪晓艳	副主任	88848836
藏品管理部	彭亚君	主 任	85395158
	吴 灏	副主任	85395165
	雷鸣霞	副主任	
地球科学部	杜天明	主 任	85395176
	郑文杰	副主任	85395163
生命科学部	袁乐洋	主 任	85395157
	张 洋	副主任	85395160
科普服务部	徐昳昀	主 任	85395170
	张 洁	副主任	85395153
	戚颖群	副主任	88840708
陈列技术部	何纯清	主 任	88212901
	何 亮	副主任	85395169
	施波文	副主任	85395167
经营管理部	吴 优	主 任	88212005
安全保障部	俞炳扬	主 任	88050631
	徐 松	副主任	88840705

续表

部　门	负责人	职　务	联系电话（0571）
综合业务部	周　征	主　任	0572-5022669
	陈炜桦	副主任	
科学研究部	陈苍松	主　任	88838819
展教服务部	彭驿涵	副主任	0572-5022217
文创经营部	李伟平	负责人	0572-5022669
运维安保部	张江龙	主　任	0572-5022989
	周昱辰	副主任	
	王　炜	副主任	

地　　址：杭州西湖文化广场6号（杭州馆）

湖州安吉县梅园路1号（安吉馆）

邮政编码：310014（杭州馆）313300（安吉馆）

中国丝绸博物馆内设机构一览表

部　门	负责人	职　务	联系电话（0571）
馆　部	季晓芬	书　记 馆　长	87036120
	周　旸	副书记 副馆长	87037023
	张成名	副馆长	87078135
办公室	叶水芬	主　任	87036643
	陈　远	副主任	87032060
	徐志新	副主任	87037173
社会教育部	楼航燕	主　任	87035150
	余楠楠	副主任	87035150
陈列保管部	王淑娟	主　任	87032259

续表

部　门	负责人	职　务	联系电话（0571）
陈列保管部	陈百超	副主任	87032259
技术部	刘　剑	主　任	87035587
	杨海亮	副主任	87035587
国际交流部	周娅鹃	副主任	87153732

地　　址：杭州玉皇山路73-1号
传　　真：0571-87068136
邮政编码：310002

浙江省文物考古研究所内设机构一览表

部　门	负责人	职　务	联系电话（0571）
所　部	方向明	所　长	88315836
	李　晖	党总支书记 副所长	88315009
	郑嘉利	副所长	88310686
	罗汝鹏	党总支专职副书记	88038571
办公室	张建华	主　任	88315833
资料信息与文物保管部	张　玭	主　任	88353212
项目管理部	时　萧	主　任	88315833
史前考古室	孙国平	主　任	88354871
商周考古室	游晓蕾	主　任	
汉唐宋元考古室	刘建安	主　任	88321990
水下考古室	李晖达	主　任	88034794
科技考古室	王宁远	主　任	88034555
文保室	崔　彪	主　任	88353174
文化遗产监测研究室	傅峥嵘	主　任	85123266

续表

部　门	负责人	职　务	联系电话（0571）
财务科	吴慧琳	科　长	88315835
保卫科	祝远亮	科　长	88311361

地　　址：杭州市西湖区教工路71号

邮政编码：310012

杭州市直属文博单位一览表

单　位	地　址	邮　编	负责人	职　务	联系电话（0571）
杭州市园林文物局	解放东路18号市民中心E座14楼	310020	高小辉	书　记 局　长	85256153
			卓　军	副局长	85256156
杭州市园林文物局文物保护与考古处（世界文化遗产与名城保护处）			赵　争	一级调研员	85256155
			郎旭峰	处　长	85254982
杭州市园林文物局博物馆与社会文物处（革命文物处）			陈　军	处　长	85254997
杭州市园林文物局文物安全监管处			章珠裕	处　长	85254972
杭州市文物遗产与历史建筑保护中心	劳动路65号	310002	金霄航	书　记 主　任	87015900
			朱立民	正处长级专员	87138971
			王宏伟	副主任	87017822
			王光斌	副主任	87919759
			段　虹	副主任	87919759

续表

单　位	地　址	邮　编	负责人	职　务	联系电话（0571）
杭州市文物考古研究所	梅灵北路7号	310013	胡利红	书　记 所　长	85258525
			王征宇	副所长	85258525
			吴立峰	副所长	85254987
杭州博物馆（杭州博物院〈筹〉）	粮道山18号	310002	王英翔	书　记 馆　长	87918913
			黄　燕	副馆长	87555617
			许潇笑	副馆长	87815243
杭州工艺美术博物馆（刀剪剑、扇业、伞业博物馆）	桥弄街36号	310015	陈　刚	书　记 馆　长	88197588
			吕　昂	副馆长	88197555
			方　胜	副馆长	88197500
杭州市京杭运河（杭州段）综合保护中心	小河路336号杭州工艺美术博物馆5号楼2楼	310015	房友强	书　记 主　任	56532777
			陈　江	副主任	56532752
			沈　莺	副主任	56532753
西湖风景名胜区管委会	龙井路1号	310007	孙国方	书　记 主　任	85986978
			陈　林	副主任	85986978
			倪志华	文物遗产局局长	85986911
			余洪峰	文物遗产局副局长	85986910
杭州西湖风景名胜区综合行政执法队	莲花峰35号	310002	毛均林	书　记 队　长	87961487
			连　智	副队长	87963636
杭州西湖世界文化遗产监测管理中心	白塔文化产业园19幢B楼	310008	陈云飞	书　记 主　任	87882336

续表

单　位	地　址	邮　编	负责人	职　务	联系电话（0571）
杭州西湖博物馆总馆	杭州西湖博物馆：南山路89号；杭州南宋官窑博物馆：南复路60号；杭州名人纪念馆（唐云艺术馆）：南山路2-1号	310002	潘沧桑	书　记 馆　长	87882298
			张慧琴	副馆长	87882266
			傅宏明	副馆长	87969019
			陈志华	副馆长	87179579
			卢俏强	副馆长	87882358
			陈　语	副馆长	85258525
中国茶叶博物馆	双峰馆区：龙井路88号；龙井馆区：翁家山268号	310013	包　静	书　记 馆　长	87964778
			晏　昕	副馆长	87968865
			林　晨	副馆长	85258525
韩美林艺术馆	桃源岭3号	310007	吴　涛	书　记 馆　长	85125223
			于　露	副馆长	87978556
			舒　晨	副馆长	87018269
			黄灵华	副局长	63724694
杭州良渚遗址管理区管理委员会	良博路249-1号	311113	王　姝	书　记 主　任	86199718
			蒋卫东	副主任	86109139
			叶维军	副主任	88751288
			杨晓萍	副主任	89089666
			陈寿田	二级巡视员	89088666
杭州良渚遗址管理区管理委员会文物与遗产管理局			陶文龙	局　长	88752928
良渚博物院（良渚研究院）	美丽洲路1号	311113	徐天进	院　长	88779807

续表

单 位	地 址	邮 编	负责人	职 务	联系电话（0571）
良渚博物院（良渚研究院）	美丽洲路1号	311113	马东峰	执行院长	88781528
杭州良渚古城遗址世界遗产监测管理中心	瓶窑镇104国道旁中联园区3号楼	311115	孙海波	主 任	86293308

宁波市直属文博单位一览表

单 位	地 址	邮 编	负责人	职 务	联系电话（0574）
宁波市文化广电旅游（文物）局	宁东路835号B座6楼	315000	詹荣胜	局 长	89181291
			陈彩凤	副局长	89181388
宁波市文化广电旅游（文物）局博物馆与革命文物处	宁东路835号B座6楼678、684、685室	315000	李怿人	处 长	89181353
宁波市文化广电旅游（文物）局文物保护与考古处	宁东路835号B座6楼687、684、685、室	315000	王赤州	处 长	89181352
宁波市文化遗产管理研究院	宝善路180号	315012	王结华	院 长	83882580
天一阁博物院（保国寺古建筑博物馆）	天一阁：天一街10号 保国寺：洪塘街道鞍山村安东49号	315010	庄立臻	院 长	87329638
宁波博物院（宁波博物馆、宁波帮博物馆）	宁波博物馆：首南中路1000号 宁波帮博物馆：思源路255号	315040	王力军	院 长	82815501
浙东海事民俗博物馆（庆安会馆）	东胜街道江东北路156号	315806	施小蓓	馆 长	87338968

温州市直属文博单位一览表

单　位	地　址	邮　编	负责人	职　务	联系电话（0577）
温州市文化广电旅游（文物）局	温州市行政中心19楼	325009	朱云华	局　长	88967166
			杜成威	副局长	88967278
温州市文化广电旅游（文物）局文物处			苏义彪	处　长	88962828
温州市文物保护考古所（东瓯文化保护研究中心）	市府路491号	325014	梁岩华	所　长	88893228
温州博物馆	市府路491号	325014	董　姝	馆　长	55583788
世界温州人博物馆	会展路1288号世界温州人家园1幢	325000			
温州文天祥祠纪念馆	江心屿	325000			
夏鼐故居陈列馆	仓前街102号	325000	董　姝	馆　长	55583788
南戏博物馆	四营堂巷52号	325000			
朱自清旧居陈列馆	四营堂巷50号	325000			
谢灵运纪念馆	谢池巷4号	325000			
东瓯国历史陈列馆	华盖里94号	325000			
马孟容马公愚艺术馆	飞鹏巷98号	325000			
谯楼陈列馆	鼓楼街114号	325000			
郑振铎纪念馆	沧河巷26号	325000			
温州数学名人馆	白鹿洲公园文化村内	325000			

湖州市直属文博单位一览表

<table>
<tr><th>单　位</th><th>地　　址</th><th>邮　编</th><th>负责人</th><th>职　务</th><th>联系电话（0572）</th></tr>
<tr><td rowspan="2">湖州市文物局</td><td rowspan="3">安吉路299号</td><td rowspan="3">313000</td><td>楼　婷</td><td>局　长</td><td>2398967</td></tr>
<tr><td>钱红梅</td><td>副局长</td><td>2399637</td></tr>
<tr><td>湖州市文物局文物处</td><td>朱学斌</td><td>处　长</td><td>2399806</td></tr>
<tr><td>湖州市博物馆（美术馆）</td><td>仁皇山街道吴兴路1号</td><td>313000</td><td>周　颖</td><td>馆　长</td><td>2399822</td></tr>
<tr><td>湖州市文物保护管理所</td><td>爱山街道公园路80号</td><td>313000</td><td>孙书敏</td><td>书　记
所　长</td><td>2089818</td></tr>
</table>

嘉兴市直属文博单位一览表

<table>
<tr><th>单　位</th><th>地　　址</th><th>邮　编</th><th>负责人</th><th>职　务</th><th>联系电话（0573）</th></tr>
<tr><td rowspan="2">嘉兴市文化广电旅游（文物）局</td><td rowspan="3">中山东路922号</td><td rowspan="3">314001</td><td>周　静</td><td>局　长</td><td>82159751</td></tr>
<tr><td>王春燕</td><td>副局长</td><td>82159765</td></tr>
<tr><td>嘉兴市文化广电旅游（文物）局文物处</td><td>盛杰辉</td><td>负责人</td><td>82159775</td></tr>
<tr><td>嘉兴博物馆</td><td>海盐塘路485号</td><td>314000</td><td>吴海红</td><td>馆　长</td><td>83677072</td></tr>
<tr><td>嘉兴市文物保护所</td><td>环城西路1号</td><td>314000</td><td>张　青</td><td>所　长</td><td>82067233</td></tr>
<tr><td>嘉兴市蒲华美术馆</td><td>中和街28号</td><td>314000</td><td>凌加春</td><td>馆　长</td><td>82051753</td></tr>
</table>

绍兴市直属文博单位一览表

<table>
<tr><th>单位名称</th><th>地　址</th><th>邮　编</th><th>负责人</th><th>职　务</th><th>联系电话（0575）</th></tr>
<tr><td rowspan="2">绍兴市文化广电旅游（文物）局</td><td rowspan="3">洋江西路530号</td><td rowspan="6">312000</td><td>胡华良</td><td>局　长</td><td>89116668</td></tr>
<tr><td>潘永松</td><td>副局长</td><td>85739288</td></tr>
<tr><td>绍兴市文化广电旅游（文物）局文物处（文物安全监管处）</td><td rowspan="2">马峰燕</td><td rowspan="2">处　长
主　任</td><td rowspan="2">85081195</td></tr>
<tr><td>绍兴市宋六陵考古遗址公园保护中心</td><td>延安东路491号</td></tr>
<tr><td>绍兴市文化广电旅游（文物）局博物馆处（革命文物处）</td><td>洋江西路530号</td><td rowspan="2">何鸣雷</td><td rowspan="2">处　长
馆　长</td><td rowspan="2">85096356</td></tr>
<tr><td>绍兴博物馆</td><td>偏门直街75号</td></tr>
<tr><td>绍兴市文物考古研究所（绍兴市文物保护所）</td><td>延安东路491号</td><td rowspan="4">312000</td><td>李龙彬</td><td>所　长</td><td>85727809</td></tr>
<tr><td>绍兴市文旅事业服务中心</td><td>鲁迅中路348号</td><td>甘全红</td><td>主　任</td><td>87578013</td></tr>
<tr><td>绍兴鲁迅纪念馆</td><td>鲁迅中路235号</td><td>龚　凌</td><td>馆　长</td><td>88625968</td></tr>
<tr><td>绍兴市文化市场行政执法队</td><td>曲屯路368号</td><td>胡华良</td><td>队　长</td><td>89116668</td></tr>
</table>

金华市直属文博单位一览表

单位名称	地　址	邮　编	负责人	职　务	联系电话（0579）
金华市文化广电旅游（文物）局	双龙南街858号财富大厦23楼	321000	叶顺清	局　长	82496669

续表

单位名称	地　址	邮　编	负责人	职　务	联系电话（0579）
金华市博物馆	东市街128号	321000	徐　卫	馆　长	82318269
金华市文物保护与考古研究所	将军路鼓楼里70号	321000	陈　彤	副所长	89116668

衢州市直属文博单位一览表

单位名称	地　址	邮　编	负责人	职　务	联系电话（0570）
衢州市文化广电旅游（文物）局	仙霞中路27号	324000	周红燕	局　长	8089916
			朱芝君	副局长	8089919
衢州市文化广电旅游（文物）局文物处（非遗处）			赵世飞	处　长	8089936
衢州市博物馆（文物保护管理所）	新桥街98号	324000	黄祖祥	馆　长 所　长	8551808

舟山市直属文博单位一览表

单位名称	地　址	邮　编	负责人	职　务	联系电话（0580）
舟山市文物局	海天大道681号市行政中心东二楼	316021	邵　雷	党组书记	2285501
			曹　泓	局　长	2280720
			王国文	副局长	2285507
舟山市文物局文化遗产处			邵思明	处　长 所　长	2285538
舟山市文物保护考古所（国家博物馆水下考古中心舟山工作站）			战国辉	副所长	2285552
			任记国	副所长	2285553

续表

单位名称	地　址	邮　编	负责人	职　务	联系电话（0580）
舟山博物馆	海天大道610号海洋文化艺术中心	316021	叶其跃	馆　长	8235700
			杜美燕	副馆长	8235670
			周若溪	副馆长	8235680

台州市直属文博单位一览表

单位名称	地　址	邮　编	负责人	职　务	联系电话（0578）
台州市文物局	白云山南路323号	318000	蔡文富	书　记 局　长	88698258
			陈再米	党组成员	88535075
台州市文物局文化遗产处			陈　靖	处　长	88859181
台州市文化遗产保护中心			王　妤	副主任	88511116
台州市博物馆	经济开发区爱华路168号		劳宇红	馆　长	88869152

丽水市直属文博单位一览表

单位名称	地　址	邮　编	负责人	职　务	联系电话（0578）
丽水市文化和广电旅游体育（文物）局	莲都区寿尔福北路6号	323000	吴飞飞	局　长	2091369
丽水市文物管理委员会办公室			许卫东	主　任	2091256

续表

单位名称	地　址	邮　编	负责人	职　务	联系电话（0578）
丽水市博物馆（丽水市文物保护管理所）	莲都区大猷街30号	323000	胡兴旺	馆　长	2050959
丽水市摄影博物馆	莲都区括苍路583号		傅为新	馆　长	2138255

文献附录

浙江省文化和旅游厅浙江省文物局关于印发《浙江省乡村博物馆建设指南（试行）》的通知

浙文物〔2022〕54号

各市、县（市、区）文化和旅游局（文物局），杭州市园林文物局：

现将《浙江省乡村博物馆建设指南（试行）》印发给你们，请各地结合实际认真抓好贯彻落实。

浙江省文化和旅游厅

浙江省文物局

2022年3月9日

浙江省乡村博物馆建设指南（试行）

为规范乡村博物馆建设，促进乡村博物馆事业发展。根据《中华人民共和国文物保护法》《中华人民共和国乡村振兴促进法》《博物馆条例》《博物馆管理办法》《浙江省乡村振兴促进条例》和中宣部等九部委联合印发的《关于推进博物馆改革发展的指导意见》等相关法律法规、文件精神，制定本指南。

一、基本定义

乡村博物馆是位于乡村范围内，传承中华优秀传统文化，弘扬社会主义核心价值观，以重点展示、传播、收藏和传承地域历史文化、特色文化、革命文化及乡村生产生活、非遗保护、产业发展见证物，向公众开放，具有博物馆功能的文化场馆。位于乡村的国有和非国有博物馆可纳入乡村博物馆系列。

乡村博物馆所在乡村范围，是指城市主城区以外具有自然、社会、经济特征和生产、生活、生态、文化等多重功能的地域综合体，包括乡镇和村庄等。

乡村博物馆藏品是指具有历史、

艺术、科学等价值，作为见证乡村传统文化、历史文化、特色文化及生产生活的文物、标本、资料、模型、器具及产品等的总称。

二、建设目标

“十四五”期间，全省建成乡村博物馆1000家。其中，2022年建设乡村博物馆不少于400家。

三、建设要求

（一）有展览面积不少于100平方米的固定合法馆舍，拥有反映本馆主题、来源合法的藏品50件／组以上。

（二）有固定的基本陈列，展览主题明确，内容多样，体现鲜明的在地性，突出“一村一馆一品”的地方特色。

（三）有专人管理，配备保障正常开放服务所需的专兼职工作人员。

（四）有藏品管理、公共安全、安保消防规章制度和基本设施设备。有文物收藏或展示的场馆，须具备符合文物保护管理要求的基本条件。

四、服务要求

（一）乡村博物馆提供的服务内容应当以传承中华优秀传统文化，弘扬社会主义核心价值观为目的，符合宪法所确定的基本原则，维护国家安全与民族团结、倡导科学精神、普及科学知识、传播先进文化、促进社会和谐、推动文明进步。

（二）乡村博物馆展览应具有一定的学术、历史、文化价值，展品以原件为主，复原陈列保持历史原貌，使用复制品、仿制品和辅助展品应当加以说明。鼓励利用现代科技手段进行展览展示和导览，倡导绿色、生态的策展理念，推动展馆和周边环境有机融合。

（三）乡村博物馆应统一标识，设立服务公告牌，向社会公

告服务项目和开放时间，原则上年开放时间不少于180天，鼓励在法定节假日和学校寒暑假期间，适当延长开放时间。

（四）发挥乡村博物馆在文旅融合发展、促进文化消费中的作用，丰富乡村旅游内涵，加强文旅融合，鼓励开展游研学活动，推出研学课程。

（五）鼓励乡村博物馆向公众免费开放。未实行免费开放的，其门票价格、收费项目应符合国家有关规

定，并在收费地点的醒目位置予以公布。对未成年人、老年人、残疾人、现役军人等特殊群体参观应实行减免费制度。

五、运营管理要求

（一）乡村博物馆的举办者应当保障博物馆正常运行所需的经费。鼓励以乡村博物馆为载体发展相关产业，多渠道筹措资金，增强自我发展能力。

（二）乡村博物馆由政府、村（居）、合作社、企业、社会团体和个人等主体投资，鼓励专业团体参与乡村博物馆运营和管理，鼓励社会各界人士积极参与乡村博物馆志愿服务。

（三）乡村博物馆应加强藏品管理，按要求进行登记造册。可通过依法购买、交换、接受捐赠和调拨等方式取得藏品，不得取得来源不明或者不合法的藏品，有条件的乡村博物馆应建设满足基本收藏需要的库房。

（四）各级文物行政部门、国有文博单位应加强对乡村博物馆建设的管理和支持，在陈列展览、开放服务、人才培养和运行管理等方面给予指导和帮扶。

六、认定程序

（一）申报主体

拟申报的乡村博物馆通过所在地乡（镇）人民政府，向县级文物主管部门提出认定申请。

（二）县级审核

县级文物主管部门对申请材料进行审核，并推荐上报市级文物主管部门。

（三）市级初评

市级文物主管部门对上报材料进行初评，并将结果上报省博物馆学会。

（四）省级认定

省博物馆学会对上报名单进行审核，开展现场验收，报省文物局确认后，公布乡村博物馆名单。

七、附则

（一）鼓励整合利用乡村历史建筑、现有场地、设施资源建设乡村博物馆。

（二）乡村博物馆的名称核定按相关规定执行，不得冠以“中国”“中华”“国家”等名称。

（三）文物主管部门定期组织对乡村博物馆进行评估，对发现不具备基本条件的乡村博物馆责令整改，直至取消乡村博物馆资格。

（四）乡村博物馆举办者不得以博物馆名义从事买卖文物的商业经营活动。

（五）乡村博物馆接受捐赠的藏品，在藏品处置时应取得原捐赠人的同意；乡村博物馆终止时，该部分藏品应移交给其他博物馆收藏。

浙江省文物局浙江省教育厅关于印发《浙江省高等学校文物藏品管理办法（试行）》的通知

浙文物〔2022〕262号

各市、县(市、区)文物局、教育局，有关高等学校：

为加强高等学校文物藏品的有效保护和管理，确保高等学校国有资产的安全完整，我们制定了《浙江省高等学校文物藏品管理办法(试行)》，现予印发，请遵照执行。

附件：浙江省高等学校文物藏品管理办法(试行)

浙江省文物局

浙江省教育厅

2022年12月28日

浙江省高等学校文物藏品管理办法（试行）

第一条 高等学校（以下简称“高校”）文物藏品是国家的文化财富，是高校开展教学、科研等学术活动的重要物质基础，是高校国有资产的重要组成部分。为加强高校文物藏品的有效保护，确保高校文物藏品的安全完整，根据《中华人民共和国文物保护法》《国有文物资源资产管理暂行办法》等有关规定，特制定本办法。

第二条 高校文物藏品管理遵循保护为主、全面登记、合理利用、动态监管的原则，省内高校文物藏品的取得、保管保护、使用、处置和报告等管理活动，适用本办法。

第三条 管理收藏文物的高校承担文物藏品的登记、核算、保管保护、展示利用、信息化管理、资产报告等工作。

第四条 高校可通过接受捐赠、

依法交换等法律、行政法规规定的方式取得文物藏品，也可通过购买的方式取得用于教学、科研的文物藏品。

第五条 高校可委托省文物局或设区的市人民政府文物行政部门组织力量对校内藏品进行文物认定和定级。

第六条 文物总登记账和文物资源资产财务账是高校文物藏品资产核算和管理的重要记录，可移动文物资源资产信息卡是高校文物藏品资产登记录入文物总登记账、文物资源资产财务账的基础。高校应当将全部文物藏品及时、准确登记录入文物总登记账和文物资源资产财务账，做好可移动文物资源资产信息卡的填报工作，并报所在地县级以上人民政府文物行政部门备案。文物总登记账与文物资源资产财务账应当定期核对，确保账账、账物相符。

未按国家有关规定建立账目的文物藏品，或未将文物藏品账目报文物行政部门备案的，不得交换或出借。

第七条 管理收藏文物的高校应当建立文物藏品资产动态管理机制，将文物藏品相关信息纳入国有资产管理信息系统。文物藏品管理信息发生变动的，应当及时更新信息，保证文物藏品信息数据真实、准确、完整。

第八条 管理收藏文物的高校可以根据工作需要组织开展文物藏品资产清查，清查工作程序参照行政事业单位资产清查相关规定执行。高校法定代表人对文物藏品安全负责，高校法定代表人、藏品管理人员离任前，应当办理文物藏品移交手续。

第九条 管理收藏文物的高校应当按照国家文物管理的有关规定，设立规范的文物库房，配备专业设施设备，安排专职人员进行管理。

文物库房应当建立藏品接收、登记、鉴定、编目、档案、安全检查等保管保护制度，建立文物库房管理、修复复制等保管保护制度，明确管理责任，完善内部管理流程，做到制度健全、账目清楚、鉴定确切、编目详明、保管妥善、查用方便。

第十条 高校文物藏品未经批准，任何单位或者个人不得调取、借用。设立文物库房的高校，文物藏品出入库房必须办理出库、入库手续。出入库房时，必须认真核对、点交文物藏品的数量和现状。文物藏品出库后，由接收使用单位或部门负责安全保管，管理收藏文物的高校对使用情况进行监督和检查。

第十一条 管理收藏文物的高校应建立校内文物藏品借用管理制度。文物藏品管理部门的负责人和工作人员不得借用文物藏品。

第十二条 校外文物收藏单位因举办展览、科学研究需借用高校文物藏品的，按文物保护相关法规规定执行。珍贵文物藏品借用需提交校长办公会议讨论通过，其它文物藏品借用需经校长或校级分管领导批准。

校外文物收藏单位借用高校文物藏品时，应签订借用协议，明确双方安全责任和借期，并在校内完成点交。校外文物收藏单位在借期范围内必须采取有效措施，确保文物藏品安全，并按期归还。

文物藏品管理部门负责与校外文物收藏单位办理借用具体手续，对按期归还的文物藏品，做好核对、登记等工作。

第十三条 管理收藏文物的高校应当建立文物藏品定期安全检查制度，发现安全隐患及时上报校级分管领导，并落实处理。文物藏品损毁的，高校应当报主管的教育行政部门和所在地县级以上人民政府文物行政部门核查处理。文物藏品被盗、被抢或者丢失的，高校应当立即向公安机关报案，并同时向主管的教育行政部门和所在地县级以上人民政府文物行政部门报告。

高校文物藏品调拨或者发生损毁丢失的，高校应当按照规定程序核查处理，及时调整或者核销账务。高校文物藏品的撤销退出按照国家有关规定执行。

第十四条 高校文物藏品的出境进境，应按《中华人民共和国文物保护法》《文物进出境审核管理办法》等相关法规履行出境进境审核。

第十五条 文物藏品的保养、修复应当符合不损坏文物、不改变文物原状等要求。文物藏品修复前应委托有修复资质的单位进行修复，修复方案应按文物藏品级别履行报批手续。

第十六条 管理收藏文物的高校禁止利用文物藏品进行对外投资和担保。禁止将文物藏品赠予、出租或者出售给其他单位、个人，但是国家允许的除外。

第十七条 高校文物藏品借展、交换、调拨等发生的补偿费用应当纳入高校年度预算，专门用于改善文物收藏条件和文物取得，不得挪作他用。

第十八条 鼓励高校开展文物藏品保护研究，运用传统保护方法与现代科学技术相结合，防止温度、湿度、光照、病虫害等因素对文物藏品造成损害。鼓励高校培养专业技术人员，加强文物保护科技力量。

第十九条 鼓励管理收藏文物的高校设立博物馆，加强对文物藏品的展示利用，有效盘活文物资源资产，提高文物资源资产利用效率，充分发挥文物宣传教育作用，满足社会公共文化需求。

第二十条 文物资源资产管理情况是国有资产报告的组成部分，管理收藏文物的高校应当将本单位文物资源资产管理情况纳入本单位财务报告和国有资产年度报告。

第二十一条 管理收藏文物的高校及其工作人员违反本办法规定，在文物资源资产保管工作中存在滥用职权、玩忽职守、徇私舞弊等违纪违法行为的，按照《中华人民共和国文物保护法》《中华人民共和国监察法》《中华人民共和国会计法》《财政违法行为处罚处分条例》等追究相应责任；构成犯罪的，依法追究刑事责任。

第二十二条 本办法自印发之日起施行。其他管理收藏文物的学校可参照执行。

浙江省文物局综合处

2022年12月28日印发

浙江省文物局关于印发博物馆疫情防控应急预案和演练操作指南的通知

浙文物〔2022〕92号

各市文物局，杭州市园林文物局，杭州良渚遗址管委会，中国财税博物馆、中国水利博物馆，省直各博物馆：

为贯彻落实党中央、国务院和省委省政府关于抓紧抓实疫情防控重点工作的要求，进一步提升全省博物馆应对新型冠状病毒肺炎疫情处置能力，我局委托省博物馆学会编制了《博物馆新型冠状病毒肺炎疫情防控应急预案》和《博物馆新冠肺炎疫情防控应急预案演练操作指南》。现予印发，供全省博物馆参照执行。请各地从严落实常态化疫情防控举措，坚决筑牢疫情群防群控防线，做到守土有责、守土尽责。

附件：

1.博物馆新型冠状病毒肺炎疫情防控应急预案

2.博物馆新冠肺炎疫情防控应急预案演练操作指南

浙江省文物局

2022年5月17日

附件1

博物馆新型冠状病毒肺炎疫隋防控应急预案

为提升博物馆内突发新型冠状病毒肺炎疫情应对能力，保障工作人员和观众的身体健康与生命安全，维护博物馆的内部稳定和正常秩序，按照《中华人民共和国传染病防治法》《中华人民共和国突发事件应对法》

《突发公共卫生事件应急条例》等有关规定，结合浙江省新型冠状病毒肺炎疫情防控相关政策要求，特制定本预案。

一、成立应急工作组

为加强对疫情防控工作的组织领导，成立馆疫情防控应急领导小组，负责掌握研判单位内部疫情发生发展情况，组织部署馆区疫情防控措施，统筹协调全馆疫情防范和应急处置工作。

组　长：×××（馆主要负责人）

副组长：×××（馆负责人）

成　员：×××、×××、×××（馆各部门负责人）

馆疫情防控应急领导小组下设综合协调组、应急处置组、防疫消杀组、信息宣传组等工作组。组织疫情防控应急预案演练时，领导小组组长担任现场总指挥。

综合协调组主要由×××（办公室主任）及相关人员组成，负责向辖区疾控部门及上级业务主管部门及时报告馆内疫情信息，并根据其指导和建议，组织协调馆内各部门开展应急处置相关工作。

应急处置组主要由×××（安全保障部主任）、其他相关部门主任及其他人员组成，负责临时隔离、活动轨迹排查、疫情监测、相关设备设施关停等应急措施的具体实施工作。

防疫消杀组主要由×××（安全保障部副主任）及物业消杀人员组成，主要负责馆区防疫应急消毒处理。

信息宣传组主要由×××（办公室副主任）、×××（宣传/科普服务部主任）及其他人员组成，主要负责馆内疫情发布（该“疫情发布”如果是指对外信息发布，在法定发布部门发布前，疫情信息发布需慎重，可对参观者作出疫情防控注意事项提醒等信息发布工作）、舆情管理、观众信息排查及通知等工作。

二、应急处置流程

1.发现报告。一旦发现馆内有涉疫疑似人员，如工作人员（包括博物馆职工、服务外包单位人员）、访客（包括临时施工人员、快递员）或观众，存在健康码、行程卡、体温等异常状况，任何人都有责任第一时间向馆疫情防控应急领导小组报告。

2.启动预案。馆疫情防控应急领导小组经核实并综合研判后，由领导小组组长确定是否立即启动应急预案。综合协调组、应急处置组、防疫消杀组、信息宣传组等人员按照职责分工迅速开展工作。

3.应急隔离。应急处置组应要求疑似人员马上规范佩戴好医用防护口罩，并注意手卫生，不要随意用手触摸口鼻和周围物品，迅速将涉疫疑似人员转移到设置在馆内或附近的临时隔离点，设立警戒带，安排专人保持距离看护。参加处置的所有人员须佩戴医用防护口罩、手套，有条件的应该佩戴防护面罩或护目镜，穿着隔离服。

4.疫情上报。综合协调组及时向社区或辖区疾控部门报告疑似人员情况，在其指导和建议下组织落实应急防控措施，或等待社区或辖区疾控部门安排人员现场处置；并同时上报上级业务主管部门。

5.全面排查。应急处置组对疑似人员上下班及在馆内的活动轨迹进行排查，若疫情涉及博物馆展厅开放区域，信息宣传组需根据参观预约系统梳理当天入馆观众信息，配合疾控、公安等部门开展密切接触者排查、追踪，暂停使用卫生间、厢式电梯等相对密闭空间，关停全馆空调系统，打开门窗保持自然通风。

6.应急消毒。配合疾控部门，做好临时隔离点、疑似人员活动区域、触碰过的物品、卫生间、厢式电梯等设备设施的采样、应急消毒等处理工作。

7.属地管控。积极配合街道社区或辖区疾控等部门的现场处理，运送疑似人员至指定医疗机构排查诊治，并协同开展核酸检测、体温监测、流行病学调查、分类筛查、专业消杀等工作。

8.综合评估。在疑似人员核酸检测等排查结果出来前，要根据属地疾控部门的研判意见和省、市业务主管部门的要求，结合当前疫情防控最新形势和政策要求，馆疫情防控应急领导小组确定是否临时闭馆、居家办公、隔离观察等措施。

9.舆情控制。疫情突发及应急处置期间须加强舆情管控，信息宣传组在馆疫情防控应急领导小组的授权下及时妥善发布信息，其他人员不得通过各种渠道随意接受采访或对外发布信息。

10.善后工作。对需要隔离观察的其他人员应设置专门的隔离区，配备防疫和生活必需品，做好跟踪观察监测；若涉及闭馆，需及时向已预约观众发送闭馆信息，做好安抚解释；馆疫情防控应急领导小组组长向上级业务主管部门相关领导汇报疫情突发事件及应急处置情况。

三、保障措施

1.全馆各部门及人员要做好自我防护措施，少聚集、勤洗手、勤通风，养成佩戴口罩的习惯，减少交叉感染风险。

2.安全保障部要备足疫情防护物资，如测温仪、医用外科口罩、医用防护口罩（医用N95口罩）、一次性手套、防护面罩、消毒酒精、84消毒液、隔离帐篷等，做好长期战疫准备。

3.安全保障部要对办公区域、公共楼道、卫生间、电梯、展厅等区域进行日常消杀，做好空调通风系统清洗。

4.加强馆区出入人员管控，观众参观实行实名预约制，严格落实进馆查验预约码、健康码、行程卡及体温监测。

5.办公室要与属地社区、疾控部门保持联系，及时沟通防疫信息。

附件2

博物馆新型冠状病毒肺炎疫情防控应急预案演练操作指南

一、前期准备

（一）成立组织机构

成立疫情防控应急领导小组，由应急领导小组组长任总指挥，根据博物馆的人员情况，设置综合协调组、应急处置组、防疫消杀组、信息宣传组等工作组。

（二）制定演练方案

根据博物馆当前防疫重点，结合本馆疫情防控预案，编制演练方案，确定演练主题，模拟演练场景，列出物资清单，确定各组人员，明确岗位职责。

（三）准备演练物品

根据演练方案要求，做好各类演练所需物品的准备工作，保障演练顺利进行。物资清单：手持测温计、防护服、防护面罩、医用外科口罩、医用防护口罩（医用N95口罩）、一次性手套、防护鞋套；对讲机、警戒带、隔离帐篷；含氯消毒液、75%酒精、消杀喷壶（注意使用酒精喷洒的燃爆等问题）和桌椅等物品，以备馆内紧急开展全员核酸检测时启用。事先要确定场地、停车区域，以便应急处置时可用于核酸检测、风险人员转运等。

二、组织演练

根据审定的演练方案，在规定的时间、地点组织开展演练。

（一）模拟场景1：某博物馆接到疫情防控部门通知，展厅内1名观众检测为阳性。

1.综合协调组：第一时间向总指挥（主要负责人）报告情况，通知各组启动应急预案，向上级主管部门报告涉疫情况。

2.应急处置组：通知各出入口安保人员关闭出入口，禁止人员进出；通过广播告知观众和工作人员目前的情况，要求观众原地等待，戴好口罩，做好个人防护，等待防疫部门通知（连续播放）；立即安排处置人员穿好防护服、佩戴口罩和防护面罩至现场，请确诊观众戴上医用防护口罩、并注意手卫生，不要随意用手触摸口鼻和周围物品，将其带至临时隔离帐篷，拉起警戒线，保持距离看管；通知各楼层安保人员管控各楼层电梯、扶梯口，禁止人员跨楼层流动，确保电梯中无滞留人员后关闭电梯；关闭空调系统等设备；展厅管理人员维持现场秩序、保持距离、安抚观众情绪。条件允许的情况下，引导暂时滞留的观众到相对空旷或通风的环境中配合后续疫情处置工作。

3.信息宣传组：关闭参观预约系统，发布闭馆公告，准备当天参观观众信息供防疫部门流调使用。

4.防疫消杀组：防疫部门人员到达后，配合防疫部门开展流调排查、人员和环境采样、消杀等工作。

5.综合协调组：向上级主管部门报告本次涉疫及处置情况。

（二）模拟场景2：在入馆扫码登记、出示健康码、行程码、测温时发现办公区访客的健康码为黄码、红码、行程码带“*”、体温超过规定数值，且通过询问得知其近14天内有中高风险地区旅居史。

1.应急处置组：第一时间取出备用的防护面罩让访客（观众）戴好，并立即通过部门负责人报告总指挥（主要负责人），启动应急预案。

2.综合协调组：通知各组启动应急预案，并向属地防疫部门、上级主管部门报告涉疫情况。

3.应急处置组：立即安排处置人员穿好防护服、佩戴口罩和防护面罩至现场，请该访客戴上医用防护口罩、并注意手卫生，不要随意用手触摸口鼻和周围物品，将其引导至临时隔离帐篷，拉起警戒线，保持距离看管；在办公区设立警戒区，防止其他人员进出办公区；确保电梯中无滞留人员后关闭电梯；关闭空调系统等设备。

4.信息宣传组：通知所有在馆工作人员，戴好口罩，原地等待防疫部门通知；

5.防疫消杀组：防疫部门人员到达后，配合防疫部门开展流调排查、人员和环境采样、消杀等工作。

6.综合协调组：向上级主管部门报告本次涉疫及处置情况。

（三）模拟场景3：在观众入馆

扫码登记、出示健康码、行程码、测温时发现观众的健康码为黄码、红码、行程码带“*”、体温超过规定数值，且通过询问得知其近14天内有中高风险地区旅居史。

1.应急处置组：第一时间取出备用的防护面罩让观众戴好，并立即通过部门负责人报告总指挥（主要负责人），启动应急预案。

2.综合协调组：通知各组启动应急预案，并向属地防疫部门、上级主管部门报告涉疫情况。

3.应急处置组：立即安排处置人员穿好防护服、佩戴口罩和防护面罩至现场，请该观众戴上医用防护口罩、并注意手卫生，不要随意用手触摸口鼻和周围物品，随即将观众引导至临时隔离帐篷内，拉起警戒线并保持距离现场看管；通知其他管控人员到现场警戒，在隔离帐篷周边设立警戒区，并分别保持距离现场警戒；在出入口处设立警戒区，防止其他人员进出参观区域；在确保电梯中无滞留人员后关闭电梯；关闭空调系统等设备。

4.信息宣传组：通知所有在馆工作人员，戴好口罩，原地等待防疫部门通知；关闭参观预约系统，发布闭馆公告，准备当天参观观众信息供防疫部门流调使用。

5.防疫消杀组：防疫部门人员到达后，配合防疫部门开展流调排查、人员和环境采样、消杀等工作。

6.综合协调组：向上级主管部门报告本次涉疫及处置情况。

（四）模拟场景4：在办公区访客（观众）入馆扫码登记、出示健康码、行程码、测温时发现观众的健康码为黄码、红码、行程码带“*”、体温超过规定数值，但通过询问得知其近14天内没有中高风险地区旅居史。

1.应急处置组：立即将该访客（观众）引导至临时隔离帐篷内，拉起警戒线并保持距离现场看管；通知其他管控人员到现场警戒，在隔离帐篷周边设立警戒区，并分别保持距离现场警戒；

2.综合协调组：立即向属地防疫部门、上级主管部门报告情况。

3.根据属地防疫部门的处理结果，向总指挥（主要负责人）报告，决定是否按模拟场景2或3的情况，启动应急预案。

（五）模拟场景5：博物馆工作人员接到流调电话，得知自己为新冠肺炎病例密接者。

1.该工作人员接到流调电话后，应立即佩戴好口罩，马上告知周围同事佩戴口罩原地等待，并立即报告部门负责人，部门负责人立即向总指挥（主要负责人）报告，启动应急预案。

2.综合协调组：通知各组启动应急预案，并向属地防疫部门、上级主管部门报告涉疫情况。

3.应急处置组：立即安排处置人员穿好防护服、佩戴口罩和防护面罩并携带备用防护面罩至现场，让该密接者及同办公室人员都佩戴防护面罩后，带该密接者从疏散楼道引导至临时隔离帐篷，在隔离帐篷周边设立警戒区，并保持距离现场看管；同办公室的其他人员原地等待，根据防疫部门到场后的指导意见进行相关处置；在办公区设立警戒区，防止其他人员进出办公区；确保电梯中无滞留人员后关闭电梯；关闭空调系统等设备。

4.信息宣传组：通知所有在馆工作人员，戴好口罩，原地等待防疫部门通知；关闭参观预约系统，发布闭馆公告（办公区如果与开放区分开，视情况决定是否闭馆），准备当天参观观众信息供防疫部门流调使用；通过电话、微信等远程方式询问密接者当天到馆后的行动轨迹，配以视频监控系统录像回放查看，详细记录与其有过近距离接触的人员信息备查。

5.防疫消杀组：防疫部门人员到达后，配合防疫部门开展流调排查、人员和环境采样、消杀等工作。

6.综合协调组：向上级主管部门报告本次涉疫及处置情况。

（六）模拟场景6：博物馆工作人员接到防疫部门电话，得知1名确诊病例快递员，曾来博物馆送过快递。

1.该工作人员接到防疫部门电话后，立即报告部门负责人，部门负责人立即向总指挥（主要负责人）报告，启动应急预案。

2.综合协调组：通知各组启动应急预案，并向上级主管部门报告涉疫情况。

3.应急处置组：立即排查该快递员进出馆情况和快递流向，确认该快递收发人员和领取人员；立即通知接触快递人员及周围同事佩戴口罩原地等待，安排处置人员穿好防护服、佩戴口罩和防护面罩携带备用防护面罩至涉疫人员办公室，让涉疫人员及同办公室人员都佩戴防护面罩后，带涉疫人员从疏散楼道引导至临时隔离帐篷，在隔离帐篷周边设立警戒区，并分别保持距离现场警戒；同办公室的其他人员原地等待，根据防疫部门的指导意见进行相关处置；通知安保人员关闭博物馆出入口，关闭空调系统等设备，在馆门口设立警戒区，防止其他人员进出馆区。

4.信息宣传组：通过广播告知观众和工作人员目前的情况，并要求大家原地等待，戴好口罩，做好个人防护，等待防疫部门通知（连续播放）；展厅管理人员维持现场秩序、保持距离、安抚观众情绪；调取预约系统中该快递员来馆后所有进馆观众信息备查，统计现场馆内观众数量配合后续工作。

5.防疫消杀组：防疫部门人员到达后，配合防疫部门开展流调排查、人员和环境采样、消杀等工作。

6.综合协调组：向上级主管部门报告本次涉疫及处置情况。

三、总结复盘

疫情防控应急领导小组组织各小组召开总结会，针对演练中存在的问题和好的做法进行点评复盘，完善预案，掌握突发疫情防控处置基本技能，熟悉防疫工作流程和岗位职能，凝聚防控合力，进一步完善防控措施。

浙江省文物局关于转发《博物馆教育服务规范》的通知

浙文物〔2022〕78号

各市文物局，杭州市园林文物局，杭州良渚遗址管委会，中国财税博物馆、中国水利博物馆，省直各博物馆：

为进一步发挥和完善博物馆教育功能，推动我省博物馆资源与中小学课堂教学和综合实践活动的有机结合，建立中小学生利用博物馆学习的长效机制，促进博物馆教育活动标准化、规范化开展，我局组织编制了省级地方标准《博物馆教育服务规范》，并由省市场监管局正式印发。现将该规范予以转发，请各单位认真学习，参照执行。

特此通知。

附件：DB33/T 2397—2021《博物馆教育服务规范》

浙江省文物局

2022年4月22日

博物馆教育服务规范

前言

本标准按照GB/T1.1—2020《标准化工作导则第1部分：标准化文件的结构和起草规则》的规定起草。

本标准由浙江省文化和旅游厅提出。

本标准由浙江省文化和旅游标准化技术委员会归口。

本标准主要起草单位：浙江自然博物院、浙江省长三角标准技术研究院。

本标准主要起草人：严洪明、兰国英、徐昳昀、张洁、卢婷、潘晶。

1 范围

本标准规定了博物馆教育服务的基本要求、服务要求、项目服务流程、教育专员、评估与改进等。

本标准适用于博物馆内的教育服务。

2 规范性引用文件

下列文件中的内容通过文中的规范性引用而构成本标准必不可少的条款。其中，注日期的引用文件，仅该日期对应的版本适用于本标准；不注日期的引用文件，其最新版本(包括所有的修改单)适用于本标准。

GB/T 10001.1　公共信息图形符号　第1部分：通用符号

GB/T 10001.9　标志用公共信息图形符号　第9部分：无障碍设施符号

GB/T 15566.1　公共信息导向系统 设置原则与要求　第1部分：总则

GB/T 36721—2018　博物馆开放服务规范

LB/T 063　旅游经营者处理投诉规范

3 术语和定义

下列术语和定义适用于本文件。

3.1　博物馆教育服务　museum education service

依托博物馆教育资源，有目的、有计划、有组织地为社会公众提供教学活动的过程。

3.2　博物馆研学 museum study

利用博物馆教育资源，为学生的研学提供支持的教育教学活动。

4 基本要求

4.1　应坚持以人为本，文化惠民，传承和弘扬中华优秀传统文化、革命文化、社会主义先进文化。

4.2　应根据办馆宗旨，利用博物馆藏品、展览、专家等教育资源策划活动方案。

4.3　应根据受众年龄结构、认知特点及文化需求，提供分众化服务。

4.4　应建立教育服务评价机制。

4.5　应制定满足博物馆教育服务要求的安全预案，明确安全责任。

4.6　应配备教育专员、教育场地、设施设备及专项经费。

4.7　教育服务区域应设有明显标识，标识设置应符合GB/T 15566.1、GB/T 10001.1和GB/T 10001.9的规定。

4.8 应公示教育服务项目、活动时间、活动场所、收费标准、监督举报电话等。

4.9 收费项目应对特殊学校、贫困生、老年人、残疾人和现役军人等减免费用。

4.10 可采用数字技术建立教育项目资源库，推出线上教育服务。

4.11 应做好博物馆教育服务相关资料的档案管理。

5 服务要求

5.1 馆内活动

以博物馆主导开发的教育教学活动，可包括解说导览、手工作坊、操作实验、艺术表演、绘画摄影、竞技比赛等内容。

5.2 博物馆研学

5.2.1 应与学校研学旅行相衔接，可包括自然类、历史类、地理类、科技类、人文类等多种类型的研学课程与线路。

5.2.2 研学课程、线路或教育内容应由博物馆联合学校或第三方机构共同开发。

5.2.3 应借助实物、实景、实地，通过观察、分析、比较和讨论等方法，培养学生发现问题、提出问题和解决问题的能力。

5.2.4 未成年人研学团队中学生与工作人员的比例宜为8：1。

5.2.5 应对合作的旅游机构资质进行核实，旅游机构应取得相应旅游业务经营资质，连续三年无安全事故和重大质量投诉，有承接百人以上研学团队的能力，设有研学部门和研学旅行指导师的企业或组织。

5.2.6 应与研学旅行合作方签订服务协议和安全责任书。

5.3 馆校合作

5.3.1 可包含课程研发与应用、学术讲座、校园巡展等内容。

5.3.2 教育教学内容应由博物馆联合学校共同开发。

5.3.3 应建立专项协调机制，并配备专人负责。

5.3.4 应与合作学校签订服务协议和安全责任书。

5.4 馆社合作

5.4.1 可包含课程研发与应用、业务培训、教育设施设备供给等内容。

5.4.2 应对合作的社会组织资质进行核实，须取得相应的业务经营资质，连续三年无安全事故和重大质量投诉。

5.4.3 应建立专项协调机制，并配备专人负责。

5.4.4 应与合作社会组织签订服务协议和安全责任书。

5.5 博物馆师资培训

5.5.1 宜通过专家讲课、主题研讨、实践体验等方式，使博物馆文化传播者了解展陈内容，掌握展览讲解、课程研发实施等技能。

5.5.2 培训对象可包括学校教师、旅行社导游和志愿者等博物馆文化传播者。

5.5.3 宜建立师资培训考核机制，使其具备相应的博物馆文化传播能力。

6 项目服务流程

6.1 项目策划筹备

6.1.1 应根据受众需求和博物馆教育资源，确定教育主题。

6.1.2 应根据博物馆教育使命和学生发展核心素养需要，确定教育的三维目标：知识与技能、过程与方法、情感态度与价值观。

6.1.3 教学过程应包括导入、探究、解释、迁移和评价等环节。

6.2 项目执行

6.2.1 应做好人员培训、教材教具、宣传推广、组织招募和试教等前期准备工作。

6.2.2 教学情境应与教育主题和内容相关联，且符合受众的认知特点。

6.2.3 现场执行时应遵循直观性、动静交替、面向全体等教育教学原则。

6.2.4 教学方式和方法应具有启发性，激发学习兴趣，调动学习者积极性和主动性。

6.2.5 当发生突发情况时应按应急预案执行。

6.2.6 应做好教学过程的影像记录。

6.3 项目评价

6.3.1 应建立教育服务评价管理机制，针对不同的教育项目制定相应的评价方案。

6.3.2 宜通过自我评价和他人评价等方式，从操作性、推广性和效益性等方面开展评价。

6.3.3 应设置意见簿、问卷调查、访谈或线上互动等评价渠道。调查问卷相关示例见附录A。

6.3.4 评价结果宜设优、良、合格、不合格四个等级。

7 教育专员

7.1 一般要求

教育专员除应符合GB/T 36721—2018第6章的要求外，还应符合下列要求：

a) 宜具有博物馆学、教育学、心理学或传播学等基础知识，具备教育项目文案的策划编写能力；

b) 应具有亲和力、较强的语言组织能力和临场应变能力。

7.2 业务培训

7.2.1 应制定业务培训方案，实施培训计划，并评估培训效果。

7.2.2 培训老师宜具备中级及以上职称，非遗传承人不受职称限制。

7.2.3 培训方式宜包括专家讲座、观摩示范、实践指导和参观学习等。

7.2.4 培训内容宜包括博物馆学、教育学、心理学、传播学等专业理论和技能学习。

7.3 考核评价

7.3.1 应建立业务考核制度和激励机制。

7.3.2 考核内容应包括专业知识、文案策划、组织实施和效果评价等方面。

7.3.3 考核结果宜设优、良、合格和不合格四个等级。

8 投诉处理与改进

8.1 应按照LB/T 063的要求，建立投诉处理机制，公开监督投诉电话和邮箱。

8.2 对双方无争议、事实基本清楚、仅造成轻微损失的投诉应在1个工作日内形成协商处理意见；对比较复杂的或对主要事实存在争议的投诉宜在投诉受理之日起10个工作日内形成协商处理意见。

8.3 宜每半年征询一次博物馆教育服务的意见和建议，对合理化建议应及时吸纳并改进。

附录A(资料性)

博物馆教育服务项目满意度调查问卷

下面给出了博物馆教育服务项目满意度调查问卷的示例。

博物馆教育服务项目满意度调查问卷

欢迎您参与本次博物馆的教育活动。为了进一步完善我们的活动，恳请您协助我们完成此份问卷，以便我们及时得到您的反馈、改进工作中的不足，今后推出更丰富多彩、寓教于乐的博物馆体验活动。非常感谢您的配合!

（1）您从事的职业是?

A　党政机关

B　企事业单位

C　个体户

D　自由职业者

E　在校学生

F　退休人员

G　其他

（2）您是通过什么渠道知晓本次教育活动的?

A　微信公众号　B　网页推荐

C　好友介绍　D　朋友圈、微博

E　其他渠道

（3）您参加本次教育体验活动的原因是?

A　学习有关博物馆的知识

B　开拓眼界，培养兴趣

C　丰富业余生活

D　其他

（4）您对本次活动的内容和安排是否满意?

A　很满意　　B　满意

C　基本满意　　D　不满意

（5）您觉得这次活动的亮点是什么?(可多选)

A　互动交流、体验式的教育模式

B　博物馆教育专员传授的与博物馆相关的知识

C　活动中实际动手和动脑的环节

D　可以面对面看到博物馆展品和藏品

E　其他

（6）您觉得本次活动有哪些欠缺之处?(可多选)

A　活动内容与博物馆陈列内容

关联度较低

B 活动内容的吸引力较差

C 活动的体验形式较单一

D 专家的讲授太专业，内容难理解

E 其他

（7）您对哪项教育内容比较感兴趣?为什么?

____

____

____

____

____

____

____

（8）对于本次教育活动，您有什么意见和建议?

____

____

____

____

____

浙江省文物局关于印发《浙江省上山文化遗址保护和申遗工作专班方案》的通知

浙文物〔2022〕77号

各有关市、县（市、区）党委、政府，省级各有关单位：

为深入贯彻习近平总书记“要加强对‘上山文化’的研究和宣传”的重要批示精神，落实落细省委袁家军书记“加强领导，统筹谋划，扎实推进上山文化遗址群申遗工作”的批示要求，加强对上山文化遗址研究保护和申遗工作的领导，统筹推进上山文化遗址群申报世界文化遗产，经省政府领导同意，现将《浙江省上山文化遗址保护和申遗工作专班方案》印发给你们。

附件：浙江省上山文化遗址保护和申遗工作专班方案

浙江省文物局

2022年4月20日

浙江省上山文化遗址保护和申遗工作专班方案

一、专班工作架构

召 集 人：成岳冲　省人民政府副省长

副召集人：陈广胜　省人民政府副秘书长

葛学斌　省委宣传部副部长、省电影局局长

褚子育　省文化和旅游厅党组书记、厅长

杨建武　省文化和旅游厅党组成员、省文物局局长

邢志宏　金华市人民政府市长

成员：　孙哲君　省发展改革委省委社建委专职副主任
汤筱疏　省教育厅副厅长
邢自霞　省财政厅党组成员、副厅长
顾　浩　省自然资源厅党组成员、副厅长
单锦炎　省生态环境厅党组成员、副厅长
汪东杰　省交通运输厅党组成员、副厅长
陈利江　省农业农村厅党组副书记、副厅长（正厅长级）
王凯军　省电力公司党委委员、副总经理
胡　敏　绍兴市人民政府副市长
吕伟强　金华市委常委、宣传部部长
李　宁　衢州市人民政府副市长
章月燕　台州市人民政府副市长
裘建勇　嵊州市人民政府市长
朱俊华　兰溪市人民政府市长
黄胜可　东阳市人民政府市长
王　健　金华市委常委、义乌市委书记
章旭升　永康市委书记
俞佩芬　浦江县委书记
李　强　武义县人民政府县长
李芝伟　龙游县人民政府县长
蔡建军　临海市人民政府市长
占雅静　仙居县人民政府县长
张旭辉　金华经济技术开发区党工委书记

工作专班下设办公室，由省文化和旅游厅党组成员、省文物局局长杨建武兼任主任。

二、成员单位职责分工

1.省委宣传部 统筹协调上山文化遗址研究、保护展示、申遗和宣传工作。

2.省发展改革委 将上山文化遗址保护展示与申遗项目纳入省国民经济和社会发展计划并督促实施，指导加快遗址保护展示与申遗项目立项、工程可行性研究报告和初步设计报告审批，支持遗址保护展示和申遗项目列入省重点项目，帮助争取国家重大项目政策支持，指导专项债申报入库。

3.省教育厅 指导将上山文化研究成果纳入地方德育教材、中小学教材和中小学第二课堂内容，积极向教育部争取收入省级中小学教材读本和全国人教版教材。指导上山文化遗址所在地实施省市中小学社会实践基地和研学营地建设。

4.省财政厅 将符合条件的上山文化遗址保护展示和申遗项目纳入省级财政补助范围，积极向财政部争取国家重点文物保护资金补助，指导相关市、县（市、区）财政做好经费保障工作。

5.省自然资源厅 负责指导上山文化遗址所在地人民政府在“三区三线”划定中保障上山文化遗址保护展示和申遗项目用地需求。支持把上山文化考古遗址公园建设工程列入《浙江省基础设施综合专项规划（2020—2035 年）》省级重大基础设施项目清单。

6.省生态环境厅 负责指导上山文化遗址保护和申遗项目规划环评、项目环评审批等。

7.省交通运输厅 负责指导上山文化考古遗址公园及申遗区域公路、航道等交通设施规划、建设和交通运营管理。

8.省农业农村厅 负责指导上山文化遗址保护和申遗区域内休闲观光农业发展。指导申报“中国重要农业文化遗产”项目和“全球重要农业文化遗产”项目。

9.省文化和旅游厅 指导做好上山文化遗址保护和申遗区域的文化和旅游配套设施建设、A 级旅游景区评定、艺术创作、旅游产品开发、公共文化服务和文物旅游融合发展。

10.省文物局 承担工作专班办公室主任单位职能，负责与国家文物局和申遗专业咨询机构的对接，负责上山文化遗址保护展示和申遗项目的审核、指导和管理，指导上山文化遗址申遗文本、保护管理规划编制及遗产展示项目建设，指导做好考古研究、价值解读阐释。

11.省电力公司 指导做好上山文化遗址保护和申遗区域电力设施的迁移、改建。

12.绍兴、金华、衢州、台州市委市政府 负责辖区内上山文化遗址保护展示和申遗工作的领导、组织和协调；督促辖区内上山文化遗址所在地党委政府做好上山文化遗址的研究、保护利用和宣传工作，督促申遗遗址点所在地政府做好保护、展示和申遗计划的制定和实施。

13.浦江县委县政府 承担上山文化遗址保护和申遗工作专班秘书处职能。牵头编制、整合申遗文本和保护管理规划；负责组织上山文化遗址群系列遗产申报的专业咨询和培训、宣传计划等事项；负责上山遗址保护和申遗领导、组织和协调，负责上山遗址保护规划及考古遗址公园建设规划、宣传计划的制定和实施。配合做好上山遗址考古研究工作。

14. 嵊州市、兰溪市、东阳市、义乌市、永康市、武义县、龙游县、临海市、仙居县等9个县（市、区）党委政府，金华市经济技术开发区 负责辖区内上山文化遗址保护管理、遗址本体保护、周边环境整治、保护展示工程和保护区划内建设项目、宣传计划方案的制定和实施。配合浦江县做好上山文化遗址申遗文本及保护管理规划的编制。配合做好上山文化遗址考古研究工作。

三、工作机制

1.建立三个常态化工作机制。坚持调查研究常态化、分析研判常态化、协调服务常态化，在省级层面统筹研究涉及上山文化遗址保护和申遗的重大事项，协调解决资源要素保障等困难和问题。

2.建立四个体系工作机制。聚焦上山文化遗址保护展示和申遗重点任务，建立健全目标体系、工作体系、政策体系、评价体系，明确目标、明确任务、明确责任，清单化管理、项目化推进，形成工作闭环。

3.建立三级联动工作机制。省市县三级联动，形成工作合力。省级层面每三个月召开一次专班工作例会，不定期召开专题协调会，切实推动各项工作落细落实。

浙江省文物局综合处

2022 年4月20日印发

浙江省人民政府办公厅关于印发上山文化遗址保护和申报世界文化遗产实施方案（2022—2025年）的通知

浙政办函〔2022〕60号

有关市、县（市、区）人民政府，省级有关单位：

《上山文化遗址保护和申报世界文化遗产实施方案（2022—2025年）》已经省政府同意，现印发给你们，请结合实际认真贯彻落实。

浙江省人民政府办公厅

2022年10月7日

上山文化遗址保护和申报世界文化遗产实施方:（2022—2025年）

为扎实推进上山文化遗址保护和申报世界文化遗产（以下简称申遗）工作，特制定本实施方案。

一、总体要求和工作目标

深入贯彻习近平总书记关于加强上山文化研究和宣传的重要批示精神，认真落实省委、省政府有关决策部署，围绕上山文化遗址申遗主线，加强领导、统筹谋划，切实强化上山文化研究、保护和宣传，推动上山文化遗址考古研究和保护取得更多成果，上山文化遗址申遗工作取得实质性进展，上山文化遗址成为实证中华万年文化史、弘扬中华优秀传统文化的“金名片”和“重要窗口”。力争2022年上山考古遗址公园列入国家考古遗址公园立项名单；完成上山文化遗址申报《中国世界文化遗产预备名单》文本编制，并报送国家文物局。

到2025年，上山文化价值内涵得到深刻阐释，我省作为稻作农业起源地的地位进一步彰显，稻作农业社会形成研究取得重大成果；遗址保护能力和管理水平显著提升；新增1—2个省级考古遗址公园，基本完成上山文化考古遗址公园群落架构；高标准完成上山遗址博物馆（世界稻源博物馆）建设；上山文化遗址列入《中国世界文化遗产预备名单》。到2035年，力争上山文化遗址列入世界遗产名录，构建“10000年上山、5000年良渚、1000年宋韵、100年红船”的中华文化标识体系。

二、重点工作

（一）加强考古研究工作。

1.加强考古调查。2022年，会同湖南省、江西省完成国家文物局“考古中国”重大项目《长江中下游稻作农业社会的形成研究（2023—2032年）》的编制和立项。重点开展嵊州小黄山、义乌桥头、永康湖西、浦江上山、龙游荷花山、仙居下汤等6处遗址考古勘探、发掘工作，厘清遗址的布局、年代和内涵，建立上山文化的年代框架，研究文化谱系。2022—2025年，开展姚江河谷上游、瓯江流域、曹娥江流域、浦阳江流域、东阳江流域、武义江流域、衢江流域、灵江流域、始丰溪流域等9个区域系统性考古调查，进一步摸清上山文化遗址分布；建立统一的田野考古数据信息平台。（牵头单位：省文物局，配合单位：遗址所在地政府）

2.深化理论研究。通过系统研究，形成有影响力的农业起源理论，深入阐述上山文化在全国、东亚地区乃至全世界稻作文明起源、形成、发展进程中的价值，进一步提升我省在中华文明乃至世界文明起源中的地位。（责任单位：省文物局）

3.开展专题研究。依托上山文化研究中心、中华万年考古遗址联盟、中国水稻研究所上山稻作研究基地等平台，联合高校和科研机构，建立联合科研攻关机制，联合开展年代学、文化谱系、古环境、古气候、生业经济与技术、彩陶、体质人类学、聚落与社会、国内国际同时期文化的研究，挖掘上山文化的独特价值，为保护和申遗工作提供学术支撑。（牵头单位：省文物局，配合单位：遗址所在地政府）

4.加快成果呈现。系统整理嵊州小黄山、义乌桥头、永康湖西、龙游荷花山、仙居下汤等上山文化遗址的考古发掘资料，到2025年，完成考古发掘简报或报告的编撰。（责任单位：省文物局）

（二）加强遗址保护展示。

5.加强保护和管理。加快完成嵊州小黄山遗址，永康湖西遗址、庙山遗址、太婆山遗址，龙游荷花山遗址，临海峙山头遗址，仙居下汤遗址等省级以上文物保护单位保护规划的编制、审批和公布实施。夯实文物主管部门责任，配强工作力量。（牵头单位：嵊州市、永康市、龙游县、临海市、仙居县政府，配合单位：省文物局）

6.完善遗址保护体系。根据遗址的历史、艺术、科学价值，积极申报全国重点文物保护单位、省级文物保护单位，适时提升省市县级文物保护单位的保护级别，尚未公布为市县级文物保护单位的，2022年完成公布工作，落实保护管理措施。（牵头单位：遗址所在地政府，配合单位：省文物局）

7.加强考古遗址公园建设。按照国家考古遗址公园建设标准，制定工作计划，加快推进上山考古遗址公园建设。加快完成义乌桥头、龙游荷花山、仙居下汤等省级考古遗址公园规划编制。加快嵊州小黄山、义乌桥头、永康湖西、浦江上山、龙游荷花山、仙居下汤等6处首批申遗点遗址本体保护、环境整治和遗址博物馆配套服务设施等建设。到2023年，新公布1—2个省级考古遗址公园，完善上山文化考古遗址公园群落。积极推荐上山文化考古遗址公园列入我省大花园耀眼明珠名单。（牵头单位：申遗遗址所在地政府，配合单位：省发展改革委、省自然资源厅、省生态环境厅、省交通运输厅、省农业农村厅、省文化和旅游厅、省文物局、省电力公司）

8.加快推进上山遗址博物馆（世界稻源博物馆）建设。积极打造一流考古遗址博物馆，2022年完成项目设计方案，2024年建成并力争开馆，展示世界稻作农业起源和上山文化考古研究成果。（牵头单位：浦江县政府，配合单位：省发展改革委、省自然资源厅、省农业农村厅、省文物局）

（三）推进遗产的活化利用。

9.打造稻作农业品牌。依托中国水稻所科研力量，打造现代稻作研究中心，充分挖掘现代农业附加值，努力使上山文化遗址地成为农产品地理标志，促进古代遗址与现代农业融合发展。（牵头单位：遗址所在地政府，配合单位：省农业农村厅、省文化和旅游厅、中国水稻所）

10.深化文化旅游融合。依托上山文化考古遗址公园群落，打造上山文化考古特色精品旅游线路。对全省见证史前文明水稻起源的相关文物、点位进行梳理，联合打造“浙江——水稻之源”文化标识。（责任单位：省文化和旅游厅、省文物局，遗址所在地政府）把上山文化考古遗址公园纳入区域旅游体系，由点及面汇集区域旅游资源，形成遗址文化旅游大系统。（牵头单位：遗址所在地政府，配合单位：省文化和旅游厅、省文物局）

11.加快文化创意研发。鼓励社会资本参与，开展上山文化主题文创产品研发，发展相关文化创意产业，丰富上山文化文创产品体系。结合文化基因解码工程，研究设计上山文化的核心符号意向、现代文化表达，为产业开发夯实资源基础。（牵头单位：遗址所在地政府，配合单位：省文化和旅游厅、省文物局）

（四）做好宣传推广工作。

12.拓展传播渠道。加强上山文化国际交流，邀请相关领域专家，交流论证最新考古研究成果。开展上山文化主题文艺创作，打造演艺节目品牌。拍摄上山文化纪录片、考古公开课，在国家和省内外媒体播放。协调主流媒体开设专栏、专版、专题进行集中报道。充分利用微电影、短视频、虚拟现实等融媒体，推出上山文化研究、保护和申遗线上专题讲座、直播活动，扩大上山文化的传播面和影响力。实施上山文化国际推广计划，做强对外交流活动品牌，向世界讲好上山文化故事。（牵头单位：遗址所在地政府，配合单位：省委宣传部、省文物局）

13.出版各类读物。出版上山文化彩陶图录、公众考古科普读物，编纂上山文化研究丛书。将上山文化研究成果纳入省级通用地方课程教材《人·自然·社会》等中小学教材和中小学“第二课堂”内容。积极向教育部建议，将上山文化纳入国家教材内容。编撰和推广上山文化研学资源材料，推动上山文化遗址公园列入省市中小学研学实践教育基地和研学营地。（牵头单位：省教育厅、省文物局，遗址所在地政府）

（五）加快推进申遗材料编制。

14.强化遗产价值研究。委托专业技术团队开展申遗预研究工作，以嵊州小黄山、义乌桥头、永康湖西、浦江上山、龙游荷花山、仙居下汤等遗址为重点，梳理上山文化遗址价值内涵，并开展与世界范围类似遗产比较研究。（牵头单位：申遗遗址所在地政府，配合单位：省文物局）

15.推进申遗材料编制。做好上山文化遗址申报《中国世界文化遗产预备名单》文本和文物保护单位保护规划编制，根据国家文物局工作安排，及时申报列入《中国世界文化遗产预备名单》。（牵头单位：申遗遗址所在地政府，配合单位：省文物局）

三、保障措施

（一）加强组织领导。

充分发挥上山文化遗址保护和申遗工作专班（以下简称专班）作用，定期研究解决上山文化遗址保护和申遗的重大问题；专班相关部门要按照责任分工，细化政策措施，通力配合、齐抓共促，推动形成上山文化遗址保护和申遗的良好局面；遗址所在地政府要强化主体责任，建立健全工作机制，加大统筹力度，抓好工作落实。（责任单位：专班成员单位）

（二）强化要素保障。

省级自然资源部门指导遗址所在地自然资源部门在“三区三线”划定中保障上山文化遗址保护展示和申遗项目用地。把上山文化考古遗址公园建设工程列入《浙江省基础设施综合专项规划（2020—2035年）》省级重大基础设施项目清单。（责任单位：省自然资源厅；配合单位：省文物局，遗址所在地政府）遗址所在地自然资源部门加强统筹协调，保障上山文化遗址保护展示和申遗项目合理用地需求，将上山文化保护展示和申遗项目新增用地需求纳入国土空间规划，协调解决相关规划空间指标和农转用计划指标，在用地指标方面向申遗遗址保护展示和申遗项目倾斜。（责任单位：遗址所在地政府）支持将上山遗址博物馆（世界稻源博物馆）等上山考古遗址保护利用重大项目列入全省重大文化产业项目。（责任单位：省发展改革委，浦江县政府）理顺遗址保护展示和申遗工作的投入关系，按照文化遗产保护传承方面省与市县财政事权和支出责任划分原则，根据实际情况，将上山文化遗址保护展示、相关征迁、遗址本体保护、环境整治、基础设施配套、博物馆建设及规划编制等工作列入政府年度预算。（责任单位：遗址所在地政府，配合单位：省财政厅）省财政对上山文化遗址考古研究、保护利用和宣传工作给予适当补助，将符合条件的上山文化遗址保护展示和申遗项目纳入省级财政补助范围，积极向财政部争取国家重点文物保护专项资金补助，指导相关市县财政部门做好经费保障工作。（责任单位：省财政厅，配合单位：省文物局，遗址所在地政府）统筹考古专业力量，加强上山文化遗址的考古研究工作。（责任单位：省文物局，遗址所在地政府）上山文化遗址所在县（市、区）政府依法履行文物保护主体责任，压实文物保护主管部门工作职责，配强人员力量，优化人员构成，提高文物保护队伍专业化水平。（责任单位：遗址所在地政府）

（三）完善工作机制。

坚持调查研究、分析研判、协调服务常态化，统筹研究涉及上山文化遗址保护和申遗的重大事项，协调保障资源要素。聚焦上山文化遗址保护展示和申遗重点任务，建立健全目标体系、工作体系、政策体系、评价体系，明确任务和责任，清单化管理、项目化推进，形成工作闭环。建立省市县三级联动工作机制，形成工作合力。通过专班工作例会、专题协调会等，及时研究解决保护和申遗中的难点堵点问题，切实推动各项工作落实落细。（责任单位：专班成员单位）

（四）加强督促评价。

加强对重点工作任务的跟踪督促，完善问题反馈整改机制，引导激励各地、各部门改革创新、集成突破，形成可复制、可推广的经验做法。建立上山文化遗址保护和申遗工作评价体系，加强第三方评估、社会监督评价等结果运用。健全完善评价指标体系和工作统计方法，建立健全相关监督和检查制度，营造争先创优的浓厚氛围。（责任单位：专班成员单位）

浙江省文物局关于印发《全省石刻文物拓印安全管理专项整治工作实施方案》的通知

浙文物〔2022〕24号

各市、县（市、区）文物局，杭州市园林文物局，省级各文博单位：

为深入贯彻落实习近平总书记关于文物保护和文物安全工作的重要指示批示精神，切实加强和规范我省石刻文物拓印管理，按照国家文物局《关于加强石刻文物拓印管理的通知》（文物督函〔2022〕100号）和《浙江省文物局关于清查石刻文物拓印管理情况和整治存在问题的紧急通知》（浙文物函〔2022〕45号）（以下简称《通知》）要求，我局制定了《浙江省石刻文物拓印安全管理专项整治工作实施方案》，现印发你们，请认真组织实施。

特此通知。

浙江省文物局

2022年2月8日

浙江省石刻文物拓印安全管理专项整治工作实施方案

一、工作目标

坚持问题导向、目标导向和结果导向，对照《文物复制拓印管理办法》（文物政发〔2011〕1号）规定，全面清查石刻文物拓印管理工作存在的突出问题，完善管理制度，加强安全监管，推动日常保护管理工作有序、规范；严肃查处文物拓印各类违法行为，坚决遏制因违规拓印、盗窃盗割等造成碑刻石刻文物破坏的情况发生，切实维护文物法律法规尊严。

二、整治重点

全面检查文物博物馆单位碑刻石

刻文物保护和拓印管理工作情况。重点排查整治未经审批擅自拓印石刻文物，无资质拓印石刻文物，违规拓印元代及元代以前石刻文物，盗窃、盗割、盗拓田野石刻文物，违规销售物拓片，将文物拓片作为礼品赠送等违法行为和管理问题。

三、主要措施

（一）摸底排查。根据整治重点，督导各文物博物馆单位对现有收藏的石刻文物拓片进行全面摸底自查，摸清拓片底数，并及时封存现有文物拓片，进行登记造册，严格保管。非国有博物馆、文物商店等单位，按照属地管理原则，一并纳入此次排查整治工作。

（二）问题整治。对未取得资质证书或者未经许可擅自拓印的行为依法立案调查；对拓印元代及元代以前石刻文物原件的行为进行专项整顿；对博物馆、文物保护管理机构售卖的石刻文物拓片全部下架，并登记保管；对已经审批尚未实施拓印或者正在拓印的，立即停止拓印，并依法依规重新审查；对博物馆、文物保护管理机构作为礼品馈赠出的石刻文物拓片，应当尽量追回；对盗窃、盗割、盗拓碑刻石刻文物等违法犯罪行为，及时移交公安机关调查。

（三）建立长效机制。各单位要举一反三，制定拓印管理工作全过程规范流程和管理制度，进一步严格资质审批程序，强化对石刻文物拓印管理、安保等人员培训。加强日常监督检查，定期组织文化市场综合行政执法队定期对文物博物馆的拓印情况和具备拓印资质的单位开展执法检查。将盗窃、盗割、盗拓碑刻石刻文物行为纳入打击防范文物犯罪专项行动的重点内容，主动会同公安、市场监管部门定期开展联合检查，严惩文物犯罪。

四、排查整治时间

自2022年2月7日起至2022年2月20日。未及时整治到位的违法行为和管理问题，要结合全省大整治专项行动，制定整改方案，明确责任人员和整改期限，推进整改工作落实到位。

五、工作要求

（一）加强组织领导。各单位要提高政治站位，扛牢政治责任，深刻认识石刻文物拓印安全管理专项整治工作的重要性、紧迫性，单位一把手要亲自过问、亲自部署、亲自督导，制定具体方案，研究落实措施，并成立工作专班，专人负责组织实施和落实具体工作，全力推进排查整治工作取得实效。

（二）开展督查问效。省文物局将对全省石刻文物拓印安全管理专项整治工作开展专项督查、抽查，设区市文物行政部门要通过明察暗访等方式对所辖县（市、区）专项整治工作进行监督、指导。各县（市、区）文物行政部门负责对本地区、本单位工作开展情况和实际成效进行督促检查，确保排查整治工作按时保质完成。

（三）严格信息报送。请各地各单位及时总结专项整治工作落实情况，填写石刻文物拓印安全管理专项整治工作有关报表，按照《紧急通知》要求，于2022年2月20日前报我局安全与督察处。联系人：谭进良，联系电话：17794561506。

浙江省文物局综合处

2022年2月8日印发

浙江省文物局关于印发《全省文物安全大整治行动重点工作任务》的通知

浙文物〔2022〕67号

各市、县（市、区）文物局，杭州市园林文物局，杭州良渚遗址管理区管委会，省级各文博单位：

为贯彻落实《中共浙江省委办公厅浙江省人民政府办公厅印发〈关于开展全省文物安全大排查大整治大提升攻坚行动的意见〉的通知》（浙委办发〔2021〕65号），确实提升“文物安全整治年”工作成效，我局制定了《全省文物安全大整治行动重点工作任务》，并经局党政联席会议审议通过。现印发你们，请结合实际认真贯彻落实。

浙江省文物局

2022年3月29日

全省文物安全大整治行动重点工作任务

一、工作目标

全面推进“文物安全整治年”各项工作，通过1年左右时间（2021年12月至2022年11月），治理文物安全风险隐患和管理漏洞，实现省级以上文物保护单位安全隐患整改措施落实率达100%；严查文物行政违法案件和刑事犯罪案件，文物法人违法案件查处率达100%；建立文物博物馆单位安全健康档案，省级以上文物保护单位、国有博物馆安全档案建档率达100%。实现全省文物安全形势根本好转。

二、主要措施

（一）进一步完善文物安全工作联席会议制度

1.调整联席会议成员单位，明确

各部门文物安全管理工作职责，建立工作运行机制。（完成时间：6月底前）

2.召开文物安全联席成员全体会议。（完成时间：9月底前）

3.市、县（市、区）参照省级做法，进一步完善文物安全工作联席会议制度，召开联席会议。（完成时间：12月底前）

（二）建立健全文物安全工作机制

4.与省公安厅建立打击和防范文物犯罪联合长效工作机制，进一步强化在协调会商、打击防范、案件督察、文物鉴定保管、业务培训、行刑衔接等方面的工作。（完成时间：6月底前）

5.与省民宗委建立宗教活动文物场所安全监管协作机制，与省林业局建立文物、山林火灾联合防范工作机制，并开展1次联合专项检查。（完成时间：6月底前）

6.市、县（市、区）参照省级做法，文物部门与公安、民宗、林业等部门建立工作机制，联合开展检查。（完成时间：10月底前）

（三）落实文物安全工作例会和领导联系制度

7.省文化和旅游厅、省文物局分别每半年、每季度召开会议专题研究1次文物安全工作，分析文物安全形势，研究工作举措。市、县（市、区）文物行政部门参照执行。（全年）

8.开展全省文化和旅游、文物系统领导干部对联系文物点的安全督导工作，确保省级以上文物保护单位安全督察全覆盖。（完成时间：10月底前）

（四）挂牌督办一批存在重大火灾隐患的文物保护单位

9.会同省消防救援总队对全省16处存在重大火灾隐患的省级以上文物保护单位提请省消安委进行挂牌督办。（完成时间：3月底前）

10.市、县（市、区）文物行政部门会同消防救援机构，对存在重大火灾隐患的其他文物保护单位提请当地消安委实行挂牌督办。（完成时间：9月底前）

11.市、县（市、区）文物行政部门联合消防救援机构，督导责任单位落实整改措施；设区市文物行政部门会同消防救援机构开展整治验收。（全年）

（五）开展文物安全大整治工作专项督查

12.商请省委督查室、省政府督查室组织开展文物安全大整治工作专项督查，以“四不两直”的方式，督查各地文物安全大整治工作实施情况，并形成督查报告。（完成时间：5月底前）

13.市、县（市、区）文物行政部门参照省级做法，提请当地党委督查室、政府督查室开展文物安全专项督查。（完成时间：10月底前）

14.开展国家文物局文物安全督察员试点工作，定期组织省级文物安全巡查队开展文物安全巡查。市、县（市、区）参照省级做法，组建文物安全巡查队，定期开展检查，配合文物行政部门督促乡镇（街道）落实文物安全治理各项举措。（全年）

（六）配合公安部门开展打击防范文物犯罪专项行动

15.配合省公安厅部署开展打击和防范文物犯罪专项行动。省、市、县（市、区）文物行政部门配合公安部门开展文物犯罪线索摸排、涉案文物鉴定保管等工作，监督文物使用管理单位做好日常治安防范。（全年）

16.省、市文物行政部门联合公安部门，推动属地将省级以上文物保护单位治安防范与城乡社区警务、综治网格管理相融合，纳入“天网工程”“雪亮工程”监管。（全年）

（七）开展文物法人违法案件专项整治行动

17.省文化和旅游厅、省文物局组织全省文化市场综合行政执法机构开展文物法人违法“亮剑”行动。重点排查省级以上文物保护单位周边涉建项目，严肃查处文物法人违法行为。市、县（市、区）文物行政部门应当组织协调专业机构开展影响评估，并提出整改建议。（完成时间：6月至12月）

18.省、市文物行政部门对案情重大、查处不力的文物法人违法案件实行挂牌督办，并视情予以全省通报。各级文物行政部门要发挥媒体作用，设置曝光台，对典型违法案例进行曝光。（全年）

（八）开展文物行政执法检查工作

19.根据《浙江省文物安全与执法检查工作办法》和《浙江省文物局关于进一步加强省级以上文物保护单

位执法巡查工作的通知》要求，市、县（市、区）文化市场综合行政执法机构对直接管辖的全国重点文物保护单位每月执法巡查不少于1次，省级文物保护单位每两个月执法巡查不少于1次。（全年）

20.市、县（市、区）文物行政部门对本辖区文物行政执法巡查工作进行监督和指导；省、市文物行政部门和文化市场综合行政执法机构开展执法巡查专项督察，依托全省文物安全智慧监管平台，对执法巡查工作情况进行晾晒、考核。（全年）

21.调研“大综合一体化”行政执法改革试点地区相关工作，提前谋划综合行政执法改革后的文物安全监管和行政执法协同运作机制。（完成时间：9月底前）

（九）创新推广文物安全监管新模式

22.每个设区市组织试点县（市、区）建立全国文物保护单位安全监管“一点一策”工作机制。（完成时间：10月底前）

23.调研总结“巾帼护宝队”“桥长制”“楼长制”等试点工作情况，召开现场会全省推广。（完成时间：10月底前）

24.拓展技术监管手段，利用卫星遥感技术对省级以上文物保护单位“两线”范围内状况进行定期监测。（全年）

（十）推进文物安全数字化改革应用

25.迭代全省文物安全智慧监管平台，开发浙政钉使用端，丰富平台功能，完善检查事项清单，优化分色图判定因素和计算模型。（完成时间：6月底前）

26.市、县（市、区）文物行政部门、保护机构要积极运用文物安全智慧监管平台，录入工作数据，并指导乡镇（街道）开展日常使用工作。（全年）

27.加强物联感知设备互联互通，结合实际情况，逐步接入省级以上文物保护单位视频监控，实现接入单位不少于150家。（完成时间：全年）

28.指导试点地区开展文物安全应用场景建设，遴选一批管用、实用且可复制、可推广的应用子场景，适时召开现场会全省推广。（完成时间：11月底前）

（十一）开展碑刻石刻文物拓印安全管理专项整治行动

29.根据国家文物局工作部署，制定专项整治年度工作方案。（完成时间：待定）

30.市、县（市、区）文物行政部门和省级文博单位全面梳理纳入文物归口管理碑刻石刻文物资源，排查整顿碑刻石刻文物拓印保护管理工作，排摸盗割、盗窃碑刻石刻等犯罪线索。全省文化市场综合行政执法机构依法查处涉及碑刻石刻的违规拓印等行政违法行为。（全年）

（十二）开展文物安全与执法业务培训

31.组织开展全省文物安全管理、执法监察等业务培训。市、县（市、区）文物行政部门、文化市场综合行政执法机构要采取多种方式开展业务培训，切实提升有关人员安全管理和应急处置能力。（全年）

（十三）实施文物平安工程

32.做好全省文物平安工程方案指导和审查、项目中期监管、工程验收等工作。市、县（市、区）文物行政部门加快推进文物平安工程建设，力争省级以上文物保护单位安全防护基础设施覆盖率不低于50%。（全年）

浙江省文物局综合处

2022年3月29日印发

浙江省公安厅浙江省文物局关于加强文物安全防范和打击文物犯罪有关工作的通知

浙文物〔2022〕121号

各市、县(市、区)公安局、文物局,杭州市园林文物局:

为深入贯彻落实习近平总书记关于文物工作的重要指示批示精神,深入推进全省文物安全大排查大整治大提升攻坚行动,进一步健全文物安全保护机制,优化安全防范工作体系、责任体系,现就加强文物安全防范和打击文物犯罪工作通知如下:

一、从严压实单位直接责任。各级公安、文物部门要指导督促文物博物馆单位和其他文物管理、使用单位或个人全面落实安全防范直接责任,完善纵向到底、横向到边的安全防范责任体系,配齐配足与任务相适应的安保组织和安保人员,落实人防、技防、物防相结合的防范措施。要完善重点部位、重点岗位员工安全管理机制,建立重点部位、重点岗位清单,加强重点部位的日常巡查值守和重点岗位员工的背景审查。健全完善各项内部治安保卫制度和防范措施,落实安全防范“四个100%”建设要求,即单位建立专职保安员或文保员等安保力量配备率、一键式紧急报警和监控系统联网安装率、物防设施升级改造完成率、巡逻防控有效覆盖率均需达到“400%”。要健全突发事件应急处置机制,分级分类组织应对盗窃、盗掘、人为破坏等突发事件处置演练。以“补短板、除隐患”为目的,以重点人、重点事、重点部位、重要物品安全管控为主要内容,常态化开展风险隐患排查整改活动,真正把安全风险隐患找准、找全,并建立责任清单,落实责任部门和责任人,及时整改消除风险。

二、大力推进智慧安防建设。要严格执行《博物馆和文物保护单位安全防护系统要求》《文物系统博物馆风险等级和安全防范级别的规定》,并结合社会治安防控体系建设,将文物博物馆单位周边重点场所、主要通道等部位的监控设备纳入各地“雪亮工程”“天网工程”。积极推进“浙里文物安全监管应用”等数字化改革项目建设，深化文物安全体检、防范盗窃盗掘、法人违法等场景应用。要打通数据壁垒，协调推动文物博物馆单位同安全监管职能部门数据联通共享。积极探索新技术新手段应用，将无人机、机器人等先进智能设备投入到文物安全与执法检查领域，把异常行为识别预警、异常高危人员筛查和智能分析等多维预警功能运用到安防中，构建多维度、多系统的智慧型安防体系，提高研判预警、动态监测和联动处置能力，从以往的被动防范、事后应对向主动预警、靠前震慑转变。

三、不断完善共保共治机制。公安、文物等部门要按照职责建立会商机制，及时通报阶段性防范和打击文物犯罪工作情况，分析研判重点文物安全状况和突出问题，共同研究防范工作举措。文物博物馆单位要密切与乡镇街道、公安、消防救援、相邻单位的联系沟通，明确职责任务和分工，建立完善应急联动机制。要积极培育发展社会组织，加强共建共治，充分动员鼓励社会志愿者、治安积极分子等社会力量参与安全宣传、协助巡逻等活动。要通过政府购买服务，积极引导保安公司等社会专业力量参与联动共治，推动文物博物馆单位安防与城乡网格管理、社区警务相融合，全力构建文物安全共保共治新格局。

四、持续保持严打严治态势。公安部门对盗窃、盗掘、倒卖、走私等文物犯罪案件要快破现案、多破积案，始终保持严打高压态势。要加强案件的深度经营，树立打盗掘、摧团伙、追文物、查资金的“全链条打击”理念，坚决摧毁探、掘、盗、运、销“一条龙”的文物犯罪网络。要充分运用大数据、云计算等新技术新手段，利用全国文物犯罪信息管理系统加强数据碰撞、比对分析、线索串并、研判深挖，对文物犯罪开展精准打击。文物部门要完善文物保护行政执法和刑事司法衔接制度，对各类文物行政违法行为及时予以行政处罚，对涉嫌损毁文物等犯罪行为的，要及时移送。同时，要严厉查处未批先建、破坏损毁文物本体和环境、影响文物环境风貌等法人违法行为，对重点案件要开展联合约谈。

五、探索创新政府监管模式。公安、文物等部门要严格开展联合督导检查，对安全责任不落实、安全制度不完善、防范措施不到位、应急处置能力差等问题建立通报制度，督促限期整改，对限期内未落实整改的重大安全隐患实施挂牌督办，并纳入政府、部门目标考核评价。要推动政府、部门、企业及社会力量形成宣传合力，发挥各地电视、电台、报纸、网络平台、宣传栏等宣传阵地作用，通过播放音视频、张贴标语横幅、制作宣传挂图等形式，加大文物安全宣传力度，切实增强广大群众的安全保护意识，形成全民关心、全民支持的良好氛围。要健全重点单位联系制度，加强先进典型培树，促进先进经验推广。要实施安保人才培养计划，定期开展安全防范队伍专业培训、岗位练兵比武，建立安防专家人才库，加强专业人才引进，不断提升安防队伍专业能力和水平。

浙江省公安厅

浙江省文物局

2022年6月10日

浙江省文物局关于加快推进全省文物安全应用场景试点建设的通知

浙文物函〔2022〕162号

各有关单位：

为贯彻落实4月26日全省数字化改革推进会精神，加快推进文物安全智慧监管应用场景建设，力争在6月底前形成一批标志性改革成果，现就有关事项通知如下：

一、提高思想认识。“浙里文物”已被省委列入“牵一发动全身”重大数字化改革项目，文物安全智慧监管为其重点应用子场景。各单位要高度重视，攻坚克难，加快推进全省文物安全应用场景“揭榜挂帅”试点项目建设，尽早尽快形成“硬核”成果。

二、提速项目建设。各单位要按照省委有关要求，明确目标任务，加强统筹协调，加紧工作节奏，加快项目推进，争取在5月底前完成应用研发并上线运行。

三、实施赛马机制。各单位要进一步增强看齐意识、危机意识，克服安于现状、消极无为的思想。对进度滞后、成效不足的项目，我局将视情取消试点。

各地要严格按照周报制度，及时汇报项目建设进展情况，如有问题请及时与我局沟通联系。

联系人：黄怡之，联系电话：0571-87080295，15215878303（浙政钉）；徐露晨，联系电话：0571-87019216，18758078565（浙政钉）。

特此通知。

附件：各有关单位

浙江省文物局

2022年4月29日

各有关单位

杭州市萧山区文物局、杭州良渚遗址管理区管理委员会、杭州市余杭区文物局、杭州市临平区文物局、杭州市富阳区文物局、杭州市临安区文物局、建德市文物局；宁波市文物局、宁波市海曙区文物局、宁波市鄞州区文物局；温州市文物局、温州市瓯海区文物局、泰顺县文物局；湖州市南浔区文物局、德清县博物馆；嘉兴市文物局、海宁市文物局、桐乡市文物局；绍兴市文物局、绍兴市越城区文物局、诸暨市文物局、嵊州市文物局；金华市文物局、金华经济技术开发区管委会、兰溪市文物局；龙游县文物局；台州市黄岩区文物局、温岭市文物局、天台县文物局

浙江省文物局关于进一步加强省级以上文物保护单位执法巡查工作的通知

浙文物督函〔2022〕4号

各市、县（市、区）文化市场综合行政执法队：

为进一步遏制省级以上文物保护单位文物违法案件多发、频发势头，实现文物行政执法关口前移，及时发现、制止破坏文物本体及历史风貌等各类违法行为，根据省委办公厅、省人民政府办公厅印发《关于开展全省文物安全大排查大整治大提升攻坚行动的意见》（浙委办发〔2021〕65号）和《关于加强文物保护利用改革的实施意见的通知》（浙委办发〔2019〕67号）的有关精神，现就进一步加强省级以上文物保护单位执法巡查工作通知如下：

一、突出重点。要在开展日常执法巡查的同时，以省级以上文物保护单位为主要巡查对象，对其保护范围、建设控制地带内是否存在擅自建设工程或者其他违法作业行为进行重点巡查。

二、加大频次。各县（市、区）文化市场综合执法队对本行政辖区内的全国重点文物保护单位每月巡查不少于1次，省级文物保护单位每两个月巡查不少于1次。由设区市直接管理的省级以上文物保护单位，由设区市文化市场综合执法队负责巡查。

三、依法处置。巡查中发现存在违法苗头的，要及时制止；违法行为已经发生，但尚未造成明显不利后果的，要责令改正、恢复原状；违法行为造成严重后果的，要依法依规严肃查处；存在涉嫌犯罪行为的，要及时移送公安机关。巡查中发现安全隐患的，要及时报告当地文物行政部门。

四、及时报告。省级以上文物保护单位发生违法案件的，市、县（市、区）文物行政部门要按照规定及时报告省文物局。省级以上文物保护单位执法巡查情况，由设区市文化市场综合行政执法队汇总（见附件），经设区市文物行政部门审核后，于每年6月15日、12月15前报省文物局。

五、加强督导。市、县两级文物行政部门要加强对本辖区文物行政执法巡查工作的监督和指导，督促执法巡查工作落地见效；设区市文化市场综合行政执法队，每半年要“走一遍市县、督一次巡查”，及时掌握本辖区文物执法巡查数据和文物违法案件线索，切实提升文物执法巡查工作质量，有效遏制违法行为的发生。

省文物局将结合全省文物安全大排查大整治大提升攻坚行动和文物法人违法案件三年专项整治行动，对省级以上文物保护单位执法巡查工作开展专项督察，实时抽查各地执法巡查开展情况。对巡查工作表现突出的，予以表扬。对工作开展不力，违法行为未及时发现、制止，或有案不查、查案不力的地区和单位，进行通报批评，情节严重的将提请相关部门严肃问责。

各设区市文物行政部门应作出具体规定，对本辖区内的市、县级文物保护单位、文保点等，组织开展执法巡查工作。

联系人：谭进良，联系电话：0571–87038118。

附件：省级以上文物保护单位半年度执法巡查情况汇总表

浙江省文物局

2022年2月11日

省级以上文物保护单位__________年____半年执法巡查情况汇总表

填报单位签章：　　　　　　　　　　文物行政部门审核签章：

地区	文保单位	总数	巡查频次	巡查发现情况					建档情况
设区市	国保		巡查__处	涉嫌违法__处	当场改正__处	立案查处__处	涉嫌犯罪移送__处	隐患抄报__处	建档__处
	省保		巡查__处	涉嫌违法__处	当场改正__处	立案查处__处	涉嫌犯罪移送__处	隐患抄报__处	建档__处
县（市、区）	国保		巡查__处	涉嫌违法__处	当场改正__处	立案查处__处	涉嫌犯罪移送__处	隐患抄报__处	建档__处
	省保		巡查__处	涉嫌违法__处	当场改正__处	立案查处__处	涉嫌犯罪移送__处	隐患抄报__处	建档__处

填报人：　　　　　　　　填报日期：　　　　　　　　联系电话：

备注：“总数”填报辖区直接管理的全国重点文物保护单位和省级文物保护单位合计数；“巡查频次”填报半年内完成全国重点文物保护单位每处每月巡查不少于1次、省级文物保护单位每处每2个月巡查不少于1次的巡查合计数字；“设区市”栏目填报设区市直接管理的单位相关数字；“县（市、区）”栏目填报所辖各县（市、区）合计数字。

浙江省文化和旅游厅浙江省文物局关于进一步推进文物安全防护设施设备建设工作的通知

各市、县（市、区）文化和旅游局（文物局），杭州市园林文物局：

为贯彻落实《中共浙江省委办公厅浙江省人民政府办公厅印发〈开展全省文物安全大排查大整治大提升攻坚行动的意见〉的通知》精神，根据《浙江省文物安全工作全面提升三年行动计划（2020年—2023年）》要求，加快推进文物防盗、防火、防雷设施设备建设，全面提升全省文物安全技术防范能力水平，力争在2026年底实现省级以上文物保护单位安全防护设施设备全覆盖。现提出意见如下：

一、提高思想认识。目前，全省文物安全形势依然严峻，文物法人违法、盗窃盗掘、火灾事故、自然灾害等安全风险突出，文物安全防控任务繁重。各单位要始终把文物安全工作放在首要位置，强化文物安全责任落实，加快实施文物平安工程项目，提高利用科技赋能，全面增强安全预警和防控能力，及时化解重大安全风险，有效防范文物违法案件和责任事故的发生，为文物保护利用改革提供安全保障。

二、统筹协调推进。各地各单位要按照"宜早不宜迟、宜快不宜慢"要求，科学统筹协调，加快推进项目建设。根据文物安全防护技术标准和规范要求，严格执行项目立项、方案报审、工程实施、竣工验收等流程，优化工程质量管理，确保将每个文物平安工程项目打造成精品工程、放心工程。

三、强化要素保障。各地各单位要按照实际需要申报建设项目，做好项目储备，落实项目资金，及时开工建设，并严格执行《浙江省文物保护专项资金管理办法》，专款专用。加大对文物安全防护设施设备运行维护的资金保障力度，定期开展专业检测、维修保养，必要时对老旧设施设备进行更新提升，确保安全设施设备运作正常良好。

请各地各单位高度重视，落实安全监管责任，按计划推进项目建设。对项目推进不力、配套资金不落实、开工缓慢迟滞的地区，我们将提请纳入“七张问题清单”专项督办。

附件：全省省级以上文物保护单位安全防护设施设备建设计划表（2022年—2026年）

浙江省文化和旅游局

浙江省文物局

2022年9月14日

全省省级以上文物保护单位安全防护设施设备建设计划表（2022 年—2026 年）

序号	名称	级别	所在县（市、区）	拟实施项目类型
计划于2022年底前完成（131项）				
1	丁家花园	省保	杭州市上城区	安防、消防
2	浙江省第一师范旧址	省保	杭州市下城区	安防、消防
3	杭州忠义桥	国保	杭州市西湖区	安防
4	第一届西湖博览会工业馆旧址	国保	杭州市西湖区	安防、消防
5	五四宪法起草地旧址	国保	杭州市西湖区	安防、消防
6	西湖十景	国保	杭州市西湖区	安防、消防
7	文澜阁	国保	杭州市西湖区	安防、消防
8	灵隐寺石塔和经幢	国保	杭州市西湖区	安防
9	钱塘江大桥	国保	杭州市西湖区	安防
10	之江大学旧址	国保	杭州市西湖区	安防、消防
10	郭庄	省保	杭州市西湖区	安防、消防
12	蒋经国旧居	省保	杭州市西湖区	安防、消防

序号	名称	级别	所在县(市、区)	拟实施项目类型
13	国民革命军陆军第八十八师淞沪抗日阵亡将士纪念坊	省保	杭州市西湖区	安防
14	史量才墓	省保	杭州市西湖区	安防
15	鲤鱼山—老虎岭水坝遗址	国保	杭州市余杭区	安防
16	萧绍海塘(杭州段)	省保	杭州市滨江区、萧山区	安防
17	新安江水电站(含白沙大桥)	省保	建德市	安防、消防
18	林宅	国保	宁波市海曙区	安防、消防
19	它山堰	国保	宁波市海曙区	安防
20	月湖清真寺	省保	宁波市海曙区	安防
21	华美医院旧址	省保	宁波市海曙区	安防、消防、防雷
22	私立甬江女子中学旧址	省保	宁波市海曙区	安防、消防、防雷
23	浙东运河河道(萧山段、绍兴段、宁波段)	省保	上虞区、宁波市海曙区	安防
24	东钱湖墓葬群	国保	宁波市鄞州区	安防
25	二灵塔	国保	宁波市鄞州区	安防
26	宁波市总工会旧址	省保	宁波市鄞州区	安防
27	武岭学校旧址	省保	宁波市奉化区	安防
28	总台山烽火台	省保	宁波市北仑区	安防
29	小浃江碶闸群	省保	宁波市北仑区	安防
30	姚江水利航运设施及相关遗产群	省保	宁波市江北区、余姚市	安防
31	泗门谢氏始祖祠堂	省保	余姚市	消防
32	舜江楼	省保	余姚市	安防、消防
33	马渚横河水利航运设施	省保	余姚市	安防
34	锦堂学校旧址	国保	慈溪市	安防、消防、防雷
35	浙东抗日根据地旧址	国保	余姚市、慈溪市	安防
36	江心寺	省保	温州市鹿城区	消防
37	永川轮船局旧址	省保	温州市鹿城区	消防

序号	名称	级别	所在县（市、区）	拟实施项目类型
38	城西基督教堂	省保	温州市鹿城区	安防、消防
39	八卦桥和河西桥	国保	瑞安市	安防
40	心兰书社	省保	瑞安市	安防
41	山皇城遗址	省保	瑞安市	安防
42	卢金峰墓（含卢氏宗祠）	省保	瑞安市	安防
43	东安硐桥	省保	瑞安市	安防
44	瑞安东塔	省保	瑞安市	安防
45	垟坑石塔	省保	瑞安市	安防
46	翠阴洞摩崖题记	省保	瑞安市	安防
47	石佛山摩崖石刻	省保	瑞安市	安防
48	虞廷恺故居	省保	瑞安市	安防
49	东元水碓造纸作坊群	省保	瑞安市	安防
50	雁荡山龙鼻洞摩崖题记	国保	乐清市	安防
51	高氏家族墓地	国保	乐清市	安防
52	乐清东塔	国保	乐清市	安防
53	方坑太阴宫	省保	文成县	安防、消防
54	大会岭、道岭古道	省保	文成县	安防、消防
55	雅阳林一牧墓	省保	泰顺县	安防
56	赵孟頫墓	国保	德清县	安防
57	德清古桥群	国保	德清县	安防
58	墅元头窑址	省保	德清县	安防
59	新市河埠群及南圣堂	省保	德清县	安防
60	文明塔	省保	德清县	安防
61	德清古桥群	省保	德清县	安防
62	文治藏书楼	省保	德清县	安防
63	刘王庙戏台题记	省保	德清县	安防
64	京杭大运河河道(杭州段、嘉兴段、湖州段)	省保	德清县	安防

序号	名称	级别	所在县（市、区）	拟实施项目类型
65	沈钧儒故居	国保	嘉兴市南湖区	安防
66	雀幕桥遗址	省保	嘉兴市南湖区	安防
67	塔塘桥	省保	嘉兴市南湖区	安防
68	吴家浜遗址	省保	嘉兴市秀洲区	安防
69	鱼池汇桥	省保	嘉兴市秀洲区	安防
70	新地里遗址	国保	桐乡市	安防
71	石墩巡检司城遗址	省保	海宁市	安防
72	许村奉宪严禁盐枭扳害碑	省保	海宁市	安防
73	圣女小德肋撒天主堂	省保	海宁市	安防
74	富盛窑址	国保	绍兴市越城区	安防
75	汉建初元年买地刻石	国保	绍兴市越城区	安防
76	陈洪绶墓	省保	绍兴市越城区	安防
77	三江闸	省保	绍兴市越城区	安防
78	陈建功旧居	省保	绍兴市越城区	安防、消防
79	古纤道	国保	绍兴市柯桥区	安防
80	马鞍遗址	省保	绍兴市柯桥区	安防
81	虹明桥	省保	绍兴市柯桥区	安防
82	羊山造像及摩崖石刻（含石佛寺）	省保	绍兴市柯桥区	安防、消防
83	善庆学校旧址	省保	绍兴市柯桥区	安防、消防
84	西跨湖桥	省保	绍兴市柯桥区	安防
85	鉴湖遗址、大王庙	省保	绍兴市越城区、柯桥区	安防、消防
86	凤凰山窑址群	国保	绍兴市上虞区	安防
87	竺可桢故居	省保	绍兴市上虞区	安防、消防
88	浙东新四军北撤会议旧址	省保	绍兴市上虞区	安防、消防
89	鼓山书院	省保	新昌县	安防、消防
90	陈望道故居	国保	义乌市	安防
91	吴晗故居	省保	义乌市	安防、消防

序号	名称	级别	所在县（市、区）	拟实施项目类型
92	佛堂吴宅	省保	义乌市	安防、消防
93	冯雪峰故居	省保	义乌市	安防、消防
94	下柏石陈大宗祠	国保	永康市	安防
95	五峰书院	省保	永康市	安防
96	刘英烈士墓	省保	永康市	安防、消防
97	东陈陈氏宗祠	省保	浦江县	安防
98	陈肇英故居	省保	浦江县	安防
99	达源号钱庄	省保	衢州市柯城区	安防
100	徽州会馆	省保	衢州市柯城区	安防
101	衢州孔氏民居	省保	衢州市柯城区	安防
102	国民政府空军第十三总站遗址	省保	衢州市柯城区	安防
103	巨化电石工业遗址	省保	衢州市柯城区	安防
104	衢州侵华日军细菌弹投放点旧址	省保	衢州市柯城区	安防
105	大岭背古道	省保	衢州市柯城区	安防
106	仙岩洞摩崖题记	国保	衢州市衢江区	安防
107	楼山后骏惠堂	省保	衢州市衢江区	安防
108	下埠头天后宫	省保	衢州市衢江区	安防
109	黄甲山塔	省保	衢州市衢江区	防雷
110	涧峰徐氏宗祠及余氏宗祠	省保	衢州市衢江区	安防
111	下金大桥	省保	衢州市衢江区	安防
112	楼山后国舅厅	省保	衢州市衢江区	安防
113	相对方氏私己厅及方氏宗祠	省保	衢州市衢江区	安防
114	蒋村张氏宗祠	省保	衢州市衢江区	安防
115	茅坂徐氏宗祠	省保	江山市	安防
116	仙霞古道	省保	江山市	消防
117	余端礼墓	省保	龙游县	安防
118	霞山永锡堂	省保	开化县	安防、消防

序号	名称	级别	所在县（市、区）	拟实施项目类型
119	正大永言堂	省保	开化县	安防、消防
120	方田太和堂	省保	开化县	安防、消防
121	余村余氏宗祠	省保	开化县	安防、消防
122	开化新四军整编旧址	省保	开化县	安防、消防
123	詹宝兄弟牌坊	国保	松阳县	安防
124	市口进士牌坊	省保	松阳县	安防
125	长屿石宕遗址	省保	温岭市	安防
126	国清寺	国保	天台县	安防、消防
127	大房文昌阁	省保	天台县	安防、消防
128	街头曹氏民居	省保	天台县	消防
129	石梁摩崖题记	省保	天台县	安防
130	桐柏山摩崖题记	省保	天台县	安防
131	红旗渡槽	省保	天台县	安防

计划于2023年底前完成（117项）				
132	求是书院旧址	国保	杭州市上城区	安防、消防
133	澄庐	省保	杭州市上城区	安防、消防
134	仁爱医院旧址	国保	杭州市下城区	安防、消防
135	杭州天主教堂	省保	杭州市下城区	安防、消防
136	大麦岭摩崖题记	省保	杭州市西湖区	安防
137	杭州辛亥革命烈士墓群	省保	杭州市西湖区	安防、消防
138	秋瑾墓	省保	杭州市西湖区	安防
139	舒公塔	省保	杭州市余杭区	安防
140	纱帽山窑遗址	省保	杭州市萧山区	安防
141	双烈园	省保	杭州市富阳区	安防、消防
142	南浦桥	省保	建德市	安防
143	浙江图书馆旧址	国保	浙江省杭州市上城区、西湖区	安防、消防、防雷

序号	名称	级别	所在县（市、区）	拟实施项目类型
144	方腊洞	省保	淳安县	安防
145	铜山铜矿遗址	省保	淳安县	安防
146	余氏、汪氏家厅	省保	淳安县	安防、消防
147	龙门塔（含余四山墓）	省保	淳安县	安防、防雷
148	芹川王氏宗祠	省保	淳安县	安防、消防
149	翁文灏故居	省保	宁波市海曙区	防雷
150	宁波中山公园旧址	省保	宁波市海曙区	安防
151	慈城大耐堂等古建筑	省保	宁波市江北区	消防
152	胡氏宗祠及崇兴庙	省保	宁海县	安防
153	四连碓造纸作坊	国保	温州市瓯海区	安防
154	寨楼寨墙及张氏家族墓	省保	温州市洞头区	安防
155	岙内叶宅	省保	温州市洞头区	安防、消防
156	石马山岩刻	省保	瑞安市	安防
157	坦头窑遗址	国保	永嘉县	安防
158	依仁灯柱	省保	文成县	安防
159	坦岐炼铁厂旧址	省保	文成县	安防
160	苦马塘岩葬墓群	省保	文成县	安防
161	张家堡双牌坊	省保	苍南县	安防
162	双林三桥	国保	湖州市南浔区	安防
163	尊德堂	国保	湖州市南浔区	安防
164	洪城遗址	省保	湖州市南浔区	安防
165	东马干遗址	省保	湖州市南浔区	安防
166	磨心里遗址	省保	湖州市南浔区	安防
167	种德桥	省保	湖州市南浔区	安防
168	含山塔	省保	湖州市南浔区	安防
169	幻溇古桥群	省保	湖州市南浔区	安防
170	頔塘故道双桥	省保	湖州市南浔区	安防
171	安澜桥	省保	湖州市南浔区	安防

序号	名称	级别	所在县（市、区）	拟实施项目类型
172	博成桥、苏鲁桥和长发桥	省保	湖州市南浔区	安防
173	白坟墩遗址	省保	嘉兴市南湖区	安防
174	三步两爿桥	省保	嘉兴市南湖区	安防
175	沈曾植旧居	省保	嘉兴市南湖区	安防
176	狭猹湖避塘	国保	绍兴市越城区	安防
177	绍兴大善寺塔	国保	绍兴市越城区	安防
178	西施山遗址	省保	绍兴市越城区	安防
179	马臻墓	省保	绍兴市越城区	安防
180	胜利山石室土墩墓群	省保	绍兴市越城区	安防
181	绍兴钱业会馆	省保	绍兴市越城区	安防、消防
182	布业会馆	省保	绍兴市越城区	安防、消防
183	秋官里进士牌坊	省保	绍兴市越城区	安防
184	尚德当铺	省保	绍兴市越城区	安防
185	贺知章《龙瑞宫记》摩崖刻石	省保	绍兴市越城区	安防
186	石屋禅院造像	省保	绍兴市越城区	安防
187	古越藏书楼	省保	绍兴市越城区	安防
188	绍兴古桥群	国保	绍兴市越城区、柯桥区	安防
189	萧绍海塘（绍兴段）	省保	绍兴市越城区、柯桥区、上虞区	安防
190	楼家桥遗址	省保	诸暨市	安防
191	天元塔	省保	诸暨市	安防
192	张秋人烈士墓	省保	诸暨市	安防
193	何文庆故居	省保	诸暨市	安防
194	赤岸朱宅建筑群	国保	义乌市	安防、消防
195	雅端村古建筑群	国保	义乌市	安防、消防
196	塘下方大宗祠	国保	义乌市	安防、消防
197	土库	省保	浦江县	消防

序号	名称	级别	所在县（市、区）	拟实施项目类型
198	凤里姜氏宗祠	省保	江山市	安防
199	柴村乡土建筑	省保	江山市	安防
200	县前粮仓群	省保	江山市	安防
201	荷花山遗址	省保	龙游县	安防
202	横山蔡氏民居	省保	龙游县	安防
203	天池许氏民居	省保	龙游县	安防
204	翁坞诸氏民居	省保	龙游县	安防
205	里余余氏小厅	省保	龙游县	安防
206	大南门历史街区建筑群	省保	龙游县	安防
207	泽随建筑群	省保	龙游县	安防
208	志棠建筑群	省保	龙游县	安防
209	芝塘金金氏宗祠	省保	龙游县	安防
210	丁氏节孝坊	省保	龙游县	安防
211	叶家叶氏家庙	省保	龙游县	安防
212	三门源古建筑群	省保	龙游县	安防
213	溪口翁氏大院	省保	龙游县	安防
214	大公朱氏宗祠	省保	龙游县	安防
215	上堤花厅	省保	龙游县	安防
216	余绍宋故居	省保	龙游县	安防
217	沐尘郑家大院	省保	龙游县	安防
218	樊氏大宗祠	省保	常山县	安防、消防
219	徐氏旧宅	省保	常山县	安防、消防
220	底角王氏宗祠（含世美坊）	省保	常山县	安防、消防
221	大溪边余公墓	省保	开化县	安防
222	公淤丰氏宗祠	省保	开化县	消防
223	大溪边余氏宗祠	省保	开化县	安防、消防
224	田畈怡睦堂	省保	开化县	消防
225	余氏鸣凤堂	省保	开化县	安防、消防

序号	名称	级别	所在县（市、区）	拟实施项目类型
226	中共浙皖特委旧址	省保	开化县	安防、消防
227	大舜庙后墩遗址	省保	岱山县	安防
228	东沙菜市场	省保	岱山县	安防
229	苏村苏氏大屋(含苏氏家庙)	省保	遂昌县	安防、消防
230	青云塔	省保	松阳县	安防
231	潘里垄瓷窑址	省保	庆元县	安防
232	胡纮夫妇墓	省保	庆元县	安防
233	卢福庙	省保	庆元县	安防
234	黄坛季氏宗祠	省保	庆元县	安防
235	坑井吴氏宗祠	省保	庆元县	安防
236	吾际下姚氏宗祠	省保	庆元县	安防
237	江厦潮汐试验电站	国保	温岭市	安防
238	台州府城墙	国保	临海市	安防
239	王文庆故居	省保	临海市	消防
240	卜家岙李氏家族墓	省保	仙居县	安防
241	岩石殿石棚墓	省保	仙居县	安防
242	九遮山垟桥群	省保	天台县	安防
243	妙山陈氏宗祠	省保	天台县	安防、消防
244	健跳所城遗址(含蒲西巡检司城)	省保	三门县	安防
245	东屏陈氏亚魁第	省保	三门县	安防、消防
246	义丰路160号民居	省保	三门县	安防、消防
247	仙岩洞摩崖石刻	省保	三门县	安防
248	祁家祁宅	省保	三门县	安防、消防
计划于2024年底前完成（105项）				
249	丁鹤年墓亭	省保	杭州市上城区	安防

文献附录

序号	名称	级别	所在县(市、区)	拟实施项目类型
250	卫匡国墓	省保	杭州市西湖区	安防
251	小古城遗址	国保	杭州市余杭区	安防
252	杭州海塘	省保	杭州市上城区、江干区、西湖区、余杭区	安防
253	大白山窑址	省保	建德市	安防
254	永丰库遗址	国保	宁波市海曙区	安防
255	宁波天宁寺	国保	宁波市海曙区	安防
256	朱陛墓	省保	宁波市海曙区	安防
257	朱贵祠	省保	宁波市江北区	安防
258	鲻山遗址	国保	余姚市	安防
259	白云桥	省保	余姚市	安防
260	孙家境孙氏祠堂	省保	慈溪市	安防
261	达蓬山摩崖石刻	省保	慈溪市	安防
262	吴锦堂故居和墓	省保	慈溪市	安防
263	杨贤江故居	省保	慈溪市	安防
264	花岙兵营遗址	国保	象山县	安防
265	游仙寨	省保	象山县	安防
266	公屿烽堠	省保	象山县	安防
267	金鸡山炮台	省保	象山县	安防
268	东门天后宫	省保	象山县	安防、消防
269	爵溪街心戏亭	省保	象山县	安防、消防
270	淳熙井	省保	象山县	安防
271	“钟郝遗徽”石亭	省保	象山县	安防
272	大百丈岩画	省保	象山县	安防
273	陈汉章故居和墓	省保	象山县	安防
274	宁海古戏台	国保	宁海县	安防
275	外山甲窑址群	省保	瑞安市	安防

文献附录

序号	名称	级别	所在县（市、区）	拟实施项目类型
276	大坪遗址	省保	瑞安市	安防
277	南阁牌楼群	国保	乐清市	消防
278	万桥	省保	乐清市	安防
279	王十朋墓	省保	乐清市	安防
280	朱质庵墓	省保	乐清市	安防
281	乐清碉楼	省保	乐清市	安防
282	白龙山石殿	省保	乐清市	安防
283	百岁亭	省保	乐清市	安防
284	乐清古桥群	省保	乐清市	安防
285	矾山矾矿遗址	国保	苍南县	安防、消防
286	赤溪五洞桥	国保	苍南县	安防
287	七里亭遗址	国保	长兴县	安防
288	城山古城遗址	国保	长兴县	安防
289	顾渚贡茶院遗址及摩崖	国保	长兴县	安防
290	德清云岫寺	省保	德清县	安防、消防
291	濮院古桥群	省保	桐乡市	安防
292	热诚学堂旧址	省保	绍兴市越城区	安防、消防
293	柯岩造像及摩崖题刻	国保	绍兴市柯桥区	安防
294	胡愈之故居	省保	绍兴市上虞区	安防、消防
295	藏绿乡土建筑	省保	诸暨市	消防
296	小黄山遗址	国保	嵊州市	安防
297	王羲之墓	省保	嵊州市	安防
298	鹿门书院	省保	嵊州市	消防
299	长乐钱氏大新屋	省保	嵊州市	消防
300	瞻山庙	省保	嵊州市	消防
301	越剧诞生地旧址	省保	嵊州市	安防、消防
302	马寅初墓	省保	嵊州市	安防
303	大佛寺石弥勒像和千佛岩造像	国保	新昌县	安防、消防

序号	名称	级别	所在县（市、区）	拟实施项目类型
304	三坑真君殿	省保	新昌县	安防、消防
305	沃洲山真君殿大殿、配殿	省保	新昌县	安防、消防
306	新昌城墙	省保	新昌县	安防
307	迎仙桥	省保	新昌县	安防
308	董村水晶矿摩崖题记	省保	新昌县	安防
309	天姥古道	省保	新昌县	安防、消防
310	女埠双塔	省保	兰溪市	安防
311	熟溪桥	省保	武义县	安防
312	发宝象龙塔	省保	武义县	安防
313	岭下汤石祠	省保	武义县	安防
314	履坦徐氏民居	省保	武义县	安防、消防
315	宅口承志桥	省保	磐安县	安防
316	道德桥	省保	磐安县	安防
317	樊家尚书坊	省保	常山县	安防、消防
318	兴贤塔	省保	常山县	安防
319	大处古建筑群	省保	常山县	安防、消防
320	文峰塔	省保	常山县	安防
321	泰安古建筑群	省保	常山县	安防、消防
322	银岭关、壕岭关	省保	开化县	安防
323	大溪滩窑址群	省保	缙云县	安防
324	前岙村卢氏民居	省保	缙云县	安防、消防
325	岩下石头建筑群	省保	缙云县	消防
326	石门洞摩崖题刻	国保	青田县	安防
327	山口林宅	省保	青田县	安防
328	北山吴氏宗祠	省保	青田县	安防
329	陈宅古桥群	省保	青田县	安防
330	太鹤山摩崖题记	省保	青田县	安防
331	夏超旧居	省保	青田县	安防

序号	名称	级别	所在县（市、区）	拟实施项目类型
332	刘文成公祠	省保	青田县	安防
333	裕堂别墅	省保	青田县	安防
334	陈诚故居	省保	青田县	安防
335	龙现吴氏旧宅（含家庙、宗祠）	省保	青田县	安防
336	沙埠窑遗址	国保	台州市黄岩区	安防
337	瑞隆感应塔	国保	台州市黄岩区	安防
338	镇锁桥	省保	台州市黄岩区	安防
339	水口石塔	省保	台州市黄岩区	安防
340	净土寺塔	省保	台州市黄岩区	安防
341	五洞桥	省保	台州市黄岩区	安防
342	恩泽医局旧址	国保	临海市	消防
343	郑虔墓	省保	临海市	安防
344	王士性墓	省保	临海市	安防
345	王士琦墓	省保	临海市	安防
346	五洞桥	省保	临海市	安防
347	卢氏节孝牌坊	省保	临海市	安防
348	东湖谭纶画像及戚继光表功碑	省保	临海市	安防
349	马氏庄园	省保	临海市	消防
350	周至柔故居	省保	临海市	消防
351	东湖	省保	临海市	消防
352	林应麒功德牌坊	国保	仙居县	安防
353	吴芾“赐谥敕牒”碑	省保	仙居县	安防

计划于2025年底前完成（115项）

354	梅城南峰塔和北峰塔	国保	建德市	安防
355	四明山区烈士纪念塔及墓	省保	宁波市海曙区	安防、防雷
356	青云孙氏宗祠（含藏书楼、议事厅）	省保	宁波市奉化区	安防

序号	名称	级别	所在县（市、区）	拟实施项目类型
357	梅山盐场旧址	省保	宁波市北仑区	安防、消防
358	余姚通济桥	国保	余姚市	安防
359	大隐石宕遗址（含山王庙）	省保	余姚市	安防
360	孙子秀墓	省保	余姚市	安防
361	五桂楼	省保	余姚市	安防
362	王守仁讲学处	省保	余姚市	安防
363	胡公岩摩崖石刻	省保	余姚市	安防
364	童家岙遗址	省保	慈溪市	安防
365	双河堰	省保	慈溪市	安防
366	龙山抗日碉堡群	省保	慈溪市	安防
367	道路沿徐氏旧宅	省保	慈溪市	安防
368	万年桥	省保	宁海县	安防
369	戊己桥	省保	宁海县	安防
370	西岙石拱桥	省保	宁海县	安防
371	白云庄和黄宗羲、万斯同、全祖望墓	国保	宁波市海曙区、余姚市、奉化区	安防
372	浩然楼	省保	温州市鹿城区	安防
373	江心屿东、西塔	省保	温州市鹿城区	安防
374	江心寺文天祥祠	省保	温州市鹿城区	安防
375	琦君故居	省保	温州市瓯海区	安防、消防、防雷
376	三垟周氏旧宅	省保	温州市瓯海区	安防、消防、防雷
377	圣寿禅寺	省保	温州市瓯海区	安防、消防、防雷
378	陈傅良墓、祠	省保	瑞安市	安防、消防、防雷
379	红军挺进师驻地（平阳）旧址	省保	平阳县	安防
380	中共浙江临时省委成立旧址	省保	平阳县	安防
381	中共闽浙边临时省委机关驻地旧址	省保	平阳县	安防
382	藻溪杨府宫	省保	苍南县	安防、消防

序号	名称	级别	所在县（市、区）	拟实施项目类型
383	界牌浙闽界碑	省保	苍南县	安防
384	金山古井	省保	苍南县	安防
385	浙南石棚墓群	国保	瑞安、平阳、苍南	安防
386	胡瑗墓	省保	湖州市吴兴区	安防
387	弁山墓群	省保	湖州市吴兴区	安防
388	上马坎遗址	国保	安吉县	安防
389	安城城墙	国保	安吉县	安防
390	安乐遗址	省保	安吉县	安防
391	牛头山军事遗址	省保	安吉县	安防
392	窑山遗址	省保	安吉县	安防
393	万埭桥	省保	安吉县	安防
394	云鸿塔	省保	安吉县	安防
395	江家山遗址	省保	长兴县	安防
396	空山遗址	省保	长兴县	安防
397	新安遗址	省保	长兴县	安防
398	台基山遗址	省保	长兴县	安防
399	张家桥遗址	省保	长兴县	安防
400	龙山窑址	省保	长兴县	安防
401	九龙山窑址	省保	长兴县	安防
402	西峰坝画像石墓	省保	长兴县	安防
403	钟楼	省保	长兴县	安防、消防
404	光阳桥	省保	长兴县	安防
405	五里渡斗门群	省保	长兴县	安防
406	长兴孔庙	省保	长兴县	安防、消防
407	白溪朱氏宗祠	省保	长兴县	安防、消防
408	圣井	省保	长兴县	安防
409	莫干山别墅群	国保	德清县	安防、消防

序号	名称	级别	所在县（市、区）	拟实施项目类型
410	独松关和古驿道	国保	安吉县、杭州市余杭区	安防
411	王店粮仓群	国保	嘉兴市秀洲区	安防、消防
412	大有桥街章宅	省保	桐乡市	消防
413	钱塘江海塘海盐敕海庙段和海宁段	国保	海盐县、海宁市	安防
414	绍兴越国贵族墓群	国保	绍兴市柯桥区	安防
415	鞍山龙窑遗址	省保	绍兴市上虞区	安防
416	窑寺前青瓷窑址	省保	绍兴市上虞区	安防
417	通明堰遗址群	省保	绍兴市上虞区	安防
418	百沥海塘	省保	绍兴市上虞区	安防
419	清水闸及管理设施	省保	绍兴市上虞区	安防
420	九狮桥	省保	绍兴市上虞区	安防
421	回山建筑群	省保	新昌县	安防、消防
422	西坑古建筑群	省保	新昌县	安防、消防
423	义乌大安寺塔	国保	义乌市	安防
424	朱丹溪墓	省保	义乌市	安防
425	螃蟹形山墓群	省保	义乌市	安防
426	凰升塘古建筑群	省保	义乌市	安防、消防
427	陶店古建筑群	省保	义乌市	安防、消防
428	承吉堂	省保	义乌市	安防、消防
429	仪性堂	省保	义乌市	安防、消防
430	章郭巷 9 号民居	省保	兰溪市	安防、消防
431	洪塘里蒋氏宗祠	省保	兰溪市	安防、消防
432	毓英塔	省保	武义县	安防
433	日军侵华掠矿遗址	省保	武义县	安防
434	和睦陶窑群	省保	江山市	消防
435	三忠祠	省保	舟山市定海区	安防、消防

序号	名称	级别	所在县(市、区)	拟实施项目类型
436	山海奇观摩崖题记	省保	嵊泗县	安防
437	灵鹫寺石塔	国保	丽水市莲都区	安防
438	通济堰	国保	丽水市莲都区	消防
439	南明山摩崖题刻	国保	丽水市莲都区	安防
440	吕步坑窑址	省保	丽水市莲都区	安防
441	处州府城墙	省保	丽水市莲都区	安防
442	谭宅	省保	丽水市莲都区	安防
443	厦河塔	省保	丽水市莲都区	安防
444	丽水巾山塔	省保	丽水市莲都区	安防
445	丽水中共浙江省委机关旧址	省保	丽水市莲都区	安防
446	崇德小学旧址	省保	丽水市莲都区	安防
447	黄沙腰李氏大屋(含李氏宗祠)	省保	遂昌县	安防、消防
448	鞍山书院	省保	遂昌县	安防、消防
449	奕山朱氏宗祠	省保	遂昌县	安防、消防
450	刘氏祖居门楼	省保	松阳县	安防、消防
451	松阳三庙	省保	松阳县	安防、消防
452	西三蔡氏民居	省保	松阳县	安防、消防
453	安岱后浙西南革命根据地旧址	省保	松阳县	安防、消防
454	何联奎故居	省保	松阳县	安防、消防
455	云和银矿遗址	国保	云和县	安防
456	横山周窑址	省保	云和县	安防
457	林山下石拱桥	省保	云和县	安防
458	石门桥	省保	云和县	安防
459	梅源梯田	省保	云和县	安防
460	委羽山大有宫	省保	台州市黄岩区	安防、消防
461	灵山遗址	省保	台州市路桥区	安防
462	溪口、涌泉窑址群	省保	临海市	安防
463	峙山头遗址	省保	临海市	安防

序号	名称	级别	所在县(市、区)	拟实施项目类型
464	下旧城遗址	省保	临海市	安防
465	台州府文庙大成殿	省保	临海市	消防
466	仙居古越族岩画群	国保	仙居县	安防
467	石灯柱	省保	仙居县	安防
468	张文郁旧居	省保	天台县	安防、消防

计划于2026年底前完成(111处)				
469	玉架山遗址	省保	杭州市余杭区	安防
470	塘栖乾隆御碑与水利通判厅遗址	省保	杭州市余杭区	安防
471	长福桥	省保	杭州市余杭区	安防
472	乔司千人坑	省保	杭州市余杭区	安防
473	城堂岗遗址	省保	桐庐县	安防
474	大麦凸遗址	省保	桐庐县	安防
475	方家洲遗址	省保	桐庐县	安防
476	严子陵钓台	省保	桐庐县	安防
477	钱业会馆	国保	宁波市海曙区	安防、消防
478	宁波市人民大会堂	省保	宁波市海曙区	安防、防雷
479	灵桥	省保	宁波市鄞州区	安防
480	镇海后海塘	省保	宁波市镇海区	安防
481	上林湖越窑遗址	国保	慈溪市	安防
482	黄坛三堂	省保	宁海县	安防
483	宁海石碾群	省保	宁海县	安防
484	开平闸遗址	省保	温州市鹿城区	安防
485	铁栏井	省保	温州市鹿城区	安防
486	二十八宿井	省保	温州市鹿城区	安防
487	正和堂窑址	省保	温州市鹿城区	安防
488	会文书院	省保	平阳县	安防

序号	名称	级别	所在县（市、区）	拟实施项目类型
489	凤山遗址	省保	平阳县	安防
490	南湖赵氏宗祠	省保	平阳县	安防
491	师儒侍养牌坊	省保	平阳县	安防
492	钱仓摩崖题记	省保	平阳县	安防
493	金钱会起义遗址	省保	平阳县	安防
494	苏步青故居	省保	平阳县	安防
495	凤阳窑址	省保	苍南县	安防
496	矴步头谢氏民居	省保	苍南县	安防、消防
497	挑矾古道	省保	苍南县	安防
498	湖州潮音桥	国保	湖州市吴兴区	安防
499	道场山祈年题记	国保	湖州市吴兴区	安防
500	太湖溇港	国保	湖州市吴兴区	安防
501	钱山漾遗址	国保	湖州市吴兴区	安防
502	下菰城遗址	国保	湖州市吴兴区	安防
503	潘公桥及潘孝墓	国保	湖州市吴兴区	安防
504	陈英士墓	国保	湖州市吴兴区	安防
505	邱城遗址	省保	湖州市吴兴区	安防
506	黄梅山窑址	省保	湖州市吴兴区	安防
507	湖州子城城墙遗址	省保	湖州市吴兴区	安防
508	纯阳宫	省保	湖州市吴兴区	消防
509	源洪桥	省保	湖州市吴兴区	安防
510	妙济桥	省保	湖州市吴兴区	安防
511	湖州钱业会馆	省保	湖州市吴兴区	消防
512	铁佛寺	省保	湖州市吴兴区	消防
513	陈英士故居	省保	湖州市吴兴区	消防

序号	名称	级别	所在县（市、区）	拟实施项目类型
514	頔塘	省保	湖州吴兴区、南浔区	安防
515	刘家墩遗址	省保	嘉兴市南湖区	安防
516	绍兴会稽山古香榧种植园	省保	柯桥区、诸暨市、嵊州市	安防
517	马剑古建筑群	省保	诸暨市	消防
518	艇湖塔	省保	嵊州市	安防
519	灵鹅王氏纯节坊	省保	嵊州市	安防
520	玉成桥	省保	嵊州市	安防
521	嵊县古城墙	省保	嵊州市	安防
522	古月桥	国保	义乌市	安防
523	双林铁塔	省保	义乌市	安防
524	萃和堂	省保	义乌市	安防、消防
525	延陵祠	省保	义乌市	安防、消防
526	周懋森古栈房及爱莲堂	省保	兰溪市	安防、消防
527	紫薇山民居	国保	东阳市	安防
528	史家庄花厅	国保	东阳市	安防
529	歌山窑址	省保	东阳市	安防
530	葛府窑址	省保	东阳市	安防
531	北后周肇庆堂	省保	东阳市	安防
532	厦程里慎德堂	省保	东阳市	安防
533	下石塘德润堂	省保	东阳市	安防
534	蔡希陶故居	省保	东阳市	安防
535	严济慈故居	省保	东阳市	安防
536	庙山遗址	省保	永康市	安防
537	太婆山遗址	省保	永康市	安防
538	湖西遗址	省保	永康市	安防
539	厚仁后宅厅	省保	永康市	安防

序号	名称	级别	所在县（市、区）	拟实施项目类型
540	象珠二村前仓	省保	永康市	安防
541	寿常公祠	省保	永康市	安防
542	上甘塔红军标语	省保	武义县	安防
543	塘山背遗址	省保	浦江县	安防
544	嵩溪建筑群	省保	浦江县	安防
545	潘周家古建筑群	省保	浦江县	安防
546	新光古建筑群	省保	浦江县	安防
547	广安轿	省保	浦江县	安防
548	嵩溪石灰窑群遗址	省保	浦江县	安防
549	两弓塘窑址群	省保	衢州市衢江区	安防
550	葱口洞穴遗址	省保	衢州市衢江区	安防
551	湖南银矿遗址	省保	衢州市衢江区	安防
552	西畈花门楼	省保	丽水市莲都区	消防
553	梁村河桥	省保	丽水市莲都区	消防
554	安仁窑址	省保	龙泉市	安防
555	平水王社庙	省保	龙泉市	安防
556	云水渠	省保	龙泉市	安防
557	龙泉革命纪念建筑群	省保	龙泉市	安防
558	龙泉窑制瓷作坊	省保	龙泉市	安防
559	白茅云衢坊	省保	缙云县	消防
560	仙都石梁桥	省保	缙云县	安防
561	慕义桥	省保	缙云县	消防
562	独峰书院	省保	缙云县	消防
563	贤母桥、竟爽桥	省保	缙云县	安防
564	双港桥贞节坊石刻	省保	缙云县	安防
565	独山石牌坊	国保	遂昌县	安防
566	南尖岩梯田	省保	遂昌县	安防
567	一江山岛战役遗址	国保	台州市椒江区	安防、防雷

序号	名称	级别	所在县（市、区）	拟实施项目类型
568	徐昌积宅	省保	台州市黄岩区	安防、消防
569	下各东桥	省保	仙居县	安防
570	刘光求雨摩崖题记	省保	仙居县	安防
571	苍岭古道	省保	仙居县、缙云县	安防
572	三合潭遗址	省保	玉环县	安防
573	泗边小鹿巡检司城遗址	省保	玉环县	安防
574	苔山寨城遗址	省保	玉环县	安防
575	纪恩诗摩崖题记	省保	玉环县	安防
576	《圣训诗》摩崖题记	省保	玉环县	安防
577	海山潮汐电站	省保	玉环县	安防
578	妙山花楼民居群	省保	天台县	消防
579	玉湖七里庙	省保	天台县	安防、消防

全省文物系统2022年重要荣誉名录

第十九届（2021年度）全国博物馆十大陈列展览精品推介奖项

精品奖：奉化博物馆“山海交响——奉化历史文明展”

特别奖：南湖革命纪念馆“红船起航——南湖革命纪念馆基本陈列”

优胜奖：

浙江自然博物院“福禄寿喜·美好生活——中国吉祥文化特展”

中国丝绸博物馆“万年永宝——中国馆藏文物保护成果展”

杭州博物馆（杭州博物院〈筹〉）“红色印记1921—2021：潮起钱塘”

2022年全国最具创新力博物馆

浙江省博物馆

2022年度“弘扬中华优秀传统文化、培育社会主义核心价值观”主题展览推介项目（80项）

浙江自然博物院“人类的奥秘——实证百万年人类史特展”

中国丝绸博物馆“五彩亚细亚：亚洲服饰展”

2022年度全国博物馆志愿服务典型案例名单

浙江自然博物院“穿越时空，探索自然”志愿服务项目案例

南湖革命纪念馆“红船旁好声音”青年志愿服务项目案例

良渚博物院（良渚研究院）“传播良渚文化”志愿者队伍建设案例

第三届（2021）全国革命文物保护利用优秀案例

安吉余村“两山”会址保护利用

绍兴鲁迅纪念馆“山河赤子心·岁月峥嵘行——鲁迅与共产党人”红色主题宣教活动

新时代博物馆百大陈列展览精品名单

特别奖：南湖革命纪念馆“红船起航——南湖革命纪念馆基本陈列”（2021年度）

精品奖：浙江省博物馆“惠世天工——中国古代发明创造文物展”（2012年度）

浙江省博物馆“中兴纪胜——南宋风物观止”（2015年度）

浙江自然博物馆 河南博物院“生命·超越——中原文化中的动物映像”（2015年度）

中国丝绸博物馆“中国丝绸和丝绸之路——锦程更衣记”（2016年度）

杭州工艺美术博物馆“明月入怀·中国团扇文化印象展”（2017年度）

良渚博物院“良渚遗址是实证中华五千年文明史的圣地”陈列（2018年度）

浙江自然博物院“浙江自然博物院安吉馆基本陈列”（2019年度）

中国丝绸博物馆“众望同归——丝绸之路的前世今生”（2020年度）

宁波市奉化区博物馆“山海交响——奉化历史文明展”（2021年度）

入选中央广播电视总台2022年度国内十大考古新闻

“浙江温州发现海上丝绸之路千年古港”（温州朔门古港遗址）

2022年度全国文物行政处罚案卷评查获奖名单

十佳案卷：杭州市临安区文化和广电旅游体育局、文化市场行政执法队查处“杭州市临安区某镇某村股份经济合作社擅自修缮市级文物保护单位案”

优秀案卷：宁波市象山县文化和广电旅游体育局、文化市场行政执法队查处“宁波市象山县某乡人民政府、宁波某有限公司擅自在全国重点文物保护单位保护范围和建设控制地带内进行建设工程案”

优秀组织单位：省文物局

第四批国家考古遗址公园名单

安吉县安吉古城国家考古遗址公园

第四批国家考古遗址公园立项名单

浦江县上山考古遗址公园

余姚市河姆渡考古遗址公园

绍兴市宋六陵考古遗址公园

首届全国十佳文博社教案例名单

优秀案例：良渚博物院“‘绘本+’博物馆青少年教育模式的探究”

首批“大思政课”实践教学基地名单

浙江革命烈士纪念馆

嘉兴南湖中共“一大”会址

安吉余村“两山”会址、

安吉新四军苏浙军区旧址

全省数字化改革最佳应用

杭州余杭区“良渚遗址5000+”应用

温州市古系列保护·云端守卫应用

全省文化和旅游数字化改革最佳应用

杭州市临安区文保天目数字孪生（钱王陵）

温州市廊桥监管保护“一件事”

绍兴市越城区不可移动文物智慧管理服务系统

金华市兰溪市不可移动文物数字化服务系统

浙江省博物馆“丽人行——中国古代女性图像云展览”

全省科学技术进步奖

二等奖：浙江自然博物院《浙江省生物多样性保护关键技术及应用》

三等奖：浙江省博物馆《冷冻干燥稳定出土饱水木质文物技术研发和应用》

2021全国十佳文化遗产旅游案例

安吉县安吉古城国家考古遗址公园研学旅游项目

浙江省第二批“大花园耀眼明珠”名单

安吉县安吉古城国家考古遗址公园

浦江县上山考古遗址公园

2022年全国五一劳动奖状

杭州良渚遗址管理区管理委员会

全国文物系统先进集体

中国丝绸博物馆技术部

全国文物系统先进工作者

浙江省自然博物院	严洪明
宁波市文化遗产管理研究院	王结华
新昌县博物馆（文保所）	张斯鸿

第四届“最美文物安全守护人”

宁波市文化市场行政执法队	曹　剑

第五批省高层次人才特殊支持计划人文社科领军人才

省文物考古研究所	方向明

全省宣传系统“五个一批”人才

省文物考古研究所	郑嘉利

浙江省担当作为好干部

省文物考古研究所	孙国平

2022年度“最美浙江人·浙江骄傲”

省文物考古研究所	蒋乐平

第三届“最美浙江人·最美文旅人”（按姓氏笔画排序）

宁波市奉化博物馆	王　玮
温州市浙江青灯文化发展有限公司	张金成
省文物鉴定站	周永良
兰溪市诸葛镇诸葛村	诸葛坤亨

2022年浙江省最具创新力博物馆

中国水利博物馆　绍兴博物馆　金华市博物馆

2022年浙江省改革突破奖金奖

温州“古系列”保护利用新模式

国际博物馆协会服装专委会60周年奖

二等奖：中国丝绸博物馆“明之华章”项目

全球世界遗产教育创新案例

安吉古城国家考古遗址公园“基于安吉古城遗址公园的考古大学堂”

良渚博物院“一起：寻找文明之光”计划

浙江省文物工作成绩突出集体和个人名单

一、成绩突出集体（17个）

杭州市规划设计研究院城市发展与历史保护研究所

宁波市海曙区消防救援大队

宁波市奉化区博物馆

温州市文化广电旅游局（温州市文物局）

文成县南田镇政府

湖州市文化广电旅游局（湖州市文物局）

绍兴市柯桥区文物“护宝”志愿队

金华市博物馆

江山市大陈乡大陈村村委会

舟山博物馆

遂昌县王村口镇政府

省发展改革委社会发展与改革处

省公安厅刑侦总队

省消防救援总队防火监督处

钱江海关驻邮局办事处

省国土空间规划研究院

省古建筑设计研究院

二、成绩突出个人（54名）

杨张捷　　杭州市消防救援支队
唐俊杰　　杭州市文物考古研究所
许潇笑　　杭州博物馆
丁云川　　杭州市志愿者
施时英　　杭州良渚古城遗址世界遗产监测管理中心
陈淑珍　　桐庐县博物馆
邬炳南　　宁波市公安局
王赤洲　　宁波市文化广电旅游局（宁波市文物局）
洪　佶　　宁波市天一阁博物院
林国聪　　宁波市文化遗产管理研究院
冯　毅　　宁波中国港口博物馆（宁波市北仑区文物保护管理所）
高启新　　温州博物馆
黄培量　　温州市文物考古研究所
张金成　　温州市塘河青灯石刻艺术博物馆
彭海萍　　平阳县博物馆（平阳县文物保护管理所）
章鹏华　　苍南县博物馆
吴　浩　　湖州市消防救援支队
汪　晶　　湖州市文物保护管理所
李　彦　　湖州市南浔区文物保护管理所
王学勤　　长兴县文化和广电旅游体育局（长兴县文物局）
顾丽娟　　嘉兴博物馆
张蜀益　　平湖市文化和广电旅游体育局（平湖市文物局）
朱　樱　　海宁市长安镇政府
张新根　　桐乡市博物馆（桐乡市文物保护管理所）
高　军　　绍兴市文化广电旅游局（绍兴市文物局）
金　燕　　绍兴博物馆

周能兵　　绍兴市新闻传媒中心（绍兴市传媒集团）
王鑫君　　嵊州市文物保护中心
高　胜　　金华市消防救援支队
俞剑勤　　金华市金东区文化和旅游局（金华市金东区文物局）
诸葛坤亨　兰溪市诸葛镇诸葛村
张国萍　　浦江县上山遗址管理中心
周华斌　　衢州市柯城区消防救援大队
王　晓　　衢州市衢江区文物保护所
吴振雷　　龙游县博物馆
毛建强　　江山市历史文化研究所
王和平　　舟山鸦片战争纪念馆
高　升　　舟山市普陀山朱家尖管委会旅游和文化体育局
刘生龙　　东海航海保障中心宁波航标处嵊泗航标管理站
王　妤　　台州市文化遗产保护中心
罗永华　　台州市黄岩区博物馆
叶祥青　　台州市路桥区博物馆
陈引奭　　临海市博物馆
初士浩　　丽水市消防救援支队
沈子珍　　龙泉市博物馆
杨克新　　云和县文物保护中心
陈化诚　　庆元县文物保护所
杨毅成　　省公安厅
何　丰　　省自然资源厅
俞　侃　　省钱塘江流域中心
王淑娟　　中国丝绸博物馆
陈　平　　省博物馆
王宁远　　省文物考古研究所
冯　源　　新华社浙江分社

第十六届（2021年度）全省博物馆陈列展览精品项目获奖名单

精品奖

1.金华市博物馆：“无穷·镜——古代铜镜中的微观世界”

2.宁波中国港口博物馆：“天下开港——宁波的港与城”

3.杭州中国动漫博物馆：“杭州中国动漫博物馆基本陈列”

4.杭州西湖博物馆总馆：“他是谁？——探秘兰若寺大墓”

5.绍兴博物馆：“畸人青藤——徐渭书画作品展”

6.嘉兴马家浜文化博物馆：“江南文化之源”

7.温州博物馆：“玉篆春风——纪念方介堪先生诞辰120周年特展”

8.钱江源国家公园管理局：“钱江源国家公园科普馆基本陈列”

9.临海市博物馆：“华光重现——馆藏文物修复成果展”

10.中国茶叶博物馆：“绿色黄金——17—19世纪中国和欧洲的海上茶叶贸易”

特别奖

1.浙江省博物馆：“浙里不止小康——八个‘窗口’看精彩浙江”

2.宁波博物院：“征程——庆祝中国共产党成立100周年特展”

3.湖州市博物馆：“我与母亲的故事——湖州市庆祝中国共产党成立100周年革命文物特展”

4.宁波市天一阁博物院：“信仰　力量　希望——《中国共产党宣言》中外版本文献展”

5.温岭市博物馆：“铭记历史 开创未来——庆祝中国共产党成立100周年专题展”

6.浙江中医药博物馆：“党的中医药政策与事业百年回顾展”

优胜奖

1.浙江工艺美术博物馆：“千里长河——中国大运河文化主题展”

2.君匋艺术院：“艺兼众美——钱君匋的艺术人生展”

3.丽水市博物馆：“万年处州——瓯江史前先民的家园展”

4.长兴县新四军苏浙军区纪念馆：“‘铁军丰碑’——新四军苏浙军区司令部旧址基本陈列”

5.桐乡市丰子恺纪念馆：“丰子恺艺术陈列展”

2022年浙江省博物馆文创产品大赛获奖名单

金奖（20件/套）

序号	产品名称	所属类别	单位/团队名称
1	良渚王国系列盲盒	服饰食品玩具类	良渚博物院
2	数藏铜鱼凫尊—无极鱼杯	服饰食品玩具类	浙江省博物馆
3	风雅宋韵文字茶（黑茶）	服饰食品玩具类	杭州国家版本馆
4	瓯漆雅器	家居装饰类	温州夹苎漆器博物馆
5	“福禄寿喜 美好生活”系列文创	家居装饰类	浙江自然博物院
6	2022“乾隆色谱”植物染儿童眼镜	服饰食品玩具类	中国丝绸博物馆
7	三吴墨妙系列	文具办公类	浙江大学艺术与考古博物馆
8	鬼斧神工夺天工——义乌黄山八面厅系列	家居装饰类	义乌市博物馆
9	鱼刀鱼梭创意书签	文具办公类	舟山市普陀区博物馆
10	畲族元素畲蓝功夫茶具套装	家居装饰类	景宁畲族自治县畲族博物馆
11	秘色瓷髹漆戗金团龙纹对蝶纹花口茶盏	家居装饰类	浙东越窑青瓷博物馆
12	五福临门——七巧攒盘	家居装饰类	鄞州区非遗展示馆
13	“龙翔凤吟”对杯	家居装饰类	浙江省现代陶瓷艺术博物馆
14	清禅香插	家居装饰类	宁波市鄞州区朱金漆木雕艺术馆

续表

序号	产品名称	所属类别	单位/团队名称
15	“小小文物修复师”青瓷修复体验包	服饰食品玩具类	慈溪市上林湖越窑博物馆
16	海陶·隐·案头缸	家居装饰类	温州市洞头区海陶艺术馆
17	宋韵主题系列——手刻宋人诗词组器	家居装饰类	武义县文物保护管理所、武义婺州窑陶瓷研究所
18	“发餍的宋潮”系列	家居装饰类	杭州博物馆（杭州博物院〈筹〉）
19	Q 版赵伯澐IP 系列	服饰食品玩具类	黄岩博物馆
20	“绀地花树双鸟纹”彩色夹缬屏风	家居装饰类	温州市采成蓝夹缬博物馆

银奖（30件/套）

序号	产品名称	所属类别	单位/团队名称
1	“浙”里有恐龙桌面文具套装	文具办公类	浙江自然博物院
2	“上山彩陶”纹样多功能书灯	文具办公类	金华市博物馆
3	丝巾	服饰食品玩具类	南湖革命纪念馆
4	锦绣国丝三十年系列文创产品	服饰食品玩具类	中国丝绸博物馆
5	兰亭序拼布文创系列	文具办公类	浙江民艺拼布博物馆
6	“望闻问切”礼盒	文具办公类	新昌县天姥中医博物馆
7	竹编锡罐	家居装饰类	永康市一原锡雕博物馆
8	恒亮勺型山花蜂蜜	服饰食品玩具类	江山恒亮蜜蜂博物馆
9	一枝独秀	服饰食品玩具类	宁波市鄞州区插花艺术馆
10	2022 丝绸之路周“民族融合共同繁荣”主题系列文创	服饰食品玩具类	中国丝绸博物馆
11	“一招打马棋”宋韵系列文创	服饰食品玩具类	金华市博物馆

续表

序号	产品名称	所属类别	单位/团队名称
12	丰子恺漫画茶具	家居装饰类	桐乡市博物馆
13	普陀灯塔主题摆件	家居装饰类	舟山市普陀区博物馆
14	跨湖桥文化印纹黑陶茶具系列	家居装饰类	杭州市萧山跨湖桥遗址博物馆
15	金箔邮品册	家居装饰类	余姚市河姆渡遗址博物馆
16	建筑与光系列文创	文具办公类	华茂艺术教育博物馆
17	莲乡荷韵——和合壶	家居装饰类	光禾铁壶特色博物馆
18	伴睡沙漏灯	家居装饰类	岱山县海洋文化博物馆
19	“方寸之间遇见镇海”3D 便签盒	文具办公类	宁波市镇海口海防历史纪念馆
20	弘一大师书法文创系列	文具办公类	温州博物馆
21	良渚古城贡米	服饰食品玩具类	良渚博物院
22	《Saluton 你好》复刻数字系列版画	家居装饰类	周尧昆虫博物馆
23	青花山水人物茶叶罐	家居装饰类	宁波市鄞州区甬宝斋锡镴器熨斗博物馆
24	“善行天下”系列文创	文具办公类	嘉善县博物馆
25	吴兴赋——织锦系列文创	文具办公类	浙江省博物馆
26	阳明心印系列	文具办公类	王阳明故居·阳明书坊（余姚博物馆）
27	竹印章	文具办公类	吴昌硕纪念馆
28	中国杯	家居装饰类	德清县博物馆（德清半亩文化创意有限公司）
29	天一生水	文具办公类	宁波市天一阁博物院（宁波市保国寺古建筑博物馆）
30	大港印象系列文创	文具办公类	宁波中国港口博物馆

铜奖（50件/套）

序号	产品名称	所属类别	单位/团队名称
1	八棱秘色瓷净水瓶	家居装饰类	浙东越窑青瓷博物馆
2	摆件系统牛驾祥云、牛气冲天	家居装饰类	湖州市南浔区善琏汉字艺术博物馆（研究院）
3	保国寺北宋大殿模型	服饰食品玩具类	宁波市天一阁博物院（宁波市保国寺古建筑博物馆）
4	笔墨丹青系列	文具办公类	杭州市富阳区博物馆
5	蟾香香插	家居装饰类	慈溪市博物馆
6	大嵩古城系列文创：保温杯、遮阳伞、帆布袋	服饰食品玩具类	宁波市鄞州区滨海博物馆
7	《蝶影》——崖柏根雕	家居装饰类	绍兴市汉生根雕艺术馆
8	东海公主帆布包	服饰食品玩具类	枸杞贻贝产业体验馆
9	仿·战国原始瓷杯	家居装饰类	路桥区博物馆
10	和合箸筷	家居装饰类	台州市博物馆
11	红船丝绸笔记本	文具办公类	南湖革命纪念馆
12	红龟糕	服饰食品玩具类	兴隆村平阳人文化记忆馆
13	湖笔《吉祥团圆》	文具办公类	善琏湖笔非遗活态传承馆（湖州市善琏湖笔厂）
14	“虎年识虎”系列产品	服饰食品玩具类	浙江自然博物院
15	“金龙玉简”书签	文具办公类	缙云县博物馆
16	靖节藕粉礼盒	服饰食品玩具类	越是浙里·时光博物馆
17	兰溪“宋”点	服饰食品玩具类	兰溪市博物馆
18	老莲花鸟冰箱贴、对镇及书签套装	文具办公类	诸暨市博物馆
19	马小陶手帐包套件	文具办公类	嘉兴博物馆
20	美仑美奂非遗说文创礼盒冰箱贴	家居装饰类	宁波中国港口博物馆

序号	产品名称	所属类别	单位/团队名称
21	民俗风物系列盲盒	服饰食品玩具类	宁波博物院
22	木活字印章	文具办公类	瑞安市东梨民艺博物馆（温州东梨文化旅游管理有限公司）
23	前兔似锦——笔记本	文具办公类	金银彩绣艺术馆
24	三潭印月感温变色杯	文具办公类	杭州西湖博物馆总馆
25	畲族新娘凤冠	服饰食品玩具类	畲族风情民间展示馆
26	《圣地之旅》飞行棋	服饰食品玩具类	宁波博物院
27	《书声千载——鼓山书院历史文化陈列》“状元”系列文创	文具办公类	新昌县博物馆
28	双鸟朝阳骨雕镜框	家居装饰类	余姚市河姆渡遗址博物馆
29	水博明信片、江河悠悠明信片套装	文具办公类	中国水利博物馆
30	松鹤图系列文创	文具办公类	舟山博物馆
31	宋韵花卉纹葵口瓷盘	家居装饰类	浦江博物馆
32	塔山商周鱼钩模型	家居装饰类	象山县文物保护管理所（象山县博物馆）
33	王十朋IP 设计（漫画/动画）	服饰食品玩具类	乐清市博物馆
34	温感变色杯	文具办公类	杭州国家版本馆
35	乌贼夫妻泳衣套装	服饰食品玩具类	嵊泗县博物馆
36	武川拾遗系列笔记本（一套6 册）	文具办公类	武义县文物保护管理所、武义婺州窑瓷研究所
37	现代粉青釉琮形壶	家居装饰类	平湖市博物馆
38	“想见你”茶瓷礼盒	服饰食品玩具类	浙江省现代陶瓷艺术博物馆
39	阳明小“页”灯	家居装饰类	王阳明故居·阳明书坊（余姚博物馆）

序号	产品名称	所属类别	单位/团队名称
40	一鹿榕华储钱罐	家居装饰类	永嘉县瓯忆文化博物馆
41	义方一文房礼盒	文具办公类	义乌市博物馆
42	艺术瓷杯	文具办公类	湖州市南浔费新我艺术馆
43	《幽香自远》之文创香膏	服饰食品玩具类	临海市博物馆
44	余姚清代双城名胜图	家居装饰类	余姚博物馆
45	“宇宙兰亭”系列	服饰食品玩具类	绍兴市兰亭书法博物馆
46	越窑青瓷刻划花摩羯纹盒	家居装饰类	宁波市千峰越窑青瓷博物馆
47	舟山特色海洋生物系列拼斗纸模型	服饰食品玩具类	舟山博物馆
48	诸葛连弩	服饰食品玩具类	兰溪市博物馆
49	“状元及第”折扇	服饰食品玩具类	江山市博物馆
50	“粽在体验”裹粽礼盒	服饰食品玩具类	嘉兴粽子文化博物馆

优秀组织奖（5个）

杭州市园林文物局

宁波市文物局

温州市文物局

绍兴市文物局

金华市文物局

2022 全省博物馆讲解员大赛获奖名单

职业组十佳讲解员

绍兴鲁迅纪念馆	陈佳兰
南湖革命纪念馆	张　一
台州市博物馆	方琳萍
徐渭艺术馆	张忆荷
宁波博物院	章梦宇
浙江自然博物院	孙　艳
金华市博物馆	陈茜妍
南湖革命纪念馆	杨雯茜
长兴县新四军苏浙军区纪念馆	郭文文
宁波市天一阁博物院	李瑶瑶

业余组十佳讲解员

丽水市博物馆	蓝　璟（学生组）
浙江自然博物院	邱子芊（学生组）
宁波中国港口博物馆	郑鹤天（学生组）
海宁市博物馆	岳璐涵（学生组）
浙江省博物馆	董　臻（志愿者）
平湖市博物馆	钱振海（志愿者）

浙江自然博物院	胡　洋（志愿者）
宁波博物院	杨彬燕（志愿者）
古婺窑火陶瓷文化艺术馆	王菊英（志愿者）
绍兴市越中艺术博物馆	孙思佳（志愿者）

2022年全省乡村博物馆名单（464处）

杭州市（43家）

蜀南展陈馆
杭州江楠糕版艺术馆
中共西镇区委旧址纪念馆
新四军随军被服厂旧址陈列馆
余杭抗日战争纪念馆
高虹新四军纪念馆
民族日报社旧址
三生共赢馆
瞿缨云故居纪念馆
萧山抗战纪念馆
汤寿潜故居陈列馆
楼英纪念馆
楼曼文纪念馆
空军纪念馆
金萧支队萧山纪念馆
葛云飞故居纪念馆
葛理庸葛树滋故居纪念馆
东沙农耕博物馆
临浦镇陈朵如陈列馆
沈佩兰故居
富阳元书纸文化展示馆
新四军两渡富春江研学中心
胡震纪念馆
千鹤妇女精神教育基地
大同镇潘村村民俗文化展陈馆
童家祠堂
寿南暴动馆
连三进民俗文化馆
浙江大学西迁建德办学旧址
江家厅
商辂文化陈列展示馆
红色狮古山展示馆
威坪镇非物质文化展示馆
翰红墨香馆
遂安民俗文化馆
金萧支队历史馆
文昌镇民俗文化馆
初心馆
南堡精神纪念馆
开国少将叶长庚革命事迹陈列馆

钟山石雕艺术馆
彰坞村竹艺非遗展示馆
莪山畲族馆

宁波市（46处）

高钱村史记忆馆
宁波市千峰越窑青瓷博物馆
宁波市鄞州区鱼文化博物馆
鄞州区瞻岐镇民俗展览馆
宁波市鄞州区甬宝斋锡镴器熨斗博物馆
宁波市鄞州区朱金漆木雕艺术馆
宁波市鄞州区千工甬式家具博物馆
童第周故居陈列室
周尧故居陈列室
云龙镇龙舟陈列馆
宁波市鄞州区插花艺术馆
海丝寻迹文化馆
鄞州区非物质文化遗产展示中心（陈列馆）
沙耆故居陈列室
沙氏故居陈列室
李家坑艺术博物馆
宁波市海曙区耕泽石刻博物馆
宁波市海曙区黄古林草编博物馆
汲雅轩文化艺术馆
宁波市海曙区王升大粮油工艺博物馆
宁波市海曙区居家博物园
宁波市海曙区婚俗博物馆
杜岙美术馆
灯文化艺术馆
梅园革命史迹陈列馆
万斯同纪念馆
青云村史馆
余姚市看云楼科举文化博物馆
余姚市四明山书画院
余姚市民营工业博物馆
中共浙东区委成立处纪念馆
慈溪赵府檀艺博物馆
慈溪棉花陈列馆
草编工艺陈列馆
浙江中立古陶瓷博物馆
慈溪市彭桥村乡风文明馆
慈溪市徐福红木博物馆
杨贤江纪念馆
周巷红色藏品展示馆
乡风文明馆
宁海县江南民间艺术馆
宁海县行舟致远海事博物馆
宁海县海洋生物博物馆
宁海县许家山石文化展示馆
宁海县得心坊艺术馆
象山县才华剪纸博物馆

温州市（48处）

鹿城区金乔民俗馆
鹿城区西坑革命纪念馆
鹿城区驿头程让平祖居纪念馆
瓯海区金临轩美术馆
瓯海区龙溪艺术馆
瓯海区山根民艺馆
陈傅良与永嘉学派纪念馆
中共浙南第一次代表大会纪念馆
瓯海区“藏灯阁”灯文化博物馆
瓯海区泽雅传统生态造纸专题展示馆
龙湾区时光印记非遗体验展示馆
龙湾革命教育馆
龙湾郑家园妈妈酒文化博物馆
洞头区朝阳民俗馆
洞头区海陶艺术馆
洞头区中仑村史馆
乐清市王十朋纪念馆
乐清市江沿村乡村博物馆
乐清市细纹刻纸博物馆
乐清市黄金溪民俗馆
瑞安市东梨民艺博物馆
瑞安市陶山瓯窑青瓷博物馆
永嘉县缸文化展览馆
永嘉县芙蓉摄影器材博物馆
永嘉县芙蓉瓯瓷博物馆
永嘉县芙蓉民俗博物馆
永嘉县徐定超故居民俗博物馆
永嘉县书兰居非遗博物馆
永嘉县瓯忆文化博物馆
永嘉老酒汗文化博物馆
苍南县凤阳畲族馆
苍南县岱岭畲族乡畲族博物馆
中国工农红军挺进师五岱山纪念馆
苍南县矾山矾都矿石馆
苍南县宜山针纺织博物馆
苍南县金乡博物馆
平阳历代陶瓷博物馆
平阳县溪南畲村记忆馆
平阳县黄隆泰主题馆
平阳县黄汤制作技艺体验馆
泰顺县大安米塑馆
泰顺县柳峰乡愁记忆馆
泰顺县龟湖茶坪坑党支部旧址
泰顺县龟湖铭粹石文化博物馆
泰顺县三魁镇卢梨老东家党群工作主题馆
文成县问道刘基馆
文成县周定烈士纪念馆
文成县浙南民俗博物馆

湖州市（63处）

大圩村圩文化馆
平阳人记忆馆
港口家学养正馆
长超红色纪念馆
芥里婚庆博物馆
中共夹浦独立支部纪念馆
中医药文化馆
大竹园乡土泥塑展示馆
赵孟頫管道昇艺术馆
戈亭诗派纪念馆
解放村铜艺馆
曲溪湾潘氏中医博物馆
“丝之始”展示馆
“茶之味”展示馆
雷甸珍珠（渔）文化展示馆
莫干山艺术邮票馆
溇港文化古书老报陈列馆
运河船文化博物馆
善琏湖笔非遗活态传承馆
善琏车家兜村农耕馆
双林镇费新我艺术馆
汉字艺术博物馆
长兴唐颂茶文化博物馆
太湖石博览园
农耕文化展示馆
湖州太湖溇港文化展示馆
西苕溪水文化馆
湖州市徐缘桑基鱼塘系统历史文化博物馆
德清俞氏文化展示馆
乐韵钢琴博物馆
钟兆琳故居
报福生态文明展示馆
大河皮影文化展示馆
宋茗白茶博物馆
马村蚕桑文化展示馆
老石坎水库文化展示馆
吟诗农耕文化展示馆
林梓醉秋书画馆
大康椅业展示馆
中共安吉县党史陈列馆
安吉青少年两山教育展示馆
安吉和也睡眠博物馆
高禹移民文化展示馆
上吴百艺文化展示馆
刘家塘村师说馆
蔓漫美术馆
织里雕版印刷博物馆
湖州知青博物馆
姚醒吾故居陈列室
塘甸知青文化博物馆

郎部抗日纪念馆
白阜村蚕文化展示馆
农民协会纪念馆
马吉村新四军三次反顽战役文化展示馆
咫园盆景文化艺术博物馆
臧懋循纪念馆
浙江省联产承包第一村旧址展示馆
新川——乡村振兴案例馆
长兴县委秘密交通站陈列馆
“瓷之源”展馆
农耕博物馆
长兴煤矿工业文化博览馆
湖笔文化馆

嘉兴市（31处）

斜桥民俗手工艺馆
毛泽东同志新仓经验批示展示馆
通元镇敦本堂文化博物馆
九里亭红色民间展览馆
渔文化展示馆
下甸庙水文化博物馆
普光村农耕记忆馆
罗家角遗址展示馆
许明清烈士事迹陈列馆
海宁市晴雨楼藏砚馆
大运河（长安闸）遗产展示馆
江南窑文化博物馆
江南蚕俗文化博物馆
仲乐村榨菜馆
耕情忆耘馆
转角湾党支部纪念馆
平湖市抗战历史宣教馆
运港村杜布馆
陆稼书纪念馆
俞创硕故居纪念馆
独山港百年保温杯展览馆
森利园民俗博物馆
八泉蚕乡风俗体验馆
泰丰斋姑嫂饼博物馆
海华民俗文化博物馆
海宁农耕文化博物馆
斜桥镇历史记忆馆
钟溪酒文化展示馆
苏作红木博物馆
云龙蚕桑记忆馆
赵家桥村航天科普馆

绍兴市（26处）

绍兴黄酒酒器展示馆
绍兴市荷湖乡土文化博物馆
鲁迅外婆家朝北台门陈列馆
柯桥区岭下党史陈列馆
中共绍兴独立支部纪念馆
柯桥区剑灶村史馆

柯桥区福全农耕博物馆
柯桥区宝善桥村史馆
柯桥区安昌古镇石雕馆
柯桥区兰亭侨文化馆
上虞区革命史迹陈列馆
上虞区丰惠文史馆
许岙战斗纪念馆
嵊州市茶文化——茶壶陈列馆
嵊州市王羲之家训馆
嵊州市中共浙江省工委旧址
嵊州市东王村越剧诞生地陈列室
诸暨市金萧支队纪念馆
诸暨市裕昌号民间艺术博物馆
诸暨市戴氏历史文化陈列馆
诸暨市西路乱弹陈列展示馆
诸暨市俞秀松纪念馆
宣侠父陈列馆
新昌县外婆坑博物馆
新昌县大坪头村乡愁博物馆
新昌县横板桥村乡村记忆馆

金华市（67处）

郑店婺剧主题馆
金华市金东区木雕展示馆
逸品阁朱氏民俗文化馆
金华市金东区衡庐民俗馆
金华市古婺窑火陶瓷博物馆
金华市金东区伯老陶瓷艺术馆
金华市金东区黑陶文化艺术馆
熊猫猪猪·金华两头乌猪博物馆
白沙溪三十六堰展陈馆
开化村莲廉文化馆
金华市婺州窑博物馆
缸窑古陶陈列馆
溪华民间棋博物馆
义亭非物质文化遗产展示馆
何福礼竹编艺术馆
侵华日军细菌战史实陈列馆
雅端民俗博物馆
森山铁皮石斛博物馆
吴晗史学馆
供销印象馆
永康市芝英七村百工民俗展示馆
永康市秀岩村民俗文化展示馆
永康市太平新村传统文化展示馆
中国工农红军第十三军第三团纪念馆
酒文化馆
横路头精神纪念馆
大皿计量博物馆
乡愁记忆馆
磐安茶文化博物馆
三江楼文化拾遗馆
万年浦江陶瓷文化馆
南山博物馆

武义县萤石博物馆

武义县神雕铜艺术馆

武义县红军挺进师革命文物陈列馆

武义县种子源畲医畲药展示馆

武义县雪峰山红色记忆展示馆

武义县宣平地区革命烈士纪念馆

武义县徐英烈士纪念馆

武义县岭上翠谷竹编文化展示馆

武义县陶宅农耕文化展示馆

武义县江南狮文化展示馆

武义县一本堂铁器艺术馆

武义县百工民俗展示馆

武义县晶彩矿物科普馆

武义县牛头山植物标本馆

武义县寿文化展示馆

武义酒文化展示馆

武义县七仙女民俗馆

武义县朱若功廉政文化展示馆

武义县婺州窑历史文化陈列馆

武义县地方戏曲展示馆

武义县山村老报馆

武义县九龙山下山脱贫纪念馆

武义县善教民俗文化展示馆

武义县江下畲族文化展示馆

武义县婺州窑艺术馆

武义县畲族风情民间展示馆

武义县宣平民间文化展示馆

武义县宣平民俗陈列馆

武义县根雕工艺馆

武义县八婺名人馆

武义县骆驼九龙茶文化博物馆

武义县民俗家具木雕陈列馆

武义县寿仙谷中医药文化馆

武义县乡村美术展示馆

武义县婺瓷展示馆

衢州市（28家）

衢州市衢江区民俗展示馆

衢州柯城区胡麻饼博物馆

衢州碗窑陶瓷博物馆

柯城区非遗物质文化遗产展示馆

立春文化展示馆

余东竹编馆

江山市移民陈列馆

中国工农红军北上抗日先遣队大陈纪念馆

仙霞关景区中美联手抗日纪念馆

江山恒亮蜜蜂博物馆

清湖公泰酱园展示馆

龙游县泽随民俗展览馆

龙游县华岗事迹陈列馆

常山县喝彩歌谣传承基地

杨万里诗歌纪念馆

高埂畲族文化馆

新安江移民民俗博物馆
常山县大桥头乡红色纪念馆
常山县莲子酒展示中心
箬溪抗战纪念馆
球川红色纪念馆
常山县洪氏斋公拳武术文化主题展馆
常山县传统榨油技艺展示馆
常山县东案乡梅树底竹文化展示馆
常山县东案乡梅树底革命纪念馆
常山稻作文化馆
久泰弄村国防教育主题展馆
常山县龙博木雕艺术馆

舟山市（14家）

白沙渔俗馆
虾峙风情馆
东极历史文化博物馆
六横里岙民俗风物馆
干览供销社展览馆
花鸟灯塔陈列馆
青沙渔俗风情馆
枸杞贻贝产业体验馆
阿拉生活馆
洋山告诉你展示馆
田岙渔民画创意体验馆
嵊山渔俗风情馆
黄龙渔俗馆
金维映史迹陈列室

台州市（41家）

缝纫机博物馆
台州刺绣博物馆
一江山岛战役遗址展览馆
路桥筑塘博物馆
坐应乡村记忆馆
映庐乡村博物馆
戴大夫故居陈列馆
杏田文化博物馆
喷雾器博物馆
下洋顾创业展陈馆
青瓷展览馆
半岭堂造纸陈列馆
南野份乡村博物馆
金璇烈士纪念馆
坞根红十三军二师纪念馆
王氏大花灯展示馆
石文化博物馆
大溪沈岙村民俗馆
舜浦草编工艺展示馆
温岭海洋民俗馆
上盘镇旧城村传统产业展示馆
尤溪镇人文展示馆
枧桥鼓非遗展示馆
临海市天弘造像艺术博物馆

东塍镇岭根村村史馆
东塍镇乡贤馆
尤溪镇纽扣展示馆
坎门英雄基干民兵营营史馆
蒲田村历史文化展示馆
农展贝雕馆
翁森纪念馆
东鲍龙窑博物馆
仙居生物多样性博物馆
天台云雾茶博物馆
白鹤镇袜业博物馆
青瓷博物馆
干漆夹苎非遗博物馆
海洋生物博物馆
东屏十里红妆展示馆
三门民俗展示馆
岩下海洋生物馆

丽水市（57家）

鱼跃博物馆
畲凤民族服饰展示馆
浙江铁工厂纪念馆
北乡革命纪念馆
老竹畲族文化馆
碧湖乡贤馆
住龙生物多样性体验馆
礼读源底——源底村乡村博物馆
张畈村五贤馆
“向上扬”青瓷展示馆
溪口窑遗址博物馆
中共龙泉县委旧址展示馆
仙仁村养生长寿馆
龙泉知青收藏陈列馆（上田馆）
官店村戏曲展览馆
胡源民俗展示馆
丽金台温边境革命纪念馆
缙云恐龙馆
锯博物馆
黄垟革命纪念馆
万山交通总站旧址展示馆
青田油茶博物馆
青田县铁建石雕艺术馆
徐岳军石雕艺术馆
青田稻鱼共生系统博物馆
华侨与石雕陈列馆
侨乡货币陈列馆
庆元县三山根博园
月山春晚展览馆
庆元坑里生物多样性体验馆
百山祖国家公园自然教育中心
竹口窑瓷文化博物馆
契约博物馆
松香博物馆
廉政馆

松阳气象·二十四节气馆
熊顿漫画馆
大潘坑村民俗馆
松阳茶叶博物馆
遂昌民俗博物馆
遂昌革命纪念馆
遂昌竹炭博物馆
遂昌石文化博物馆
遂昌中国工农红军挺进师纪念馆
刘英、粟裕纪念馆
1942遂昌民众营救美国飞行员纪念馆
九龙山科教馆
中国工农红军挺进师斗争史梅湾纪念馆
瓯江船帮文化展示馆
畲族民俗文化展示馆
银矿展示馆
农耕文化微博馆
望东垟科普馆
畲乡民族文创馆
水下故园展示馆
澄照惠明问茶馆
乡村电影博物馆

2022年宋韵数字策展大赛获奖名单

文博组

一等奖：近世开端——全球史视野下的中国宋代

二等奖：色彩中的宋韵

宋·潮

三等奖：宋代宫宴图鉴

如果用现代视觉审美打开“宋”周边

一叶知秋——行走在茶脉上的宋韵

设计组

一等奖：宋“潮”来了——宋韵雅集游园会

二等奖：茶酒著新词

临安烟火

三等奖：古韵琴风

宋朝十二时辰生活遗韵

寻梦宋韵

新时代浙江考古十大发现、重要发现名单

十大发现

杭州余杭良渚古城外围大型水利工程

衢州衢江区西周高等级土墩墓群

慈溪上林湖后司岙唐五代秘色瓷窑址

绍兴宋六陵陵园遗址

义乌桥头遗址

余姚井头山遗址

安吉龙山越国贵族墓园

余姚施岙遗址

杭州南宋临安城址

重要发现

新时代浙江考古重要发现

绍兴越国王陵及贵族墓

宁波大榭史前制盐遗址

德清中初鸣良渚文化玉器加工作坊遗址群

宁波象山“小白礁Ⅰ号”清代沉船遗址

杭州古海塘遗址

上虞禁山早期越窑遗址

余姚田螺山遗址

绍兴兰若寺墓地

湖州昆山遗址

黄岩沙埠竹家岭窑址

2022年度浙江考古重要发现

长兴太傅庙遗址

仙居下汤遗址

宁波奉化顾家庄遗址

杭州萧山祝家桥遗址

绍兴大湖头遗址

嵊州下方山及周边墓群

杭州净慈寺遗址

临海延恩寺宋墓

温州朔门古港遗址

龙泉亭后窑址

2022年度浙江考古重要发现

长兴太傅庙遗址

仙居下汤遗址

宁波奉化顾家庄遗址

杭州萧山祝家桥遗址

绍兴大湖头遗址

嵊州下方山及周边墓群

杭州净慈寺遗址

临海延恩寺宋墓

温州朔门古港遗址

龙泉亭后窑址

“匠心杯”浙江省优秀文物保护工程项目

1.湖州南浔嘉业堂藏书楼及小莲庄——馨德楼、走马楼修缮工程

2.杭州之江大学旧址——主楼保护修缮工程

3.武义岭下汤石祠保护修缮工程

4.金华琐园村乡土建筑——永思堂修缮工程

5.义乌效顺堂保护维修工程

6.新昌大佛寺石弥勒像和千佛岩造像——殿阁、无量桥修缮工程

7.宁波慈城张尚书房修缮工程

8.宁波府城隍庙修缮工程

9.杭州萧山跨湖桥遗址——独木舟土遗址加固工程

10.温州夏鼐故居维修工程

2022年浙江省“新鼎计划”优秀青年文博人才培养对象名单

浙江省博物馆	牟宝蕾
浙江自然博物院	徐昳昀
中国丝绸博物馆	郑海玲
浙江省文物考古研究所	崔　彪
杭州博物馆	黄　燕
宁波市文化遗产管理研究院	王　麟
瓯海区博物馆（文保所）	施素娇
湖州市文物保护管理所	程厚敏
海宁市博物馆（文保所）	章竹林
绍兴博物馆	史　霖
武义县文物保护管理所	邵路程
龙游县文物保护管理所	许　晨
舟山博物馆	王　光
玉环市博物馆	徐旭升
龙泉市博物馆	吴明俊
良渚博物院	夏　勇

索引

杭州

杭州市文物安全工作会议上的讲话（杭州市人民政府副市长　丁狄刚）　/210

在杭州市文物安全工作会议上的讲话（杭州市园林文物局局长　高小辉）　/217

全省文物工作分述（杭州市）　/318

全省文物工作分述（杭州良渚遗址管理区管理委员会）　/465

全省文物工作分述（杭州西湖风景名胜区管理委员会）　/471

发挥世界遗产综合效应　擦亮历史文化名城金名片　/124

杭州市文物建筑“智慧消防”建设工程实践　/624

精心守护中华文明圣地　打造世界遗产保护典范　/115

宁波

在打击“非法贩运文化财产国际日”中国主场论坛上的讲话（宁波市文化广电旅游（文物）局副局长　陈彩凤）　/224

全省文物工作分述（宁波市）　/340

关于《宁波市大运河遗产保护管理条例》的立法调研报告　/633

加强河姆渡大遗址保护　擦亮“最名邑”文化金名片（余姚市）　/141

温州

在温州市乡村博物馆建设工作推进视频会上的讲话（温州市文化广电旅游（文物）局局长　朱云华）　/227

全省文物工作分述（温州市）　/356

传承历史文脉　推进文化振兴　加快建设更具活力的“千年商港、幸福温州”　/109

关于温州乡村博物馆建设的调研报告　/654

以数字化改革实现文物安全监管智慧化——以泰顺文化遗产（廊桥）监管保护应用为例（泰顺县）　/145

湖州

赓续前行种文化 踔厉奋发富乡村——在全省文物局长座谈会上的交流讲话（湖州市文化广电旅游（文物）局局长 楼婷） /229
全省文物工作分述（湖州市） /369
湖州市乡村博物馆建设的做法 /661
建好用好乡村博物馆 全面赋能乡村大振兴（长兴县） /149
在绿水青山间书写新时代文物事业新华章（安吉县） /152

嘉兴

《禾城文化复兴三年行动计划》实施情况工作汇报（嘉兴市文化广电旅游（文物）局局长 周静） /232
全省文物工作分述（嘉兴市） /381
守好党的根脉 弘扬红船精神 协力构筑共同富裕精神家园（南湖革命纪念馆） /163

绍兴

在绍兴市文物安全联席会议上的讲话（绍兴市委宣传部副部长、市文化广电旅游（文物）局局长 何俊杰） /239
全省文物工作分述（绍兴市） /392
保护激活名人故居文物资源 全力彰显“名士之乡”文化魅力 /129
“绍兴纺织史”调研成果报告 /670

金华

在金华市文物安全工作会议上的讲话（金华市文化广电旅游（文物）局副局长 曹兆和） /241
全省文物工作分述（金华市） /405
“人人都是文保员”“人人都是股东” 新模式打造文物助富新样板（兰溪市） /166
同心聚力 奋发有为 全力推进上山文化遗址群申遗工作（浦江县） /112

衢州

关于衢州市2022 年文物安全重点工作的讲话（衢州市文化广电旅游（文物）局副局长　朱芝君）/245

全省文物工作分述（衢州市）/421

激活文物建筑新价值　助推文旅事业新发展（江山市）/155

舟山

在2022 年舟山市文物安全工作会议上的讲话（舟山市人民政府副市长　方维）/249

关于舟山市文物安全大排查大整治大提升专项行动工作的讲话（舟山市文化和广电旅游体育（文物）局局长　曹泓）/254

全省文物工作分述（舟山市）/430

赓续舟山海洋历史文脉 打造新时代海洋文化名城 /133

舟山市革命文物保护情况与成效调研报告 /678

台州

在2022 台州市乡村博物馆建设推进会上的讲话（台州市文化和广电旅游体育（文物）局二级调研员　陈再米）/258

全省文物工作分述（台州市）/437

赓续千年文脉　展现名城风采（临海市）/159

丽水

在丽水市文物安全工作会议上的讲话（丽水市人民政府副市长　卢彩柳）/264

创建革命文物“红绿融合”示范区的专题讲话（丽水市文化和广电旅游体育（文物）局局长　吴飞飞）/269

全省文物工作分述（丽水市）/450

丽水市关于革命遗址保护利用工作调研报告 /682

以新时代“挺进师”的奋进姿态建设浙西南革命文物保护利用示范区 /137